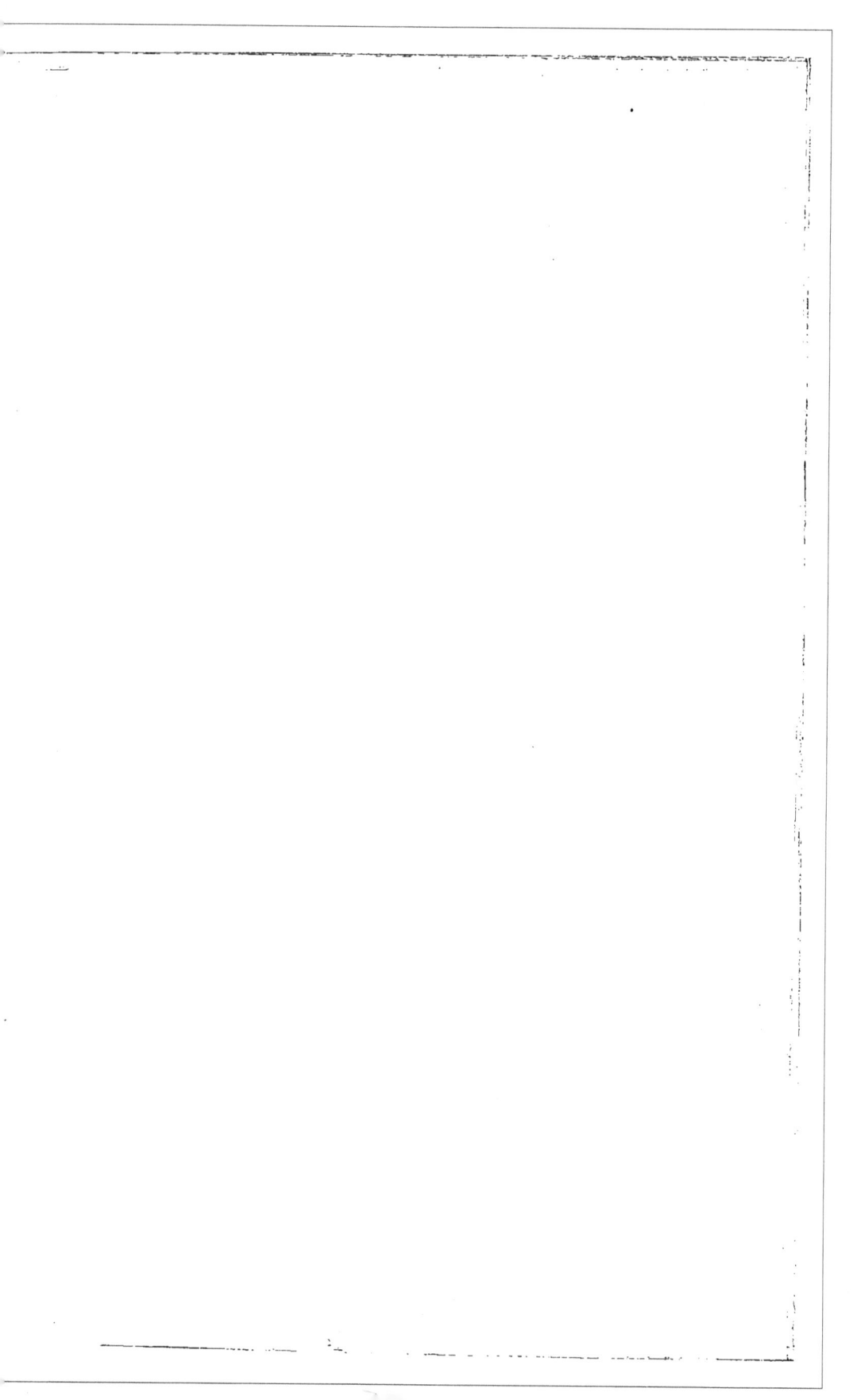

36102

MANUEL

DE

L'EMPLOYÉ DES DOUANES

PAR

J.-B. Guilgot.

PONTARLIER. — TYPOGRAPHIE DE J.-C. THOMAS.

MANUEL

DE

L'EMPLOYÉ DES DOUANES

PAR

JEAN-BAPTISTE GUILGOT.

DEUX VOLUMES.

Tome Premier.

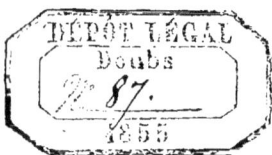

PONTARLIER,

THOMAS, LIBRAIRE-ÉDITEUR,

GRANDE-RUE, 56.

1853.

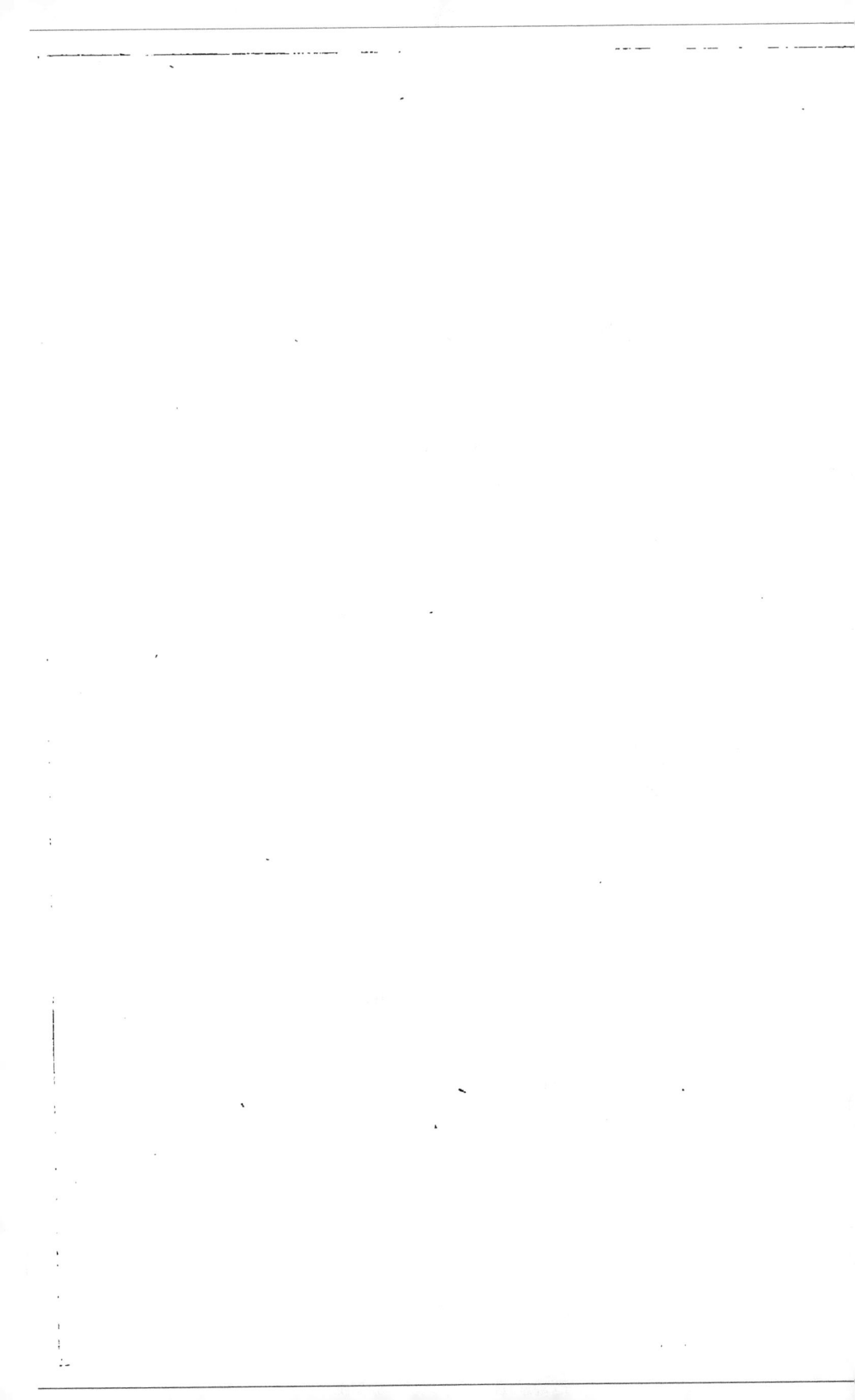

MANUEL

DE

L'EMPLOYÉ DES DOUANES.

LIVRE PREMIER.

PERSONNEL.

CHAPITRE PREMIER.

DE L'ADMINISTRATION.

Section première.

ADMINISTRATION. — CONSEIL.

1. L'administration des Douanes, à laquelle a été réunie celle des contributions indirectes par décret du 7 décembre 1851, sous le titre de *Direction générale des Douanes et des Contributions indirectes* (1), a

---

(1) Affranchir les redevables de doubles formalités ; réduire les frais de perception ; faciliter et améliorer l'action des deux services en resserrant le lien qui déjà les rapproche ; enfin, faire pénétrer de l'un dans

été créée dans le but de protéger le commerce et de sauvegarder les intérêts du Trésor.

Elle est dirigée et surveillée, sous l'autorité du ministre des finances, par un Directeur général, assisté de six administrateurs qui, sous la présidence du Directeur, forment le conseil d'administration. (*Ordonnance du 17 décembre 1844, art. 26*).

---

l'autre les principes et les procédés de service dont chacun séparément avait pu constater les bons effets ; tels sont les avantages que le Gouvernement s'est proposé d'obtenir par la réunion prononcée.

Et d'abord, en ce qui touche les opérations dans lesquelles les deux administrations ont à intervenir, l'étude a démontré la possibilité de simplifications également utiles au commerce et au service. Des instructions spéciales y pourvoiront.

Quant à la répartition des opérations entre les deux personnels et à l'économie qu'on pouvait en attendre, le conseil a reconnu que, par suite des nombreuses suppressions d'emplois effectuées en 1848, les agents de contrôle et d'exécution, tant dans les douanes que dans les contributions indirectes, avaient aujourd'hui à remplir une tâche trop laborieuse pour qu'il fut possible d'en reverser aucune partie d'un service sur l'autre. Bien plus, il a été constaté que, dans les contributions indirectes, les chefs auxquels est confiée la surveillance supérieure, aussi bien que les receveurs principaux chargés de la centralisation des recettes et de la comptabilité des matières, n'étant plus réellement en nombre suffisant, avaient à fonctionner dans des circonscriptions trop étendues ; que, par suite, et quel que fût le zèle apporté par eux dans l'accomplissement de leurs obligations, non-seulement ils ne pouvaient surveiller et assurer d'une manière efficace les intérêts dont ils étaient appelés à répondre, mais encore que beaucoup de détails, rentrant naturellement dans leurs attributions, avaient dû être reportés sur le directeur, au grand détriment de son action propre, principe et base fondamentale du service.

Cette situation, dont l'ancien conseil des contributions indirectes se montrait justement préoccupé, était de nature à compromettre la rentrée de l'impôt. Il devenait donc urgent d'y apporter un remède aussi prompt qu'efficace : il se trouvera dans la reconstitution du cadre supérieur des contributions indirectes, élevé à des proportions auxquelles il eût toujours fallu le maintenir. Le moyen de pourvoir à la dépense qui en résultera s'obtiendra par un remaniement dans quelques parties du personnel ; de sorte que si, dans l'ensemble des dispositions auxquelles l'Administration vient de s'arrêter, elle n'a pu réaliser d'économies apparentes, du moins elle a prévenu un surcroît de dépense qui était devenu indispensable.

Il est vrai qu'afin d'atteindre ce but il fallait imposer à un seul chef, dans les départements de la circonférence, où il en existe deux aujourd'hui, la grande et difficile tâche de diriger le double service des contributions indirectes et des douanes, et se résoudre à réduire le nombre des directeurs. C'est un sacrifice auquel l'Administration se fut difficilement résignée, s'il n'avait dû être compensé par la masse du personnel, par la création, à divers autres degrés de la hiérarchie, d'un nombre proportionnellement considérable d'agents supérieurs.

Ajoutez à diverses autres ressources, dans lesquelles viendront se fondre les traitements des contrôleurs principaux, dont le maintien devenait sans objet du moment qu'il était rétabli des circonscriptions d'arrondissement, les fonds ainsi rendus disponibles serviront avant tout à pourvoir à la dépense de la nouvelle organisation du service de l'inspection des contributions indirectes.

Du reste, aucune attribution de fonctions n'ayant pu être faite utilement d'un service à l'autre, on a été conduit à laisser chacun d'eux opérer dans sa sphère spéciale. Ainsi, il demeure entendu que chaque service continuera de marcher dans les voies qui lui sont propres, sauf à voir, dans les directions mixtes, ces deux branches parallèles aboutir à un seul centre d'action. C'est l'appréciation comparative des chefs appelés à diriger simultanément les deux services qui mettra en lumière les améliorations à puiser dans chacun d'eux pour en doter l'autre ; et dans ces conditions l'on est assuré que, partout où se rencontrent les agents des douanes et des contributions indirectes, le concours qu'ils se sont toujours prêté réciproquement deviendra, sous une impulsion unique, plus intime, plus éclairé et par conséquent plus fructueux,

2. Le conseil d'administration délibère, d'après le rapport qui lui en est fait par l'un des administrateurs :

1° Sur la formation du budget général des dépenses de l'administration ;

2° Sur toutes les affaires résultant de procès-verbaux de saisies et de contraventions ;

Ainsi, au double avantage du commerce et des finances de l'État, s'accompliront, sous leurs différents aspects, dans une mesure aussi large que possible, les vues qui ont motivé le décret du 27 décembre dernier.

En même temps, le personnel des contributions indirectes trouvera, comme je viens de le dire, dans la création de plus de 130 inspections ou sous-inspections, des motifs de satisfaction et d'encouragement dont il est permis d'attendre les meilleurs résultats.

C'est en m'inspirant de ces diverses considérations, qu'après en avoir délibéré en conseil, j'ai soumis au ministre, dont elles ont reçu l'approbation sous la date du 16 de ce mois, les dispositions suivantes, ayant pour objet de consacrer l'organisation nouvelle :

« Sur toutes les parties du littoral ou de la frontière où le service des douanes et celui des contributions indirectes existent simultanément, la direction des deux services sera concentrée aux mains d'un seul directeur.

» Dans les directions mixtes ainsi constituées, au nombre de 29, Paris, Boulogne et Alger exceptés, » chacun des deux services conservera ses attributions distinctes, sauf les changements dont le temps et l'expérience viendront à indiquer l'utilité ou la convenance.

» Le cadre des agents supérieurs de surveillance des contributions indirectes est fixé à 169 inspecteurs » divisés en 3 classes, et à 152 sous-inspecteurs d'une seule classe ; en tout 321.

» Sur ce chiffre, 12 agents supérieurs seront chargés, avec le titre d'inspecteurs ou de sous-inspecteurs » sédentaires, de diriger le service au chef-lieu de celles des directions mixtes où la perception offre le plus » d'importance.

» Sept inspecteurs seront affectés au service spécial des sucres, et six inspecteurs ou sous-inspecteurs à » celui de la culture des tabacs.

» Les autres inspecteurs et sous-inspecteurs actifs sont placés à la tête de circonscriptions composées d'un » ou plusieurs arrondissements.

» Ces chefs dirigeront le service de leur inspection ou sous-inspection ; ils le surveilleront dans tous ses » détails d'exécution, et, en outre, ils vérifieront et arrêteront les écritures des comptables. Leur action » s'exercera sous l'impulsion du directeur, à qui ils seront tenus de rendre un compte exact de leur service » dont ils auront, d'ailleurs, toute la responsabilité.

» Indépendamment des entreposeurs spéciaux des tabacs et poudres, qui seront justiciables de la cour » des comptes, il sera établi, dans chaque circonscription d'inspection ou de sous-inspection, » un ou plusieurs receveurs principaux chargés de centraliser toutes les opérations de recette de l'arrondisse- » ment qui leur sera assigné. A ce titre, ils seront aussi appelés à soumettre directement leur comptabilité à » la cour des comptes.

» Les receveurs principaux prendront rang, dans l'ordre hiérarchique, après les inspecteurs et sous-ins- » pecteurs, suivant la classe à laquelle les uns et les autres appartiendront. Toutefois, les inspecteurs et sous- » inspecteurs ne pourront donner d'ordres directs aux receveurs principaux qu'en ce qui concerne l'exécution » des prescriptions législatives et réglementaires.

» Le surplus de leurs attributions sera réglé, d'ailleurs, par une instruction générale.

» Les frais de tournée des inspecteurs et sous-inspecteurs actifs des contributions indirectes seront divisés » en trois classes, et fixés :

» Pour la première, à . . . . 1,000 francs.

» Pour la deuxième, à 800

» Pour la troisième classe d'inspecteurs et les sous-inspecteurs, à 600

» La répartition aura lieu suivant l'importance et l'étendue des circonscriptions.

3° Sur le contentieux de la comptabilité, débets des receveurs, contraintes à exercer contre les redevables ;

4° Sur les demandes en remboursement de droits de toute nature ;

5° Sur les demandes en réduction de droits pour cause d'avarie ;

6° Sur les demandes et allocations de primes ;

7° Sur la liquidation des pensions de retraite des employés de tout grade ;

8° Sur les révocations, destitutions et mises à la retraite des employés;

9° Sur les questions relatives à la création ou à la suppression d'un bureau de douanes, sur l'extension ou la restriction de ses attributions, et sur les suppressions ou créations d'emploi, à partir des recettes principales et des sous-inspections. La délibération du conseil, ainsi que l'avis du directeur général sur ces questions, sont déférés au ministre ;

10° Sur les autres affaires qui lui sont renvoyées par le directeur-général, ou sur lesquelles le ministre des finances juge convenable qu'il donne son avis. *(Ordonnances des 30 janvier 1822, art. 5 et 30 décembre 1829, art. 18).*

Les délibérations du conseil sont prises à la majorité des voix. En cas de partage d'opinion, la voix du directeur-général est prépondérante. Il peut suspendre l'effet d'une délibération du conseil, pour en référer au ministre des finances, qui statue. *(Ordonnance du 30 janvier 1822, art. 6).*

3. Comme les autres administrations publiques (1), l'administration

---

» Quant aux commis des bureaux particuliers des directeurs, et aux frais divers qui sont alloués aujour-
» d'hui à ces employés supérieurs, il sera opéré une ventilation ayant pour objet d'attribuer, dans d'équi-
» tables proportions, aux receveurs principaux, ce qui doit appartenir à leur nouvelle position.

» Les traitements exceptionnels, en petit nombre, qui existent à Paris dans le service de la régie et celui
» des tabacs, et qui sont justifiés par l'importance exceptionnelle des fonctions, sont maintenus.

» Il sera pourvu, sans augmentation de crédit, aux dépenses résultant de ces divers changements ; et il
» demeure entendu que les mesures qui assurent ainsi la réorganisation du service des contributions indirectes,
» soit dans ses conditions spéciales, soit dans ses rapports avec celui des douanes, recevront leur accomplisse-
» ment aussi promptement que possible, en tenant un juste compte des situations acquises. »

L'esprit de ces dispositions indique assez quels changements doivent en être la conséquence dans les attributions respectives des agents supérieurs des contributions indirectes qu'elles concernent.

(1) Par administration publique, on entend les divers pouvoirs qui, sous la direction des ministres, sont
chargés des différentes parties du service public.

Tout agent de l'administration est responsable de l'autorité qui lui est confiée ; mais l'administration n'est
liée par les actes de ses agents qu'autant que ces actes sont faits dans l'exercice du mandat légal que la loi
leur confie. *(Cass. 11 février 1825.)*

des Douanes et des contributions indirectes est responsable de l'autorité qui lui est confiée ; mais elle n'est liée par les actes de ses agents qu'autant que ces actes sont faits dans l'exercice du mandat légal que la loi leur confie. *(Arr. de c. du 11 février 1825)*.

4. Elle intente ou soutient les actions judiciaires relatives aux objets dont la direction et la conservation lui sont confiés. Elle décerne les contraintes contre les redevables, et peut rédiger tous les actes de procédure.

Elle n'est tenue de mettre en cause les propriétaires des marchandises saisies, que dans le cas où ceux-ci interviendraient ou seraient appelés par ceux sur lesquels les saisies auraient été faites. *(L. du 22 août 1791, tit. 12, art. 1er)*.

Elle agit seule, ou concurremment avec l'administration de l'enregistrement ou des postes, selon qu'il s'agit d'affaires qui la concernent particulièrement, ou qui regardent les intérêts de ces administrations en même temps que les siens. (N° 2433).

Elle peut poursuivre, en ce qui concerne les marchandises déclarées pour la consommation ou pour l'entrepôt, le paiement de tout ce qui lui est dû pour les droits qui leur seraient applicables, comme pour toutes les créances qu'elle a à répéter contre le déclarant ou le soumissionnaire propriétaire légal des marchandises. *(Cir. 1635 et 1653)*.

En cas de saisie non fondée, si elle a vendu, sur requête, les marchandises qui y sont comprises, elle ne peut être tenue à restituer que le prix qu'elle a retiré de la vente. *(Arr. cas. 23 nov. 1855)*.

Il en est de même à l'égard des ventes qu'elle fait des marchandises et autres effets qui restent dans les douanes. *(Cir. 1916)*.

Elle est assignée dans ses bureaux, dans le lieu où réside le siège de l'administration (n° 2872); dans les autres lieux, elle est assignée en la personne et au bureau de ses préposés. *(C. inst. crim. art. 436)*.

Elle peut se pourvoir en cassation; mais, si elle succombe, elle n'est

---

Les marchandises importées ou exportées pour le compte des administrations publiques sont, sans exception, assujetties au paiement effectif des droits fixes par le tarif. *(Décret du 6 juin 1807)*. Voir *acquittement des droits de douanes*.

Les marchandises nationales ou nationalisées par le paiement des droits, dont l'expédition s'effectue par mer, d'un port à un autre de la France, pour le compte des administrations publiques, sont, lorsque leur transport a lieu sur un navire de l'Etat, affranchies de la formalité de l'acquit-à-caution ou du passavant, et du plombage. *V. Cabotage.*

pas condamnée à l'amende, elle ne supporte que les frais et l'indemnité de 150 fr. envers la partie acquittée. *(Idem)*.

5. Comme administration publique (1), elle est assimilée aux parties civiles relativement aux procès suivis soit à sa requête, soit même d'office et dans son intérêt. En conséquence, soit qu'elle succombe ou non, elle est tenue des frais d'instruction, expédition et signification des jugements, sauf son recours contre les prévenus qui sont condamnés et les personnes civilement responsables. *(C. inst. crim. art. 157 et 158)*.

6. Lorsqu'elle obtient des condamnations avec contrainte par corps, elle n'est pas obligée de consigner les aliments des parties condamnées : elle use du droit qui lui est conféré par le décret du 4 mars 1808, lequel dispense les agents du trésor de cette consignation (n° 2984 en note).

7. Elle est dispensée de consigner la somme de 5 ou de 10 fr., en cas d'appel d'un jugement du juge de paix, ou d'un jugement du tribunal civil (n° 2911); mais, si elle succombe, elle doit la payer au receveur d'enregistrement. *(C. proc. civ. art. 471 et déc. minist. du 18 floréal an 9)*.

8. Elle est préférée à tous créanciers pour droits, confiscations, amendes et restitutions, et avec la contrainte par corps. *(L. 4 germinal an 2, tit. 6, art. 4)*.

9. En cas de difficultés avec les redevables, elle est justiciable des tribunaux civils, et non des tribunaux de commerce. *(Cir. n° 792)*.

---

(1) Les administrations ou régies intentent ou soutiennent les actions judiciaires relatives aux objets dont la direction et la conservation leurs sont confiées.

Elles sont assignées en leurs bureaux, dans le lieu où réside le siége de l'administration; dans les autres lieux, en la personne et au bureau de leur préposé.

Elles peuvent se pourvoir en cassation, mais si elles succombent, elles ne sont pas condamnées à l'amende : elles ne supportent que les frais et l'indemnité de 150 fr. envers la partie acquittée. *(C. inst. crim. art. 436.)*

Les administrations publiques sont assimiliées aux parties civiles relativement aux procès-saisis soit à leur requête, soit même d'office et dans leur intérêt : en conséquence, soit qu'elles succombent ou non, elles sont tenues des frais d'instruction, expédition et signification des jugements, sauf leur recours contre les prévenus ou accusés qui sont condamnés et les personnes civilement responsables. *(C. inst. crim. art. 157 et 158.)*

Lorsque les administrations publiques obtiennent des condamnations avec contrainte par corps, elles ne sont pas obligées de consigner les aliments des parties condamnées. On fait ici l'application du décret du 4 mars 1808, qui dispense les agents du trésor de cette consignation.

10. Elle a privilège et préférence à tous créanciers sur les meubles et effets mobiliers des comptables pour leurs débets, et sur ceux des redevables pour les droits, à l'exception des frais de justice et autres articles privilégiés et énoncés dans les articles 2101 et 2102 du code civil, et sauf aussi la revendication dûment formée par les propriétaires des marchandises en nature qui sont encore sous balles et cordes. *(L. 22 août 1791, tit. 13, art. 22).*

Dans les cas ci-dessus, elle a hypothèque (*n*° 3001) sur les immeubles des redevables à compter du jour où les soumissions ont été faites sur les registres et signées par eux ou leurs facteurs, pourvu, néanmoins, que les extraits des registres contenant ces soumissions aient été soumis à l'enregistrement dans les délais fixés pour les actes des notaires, c'est-à-dire dans les dix jours lorsqu'il y a un bureau d'enregistrement dans la résidence du receveur, et de quinze jours s'il n'y en a pas.

Le privilège de l'administration sur les immeubles ne peut s'exercer que par la voie de l'inscription (*n*° 3005), et au rang de sa date, *(Cir. du 12 juillet 1810);* il prime celui du prêteur à la grosse. *(Cir. n*° *791).*

11. Aucune personne n'est recevable à former contre l'administration des demandes en restitutions de droits et de marchandises, paiement de loyers et appointements des préposés, deux ans après l'époque que les réclamateurs donnent au paiement des droits, dépôts des marchandises, échéances des loyers et appointements. A son tour, elle ne peut former aucune demande en paiement de droits, un an après que ces droits ont dû être payés. — Le tout, à moins qu'il n'y ait eu, avant lesdits termes, soit pour l'administration, soit pour les parties, contrainte décernée et signifiée, demande formée en justice, condamnation, promesse, convention, ou obligations particulières et spéciales, relativement à l'objet répété. *(L. 22 août 1791, tit. 13, art. 25).*

12. Les tribunaux ne peuvent connaître des actes d'administration, de quelque nature qu'ils soient (1) *(L. 2 sept. 1795).*

Ils ne peuvent également modérer les droits de douanes, ni les con-

---

(1) Sous la dénomination d'actes administratifs, viennent se ranger tous les actes qui émanent de l'admi nistration, – soit qu'elle statue sur des cas particuliers, – soit qu'elle ordonne ou qu'elle défende par voie réglementaire, – soit qu'elle agisse au contraire comme un simple particulier.

Les actes administratifs peuvent, en général, être exécutés sans être revêtus de la formule exécutoire. Ils doivent être frappés d'un sceau, soit sur les Originaux, soit sur les copies qui en sont délivrées.

fiscations ou amendes encourues (n° 2857); il leur est interdit d'excuser les contrevenants sur l'intention (n° 2857). A la douane seule appartient le droit de remettre ces amendes, en tout, ou en partie, par des transactions (n° 2722 et suivants).

13. L'administration des douanes a des lois et des tarifs qui lui sont particuliers (n° 175 et suivants), et qui sont exécutoires dans tous les ports et bureaux de France. *(L. 4 germinal an 2, tit. 1er, art. 3).*
Elle ne recourt à la loi générale que lorsque la loi de douane est muette.

14. Elle doit conserver soigneusement ses registres pendant trois ans, pour y recourir en cas de besoin (n° 228); passé ce délai, elle est déchargée de leur garde et ne peut être tenue de les représenter aux redevables. *(L. 22 août 1791, tit. 13, art. 25).*

Section II.

ADMINISTRATEURS.

15. Le travail des administrateurs est partagé en six divisions : chaque division est composée de plusieurs bureaux. *(Circ. n° 2244, et circ. n° 1, du 5 janvier 1852).*

16. Toute dépêche adressée à l'administration doit mentionner exactement, en marge, la division et le bureau auxquels elle ressortit, ainsi que la nature de l'affaire qu'elle concerne, et il importe de ne pas cumuler dans une même lettre des objets de nature à être suivis dans plusieurs bureaux, ou même classés dans des dossiers différents, Ces règles sont essentielles pour la facilité des recherches et la prompte expédition du travail.
Voici le tableau des attributions de chaque division et de chaque bureau. *(Circ. n° 2244 et circ. n° 3, du 22 janvier 1852).*

BUREAU CENTRAL ET DU PERSONNEL, SOUS LES ORDRES IMMÉDIATS DU DIRECTEUR-GÉNÉRAL.

Présentation pour les emplois à la nomination du chef de l'État et à celle du ministre.
Nomination aux emplois de bureau et d'officiers dans l'Administration des douanes.

Nomination à tous les emplois et aux débits de tabacs dans l'Administration des contributions indirectes.

Admission au surnumérariat ; signalements moraux et tableaux d'avancement, décorations ; réception et expédition des dépêches.

1re DIVISION.

1er *Bureau.*

TARIF.

Tarif des douanes, ses applications et ses résultats.

Exceptions au régime général.

Traités de commerce et de navigation.

Conventions relatives à la propriété littéraire.

Remboursement de droits indûment perçus et réduction de droits pour cause d'avaries de mer.

Retour des marchandises françaises invendues à l'étranger.

Régime particulier aux importations d'armes, de librairie, de machines et mécaniques, aux propriétés limitrophes, au pays de Gex, à la Corse et aux autres îles voisines du littoral.

Régime des sucres indigènes ; perception des droits et les diverses questions qui s'y rattachent.

2e *Bureau.*

COLONIES ET ENTREPÔTS.

Régime des colonies et établissements français d'outre-mer.

Navigation maritime.

Naufrages et sauvetages.

Police des manifestes.

Courtage.

Prises maritimes.

Avitaillement des navires.

Entrepôts de douanes.

Transit.

Cabotage.

Plombage.

Emprunt du territoire étranger.

Suite des acquits-à-caution relatifs aux divers régimes de douanes.

Régime des importations temporaires.

Drilles.

Police des pacages.

3ᵉ *Bureau.*

ARCHIVES COMMERCIALES.

Statistique commerciale et de la marine marchande.

Formation du tableau général du commerce de la France.

Bulletins de commerce.

Statistique des diverses matières ressortissant au service des contributions indirectes.

2ᵉ DIVISION.

1ᵉʳ *Bureau.*

SERVICE GÉNÉRAL DES DOUANES (FRONTIÈRES DE TERRE).

Formation du budget de la direction générale dans son ensemble.

(Les attributions suivantes appartiennent au 1ᵉʳ bureau, lorsque les affaires concernent les directions de terre, la direction de Paris et l'inspection de Lyon, et au 2ᵉ lorsqu'elles se rapportent aux directions maritimes, aux colonies et à l'Algérie. Ces mêmes attributions, ainsi divisées, appartiendront à l'un ou l'autre bureau pour ce qui concerne le service des contributions indirectes dans les circonscriptions où ce service et celui des douanes seront placés sous l'autorité d'un chef unique).

Création, suppression et organisation des bureaux et brigades; frais de régie fixes pour appointements; frais de loyers et de bureaux.

Exécution du service par les chefs et employés de la partie sédentaire et de la partie active; attributions respectives.

Conduite des employés; traits de dévouement; médailles d'honneur; récompenses et indemnités pécuniaires; répartition des émoluments autorisés.

Congés.

Révocation et dégradation des employés à la nomination de l'Administration.

Répression de la contrebande.

Examen des rapports généraux de service, des rapports de tournée des directeurs; suites à donner aux rapports de l'inspection générale des finances.

Concours des douanes aux autres services publics.

Conflits administratifs.

Affaires politiques; police générale.

Organisation militaire des douanes.

Régime de circulation dans le rayon, à l'exception de la police des pacages.

Établissement des fabriques dans le rayon des douanes.

2ᵉ Bureau.

SERVICE GÉNÉRAL DES DOUANES (PORTS ET CÔTES).

Mêmes attributions qu'au 1ᵉʳ bureau, dans les conditions indiquées ci-dessus.

Régime de la circulation sur le littoral de la Corse.

Questions relatives à la perception des droits sanitaires.

3ᵉ Bureau.

ORDONNANCEMENT ET MATÉRIEL.

Liquidation et ordonnancement des dépenses de la direction générale dans leur ensemble.

Comptes spéciaux.

Demandes d'allocation de crédits et de fonds de subvention.

Virements de comptes.

Crédits et escompte des droits de douanes et de la taxe de consommation des sels.

Révision annuelle des états de frais de régie; et généralement tout ce qui se rattache à la comptabilité.

Casernement; équipement; service de la masse et service de santé.

Matériel : construction et réparation d'immeubles et d'embarcations; achat et entretien d'ustensiles ; transport de fonds, paquets, etc.; dépenses imprévues ; inventaires d'immeubles et de mobilier.

4e *Bureau.*

TOPOGRAPHIE, IMPRESSIONS.

Topographie des lieux soumis à la surveillance du service.

Documents géographiques à son usage.

Confection et envoi des registres et impressions; comptes ouverts avec l'imprimerie nationale et les directions.

Impression et distribution des circulaires; rédaction des tables qui s'y rapportent.

Confection et envoi des instruments de vérification, de plombage et de jaugeage.

3e DIVISION.

1er *Bureau.*

CONTENTIEUX. (DOUANES).

Suite des saisies et contraventions ressortissant à la législation des douanes ; répartition de leur produit.

Affaires concernant les crédits de droits de douanes ou de sels en souffrance.

Autorisation de mise en jugement des employés des douanes.

Toutes questions relatives à l'application des lois de douanes en matière judiciaire.

Application des réglements sur les préemptions.

2e *Bureau.*

PRIMES.

Primes à l'exportation en remboursement des droits de douanes et de taxe de consommation du sel sur les viandes et beurres salés et le sel ammoniac.

3ᵉ *Bureau.*

SELS ET PÈCHES.

Production du sel dans son ensemble ; découverte et exploitation des sources d'eau salée ; établissement des marais salants ; fabrication de sel ignigène ; fabriques de soude et de sulfate de soude ; raffineries de sel ; nitreries.

Application du droit de consommation sur les sels.

Importations ; exportations ; extraction ; cabotage ; police du rayon et des établissements salifères de l'intérieur.

Grande pêche et primes ou immunités qui s'y rattachent ; petite pêche et salaisons ; immunités et règles relatives à la préparation du poisson soit en mer, soit à terre ; troque ; avaries.

Distribution annuelle du fonds spécial de 550,000 francs ; et, en général, tout ce qui se rapporte au service des sels, à l'exception des primes accordées à l'exportation des beurres et viandes salés et du sel ammoniac.

4ᵉ DIVISION.

—

1ᵉʳ *Bureau.*

Préparation et interprétation des lois et règlements relatifs au régime des boissons et des voitures publiques.

2ᵉ *Bureau.*

SERVICE GÉNÉRAL. (CONTRIBUTIONS INDIRECTES).

Direction et suite du service en matière de contributions indirectes. Créations, suppressions ou déplacements d'emplois ou de bureaux. Révocations, dégradations et congés des employés. Correspondance périodique avec les directeurs. Correspondance journalière en matière de boissons et de voitures publiques. Décharges et restitutions de droits. Apurement des droits constatés. Fixation des primes d'apurement, et des indemnités complémentaires tant pour les buralistes que pour les préposés d'octrois. Vérification des gestions et fixation des débets.

2

Ces attributions appartiennent au 2ᵉ bureau, en ce qui concerne les cinquante départements ci-après :

Ain, Allier, Basses-Alpes, Hautes-Alpes, Ardèche, Ariège, Aude, Aveyron, Bouches-du-Rhône, Cantal, Charente, Charente-Inférieure, Cher, Corrèze, Creuse, Dordogne, Drôme, Gard, Haute-Garonne, Hérault, Gers, Gironde, Indre, Indre-et-Loire, Isère, Landes, Loir-et-Cher, Loire, Haute-Loire, Loire-Inférieure, Loiret, Lozère, Lot, Lot-et-Garonne, Maine-et-Loire, Nièvre, Puy-de-Dôme, Basses-Pyrénées, Hautes-Pyrénées, Pyrénées-Orientales, Rhône, Saône-et-Loire, Deux-Sèvres, Tarn, Tarn-et-Garonne, Var, Vaucluse, Vendée, Vienne et Haute-Vienne.

3ᵉ *Bureau.*

MÊME SERVICE POUR LES TRENTE-CINQ DÉPARTEMENTS SUIVANTS.

Aisne, Ardennes, Aube, Calvados, Côte-d'Or, Côtes-du-Nord, Doubs, Eure, Eure-et-Loir, Finistère, Ille-et-Vilaine, Jura, Manche, Marne, Haute-Marne, Mayenne, Meurthe, Meuse, Morbihan, Moselle, Nord, Oise, Orne, Pas-de-Calais, Bas-Rhin, Haut-Rhin, Haute-Saône, Sarthe, Seine, Seine-Inférieure, Seine-et-Marne, Seine-et-Oise, Somme, Vosges, Yonne.

4ᵉ *Bureau.*

CONTENTIEUX. (CONTRIBUTIONS INDIRECTES).

Examen des procès-verbaux de saisies, des transactions et des états de répartition.

Liquidation des frais judiciaires tombés en non-valeur.

Suite de toutes les affaires susceptibles d'être portées en instance devant les tribunaux ou abandonnées, soit en matière criminelle, correctionnelle ou de simple police, soit en matière civile.

Pourvois au Conseil d'État.

Prévarication. Soustractions de deniers.

Poursuites à l'occasion des débets.

5e DIVISION.

1er *Bureau.*

Régime et service de la navigation sur les fleuves, rivières et canaux. Tarifs des droits de navigation intérieure et leur application.

Régimes spéciaux des bacs et bateaux, des droits de péage, de la garantie et des cartes, et questions qui s'y rattachent.

Relations des agents des contributions indirectes avec le service des chemins de fer.

2e *Bureau.*

SUITE DU SERVICE DES OCTROIS.

Perception du prélèvement du droit du dixième au profit du Trésor. Discussion des tarifs et règlements. Projets de décrets. Fixation des frais de casernement des troupes dans les villes. Frais de perception. Adjudication des baux à ferme. Restitutions et décharges de droits. Répartition des fonds d'abonnement alloués par les traités de gestion.

3e *Bureau.*

Services des retraites et cautionnements pour tous les agents des douanes et des contributions indirectes, et correspondance y relative. Contrôle général des brigades de douanes.

6e DIVISION.

1er *Bureau.*

Répartition annuelle de la culture du tabac entre les départements et arrondissements.

Assurances ; avaries ; transports.

Entrepôts et débits.

Service des poudres à feu.

Achats des tabacs exotiques ; suite et exécution des marchés passés pour la fourniture de ces tabacs ; examen des procès-verbaux d'échantillonnage et des procès-verbaux d'expertise ; liquidation de ces fournitures.

Importations, transit.

Correspondance avec les consuls de France.

Traduction des documents étrangers.

2° Bureau.

Direction et suite du service dans les magasins de tabacs en feuilles et dans les manufactures.

Composition des tabacs à fabriquer.

Approvisionnement des manufactures.

Examen et révision des cahiers des charges relatifs aux adjudications des travaux et des fournitures ; acquisitions d'immeubles.

Exécution de la loi sur le travail des enfants dans les manufactures ; police sanitaire des ouvriers et régime médical des magasins et manufactures.

3° Bureau.

COMPTES.

Réunion des éléments du budget et des crédits supplémentaires relatifs au service des tabacs.

Enregistrement et visa des traites des consuls.

Vérification des comptes des manufactures, des magasins et des entrepôts de tabac, ainsi que des comptes des entrepôts de poudres à feu.

Correspondance relative à ce dernier service.

Rédaction des comptes annuels à soumettre aux pouvoirs législatifs et des résumés pour la Cour des comptes ; tenue des écritures qui s'y rapportent.

CHAPITRE II.

COMPOSITION DES BRIGADES ET DES BUREAUX.

17. Le service de l'Administration des douanes se partage en deux branches distinctes : le *service sédentaire*, ou *de bureau*, et le *service actif*, ou *des brigades*. Le premier a pour but d'opérer les vérifications, d'assurer la perception des droits d'importation et d'exportation, et de délivrer tous les actes propres à garantir les intérêts de l'adminis-

tration et du commerce. Le second est destiné à empêcher, par une surveillance permanente des côtes et des frontières, les introductions et les expéditions que l'on tenterait d'effectuer en fraude des droits, ou au mépris des prohibitions. *(L. 1er mai 1791).*

Section I.

DES BRIGADES.

18. La surveillance des brigades s'exerce dans toute la profondeur du rayon ou de la ligne des douanes (n° 141 à 151).

Chaque brigade a une penthière spéciale, c'est-à-dire une portion déterminée de terrain à garder.

Les brigades sont surveillées par des sous-inspecteurs et des inspecteurs : elles sont composées de capitaines (1), de lieutenants (2), de

---

(1) Le capitaine s'assure que le service ordonné par les brigadiers, de concert avec les lieutenants, est bien conçu : il en règle l'ensemble d'après la connaissance qu'il doit avoir des contrebandiers, et il en vérifie fréquemment l'exécution sur le terrain même, soit de jour, soit de nuit.

— Il ne doit jamais affaiblir partiellement le service de ligne, ni en ordonner le détail à l'exclusion des lieutenants et brigadiers, à moins de motifs particuliers dont il a soin d'informer immédiatement, et autant que possib'e à l'avance, le sous-inspecteur ou l'inspecteur. *(Circ. 30 janvier 1817.)*

— Il veille à ce qu'il existe une liaison de service entre les postes extrêmes de sa division et ceux des divisions contiguës. *(Circ. 21 avril 1807.)*

— Il confère une fois par mois avec ses collègues. *(Déc. adm. 31 décembre 1849)*

— Il entretient l'émulation des lieutenants et autres chefs de brigade, en leur donnant l'exemple de l'activité et de l'exactitude.

— Il maintient la discipline, fait exécuter les ordres de changements et de destitutions, transmet ceux qu'il reçoit pour le service, et rend compte de leur exécution.

— Il propose les préposés pour l'avancement et provoque les punitions.

— Il est tenu de vérifier, plusieurs fois par mois, les registres d'ordre et de tournée, d'en faire mention dans son journal, et de faire les observations qu'il juge utiles sur la manière dont le service a été dirigé et exécuté.

— Dans ses tournées, il se fait représenter les livrets des préposés; il les vérifie et il les vise.

— Il s'assure si tous les chefs et préposés sont porteurs de leurs commissions.

— Il installe les nouveaux admis et fait mention de cette installation sur le registre de travail.

— Il est chargé de préparer les rôles d'appointements, de les faire émarger, d'en toucher le montant à la recette principale, et, dans sa première tournée, de distribuer à chaque préposé la somme qui lui est due, déduction faite des diverses retenues qu'il a dû supporter.

— Il fait émarger les états de répartition ou de gratification et en solde le montant aux ayant droit en même temps qu'il paie les appointements.

— Il établit le décompte de chaque préposé sur un registre spécial sur lequel ceux-ci reconnaissent, par leur émargement, le paiement de toutes les sommes réellement touchées par eux.

— Chaque mois, dès qu'il a soldé les appointements, il rédige un bordereau de toutes les retenues opérées par lui, et il en verse le montant entre les mains des receveurs principaux. *(Circ. n. 1049.)*

— Le capitaine inscrit jour par jour son travail sur un registre spécial. *(Circ. 30 janvier 1817.)*

— À la fin de chaque trimestre, il transmet à la direction, par l'intermédiaire de l'inspecteur, un rapport général de service. *(Circ. n. 2237.)*

(2) Le lieutenant est le chef d'un arrondissement particulier dans l'étendue d'une capitainerie : il commande,

brigadiers, de sous-brigadiers, et de préposés à pied et à cheval.

Pour garder les côtes, des embarcations sont attachées au service des douanes : les équipages sont composés de capitaines, de lieutenants, de patrons, de sous-patrons, de matelots et de mousses.

Le tableau ci-dessous présente le nombre des employés de brigades, ainsi que le traitement qui est affecté à chaque classe d'emploi :

278 Capitaines.	1re classe.	2,400 fr.
	2e classe.	2,200
	5e classe.	2,000
557 Lieutenants	1re classe.	1,600
	2e classe.	1,400
	5e classe.	1,200
5,002 Brigadiers et Sous-Brigadiers, de . . .		700 à 900 fr.
17,185 Préposés de toute classe.		650 à 800
52 Cavaliers de tout grade, de.		700 à 900
595 Patrons et sous-patrons, de		650 à 800
1,414 Matelots, de		650 à 800
4 Employés attachés aux entrepôts intérieurs,		650 à 800

24,865 hommes.   (*Budget des dépenses pour* 1852 *et circ. du* 15 *septembre* 1848, n° 2278).

§ 1er.

SERVICE DES BRIGADES.

19. Les agents attachés au service des brigades sont nommés par le directeur de l'administration à partir du grade de lieutenant, et par les directeurs des départements depuis le grade de brigadier jusqu'à celui de préposé.

sous les ordres du capitaine, le service de sa division : il surveille l'exécution de ce service, surtout la nuit, et le dirige de concert avec les brigadiers.
— Il est spécialement chargé de l'instruction des préposés, et de les éclairer sur tous leurs devoirs.
— Il rend compte au capitaine de toutes ses opérations.
— Il inscrit chaque jour son travail sur un registre particulier, et rédige, tous les trimestres, un rapport général de service. (*Circ.* 3 *février* 1815, — 50 *janvier* 1817, — *et* 10 *avril* 1848.)
— Tous les quinze jours, il a une conférence avec ses collègues. (*Déc. adm.* 51 *décembre* 1849.)

20. Le service des brigades doit être dirigé vers le seul but d'empêcher la contrebande.

On ne peut donner des règles fixes et positives pour l'exécution de ce service; son application varie suivant les localités. Dans les unes, le travail doit consister presque uniquement en observations et patrouilles continues et liées; dans d'autres, le service secret d'embuscade peut prévaloir sur les observations; dans toutes, le service de nuit doit avoir d'autres combinaisons que le travail exécuté de jour.

On peut considérer comme règle générale que le travail journalier des brigades doit être ordonné dans chaque poste pour 24 heures et exécuté par la moitié de la brigade, dont deux sections alternent ainsi chaque deux jours. Ce service doit d'ailleurs être inscrit par le brigadier ou le sous-brigadier sur le registre de Travail, avant son exécution, et signé, au retour, par les préposés qui y ont pris part, après que le chef de service a noté sur le registre ses résultats, qui sont : la découverte des pistes par suite des rebats; — les attaques des fraudeurs; — les saisies; — les tournées des chefs; — et les différents évènements qui peuvent avoir lieu (1).

Il arrive cependant que cette distribution ordinaire du travail doit être changée. Pendant les grands froids de l'hiver et les mauvais temps, les préposés ne pourraient tenir 24 heures consécutives en service; il est nécessaire de les relever souvent. Il est des localités

---

(1) Le service actif se compose :

1. *De la faction*, service journalier et continu qui doit avoir lieu pendant le jour et la nuit.

Le factionnaire reçoit une consigne verbale du chef de service; il doit la transmettre exactement et fidèlement au préposé qui le remplace.

Sous peine d'une punition sévère, il ne peut quitter son poste sous quelque prétexte que ce soit.

Il lui est permis de se mettre à couvert dans la guérite, mais il ne doit user de cette permission que dans un mauvais temps.

2. *De la patrouille*; ce service consiste à se transporter sur la penthière pour observer ce qui s'y passe, à se rendre jusqu'au poste voisin où le chef de patrouille doit mettre un *vu-passer* sur le registre de travail afin de justifier de son exactitude.

3. *De l'embuscade*, service secret et extraordinaire qui n'a lieu que pour surprendre et attendre dans un passage les contrebandiers, ou les individus qui cherchent à éviter la douane.

4. *De la tournée*, qui a pour but, de la part du chef, de s'assurer de la bonne exécution du service, et de prévenir ou réprimer toute tentative de fraude.

5. *Du rebat et du contre-rebat*. (n. 25.)

6. *De l'observation*, qui n'a lieu que de jour, et dont le but est de découvrir et de paralyser les démarches de la fraude.

7. *Et de la correspondance*, qui ne peut servir que pour le service de l'administration, et seulement dans des cas urgents.

découvertes et prêtant peu à la fraude, où le service de jour n'exige pas la moitié de la brigade, tandis que le travail de nuit demande un plus grand nombre de préposés. Toutes ces circonstances réclament la plus grande attention des chefs locaux.

21. La science du service actif consiste à bien connaître le terrain et à étudier la marche de la fraude. Le départ des hommes, leur rentrée, leurs rendez-vous sur le terrain, doivent être variés à l'infini : il en est de même des marches, des contre-marches, des fausses positions, des embuscades, des rebats, des contre-rebats, et des observations. En changeant très souvent la combinaison de ces différents services, on parvient à tromper le fraudeur et même à le décourager entièrement.

Les préposés ne doivent recevoir l'ordre de service que sur le terrain, et à une distance assez éloignée du poste.

Pour ne point donner l'éveil à la fraude, toute trace d'embuscade ou d'observation doit être détruite.

22. Pour rendre plus efficace la police des douanes dans le rayon, l'administration a établi des brigades ambulantes à pied et à cheval. Le travail de ces brigades est généralement indépendant des lieutenants; il est dirigé immédiatement par les capitaines, ou même par les Sous-inspecteurs ou Inspecteurs, selon qu'elles se trouvent à portée de ces différents chefs. Elles servent ainsi à multiplier les moyens de surveillance sur les brigades de ligne dont elles éclairent continuellement le service; elles ont de plus l'avantage d'être toujours prêtes à renforcer, au besoin, les points spécialement menacés par la fraude, sans affaiblir la garde d'aucun; et, enfin, la variété de leur service et leur activité continuelle inquiètent et déconcertent, plus que toute autre chose, le contrebandier, qui ne peut jamais combiner sa marche de manière à être sûr d'échapper au service des brigades intermédiaires lorsqu'il est bien ordonné et fidèlement exécuté.

§ 2.

DU REBAT, DU CONTRE-REBAT ET DES PISTES.

23. Le rebat et le contre-rebat sont le contrôle du service de nuit.

Presque toujours la découverte d'une piste a des résultats intéressants, soit qu'elle conduise au lieu où la fraude a été déposée, soit qu'elle serve à faire connaître les employés qui ont favorisé le passage par infidélité ou par négligence.

Chaque matin, à la pointe du jour, un ou deux préposés, désignés à cet effet par le chef de chaque brigade, doivent en parcourir la penthière dans toute sa longueur, afin de vérifier si elle n'a été traversée la nuit dans aucun point par des bandes de fraudeurs : voilà le rebat. Le contre-rebat se fait par les chefs de poste qui vont eux-mêmes rechercher les pistes sur tout le front de chaque penthière, et s'assurer ainsi de l'exactitude des rebats.

Le devoir des rebatteurs, aussitôt qu'ils découvrent des traces du passage d'une bande, est, s'ils n'ont pas leur brigadier avec eux, et qu'ils ne soient de lui qu'à une petite distance, de l'en informer en toute hâte. Celui-ci doit, sans perte de temps, suivre la piste avec le nombre de préposés nécessaire et prendre des dispositions pour la faire remonter, c'est-à-dire la faire suivre en sens inverse, pour parvenir au point de départ des fraudeurs sur la ligne.

Si des traces découvertes en première ligne indiquent une introduction, la piste conduira sans doute les rebatteurs à portée d'une piste intermédiaire. Alors ils en informeront le brigadier de ce poste, la lui feront reconnaître, et celui-ci devra la suivre jusqu'en seconde ligne, où il la signalera également au chef de poste sur la penthière duquel la bande aura passé; enfin, celui-ci la reprendra et la suivra jusqu'à l'extrémité de sa penthière et jusqu'à ce qu'il la perde. Quand bien même une piste se perdrait sur une penthière, il ne faudrait pas moins qu'elle fût signalée à la brigade suivante, pour qu'elle continuât les recherches.

Le brigadier de première ligne, de retour sur sa penthière, doit prendre connaissance du résultat des recherches que les préposés ont faites après son départ, en remontant la piste jusqu'à l'extrême frontière, et en vérifier l'exactitude.

Si les rebatteurs qui découvrent la piste n'ont pas avec eux le brigadier, ou qu'ils soient éloignés de sa demeure, et plus rapprochés de celle d'un chef de brigade intermédiaire, ils doivent suivre eux-mêmes la piste et aller en informer ce dernier chef, à la charge de rentrer immédiatement à leur poste, et de faire leur rapport à leur brigadier.

L'essentiel est de suivre les pistes avec toute la célérité possible, non-seulement pour empêcher qu'elles ne se perdent par suite du retard, mais pour tâcher d'atteindre la fraude dont elles attestent le passage tout récent.

Qu'il s'agisse d'introduction ou d'exportation, il faut que tout le terrain que la bande a parcouru, et qui est indiqué par la piste, soit parfaitement reconnu, afin de découvrir les entrepôts frauduleux, et de vérifier pourquoi les points par où cette bande s'est dirigée, n'étaient pas gardés, et, dans le cas contraire, pourquoi elle n'a pas été attaquée.

24. Dès qu'une piste est reconnue, le brigadier doit en rendre compte à son lieutenant et à son capitaine, au moyen d'un rapport dont le modèle est imprimé. Il doit s'appliquer à indiquer, dans ce rapport, les suites données à la découverte, en peu de mots, mais clairement, afin de bien faire connaître tout ce qui a été fait par lui et sa brigade, soit lors de l'attaque d'une bande, soit par suite de cette attaque, ou de la découverte d'une piste, et les noms des chefs de poste auxquels la bande ou la piste a été signalée pour la continuation des recherches.

25. A l'appui du rapport dont je viens de parler, les brigadiers doivent donner à leur capitaine les renseignements suivants :

A quelle heure la piste a-t-elle été reconnue? Sur quelle partie de la penthière? Par qui? De combien de pas était-elle composée?

Par qui et par où a-t-elle été remontée?

Par qui a-t-elle été poursuivie? Jusque où? Sous la direction de quel chef?

Par suite de la découverte de la piste, a-t-on fait des visites domiciliaires? Quels motifs ont amené ces visites? Chez qui ont-elles été faites? De quelle autorité était-on assisté?

Des hommes ont-ils été laissés en surveillance? Sur quel point et combien de temps?

Les marchandises ont-elles pénétré? Ont-elles été contenues dans le rayon? Combien de temps? De quelle nature étaient-elles?

La bande était-elle précédée d'espions? Qui en était le chef? Où se dirigeait-elle?

A quelle distance des embuscades la piste a-t-elle été reconnue? Quels employés tenaient ces embuscades? Sont-ils répréhensibles?

Y a-t-il eu attaque?

A quelle heure a eu lieu cette attaque? A quel endroit? A-t-elle été faite avec adresse et avec succès?

Quels sont la nature, le poids ou le nombre des objets saisis?

De combien de fraudeurs était composée la bande? Combien ont été arrêtés? Ces fraudeurs sont-ils en récidive? Quelles sont leurs habitudes et leur moralité?

Quel est le nombre des charges échappées à l'attaque? Quel est leur contenu présumé? Où étaient-elles conduites?

L'affaire est-elle le résultat des bonnes dispositions du service? Est-elle due à un avis direct ou indirect?

Tous ces renseignements, applicables aussi bien aux saisies qu'aux pistes, doivent être pris avec la plus scrupuleuse exactitude : il faut se garder d'accueillir à la légère ceux qui ne paraîtraient pas fondés.

26. En cas de piste, le lieutenant doit se rendre sur les lieux, et réunir, selon la force probable de la bande, le nombre de préposés jugé nécessaire pour faire face aux événements. Un rendez-vous doit lui être assigné par le brigadier qui y laissera un ou deux hommes, pour le mettre de suite sur la voie de ceux qui poursuivent la piste.

La persévérance dans les recherches pouvant amener de bons résultats, il faut les pousser aussi avant que possible.

27. Chaque événement doit être constaté au registre spécial.

§ 3.

ADMISSION ET RECRUTEMENT.

28. Les limites extrêmes de l'âge de l'admission dans les brigades sont, dans toutes les Directions, 25 ans pour les postulants n'ayant pas été militaires, et 29 ans pour ceux comptant des services à l'armée ou dans la marine, sans qu'il soit indispensable que ces derniers se trouvent encore dans l'année même de leur congé.

Les sous-officiers ayant contracté un réengagement, présentés à l'administration par les ministères de la guerre et de la marine, sont, dès-lors, les seuls qui puissent être admis dans les brigades jusqu'à l'âge de 33 ans.

Les anciens militaires et marins de l'État, qu'ils soient gradés ou non, ne pourront être exclus pour défaut de taille : les aspirants aux places de matelots sont également admissibles pourvu qu'ils aient 1 mètre 560 millimètres.

Pour les postulants qui n'ont pas été militaires, le minimum de la

taille est fixé à 1 mètre 624 millimètres (5 pieds). Quant aux demi-soldes (voir le n° 54), ce minimum, en vue de leur croissance ultérieure, peut, sans inconvénient, être abaissé à 1 mètre 600 millimètres (4 pieds 11 pouces). (*Circ. n° 2360*).

Les postulants illettrés doivent être absolument repoussés des cadres : il est seulement admis qu'à cet égard, il y ait quelque tolérance pour les sujets destinés à servir comme simples marins à bord des embarcations. Mais, pour la police du rayon sur les frontières, comme pour les grands ports, il est de toute nécessité que les préposés sachent lire et écrire : cette condition, absolue pour les anciens militaires, comme pour les autres, a d'ailleurs pour effet d'accroître le nombre possible des bons sous-officiers. (*Circ. n° 2360*).

Parmi les candidats qui se présentent, le choix doit nécessairement tomber sur ceux qui offrent les meilleures conditions d'aptitude dans l'intérêt du service. A mérite égal, les anciens militaires doivent obtenir la préférence.

Les hommes mariés sont écartés du recrutement. Les sujets nouveaux n'étant, pendant la première année de leur admission, considérés que comme placés à l'essai (n° 55), ne peuvent produire de demande en mariage que dans le courant de la deuxième année. (*Circ. n° 2360*).

29. Les pièces à produire pour être admis sont les suivantes :

1° Acte de naissance dûment légalisé ;

2° Certificat de moralité, aussi légalisé ;

5° Certificat d'un médecin, avec les observations du capitaine et l'avis de l'inspecteur ;

4° Certificat constatant que le postulant est libéré du service militaire, — ou congé avec certificat de bonne conduite, délivré par les chefs du corps.

30. Il est justifié de la visite du médecin par la production d'une feuille individuelle sur laquelle le capitaine et l'inspecteur donnent leur avis personnel, à la suite du certificat du médecin, sur la complexion apparente du postulant, sur son instruction, sur le degré d'intelligence qu'il annonce, et, autant que possible, sur les garanties de moralité qu'on peut trouver dans ses relations, ses habitudes et sa position antérieure.

Tout homme susceptible d'être exempté ou réformé du service militaire, doit, par cela même, être réputé inhabile à servir dans la partie active. *(Circ. 2360)*.

31. Les nouveaux admis, à l'exception des sous-officiers *(voir le n°* 33), sont tenus de verser, à titre de première mise de masse, une somme de soixante francs, au moyen de quoi on leur fournit les objets les plus indispensables pour faire le service, à savoir une casquette-phécy, une capote et un mousqueton. *(Circ. n°* 2360).

32. Les postulants, dirigés d'une direction dans une autre, sont, avant d'être mis en mouvement, examinés dans la direction qui les fournit.

Ceux qui demandent à rentrer dans la direction d'où ils sont sortis, ne peuvent y revenir qu'après cinq ans d'exercice au moins.

33. Les sous-officiers qui sont désignés par le ministre de la guerre pour le service des douanes, sont appelés, dès leur début, dans une brigade de ville ou ambulante. Les états de présentation qu'il en fait indiquent l'époque de leur libération, la contrée où ils désirent être placés, et donnent l'assurance qu'ils n'ont aucune infirmité, apparente ou cachée, qui les empêche de reprendre ou de continuer le service. Les vacances leur sont réservées de préférence à tous autres candidats.

Il est pourvu aux frais de leur premier établissement au moyen du prélèvement, en leur faveur, d'une somme de cent francs sur le fonds de 2000 fr. ouvert, à cet effet, au budget. Sur ces cent francs, 60 fr. sont versés à titre de première mise de masse, et les 40 fr. restants leur sont comptés à leur arrivée au poste qui leur est assigné, pour qu'ils puissent vivre en attendant la solde de leur second mois d'exercice.

34. Les fils de préposés, ayant au moins 18 ans, et possédant le zèle et les forces nécessaires pour se rendre utiles à l'administration, peuvent être nommés à demi-solde, *(voir le n°* 28, § 4). Ils sont ordinairement placés dans le même poste que leur père, et ils sont commandés, pour le service, de manière à ce qu'ils n'aient jamais à signer, en second, des procès-verbaux de saisie.

35. Pendant la première année de leur admission, les sujets nouveaux ne doivent se considérer que comme placés à l'essai, car rien ne milite en faveur des préposés auxquels on a à reprocher, dès leur début.

des écarts de conduite, de la paresse, ou de l'insubordination. Ces mauvais penchants, s'ils se reproduisent dans les premiers temps de l'admission, ne font que s'aggraver ensuite. Il est donc nécessaire de purger tout d'abord les brigades de ceux qui y sont enclins.

§ 4.

AVANCEMENT.

36. Pour être pourvu d'une place de *Sous-brigadier*, il faut avoir servi 5 mois au moins comme simple préposé (*voir le n° 129*).

Le grade de *Brigadier* ne peut être conféré qu'après six mois d'exercice dans celui de sous-brigadier.

Les candidatures pour ces deux grades sont établies par les capitaines dans leurs états semestriels de signalements, et c'est parmi ces candidats ainsi désignés que les inspecteurs choisissent ceux qu'ils présentent pour remplir les vacances qui surviennent.

37. Les brigadiers qui ont rendu d'utiles services, — qui ont une bonne conduite, — un degré convenable d'aptitude, — de la fermeté dans le commandement, — et qui se sont usés dans la partie active, peuvent être admis dans les bureaux; mais, sauf des circonstances tout-à-fait exceptionnelles, ils ne doivent prétendre à cette faveur qu'après dix années consécutives de grade.

Le brigadier qui, après avoir perdu son grade, l'a ensuite recouvré, ne peut compter dix ans de grade que de l'époque de sa réintégration.

Les sous-officiers sortis de l'armée qui se distinguent par leur dévouement et leur instruction, ont toujours, à mérite égal, la préférence sur leurs concurrents pour les emplois de sous-brigadiers et de brigadiers.

Le brigadier ne peut passer *Lieutenant* qu'après deux années au moins d'exercice.

§ 5.

ATTRIBUTIONS DES PRÉPOSÉS. (1)

38. Le préposé, le cavalier et le matelot sont de simples agents

---

(1) Pour les capitaines et les lieutenants, *voir le numéro 18, en note.*

d'exécution, et, dès-lors, ils sont irréprochables quand ils font ponctuellement, uniquement et fidèlement le travail qui leur a été commandé.

39. Le sous-brigadier commande une division de la brigade et surveille les préposés en faisant avec eux le service qu'il leur a ordonné lui-même, ou qui a été prescrit par le brigadier auquel il est en tout subordonné : il est responsable de l'exécution du service de la division qu'il commande : il rédige l'état de dizaine qui comprend les heures de travail de chaque préposé.

40. Le brigadier dirige tout le service de la brigade sous la surveillance du lieutenant. Comme le sous-brigadier, il partage le travail de la division avec le préposé qui est de service avec lui, et il répond de l'exécution de son travail, mais, de plus, il doit compte des motifs du service ordonné ou approuvé par lui pour toute la brigade.

Il tient un carnet spécial pour l'emploi des sommes à lui remises à titre d'allocation pour bois et lumière. *(Circ. n° 1573).*

41. Les chefs de service, c'est-à-dire le brigadier et le sous-brigadier (1), doivent :

Commander les préposés avec douceur, mais avec fermeté ; — être avares de punitions ; — relater avec exactitude le travail au registre de Travail, donner lecture de son exécution avant de le faire signer ; — distribuer ce travail de manière que ceux qui y prennent part ne soient pas plus chargés les uns que les autres ; — ne point permettre que les préposés s'absentent du poste, excepté pour aller au marché chercher des vivres, et dans d'autres cas d'une nécessité aussi indispensable ;— n'avoir, à cet égard, aucune préférence ; et constater les absences sur le registre de travail ; — ne cacher aucune piste ; — ne se livrer à aucune occupation étrangère à leurs fonctions ; — être exacts à rendre compte au Lieutenant des manques de subordination, et de tout autre défaut des préposés ; — s'occuper à la découverte des abus, et à la répression des contraventions ; — chercher à se procurer des indications pour parvenir à cette répression ; — étudier la marche et les manœuvres des fraudeurs, et, à cet effet, chercher à connaître parfaitement toute

---

(1) Le brigadier et le sous-brigadier, ne doivent, dans aucun cas, être employés à un travail de bureau. *(Déc. 3 mars 1849, et 31 octobre 1850.)*

leur penthière ; — transcrire exactement au registre d'ordre les circulaires qui leur sont adressées, en donner la lecture et l'explication aux préposés ; — enfin, exécuter ponctuellement et avec intelligence le travail prescrit, et montrer, dans les attaques, de la hardiesse et du courage, mais jamais d'imprudence.

§ 6.

PRÉROGATIVES DES EMPLOYÉS.

42. Les employés sont sous la sauve-garde spéciale de la loi ; il est défendu à *toute* personne de les injurier ou maltraiter, et même de les troubler dans l'exercice de leurs fonctions (1). (*V. les n*os 2659 *et suivants*).

Les commandants militaires, les préfets, sous-préfets, maires ou adjoints, sont tenus de leur faire prêter main-forte, à la première réquisition, sous peine de désobéissance.

43. Quand, par suite de rassemblements ou d'attroupements, un préposé a été pillé, maltraité, ou homicidé, tous les habitants de la commune sont tenus de lui payer, ou, en cas de mort, de payer à sa veuve et à ses enfants des dommages-intérêts.

44. Les préposés ont, pour l'exercice de leurs fonctions, le port d'armes à feu et autres.

Dans les villes de guerre, ils reçoivent de l'autorité militaire communication du mot de *ralliement*, afin qu'ils puissent, dans l'intérêt de leur surveillance, circuler librement, de jour et de nuit, et sur les remparts et aux abords de ces places. Quand ils veulent pénétrer dans les fortifications, ils doivent être porteurs de leur commission et revêtus de leur uniforme.

45. Les employés, jusqu'au grade de brigadier inclusivement, sont

---

(1) Les préposés sont dans l'exercice de leurs fonctions :

1. Quand ils sont en embuscade, en tournée, ou en observation, pour empêcher l'introduction des marchandises prohibées. (*Arr. de cass.* 15 janvier et 23 avril 1807.)

2. Quand ils procèdent, à la requête du ministère public, à l'arrestation d'un individu condamné à une peine d'emprisonnement. (*Arr. cass.* 26 décembre 1859.)

3. Quand ils se rendent au poste de service qui leur a été assigné. (*Arr. cass.* 21 novembre 1834.)

4. Même après qu'ils ont terminé une visite, ou qu'ils ont procédé à une saisie. (*Arr. cass. des* 31 janvier 1840 *et* 7 septembre 1850.)

exempts des charges des communes, de la contribution personnelle et des taxes locales. Ils sont dispensés du service personnel de la garde nationale sédentaire; exempts des frais de casernement des troupes, ils ne peuvent être tenus à aucune fourniture relative à cet objet. (*Cir. du 27 juillet 1804, et lettre de l'administration du 5 août 1833*).

Tout douanier, requis par l'autorité militaire pour être employé à l'intérieur ou à l'extérieur comme auxiliaire de la force publique pour le maintien de l'ordre, a droit : — aux prestations en nature ; — au logement; — aux indemnités pour perte de chevaux et d'effets ; — et à la solde pour les journées d'hôpital. (*Ordonnance du 31 mai 1831. — Circ. n° 1268, — et décret du 4 juin 1832, circ. du 18 juillet 1852.*)

La retenue opérée sur la masse d'un préposé lui est intégralement remboursée quand il est licencié pour cause d'incapacité physique. (*Cir. n° 1195.*)

Tous les employés sont exempts du droit de péage pour passages d'eau, de ponts ou de bacs. Une clause spéciale doit, à cet effet, être insérée dans le cahier des charges, surtout en ce qui concerne le passage de nuit. (*Circ. n° 2282*).

46. Les préposés devant donner tout leur temps à l'exercice de leurs fonctions, ils ne peuvent être détournés, par l'autorité constituée, du service constamment actif pour lequel ils sont commissionnés et salariés par le gouvernement : cependant, ils doivent servir les intérêts de l'Etat toutes les fois qu'ils peuvent le faire sans se distraire des fonctions qui leur sont spécialement confiées.

47. Ils peuvent faire, pour raison des droits de douanes, et pour les affaires contentieuses, tous exploits et autres actes de justice que les huissiers ont accoutumé de faire. (*V. le n° 2856*).

48. En raison de leur embrigadement et des différents services auxquels ils sont appelés, ils font nécessairement partie de la force armée.

49. Les procès-verbaux qu'ils rédigent font foi jusqu'à inscription de faux : ils ne doivent être cités pour témoigner des faits constatés par leurs rapports, que lorsqu'il n'y aurait absolument aucun autre moyen d'obtenir les éclaircissements dont les tribunaux auraient besoin. (*V. n° 2712.*)

50. Ils ne peuvent être poursuivis, pour des faits relatifs à leurs

3

fonctions, qu'en vertu d'une décision du conseil d'État : cependant les directeurs peuvent autoriser leur mise en jugement.

51. Il leur est alloué une prime ou gratification : (*V. n°s 2379 à 2409*).

1° Quand ils saisissent plus de dix mètres de tissus, soit en longueur, soit en carré, pourvu que la valeur ne soit pas au-dessous de 7 fr. 50 c. (C'est le chiffre du minimum de la prime accordée, augmenté de la plus-value de la marchandise sur le territoire français.)

2° Quand cette même marchandise, toujours s'il s'agit de tissus ou d'étoffes, mesure seulement 10 mètres ou moins, soit en longueur, soit en carré, pourvu que la valeur en France soit d'au moins 45 fr. (C'est le chiffre du maximum de la prime, accru comme il vient d'être dit au paragraphe précédent).

3° Quand cette même marchandise, si elle consiste en d'autres articles que des tissus ou étoffes, pèse plus de 5 kilogr., *quelle que soit sa valeur*.

4° Quand cette même marchandise calculée au poids, bien que ne pesant que 5 kilogr., ou moins, a pourtant en France une valeur qui n'est pas inférieure à 45 fr.

5° Dans le cas de saisie d'articles d'horlogerie et de bijouterie, d'aiguilles ou d'autres produits qui, sous un poids restreint, peuvent avoir une certaine valeur, la prime peut également être allouée, lorsque la quotité du droit d'entrée sur les objets repris au procès-verbal, atteint au moins, en principal et décime, le chiffre de 7 fr. 50 c.

La valeur à arbitrer des objets, lorsqu'il y a lieu de recourir à cette appréciation, est fixée de concert avec le capitaine et le receveur de la localité, contrôlée et certifiée par l'inspecteur, et soumise par le directeur à l'examen et à la ratification de l'administration.

(*Nota.*) La destruction ou la spoliation, dans l'attaque, par les fraudeurs, des objets dont l'introduction était tentée, n'empêche pas la prime d'être acquise aux saisissants. (*Circ. du 12 juin 1844, n° 2025*).

Si les préposés capturent des porteurs de poudre ou de tabac, il leur est alloué une prime de 15 fr. par chaque individu. — Ils reçoivent une gratification de 25 fr. s'ils arrêtent un déserteur. — La saisie qu'ils font d'une personne en vertu d'un mandat d'arrêt, donne lieu, à leur profit, à une gratification de 12 fr. — Enfin, dans quel-

qués directions, il leur est alloué une prime de 5 fr., quand ils prennent ou abattent un chien chargé de fraude.

52. Ils peuvent s'absenter de leur poste au moyen d'un congé : quand ce congé n'excède pas neuf jours, il n'entraîne aucune perte d'appointements.

Tout employé, jusqu'au grade de brigadier inclusivement, auquel les eaux thermales sont ordonnées, conserve la jouissance entière de ses appointements pendant la durée de son séjour aux eaux, et pendant le temps jugé nécessaire pour s'y rendre et pour en revenir. La durée du séjour aux eaux doit être attestée par des certificats authentiques qui sont produits à l'appui des états mensuels des congés. — Il en est de même pour celui qui se fait transporter dans un hôpital pour cause de maladie.

53. Tous les employés portent un uniforme. — Ils sont organisés militairement. A partir de leur mise en activité, les lois et règlements qui régissent l'armée leur sont applicables, mais ils sont libres de quitter le service en donnant leur démission. — Ils ont droit à une retraite qui est reversible sur leurs veuves s'ils ont compté 25 ans de services civils, ou s'ils sont morts dans une attaque, ou s'ils ont contracté de graves infirmités dans l'exercice de leurs fonctions.

Dans certains endroits, les préposés sont casernés (1). — Partout un service de santé est organisé en leur faveur, — et, pour subvenir à leurs frais d'équipement, on fait, sur leurs traitements, des retenues mensuelles qui sont versées à la masse commune.

Il est établi des conseils d'enquête en faveur de ceux qui ont commis des fautes de nature à entraîner la révocation ou la dégradation. Aussi tout chef divisionnaire appelé à émettre son opinion sur une de ces fautes, ne doit le faire qu'après avoir procédé à une information préalable sur les lieux, et après avoir entendu l'employé contre lequel une plainte a été portée.

Toute demande de dégradation ou de révocation doit faire l'objet d'un rapport écrit, dressé par le chef immédiat de l'employé inculpé. Ce rapport, appuyé des interrogatoires qui doivent être rédigés par

_____

(1) Le préposé qui tient l'ordinaire n'est pas soumis à la licence de la régie. (Circ. n, 1076).

écrit, et de l'avis motivé des chefs intermédiaires, est transmis à l'inspecteur, qui le fait parvenir au directeur, en y ajoutant ses observations et ses conclusions. Mis ensuite en demeure de statuer, le directeur provoque de nouvelles explications si sa religion n'est pas suffisamment éclairée, et, s'il prononce la dégradation ou la révocation, sa décision doit en rappeler assez explicitement les motifs, pour que, au moyen d'une ampliation qui lui en est remise, à titre de notification, l'agent qu'elle concerne soit bien fixé sur la cause de la mesure de sévérité dont il est l'objet. Cet agent a le droit de recourir à l'administration, qui prescrit, s'il y a lieu, un supplément d'information, et rend, comme conseil de révision, un jugement définitif.

§ 7.

OBLIGATIONS DES EMPLOYÉS.

54. Avant d'entrer en exercice, tous les employés doivent prêter serment de remplir avec exactitude et probité les fonctions qui leur sont confiées. Cette prestation de serment est soumise à un droit d'enregistrement de trois francs : elle est valable pour tout le temps où l'employé reste en exercice, même lors qu'après un surnumérariat il passe dans les bureaux. (*V. le n°* 74).

Il leur est défendu, sous peine de la dégradation civique, de recevoir toute récompense, gratification ou présent, qui leur serait offert dans le but de les détourner de remplir leurs fonctions avec loyauté : sous la même peine, il leur est également défendu d'agréer des offres ou promesses, ou de recevoir des dons ou présents pour faire un acte de leurs fonctions, même juste, mais non sujet à salaire.

Sous la peine des fers, il leur est interdit de faire ou de favoriser la contrebande. (*V. n°s* 2684 *à* 2690).

55. Les préposés doivent toujours être porteurs de leur commission : ils sont tenus de l'exhiber à la première réquisition qui leur est faite.

56. Tout employé révoqué est tenu de rendre sa commission et ses armes à son capitaine. Il doit retourner dans le domicile qu'il avait dans le rayon avant d'entrer au service, ou quitter ce même rayon pendant cinq années, et cela sous peine d'être traduit devant les tribunaux et placé sous la surveillance de la haute police.

57. Dans leurs moments de loisir, les préposés doivent chercher à s'instruire en lisant les instructions, en prenant des notes, et en s'appliquant à bien rédiger un rapport.

Avant tout, ils doivent être subordonnés et discrets; leur conduite doit toujours être régulière.

Je ne saurais trop leur recommander d'apporter, dans leurs relations avec le public, beaucoup de douceur et de modération.

Comme tout leur temps appartient à l'administration, ils ne peuvent l'employer à des occupations étrangères au service; ils doivent dès-lors éviter les jeux publics et les cabarets, et ne se livrer à aucun acte de chasse, de pêche, ou de commerce.

Ceux qui ont le désir de bien faire, se tiennent dans leurs logements ou ne s'en écartent jamais. Ils sont, ainsi, toujours prêts à exécuter les ordres qu'ils doivent recevoir à domicile, et réparent, par un sage repos, les forces qu'ils ont perdues sur le terrain.

Quand, n'étant pas de service, les préposés sortent de leur logement pour aller à l'ordre, ils doivent être propres, porter des bas ou des guêtres, et avoir la barbe fraîchement coupée.

S'ils accompagnent un chef en tournée, ils doivent prendre la tenue de ce chef. S'ils se rendent à la résidence du capitaine ou de l'inspecteur, ils doivent être en uniforme et se présenter devant ces chefs pour recevoir leurs ordres.

58. Aucun employé ne peut s'absenter de sa résidence pour une cause étrangère au service dont il est chargé, ni interrompre l'exercice de ses fonctions, pour quelque motif que ce soit, s'il n'en a reçu préalablement l'autorisation; et ce, sous peine d'être réputé démissionnaire, et, comme tel, rayé des cadres, ou privé de son traitement pour un temps double de celui pendant lequel il se sera absenté. — Il peut arriver cependant qu'un préposé tombe malade dans le cours de l'exécution de son service, et soit obligé de quitter l'observation ou l'embuscade; dans ce cas, l'homme qui l'accompagne devrait le reconduire à sa résidence, et prévenir de suite le chef de poste qui aviserait au moyen d'assurer le service.

59. Les préposés qui ont contracté des dettes sont tenus de les acquitter. Ils se libèrent de deux manières : ou bénévolement, ou forcément. Dans le premier cas, ils consentent des retenues qui sont faites par les

capitaines sur leurs traitements et leurs parts de saisies ; dans le second cas, leur traitement seul est saisissable jusqu'à concurrence du cinquième, et ce jusqu'à l'entier acquittement des créances. — Quand ils quittent l'administration, leurs parts de saisies ou de primes, l'actif de leur masse, peuvent, comme leur traitement, être appliqués à l'extinction de ces dettes.

60. Quand les préposés obtiennent des avis, ils sont tenus de faire connaître le nom des indicateurs au capitaine ou à l'inspecteur.

61. Ils ne doivent jamais exercer envers les personnes des violences ni des voies de fait sans motif légitime ; mais dès qu'ils sont attaqués, ils sont en droit de repousser la force par la force.

Dans les dangers de la patrie et aux signaux d'alarme, ils sont tenus de se rendre sur-le-champ chez leur brigadier pour y attendre ses ordres, ou ceux émanés des chefs.

Ils doivent se garder de commettre des abus d'autorité contre les particuliers, en s'introduisant dans leur domicile, — soit contre leur gré, — soit à l'aide de menaces ou de violences, — soit enfin hors les cas prévus par la loi et sans les formalités qu'elle a prescrites.

62. Les préposés concourent non-seulement à la répression des délits de douanes, mais ils doivent encore réprimer les contraventions et les délits dont la poursuite appartient plus spécialement à d'autres administrations et qui concernent ; les boissons ; — les cartes à jouer ; — les armes de guerre ; — les tabacs de la régie ; — les lettres et journaux ; — les naufrages ; — et la police sanitaire.

Ils concourent également à l'arrestation des déserteurs, des brigands et autres individus frappés de mandats d'arrêts.

Ils conduisent devant les autorités locales les individus frappés de mandats d'arrêts ; — ceux qui, soumis à la formalité du passeport, n'en sont pas munis ; — et ceux qui débarquent furtivement sur les côtes sans y être contraints par des circonstances de force majeure,

Ils arrêtent encore et constituent prisonniers : ceux qui font partie des attroupements dont le but est le pillage des bureaux ; — ceux qui font acte de rébellion et se portent à des voies de fait graves ; — ceux qui ont falsifié des expéditions de douanes ; — ceux qui colportent des cartes à jouer, des poudres et salpêtres, des tabacs de la régie, des armes de guerre ou défendues ; — et tous les individus qui importent

frauduleusement des marchandises prohibées ou taxées à plus de 20 francs les 100 kil. Dans tous les autres cas, ils doivent respecter la liberté individuelle.

63. Les agents du service actif, jusques et y compris les brigadiers, ne peuvent se marier qu'avec l'autorisation du directeur.

Cette autorisation, qui est demandée par l'intermédiaire des chefs locaux, est refusée s'il s'agit d'une alliance nuisible ou déshonorante pour l'employé, ou s'il veut s'unir à une famille dont la position ou les habitudes pourraient être ou devenir pour le service une cause soit de dommage, soit d'inquiétude fondée.

En cas de refus, le directeur doit rendre immédiatement compte de sa décision à l'administration.

L'employé qui se marie doit, dans les quinze jours de la célébration de son mariage, produire un extrait de l'état civil qui le constate. Cet extrait est conservé à la direction et classé dans le dossier de l'employé. (*Circ. n° 1943.*)

Section II.

DES BUREAUX.

---

§ 1er

COMPOSITION DES BUREAUX.

64. Les bureaux sont, suivant leur importance, composés de Receveurs principaux ou particuliers, d'Inspecteurs ou de Sous-Inspecteurs sédentaires, de Contrôleurs, de Vérificateurs ou Visiteurs, de Commis principaux et de Commis. (*Loi 1er mai 1791, art. 8, et circ. n° 1773).*

65. Le traitement de chaque classe pour les Inspecteurs, Sous-Inspecteurs et Receveurs principaux, est attaché aux personnes, et non aux résidences. (*Décret du 7 juin 1849, art. 5*).

66. Les deux tableaux suivants présentent le nombre et le traite-

ment des divers agents des Douanes. (*Circ. n° 2278 , budget des dépenses pour 1852 et décret du 30 décembre 1851*), ainsi que la composition des Directions et des Inspections dans le service des Douanes.

TABLEAU

Du nombre et des traitements des divers Agents des Douanes.

ADMINISTRATION CENTRALE.

1 DIRECTEUR-GÉNÉRAL.	. . . .		24,000 fr.
6 ADMINISTRATEURS.	. . . .		12,000

22 CHEFS DE BUREAUX.	1re classe.	9,000
	2e id.	8,000
	3e id.	7,000
	4e id.	6,000

28 SOUS-CHEFS DE BUREAU.	1re classe.	5,500 fr.
	2e id.	5,000
	3e id.	4,500
	4e id.	4,000

138 COMMIS DE TOUTE CLASSE.	de 1,000 à 5,500
20 GARDIENS DES BUREAUX.	de 1,000 à 1,400

SERVICE ADMINISTRATIF ET DE PERCEPTION DANS LES DÉPARTEMENTS.

29 DIRECTEURS.	1re classe.	12,000 fr.
	2a id.	10,000
	3e id.	9,000
	4e id.	8,000

88 INSPECTEURS.	1re classe.	6,000
	2e id.	5,000
	3e id.	4,500

76 SOUS-INSPECTEURS.	1re classe.	3,500
	2e id.	3,000
	3e id.	2,500

187 commis de direction.	1re classe.	5,000
	2e id.	2,500
	5e id.	2,200
	4e id.	2,000
	5e id.	1,800
	6e id.	1,600
	7e id.	1,400
	8e id.	1,200
	9e id.	1,000
784 comptables, receveurs principaux et particuliers.	1re classe.	6,000
	2e id.	5,000
	5e id.	4,500
	4e id.	4,000
	5e id.	3,500
	6e id.	3,000
	7e id.	2,500
	8e id.	2,400
	etc. à	1,000
85 contrôleurs.	1re classe.	3,000
	2e id.	2,800
	3e id.	2,600
	4e id.	2,400
678 vérificateurs et visiteurs.	1re classe.	2,400
	2e id.	2,200
	3e id.	2,000
	4e id.	1,800
	5e id.	1,600
	6e id.	1,400
	7e id.	1,200
	8e id.	1,000
621 commis de toute classe.	1re classe.	2,200
	2e id.	2,000
	3e id.	1,800
	4e id.	1,600
	5e id.	1,400
	6e id.	1,200
	7e id.	1,000

(Voir le n° 18 pour les brigades).

TABLEAU GÉNÉRAL
des Directions et des Inspections des Douanes.

DIRECTIONS.	INSPECTIONS.
Dunkerque.	Dunkerque.
	Hazebrouck.
Lille.	Orchies.
	Le Quesnoy-sur-Deule.
	Lille.
Valenciennes.	Valenciennes.
	Avesnes.
	Bavay.
Charleville.	Hirson.
	Rocroy.
	Sedan.
Metz.	Montmédy.
	Thionville.
	Bouzonville.
	Sarreguemines.
	Bitche.
Strasbourg.	Wissembourg.
	Strasbourg.
	Schélestadt.
Colmar.	Mulhouse.
	Delle.
Besançon.	Montbéliard.
	Morteau.
	Pontarlier.
Bourg (Nantua). . .	Morez.
	Bellegarde.
	Belley.
Grenoble.	Pont-de-Beauvoisin.
	Le Touvet.
	Tencin.
Digne.	Briançon.
	Barcelonnette.
	Entrevaux.

DIRECTIONS.	INSPECTIONS.
Toulon.	Antibes. Saint-Tropez. Toulon.
Marseille.	Arles. Martigues. Marseille.
Montpellier. . . .	Agde. Aigues-Mortes. Cette.
Perpignan. . . .	La Nouvelle. Céret. Olette.
Tarbes.	Saint-Girons. Arreau.
Pau (Bayonne). . . .	Oléron. Ustaritz. St-Jean-Pied-de-Port. Bayonne.
Bordeaux.	La Teste. Bordeaux. Libourne.
La Rochelle. . . .	Marennes. La Rochelle. Rochefort.
Napoléon-Vendée. . .	Les Sables. Beauvoir.
Nantes.	Paimbœuf. Guérande. Nantes.
Vannes. (Lorient). . .	Vannes. Port-Louis.
Brest.	Concarneau. Crozon. Brest. Morlaix.

DIRECTIONS.	INSPECTIONS.
Saint-Brieuc (St.-Malo).	Tréguier.
	Saint-Brieuc.
	Saint-Servan.
Saint-Lô (Cherbourg). .	Granville.
	Portbail.
	Cherbourg.
Caen.	Caen.
	Honfleur.
Rouen	Rouen.
Le Havre.	Le Havre.
	Dieppe.
Bastia.	Bastia.
	Ajaccio.

DIRECTIONS SPÉCIALES DES DOUANES.

DIRECTIONS.	INSPECTIONS.
BOULOGNE.	Saint-Valery-sur-Somme.
	Boulogne.
	Calais.
PARIS.	Paris.
ALGER.	Alger.
	Oran.
	Bône.

§ 2.

ATTRIBUTIONS DES EMPLOYÉS.

RECEVEUR PRINCIPAL.

67. Les attributions du Receveur-principal varient suivant les localités.

Dans les douanes de première classe qui ont un inspecteur sédentaire, le receveur-principal, entièrement livré au travail de sa recette, ne prend aucune part aux autres opérations du bureau que cet inspecteur dirige et surveille à sa place.

Dans les autres douanes, tout le travail est sous la surveillance du receveur qui en est le premier chef, excepté, toutefois, de celui de la visite. A ce titre, il est libre, quand le travail l'exige, d'occuper à ses différentes parties toutes les classes d'employés de ses bureaux, sans égard à la nature spéciale de leurs attributions. Celles du receveur-principal sont essentiellement — de centraliser les recettes et les états de tous les bureaux de sa principalité, — d'en payer toutes les dépenses, — de faire les versements de fonds, — de former les états et comptes périodiques, — de suivre les affaires contentieuses, — et de correspondre avec le Directeur pour tout ce qui a rapport à la perception, à la comptabilité, et au contentieux, dans son propre bureau et ceux de sa principalité.

Le receveur-principal est, comme le dit M. du Mesnil, le mandataire né de l'administration, qui fait toujours élection de domicile chez lui, ainsi que le porte l'intitulé de touts les procès-verbaux et autres actes de procédure : — En fait de douanes, il doit tout savoir.

Son premier chef est l'Inspecteur qui a droit non-seulement de le vérifier, mais aussi de lui donner des ordres, seulement, toutefois, pour les objets qui se rattachent à l'exécution d'autres ordres généraux déjà donnés ou par l'administration ou par le directeur. *(L. 1er mai 1791, arr. du 3 floréal an 3, et circ. n° 247.)*

A moins de circonstance tout-à-fait exceptionnelle, il ne doit pas se déplacer pour aller faire une vérification dans un bureau subordonné. *(Ad^{on} 23 juin 1833.)*

Aux termes de la décision ministérielle du 14 août 1828, il est tenu de se présenter, après sa nomination, au préfet ou au sous-préfet dans l'arrondissement duquel il doit exercer, pour faire à ce magistrat la déclaration de son titre, de l'objet de sa commission, et être ainsi officiellement accrédité avant d'entrer en fonctions.

D'après la même décision, il est aussi tenu de donner à l'autorité supérieure tous les renseignements qu'elle pourrait désirer d'obtenir à l'égard des employés placés sous ses ordres. *(Circ. n° 1121.)*

Il ne peut notifier un congé à un agent de la visite, sans s'en être entendu préalablement avec le sous-inspecteur, seul juge de l'opportunité de laisser partir un employé placé spécialement sous son contrôle. (*Déc. adm. 6 oct. 1841*).

RECEVEUR PARTICULIER.

68. La hiérarchie et la composition des bureaux particuliers sont les mêmes que celles des bureaux principaux, avec cette seule différence que le Receveur-particulier, surveillé par le Sous-inspecteur et par l'Inspecteur, est placé sous les ordres du Receveur-principal avec lequel il correspond, et auquel il compte de la totalité de ses recettes et de ses dépenses. (*Cir. 247*).

Dans les bureaux subordonnés où il existe un Sous-inspecteur sédentaire, le Receveur est indépendant de ce chef pour les actes de sa gestion personnelle qui entraînent à sa charge une responsabilité positive. (*Ad*on. *4 juillet 1827.*)

Le Capitaine n'est point le chef du Receveur-particulier : il peut, il est vrai, voir ses registres à titre de renseignement, mais il ne doit jamais les viser. (*Cir. du 3 février 1815, et Adm*on *20 avril 1822.*)

SOUS-INSPECTEUR SÉDENTAIRE.

69. Le Sous-inspecteur sédentaire est indépendant du Receveur-principal, mais il n'est pas son supérieur ; il n'a que le droit de vérifier toutes ses écritures et ses registres de recettes, et de viser ses pièces de dépenses. Il n'a également que le droit de surveillance sur tous les employés du bureau autres que les visiteurs dont il est le chef direct et immédiat : à ce titre, il distribue, surveille leur travail, et assiste, autant que possible, aux vérifications. Il cote les visiteurs à peu-près chacun à leur tour : quand il veut procéder à une visite, il ne peut le faire seul, il doit être assisté d'un vérificateur dont il partage alors la responsabilité. Lorsqu'il fait une contre-visite, il doit la constater sur le carnet de l'employé qu'il contrôle. (*Circ. no 247, et adm. 8 janvier et 13 octobre 1855.*)

CONTRÔLEURS.

70. Autant que possible, les contrôleurs sont placés à la tête d'une section de travail : tout en demeurant chargés de la principale branche

des opérations suivies dans leur section , ils en dirigent l'ensemble sous leur responsabilité.

Les chefs des grandes douanes ne consultent , pour affecter les contrôleurs à tel ou tel service , que leur degré d'aptitude et les besoins du moment, sauf , toutefois , à prendre l'attache du directeur qui aurait lui-même à en référer préalablement à l'administration , lorsqu'un changement de section entre les contrôleurs devrait avoir pour résultat de priver quelqu'un des employés de ce grade soit du logement , soit de tout autre avantage attaché aux fonctions qu'on lui retirerait.

Le chef de bureau met sous les ordres de chacun des contrôleurs le nombre nécessaire de commis.

Les contrôleurs sont appelés , à charge par eux de rendre compte à qui de droit, à lever les difficultés de détail qui naissent dans le courant du travail. *(Circ. n° 1773.)*

VÉRIFICATEURS ET VISITEURS,

71. Les vérificateurs sont placés dans les bureaux principaux et les visiteurs dans les bureaux particuliers , mais leurs fonctions sont les mêmes.

Ils vérifient les marchandises déclarées à l'entrée , à la sortie , ou pour la circulation ; ils liquident les droits de douanes , délivrent les certificats de visite , et constatent leurs opérations sur un carnet. Ils tiennent les registres de visite et de liquidation , les arrêtent jour par jour, de sorte que, rapprochés de ceux de déclarations , ces registres présentent un contrôle de la recette.

Ils tiennent également le registre du plombage.

Quand ils ne peuvent suffire aux exigences du service , on leur adjoint des commis.

Ils sont sous les ordres immédiats du sous-inspecteur , et toujours , cependant, sous la dépendance du receveur qui peut, quand les circonstances les laissent sans occupation , les faire coopérer au travail des commis. *(Circ. n° 247 et arrêté du 3 floréal an 3)*

COMMIS PRINCIPAUX ET COMMIS.

72. Privés de toute spécialité d'attributions, les commis principaux et les commis sont affectés, par le contrôleur dont ils dépendent, à

toutes les parties du service exécuté dans sa section, de telle sorte que des employés ne restent jamais inoccupés tandis que d'autres, dans le même bureau, débordés par le travail, ne pourraient satisfaire aux exigences légitimes du public.

Le service des commis consiste à tenir les registres de passavants, d'acquits-à-caution, de certificats de décharge, d'importations et d'exportations, — à délivrer les expéditions, — et à copier les états et la correspondance du receveur. (*Circ. n° 1775 et arrêté du 3 floréal an 3, art. 8 et 9.*)

§ 3.

COMMISSION.

73. Les employés nouvellement admis, ainsi que ceux qui passent d'un grade à un autre, reçoivent une commission dont le timbre est fixé à 75 cent. Ils doivent toujours en être munis dans l'exercice de leurs fonctions, et ils sont tenus de l'exhiber à la première réquisition. *(L. 22 août 1791, titre 13, art. 16, et 4 germinal an 2, tit. 4, art. 1ᵉʳ.)*

§ 4.

SERMENT.

74. Les employés prêtent serment de remplir avec fidélité les fonctions qui leur sont départies. *(L. 22 août 1791, tit. 13, art. 12.)*

Cette prestation de serment se fait devant le tribunal de première instance de l'arrondissement du chef-lieu de la direction où sont appelés les agents : elle est transcrite à la suite de leur commission ainsi que sur les registres du greffe du tribunal, et soumise à un droit d'enregistrement qui est de 15 fr. pour les employés à la nomination de l'administration ou du ministre, et de 5 fr. pour les employés des brigades à la nomination des directeurs dans les départements.

L'acte de serment est valable pour tout le temps où l'employé reste en exercice; seulement, quand l'employé passe d'une direction dans une autre, il fait transcrire et viser ledit acte au greffe du tribunal de première instance auquel ressortit le chef-lieu de sa nouvelle direction. *(L. des 22 frimaire an 7, art. 68 et 21 avril 1818, art. 63 et circ. n° 592.)*

L'agent qui, après avoir servi dans les brigades, a été admis au surnumérariat, n'est pas tenu, lors de sa nomination à un emploi de bu-

reau, de renouveler le serment qu'il a prêté précédemment. (*Déc. du 17 avril 1851.)*

Mais doit renouveler ce serment l'employé qui a quitté l'administration pour quelque motif que ce soit, et pour un intervalle de temps quelconque. (*Circ. n° 1372.*)

Aucun employé ne peut être installé avant d'avoir prêté serment. (*Circ. n° 1372.*)

Ce serment est purement administratif : il a pour but de faire jurer aux employés fidélité dans l'accomplissement de leurs fonctions, et d'imprimer plus fortement en eux le sentiment de leurs devoirs. *(Circ. n° 2245.)*

§ 5.
CAUTIONNEMENT.

—

VERSEMENT.

75. Nul n'est admis à être installé dans les fonctions auxquelles il est appelé, s'il ne justifie préalablement de la quittance de son cautionnement, quand lesdites fonctions y sont assujetties. (*L. 22 avril 1816, art. 96, et circ. n° 1109).*

Pour les Recettes principales et pour les Recettes subordonnées, les cautionnements sont fixés ainsi qu'il suit :

RECETTES PRINCIPALES.	RECETTES PARTICULIÈRES.
2ᵉ et 3ᵉ cl., minim. . 10,000 fr.	1,800 f. et au-dessus. Min. 1,500
4ᵉ id. *dito*. . . 8,000	1,600. . . . . *dito*. 1,000
5ᵉ id. *dito*. . . 6,000	1,400. . . . . *dito*. 600
6ᵉ id. *dito*. . . 4,000	1,200 et au-dessous. *dito*. 500
7ᵉ id. *dito*. . . 3,000	*(Ad°ⁿ. 25 juillet 1839).*

Les cautionnements sont affectés, par premier privilège, à la garantie des condamnations qui pourraient être prononcées contre les titulaires par suite de l'exercice de leurs fonctions ; par second privilége, au remboursement des fonds qui leur auraient été prêtés pour tout ou partie de leur cautionnement, et, subsidiairement, au paiement, dans l'ordre ordinaire, des créances qui seraient exigibles sur eux. (*L. 25 nivôse et 6 ventôse an 13.*)

4

CERTIFICAT D'INSCRIPTION.

76. En échange du récépissé du versement du cautionnement effectué dans la caisse du receveur des finances, le titulaire reçoit un certificat d'inscription. (*Circ. n° 938.*)

Le versement est inscrit sans affectation de résidence ; il sert par conséquent de garantie pour tous les faits résultant des diverses gestions dont un employé peut être chargé. (*N° 78.*)

INTÉRÊTS.

77. Les intérêts des cautionnements sont payés par le Trésor à raison de 3 pour 0/0, sans retenue (loi du 4 août 1844, article 7) sur la demande préalable des Directeurs qui, à cet effet, font dresser, pour chacun des départements dont se compose leur direction, des états indiquant, par département, tous les Employés cautionnés en numéraire et inscrits au Trésor. Ces états, qui désignent les n°s, folios et volumes portés sur les certificats d'inscription, doivent être envoyés le 1er octobre de chaque année, afin que l'ordonnancement des intérêts n'éprouve point de retard et que le paiement puisse en être opéré dans les premiers jours du mois de janvier sur la présentation, au Payeur, du certificat d'inscription.

S'il arrive que, dans l'intervalle de temps qui s'écoulera entre l'envoi des états précités et la mise en paiement des intérêts, le titulaire vienne à changer de résidence, il se prémunira contre le retard qui résulterait pour lui de cette circonstance, en laissant à un tiers le pouvoir de toucher, en son lieu et place, les intérêts qui lui reviendront, ou, encore, en demandant au Payeur une quittance qu'il signera à l'avance pour être remise à la personne par lui désignée dans le même objet. La somme touchée sera versée à la Recette principale de la résidence la plus voisine où elle sera prise en recette à l'article des *fonds particuliers de divers*, pour être ensuite comptée à l'ayant-droit au moyen d'un bordereau de virement. Comme, dans ce cas, le certificat d'inscription ne pourra être présenté au Payeur, il y sera suppléé par un certificat du Directeur constatant que le titulaire a dû emporter son titre à sa nouvelle résidence afin de pouvoir être installé dans ses nouvelles fonctions. — Une semblable attestation devra être produite dans le cas où un titulaire aura envoyé un certificat d'inscription à Paris pour être échangé. (*Circulaire n° 1502*).

Les ordonnances d'intérêts sont exclusivement délivrées sur la Caisse du Payeur du département dans lequel le titulaire exerce ses fonctions. *(Ordonnance du 24 août 1841).*

Les intérêts de l'année échue au 1er janvier rentrent à la Caisse d'amortissement au 1er juillet suivant, s'ils n'ont pas été touchés. Mais alors on peut, dans le délai de cinq ans, les réclamer auprès de cette Caisse qui les fait payer chez le Receveur des finances que désigne l'ayant-droit. *(Circulaire n° 938).*

CHANGEMENT DE FONCTIONS OU DE RÉSIDENCE.

78. Quand un agent astreint au cautionnement est appelé à de nouvelles fonctions ou à une nouvelle résidence, il ne peut entrer en exercice qu'après avoir présenté au chef de service chargé de l'installer :

1° Le certificat d'inscription de son dernier cautionnement ;

2° Le récépissé à talon constatant le versement du supplément auquel il aura pu être assujetti ;

3° Le certificat de non-opposition délivré, en exécution des lois des 15 janvier et 25 février 1805, par le Greffier du tribunal dans le ressort duquel il a exercé ses fonctions précédentes. *(Ordonnance du 25 juin 1833., article 3. Voir le n° 81).*

4° Et le consentement du bailleur de fonds, s'il y en a un. Ce consentement est sujet à l'enregistrement et passible du droit fixe de deux francs. Il doit être conforme au modèle annexé à l'ordonnance du 25 septembre 1816.

Si le taux du cautionnement est resté le même, le titulaire conserve devers lui son certificat d'inscription, tandis que le certificat de non-opposition est déposé dans les archives de la Direction pour justifier que le cautionnement dont il s'agit est passé entièrement libre à une autre gestion.

Si, au contraire, le taux du cautionnement se trouve augmenté, des justifications produites sont adressées, par l'entremise du Directeur, à l'Administration qui se charge de réclamer, pour le titulaire, un certificat constatant l'intégralité du cautionnement.

Mais s'il arrivait que le cautionnement eût été frappé d'opposition à la dernière résidence, le titulaire serait tenu de fournir, avant son installation dans son nouvel emploi, une main-levée régulière de cette

opposition, ou un récépissé constatant le versement d'un nouveau cautionnement. *(Circ. n° 1502).*

Si le cautionnement précédemment versé se trouve supérieur à celui qui est nouvellement exigé, le remboursement de l'excédant est accordé moyennant les justifications requises pour le remboursement total. *(Voir le n° 83).*

BAILLEURS DE FONDS.

79. Les déclarations à faire par les titulaires de cautionnements en faveur de leurs bailleurs de fonds, pour leur faire acquérir le privilége de deuxième ordre, seront passées devant notaires et légalisées par le Président du tribunal de l'arrondissement.

Voici un modèle :

Par devant, etc.,

fut présent M.... (nom, qualités et demeure) lequel a, par ces présentes, déclaré que la somme de....... que le comparant a versée à la Caisse, pour la (totalité ou partie) du cautionnement auquel il est assujetti en sa dite qualité, appartient en capital et intérêts à M..... (nom, qualité et demeure) ou à MM., savoir : à M... jusqu'à la concurrence de la somme de.. et à M..... jusqu'à la concurrence de celle de....., pourquoi il requiert et consent que la présente déclaration soit inscrite sur les registres de l'Administration des cautionnements, afin que ledit..... (ou lesdits.....) ait et acquière le privilége de second ordre sur ledit cautionnement conformément aux dispositions de la loi du 25 nivôse an XIII, et du décret du 28 août 1808.

Nota. Si le versement est antérieur de plus de huit jours, ajouter à la déclaration, *conformément à l'article 2 du décret du 22 décembre 1812 :*

A l'appui de la présente déclaration, le comparant nous a présenté un certificat du Greffier du tribunal de.... attestant qu'il n'existe au greffe aucune opposition sur son cautionnement; lequel certificat lui a été à l'instant rendu.

Fait à...... le......

Dans le cas où le versement serait antérieur de plus de huit jours à la date de ces déclarations, elles ne seront valables qu'autant qu'elles seront accompagnées du certificat de non-opposition délivré par le

Greffier du tribunal du domicile des parties, dont il sera fait mention dans lesdites déclarations, lesquelles, au surplus, ne seront admissibles, s'il y a des oppositions au bureau des cautionnements, que sous la réserve de ces oppositions. (*Décret du 22 décembre* 1812.)

Le droit d'enregistrement de ces déclarations est fixé à un franc. (*Idem article* 3.)

Les prêteurs de fonds pour cautionnements qui n'auraient pas fait remplir, à l'époque de la prestation, les formalités exigées pour s'assurer de la jouissance du privilége de second ordre, pourront l'acquérir, à quelque époque que ce soit, en rapportant au bureau des oppositions établi à l'Administration des cautionnements, la preuve de leur qualité et main-levée des oppositions existantes sur le cautionnement, ou le certificat de non-opposition du tribunal de 1re instance. (*Décret du 28 août* 1808, *art.* 1er).

Il sera délivré aux prêteurs de fonds inscrits sur les registres des oppositions et déclarations, et sur leur demande, un certificat ainsi conçu :

Je soussigné, chef du bureau des oppositions à l'Administration des cautionnements, certifie que M..... s'est conformé aux dispositions prescrites par les lois des 25 *nivôse et* 6 *ventôse an* XIII, *pour acquérir le privilége de second ordre; qu'en conséquence il est inscrit sur le registre à ce destiné, comme bailleur de fonds du cautionnement du sieur.... pour la totalité* (ou jusqu'à la concurrence de la somme de.... qu'il a prêtée audit.... pour acquitter partie de son cautionnement). (*Même décret art.* 2).

Les prêteurs de fonds ne pourront exercer le privilége de second ordre qu'en représentant ce certificat, à moins cependant, que leur opposition ou la déclaration faite à leur profit ne soit consignée au registre des oppositions et déclarations de l'Administration des cautionnements, faute de quoi ils ne pourront exercer de recours contre la Caisse d'amortissement que comme les créanciers ordinaires, et en vertu des oppositions qu'ils auraient formées au greffe des tribunaux indiqués par la loi. (*Idem, article* 3).

PRIVILÉGES.

80. Les cautionnements sont affectés par premier privilége à la garantie des condamnations qui pourraient être prononcées contre les

titulaires par suite de l'exercice de leurs fonctions , et , par second privilége , au remboursement des fonds qui leur auraient été prêtés pour
tout ou partie de leur cautionnement, et, subsidiairement, au paiement,
dans l'ordre ordinaire , des créances particulières qui seraient exigibles
sur eux. (*L. du* 25 *nivôse an XIII, art.* 1er).

OPPOSITIONS.

81. Les réclamants sont admis à faire , sur les cautionnements,
des oppositions motivées aux greffes des tribunaux dans le ressort desquels les titulaires exercent leurs fonctions. (*L. du* 25 *nivôse an XIII,
article* 2).

L'original des oppositions faites sur les cautionnements aux greffes
des tribunaux y reste déposé pendant 24 heures pour y être visé. (*Id.
art.* 3).

La déclaration au profit des prêteurs de fonds de cautionnements ,
faite à la Caisse de l'Administration des cautionnements , tient lieu
d'opposition pour leur assurer l'effet du privilége de second ordre , aux
termes de l'article 1er, (voir le n° 6 même loi , art. 4 et loi du 6 ventôse an XIII, art. 1 et 2 qui étendent les dispositions ci-dessus à tous
les Comptables publics).

REMBOURSEMENT. (1).

82. Les Comptables , justiciables directs de la Cour des comptes ,
qui cesseront leurs fonctions , pourront , avant l'apurement définitif de
leur comptabilité , obtenir le remboursement des deux tiers du cautionnement fourni par eux en numéraire, lorsqu'ils auront remis au
ministère des finances le dernier compte de leur gestion , et que la vérification de ce compte et de leurs écritures n'aura fait reconnaître aucun débet à leur charge.

Le surplus du cautionnement pourra aussi être immédiatement remboursé , s'il est fourni , en remplacement de cette dernière partie, un
cautionnement équivalent en immeubles ou en rentes sur l'Etat. (*Ordonnance du* 22 *mai* 1825 *, art.* 1er).

_____

(1) Les demandes de remboursement de cautionnement doivent être établies sur papier timbré. (Circ.
n. 2391).

Les Comptables obtiendront la remise du cautionnement immobilier ci-dessus mentionné, ou le remboursement de la portion de leur cautionnement réservée par le Trésor, en produisant, avec l'arrêt de quitus rendu sur leur dernier compte de gestion, un certificat de libération définitive qui leur sera délivré par le ministère des finances. (*Id. art.* 3).

Les Comptables qui ne sont pas soumis directement à la juridiction de la Cour des comptes, pourront obtenir le remboursement intégral de leur cautionnement en produisant, à l'appui de leur demande, un certificat de quitus définitif dans les quatre mois qui suivront la cessation de leur service. *(Id., art.* 4).

Les pièces à produire pour obtenir le remboursement des cautionnements, sont :

POUR LES AGENTS DE TOUS GRADES.

1° Le certificat d'inscription délivré au nom du titulaire, et, à défaut, une déclaration de perte, faite sur papier timbré, dûment légalisée, et ainsi conçue :

Je soussigné.... déclare que le certificat d'inscription sur le livre des cautionnements N°..... folio..... registre..... qui m'a été délivré en ma qualité de..... à.... se trouve adiré.

Je renonce à m'en prévaloir et m'engage à le renvoyer au ministère des finances dans le cas où il viendrait à être retrouvé.

Fait à   le

(Faire légaliser la signature par le maire, et celle du maire par le préfet ou le sous-préfet).

S'il n'y a pas eu de certificat d'inscription, les récépissés de versement.

2° Un certificat de non-opposition délivré par le greffier et visé par le président du tribunal de 1re instance de l'arrondissement de la résidence du titulaire, (*ordonnance du 25 juin 1835, art.* 3) certificat qui est délivré sans frais et sans affiche, mais qui doit être enregistré.

3° Un certificat de quitus délivré par l'Inspecteur ;

4° Le consentement de l'Administration ;

5° Le certificat du Directeur de la comptabilité générale constatant que le dernier compte de gestion appuyé de pièces et vérifié au ministère des finances, ne constitue pas le titulaire débiteur envers le Trésor.

Afin d'obtenir le remboursement des deux tiers du cautionnement.

POUR LES COMPTABLES DE 1re CLASSE.

5° Le certificat ou une lettre de l'agent judiciaire du Trésor constatant que les immeubles ou rentes sur l'État sont affectés à la garantie de la gestion du titulaire.

Afin d'obtenir le remboursement provisoire du dernier tiers avec remplacement.

5° L'arrêt de quitus rendu sur le dernier compte de gestion ;

4° Le certificat de libération définitive délivré par le directeur de la comptabilité générale ;

5° Et de plus l'acte donné par l'agence judiciaire, si le cautionnement est en immeubles ou en rentes sur l'État.

Afin d'obtenir le remboursement définitif du dernier tiers.

POUR LES COMPTABLES DE 2me CLASSE.

5° Le certificat de quitus définitif donné par le Comptable supérieur, visé par l'Inspecteur et le Directeur, et par la comptabilité générale.

Afin d'obtenir le remboursement en entier.

POUR LES AGENTS NON – COMPTABLES.

5° Le consentement de l'administration.

Afin d'obtenir le remboursement en entier.

5° Les certificats de priviléges de second ordre qui leur ont été délivrés, ou une déclaration de perte dont voici le modèle :

Je soussigné..... déclare que le certificat de privilège de second ordre qui m'a été délivré en ma qualité de bailleur de fonds du cautionnement de M..... pour la totalité (ou jusqu'à concurrence de la somme de.... que j'ai prêtée audit.... pour acquitter partie de son cautionnement), se trouve adiré.

Je renonce à m'en prévaloir et m'engage à le renvoyer au Ministère des finances dans le cas où il viendraient à être retrouvé.

Fait à...... le....

(La signature doit être légalisée par le maire, et celle du maire par le préfet ou le sous-préfet).

5° Un certificat ou un acte de notoriété contenant les noms, prénoms et domicile des héritiers et ayant-droit, — la qualité en laquelle ils procèdent et possèdent, — l'indication de leurs portions dans le cautionnement à rembourser, — et l'époque de leur jouissance.

Ce certificat, assujetti au simple droit d'enregistrement de un franc, légalisé par le président du tribunal, et conforme aux modèles annexés au décret du 18 septembre 1806, devra être délivré :

Par le notaire détenteur de la minute, lorsqu'il y aura eu inventaire ou partage par acte public, ou transmission gratuite à titre entre-vifs ou par testament ;

Par le juge de paix du domicile du décédé, sur l'attestation de deux témoins, lorsqu'il n'existera aucun desdits actes en forme authentique ;

Ou par le greffier dépositaire de la minute si la propriété est constatée par jugement.

(*Circ. n° 958, du 9 septembre 1825*).

POUR
LES BAILLEURS
DE FONDS.

POUR LES HÉRITIERS
OU AYANT-DROIT
SI LES TITULAIRES
SONT DÉCÉDÉS
OU INTERDITS.

APPLICATION DES CAUTIONNEMENTS AUX DÉBETS.

83. Lorsqu'il y aura lieu d'appliquer les cautionnements des comptables aux débets qu'ils auront contractés, cette application aura lieu en vertu des décisions spéciales du ministre des finances. (*Ordonnance du 22 mai 1822, art. 6*).

Ces décisions sont rendues, savoir :

A l'égard des comptables de deniers, justiciables de la cour des comptes, sur la demande du directeur de la comptabilité générale des finances ;

A l'égard des autres comptables, sur la demande des comptables supérieurs, laquelle devra être revêtue du visa du directeur de la comptabilité générale. (*Arrêté minist. du 7 juin 1825*).

Dans les cas ci-dessus, les sommes revenant aux ex-comptables sont versées à la caisse des dépôts et consignations, et les récépissés des versements tiennent lieu de leurs quittances. *(Comptabilité générale, 31 mai 1833*).

PRÉROGATIVES DES EMPLOYÉS.

§ 6.

SAUVEGARDE.

84 Les employés sont sous la sauvegarde spéciale de la loi.

Il est défendu à toute personne de les injurier ou maltraiter, et même de les troubler dans l'exercice de leurs fonctions, à peine de 500 fr. d'amende. (*Nos 242, 243 ou 244, du tableau des contraventions, circ. no 2046*), et sous telle autre peine qu'il appartiendra, suivant la nature du délit. (*Voir le no 42 en note*)

Les commandants militaires dans les départements, les préfets, sous-préfets, maires et adjoints, sont tenus de leur faire prêter main-forte, et les gardes nationales, troupes de ligne ou gendarmerie, de leur donner ladite main-forte à la première réquisition, sous peine de désobéissance. (*L. 22 août 1791, tit. 13, art. 14*).

85. Les bureaux de douanes, sont, comme les propriétés nationales, sous la protection de l'Etat.

Les communes sur le territoire desquelles des attroupements ou

rassemblements armés au non-armés, se seraient portés au pillage des marchandises qui y sont déposées, et qui auraient exercé quelques violences contre les propriétés nationales ou privées, sont responsables de ces délits et des dommages-intérêts auxquels ils pourraient donner lieu.

Dans le cas dont il s'agit, les officiers municipaux sont tenus de faire constater sommairement les délits dans les 24 heures, et d'en adresser procès-verbal, sous trois jours au plus tard, au préfet du département. A défaut par eux d'agir, le rapport des employés suffit pour constater les délits et pour faire statuer sur la responsabilité des communes. (*Arrêté du 4e jour complémentaire, an XI, art. 13 et 14, et loi du 10 vendémiaire, an IV*)

Les poursuites ne peuvent être faites qu'à la diligence du préfet autorisé par le gouvernement. (*Arr. du 4e jour complémentaire, an XI, art. 16.*)

Quand, par suite de rassemblements ou attroupements, un employé domicilié ou non sur une commune, y a été pillé, maltraité ou homicidé, tous les habitants sont tenus de lui payer, ou, en cas de mort, à sa veuve et à ses enfants, des dommages-intérêts. (*Même arrêté, art. 14, n°s 2673 à 2675.*)

Au premier signal d'alarme, les employés sont tenus de se rendre sur le champ dans leurs bureaux qui deviennent pour eux le poste du citoyen. (*L. 2 septembre* 1792.)

§ 7.

MISE EN JUGEMENT DES PRÉPOSÉS.

86. Les agents du gouvernement ne pourront être poursuivis pour des faits relatifs à leurs fonctions qu'en vertu d'une décision du conseil d'Etat. (*Loi du 22 frimaire an 8, art. 75*).

Les rapports sur la mise en jugement des fonctionnaires publics seront faits au comité du contentieux du conseil d'Etat, qui statuera sur ces affaires ainsi qu'il appartiendra, et dans les formes voulues. (*Ordonnance du 21 septembre* 1815. *art. 1er*).

Le directeur général des douanes pourra désormais autoriser la mise en jugement des préposés qui lui sont subordonnés. (*Arrêté du 29 thermidor an XI*).

Cette autorisation est nécessaire, même l'orsque l'employé inculp
a été révoqué postérieurement au fait de ses fonctions pour lequel il e
poursuivi. (*Déc. du ministre de la justice du* 13 *juin* 1859).

Les demandes d'autorisation de mise en jugement des préposés e
matière criminelle et correctionnelle doivent être faite par l'entremis
des procureurs impériaux et des procureurs généraux, qui les trans
mettent eux-mêmes au garde des sceaux. Ce n'est qu'en matière civi
que l'administration peut être saisie directement par les parties. (*De
adm. du* 3 *septembre* 1841.)

La chambre du conseil ne peut être saisie qu'après l'autorisation ad
ministrative. (*Déc. adm. du* 10 *décembre* 1840).

Quand un employé est cité en justice pour un fait de ses fonctions
sans qu'il y ait eu à son égard autorisation administrative de poursuite
il doit comparaître pour décliner la compétence du tribunal en l'ét
de l'affaire, sauf à se retirer et à faire défaut s'il était passé outre a
jugement du fond. (*Déc. adm. du* 11 *août* 1841).

D'après l'article 186 du code pénal, le préposé qui aurait, *sans mot
légitime*, usé ou fait user de violences envers les personnes, dans l'exe
cice ou à l'occasion de l'exercice de ses fonctions, serait puni selon
nature et la gravité de ces violences. Il résulte nécessairement de cette di
position que la condamnation du préposé ne peut être prononcée qu'a
tant qu'il est formellement et expressément déclaré par le jury qu'
s'est porté aux violences sans motif légitime. On doit donc veiller av
la plus rigoureuse attention à ce que le pourvoi soit émis en temps u
tile, toutes les fois qu'un préposé qui aurait commis des violences sera
condamné à une peine quelconque sans que cette question qu'on pe
dire ici sacramentelle : « *y a-t-il eu motif légitime ?* » ait été soumise a
jury. Il convient aussi de provoquer, lorsqu'il y a lieu, la position sub
sidiaire de cette autre question : « *y a-t-il eu provocation ?* » afin qu'e
cas de criminalité résultant de l'absence reconnue par le jury de mo
légitime cette criminalité s'atténue toujours de manière à ne plus rend
applicables à l'accusé que les dispositions de l'art. 326 du code péna
si le jury donne une déclaration affirmative à cette deuxième question
(*Arr. de C. du* 5 *décembre* 1822, *circ.* n° 783) (*Bourgat.*)

Dans l'état actuel de la législation, les préposés des douanes, pr
venus de *crime* ou de *délit* dans l'exercice de leurs fonctions, ne peuven

dans aucun cas, être mis en jugement sans une autorisation préalable de M. le directeur de l'administration des douanes, soit, à son refus, du conseil d'état.

Mais, quand le délit est flagrant, le prévenu peut être mis provisoirement sous la main de la justice, sauf à ne continuer la poursuite que quand elle a été dûment autorisée. C'est là une règle générale que l'article 44 de la charte constitutionnelle a étendue même aux membres de la chambre des députés.

Quand le délit n'est plus flagrant, il y a ordinairement moins d'urgence dans la poursuite, si les faits sont peu graves, ou que, par d'autres motifs, on ait lieu de supposer que le prévenu ne cherchera pas à fuir, on doit, suivant la forme ordinaire, procéder à une information avant de provoquer l'autorisation nécessaire pour terminer le procès. Mais quand il s'agit d'une prévention aux suites pénales de laquelle le prévenu doit avoir intérêt à se soustraire, les chefs doivent, avant de rendre plainte et de donner ainsi l'éveil au prévenu, s'adresser directement au directeur de l'administration pour obtenir immédiatement l'autorisation de mise en jugement. Si cette autorisation était accordée, la justice, dès le commencement des poursuites, se trouverait en mesure de s'assurer de la personne des prévenus, et, de cette manière, disparaîtrait, en grande partie, le danger auquel avaient voulu pourvoir les dispositions de l'art. 55 de la loi du 28 avril 1816 qui sont abrogées et qu'il n'est plus possible d'invoquer aujourd'hui. (*Décis. minist. du 6 septembre 1843, et Paris 12 octobre 1843*).

§ 8.

FONDS. — ESCORTE.

87. Les receveurs, quand ils ont à verser des sommes considérables, peuvent les faire escorter par la gendarmerie pour en assurer le transport, mais, pour obtenir cette escorte, ils doivent adresser aux préfets ou aux maires une réquisition qui doit être visée par ces fonctionnaires et remise aux chefs de gendarmerie.

La réquisition peut être faite dans la forme suivante :

ADMINISTRATION DES DOUANES.

Envoi de Fonds.

Réquisition d'escorte.

En vertu des ordres de M. le Ministre des finances,

Le receveur des douanes soussigné requiert M. le commandant de gendarmerie à..... (ou de la force armée) de fournir, sur

l'exhibition de la présente, l'escorte qui sera demandée à l'effet de pro-
téger les fonds publics expédiés pour le service du gouvernement.
     Fait à...... le....... 18   .

Les demandes d'escorte ne doivent être faites que dans le cas où
l'assistance de la gendarmerie doit être regardée comme une précaution que la prudence réclame, et que le service ordinaire des brigades
ne peut suppléer. (*Circ. du 11 juin 1825.*)

§ 9.

PROCÉDURE.

88. Le receveur peut suivre les affaires en instance et en appel **en**
se conformant aux règles établies. (*Voir le n° 4.*) Dans les circonstances
difficiles, il peut, sur l'autorisation de la direction ou de l'admistra-
tion, se faire assister d'un avoué ou d'un avocat. (*V. n° 2854. Ad.*
24 septembre 1855.)

§ 10.

TÉMOIGNAGE.

89. Les procès-verbaux réguliers des employés des douanes font foi
en justice jusqu'à inscription de faux. On ne doit donc pas citer en
témoignage ces employés sur des faits constatés par des rapports, à
moins qu'il n'y ait absolument aucun autre moyen d'obtenir les éclaircissements dont les tribunaux auraient besoin (1). Dans ce dernier cas, les
cédules de citation en témoignage à délivrer aux employés doivent être
adressées, par le procureur impérial, au directeur de l'arrondissement
qui en accuse sur-le-champ la réception, et qui fait connaître les motifs
qui s'opposeraient au déplacement momentané des employés, afin que
l'autorité judiciaire puisse accorder le sursis nécessaire pour que la
validité des motifs soit jugée par les ministres de la justice et des finances.
(*Circ. du 10 novembre 1812 et 9 mars 1836*).

---

(1) Les employés peuvent être entendus comme témoins — quand leur procès-verbal est entaché de
nullités — ou quand ils ont été dans l'impossibilité d'en rédiger un (n. 2425); — quand il s'agit d'une
confrontation avec un prévenu qui, s'étant inscrit en faux, prétend prouver son alibi; — quand une vérification d'écritures est nécessaire; — et dans d'autres circonstances majeures que l'instruction d'une affaire peut faire naître. (*Circ. des 24 janvier et 28 avril 1812*).

En l'absence, ou en cas de nullité d'un rapport, les employés sont entendus comme témoins. *(Circ. n° 1748).* Il en est de même quand leur rapport est annulé pour vice de forme. *(Arr. cour de Douai, 14 janvier 1842. — Voir le n° 2425).*

§ 11.

CONGÉS.

80. 1. Quand un employé est appelé hors de sa résidence par des affaires d'intérêt, ou par d'autres causes sérieuses, il fait la demande d'un congé à l'appui de laquelle il énonce le motif de son absence et le lieu où il doit se rendre, et l'administration le lui accorde sur l'avis favorable de ses chefs.

Dans des circonstances impérieuses et qui n'auraient pu être prévues, il peut obtenir un congé d'urgence, mais alors il doit justifier de cette urgence (1).

L'autorisation d'absence n'est valable qu'autant qu'on en fait usage dans les quinze jours de sa notification. *(Circ n° 1171 et 1594.)*

Sont considérés comme périmés les congés dont il n'a point été fait usage dans un délai de *deux mois,* alors même que les intérêts du service n'auraient pas permis aux chefs locaux d'en faire la notification. *(Déc. adm. 10 octobre 1846)*

2. On trouvera, sous les n°s 5005, et suivants, ainsi que dans les notes qui s'y rattachent, les instructions transmises par la circulaire n° 175, et le décret du 9 novembre 1853.

5. Chaque mois, quel que soit le nombre de jours dont il se compose, compte pour trente jours : cette règle étant applicable aux employés en congé, il en résulte que les jours excédants ou manquants dans le mois ne comptent ni pour l'employé ni pour la caisse des retraites : le jour du retour n'entre pas dans la durée du congé.

Ainsi, l'employé qui part le 1er d'un mois de 51 jours et rentre le 16, a quinze jours d'absence et quinze jours de présence. Il en est de même de celui qui part le 16 et rentre le 1er du mois suivant. — Celui qui part

---

(1). Les directeurs peuvent, en cas d'urgence, accorder un congé provisoire, sauf à en rendre immédiatement compte à l'administration, en lui adressant : 1. La demande de l'employé. 2. Une copie certifiée de la pièce produite pour obtenir l'exception. (Circ. n. 1171).

le 10 d'un mois de février ayant une durée de vingt-huit jours, et rentre le 1er du mois suivant, compte neuf jours de présence et est réputé avoir été absent pendant vingt et un jours, bien que son absence réelle n'ait duré que dix-neuf jours. Par contre, s'il part le 16 janvier et rentre le 16 février, il ne subit de retenue que pour un mois, quoiqu'absent pendant trente et un jours. (*Circ. n° 1336*)

4. L'effet du congé cesse à dater du jour où l'employé reçoit sa nomination à un autre emploi. (*Déc. adm. 21 juin 1847.*)

5. Lorsqu'un employé en congé obtient une augmentation d'appointements, la retenue pour absence doit s'exercer la première, et concurremment avec celle du premier douzième, laquelle se complète dans les mois suivants. (*Administration, 27 juillet 1844.*)

6. La retenue est toujours calculée sur ce qui reviendrait *net* à l'employé s'il était présent à son poste le mois entier. (*Comptabilité générale, 25 février 1840.*)

7. Dans les premiers jours de chaque mois, et à l'appui des rôles d'appointements, on fournit à l'Administration l'état des congés délivrés pendant le mois précédent. (*Circ. n° 599*) Cet état doit rappeler avec la plus scrupuleuse exactitude la date du départ et du retour de chaque employé, ainsi que le montant net des retenues qu'il aura subies. (*Cir. n° 1171.*)

On ne doit jamais omettre de consigner, dans la colonne des observations, les remarques ci-après, selon les cas d'application :

Prolongation de.... jours, accordée le....

Il n'a pas été fait usage du congé.

On doit rappeler sur cet état les circonstances exceptionnelles par suite desquelles un employé aurait excédé de quelque temps son congé. (*Déc. administ. 17 novemb. 1831.*)

91. L'employé qui quitte son poste sans congé, ou qui n'y rentre pas à l'expiration de son congé, est, selon le cas, réputé démissionnaire, et, comme tel, rayé des cadres ou privé de son traitement pour un temps double de celui pendant lequel il s'est absenté.

Néanmoins, l'administration peut modifier ou même remettre les peines à appliquer, si l'absence est ultérieurement justifiée par des motifs légitimes. (*Arr. minis. fin. 10 avril 1829, art. 8 et circ n° 1171.*)

et article 17, paragraphe premier du décret du 9 novembre 1853).

92. Une retenue, qui ne peut excéder deux mois de traitement, peut être infligée, par mesure disciplinaire, dans le cas d'inconduite, de négligence, ou de manquement au service. *(Même décret, art. 17, § 2.)*

93. Les fonctionnaires et employés ne peuvent obtenir chaque année un congé ou une autorisation d'absence de plus de quinze jours sans subir une retenue. Toutefois, un congé d'un mois sans retenue peut être accordé à ceux qui n'ont joui d'aucun congé et d'aucune autorisation d'absence pendant trois années consécutives.

Pour les congés de moins de trois mois, la retenue est de moitié au moins et des deux tiers au plus du traitement.

Après trois mois de congé consécutifs ou non, dans la même année, l'intégralité du traitement est retenue, et le temps excédant les trois mois n'est pas compté comme service effectif pour la pension de retraite.

Si, pendant l'absence de l'employé, il y a lieu de pourvoir à des frais d'intérim, le montant en sera précompté, jusqu'à due concurrence, sur la retenue qu'il doit subir.

La durée du congé avec retenue de la moitié au moins et des deux tiers au plus du traitement, peut être portée à quatre mois pour les fonctionnaires et employés exerçant hors de France, mais en Europe ou en Algérie, et à six mois, pour ceux qui sont attachés au service colonial ou aux services diplomatique et consulaire hors d'Europe.

Sont affranchies de toute retenue les absences ayant pour cause l'accomplissement d'un des devoirs imposés par la loi.

En cas d'absence pour cause de maladie dûment constatée, le fonctionnaire ou l'employé peut être autorisé à conserver l'intégralité de son traitement pendant un temps qui ne peut excéder trois mois. Pendant les trois mois suivants, il peut obtenir un congé avec la retenue de la moitié au moins et des deux tiers au plus du traitement.

Si la maladie est déterminée par l'une des causes exceptionnelles prévue aux premier et deuxième paragraphes de l'article 11 de la loi du 9 juin 1853, le fonctionnaire peut conserver l'intégralité de son traitement jusqu'à son rétablissement ou jusqu'à sa mise à la retraite. *(Même décret, art. 16.)*

94. La retenue prescrite sous les n⁰ˢ 91 et 92 ci-dessus, s'exerce

5

sur les rétributions de toute nature constituant l'émolument personnel passible de la retenue de cinq pour %, aux termes du paragraphe 2 de l'article 5 de la loi du 9 juin 1853. (*Même décret, art.* 18).

§ 12.

PENSIONS DE RETRAITE.

LIQUIDATION DES CAISSES DE RETRAITE SUPPRIMÉES.

95. Les caisses spéciales de retraite seront supprimées à partir du 1er janvier 1854.

Leur actif sera acquis à l'Etat. (*Art.* 1er *de la loi du 9 juin* 1853.)

Seront inscrites au grand-livre de la dette publique (1), à partir de la même époque :

---

(1) L'inscription au grand-livre de la dette publique des pensions existantes au 1er. janvier 1854, à la charge des caisses de retraite supprimées, aura lieu d'après des états certifiés et transmis au ministre des finances par les ministres des divers départements. Ces états, conformes au modèle ci-annexé sous le n. 1 énonceront, pour chaque pension, la date, la nature et les motifs de l'acte qui l'aura constituée. Ils seront divisés en deux catégories :

1. Pensions liquidées et en cours de paiement ;

2. Pensions liquidées, mais dont le paiement sera suspendu pour cause de remplacement des titulaires, ou pour tout autre motif.

Des états, dressés dans la même forme, seront successivement transmis pour l'inscription des pensions en cours de liquidation au 1er janvier 1854. (*Art.* 2 *du décret du 9 novembre* 1853).

Les titulaires des pensions de retraite inscrites au grand-livre de la dette publique, en exécution de l'article 2 de la loi du 9 juin 1853, recevront à l'échéance du premier trimestre 1854, en échange de l'ancien titre, un certificat d'inscription au Trésor, délivré par le ministère des finances. (*Art.* 3 *du même décret.*)

Le paiement de ces pensions aura lieu aux échéances des 1er janvier, 1er avril, 1er juillet et 1er octobre et sera fait par les payeurs du Trésor, sur les justifications, dans les formes et sous les garanties déterminées pour les pensions inscrites sur les fonds généraux de l'Etat. (*Voir le numéro* 117).

A partir du 1er janvier 1854,

Les pensions civiles concédées en vertu de la loi du 22 août 1790 et du décret du 13 septembre 1806

Les pensions ecclésiastiques,

Les pensions de veuves de militaires et les pensions de donataires cesseront d'être payées par semestre, et seront acquittées par trimestre aux échéances sus-indiquées.

Il en sera de même des pensions des douanes précédemment payées par mois par les receveurs principaux de cette administration. (*Article* 4 *du même décret*).

Dans les départements, le paiement pourra être fait, soit directement à la caisse du payeur, soit par l'entremise du receveur particulier ou du percepteur. (*Circ. du* 31 *décembre* 1853, n. 175).

Les traitements ou allocations passibles de retenues, qui sont acquittés par les comptables du Trésor sont portés pour le brut dans les ordonnances et mandats, et il y est fait mention spéciale des retenues à exercer pour pension.

Les comptables chargés du paiement de ces ordonnances ou mandats les imputent en dépense pour leur montant intégral, et ils constatent en recette les retenues opérées au crédit du budget de chaque exercice à un compte distinct intitulé : *Retenues sur traitements pour le service des pensions civiles.* (*Art.* 5 *du même décret*).

1° Les pensions existantes ou en cours de liquidation à la charge des caisses supprimées, pour services terminés avant le 1ᵉʳ janvier 1854 ;

2° Les pensions et indemnités concédées pour cause de réforme en vertu de l'article 4 de la loi du 1ᵉʳ mai 1822 et du décret du 2 mai 1848;

3° Les pensions et les secours annuels qui seront concédés à titre de réversibilité aux veuves et aux orphelins des pensionnaires inscrits en vertu des deux paragraphes qui précèdent. *(Article 2 de la loi du 9 juin 1853).*

CONDITIONS DU DROIT A PENSION POUR LES FONCTIONNAIRES QUI ENTRERONT EN EXERCICE A PARTIR DU 1ᵉʳ JANVIER 1854.

96. Les fonctionnaires et employés directement rétribués par l'Etat, et nommés à partir du 1ᵉʳ janvier 1854, ont droit à pension conformément aux dispositions de la présente loi, et supportent indistinctement, sans pouvoir les répéter dans aucun cas, les retenues ci-après :

1° Une retenue de cinq pour cent sur les sommes payées à titre de traitement fixe ou éventuel (1), de préciput, de supplément de trai-

---

(1) Pour les fonctionnaires et employés envoyés d'Europe dans l'Algérie ou dans les colonies, le traitement normal assujetti à la retenue est fixé, dans chaque grade, d'après le traitement de l'emploi correspondant ou qui lui est assimilé en France. Dans les emplois qui se divisent en plusieurs classes en France et qui ne sont pas soumis à cette classification dans les colonies, le traitement normal est réglé d'après celui de la première classe du grade en France. Le surplus constitue le supplément de traitement colonial qui est exempt de la retenue. *(Art. 22 du décret du 9 novembre 1853).*

Les prélèvements sur les amendes et confiscations en matière de douanes, de contributions indirectes et de postes, qui doivent être versés au Trésor au compte des pensions civiles, aux termes de l'article 35 de la loi du 9 juin 1853, sont exercés dans les proportions déterminées ci-dessous :

DOUANES.

PRODUIT NET DES AMENDES, SAISIES ET CONFISCATIONS.

Affaires suivies à la requête des douanes.	Toutes saisies ou contraventions en matière ordinaire (sans exception)..	17 p. 0|0 du produit net. 25 p. 0|0 sur les parts dévolues au fond commun, aux chefs et saisissants, en tant que ces derniers font partie du département des finances........	Ordonnance du 21 mai 1817. Arrêté du Gouvernement en date du 29 mars 1849.
	Saisies constatées en vertu du titre VI de la loi du 28 avril 1816....	17 p. 0|0 du produit net. 25 p. 0|0 sur les parts dévolues à la caisse de réserve, au fonds commun, aux chefs et aux saisissants, en tant que ces derniers font partie du département des finances...	Arrêté du 9 fructidor an V (article 17). Ordonnance du 17 juillet 1816. Arrêté du Gouvernement en date du 29 mars 1849.

tement, de remises proportionnelles, de salaires, ou constituant, à tout autre titre, un émolument personnel ;

2° Une retenue du douzième des mêmes rétributions lors de la première nomination ou dans le cas de réintégration, et du douzième de toute augmentation ultérieure (1) ;

Affaires suivies à la requête des douanes.	Saisies de poudre à feu effectuées à l'importation........................... Produit net des préemptions..........	25 p. 0[0...................	Loi du 15 fructidor an V (article 23). Ordonnance du 21 mai 1817. Décision ministérielle du 10 juin 1848. Décision administrative du 10 juillet 1849.
	Produit net des amendes adjugées à titre de réparations civiles, à l'occasion d'actes de rébellion et voies de fait exercées contre les préposés des douanes.....................	25 p. 0[0 à exercer exclusivement sur les parts dévolues aux employés qui ont éprouvé les sévices et au receveur poursuivant.	Arrêté du 9 fructidor an V (article 22).
	Produit net des amendes édictées pour simple fait d'injures et opposition..	17 p. 0[0 sur le produit net....................... 25 p. 0[0 sur les parts des chefs et verbalisants.....	Ordonnance du 21 mai 1817. Décision administrative du 28 octobre 1840.
	Saisies faites par des étrangers aux administrations financières.........	17 p. 0[0 sur le produit net.......................	Arrêté du 9 fructidor an V. Ordonnance du 21 mai 1817. Circulaire du 25 du même mois.
Affaires suivies à la requête d'autres administrations.	Sur la portion allouée aux employés des douanes, lorsque l'administration poursuivante n'a pas déjà effectué elle-même le prélèvement......	25 p. 0[0 de la somme allouée aux employés.	Ordonnance du 21 mai 1817. Arrêté du 29 mars 1849 Décision ministérielle du 7 novembre 1827. Décision ministérielle du 19 juin 1841.

(*Décret du 9 novembre 1853, article 24*).

(1) Le fonctionnaire démissionnaire, révoqué ou destitué, s'il est réadmis dans un emploi assujetti à la retenue, subit de nouveau la retenue du premier mois de son traitement et celle du premier douzième des augmentations ultérieures.

Celui qui, par mesure disciplinaire ou par mutation volontaire d'emploi, est descendu à un traitement inférieur, subit la retenue du premier douzième des augmentations ultérieures.

Le fonctionnaire placé dans la situation indiquée par le dernier paragraphe de l'article 10 de la loi du 9 juin 1853 est assujetti à la retenue sur son traitement d'inactivité ; mais il ne subit pas la retenue du premier douzième lorsqu'il est rappelé à un emploi actif. (*Même décret, article 25*).

5° Les retenues pour cause de congés et d'absences, ou par mesure disciplinaire. *(Même loi art. 5).*

97. Le droit à la pension de retraite est acquis par ancienneté à soixante ans d'âge et après trente ans accomplis de service.

Il suffit de cinquante-cinq ans d'âge et de vingt-cinq ans de service pour les fonctionnaires qui ont passé quinze ans dans la partie active. *(Voir le n° 108).*

La partie active comprend les emplois et grades indiqués au tableau annexé à la présente loi sous le n° 2. (1)

Aucun autre emploi ne peut être compris au service actif, ni assimilé à un emploi de ce service, qu'en vertu d'une loi.

Est dispensé de la condition d'âge établie aux deux premiers paragraphes du présent article, le titulaire qui est reconnu par le ministre hors d'état de continuer ses fonctions. *(Même loi, art. 5).*

La pension est basée sur la moyenne des traitements et émoluments de toute nature soumis à retenues dont l'ayant droit a joui pendant les six dernières années d'exercice. *(Même loi, art. 6, § 1er).*

La pension est réglée, pour chaque année de services civils, à un soixantième du traitement moyen.

Néanmoins, pour vingt-cinq ans de services entièrement rendus dans la partie active, elle est de la moitié du traitement moyen, avec accroissement, pour chaque année de service en sus, d'un cinquantième du traitement. *(Voir la note du n° 97, 3e §).*

En aucun cas, elle ne peut excéder ni les trois quarts du traitement moyen, ni les maximum déterminés au tableau annexé à la présente loi

---

(1) Les employés de service actif sont les suivants :

Capitaines de brigades ; — Lieutenants d'embarcations ; — Lieutenants de 1re, 2me et 3me classes ; — Brigadiers à cheval et à pied ; — Sous-brigadiers à cheval et à pied ; — Cavaliers et préposés d'ordonnance ; — Préposés ; — Patrons et sous-patrons ; — Matelots ; — Mousses ; — Préposés garde-magasin, concierges, emballeurs, peseurs et plombeurs.

Il n'est pas nécessaire que les services soient terminés dans la partie active ; il suffit d'établir une durée de 15 années, soit consécutives, soit en plusieurs périodes. Toutefois, d'après les dispositions de l'article 7, la liquidation, à raison d'un cinquantième par chaque année d'exercice, soit moitié du traitement moyen pour 25 ans, n'a lieu qu'en faveur de l'employé qui a accompli 25 années de services actifs. (Circ. n. 173, du 31 décembre 1855).

sous le n° 3. (1). (*Loi du 9 juin 1853 , art.* 7).

98. Les services dans les armées de terre ou de mer concourent avec les services civils pour établir le droit à pension et seront comptés pour leur durée effective, pourvu toutefois que la durée des services civils soit au moins de douze ans dans la partie sédentaire ou de dix ans dans la partie active.

Si les services militaires de terre ou de mer ont été déjà rémunérés par une pension, ils n'entrent pas dans le calcul de la liquidation. S'ils n'ont pas été rémunérés par une pension, la liquidation est opérée d'après le minimum attribué au grade par les tarifs annexés aux lois des 11 et 18 avril 1831. (*Même loi, art.* 8, *voir le n°* 115).

Les services civils rendus hors d'Europe par les fonctionnaires et employés envoyés d'Europe par le Gouvernement français sont comptés pour moitié en sus de leur durée effective, sans, toutefois, que cette bonification puisse réduire de plus d'un cinquième le temps de service effectif exigé pour constituer le droit à pension. (2)

Le supplément accordé à titre de traitement colonial n'entre pas dans le calcul du traitement moyen.

Après quinze années de services rendus hors d'Europe, la pension peut être liquidée à cinquante-cinq ans d'âge. (3) (*Même loi, art.* 10).

---

(1) AGENTS ET PRÉPOSÉS DE TOUTES CLASSES.

Traitements,		*Maximum.*
	de 1,000 fr. et au-dessous.	750 fr.
	de 1,001 à 2,400.	2|3 du traitement moyen , sans pouvoir descendre au-dessous de 750 fr.
	de 2,401 à 3,200.	1,000 fr.
	de 3,201 à 8,000.	1|2 du traitement moyen.
	de 8,001 à 9,000.	4,000 fr.
	de 9,001 à 10,500.	4,500
	de 10,501 à 12,000.	5,000
	Au-dessus de 12,000.	6,000

Les années en sus de la durée rigoureusement exigée (30 ans sédentaires ou 25 ans actifs) ne compteront, pour ceux qui seront pensionnés en vertu de la nouvelle loi, que pour des soixantièmes ou des cinquantièmes, sauf les maximums déterminés. (Circ. 31 décembre 1853 , n, 173).

(2) En d'autres termes, il faut avoir accompli 24 ans au moins dans la partie sédentaire , ou 20 ans dans la partie active. (Circ. du 31 décembre 1853 , n. 173).

(3) Ces dispositions sont tout aussi applicables aux agents placés en Algérie qu'à ceux des colonies. (*Dito*).

99. Peuvent exceptionnellement obtenir pension, quels que soient leur âge et la durée de leur activité :

1° Les fonctionnaires et employés qui auront été mis hors d'état de continuer leur service, soit par suite d'un acte de dévouement dans un intérêt public, ou en exposant leurs jours pour sauver la vie d'un de leurs concitoyens, soit par suite de lutte ou combat soutenu dans l'exercice de leurs fonctions ;

2° Ceux qu'un accident grave, résultant notoirement de l'exercice de leurs fonctions, met dans l'impossibilité de les continuer.

Peuvent également obtenir pension, s'ils comptent cinquante ans d'âge et vingt ans de service dans la partie sédentaire, ou quarante-cinq ans d'âge et quinze ans de service dans la partie active, ceux que des infirmités graves, résultant de l'exercice de leurs fonctions, mettent dans l'impossibilité de les continuer, ou dont l'emploi aura été supprimé. (*Voir les* n°s 108, 112 *et* 113), (*même loi, art.* 11).

Dans les cas prévus par le paragraphe 1° de l'article précédent la pension est de la moitié du dernier traitement, sans pouvoir excéder les maximum déterminés.

Dans le cas prévu par le paragraphe 2°, la pension est liquidée, suivant que l'ayant droit appartient à la partie sédentaire ou à la partie active, à raison d'un soixantième ou d'un cinquantième du dernier traitement pour chaque année de service civil, elle ne peut être inférieure au sixième dudit traitement.

Dans les cas prévus par les deux derniers paragraphes de l'article précédent, la pension est également liquidée à raison d'un soixantième ou d'un cinquantième du traitement moyen pour chaque année de service civil. (*Même loi, art.* 12).

100. A droit à pension la veuve du fonctionnaire qui a obtenu une pension de retraite en vertu de la présente loi, ou qui a accompli la durée de services exigée par l'article 5, pourvu que le mariage ait été contracté six ans avant la cessation des fonctions du mari. (*Voir les* n°s 109 *et* 116).

La pension de la veuve est du tiers de celle que le mari avait obtenue ou à laquelle il aurait eu droit. Elle ne peut être inférieure à cent francs, sans, toutefois, excéder celle que le mari aurait obtenue ou pu obtenir.

Le droit à pension n'existe pas pour la veuve dans le cas de séparation de corps prononcée sur la demande du mari. (*Même loi, art.* 13).

Ont droit à pension :

1° La veuve du fonctionnaire ou employé qui, dans l'exercice ou à l'occasion de ses fonctions, a perdu la vie dans un naufrage ou dans un des cas spécifiés au paragraphe 1° de l'article 11, soit immédiatement, soit par suite de l'événement ;

2° La veuve dont le mari aura perdu la vie par un des accidents prévus au paragraphe 2° de l'article 11, ou par suite de cet accident.

Dans le premier cas, la pension est des deux tiers de celle que le mari aurait obtenue ou pu obtenir par application de l'art. 12 (premier paragraphe).

Dans le second cas, la pension est du tiers de celle que le mari aurait obtenue ou pu obtenir en vertu dudit article (2ᵉ paragraphe).

Dans les cas spécifiés au présent article, il suffit que le mariage ait été contracté antérieurement à l'événement qui a amené la mort ou la mise à la retraite du mari. (Voir le n° 112). (Même loi, art. 14).

Dans le cas où un employé, ayant servi alternativement dans la partie active et dans la partie sédentaire, décède avant d'avoir accompli les trente années de service exigées pour constituer le droit à pension de sa veuve, un cinquième de son temps de service dans la partie active est ajouté fictivement, en sus du service effectif, pour compléter les trente années nécessaires (1). La liquidation ne s'opère, néanmoins, que sur la durée effective des services. (Dito, art. 15).

L'orphelin ou les orphelins mineurs d'un fonctionnaire ou employé ayant obtenu sa pension, ou ayant accompli la durée de services exigée par l'article 5 de la présente loi, ou ayant perdu la vie dans un des cas prévus par les paragraphes 1° et 2° de l'article 14, ont droit à un secours annuel lorsque la mère est ou décédée, ou inhabile à recueillir la pension, ou déchue de ses droits. (Voir les n°ˢ 109, 111 et 116)

Ce secours est, quel que soit le nombre des enfants, égal à la pension que la mère aurait obtenue ou pu obtenir conformément aux articles 13, 14 et 15. Il est partagé entre eux par égales portions, et payé jusqu'à ce que le plus jeune des enfants ait atteint l'âge de vingt

---

(1) Il importe de vérifier immédiatement après le décès, quelle était, sous ce rapport, la position de l'employé. (Circulaire du 31 décembre 1855, n. 173).

et un ans accomplis, la part de ceux qui décéderaient ou celle des majeurs faisant retour aux mineurs.

S'il existe une veuve et un ou plusieurs orphelins mineurs provenant d'un mariage antérieur du fonctionnaire, il est prélevé sur la pension de la veuve, et, sauf réversibilité en sa faveur, un quart au profit de l'orphelin du premier lit, s'il n'en existe qu'un en âge de minorité, et la moitié s'il en existe plusieurs. (*Dito, art.* 16).

Les pensions et secours annuels qui seront accordés conformément aux dispositions du présent titre sont inscrits au grand-livre de la dette publique. (*Dito, art* 17).

DISPOSITIONS TRANSITOIRES APPLICABLES AUX FONCTIONNAIRES ET EMPLOYÉS EN EXERCICE AU 1ᵉʳ JANVIER 1854.

101. Les fonctionnaires et employés en exercice au 1ᵉʳ janvier 1854 sont soumis aux retenues déterminées par l'article 5, et sont retraités d'après les règles ci-après :

Ceux qui étaient tributaires de caisses de retraite supprimées et ceux qui obtenaient pension sur fonds généraux sont liquidés dans les proportions et aux conditions réglées par la présente loi pour leurs services postérieurs au 1ᵉʳ janvier 1854 ; et, pour les services antérieurs, conformément, soit aux règlements spéciaux, soit aux loi et décret des 22 août 1790 et 15 septembre 1806, qui régissaient respectivement leur situation, sans que les maximum déterminés par la présente loi puissent être dépassés.

Toutefois, les pensions des fonctionnaires et employés qui, au 1ᵉʳ janvier 1854, auront accompli la durée de service exigée par les règlements spéciaux, loi et décret précités, sont liquidés conformément à ces règlements, loi ou décret. (*Dito, art.* 18).

DISPOSITIONS D'ORDRE ET DE COMPTABILITÉ.

102. Aucune pension n'est liquidée qu'autant que le fonctionnaire aura été préalablement admis à faire valoir ses droits à la retraite par le ministre au département duquel il ressortit. (*Loi du 9 juin 1853, art.* 19). *(Voir le nº* 108).

Il ne peut être concédé annuellement de pension, en vertu de la présente loi, que dans la limite des extinctions réalisées sur les pensions inscrites. Dans le cas, toutefois, où cette limite devrait être dépassée,

par suite de l'accroissement de liquidation auquel donneront lieu les nouvelles catégories de fonctionnaires soumis à la retenue et appelés à la pension par l'article 3, l'augmentation de crédit nécessaire sera l'objet d'une loi spéciale. *(Voir le n° 115). (Même loi, art. 20).*

Il sera rendu compte annuellement, lors de la présentation de la loi du budget, des pensions de retraite concédées et inscrites en vertu de la présente loi, en distinguant les charges antérieures et celles postérieures au 1er janvier 1854. *(Voir le n° 115). (Même loi, art. 21.)*

103. Toute demande de pension est adressée au ministre du département auquel appartient le fonctionnaire. Cette demande doit, à peine de déchéance, être présentée avec les pièces à l'appui dans le délai de cinq ans à partir de la promulgation de la présente loi, pour les droits ouverts antérieurement, et, pour les droits qui s'ouvriront postérieurement, à partir, savoir : pour le titulaire, du jour où il aura été admis à faire valoir ses droits à la retraite, ou du jour de la cessation de ses fonctions, s'il a été autorisé à les continuer après cette admission, et, pour la veuve, du jour du décès du fonctionnaire.

Les demandes de secours annuels pour les orphelins doivent être présentées dans le même délai à partir de la promulgation de la présente loi, ou du jour du décès de leur père ou de celui de leur mère. *(Même loi, art. 22).*

104. Les pensions sont liquidées d'après la durée des services, en négligeant, sur le résultat final du décompte, les fractions de mois et de franc.

Les services civils ne sont comptés que de la date du premier traitement d'activité et à partir de l'âge de vingt ans accomplis. Le temps du surnumérariat n'est compté dans aucun cas. *(Dito, art. 23).*

La liquidation est faite par le ministre compétent, qui la soumet à l'examen du Conseil d'Etat avec l'avis du ministre des finances.

Le décret de concession est rendu sur la proposition du ministre compétent. Il est contre-signé par lui et par le ministre des finances.

Il est inséré au Bulletin des lois. *(Voir le n° 115.) (Même loi, art. 24.)*

La jouissance de la pension commence du jour de la cessation du traitement, ou du lendemain du décès du fonctionnaire ; celle du secours annuel, du lendemain du décès du fonctionnaire ou du décès de la veuve.

Il ne peut, en aucun cas, y avoir lieu au rappel de plus de trois années d'arrérages antérieurs à la date de l'insertion au Bulletin des lois du décret de concession. (*Même loi, art.* 25.)

105. Les pensions sont incessibles. Aucune saisie ou retenue ne peut être opérée du vivant du pensionnaire que jusqu'à concurrence d'un cinquième pour débet envers l'Etat, ou pour des créances privilégiées, aux termes de l'article 2101 du code Napoléon (1), et d'un tiers dans les circonstances prévues par les articles 203, 205, 206, 207 et 214 du même code (2). (*Même loi*, art. 26).

Tout fonctionnaire ou employé démissionnaire, destitué, révoqué d'emploi, perd ses droits à la pension. S'il est remis en activité, son premier service lui est compté.

Celui qui est constitué en déficit pour détournement de deniers ou de matières, ou convaincu de malversations, perd ses droits à la pension, lors même qu'elle aurait été liquidée ou inscrite.

La même disposition est applicable au fonctionnaire convaincu de s'être démis de son emploi à prix d'argent, et à celui qui aura été condamné à une peine afflictive ou infamante. Dans ce dernier cas, s'il y a réhabilitation, les droits à la pension seront rétablis. (*Voir le n*° 116). (*Même loi, art.* 27).

---

(1) Cet article porte : Les créances privilégiées sur la généralité des meubles, sont celles ci-après exprimées, et s'exercent dans l'ordre suivant :
1. Les frais de justice ; — 2. les frais funéraires ; — 3. les frais quelconques de la dernière maladie, concurremment entre ceux à qui ils sont dûs ; — 4. les salaires des gens de service, pour l'année échue et ce qui est dû sur l'année courante ; — 5. les fournitures de subsistance faites au débiteur et à sa famille, savoir : pendant les six derniers mois, par les marchands en détail, tels que : boulangers, bouchers et autres ; et pendant la dernière année, par les maîtres de pension et marchands en gros.

(2) Voici le texte de ces articles :

Art. 203. Les époux contractent ensemble, par le fait seul du mariage, l'obligation de nourrir, entretenir et élever leurs enfants.

Art. 205. Les enfants doivent des aliments à leurs père et mère et autres ascendants qui sont dans le besoin.

Art. 206. Les gendres et belles-filles doivent également, et dans les mêmes circonstances, des alimens à leur beau-père et belle-mère : mais cette obligation cesse : 1. lorsque la belle-mère a convolé en secondes noces ; 2 lorsque celui des époux qui produisait l'affinité, et les enfants issus de son union avec l'autre époux, sont décédés.

Art. 207. Les obligations résultant de ces dispositions sont réciproques.

Art. 214. La femme est obligée d'habiter avec le mari, et de le suivre partout où il juge à propos de résider ; le mari est obligé de la recevoir, et de lui fournir tout ce qui est nécessaire pour les besoins de la vie, selon ses facultés et son état.

Lorsqu'un pensionnaire est remis en activité dans le même service, le paiement de sa pension est suspendu.

Lorsqu'il est remis en activité dans un service différent, il ne peut cumuler sa pension et son traitement que jusqu'à concurrence de quinze cents francs.

Après la cessation de ses fonctions, il peut rentrer en jouissance de son ancienne pension, ou obtenir, s'il y a lieu, une nouvelle liquidation basée sur la généralité de ses services. (*Voir le n° 116.*) (*Même loi*, art. 28).

Le droit à l'obtention ou à la jouissance d'une pension est suspendu par les circonstances qui font perdre la qualité de Français, durant la privation de cette qualité.

La liquidation ou le rétablissement de la pension ne peut donner lieu à aucun rappel pour les arrérages antérieurs. (*Même loi, art.* 29).

DISPOSITIONS APPLICABLES AUX PENSIONS DE TOUTE NATURE.

106. Les pensions et secours annuels sont payés par trimestre; ils sont rayés des livres du Trésor après trois ans de non-réclamation, sans que leur rétablissement donne lieu à aucun rappel d'arrérages antérieurs à la réclamation.

La même déchéance est applicable aux héritiers ou ayants cause des pensionnaires qui n'auront pas produit la justification de leurs droits dans les trois ans qui suivront la date du décès de leur auteur. (*Loi 9 juin 1853, art.* 30).

Le cumul de deux pensions est autorisé dans la limite de six mille francs, pourvu qu'il n'y ait pas double emploi dans les années de service présentées pour la liquidation. (*N° 116*).

La disposition qui précède n'est pas applicable aux pensions que des lois spéciales ont affranchies des prohibitions du cumul. (*Même loi, art.* 31).

DISPOSITIONS SPÉCIALES.

107. Lorsqu'un fonctionnaire aura passé d'un service sujet à retenue dans un service qui en est affranchi, ou réciproquement, la pension est liquidée d'après la loi qui régit son dernier service, à moins qu'il

n'ait accompli dans le premier service les conditions d'âge et de durée de fonctions exigées.

Dans ce dernier cas, le fonctionnaire a le droit de choisir le mode de liquidation de sa pension. (*Dito, art.* 33.)

Les dispositions des articles 19, 22, 23, 24, 25, 26, 27, 28, 29, 30 et 31 de la présente loi sont applicables au fonctionnaire dont la pension est liquidée conformément à la loi du 22 août 1790 et au décret du 13 septembre 1806. (*Dito, art.* 34).

Sont abrogés : la loi du 13 germinal an XI, l'arrêté du 13 floréal an XI, le premier paragraphe de l'article 27 de la loi du 25 mars 1817, le premier paragraphe de l'article 13 de la loi du 15 mai 1818, et l'article 31 de la loi du 19 mai 1849, ainsi que les dispositions des lois, décrets, ordonnances ou règlements qui seraient contraires à la présente loi. (*Même loi, art.* 36).

JUSTIFICATION DU DROIT A PENSION, MODE DE LIQUIDATION.

108. L'admission du fonctionnaire à faire valoir ses droits à la retraite est prononcée par l'autorité qui, aux termes des règlements, a qualité pour prononcer sa révocation.

L'acte d'admission à la retraite spécifie les circonstances qui donnent ouverture au droit à la pension, et indique les articles de la loi applicables au fonctionnaire. (*Décret du* 9 *novembre* 1853, *art.* 29).

Lorsque l'admission à la retraite a lieu avant l'accomplissement de la condition d'âge imposée par l'article 5 de la loi du 9 juin 1853, cette admission est prononcée dans les formes suivantes :

Si l'impossibilité d'être maintenu en activité résulte pour le fonctionnaire d'un état d'invalidité morale inappréciable pour les hommes de l'art, sa situation est constatée par un rapport de ses supérieurs dans l'ordre hiérarchique.

Si l'incapacité de servir est le résultat de l'invalidité physique du fonctionnaire, l'acte prononçant son admission à la retraite doit être appuyé, indépendamment des justifications ci-dessus spécifiées, d'un certificat des médecins qui lui ont donné leurs soins, et d'une attestation d'un médecin désigné par l'Administration et assermenté, qui déclare que le fonctionnaire est hors d'état de continuer utilement l'exercice de son emploi. (*Dito, art.* 30).

Le fonctionnaire admis à la retraite doit produire (1), indépendamment de son acte de naissance et d'une déclaration de domicile :

1° Pour la justification des services civils :

Un extrait dûment certifié des registres et sommiers de l'administration ou du ministère auquel il a appartenu, énonçant ses nom et prénoms, sa qualité, la date et le lieu de sa naissance, la date de son entrée dans l'emploi avec traitement, la série de ses grades et services, l'époque et les motifs de leur cessation, et le montant du traitement dont il a joui pendant chacune des six dernières années de son activité.

Cet extrait est dressé dans la forme du modèle annexé, sous le numéro 3, au présent décret.

Lorsqu'il n'aura pas existé de registres, ou que tous les services administratifs ne se trouveront pas inscrits sur les registres existants, il y sera suppléé soit par un certificat du chef ou des chefs compétents des administrations où l'employé aura servi, relatant les indications ci-dessus énoncées, soit par un extrait des comptes et états d'émargement, certifié par le greffier de la cour des comptes.

Les services civils rendus hors d'Europe sont constatés par un certificat distinct délivré par le ministre compétent. Ce certificat, conforme au modèle ci-annexé sous le n° 4, énonce, pour chaque mutation d'emploi, le traitement normal du grade et le supplément accordé à titre de traitement colonial.

A défaut de ces justifications, et lorsque, pour cause de destruction des archives dont on aurait pu les extraire ou du décès des fonctionnaires supérieurs, l'impossibilité de les produire aura été prouvée, les services pourront être constatés par acte de notoriété.

2° Pour la justification des services militaires de terre et de mer :

Un certificat directement émané du ministère de la guerre ou de celui de la marine.

Les actes de notoriété, les congés de réforme et les actes de licenciement ne sont pas admis pour la justification des services militaires. Lorsque des actes de cette nature sont produits, ils sont renvoyés au mi-

---

(1) Voir la circulaire du 17 février 1825, n. 906.
Il est indispensable de hâter la transmission des pièces, afin que le travail relatif à la liquidation, comme à l'expédition du brevet, puisse avoir lieu dans les trois mois qui suivent la radiation des cadres. (*Circ. du 31 décembre 1853, n. 173*).

nistère de la guerre ou à celui de la marine, qui les remplace, s'il y a lieu, par un certificat authentique. (*Dito, art.* 31).

109. Les veuves prétendant à pension fournissent, indépendamment des pièces que leur mari aurait été obligé de produire :

1° Leur acte de naissance ;

2° L'acte de décès de l'employé ou du pensionnaire;

5° L'acte de célébration du mariage;

4° Un certificat de non-séparation de corps, et, si le mariage est antérieur à la loi du 8 mai 1816, un certificat de non-divorce;

5° Dans le cas où il y aurait eu séparation de corps, la veuve doit justifier que cette séparation a été prononcée sur sa demande.

Les orphelins prétendant à pension fournissent, indépendamment des pièces que leur père aurait été obligé de produire :

1° Leur acte de naissance;

2° L'acte de décès de leur père;

5° L'acte de célébration de mariage de leurs père et mère;

4° Une expédition ou un extrait de l'acte de tutèle;

5° En cas de prédécès de la mère, son acte de décès.

6° En cas de séparation de corps, expédition du jugement qui a prononcé la séparation ou un certificat du greffier du tribunal qui a rendu le jugement;

En cas de second mariage, acte de célébration.

Les veuves ou orphelins prétendant à pension produisent le brevet délivré à leur mari ou père, lorsqu'il est décédé en jouissance de pension, ou une déclaration constatant la perte de ce titre. (*Décret du* 9 *novembre* 1853, *art.* 32).

110. Si le fonctionnaire a été justiciable direct de la cour des comptes, soit en deniers, soit en matières, il doit produire un certificat de la comptabilité générale des finances ou du ministère compétent, constatant, sauf justification ultérieure du quitus de la cour des comptes, que la vérification provisoire de sa gestion ne révèle aucun débet à sa charge.

Si le prétendant à pension n'est pas justiciable direct de la cour des comptes, sa situation en fin de gestion est constatée par un certificat du comptable supérieur duquel il relève. (*Dito, art.* 33).

111. Les enfants orphelins des fonctionnaires décédés pensionnaires

ne peuvent obtenir des secours à titre de réversion qu'autant que le mariage dont ils sont issus a précédé la mise à la retraite de leur père. (*Dito, art.* 34).

112. Dans les cas spécifiés aux paragraphes 1er et 2 de l'article 11, 1er et 2 de l'article 14 de la loi du 9 juin 1853, l'événement donnant ouverture au droit à pension doit être constaté par un procès-verbal en due forme dressé sur les lieux et au moment où il est survenu. A défaut de procès-verbal, cette constatation peut s'établir par un acte de notoriété rédigé sur la déclaration des témoins de l'événement ou des personnes qui ont été à même d'en connaître et d'en apprécier les conséquences. Cet acte doit être corroboré par les attestations conformes de l'autorité municipale et des supérieurs immédiats du fonctionnaire.

Dans le cas d'infirmités prévu par le troisième paragraphe de l'article 11 de la loi du 9 juin, ces infirmités et leurs causes sont constatées par les médecins qui ont donné leurs soins au fonctionnaire et par un médecin désigné par l'administration et assermenté (1). Ces certificats doivent être corroborés par l'attestation de l'autorité municipale et celle des supérieurs immédiats du fonctionnaire. (*Dito, art.* 35).

113. Dans les cas exceptionnels prévus par les premier et deuxième paragraphes dudit article 11, il est tenu compte à l'employé de ses services militaires de terre et de mer, suivant le mode spécial de rémunération réglé par l'article 8 de la loi, indépendamment de la liquidation déterminée pour les services civils par les deux premiers paragraphes de l'article 12.

La liquidation s'établit, dans les mêmes cas, sur le traitement moyen, lorsqu'il est plus favorable à l'employé que le dernier traitement d'activité. (*Dito, art.* 36).

114. Les fonctionnaires et employés classés dans la partie active, qui, antérieurement à la loi du 9 juin 1853, ne subissaient pas de retenues et n'étaient pas placés sous le régime des lois et décret des 22 août 1790 et 13 septembre 1806, sont liquidés à raison de 1/100e du traite-

---

(1) Le médecin délégué dans les diverses circonstances indiquées doit être assermenté par-devant le juge de paix pour tout le temps de sa délégation. Dans chaque certificat, sa qualité de médecin *délégué et assermenté* doit être rappelée. (*Circ. du* 31 *décembre* 1853, n. 175).

ment moyen pour chaque année de services assujettis à la retenue dans la partie active, et le montant de la pension ainsi fixée est augmenté de 1/25e par chacune des années liquidées. (*Dito, art.* 37).

DISPOSITION D'ORDRE ET DE COMPTABILITÉ.

115. En exécution de l'article 20 de la loi du 9 juin 1853, le ministre des finances arrête chaque année, dans les premiers jours de janvier, l'état des extinctions réalisées dans le cours de l'année précédente, et dont le montant sert de base pour la fixation du crédit d'inscription de l'année courante.

Un décret, rendu sur le rapport du ministre des finances, détermine :

1° La somme jusqu'à concurrence de laquelle ce crédit est employé ;

2° La portion afférente à chacun des départements ministériels. (*Décret du 9 novembre 1855, art.* 38).

Le compte à rendre annuellement, lors de la présentation de la loi du budget, en exécution de l'article 21 de la loi du 9 juin 1855, comprend par ministère, et avec la distinction des pensions d'employés, de veuves et d'orphelins :

1° L'emploi du crédit d'inscription qui a été déterminé conformément aux dispositions de l'article précédent ;

2° La situation, par accroissement et décroissement, des pensions concédées et inscrites au 31 décembre de l'année expirée pour services terminés avant le 1er janvier 1854 ;

3° La situation, par accroissement et décroissement, des pensions concédées et inscrites à la même date pour services terminés postérieurement au 1er janvier 1854. (*Dito, art.* 39).

En exécution de l'article 24 de la loi du 9 juin 1853, le ministère compétent réunit les pièces justificatives du droit à pension, arrête la liquidation, et, après l'avoir communiquée au ministre des finances, la soumet, avec l'avis de ce ministre, à l'examen de la section des finances du Conseil d'État.

Sur l'avis de cette section, le ministre liquidateur prépare le décret de concession, qui doit être contre-signé par le ministre des finances. (*Dito, art.* 40).

Les décrets de concessions mentionnent les nom, prénoms, grade, date et lieu de naissance du pensionnaire, la nature et la durée de ses services, la date des lois, décrets et ordonnances réglementaires en ver-

6.

tu desquels la pension a été liquidée, la quotité du traitement qui a servi de base à la liquidation, la part de rémunération afférente aux services militaires et celle afférente aux services civils, la limitation au maximum, la quotité de la pension, la date d'entrée en jouissance et le domicile de la partie. Ces décrets indiquent en outre la date de l'avis rendu par la section des finances, et, s'il y a lieu, celle de l'avis du Conseil d'Etat.

Lorsque ces décrets sont collectifs, ils doivent être divisés en deux catégories, comprenant distinctement les pensions pour services terminés avant le 1er janvier 1854 et celles concédées pour services terminés postérieurement à cette date. *(Dito, art. 41).*

La date de la présentation de la demande en liquidation est constatée par son inscription sur un registre spécial tenu dans chaque ministère. Un bulletin de cette inscription est délivré à la partie intéressée. *(Dito, art. 42).*

116. Lorsqu'un fonctionnaire dont la pension est liquidée ou inscrite se trouve dans l'un des cas prévus par les deux premiers paragraphes de l'article 27 de la loi du 9 juin 1853, sa perte du droit à la pension est prononcée par un décret rendu sur la proposition du ministre des finances après avoir pris l'avis du ministre liquidateur et après avoir consulté la section des finances du Conseil d'Etat. *(Dito, art. 43).*

Lorsqu'un pensionnaire est remis en activité, il en est immédiatement donné avis par le ministre compétent au ministre des finances, pour que le paiement de la pension soit suspendu ou pour qu'il soit fait application des dispositions de l'article 31 de la loi du 9 juin relatives au cumul. *(Dito, art. 44).*

Lorsqu'un fonctionnaire a disparu de son domicile, et que plus de trois ans se sont écoulés sans qu'il ait réclamé les arrérages de sa pension, sa femme ou les enfants qu'il a laissés peuvent obtenir, à titre provisoire, la liquidation des droits de réversion qui leur seraient ouverts par les articles 15 et 16 de la loi du 9 juin 1853, en cas de décès dudit pensionnaire. *(Dito, art. 45).*

117. Tout titulaire d'une pension inscrite au Trésor doit produire, pour le paiement, un certificat de vie (1) délivré par un notaire,

_____

(1) Aux termes de la décision ministérielle du 27 janvier 1827, (*Cir. n.* 1040), les certificats de vie sont exemptés du timbre de 35 centimes. (*Cir. du 31 décembre 1855, n.* 173).

conformément à l'ordonnance du 6 juin 1839, lequel certificat contient, en exécution des articles 14 et 15 de la loi du 15 mai 1818, la déclaration relative au cumul.

La rétribution fixée par le décret du 21 août 1806 et l'ordonnance du 20 juin 1817, pour la délivrance des certificats de vie, est modifiée ainsi qu'il suit :

Pour chaque trimestre à percevoir,

De 601 francs et au-dessus. . . . . 50 cent.
De 600 à 501 francs. 55
De 500 à 101 francs. 25
De 100 à 50 francs. 20
Au-dessous de 50 francs. 00

(*Décret du 9 novembre 1853, art. 46.*)

118. Lorsque l'intérêt du service l'exige, le fonctionnaire admis à faire valoir ses droits à la retraite peut être maintenu momentanément en activité, sans que la prolongation de ses services puisse donner lieu à un supplément de liquidation. Dans ce cas, la jouissance de sa pension part du jour de la cessation effective du traitement. (*Dito, art. 47*).

§ 15.

APPOINTEMENTS.

119. Tous les employés en activité reçoivent un traitement qui est proportionné à leur grade et qui leur est payé à l'expiration de chaque mois. (*V. le n° 96*).

Chaque mois, quel que soit le nombre de jours dont il se compose, compte pour trente jours ; le douzième de l'allocation annuelle se divise, en conséquence, par trentième, et chaque trentième est indivisible. (*Régl. du 26 janvier 1846, art. 90.*)

120. La jouissance du traitement court à partir du jour de l'installation du titulaire, à moins que l'arrêté de nomination n'ait fixé spécialement l'époque de l'entrée en jouissance. (*Même régl. art. 93*).

Les droits d'un titulaire d'emploi à la jouissance du traitement s'éteignent à partir du lendemain de la cessation d'activité de service.

Le traitement d'un employé décédé est dû à ses héritiers jusque et y compris le jour de son décès.

Le traitement d'un démissionnaire lui est payé jusques et y compris le jour de la date de sa démission, à moins que, dans l'intérêt du service, il n'ait continué d'exercer ses fonctions jusqu'à l'installation de son successeur, ou que l'arrêté de l'autorité compétente, qui aurait statué sur sa démission, n'ait fixé une époque pour la cessation de ses fonctions. *(Même régl. art. 94 et 95)*.

121. Chaque mois, et d'après l'effectif du personnel en activité, un rôle d'appointements est établi, savoir :

Par les directeurs, pour les appointements des employés qui font partie des bureaux particuliers ;

Par les receveurs-principaux, pour les appointements des inspecteurs, sous-inspecteurs, des receveurs-principaux et des autres employés de la principalité ;

Et *par les capitaines de brigades* pour leurs appointements, et pour ceux de tous les autres employés de la capitainerie.

Les rôles formés par les Receveurs principaux et les Capitaines de brigades sont visés et certifiés par les Inspecteurs ou Sous-Inspecteurs.

Ces rôles présentent, quant à la durée du service et à la situation des titulaires d'emplois, — les changements survenus à l'effectif depuis la fin du mois précédent, — les positions de présence ou d'absence, — les causes de ces absences, — et les décomptes des droits tant des titulaires d'emplois que de la caisse des retraites. *(Régl. du 26 janvier 1846)*.

Ils doivent également indiquer — les époques auxquelles ont commencé les vacances, — le traitement dont jouissait le nouvel employé avant son avancement, — le poste auquel il était attaché, — la principalité ou capitainerie et la direction dont ce poste dépend, — la durée du congé, — le jour du départ et celui de la rentrée. *(Comptabilité générale, 26 décembre 1825)*.

Les deux préposés à demi-solde qui partagent le même emploi sont portés l'un et l'autre sur les rôles au moyen d'une accolade, et chacun d'eux fournit son émargement quant à la portion de traitement qui lui est attribuée. *(Circ. n° 1475)*.

Les quittances annexées aux rôles pour tenir lieu d'émargement doivent toujours être délivrées au nom du Receveur principal qui en fait emploi dans ses comptes, sauf à indiquer l'Agent qui aura effectué le paiement. *(Comptabilité générale, 30 décembre 1826)*. — Ces quit-

tances, fixées au rôle au moyen d'un fil, doivent porter un numéro d'ordre suivi.

122. Les rôles et les autres états collectifs de dépense doivent présenter toujours le décompte des sommes revenant à chaque ayant-droit : pour avoir la somme à porter en dépense, on défalque du total *net à payer* les parts dont le paiement ne peut avoir lieu au moment où l'on passe écritures de ces dépenses. (*Comptabilité générale, 25 août 1854*). Ainsi toutes les quittances des paiements partiels effectués sur un état collectif dans le mois où la dépense qui en fait l'objet est mise en paiement sont annexées à cet état, après quoi a lieu la défalcation des parts qui, à la fin du même mois, n'ont pas été payées à défaut d'émargement ou de quittances. (*Comptabilité générale, 1er septembre 1858*).

Les décomptes mensuels sont indépendants les uns des autres : la liquidation pour chacun des douze mois de l'année ne doit comprendre que le 12e du traitement annuel, sans fraction de centime. Quand la caisse des retraites a droit à une fraction quelconque de centime, il faut lui allouer le centime tout entier. (*Comptabilité générale, 20 janvier et 15 février 1840*).

Les décomptes consistent à établir, sur un même état, la situation des recettes et des dépenses pour arriver à une somme nette, soit à toucher, soit à verser.

Le décompte de chaque préposé est établi sur un registre spécial tenu dans chaque brigade. (*Circ. no 1049*).

Quand un décompte a pour objet les appointements d'un employé décédé, et que le mandat est délivré au nom d'héritiers, outre cette pièce et la quittance, il faut, pour justifier le paiement, produire l'acte de décès et les titres d'hérédité, à moins que l'ordonnateur n'ait dispensé la partie prenante de remplir cette formalité et motivé cette dispense. — Néanmoins le dernier mois d'appointements d'un préposé de brigades décédé peut être payé à sa veuve ou à ses enfants, sur leur simple quittance certifiée par le Capitaine de brigades, et visée par le Directeur. (*Comptabilité générale, 30 décembre 1826*).

Lorsqu'il s'est glissé une erreur dans le décompte des appointements, cette erreur donne lieu à des modifications qui s'opèrent par voie d'addition ou de soustraction sur les résultats du rôle. (*Comptabilité générale, 26 décembre 1853*).

Dans les décomptes individuels des traitements d'activité, chacun des divers prélèvements pour la caisse des retraites, lorsqu'ils sont fractionnaires, est forcé de ce qui manque à la fraction pour compléter un centime. (*Comptabilité générale*, 15 *février* 1840).

Dans le cas où des états de traitements sont émargés d'avance, et où quelques-uns des signataires sont décédés avant d'avoir acquis des droits au traitement intégral auquel s'applique leur émargement, on doit justifier des déductions opérées par suite desquelles les états produits ne sont pas employés pour leur montant, au moyen de certificats explicatifs fournis par les agents chargés de toucher ces états, et qui mettent à même de juger de l'exactitude de ces déductions.

Le comptable doit rejeter les rôles sur lesquels, par des grattages ou des surcharges irrégulières, on aurait substitué des sommes revenant réellement aux titulaires décédés à celles pour lesquelles ils ont émargé : ces rôles ne doivent être reçus qu'autant que les déductions ou les irrégularités seraient justifiées par les certificats dont il vient d'être parlé, et qu'il serait produit des récépissés du caissier central si les déductions s'opéraient par voie de reversement au Trésor. (*Comptabilité générale*, 26 *décembre* 1833).

Lorsque des états de traitements déjà arrêtés sont susceptibles d'être modifiés, soit que l'employé décédé n'ait pas droit à la totalité du traitement pour lequel il figure sur le rôle, soit qu'il y ait motif de restituer une retenue indûment faite, soit, enfin, qu'il y ait eu erreur dans le décompte du net à payer, ces modifications s'opèrent par voie d'addition ou de soustraction sur les résultats des rôles rapportés, à cet effet, sur un certificat qui est revêtu des mêmes visa que le rôle auquel il se rattache, et appuyé des décisions qui ont donné lieu aux modifications. (*Comptabilité générale*, 26 *décembre* 1833).

Pour obtenir les émargements, les rôles peuvent être mis en circulation dès le 20 de chaque mois : on y laisse en blanc les sommes nettes à payer, et on ne les remplit que le dernier jour du mois, époque à laquelle la totalité des traitements est acquise ou les vacances connues. (*Circ. du* 1er *juin* 1815).

Le 2 ou le 3 de chaque mois, après que les traitements sont mis en dépenses aux *avances*, les rôles, revêtus de tous les émargements ou de quittances, sont adressés à l'Inspecteur, pour, ensuite d'une exacte vérification, être par lui visés, datés, et remis aussitôt au

Directeur : celui-ci, après les avoir mandatés, les renvoie aux Receveurs principaux, qui, alors, en passent écriture définitive.

On annexe à chaque rôle l'état des congés : s'il n'y a pas eu de congés, cet état est remplacé par un certificat négatif.

123. Les traitements des fonctionnaires publics sont saisissables jusqu'à concurrence du cinquième sur les premiers mille francs et toutes les sommes au-dessous, du quart sur les 5,000 francs suivants, et du tiers sur la portion excédant 6,000 francs, à quelque somme qu'elle s'élève, et cela jusqu'à l'entier acquittement des créances. (*Loi du 21 ventôse, an IX*).

Toutes les saisies-arrêts et oppositions sur les sommes dues par l'Etat, toutes significations de cession ou transport desdites sommes, et toutes autres ayant pour objet d'en arrêter le paiement, doivent être faites entre les mains des Comptables sur la caisse desquels les ordonnances ou mandats sont délivrés (1).

Néanmoins, à Paris, et pour tous les paiements à effectuer à la caisse du Payeur central du Trésor public, elles doivent être faites entre les mains du Conservateur des oppositions au Ministère des finances.

Sont considérées comme nulles et non avenues toutes oppositions et significations faites à toutes autres personnes que celles ci-dessus indiquées.

Il n'est pas dérogé aux lois relatives aux oppositions à faire sur les capitaux et intérêts de cautionnements.

(*Loi du 9 juillet* 1836 , *art.* 13).

124. Lesdites saisies-arrêts, oppositions et significations n'auront d'effet que pendant *cinq années* à compter de leur date, si elles n'ont pas été renouvelées dans ledit délai, quels que soient d'ailleurs les actes, traités ou jugements intervenus sur lesdites oppositions et significations. — En conséquence, elles seront rayées d'office des registres dans lesquels elles auraient été inscrites, et ne seront pas comprises dans les

---

(1) Il est de règle que le montant d'une dépense soit payé par le Receveur principal dans la division duquel la cause même de cette dépense a pris naissance ; mais lorsque des considérations de service exigent que cette dépense soit acquittée par un autre Comptable de la même Direction, le Directeur ne doit délivrer d'ordre de paiement sur la caisse de ce dernier Comptable qu'après s'être assuré qu'aucune opposition n'a été formée entre les mains du premier.

certificats prescrits par l'article 14 de la loi du 19 février 1792, et par les art. 7 et 8 du décret du 18 août 1807. (*Idem*, *art*. 14).

Les dispositions de l'art. 14 ci-dessus sont déclarées applicables aux saisies-arrêts, oppositions et autres actes ayant pour objet d'arrêter le paiement des sommes versées, à quelque titre que ce soit, à la caisse des dépôts et consignations et à celle des préposés. — Toutefois, le délai de 5 ans mentionné audit article ne courra, pour les oppositions et les significations faites ailleurs qu'à la caisse des dépôts ou à celle des préposés, que du jour du dépôt des sommes grevées desdites oppositions et significations. Les dispositions du décret du 18 août 1807, sur les saisies-arrêts ou oppositions, sont également déclarées applicables à la caisse des dépôts et consignations, (*Loi du 8 juillet* 1857, *art*. 11).

125. Toute opposition et signification devra rester déposée pendant 24 heures au bureau ou à la caisse où elle sera faite, et devra être visée sur l'original par le Conservateur ou par le Comptable, (*Arr*, *du 24 sept.* 1857, *article* 9).

Lesdites oppositions et significations devront contenir: — les noms, — qualités — et demeures du saisissant et du saisi, — la somme pour laquelle la saisie est faite — et la désignation de la créance saisie. Elles devront, en outre, contenir copie ou extrait du titre du saisissant ou de l'ordonnance du juge qui a autorisé la saisie, faute de quoi elles ne seront ni visées, ni reçues, et resteront sans effet. Dans ce cas, le Comptable mentionnera et motivera son refus en marge de l'original. — L'opposition n'ayant d'effet que pour la somme pour laquelle elle est formée, les Comptables devront payer au créancier tout le surplus de la somme ordonnancée et non saisie, (*Même arrêté*, *art*. 10).

La mention vague et générale que la saisie porte sur *toutes sommes quelconques qui sont dues ou pourraient l'être par la suite au débiteur saisi*, ne doit pas être admise. Cette formule ne contient, en effet, aucune désignation suffisante de l'objet arrêté. La loi a voulu que le saisissant indiquât au moins *la nature* de la créance saisie; si les Comptables doivent tenir rigoureusement à l'exécution des règlements et refuser le visa de toute opposition non accompagnée d'une désignation suffisante, ce ne doit être exclusivement, mais nécessairement, que lorsque les intérêts du Trésor ou ceux du service sont directement engagés, ainsi qu'il ressort de l'esprit de la loi du 8 juin 1793. Dans toute autre cir-

constance, il n'y a nul inconvénient à ce que l'exploit de saisie-arrêt soit visé, alors même que les termes de la désignation laisseraient quelque chose à désirer. On doit, dans ce dernier cas, réserver aux tribunaux le soin de juger du mérite de l'opposition au fond. (*Circulaire n° 1676*).

126. L'Administration ne pouvant, en aucun cas, être appelée en déclaration affirmative, les Comptables délivreront, lorsqu'ils en seront requis par le saisissant ou autre créancier opposant, un certificat constatant les sommes ordonnancées sur leur caisse et restées dues à la partie saisie. (*Arr. du 24 octobre 1837*).

S'il n'est rien dû au saisi, le certificat l'énoncera : si la somme due au saisi est liquide (c'est-à-dire déterminée), le certificat en déclarera le montant ; si elle n'est pas liquide, le certificat l'exprimera. (*Décret du 18 août 1807, article 6*).

Dans le cas où il serait survenu des saisies-arrêts ou oppositions sur la même partie et pour le même objet, les Comptables seront tenus, dans les certificats qui leur seront demandés, de faire mention desdites saisies-arrêts ou oppositions, et de désigner les noms et élections de domicile des saisissants et les causes desdites saisies-arrêts ou oppositions. (*Idem, article 7*).

S'il survient de nouvelles saisies-arrêts ou oppositions depuis la délivrance d'un certificat, les Comptables seront tenus, sur la demande qui leur en sera faite, d'en fournir un extrait contenant pareillement les noms et élections de domicile des saisissants, et les causes desdites saisies-arrêts ou oppositions. (*Idem, article 8*).

La partie qui réclame doit fournir le papier timbré : si l'extrait est délivré dans l'intérêt de l'Administration, il est exempt du timbre. (*Ar. du 24 octobre 1837, art. 8*).

En fournissant au créancier le certificat dont il est parlé ci-dessus, le Comptable doit se borner à une indication telle qu'elle ne puisse avoir pour effet d'immiscer le saisissant dans le détail d'opérations commerciales qu'un négociant peut avoir un légitime intérêt à tenir secret : ces certificats ne doivent jamais être formés ou appuyés d'*extraits* des registres de douanes; la communication de ces registres ne doit jamais être donnée, à moins d'une autorisation spéciale de l'Administration, qu'en vertu d'une décision judiciaire provoquée dans la forme tracée

par les articles 839 et suivants du Code de procédure civile. *(Circulaire n° 1676).*

127. Tous les Comptables ouvriront des registres sur lesquels ils porteront, par ordre de date et de numéros, toutes les saisies-arrêts, oppositions, significations de cession ou transport et tous autres actes ayant pour objet d'arrêter le paiement des sommes dues par l'État qui auraient été ou seraient faites entre leurs mains depuis la publication de la loi du 9 juillet 1836. *(Arr. du 24 octobre 1837, art. 5).*

Ces registres sont établis à la main, conformément aux modèles transmis par la circulaire n° 1676, du 9 mars 1838.

Les Comptables inscriront successivement, dans la première partie, les oppositions qu'ils seraient dans le cas de recevoir, et, dans la seconde, ils ouvriront un compte ouvert à chaque tiers saisi.

128. Tout comptable entre les mains duquel il existera une saisie-arrêt ou opposition sur une partie prenante, ne pourra vider ses mains sans le consentement des parties intéressées ou sans y être autorisé par justice. *(Décret du 18 août 1807, art. 9).*

Le Comptable peut et doit même payer directement, et par ses mains, quand l'opposition au paiement des appointements d'un employé a été suivie, dans le mois de sa signification, d'un jugement qui ordonne au détenteur des fonds arrêtés de payer le créancier saisissant jusqu'à concurrence du montant des causes de la saisie. *(Circ. n° 1703).*

Mais la partie saisissable, *et réellement en état de saisie*, des appointements ou traitements, et des sommes qui en tiennent lieu, doit être versée d'office, et chaque mois, à la caisse des dépôts et consignations. Aucun autre dépôt de sommes ordonnancées ou mandatées sur la caisse du Comptable, et grevées d'oppositions, ne peut être effectué que dans les cas suivants :

1° Lorsque le dépôt a été autorisé par une loi ;

2° Lorsqu'il a été prescrit par un jugement ou une ordonnance du Président du tribunal ;

3° Lorsqu'il a été autorisé par acte passé entre l'Administration et ses créanciers. *(Arr. du 24 octobre 1837, art. 1er).*

Dans ces trois derniers cas, le versement mensuel n'est pas nécessaire ; il ne s'effectue que lorsque le Comptable en reçoit l'ordre. *(Circulaire n° 1703).*

§ 14.

AVANCEMENT,

129. A l'expiration de chaque sémestre, les sous-inspecteurs et les receveurs-principaux adressent à l'inspecteur de leur division un état des employés sous leurs ordres qu'ils jugent réunir tous les titres nécessaires pour être promus à la classe ou au grade immédiatement supérieur à celui qu'ils occupent. L'inspecteur, de son côté, forme un tableau semblable pour son arrondissement, et l'adresse au directeur, appuyé des états des receveurs-principaux et sous-inspecteurs, en produisant ses observations et propositions personnelles à l'égard des agents sous ses ordres. *(Circ. n° 2096).*

Aucun employé n'est promu à un grade supérieur avant d'avoir servi au moins deux ans dans le grade immédiatement inférieur.

Nul ne peut, dans le même grade, passer à une classe supérieure avant d'avoir servi au moins un an dans la classe inférieure. *(Ord. du 17 décembre 1844, art. 43).*

§ 15.

ADMISSION DANS LES BUREAUX,

130. Nul ne peut être admis dans les bureaux s'il n'a fait un surnumérariat, ou si, ayant servi dans la partie active en qualité d'officier ou de brigadier, il n'a été atteint de blessures ou d'infirmités provenant de l'exercice de ses fonctions, et porté, par suite, dans les tableaux d'avancement. *(Déc. du 24 décembre 1845, voir le n° 37.)*

131. Pour être admis au surnumérariat, le postulant doit justifier :

1° Qu'il est âgé de 18 ans au moins, et qu'il n'en a pas plus de 25, et, s'il a plus de 20 ans, qu'il est libéré du service militaire ;

2° Qu'il jouit de la qualité de Français ;

3° Qu'il est exempt de toute infirmité et de toute difformité physique ;

4° Qu'il est de bonne vie et mœurs ;

5° Qu'il possède personnellement, ou par sa famille, les ressources nécessaires pour assurer son existence pendant la durée du surnumérariat ;

6° Qu'il a l'instruction et l'aptitude requises.

Cette dernière justification s'établit au moyen d'un examen devant un comité spécial. (*Déc. min. du* 24 *décembre* 1845, *art.* 2).

Le comité d'examen des postulants se compose :

A l'administration centrale : d'un administrateur, de trois chefs de bureau, et d'un sous-chef.

Au chef-lieu de chaque direction : du directeur, d'un inspecteur, et du premier commis des bureaux de la direction.

La présence de trois des membres suffit pour que le comité puisse procéder à ses opérations : la présidence appartient à l'employé le plus élevé en grade parmi ceux qui sont présens.

Les membres des comités d'examen sont désignés, chaque année, par le directeur général, qui détermine, en outre, les époques de réunion de ces comités. (*Même déc.*, *art.* 3).

Le programme d'examen d'admission est réglé ainsi qu'il suit :

1° Une page d'écriture faite sous la dictée, sur papier non réglé, et sans que le postulant puisse en corriger l'orthographe au moyen d'aucun livre ou secours étranger ;

2° La même page recopiée à main posée ;

3° Analyse grammaticale d'une partie du texte de cette page ;

4° Calcul des quatre premières règles, théorie des proportions, solution de plusieurs problèmes d'arithmétique élémentaire ;

5° Connaissance du système métrique ;

6° Etablissement d'états et de tableaux conformes à un modèle indiqué ;

7° Solution de diverses questions sur la géographie physique et politique ;

8° Rédaction d'une lettre ou d'une note sur un sujet donné.

Le postulant peut être examiné, en outre, sur les autres matières désignées par lui comme ayant fait l'objet de ses études, notamment les langues mortes ou vivantes, le droit, la chimie, l'histoire naturelle, le dessin linéaire, etc. (*Idem, art.* 4).

Les résultats de l'examen de chaque postulant sont consignés dans un procès-verbal auquel sont annexées les épreuves écrites fournies séance tenante.

Si le postulant est bachelier-ès-lettres, une copie de son diplôme, certifiée par le président du comité d'examen, est annexée au procès-verbal.

Ce procès-verbal doit contenir un avis motivé sur le point de savoir si le postulant est, ou non, admissible au surnumérariat.

Chaque comité dresse, en outre, la liste des postulants qu'il a examinés, en les classant par ordre de mérite.

Ces listes et procès-verbaux, adressés au directeur général, servent à la formation de la liste générale des candidats qui est soumise annuellement au ministre, en vertu de l'article 50 de l'ordonnance du 17 décembre 1844.

Cette liste générale est accompagnée de tous les renseignements et documents propres à éclairer le ministre sur la situation de chacun des candidats. (*Idem, art.* 8).

Par exception aux dispositions des articles précédents, la condition de l'examen et du surnumérariat n'est pas exigée à l'égard des officiers et brigadiers de la partie active qui, atteints de blessures ou d'infirmités provenant de l'exercice de leurs fonctions, sont aptes à être employés utilement dans le service administratif et de perception, et ont été désignés, à cet effet, dans les tableaux d'avancement. (*Idem, art.* 6).

132. Le nombre des surnuméraires est fixé au vingtième des emplois de bureaux.

La durée du surnumérariat est d'une année au moins. (*Idem. art.* 7, *et circ. n°* 2096). Dans aucun cas, le temps du surnumérariat n'est compté pour la retraite. (*Loi du 3 juin* 1853, *art.* 23).

Dans le cours de leur surnumérariat, les surnuméraires sont, autant que possible, attachés successivement aux bureaux de la direction, aux bureaux principaux, et aux écritures des inspecteurs, qui les envoyent au bureau de leur résidence quand ils ne peuvent les occuper. (*Circulaire n°* 1214).

133. Nul ne peut être admis à travailler dans les bureaux, à quel que titre que ce soit, s'il n'est employé ou surnuméraire. (*Circ. n°* 875. *Voir le n°* **41** *en note*).

§ 16.

MARIAGE DES EMPLOYÉS DE BUREAU.

134. L'employé de bureau qui se marie, doit, dans les quinze jours de la célébration de son mariage, produire un extrait de l'état civil qui le constate. Cet extrait est transmis à l'administration, par l'intermé-

diaire des chefs, à l'expiration du premier mois qui suit chaque trimestre, à l'appui de l'état dont la circulaire nº 1943 a transmis le modèle.

Les feuilles de signalement des employés doivent indiquer les noms, prénoms et lieux de naissance de leurs femmes. (*Circ. nº* 1943).

LIVRE II.

COTES ET FRONTIÈRES.

CHAPITRE PREMIER.

Des Côtes.

§ 1er.

POLICE DANS LES DEUX MYRIAMÈTRES DES CÔTES.

135. On entend par *côtes maritimes* les endroits baignés par les eaux de la mer à marée basse. (*Arr. cass.* 27 *juin* 1799).

C'est à partir de ce point jusqu'à deux myriamètres en mer que s'exerce la police des préposés des douanes. (*Fasquel*).

Le Capitaine de tout navire arrivé dans l'étendue des deux myriamètres des côtes, est tenu de remettre, lorsqu'il en est requis, une copie de son manifeste aux préposés des douanes se rendant à son bord, et qui en visent l'original (1). (*L. 4 germinal an II, tit.* 2, *art.* 3).

Les Capitaines et autres officiers et préposés des douanes, ceux du commerce et de la marine militaire, peuvent visiter tous les bâtiments au-dessous de 100 tonneaux, étant à l'ancre ou louvoyant dans les quatre lieues des côtes de France, hors le cas de force majeure (2). Si

---

(1) En pleine mer, comme à l'entrée dans les rivières ou à l'arrivée dans le port, il suffit, en général, de viser et de parapher le manifeste de manière à rendre impossible toute substitution ou addition frauduleuse. (*Déc. admin.* 11 *décembre* 1829, *et* 30 *décembre* 1840).

Si le manifeste n'est point exhibé, le capitaine encourt la peine portée par l'art. 2, du titre 5 de la loi du 4 germinal, an II. (*N.* 2441).

Les navires espagnols sont exempts des règles concernant le manifeste. (*Déc. adm.* 12 *septembre* 1840).

(2) L'exception de *relâche forcée* n'est pas appliquée à un bâtiment qui, se trouvant, par ce motif, à

cés bâtiments ont à bord des marchandises dont l'entrée ou la sortié est prohibée, ils font confisqués, ainsi que les cargaisons, avec amendé de 500 francs contre les Capitaines des bâtiments. (*Mémes loi et titre, article 7.*)

Les peines prononcées par l'article 15 dè la loi du 17 décembre 1814 (1) s'appliqueront, dans les cas prévus par l'ârticle 7 ci-dessus, aux bâtiments de 100 tonneaux surpris, hors le cas de force majeure, dans les deux myriamètres des côtes, ayant à bord des marchandises prohibées. (*L. 27 mars 1817, art. 13*).

Le juge de paix dans l'arrondissement duquel l'objet saisi sera déposé, connaîtra, en première instancè, de ces contraventions. (*Id. art. 14*).

§ 2.

PÔLICE DANS LES PORTS, RADEÉ ET RIVIÈRES.

136. Les préposés des dôuanes pourront aller à bord de tout bâti-ment, même de ceux de guerre, entrant dans les ports ou rades, ou en sortant, montant ou descendant les rivières, y demeurer jusqu'au déchargement ou sortie, ouvrir les écoutilles, chambres, armoires, caisses, balles, ballots, tonneaux et autres enveloppes (2). (*L. 4 germ. an II, tit. 2, art. 8*).

---

l'ancre ou louvoyant, profite de sa position pour opérer ou tenter un versement frauduleux. (*Arr. eûn.* **1** décembre 1824, circ. n. 900).

Lorsqu'une patache de la douane dônne là chasse à un bâtiment, si ce dernier refuse de se laisser abor-der, la patache hisse son pavillon et sa flamme, ét les assure par un coup dé cañon à poudre. Alors il peut être fait usage des armes, mais à la dernière extrémité, et en évitant, autant que possible, qu'il s'en suivé mort d'homme. (*Bourgat*).

(1) Voici le texte de cet article :

Toutes les marchandises prohibées à l'entrée que l'on tenterait d'introduire par mer, seront confisquées, ainsi que les bâtiments servant au transport; les propriétaires desdites marchandises, maîtres des bâtiments, et autres préposés à la conduite, seront solidairement condamnés en une amende de 500 fr., quand la va-leur de l'objet de contrebande n'excédera pas cette somme, et, dans le cas contraire; en unê amende égalé à la valeur de l'objet.

(2) La douane a incontestablement le droit de procéder à bôrd des navires, et avant la production de la déclaration en détail, à l'ouverture des caisses, balles, ballots, et généralement de tous les côlis quel-conques de marchandises arrivant par mer. Toutefois, il ne doit être procédé, en général, à bôrd des navires, par les agents de brigades, à l'ouverture des colis dont le débarquement immédiat n'est point ré-clamé, que dans le cas où cette formalité serait nécessaire par des soupçons de fraude ou par d'autres cir-constances extraordinaires. En dehors de ces cas exceptionnels, l'action et la surveillance dû service actif à bord des navires peuvent, sans inconvénient, se borner à la reconnaissance extérieure des colis et de

Des préposés des douanes pourront être mis, soit avant, soit après la déclaration, à bord de tous les bâtiments entrant dans les ports ou rades français, et en sortant, et même à l'embouchure et dans le cours des rivières.

Il est enjoint aux capitaines et officiers des bâtiments, à peine de déchéance de leur grade et de 500 francs d'amende, de recevoir lesdits préposés et de leur ouvrir les chambres et armoires desdits bâtiments, à l'effet d'y faire les visites nécessaires pour prévenir la fraude ; s'ils s'y refusent, lesdits préposés pourront demander l'assistance d'un juge pour être fait ouverture en sa présence desdites chambres et armoires, dont il sera dressé procès-verbal aux frais desdits capitaines et maîtres des navires. Dans le cas où il n'y aurait pas de juge sur le lieu, ou s'il refusait de se transporter sur le bâtiment, le refus étant constaté par procès-verbal, lesdits préposés requerraient la présence de l'un des officiers municipaux dudit lieu, qui sera tenu de les y accompagner.

S'ils soupçonnent que des caisses, ballots et tonneaux contiennent des marchandises prohibées ou non déclarées, ils les feront transporter à l'instant au bureau pour être procédé immédiatement à leur visite. (*L. 22 août* 1791, *tit.* 13, *art* 8).

137. Lesdits préposés pourront faire toutes visites dans les vaisseaux et autres bâtiments de guerre (1), en requérant les commandants de la marine dans les ports, les capitaines desdits vaisseaux, ou les officiers des états majors de les accompagner, ce qu'ils ne pourront refuser, à peine de 500 francs d'amende ; et, en cas de contravention constatée par lesdits bâtiments, les capitaines et les officiers seront soumis aux peines portées par le présent décret (2).

---

leur identité, tant par la forme que par les marques et numéros, avec les indications portées au manifeste. (*Circulaire du 4 mars* 1843, n. 2057).

(1) En règle générale, et par principe de réciprocité, tout bâtiment de guerre étranger doit être exempt de visite des douanes à bord ; on doit se borner à son égard à une surveillance toute extérieure. Si quelque exception devait être faite à ce principe, elle serait l'objet d'ordre spécial. (*Circ.* n, 1863).

(2) L'administration des douanes, après avoir dressé procès-verbal des infractions reconnues sur les bâtiments de l'Etat, et requis jugement dans le délai légal, surseoit à toutes poursuites ultérieures jusqu'à ce que l'autorité maritime ait fait connaître le résultat de ses investigations. Le conseil d'administration des douanes examine alors pour chaque affaire, d'après les faits constatés, s'il y a lieu, ou non, d'accorder, par voie de transaction, la remise ou la modération des amendes encourues, et c'est ensuite au département de la marine à faire supporter ces amendes par qui de droit.

Ces dispositions s'appliquent aux saisies opérées par la douane sur les paquebots-postes de l'Etat. Ainsi,

Lesdites visites ne pourront toutefois être faites après le coucher du soleil. *(Mêmes loi et titre, article 10).*

§ 3.

POLICE EN-DEÇA DES CÔTES.

138. Il n'y a pas de seconde ligne pour les douanes maritimes.

Toutes les marchandises, à l'exception des objets pour lesquels il y a un régime spécial, peuvent circuler *de jour* en deçà des côtes.

Mais, *pendant la nuit*, les étoffes de toute espèce, les toiles de coton blanches, teintes ou peintes, les toiles de Nankin, les mousselines, la bonneterie, la rubanerie, les sucres raffinés, bruts, têtes et terrés, les cafés, et autres denrées coloniales, les poissons salés, les cotons filés, les tabacs en feuilles et fabriqués, ne peuvent être transportés et circuler dans la distance d'un myriamètre des côtes, à peine de confiscation et de 500 francs d'amende (1).

Sous les mêmes peines, les mêmes objets ne peuvent également être transportés et circuler *de nuit*, dans la distance d'un myriamètre des rives des fleuves, rivières et canaux, qui conduisent de la mer dans les ports intérieurs, mais seulement jusqu'au point où il existe des bureaux de douanes. *(Loi 8 floréal an XI, art. 85).*

139. Les basses rivières sont considérées comme des rades maritimes au fond desquelles on arrive librement, et Bayonne, Bordeaux, Nantes, Rouen, sont des lieux de prime abord, comme s'ils étaient situés sur la côte même.

Les deux rives des fleuves allant à la mer doivent être pourvues de bureaux et gardées par les brigades jusqu'au point d'amont, vers l'intérieur, où se trouve la dernière douane.

Tout ce qui se passe en aval de ce point est sujet à la police des

---

lorsqu'un fait de contrebande a été constaté sur l'un de ces paquebots, le comité de direction désigne une commission d'enquête, dont font partie le premier lieutenant et l'agent de l'administration à bord, pour rechercher les véritables auteurs du délit. Le résultat de cette enquête est communiqué aux agents de l'administration des douanes, et, d'après la décision prise par cette administration, ce comité fait exercer sur la solde de l'équipage les retenues nécessaires pour acquitter les condamnations. *(Circ. n. 1793).*

Dans tous les cas de saisie opérée à bord d'un bâtiment de l'Etat, on met en cause le commandant du navire comme civilement responsable, aux termes de la loi. *(Décis. admin. du 4 mai 1839).*

(1) Il y a lieu également à la confiscation des moyens de transport. *(Circ. 5 pluviose, an XI).*

douanes ; aucun embarquement ou débarquement ne peut s'y faire sans un permis, ni aucune circulation sur le fleuve sans une expédition de douane, ou un manifeste prouvant qu'on arrive en droiture de l'étranger.

Il est donc bien entendu que tous les mouvements de marchandises entre l'embouchure des fleuves affluents à la mer et le dernier bureau vers l'intérieur sont assujettis à la police des douanes, et qu'ainsi, sauf les exceptions qui peuvent être faites pour la facilité des rapports de voisinage entre les communes françaises qui bordent les rives de ces fleuves, tout embarquement ou débarquement doit être précédé de la délivrance d'un permis, et qu'aucun navire ne peut naviguer sans être pourvu d'une expédition, soit passavant, acquit-à-caution, acquit de paiement, ou du manifeste qui en tient lieu dans les cas prévus par la loi. (*Circ. n° 1168, du 10 juin 1829*).

140. En cas de poursuites de la contrebande, les préposés ont le droit de la saisir, même en deçà des côtes, pourvu qu'ils l'aient vue pénétrer sur le territoire et qu'ils l'aient suivie sans interruption.

Ils peuvent aussi, après avoir poursuivi les contrebandiers, revenir au lieu du débarquement pour y saisir le navire. (*Arr. cass. 23 octobre 1807. Voir : poursuite de la fraude, n° 2487 et suivants*).

CHAPITRE II.

DES FRONTIÈRES DE TERRE.

Section I.

RAYON OU LIGNE DES DOUANES.

141. Les lois et règlements sur le transport et la circulation des denrées et marchandises sont exécutés dans l'étendue des deux myriamètres des frontières de terre. (*Loi 8 floréal an XI, art. 84*).

C'est cette étendue de territoire que l'on appelle ligne ou rayon des douanes.

142. Ce rayon, peut même être étendu, sur une mesure variable, jusqu'à la distance de deux myriamètres et demi de l'extrême fron-

tière, afin de faciliter la répression de la fraude sur toutes les parties des frontières de terre ou la mesure fixe de deux myriamètres de rayon n'offre pas les positions les plus convenables au service des douanes. *(Loi 28 avril 1816, art. 36).*

Mais en cas de changements à la démarcation actuelle, ces changements doivent être déterminés par un tableau indicatif des villes, bourgs, villages, et bâtiments isolés les plus voisins de la nouvelle ligne de démarcation et que cette ligne met dans le rayon, en suivant les limites de leur territoire.

L'exécution des lois et règlements de douanes devient exécutoire sur toutes les parties de territoire ainsi ajoutées au rayon, à l'expiration d'un délai de 15 jours, après que ledit tableau, approuvé par le ministre des finances, et adressé officiellement aux préfets, a été publié et affiché dans les chefs-lieux des arrondissements et cantons que doit traverser la nouvelle ligne de démarcation. *(L. 28 avril 1816, art. 36, et circ. nº 149).*

143. La fixation des distances entre le territoire étranger et la ligne est faite sans égard aux sinuosités de routes, en prenant la mesure la plus droite à vol d'oiseau. *(L. 22 août 1791, tit. 13, art. 42).*

Cependant, la ville dans laquelle existe un bureau de douane, fait, dans toute son étendue, partie de la ligne qui circonscrit le territoire, quelle que soit sa distance de l'extrême frontière. *(Arr. cas. 29 mai 1807, Lille, tome 6, page 66).*

144. La distance entre le lieu où une saisie a été opérée et l'étranger, doit se mesurer par la ligne droite prise sur un plan parfaitement horizontal. *(Arr. cas. 28 juillet 1806).*

145. Au gouvernement seul appartient le droit de statuer sur la question de savoir si un lieu où une saisie a été faite, est français ou étranger. *(Arr. cas. 9 fructidor an VIII).* Et c'est aux parties à se pourvoir, sur cette question, par les voies de droit, et non aux tribunaux à la décider. *(L. 24 août 1790, tit. 2 art. 13).*

146. Toute commune située entre les bureaux de douanes et l'étranger, est, par cela même, soumise à la police des frontières. *(Arr. cas. 11 septembre 1807).*

147. C'est toujours le territoire enveloppé par la deuxième ligne

des bureaux, et jusqu'à la limite de l'étranger, que les préposés ont à surveiller. En deçà de cette démarcation, ils ne peuvent faire de recherches que dans le cas où ils auraient poursuivi la fraude, sans la perdre de vue, par-delà la ligne qu'elle aurait franchie pour pénétrer dans l'intérieur. Ils ne peuvent, par aucun motif, dépasser la ligne de nos frontières, et, en cas de violation de territoire étranger, ils encourraient, suivant la gravité des circonstances, soit la destitution, soit la dégradation ou un changement désavantageux. (*Marie du Mesnil, et circ. du 23 novembre 1814*).

Section II.

—

DIVISION DU RAYON-ZÔNE.

148. Comme on vient de le voir aux n°s 141 et 142, par le mot rayon, il faut entendre l'étendue de terrain qui embrasse les deux myriamètres des frontières de terre, mais ce rayon se partage en cinq parties bien distinctes, savoir :

1° Rayon général des deux myriamètres ;

2° Rayon spécial des 15 kilomètres ;

3° Rayon spécial des 2 kilom. 1/2 ;

4° Rayon spécial comprenant la portion de territoire qui se trouve entre l'étranger et les premiers bureaux de douanes, ou zône extérieure ;

5° Enfin, rayon spécial embrassant seulement les deux kilomètres et demi en deçà des bureaux et des brigades, — ou zône intérieure ou spéciale pour les bestiaux.

149. A l'exception des poissons, pain, vin, cidre, poiré, bière, viande fraîche ou salée, volaille, gibier, fruits, légumes, laitage, beurre, et tous objets de jardinage, lorsque lesdits objets ne font pas route vers la frontière, ou lorsqu'ils se rendent, les jours de foire ou de marché, dans les villes sur la frontière, toutes les marchandises qui circulent ou qui doivent être entreposées dans le *rayon général*, doivent être accompagnées d'une expédition de douane. (*Voir les n°s 2553 et 2501*).

Le rayon spécial des 15 kilomètres n'a été établi que pour la circulation ou l'entrepôt des drilles, chiffons et des vieux papiers et vieux linges qui leur sont assimilés. (*V. le n° 2079*).

Le rayon spécial des deux kilomètres et demi a été affecté aux marchandises prohibées, ou taxées à plus de 20 0/0 par 100 kilo. ou de 10 0/0 de la valeur, qui doivent y séjourner entre les mains des marchands et qui, dès-lors, sont assujetties à la formalité du compte ouvert. *(V. le n° 2027)*.

La zône extérieure se compose du terrain situé entre l'étranger et la première ligne des douanes; elle doit être prise, non pas à partir de la ligne directe qu'on tirerait seulement d'un bureau à un autre bureau et sans tenir compte des brigades ordinairement placées dans l'intervalle, mais en suivant parallèlement, de poste en poste, la première ligne des douanes, que forment à la fois les bureaux et les brigades. *(Circ. n° 928)*.

C'est dans cette zône que sont exécutoires les arrêtés des 25 messidor an VI et 1er brumaire an VII, relatifs au pacage. *(Voir les n°s 1050 et suivants)*.

Enfin, la zône intérieure comprend non-seulement tout le terrain qui existe entre l'étranger et les bureaux et brigades formant la première ligne, mais encore les deux kilomètres et demi en deçà de ces mêmes bureaux et brigades, à quelque distance de l'étranger qu'ils se trouvent. *(Circ. n° 768)*.

Cette zône, fixée par l'article 3 de l'ordonnance du 26 juillet 1822, concerne la police des bestiaux, et prend, pour cela même, le nom de zône spéciale pour les bestiaux. *(Voir le n° 1019)*.

CHAPITRE III.

§ 1er.

EMPLACEMENT DES BRIGADES ET DES BUREAUX.

150. Les brigades (n°s 17 et 18) et les bureaux (1) (n°s 17 et 64) sont placés dans les deux myriamètres et demi du territoire limitrophe des frontières : ils prennent, selon leur position dans le rayon, le nom de brigades ou bureaux de première ligne, de seconde ligne, ou de ligne intermédiaire, et leur surveillance s'étend sur toutes les mar-

_____

(1) Pour les douanes de l'intérieur. *(Voir les n. 2240 à 2250)*.

chandises et denrées qui circulent ou qui séjournent dans les lignes, ainsi que sur celles qui franchissent la frontière.

151. Les bureaux de recette sont placés dans les maisons qui sont les plus convenables au service public et à celui de l'administration.

152. Les barrières, postes et clôtures destinées à la garde des frontières, sont établies sur le terrain jugé nécessaire, en payant par la nation aux propriétaires la valeur du terrain de gré à gré, et, en cas de difficulté, sur le pied qui est réglé par le préfet du département sur l'avis d'experts convenus entre l'administration et les propriétaires, sinon, nommés d'office. *(Loi 22 août 1791, tit. 13, art. 4).*

153. Les maires, et à leur défaut, les préfets, sont tenus, lors des réquisitions qui leur en sont faites par les chefs de douane (1), de désigner, dans les trois jours desdites réquisitions, les maisons et emplacements propres à l'établissement des bureaux et au logement des employés des deux services. *(Arrêtés des 29 frimaire an VI, art 1er, et 9 prairial an VI, art. 1er).*

Toutefois cette désignation ne peut porter que sur les maisons ou emplacements qui ne sont point occupés par les propriétaires, à moins qu'il n'y ait impossibilité absolue de s'en procurer qui soient vacants ou loués : Dans ce cas, une partie du local tenu par les propriétaires est affecté au service des bureaux et au logement des employés. *(Arrêté du 29 frimaire an VI, art. 2).*

154. Les administrations municipales et celles des départements doivent prendre, sans délai, les mesures nécessaires pour que lesdites maisons et emplacements soient mis à la disposition de la douane dans un délai de dix jours (2). *(Arrêtés des 29 frimaire an VI, art. 3, et 9 prairial an VI, art. 1er).*

155. En cas de refus, par les propriétaires ou par les locataires, de céder les maisons et emplacements convenables au service, la réquisition à faire peut être formulée dans ces termes :

« *Le maire de la commune de... arrondissement de... département de...*

---

(1). Directeurs, Inspecteurs, Receveurs ou Capitaines. *(Arrêté du 9 prairial, an VI, art. 1).*

(2). Lorsqu'un local est remis au service, l'état des lieux doit être dressé contradictoirement entre le bailleur et le preneur. *(Déc. admin. du 11 janvier 1847).*

» *Vu les lois des 5 novembre 1790, art. 4, et 22 août 1791, tit. 13,
» art. 4, (nº 153), ainsi que les arrêtés des 21 frimaire et 9 prairial an
» VI, (nº 154),*

» *Sur la demande du sieur... (receveur, capitaine, etc.) des douanes,
» portant qu'il a été impossible de se procurer à l'amiable l'emplacement né-
» cessaire pour installer le bureau de cette administration en cette commune,
» et pour loger le sieur... de la brigade de cette résidence, ayant avec lui
» une femme, etc., ... enfants, et que l'administration des douanes doit
» recourir à l'autorité municipale afin de pourvoir à ce besoin d'utilité pu-
» blique,*

» *Requiert le sieur... propriétaire en cette commune, de mettre à la dis-
» position du sieur... (receveur ou préposé) ... pièces de sa maison, savoir:
» au rez-de-chaussée : 1º ... à l'étage supérieur : 2º, etc.*

» *En cas de dissentiment sur le prix de location, il sera statué par M. le
» préfet du département conformément à la loi.*

» *La présente réquisition, exécutoire immédiatement et d'urgence, no-
» nobstant toute opposition et pourvoi, sera notifiée au sieur... propriétaire,
» par le sieur... (gendarme, sergent de ville ou garde-champêtre) le-
» quel demeure chargé d'en assurer l'exécution en se faisant, au besoin,
» assister de la force publique.*

» *Fait à la mairie de... le... 185.. »*

156. La réquisition au maire doit toujours être précédée d'une démarche personnelle du Receveur ou du Capitaine, et, mieux encore, de l'inspecteur, afin d'entrer préalablement avec lui dans les explications convenables. S'il y a, de sa part, refus d'obtempérer à la réquisition, lequel refus doit être donné par écrit, l'intervention du préfet devient nécessaire, et elle doit être réclamée par l'intermédiaire du directeur.

Dans le cas peu probable où le préfet élèverait quelques objections, il en serait immédiatement rendu compte à l'administration. Quand, au contraire, l'arrêté portant désignation des logements frappés de réquisition, aura été rendu sans difficulté par l'une des autorités compétentes, et que cet arrêté aura été dûment notifié au propriétaire ou au locataire, il arrivera de deux choses l'une : Ou l'arrêté recevra son exécution pure et simple du consentement du propriétaire ou du locataire, ou bien ils se refuseront à vider les lieux. Dans cette dernière

hypothèse, comme l'autorité administrative a reçu de son institution même le pouvoir de faire exécuter ses arrêtés, le préfet, ou même le maire, peut employer la force armée — pour obtenir du propriétaire la cession de la partie de sa maison frappée de réquisition, — ou pour évincer un locataire récalcitrant.

Si le propriétaire ou le locataire auquel aurait été notifiée une réquisition, introduisait un référé devant l'autorité judiciaire, il conviendrait de décliner sa compétence avec demande de renvoi à la juridiction administrative, sauf à la partie intéressée à se pourvoir près du ministre de l'intérieur et ensuite près du conseil d'état, sans toutefois que ce recours puisse entraîner un ajournement dans l'exécution provisoire. Dans le cas où le tribunal ferait difficulté de reconnaître son incompétence, le directeur aurait à se concerter avec le préfet, afin que le conflit fut élevé. (*Ad*on 4 *février* 1847).

157. Le mode de procéder ci-dessus est, en tout, applicable aux cas où il s'agirait, à défaut de toute autre habitation disponible dans la commune, de faire maintenir un employé en jouissance du logement qu'il occupe, et dont il lui aurait été donné congé. (*Admin. 4 février* 1847).

§ 2.

BAUX.

158. Le loyer des maisons et emplacements nécessaires au service des douanes est réglé sur le prix des derniers baux, et l'administration fait payer les dédommagements aux locataires qui sont déplacés avant la fin de leur jouissance.

S'il n'y a point de baux, et si le prix du loyer ne peut pas être fixé de gré-à-gré, il est réglé par experts convenus devant l'administration de département, sinon, par elle nommés d'office. (*Arr.* 29 *frimaire, an VI, art.* 4).

159. Les baux à loyer sont passés au nom de l'administration : ils sont établis sur papier visé pour timbre et enregistrés gratis. (*Déc. min.* 17 *septembre* 1823. *Circ. n*º 820).

On les renouvelle une année ou dix-huit mois avant leur expiration.

Ils sont d'abord établis sur papier libre, puis, après l'approbation de

l'administration à laquelle ils sont soumis (1), on les fait viser pour timbre et enregistrer. (*Circ. n° 820*).

A chaque renouvellement, une copie, certifiée par l'inspecteur, est annexée à l'état des frais de loyer.

160. Les employés que le déplacement des lignes force à changer de résidence, ne sont tenus de payer le loyer des maisons qu'ils occupent que jusqu'au moment où ils les quittent, sauf à accorder aux propriétaires, s'il y a lieu, une indemnité que l'administration est autorisée à faire régler. (*Arr. du 9 prairial an VI, art. 2*).

161. D'après l'article 5, § 2, de la loi du 4 frimaire an VII, les bâtiments affectés au service public des douanes, et non à l'habitation personnelle des employés, sont exempts de la contribution des portes et fenêtres. Il est donc important d'insérer dans les baux une clause stipulant que les propriétaires n'auront rien à payer sous ce rapport. (*Circ. n° 1511*).

Il faut y consigner aussi la clause de résiliation qui suit :

En cas de suppression ou de déplacement du bureau (ou de la brigade), le bail pourra être résilié sans autre indemnité que le paiement du trimestre commencé, nonobstant tout usage local. (*Déc. du 12 septembre 1851*).

162. D'un autre côté, il faut, autant que possible, mettre l'administration à l'abri de toute réclamation, — soit en cas d'incendie, (*Circ. n° 1986*), — soit en cas de changement de local, — soit en cas de déplacement des lignes. (*Arr. du 9 prairial an VI, art. 2*).

163. Comme tous les actes synallagmatiques, les baux doivent, à peine de nullité, être faits doubles et signés par les parties contractantes.

164. Voici un modèle que l'on pourra consulter dans l'occasion :

(1). Toutefois, les baux relatifs aux corps-de-garde sont valables par la seule approbation du Directeur, sans qu'il soit tenu d'en référer à l'administration, toutes les fois que le prix est conforme à l'allocation portée en l'état de frais de régie, à moins, cependant, qu'il n'y ait quelque clause d'une nature exceptionnelle. (*Circulaire n. 1573*).

DOUANES.

—

BUREAU DE

—

BAIL.

—

Durée de 3, 6 ou 9 années
à compter du 1er   18

——— ———

Loyer annuel :   fr.   c.

*Entre les soussignés.... receveur des doua-
nes à... agissant au nom de son administration, et à ce autorisé, d'une part,*

*Et M.... propriétaire, demeurant à.....,
agissant en son nom et pour son compte,
d'autre part,*

Il a été convenu ce qui suit :

ART. 1er.

*M..., laisse à titre de bail à loyer, à l'ad-
ministration des douanes, les pièces et ap-
partements ci-après désignés, dans sa maison*
sise à........ rue........ n°........ savoir :

Au rez-de-chaussée : etc.

Au premier étage : 1°.... etc.

Une cave ayant son entrée sur... etc.

Un bûcher, long de... large de... etc.

Un jardin, situé à... d'une largeur de... sur... etc.

*Un cabinet d'aisances fermant à clef, qui ne pourra être affecté qu'au
service du preneur ;*

Une buanderie, ou bien le droit de faire la lessive dans... etc.

ART. 2.

*Le logement étant en parfait état d'habitation, toutes les réparations
que nécessiteront l'une ou l'autre des pièces qui le composent, soit par
l'effet de l'usage en bon père de famille, soit par suite d'une mauvaise
construction, et dont le besoin pourra avec le temps se faire sentir, demeurent de droit à la charge du bailleur : celui-ci devra les faire exécuter au
fur et à mesure qu'elles seront reconnues nécessaires et qu'il en sera requis.
A défaut de quoi, l'administration se réserve la faculté de le faire elle-
même, et de se reprendre ensuite de ses déboursés sur les termes du loyer.*

ART. 3.

*Il demeure entendu que le propriétaire n'aura rien à payer pour con-
tributions des portes et fenêtres.*

ART. 4.

Le bailleur, par dérogation aux articles 1733 et 1734 du code civil, renonce, pour lui et ses ayant droit, à exercer, en cas d'incendie, aucune espèce de recours ou action soit contre l'administration, soit contre ses agents.

ART. 5.

Le présent bail est passé pour neuf années consécutives qui commenceront le…. pour finir le…. Il est résiliable tous les trois ans, sauf aux parties contractantes à se prévenir six mois à l'avance. Il sera toutefois résilié de plein droit, et sans indemnité aucune de la part de l'administration, à compter du jour où celle-ci viendrait à supprimer le bureau de…. ou à le transporter dans une autre commune, de telle sorte que, dans ce dernier cas, il ne sera payé au bailleur que le prix du loyer commencé, sauf le cas d'avertissement donné à l'avance.

ART. 6.

L'administration des douanes s'oblige à payer à M…. propriétaire, pour loyer annuel des parties d'immeubles qui font l'objet du présent bail, la somme de…. laquelle sera payée par trimestre, et par portions égales, contre quittances régulières, dont le timbre restera à la charge du bailleur.

ART. 7.

Le présent bail, pour être valable, sera soumis à l'administration des douanes, et mention de cette approbation, si elle a lieu, sera faite au bas du présent, par M. le directeur à……

ART. 8.

Pour les cas non prévus par le présent bail, les parties, bailleur et preneur, se conformeront aux règles prescrites par le code civil, au titre des baux à loyer, et à l'usage des lieux.

Fait double, de bonne foi, et sous notre signature privée,

A….. le…… 18..

165. Les loyers sont acquittés par trimestre, sur quittance dont le timbre tombe à la charge des bailleurs.

Si le prix de la location trimestrielle n'excédait pas dix francs, la

quittance serait donnée sur papier mort, ou remplacée par un émargement apposé sur l'état de distribution des frais de loyer.

Quand un corps-de-garde se trouve dans le même emplacement qu'un bureau, une seule quittance suffit : mais, alors, cette pièce doit mentionner distinctement le prix de location de l'un et de l'autre, ainsi :

Je soussigné..... reconnais avoir reçu de M....., receveur-principal des douanes à....., par les mains de M......, receveur à....., la somme totale de...... pour prix du loyer, pendant le......, trimestre de l'année 18...... savoir :

1° *Du bureau des douanes à.........., la somme de..... ci....* ▸ ▸

2° *Et du corps-de-garde situé au même lieu, celle de..... ci....* ▸ ▸

Somme égale......... ▸ ▸

Dont quittance, à........., le........, 18......

§ 5.

CRÉATION, SUPPRESSION DE BUREAUX.

166. Toutes les fois qu'il s'agit de créer ou de supprimer un bureau de douane, il en est délibéré en conseil d'administration, et la délibération, ainsi que l'avis du directeur général, sont déférés au ministre des finances. *(Ord. du 30 déc. 1829. art. 18).*

167. Dans le cas de nouvel établissement ou de suppression d'un bureau, l'arrêté qui est rendu est publié dans les quatre paroisses les plus prochaines et qui sont sur la route du bureau nouvellement établi ou supprimé, et il est mis des affiches à l'entrée du lieu où le bureau est établi. *(L. du 20 août 1791, tit. 13. art. 1er).*

Ces affiches peuvent être apposées par les agents des douanes après que ceux-ci se sont entendus avec les maires. *(Déc. adm. 2 avril 1841).*

168. Dans le cas de nouvel établissement d'un bureau, les marchandises ne sont sujettes à confiscation (1), pour n'y avoir pas été

---

(1). La défense de saisir avant le délai de deux mois ne s'applique qu'au cas particulier où un bureau est établi par supplément à ceux qui existent déjà, et non à celui de l'établissement d'une nouvelle ligne de douane. *(Circ. du 27 juin 1814).*

conduites ou déclarées, que deux mois (1) après la publication ordonnée par l'article ci-dessus.*(N° 167).* (*L.* 22 *août* 1791, *tit.* 13. *art* 2).

§ 4.

TABLEAUX INDICATIFS.

169. L'administration est tenue de faire mettre au-dessus de la
porte de chaque bureau, ou en un lieu apparent près ladite porte,
un tableau qui en révèle l'existence. Toute saisie de marchandises
qui auraient dépassé un bureau à l'égard duquel l'apposition dudit
tableau n'aurait pas eu lieu, serait nulle et de nul effet. (*L.* 22 *août*
1791. *tit.* 13, *art.* 3. *et arr. de cas. du* 16 *février* 1818).

§ 5.

OUVERTURE DES BUREAUX.

170. Les bureaux doivent être ouverts, du 1ᵉʳ avril au 30 septembre, depuis 7 heures du matin jusqu'à midi, et depuis 2 heures
après-midi jusqu'à 7 heures ; et, du 1ᵉʳ octobre au 31 mars, depuis
8 heures du matin jusqu'à midi, et depuis 2 heures jusqu'à 6 du soir.
(*L.* 22 *août* 1791, *tit.* 13. *art.* 5. § 1ᵉʳ).

171. Les heures d'ouverture et de fermeture fixées ci-dessus peuvent, sur la demande des chambres de commerce, être modifiées par
décrets impériaux, (*L.* 14 *juin* 1850, *art.* 1ᵉʳ.) rendus sur le rapport
du ministre de l'agriculture et du commerce, et sur l'avis du ministre des finances. Ces décrets sont insérés au bulletin des lois, et
restent affichés dans les bureaux de douanes auxquels ils sont applicables. (*Même loi, art.* 3).

172. La durée du temps pendant lequel les bureaux doivent être
ouverts, en exécution de la loi du 22 août 1791, (n° 170), ne peut
être réduite que dans le cas d'une seule séance continue, qui n'est
jamais moindre de 8 heures en été et de 7 heures en hiver. (*Même loi,*
art. 2).

---

(1). La disposition qui exempte de la saisie les marchandises qui ne seraient pas présentées à la douane
dans les deux mois qui suivent l'établissement d'un bureau, ne s'applique point aux objets prohibés. (*Arr.*
de cas. 18 *décembre* 1811). Elle suppose, d'ailleurs, un transport effectué de bonne foi, et on ne saurait
l'invoquer pour des marchandises qu'on chercherait à introduire par des chemins détournés. (*Bourgat*).

173. Les agens du service des douanes doivent se trouver aux bureaux pendant les heures fixées, sous peine de répondre des dommages et intérêts des redevables qu'ils auraient retardés. (*Lois des 22 août 1791, tit.* 13, *art.* 5. § *dernier, du* 14 *juin* 1850, *art.* 4).

JOURS DE REPOS.

174. Les employés ne pouvant continuellement être assujettis à un travail pénible, la loi du 18 germinal an X, a décidé, par son article 57, que le dimanche serait consacré au repos : celle du 18 novembre 1814 a ajouté aux dimanches les jours de fête reconnues par l'état (1).

Cependant, l'administration a toujours entendu que le droit de tenir les bureaux fermés les jours fériés, ne devait être rigoureusement invoqué qu'à l'égard des opérations de commerce proprement dites, et qu'il devait céder à titres de bon office, devant les exigences légitimes, telles que le passage des voyageurs, et les besoins agricoles et urgens. (*Déc. adm.* 3 *septembre* 1838).

Elle applaudit même au zèle des employés qui, relativement aux personnes voyageant avec leurs voitures, se font un devoir, toutes les fois que les circonstances le permettent, de les expédier promptement, même en dehors des heures légales de bureau. (*Circ. n°* 2393).

Les bureaux doivent être ouverts pour recevoir et enregistrer les déclarations des redevables, quand ce dernier jour pour appliquer un tarif en vigueur est un jour férié. (*Circ. n°* 1755). (*Voir le n°* 223).

§ 6.

LOIS, RÈGLEMENTS ET TARIFS.

175. Dans tous les ports et lieux de France, on se conforme aux mêmes lois, décrets et tarifs. (*L.* 4 *germinal an II, tit.* 1er *art.* 3).

L'exécution des lois et des arrêtés sur les douanes est exclusivement attribuée au ministre des finances, ainsi que la perception des droits de tonnages, des droits de bassins et autres droits établis dans les ports de mer. (*Arrêté du* 28 *ventose an XII*).

---

(1). Ces jours de fête sont : l'Ascension, — l'Assomption, — la Tousssaint — et Noel. (*Concordat de* 1802).

176. Les agens du gouvernement, (préfets ou autres), ne peuvent, sous quelque prétexte que ce soit, prendre des arrêtés ni accorder aucune permission contraire aux lois et tarifs de douanes. (1) (*Arrêté du 9 germinal an IV*).

Défense sont faites aux tribunaux de connaître des actes d'administration, de quelque espèce qu'ils soient. (*L.* 16 *fructidor an III et arr. de cas. des* 15 *frimaire an X et* 17 *brumaire an XIV*).

177. Les conflits entre l'autorité administrative et l'autorité judiciaire, doivent être renvoyés au conseil d'état. (*Avis du conseil d'état du* 22 *janvier* 1813).

178. Les contraventions en matière de douanes sont régies par des lois et réglemens spéciaux : loin d'y apporter des modifications, le code pénal en maintient et en ordonne même formellement l'exécution. (*Arr. de cas.* 15 *avril* 1819*)*.

La douane ne recourt à la loi commune que lorsqu'il s'agit, — de suppléer au silence de la loi spéciale, — d'interpréter ce qui peut s'y rencontrer d'obscur et d'ambigu (*arr. de cas.* 9 *mai* 1838), — d'obtenir la condamnation d'un prévenu en cas d'absence ou de nullité d'un rapport à sa charge (*Circ. du* 15 *mars* 1839, *n°* 1148), ou d'obtenir l'application de la contrainte par corps.

179. Les lois, règlements et tarifs doivent exister dans tous les bureaux. (*Loi* 22 *août* 1791, *tit.* 13, *art.* 3).

Communication doit en être faite au commerce quand il l'a réclame. (*Dito*) : mais l'administration n'admet pas qu'un négociant, même intéressé dans une spéculation qui a donné lieu à des opérations de douanes, ait le droit absolu de réclamer communication des écritures qui ont eu lieu à ce sujet dans les bureaux, ou d'exiger des certificats. duplicata, ou autres copies de ces pièces. Ces communications ne doivent, d'ailleurs, être faites qu'aux intéressés ou à des tiers munis de pouvoirs suffisans, et c'est au receveur qu'il appartient d'apprécier, en cas de demandes de cette nature, s'il peut y faire droit, ou s'il doit en référer à ses chefs. (*Admin.* 14 *mars* 1843).

---

(1). Le mode établi par un arrêté préfectoral pour la justification d'origine des produits récoltés dans le rayon, est obligatoire pour les habitants, et les saisies opérées à défaut de cette justification sont régulières. (*Ar. de cas. du* 20 *décembre* 1839, *cir. n.* 1794).

180. Les lois sont exécutoires dans tout le territoire français, en vertu de la promulgation qui en est faite. (*Code civil*, *art.* 17).

La promulgation des lois et décrets résulte de leur insertion au bulletin officiel. (*Ordonnance du 27 novembre 1816, art. 1er*).

Elle est réputée connue dans le département où siège le gouvernement, *un jour entier* après que le bulletin des lois a été reçu de l'imprimerie nationale par le ministre de la justice, lequel constate, sur un registre, l'époque de la réception. (*Même ordonn. art. 2*).

Dans les autres départements, les lois et décrets sont exécutoires après l'expiration du même délai, augmenté d'autant de jours qu'il y a de fois dix myriamètres entre la ville où la promulgation en a été faite et le chef-lieu de chaque département, suivant le tableau (1) annexé à l'arrêté du 25 thermidor an XI. (*Idem art. 3*).

181. Néanmoins, dans les cas et les lieux où le gouvernement juge convenable de hâter l'exécution, les lois et décrets sont censés publiés et sont exécutoires du jour où ils sont parvenus aux préfets, qui en constatent la réception sur un registre. (*Ordonn. du 27 novem. 1816, art. 4*).

Alors, les préfets doivent prendre incontinent un arrêté par lequel ils ordonnent que lesdites lois et décrets seront imprimés et affichés partout où besoin sera. (*Ordonn. du 18 janvier 1817, art. 1er*).

Lesdites lois et décrets sont exécutés à compter du jour de la publication faite dans la forme prescrite par l'article ci-dessus. (*Même ord., art.* 2). Mais cette exécution anticipée ne peut donner ouverture à aucune demande en indemnité contre l'administration. (*Jugement du trib. de Rochefort du 3 sept. 1840, lithog. sous le n° 82*).

§ 7.

PROTECTION DUE AUX PROPRIÉTÉS NATIONALES.

182. Les officiers municipaux doivent employer tous les moyens à leur disposition pour la protection efficace des propriétés publiques. (*Loi 26 février 1790, art. 3*).

(1). Ce tableau se trouve au tarif officiel, avec les modifications qui sont survenues depuis la publication de cet arrêté. (*Voir la circ. du 11 mars 1817, n. 255*).

Chaque commune est responsable des délits commis à force ouverte ou par violence sur son territoire, par attroupements ou rassemblements armés ou non armés, soit envers les personnes, soit contre les propriétés nationales ou privées, ainsi que des dommages-intérêts auxquels ils donnent lieu. (*Loi* 10 *vendémiaire an IV, tit.* 4, *art.* 1er).

En conséquence, les communes sur le territoire desquelles des attroupements ou rassemblements, armés ou non armés, se seraient portés au pillage des bureaux, des dépôts de douanes, et auraient exercé quelques violences contre les propriétés nationales ou privées, seront responsables de ces délits et des dommages-intérêts auxquels ils donnent lieu. (*Arrêté du* 4e *jour complémentaire an II, art.* 13). (*Voir le mot pillage des bureaux, aux* nos 2676 *et suivants*).

CHAPITRE IV.

MATÉRIEL DES BRIGADES ET DES BUREAUX.

183. Tous les objets meubles ou immeubles possédés par les administrations financières et autres appartiennent à l'Etat. Ces objets sont affectés à tel ou tel service public, selon les besoins généraux, et jusqu'à ce qu'il en soit autrement ordonné.

Tous les actes concernant l'acquisition ou la perte de la propriété sont dans les attributions de l'administration des domaines : l'administration spéciale qui en a la jouissance n'est qu'usufruitière avec charge d'entretien.

Le matériel des douanes peut se subdiviser ainsi qu'il suit :

1° Immeubles appartenant à l'Etat, et dont l'administration a la jouissance, à charge d'entretien ;

2° Immeubles appartenant à des particuliers et tenus à bail, à charge de faire toutes les réparations locatives ;

3° Embarcations ;

4° Meubles et ustensiles affectés : — au service des bureaux, — au service des corps de garde, — au casernement de certaines brigades. (*Circ. n°* 1709).

IMMEUBLES.

184. Les immeubles appartenant au service des douanes sont inscrits sur les formules nos 91 et 91 bis de la série E, par une série particulière

8

de numéros, écrits à l'encre noire pour les immeubles appartenant à l'Etat, et à l'encre rouge pour ceux appartenant à des particuliers.

Ces deux formules présentent en marge l'indication de tous les renseignements à donner sur chaque immeuble et des pièces à fournir. (Cir. n° 1709).

EMBARCATIONS.

185. L'administration peut tenir en mer, ou sur les rivières, des vaisseaux, pataches et chaloupes armées. (*Loi* 22 *août* 1791, *titr.* 15, *art.* 6).

Les embarcations sont à manœuvres hautes ou à manœuvres basses. On entend par *manœuvres hautes* celles que l'on fait agir de dessus les hunes, et dont le gréement ne tombe pas jusqu'en bas; par *manœuvres basses,* celles que l'on fait agir de dessus le pont et le gaillard, et tout ce qui est au-dessous des hunes. (*Circ.* n° 898).

Les embarcations des douanes ont, comme les bâtiments de l'Etat, le droit de battre la flamme au grand mât; mais les canots ne peuvent, dans aucun cas, déferler le pavillon à l'arrière; ce signe est une distinction essentiellement militaire réservée à MM. les officiers généraux de la marine ou capitaines de vaisseau commandant. (*Circ.* n° 314).

186. Quel que soit leur tonnage, toutes les embarcations portent un numéro dont la série est égale au nombre des embarcations de chaque direction : Ce numéro doit être tracé sur la partie la plus apparente de l'intérieur du bâtiment, avec de la peinture blanche, à l'huile, et à trois couches.

Chaque embarcation doit porter un nom particulier : En cas de construction, la nouvelle embarcation ne doit point prendre le nom du bâtiment réformé, afin d'éviter toute confusion, mais elle doit être inscrite à l'inventaire sous le même numéro. (*Circ.* n° 1709).

MEUBLES ET USTENSILES.

187. Les bureaux sont pourvus de tous les meubles et ustensiles jugés nécessaires à leur service.

Ces meubles et ustensiles sont placés sous la garde du receveur qui en est responsable. (*Cir.* n° 1709).

Le receveur est également responsable du dépôt des circulaires imprimées : il doit les faire relier à ses frais et en transmettre la collection à son successeur. (*Circ.* n° 1298).

188. Tous les meubles, ustensiles, etc., d'un bureau font l'objet d'un inventaire qui doit en comprendre exactement le dénombrement, et rappeler — le titre en vertu duquel on en jouit, — le prix d'achat de chacun d'eux, — l'état dans lequel ils se trouvent, — le numéro de leur inscription, — leur valeur approximative actuelle, — et l'usage auquel ils sont employés.

Comme un numérotage suivi est prescrit pour chaque objet mobilier, un inventaire général et unique doit être tenu pour le mobilier d'une même douane quelque considérable qu'il puisse être ; ce qui n'empêche pas que, dans chaque section, il ne puisse exister un extrait de l'inventaire général concernant le mobilier affecté à l'usage de cette section. Toutefois, lorsqu'il y aura un établissement séparé, tel qu'un bureau de visite éloigné du bâtiment de la douane, un inventaire distinct pourra être tenu pour le mobilier affecté à son usage, mais toujours sous la responsabilité du receveur. (*Circ. n° 2113*).

189. Les inventaires doivent être tenus au courant par l'inscription des changements, augmentations, réductions, dépenses, etc., qui auront successivement lieu, de manière à ce qu'ils puissent se contrôler réciproquement. (*Circ. n° 1709*). Ils ne doivent, dès-lors, porter aucune date ni signature.

Un objet une fois porté à l'inventaire doit y rester à la même place et sous le même numéro tant qu'il n'aura été que réparé ou remplacé ; il ne doit être rayé de la feuille que dans le cas de réforme non suivie de remplacement. (*Circ. n° 2113*).

190. Chaque fois qu'il y aura mutation parmi les receveurs, il devra être fait, en leur présence, ou, dans le cas de départ de l'un avant l'arrivée de l'autre, en présence de l'inspecteur ou du sous-Inspecteur, un récolement général de l'inventaire ; une copie du procès-verbal de ce récolement, faite sur papier libre, sera immédiatement adressée à l'administration par la principalité.

En cas de non mutation pendant l'année, mais seulement dans ce cas, un récolement doit être immédiatement fait à l'époque du 31 décembre, par les chefs locaux ; une copie de ce récolement est également adressée à l'administration par l'intermédiaire des chefs qui lui font connaître les différences relevées, en indiquant la cause à laquelle elles peuvent être attribuées, et en lui donnant leur avis sur la responsabi-

lité encourue par les agents à qui les objets manquants avaient été confiés. (*Circ. n° 2113*).

191. Quand le service du bureau exige l'achat ou la réparation de quelques meubles ou ustensiles, il est nécessaire de fournir un devis estimatif sur papier libre, et en triple expédition.

Ce devis d'estimation doit indiquer :

1° Le bureau pour le service duquel sont proposés les travaux ou fournitures ;

2° L'inspection et la recette principale dont dépend ce bureau ;

3° L'exercice et la date des services faits ;

4° La nature des travaux ou fournitures proposés, distinctement et par articles ;

5° Le prix demandé pour chaque objet ;

6° Et le numéro d'inscription à l'inventaire des objets achetés. (*Circ. n°⁵ 897 et 2113*).

192. S'il s'agissait de la formation d'un devis général pour des fournitures ou des réparations à faire dans tous les bureaux de la même principalité, chaque bureau devrait y être présenté séparément. (*Voir, pour l'établissement du devis, le n° 199*).

Les devis doivent être soumis à la formalité de l'enregistrement toutes les fois que, portant soumission ou engagement de la part des entrepreneurs, ces actes ont ainsi le caractère d'un marché.

Cet enregistrement, qui donne lieu à la perception d'un droit fixe de 2 fr. 20 c., doit rester à la charge des entrepreneurs. (*Adminis. 14 septembre 1852*).

193. Lorsque des objets hors de service doivent être cédés et repris en échange par les fournisseurs, leur valeur doit être portée sur les devis en déduction du prix des objets contre lesquels ils sont échangés. (*Circ. n° 1654*).

194. Les travaux de construction, de réparation ou d'entretien de bureaux, corps-de-garde, et autres établissements, reconnus indispensables par l'administration, sur les rapports des chefs de service, sont mis en adjudication au rabais par les soins du directeur local, dans les formes suivies pour les travaux publics, et sous la réserve de l'approbation du ministre des finances.

Quand les travaux sont de peu d'importance, ou de nature à ne

pouvoir être mis en adjudication, l'administration les autorise, sur la production d'un devis estimatif *(n° 191)* portant, lorsqu'il est dressé par un entrepreneur, la soumission de les exécuter aux prix énoncés, et sur lequel le chef local de service certifie et constate la nécessité des travaux et la modération des prix.

Cette règle ne souffre d'exception que pour les travaux d'entretien et de réparation à exécuter par urgence ou qui n'excèdent pas 50 fr. Les directeurs sont, dans ce cas, autorisés à procéder d'office, mais sous leur propre responsabilité, et l'administration se réserve de rejeter la dépense si elle n'est pas reconnue faite dans l'intérêt du service.

195. Lorsque les travaux sont terminés, les chefs de service attestent, sur les mémoires qui en sont dressés, que ces travaux ont été réellement et convenablement exécutés, et, s'il y a lieu, que les entrepreneurs ont accompli tous leurs engagements. Ces mémoires, visés par le directeur, sont transmis par lui à l'administration, laquelle, après vérification, liquide les droits acquis et renvoie l'arrêté de liquidation au directeur, qui délivre les mandats de paiement au profit des ayant-droit.

196. S'il est stipulé dans les marchés que des à-compte seront payés, ils ne peuvent être mandatés que sur la production et après la vérification de mémoire sommaire de la portion des travaux exécutés : les à-compte ne doivent jamais excéder les 5/6 des droits reconnus.

197. Les acquisitions de maisons ou de terrains, que peut nécessiter le service des bureaux et des corps-de-garde, doivent être préalablement autorisés par le ministre des finances. Elles sont réalisées avec le concours des préposés de l'administration des domaines, soit de gré-à-gré, soit par la voie de l'expropriation forcée pour cause d'utilité publique. (*Régl. du 26 janvier 1846, §es 560 à 566.*)

MÉMOIRE.

198. Le mémoire des fournitures de meubles et ustensiles doit présenter les mêmes indications que le devis. Il doit également porter l'attestation que les ouvrages ou fournitures qui y sont détaillés ont eu lieu et qu'ils ont été reconnus bien confectionnés.

Que la somme qui y est indiquée s'élève, ou non, à plus de dix francs, il doit être fait sur papier timbré, et le coût du timbre est acquitté par le fournisseur ou l'entrepreneur. (*Circ. n° 897*).

199. Le mémoire doit, comme le devis, être rédigé d'après un mode uniforme : voici un modèle qui a été formulé par l'administration.

DOUANES.　　　　　　DIRECTION DE

MATÉRIEL.　　　　　　INSPECTION DE

Exercice 18　　　　Principalité de

Mémoire de la dépense autorisée pour fourniture première (remplacement ou réparation) d'objets mobiliers nécessaires au bureau de.... savoir :

NOMS des fournisseurs.	N. d'inscription à l'inventaire.	Nombre.	NATURE DES DÉPENSES.	DÉPENSES POUR		DÉPENSES PAR	
				chaque objet.	les objets de même espèce.	Caté-gorie.	Etablis-sement.
			Bureau de.... (*Immeuble N.*)				
			1. FOURNITURE PREMIÈRE.				
N. . . .	80	2	Seaux à eau , etc.	2	4	12 »	
	81	1	Casier en sapin , etc.	8	8		
			2. REMPLACEMENTS.				
P. . . .	48	6	Sondes en fil de fer, etc.	3	18	38 »	50,75
	50	2	Tables avec tiroirs, etc.	10	20		
			3. RÉPARATIONS.				
L. . . .	12	»	Réparation de 2 sondes moyennes,..	» 25	» 50	» 75	
	22	»	Réparation d'un plateau , etc	» 25	» 25		
			(Une table en sapin, vermoulue et hors d'usage , a été reprise par le fournisseur).				
			TOTAL				50 75

RÉCAPITULATION PAR FOURNISSEUR.

M. N...., menuisier. . . . . 12 fr. »»

M. P...., serrurier. . . . . 38 fr. »»

M. L...., id. . . . . » fr. 75

*Objets mobiliers qui ont été cédés, à titre d'échange, au fournisseur......
et dont la valeur est à déduire du présent mémoire,*

SAVOIR :

. . . . `» f. »» c.`

. . . . `» f. »» c.`

TOTAL . . . . . `» f. »» c.`

Je..... (ou nous) soussigné,....... demeurant à...... certifie avoir fourni en bonne matière, et avoir réparé tous les objets ci-dessus détaillés pour la somme totale de..... Je certifie, en outre, avoir repris à titre d'échange, en déduction de ladite somme, et pour le prix de.... les objets désignés plus haut.

A...... le...... 18..

Je soussigné...... receveur des douanes à..... atteste que les objets et travaux détaillés au présent mémoire ont été réellement fournis ou exécutés, et qu'il ne laissent rien à désirer: je déclare, en outre, avoir inscrit les objets neufs à l'inventaire sous les numéros indiqués ci-dessus, et je certifie que la valeur donnée aux objets réformés et cédés à titre d'échange, est la plus élevée qu'on ait pu obtenir.

A...... le...... 18..

L'inspecteur (ou le receveur-principal) soussigné, atteste que les fournitures et ouvrages détaillés au présent mémoire sont bien confectionnés, que les prix en ont été discutés avec soin et ne dépassent pas ceux du cours ordinaire, et que les objets réformés n'ont pas une valeur au-dessus de celle qui leur a été appliquée.

A...... le...... 18..

Vu :

Le Directeur,

Nota. La quittance du fournisseur doit être établie comme il est dit au n° 266. Elle peut être donnée au pied même du mémoire.

FRAIS D'ENTRETIEN ET CONTRIBUTIONS.

200. Les frais d'entretien, d'amélioration ou de réparation des immeubles ou des meubles, ainsi que les contributions de toute nature

(*voir les* n°s 161 *et* 162), sont à la charge de l'administration qui en a la jouissance. *(Arr. du min. des finances du* 11 *oct.* 1824, *art.* 2).

TITRES DE PROPRIÉTÉ.

201. Le dépôt de tous les titres de propriété des immeubles affectés au service des douanes, doit être faite entre les mains de l'administration des domaines, qui reste chargée de la suite de toutes les contestations auxquelles la propriété de ces immeubles peut donner lieu. *(Même arrêté, art.* 4).

IMMEUBLES INUTILES.

202. Aussitôt qu'un immeuble est devenu inutile au service auquel il était affecté, la remise en est faite à l'administration des domaines. *(Même arrêté, art.* 3).

Les agents des douanes délégués pour faire cette remise retirent et envoyent à leur directeur, qui le transmet à l'administration, le procès-verbal de décharge dressé par les agents des domaines. *(Cir.* n° 888). *(Voir le* n° 203 *ci-après.)*

OBJETS MOBILIERS A VENDRE.

203. Lorsque des objets faisant partie du matériel des douanes auront été reconnus hors d'usage et non susceptibles d'être remployés, le chef de service de l'administration des douanes dans le département en adressera un état descriptif et estimatif au directeur des domaines du même département.

Dans les quinze jours qui suivront la réception de cet état, le directeur des domaines donnera des instructions pour la vente aux enchères par un préposé des domaines; ou si, à raison de la faible valeur et de la position des objets, il reconnait qu'une vente par adjudication est impraticable, il en informera officiellement, dans le même délai, le chef de service de l'administration des douanes, en lui renvoyant l'état estimatif des objets.

Dans ce dernier cas, les objets pourront être vendus au profit du trésor, directement et sans concurrence ni publicité, par les agents des douanes. (*Voir le* n° 206).

Le produit des cessions ainsi faites, centralisé entre les mains du receveur-principal des douanes de la circonscription dans laquelle elles

auront été effectuées, sera pris en recette, aux opérations de trésorerie sous le titre : *Recouvrements faits pour des tiers*, et versé, à la fin de chaque année, dans les vingt premiers jours de décembre au plus tard, à la caisse du bureau des domaines dans le ressort duquel est placé le bureau de recette principale des douanes.

A l'appui de chaque versement, le receveur-principal des douanes remettra au receveur des domaines des déclarations délivrées par le préposé des douanes qui aura procédé à la cession, certifiées par l'inspecteur de la division, en indiquant, pour chaque vente, le lieu et la date auxquels elle aura été effectuée, la désignation et l'origine des objets cédés, le nom de l'acheteur et le prix. Ces déclarations resteront au bureau des domaines comme pièces justificatives de la recette.

Dans le courant du mois de janvier, chaque année, le chef de service de l'administration des douanes dans chaque département adressera au directeur des domaines un état des sommes versées à titre de prix de vente de mobilier, par les receveurs des douanes, dans les caisses des domaines, pendant l'année précédente.

Cet état, qui devra présenter les mêmes indications que les déclarations déposées à l'appui des versements, et faire connaître, en outre, le bureau des domaines où ces versements auront été effectués, servira à vérifier les opérations de recette des receveurs des domaines. *(Circ. n° 2439).*

204. Il faut provoquer le prix de possession, par les domaines, des objets hors de service, immédiatement après leur réforme, quand ces objets ont de la valeur, qu'ils sont sujets à dépérir, que leur garde doit être une cause d'embarras pour le service, et lorsqu'ils peuvent être cédés, avec avantage pour le trésor, aux fournisseurs. Mais, lorsqu'ils n'ont qu'une faible valeur, et que leur conservation peut facilement être assurée, rien ne s'oppose à ce qu'on attende, pour en offrir la remise aux domaines, l'expiration du trimestre, ou même du semestre, sans, toutefois, que ce dernier délai soit jamais dépassé. *(Circ. n° 2439).*

205. Dans les vingt premiers jours de janvier, on fournit à l'administration un *État des immeubles ou objets mobiliers livrés à l'administration des domaines pour être vendus au profit du trésor*. On y joint, en ce qui concerne les *Objets cédés aux fournisseurs et entrepreneurs des travaux*, une expédition de l'état qui a été adressé au directeur des domaines. *(Circ. n° 2439).*

OBJETS MOBILIERS A ÉCHANGER OU A CÉDER.

206. Les objets mobiliers devenus inutiles et ne pouvant être ré-employés sont — quand le receveur des domaines refuse de les recevoir — remis, a titre d'échange, aux fournisseurs et entrepreneurs ; à la charge d'en appliquer exactement et simultanément la valeur, en recette et en dépense.

Cette valeur est reprise en recette, aux opérations de trésorerie, sous le titre : *Recouvrements pour des tiers; Droits perçus pour l'administration de l'enregistrement et des domaines* (voir le nº 203), en même temps que la dépense totale portée au mémoire est inscrite au chapitre du *Matériel* pour le brut, c'est-à-dire sans défalcation du prix des objets réformés ou cédés. (*Circ.* nº 2113 *et compt. génér.* 18 *juillet* 1851).

L'intervention des domaines n'étant pas nécessaire pour ces sortes d'échanges, les directeurs des douanes peuvent traiter de la cession des objets réformés en même temps que de leur remplacement; la somme représentant la valeur de ces objets est portée distinctement sur le devis. Les inspecteurs s'assurent que le prix fixé pour les objets cédés n'est pas au-dessous de la valeur réelle, et ils en donnent un certificat motivé. (*Circ.* nº 823).

207. S'il arrivait qu'aucun fournisseur ou entrepreneur ne voulût prendre, à titre d'échange, les articles réformés, on devrait procéder à leur vente avec les formes suivies pour les marchandises provenant de saisies. L'opération serait constatée par la rédaction d'un procès-verbal dont une expédition serait transmise à l'administration, et le produit de la vente, quelque minime qu'il fut, serait inscrit en recette au chapitre des recettes accessoires, sous le titre de : *Recettes accidentelles.* (*Circ.* nº 2113).

EMBARCATIONS ENDOMMAGÉES PAR SUITE D'UN ABORDAGE OU PAR LE FAIT D'UN TIERS.

208. Toutes les fois que, soit par suite d'un abordage, soit par toute autre cause provenant du fait d'un tiers et rentrant dans les conditions exigées par l'art. 408 du code de commerce, une embarcation affectée au service des douanes a été endommagée, le receveur, agissant au nom de l'administration, doit, dans les 24 heures de l'événe-

ment, faire signifier à l'auteur du dommage une demande en indemnité.

Si le bâtiment qui a causé l'avarie est encore dans le port, l'exploit lui est laissé *à bord* à la personne même du capitaine, ou, en cas d'absence, à l'officier ou à celui des hommes de l'équipage qui est alors sensé avoir momentanément la garde ou la responsabilité du navire. — Si le navire a déjà repris la mer, la signification est faite au domicile du capitaine, si ce domicile est connu, ou, dans le cas contraire, comme aussi dans celui où le capitaine habiterait une autre ville, à la mairie du lieu où s'est passé l'événement. — Si le lieu où l'équipage de l'embarcation abordée a été mis en demeure de faire signifier sa demande, se trouve trop éloigné de la résidence d'un receveur de douanes pour qu'on en puisse requérir l'intervention dans le délai fixé, il convient que le commandant de l'embarcation fasse lui-même la protestation, dans les 24 heures, au nom de l'administration.

Les armateurs étant responsables du paiement des indemnités, on doit faire des réserves contre eux dans la notification qui est faite au capitaine. L'action judiciaire est ensuite dirigée simultanément contre les armateurs et contre le capitaine, *dans le mois au plus tard*. Si ces armateurs ne sont pas connus, ou si la douane n'a pu agir contre eux, elle a soin de renouveler ses réserves dans l'assignation qu'elle fait donner au capitaine, d'en demander acte au tribunal, et, dans le cas enfin où ces réserves ont été omises, d'exercer son action en responsabilité civile, aussi *dans le mois* à partir du jour où elle est légalement réputée connaître le propriétaire. Dans tous les cas, les assignations et les citations en justice doivent réserver ou requérir la condamnation *solidaire* de l'armateur et du capitaine. *(Circ n° 1520).*

DÉPENSES DU MATÉRIEL.

209. Les dépenses du matériel font l'objet de l'article 3 du chapitre 1er des dépenses publiques.

Elles se divisent en deux exercices et comprennent 4 sections, savoir :

1° Construction, entretien et réparation des bureaux, corps-de-garde et embarcations ;

2° Achat et entretien de poids, balances, et ustensiles de bureau ;

3° Frais de transport de fonds, paquets, ballots et échantillons ;

4° Dépenses diverses et imprévues.

210. Les dépenses qui concernent la troisième section, c'est-à-dire les frais de transport, sont acquittés comme dépenses d'urgence, par les receveurs, entre les mains des voituriers, et sur la production des lettres de voitures au pied desquelles sont établies les quittances.

Les autres ne peuvent être acquittées qu'après liquidation faite par l'administration, ou ordonnancement de la direction.

CHAPITRE V.

REGISTRES ET IMPRESSIONS.

DEMANDE D'IMPRESSIONS.

211. Dans les premiers jours de septembre de chaque année, l'administration adresse à chaque principalité, par l'intermédiaire de la direction, des nomenclatures imprimées sur lesquelles doivent être établies les demandes d'impressions jugées nécessaires pour le service de l'année suivante.

Ces demandes doivent indiquer, en regard de l'évaluation probable de la consommation de chaque modèle pour une année, les quantités restant en magasin et celles qui sont rigoureusement nécessaires pour une année, défalcation faite de ce qui se trouve en réserve, et des registres non terminés qui doivent servir d'une année à l'autre jusqu'à entier épuisement. Elles sont établies d'après l'appréciation la plus exacte des besoins réels et sans la moindre exagération. Elles sont envoyées aux directeurs, en double expédition, dont l'une accompagne la demande générale de la direction, et elles sont préalablement soumises au visa des inspecteurs qui sont chargés de les vérifier avec soin. *(Circ. n° 1277).*

REGISTRE D'ENREGISTREMENT DES IMPRESSIONS.

212. Un registre de compte-ouvert des impressions en usage pour le service des douanes est tenu, conformément aux circulaires 1182 et 1277, dans chaque chef-lieu de direction et dans chaque bureau principal. Ce registre *(série E, n° 4)* forme la base d'un compte matériel pour chaque modèle, présentant, d'une part, les impressions adressées

par l'administration aux directeurs; et, de l'autre, les quantités expédiées par les directeurs aux receveurs-principaux. Ceux-ci, de leur côté, constatent, sur un registre semblable, la réception des impressions qui leur sont envoyées par la direction, et la distribution qui en est faite soit au bureau principal, soit dans les bureaux subordonnés.

Les enregistrements faits sur ce registre rendent les vérifications faciles et donnent le moyen non-seulement de contrôler l'effectif en réserve, mais d'apprécier la consommation de chaque modèle dans les différents bureaux. *(Circ. n⁰ˢ 1277 et 1993).*

213. Les receveurs subordonnés et les capitaines de brigades n'étant pas pourvus de ce registre, doivent établir, sur un carnet en blanc et de 50 feuillets, un compte-ouvert de réception et d'emploi des impressions de toute sorte qui leur sont confiées. *(Circ. n⁰ˢ 1277 et 1993).*

BULLETIN D'ENVOI DES IMPRESSIONS.

214. Dans tous les cas d'envoi d'impressions à un receveur principal, à un receveur particulier, ou à un capitaine de brigades, il doit être dressé, soit par le directeur, soit par le receveur-principal, un bulletin, en double expédition, dont la formule est imprimée sous le n° 4 de la série E. La seconde expédition est renvoyée par le destinataire pour accusé de réception.

Ces bulletins doivent porter un numéro suivi spécialement pour chaque bureau ou capitainerie, où il est prescrit de les enliasser et de les conserver soigneusement pour les représenter aux inspecteurs lors de leurs vérifications. *(Circ. n° 1993).*

VÉRIFICATION DES IMPRESSIONS.

215. Les inspecteurs doivent, au moins une fois par année, s'assurer, dans tous les bureaux, de la conservation et du bon emploi des impressions.

Ils rendent compte à l'administration de leurs vérifications dans un rapport spécial, en forme de procès-verbal, que les directeurs lui transmettent avec leurs observations.

S'ils trouvaient, sur quelques points, des approvisionnements trop considérables, ils en préviendraient les directeurs qui les feraient di-

riger sur les bureaux où ils pourraient être immédiatement employés. (*Circ. n°s* 1277 *et* 1993).

COTE DES REGISTRES.

216. Les registres de déclaration, paiement de droits, soumission des redevables et de leurs cautions, descentes des marchandises et des décharges des acquits-à-caution, qui sont tenus dans chaque bureau, doivent être reliés, et les feuillets cotés par premier et dernier, et paraphés sans frais par le juge de paix. (*L.* 22 *août* 1791, *titre* 3, *art.*27).

Les autres sont cotés par le directeur.

FOI DUE AUX REGISTRES.

217. Quand les registres sont légalement cotés et paraphés, ils sont authentiques, et font foi des faits qui y sont mentionnés. (*Décision administrative,* 29 *mars* 1836, *et code de procédure, art.* 846).

DÉPLACEMENT DES REGISTRES.

218. Les registres de la douane ne doivent être déplacés, pour être transférés au greffe d'un tribunal, qu'en vertu d'un jugement dûment signifié.

Ils ne peuvent être communiqués à un juge de paix que sur la réquisition écrite relatant l'ordre du procureur général. (*Décision administrative,* 30 *octobre* 1844).

Il ne peuvent être communiqués au public : mais, on délivre aux parties intéressées des copies certifiées des expéditions, toutes les fois que l'on peut prendre les précautions suffisantes pour empêcher les abus. (*Voir le mot Duplicata n°* 343).

Les agents des contributions directes peuvent en demander la communication, mais sans déplacement, pour s'assurer, à l'égard de ceux qui sont admis à faire des déclarations en douane, que les règlements sur les patentes sont exécutés. (*Cir. n°* 872 *et* 1779).

L'administration de l'enregistrement peut aussi rechercher si ses droits ne sont pas éludés à l'égard des mutations des propriétés des navires, mais toujours sans déplacement des registres. (*Cir. n°* 1639).

TENUE DES REGISTRES.

219. Les registres de perception et d'acquits-à-caution doivent être

tenus sans aucune lacune ni interligne : Les sommes y sont inscrites sans chiffres ni abréviations, sauf, après qu'elles ont été écrites en toutes lettres, à les tirer en chiffres hors ligne. (*L.* 22 *août* 1791, *tit.* 13, *art.* 26, § 1er).

Dans la vue de prévenir, autant que possible, l'abus qui pourrait résulter de l'emploi de feuilles de passavants ou d'acquits-à-caution restés en blanc, les receveurs doivent toujours remplir, sur leurs registres, aussitôt qu'ils leur sont parvenus, l'indication du bureau et la série des numéros. (*Circ. du* 20 *novembre* 1817).

ARRÊTÉ DES REGISTRES.

220. Les registres des acquits de paiement, acquits-à-caution, passavants, et tous ceux dont le volant est timbré, doivent être arrêtés tous les soirs, au dos de la souche de la dernière expédition.

Cet arrêté doit être ainsi conçu :

› *Clos le......, à....... heures du soir.* ›

Il est signé du receveur qui fait, au-dessous, la récapitulation des opérations de la journée (n° 236), en rappelant les antérieurs. *(Circ. du* 19 *novembre* 1802*)*.

S'il arrivait qu'après avoir transcrit la déclaration sur le registre n° 6 ou n° 12, la quittance ne fut pas livrée le même jour, on pourrait annuler la déclaration primitive, la reporter à la journée où la perception s'effectuerait, et indiquer, par une note, le motif de cette transposition. *(Déc. minist. du* 8 *juin* 1833*)*.

221. Le jour où expire la gestion d'un comptable (n° 301 *et suivants*), on arrête tous les registres, et l'inspecteur, après vérification des écritures, dresse un procès-verbal de clôture qu'il signe avec le comptable. (*Arr. du* 9 *novembre* 1820, *art.* 2).

Il en est de même à la fin de chaque exercice. (*Idem*).

En tête de la page qui suit la clôture de l'année, on met, en gros caractères, la désignation de l'exercice qui commence, et l'on rapporte cette désignation sur le dos de chaque registre afin de rendre les recherches faciles. (*Circ.* n° 349).

222. Quelques receveurs arrêtent leurs écritures du mois avant que ce mois soit expiré, afin d'avoir plus de temps pour former leurs bordereaux : mais cette manière de procéder doit être abandonnée

comme contraire aux instructions de l'administration, qui veulent que les bordereaux mensuels comprennent les opérations *matériellement* faites jusqu'au dernier jour du mois. (*Circ. n°* 883).

223. Chaque fois qu'il y a lieu de mettre en vigueur un changement quelconque dans les taxes établies, le receveur est tenu, sous sa propre responsabilité, d'arrêter les registres de déclarations et de perceptions à la clôture de la séance de la veille du jour où le nouveau tarif doit être appliqué.

Dans les bureaux où il existe un sous-inspecteur, ce chef vise l'arrêté des registres ; ailleurs, l'employé le plus élevé en grade après le receveur signe cet arrêté conjointement avec lui. (*Cir. n°* 1755).

TIMBRE DES REGISTRES.

224. Les actes délivrés par la douane portent un timbre particulier (n° 324). L'administration fait elle-même appliquer ce timbre, et compte de son produit. *(L.* 28 *avril* 1816, *art.* 19).

REGISTRES OFFICIELS DE COMPTABILITÉ.

225. La série des registres officiels de comptabilité est ainsi arrêtée :

1° Les registres de visite et de liquidation ;

2° Les registres à souche de recette, d'où l'on détache les acquits de paiement, et où les perceptions sont inscrites par nature de valeurs et dans des colonnes additionnées et totalisées par journée ;

3° Le livre-journal de caisse et de porte-feuilles, où sont reportés les totaux des perceptions de chaque journée, inscrites en détail sur les registres à souche et à quittance ;

4° Le sommier de dépouillement, ou grand-livre, où sont relevées et classées toutes les opérations inscrites au journal. *(Déc. minist. du* 8 *juin* 1833).

226. Les registres séparés de visite et liquidation ne sont tenus que pour les importations par mer, ou par les bureaux des frontières de terre ouverts aux marchandises payant plus de 20 fr. par 100 kilos.

Pour les importations par mer, on se sert du registre de recette à quittance, série M. n° 40.

Le registre T, n° 5, est affecté aux douanes de terre ouvertes aux marchandises payant plus de 20 francs.

Dans les autres bureaux, gérés pour la plupart par un receveur seulement, toutes les opérations relatives à la perception figurent sur un seul registre série T, n° 6, qui comprend, ainsi, la déclaration, le résultat de la visite, la liquidation, la recette et la quittance. (*Même décision*).

Ce même registre T, n° 6, est aussi en usage dans les grandes douanes, mais seulement pour les perceptions qui n'excèdent pas dix francs, et cela, sans égard à la quotité du droit dont les marchandises sont passibles. La perception immédiate des droits a lieu, pour éviter les retards, sous la seule formalité d'une déclaration verbale, suivie de la délivrance, après visite, d'une quittance détachée dudit registre. (*Décision administ. 9 février et 13 juillet* 1841).

227. Un même registre, T, n° 12, commun à tous les bureaux, sert pour les exportations qui s'effectuent par terre. (*Décision minist. du 8 juin* 1833). Ce registre comprend la déclaration, le résultat de la visite, la liquidation, la recette et la quittance. (*Même décision*).

Dans les ports, on se sert du registre série M, n° 43, qui comprend le résultat de la visite et la liquidation des droits, mais non la déclaration. (*Idem*).

CONSERVATION ET VENTE DES REGISTRES.

228. L'article 23 du titre 13 de la loi du 22 août 1791 décharge l'administration des douanes de la garde des registres et autres papiers de service qui ont plus de trois années de date.

Mais l'administration n'use de cette faculté qu'avec réserve, parce qu'il y a toujours profit à pouvoir recourir, même pour des faits anciens, aux écritures originales. Ainsi, la circulaire n° 825 défend aux directeurs dans les départements de faire vendre ou détruire les registres hors de service sans y avoir été expressément autorisés.

On doit garder indéfiniment :

1° Le sommier de signalement (*série E, n° 77*), des employés à la nomination du directeur de l'administration ;

2° Le sommier de signalement (*E, n° 83*), des employés à la nomination des directeurs ;

3° Le registre des événements de service, (*E, n° 97 bis*) ;

4° Les registres d'ordre (*E, n° 95*) pour les bureaux et brigades ;

9

5° Les soumissions pour la francisation des navires (*série N, n° 1*) et les certificats de jauge (*N. n° 2*);

6° Les circulaires imprimées, qui sont la propriété des emplois et non celle des titulaires. (*Circ. n°s 1057 et 1873*);

7° Et les registres affectés au service de la comptabilité générale. (*Idem, et Paris, 9 décembre 1845*).

229. Cependant, comme il y a impossibilité de conserver toutes les anciennes archives qui encombrent les bureaux, et qui se composent, en grande partie, de registres, d'états et d'expéditions surannés qui n'ont aucune importance, on peut, après le délai de trois ans, et dans les limites de temps indiquées ci-dessous, livrer aux domaines les impressions dont la nomenclature suit :

Série E.

Crédits. — Sommier, n° 55, 15 ans ; — Compte-ouvert, n° 56, 15 ans ; — Livret, n° 57, 15 ans.

Contentieux. — Transcription des procès-verbaux de saisies et suite des affaires contentieuses, n° 69, 30 ans.

Service général. — Registres pour l'inscription des retenues et des paiements faits aux préposés, n° 94 *bis*, 15 ans.

Série M.

Entrée. — Transcription des manifestes des navires, n°s 3, 4 et 5, 10 ans. — *Consignations en garantie de droits.* — Mouvement d'entrée et de sortie, n° 22 *bis*, 15 ans ; — Recette et quittance, n° 22 *ter*, 15 ans ; — Dépôt des marchandises retenues ou délaissées, n° 23, 15 ans ; — *Consignations.* — Voiture de voyageurs, n° 23, A, 15 ans ; — Chevaux et bêtes de somme, n° 23, B, 15 ans ; — Argenterie des voyageurs, n° 23, C, 15 ans ; — Soumissions diverses, n° 23, D, 15 ans.

Sortie. — Déclaration de sortie pour aller à l'étranger ou aux colonies françaises, n° 24, 15 ans.

Entrepôt réel. — Sommiers d'entrée et de sortie, n°s 55 et 55 *bis*, 15 ans ; — Compte-ouvert d'entrepôt, n° 55 *ter*, 15 ans ; — Répertoire alphabétique ou sommier d'entrepôt, n° 55, A, 15 ans.

Entrepôt fictif. — Sommier formant balance avec soumission,

n° 57, 15 ans; — Compte-ouvert d'entrepôt, n° 55 *ter*, 15 ans; — Sommier d'entrée et de sortie pour les grains et légumes secs, n° 59 *bis*, 15 ans.

Recette des droits. — Droits de douanes. Entrée, n° 40, 15 ans; — Sortie, n° 43, 15 ans; — Droits accessoires et recettes accidentelles, n° 44 *bis*. 15 ans.

Soumissions et acquits à caution. — Mutation d'entrepôt par terre, non prohibé, n° 46, B, 10 ans; — Prohibé, n° 46, C, 10 ans; — Transit des marchandises non prohibées, n° 46, B, 10 ans; — Prohibées, n° 46, C, 10 ans; — Pour les colonies françaises, n° 50, 10 ans.

Passavants. — Marchandises expédiées avec prime, n° 54, 6 ans; — Sucres expédiés avec prime, n° 54 *bis*, 6 ans.

Série N.

Police des mouvements. — Congés de navigation pour les bâtiments du commerce français, n° 6, 10 ans; — Entrée et sortie des navires, n° 8, 10 ans; — Déclarations d'événements de mer et d'avaries, n° 11, 10 ans; — Registre de sauvetage, n° 12, 10 ans.

Droits de navigation. — Recette et quittance, n° 16, 15 ans.

Série S.

Extraction des marais salants. — Permis d'enlèvement des sels sur les marais, n° 2, 15 ans; — Recette et quittance du droit de consommation, n° 6, 15 ans.

Mouvements dans les ports. — Transcription des manifestes, etc., n° 18, 10 ans; — Déclarations en détail, n° 19, 10 ans; — Permis, n° 20, 10 ans; — Recettes et quittances, n° 6, 15 ans; — Crédits, n° 55, série E, 15 ans; — Soumissions, n° 27, 27 *bis* et 28, 15 ans; — Sommier d'entrepôt, n° 29, 15 ans.

Pêche et salaisons. — Déclaration pour prendre la qualité de valeurs en ateliers, n° 49, 10 ans.

Salaisons de la marine. — Permis, n° 20, 10 ans.

Entrepôts de l'intérieur. — Déclaration à l'arrivée, n° 19, 10 ans; — Soumissions pour les sels entreposés, n° 57, 15 ans; — Sommier d'entrepôt, n° 29, recettes et quittances, n° 6, 15 ans.

Fabriques de soudes. — Compte ouvert des fabricants, n° 59, 15 ans; — Compte ouvert pour l'exploitation des usines, etc., n° 59 *bis*, 15 ans; — Déclaration et permis d'enlèvement des produits, n° 60, 15 ans.

Série T.

Entrée. — Recettes et quittances, — marchandises payant plus de 20 fr. p. %, n° 5, 15 ans; — Déclarations, visite, recette et quittances, objets payant moins de 20 fr., n° 6, 15 ans; — Dépôt des marchandises retenues ou délaissées (M, n° 23), 15 ans.

Sortie. — Déclarations, visite, liquidation, recette et acquit de paiement, n° 12, 15 ans.

Entrée et sortie. — Droits accessoires et recettes accidentelles (M, n° 44 *bis*), 15 ans.

Circulation. — *Soumissions et acquits-à-caution.* — Réexportation des objets prohibés saisis, n° 20, 10 ans.

Transit. — Non prohibé (M, n° 46, B), 10 ans; — Prohibé, (M, n° 46, C), 10 ans.

Consignations. — Voitures de voyageurs (M, n° 25, A), 15 ans; — Chevaux et bêtes de somme (M, n° 25, B), 15 ans; — Argenterie des voyageurs (M, n° 25, C), 15 ans.

Soumissions diverses. — (Série M, n° 25, D), 15 ans.

NOTA. Tous les registres et impressions non désignés dans le tableau qui précède, doivent être livrés aux domaines après l'expiration des trois années de leur date. (*Circ.* n° 1057).

230. Doivent être mis au pilon :

Série E.

Inscription de travail exécuté. — Registre à demeure, n° 95 *bis*; — Portatifs, n° 96.

Service des rebats et contre-rebats. — Rapport des lieutenants, n° 98 *bis*; — Rapport des capitaines, n° 98 *ter*.

Journaux de travail. — Des capitaines, n° 95; — des lieutenants, n° 95 *bis*.

231. Doivent pareillement être mis au pilon les registres et impressions dont la vente, dans l'état où ils se trouvent, pourrait avoir des inconvénients pour le service ou pour le commerce. C'est aux directeurs qu'il appartient de prescrire les mesures nécessaires à cet effet. (*Administ.* 9 *décembre* 1845).

LIVRAISON AUX DOMAINES.

232. Les impressions et registres hors de service et se rapportant à des opérations consommées depuis longtemps sont mis en liasses ou en ballots. Ces liasses ou ballots sont pesés et étiquetés, et les receveurs en envoient l'état à la direction en indiquant le contenu de chaque colis.

Les directeurs ayant recueilli tous ces états, provoquent la vente des registres et papiers hors de service en s'entendant avec les receveurs des domaines qui sont chargés de procéder à l'adjudication, d'en recouvrer le produit et de le verser au trésor. A cet effet, ils leur font remettre un tableau indicatif des liasses disponibles en chaque bureau de douane, de leur poids, et de la nature des papiers qu'elles renferment. Les domaines en font prendre livraison sur place, et pourvoient, s'il y a lieu, au transport qui devrait être fait pour les réunir en un seul point. (*Circ.* n°s 1057 *et* 1277).

233. Les registres neufs dont le modèle est supprimé ou modifié, doivent être remis à l'administration des domaines. La date de la remise est annotée sur le compte ouvert des impressions. (*Administration,* 15 *août* 1857).

LIVRE III.

ÉCRITURES DES RECEVEURS.

CHAPITRE Ier.

Section I.

§ 1er.

DISPOSITIONS GÉNÉRALES.

234. Les écritures des receveurs consistent principa'ement dans la correspondance qu'entraînent nécessairement les différentes branches de service, et dans la formation de leurs états de comptabilité.

ÉCRITURES RELATIVES A LA COMPTABILITÉ.

235. Les écritures relatives à la comptabilité doivent être régulièrement tenues sur le journal, et toujours concorder parfaitement avec les pièces qui les ont motivées : elles doivent aussi reproduire fidèlement tous les mouvements de fonds.

Quand il y a lieu de les rectifier, on le fait par voie d'addition ou de soustraction : l'article de redressement doit être bien motivé; il doit énoncer s'il a pour objet de rétablir des sommes en recette ou en dépense, de réduire des recettes ou des dépenses, ou, enfin, de contrebalancer des sommes portées de trop en recette ou en dépense. *(Voir le n° 225 et suivants).*

236. A la fin de chaque journée, le receveur totalise sur son journal les recettes et les dépenses, puis il soustrait celles-ci des premières pour obtenir son solde en caisse, c'est-à-dire la somme qui doit rester, et qui fait l'objet de la première recette de la journée suivante.

Il arrête également ses registres de liquidation, de perception, d'acquits-à-caution, de passavants : il rapporte l'antérieur au-dessous

de chaque arrêté, et il obtient ainsi le total général des recettes consignées sur chaque registre. *(N° 220 et suivants)*.

Les journées pendant lesquelles il n'y a pas eu d'opérations, doivent être indiquées par le mot *néant*.

CORRESPONDANCE.

237. Les registres d'ordre partout en usage pour la transcription textuelle des circulaires manuscrites et des lettres portant instructions, doivent être tenus avec exactitude par tous les chefs de service sans distinction, jusque et y compris les chefs de poste.

Indépendamment de ce registre, chaque chef de service, jusque et y compris les receveurs particuliers dans la partie sédentaire, et les capitaines dans la partie active, tient deux registres distincts pour l'enregistrement, par extrait, l'un des lettres reçues, dit d'*arrivée*, l'autre des lettres expédiées, dit de *départ*.

Ces deux registres doivent être continués d'année en année jusqu'à épuisement. *(Cir. n° 1836)*.

238. Chaque chef de service doit garder minute de sa correspondance et conserver soigneusement ces minutes, ainsi que toutes les lettres reçues, pour être remises, comme archives, à son successeur, avec les registres de correspondance, sans excepter les minutes des rapports de service, les rapports de tournée des directeurs et les bulletins de commerce, qui sont, comme toute autre partie de la correspondance, la propriété des places et non celle des titulaires.

Les dossiers renfermant les lettres et minutes, doivent être classés et étiquetés avec l'ordre et la régularité convenables, afin qu'il puisse y être, au besoin, recouru facilement et promptement.

Le classement doit se faire suivant la nature des affaires, et non suivant le grade des correspondants : les instructions générales ou locales doivent être distinguées de ce qui ne se rattache qu'à des faits spéciaux. *(Cir. n° 1836)*.

239. Dans la correspondance, il faut toujours avoir le soin de présenter, en marge des lettres, l'objet et l'analyse sommaire des affaires auxquelles elles se rapportent. *(Circ. n° 1836)*, *(n° 16)*.

Il faut également mentionner en marge la division et le bureau auxquels ressortit la dépêche. *(N° 16)*.

Il importe de ne pas cumuler dans une même lettre les objets de nature à être suivis dans plusieurs bureaux, ou même classés dans des dossiers différents. *(Circ. n° 1848). (N° 16).*

Les états et documents périodiques sont fournis sous simple bande quand l'envoi ne comporte pas d'explication. Ils doivent toujours être datés, et la suscription de chaque bande doit indiquer la division et le bureau auxquels ils sont destinés. *(Circ. n° 2320).*

240. Les employés des douanes désignés dans le tableau *(n° 246)* ci-dessous sont autorisés à correspondre entre eux en franchise, à charge par eux de contre-signer leurs lettres.

Le contre-seing consiste dans la désignation des fonctions de l'envoyeur, suivie de sa signature.

Aucun fonctionnaire n'a le droit de déléguer à d'autres personnes le contre-seing qui lui est attribué, autrement la dépêche serait taxée.

Cependant lorsqu'un fonctionnaire est hors d'état de remplir ses fonctions par absence, maladie, ou pour toute autre cause légitime, le fonctionnaire qui le remplace par intérim peut contre-signer les dépêches à sa place, mais, en contre-signant, il doit énoncer qu'il remplit par intérim les fonctions auxquelles le contre-seing est attribué.

La désignation des fonctions peut être imprimée sur l'adresse ou indiquée par un timbre, mais tous les fonctionnaires sont tenus d'y apposer, de leur main, leur signature au-dessous de la désignation de leurs fonctions. *(Ord. 17 nov. 1844).*

241. Les lettres et paquets s'expédient de deux manières :

1° Par lettres fermées ;

2° Sous bandes.

Les lettres fermées peuvent être pliées et cachetées selon la forme ordinaire, ou être mises sous enveloppe. Ce sont celles que l'on adresse à l'administration.

Les lettres et paquets contre-signés doivent être mis sous bandes croisées et ne peuvent être reçus ni expédiés en franchise lorsque la largeur des bandes excède le tiers de la surface de ces lettres ou paquets.

Ils ne doivent être intérieurement fermés de quelque manière que ce soit.

Toutefois, afin de préserver un paquet volumineux des avaries auxquelles il pourrait être exposé dans le transport, le fonctionnaire expé-

diteur peut lier ce paquet par une ficelle, à la condition expresse que cette ficelle, placée extérieurement, soit nouée par une simple boucle, et puisse être facilement détachée, si les besoins de la vérification l'exigent. *(Ord. 17 nov. 1844)*.

Les lettres ou paquets contenant des pièces justificatives de recettes ou de dépenses adressées à la comptabilité générale des finances, doivent être chargés à la poste, c'est-à-dire que l'agent qui adresse ces pièces doit remettre au bureau de la poste un bulletin ainsi conçu :

DOUANES.

Direction ou Principalité de....

Le soussigné certifie que le paquet chargé qu'il adresse aujourd'hui à M.... renferme....

A.... le.... 18....

(Comptabilité générale, 24 décembre 1841).

242. C'est dans les mains des directeurs des postes, et non dans les boîtes aux lettres, que les lettres et paquets doivent être remis.

Si le directeur des postes reconnaissait qu'une des conditions ou formalités prescrites pour procurer la franchise manque sous le rapport — soit de la formation, — soit de la suscription d'une dépêche déposée dans son bureau, il devrait en avertir sur-le-champ le contre-signataire. *(Même ord., art.* 29).

243. Les échantillons de fils, tissus et matières premières susceptibles d'être filés ou tissés, que les préposés de l'administration des douanes sont autorisés à expédier à d'autres préposés de l'administration, ne doivent pas dépasser le poids d'un kilog : ils sont pliés sous une seule bande ouverte par les deux côtés ; il ne peut y être joint aucune pièce manuscrite ou autre.

Les lettres d'envoi, procès-verbaux ou autres pièces y relatives, sont pliés à part, sous un croisé de bandes et réunis aux paquets d'échantillons par un fil. *(Ord. 17 nov. 1844, art.* 56).

Mais, par exception à cette disposition, les échantillons prélevés sur les fils et les tissus de laine ou mélangés de cette matière dont l'exportation donne droit à des primes, peuvent être expédiés sous le même croisé de bandes que les pièces qui les concernent, et avec les feuilles

ou cartes sur lesquelles les règlements prescrivent de les fixer, lorsque le préposé expéditeur a consigné, sur le paquet les renfermant, outre son contre-seing, les mots ci-après : *Primes.* — *Echantillons de tissus de laine, ou de fils de laine*, selon l'espèce. *(Circ. n° 2162).*

244. Il est défendu de comprendre, dans les dépêches expédiées en franchise, des lettres, papiers et objets quelconques étrangers au service de l'Etat. *(Ord. 17 nov. 1844, art. 3).*

Il ne doit jamais être usé de la poste en franchise, pour des imprimés non officiels, qu'autant que ces imprimés auraient été transmis aux directeurs par l'administration elle-même, avec une indication spéciale à cet effet.

Sont formellement exclus de la franchise les paquets renfermant des ouvrages publiés par des employés pour leur compte personnel et envoyés à d'autres employés souscripteurs. *(Cir. n° 2034).*

245. Dans le cas de suspicion de fraude de non contre-seing, ou d'omission d'une seule des formalités prescrites, les employés des postes sont autorisés à taxer en totalité les dépêches, ou à exiger que le contenu de celles de ces dépêches qui sont revêtues d'un contre-seing quelconque soit vérifié en leur présence par les fonctionnaires auxquels elles sont adressées, ou, en cas d'empêchement par ces fonctionnaires, par leurs fondés de pouvoir. *(Ord. 17 nov. 1844, art. 4).*

Les destinataires peuvent aussi demander eux-mêmes l'ouverture et la vérification des dépêches dont il s'agit. *(Même ord., art. 71).*

Si, de la vérification, il résulte que la dépêche soumise à l'ouverture ne contient que des papiers uniquement relatifs au service, le directeur des postes la délivre sur-le-champ, franche de port, au fonctionnaire destinataire. *(Id. art. 77 et ord. 27 nov. 1845, art. 2).*

Si le contenu ne concerne pas directement le service de l'Etat, et si le fonctionnaire destinataire refuse d'acquitter la taxe de cette dépêche, elle sera classée dans les rebuts.

Si, enfin, la vérification donne lieu de reconnaître que la dépêche est, en tout ou en partie, étrangère au service de l'Etat, les pièces relatives au service sont seules délivrées en franchise ; les autres sont comprises dans les rebuts, à moins que le destinataire ne consente à en acquitter le port.

Dans tous les cas, le résultat des opérations d'ouverture et de vé-

rification de la dépêche non contre-signée est constaté par un procès-verbal dressé par le directeur des postes, et signé par le fonctionnaire destinataire, ou son délégué. *(Ordon. 27 nov 1845, art. 2).*

Les pièces et autres objets étrangers au service, trouvés dans les dépêches ouvertes ainsi qu'il vient d'être dit, ne sont passibles que de la taxe ordinaire. (*Idem, art.* 3).

246. Voici le tableau des employés qui peuvent correspondre en franchise, avec la forme sous laquelle la correspondance doit être présentée et l'indication du ressort dans lequel elle peut circuler.

SOUS BANDES.

Fonctionnaires autorisés à contre-signer leur correspondance de service.	Fonctionnaires auxquels la correspondance de service des fonctionnaires doit être remise en franchise.	Arrondissement, circonscription, ou ressort, dans l'etendue duquel la correspondance valablement contre-signée circule en franchise.
BRIGADIERS ET PATRONS	Brigadiers et Patrons.	Directions et direct. limitrophes.
	Capitaines.	Direction.
	Lieutenants	id.
	Sous-inspecteurs. . . .	id.
	Inspecteurs.	id.
	Directeurs.	id.
	Contrôleurs, inspecteurs et sous-inspecteurs du service spécial des sucres. . . .	id.

SOUS BANDES.

LIEUTENANTS.	Brigadiers et patrons. . .	id.
	Lieutenants. . .	Direction et direct. limitrophe.
	Capitaines.	Direction.
	Sous-inspecteurs. . . .	id.
	Inspecteurs.	id.
	Directeurs.	id.

SOUS BANDES.

CAPITAINES.	Brigadiers et patrons . . .	id.
	Lieutenants.	id.
	Capitaines. . . .	Direction et direct. limitrophe.
	Sous-inspecteurs.	Direction.
	Inspecteurs.	id.
	Directeurs.	id.
	Receveurs-principaux. . . .	id.

SOUS BANDES.

Fonctionnaires autorisés à contre-signer leur correspondance de service.	Fonctionnaires auxquels la correspondance de service des fonctionnaires doit être remise en franchise.	Arrondissement, circonscription, ou ressort, dans l'étendue duquel la correspondance valablement contre-signée circule en franchise.
RECEVEURS PARTICULIERS.	Commis aux soudes.	Direction et direct. limitrophe.
	Receveurs particul. id.	id.
	Sous-inspecteurs.	Direction.
	Inspecteurs.	id.
	Directeurs.	id.
	Directeurs des postes.	Arrond^{nt}. direc. et direc. limit.
	Receveurs-principaux. id.	id.

SOUS BANDES.

RECEVEURS PRINCIPAUX.	Inspecteurs des postes. . . .	Département.
	Directeurs des postes. . . .	Arrondissement.
	Commis aux soudes.	Direction et direct. limitrophe.
	Receveurs particul. id.	id.
	Receveurs principaux. id.	id.
	Capitaines.	Direction.
	Sous-inspecteurs. . . .	id.
	Inspecteurs.	id.
	Directeurs.	id.
	Receveurs des finances. . .	id.

SOUS BANDES.

INSPECTEURS ET SOUS-INSPECT.	Brigadiers et patrons . . .	Direction.
	Lieutenants.	id.
	Capitaines.	id.
	Receveurs particuliers des douanes et des contrib. indirectes.	id.
	Receveurs princip. id.	id.
	Sous-inspecteurs. id.	Direction et direct. limitrop.
	Directeurs des douanes et des contributions indirectes. .	Direction.
	Commis aux soudes. . . .	id.
	Inspecteurs des finances. . .	Toute la France.
	Inspecteurs génér. des finances	id.

SOUS BANDES.

DIRECTEURS.	Brigadiers et patrons. . .	Direction.
	Lieutenants.	id.

Fonctionnaires autorisés à contre-signer leur correspondance de service.	Fonctionnaires auxquels la correspondance de service des fonctionnaires doit être remise en franchise.	Arrondissement, circonscription, ou ressort, dans l'étendue duquel la correspondance valab'ement contre-signée circule en franchise.
	Capitaines.	Direction.
	Commis aux soudes. . . .	id.
	Receveurs particuliers. . .	id.
	Receveurs principaux. . .	id.
	Sous-inspecteurs.	id.
	Inspecteurs.	id.
	Directeurs.	Direction limitrophe.
DIRECTEURS.	Directeurs des contrib. ind. de département.	Toute la France.
	Inspecteurs des finances . .	id.
	Inspecteurs gén. des finances.	id.
	Inspecteurs des postes. . .	Département.
	Préfets.	Direction et départ.
	Receveurs part. des finances.	Arrondissement.
	Receveurs gén. des finances.	Département.

SOUS BANDES.

DIRECTEURS DES DIRECTIONS MARITIMES.	Directeurs des direct. marit.	Toute la France.
	Directeurs des finances en Algérie.	id.

CORRESPONDANCE PARTICULIÈRE DES DOUANES.

247. La correspondance des chefs et agents des douanes, dans les départements, peut continuer d'avoir lieu comme par le passé, et par les moyens qui lui sont particuliers. (*Ordon.*, 14 *décembre* 1825, *état* n° 7).

248. Cette correspondance, dans les directions où elle est encore établie, et où elle ne doit être conservée qu'autant que sa nécessité est bien démontrée, ne peut avoir lieu qu'aux conditions ci-après déterminées :

1° Les lettres, papiers ou autres-objets de correspondance que la douane peut faire transporter par ses propres agents, et pour son propre service, doivent être contre-signés par un de ses agents, et ne peuvent, dans aucun cas, être adressés qu'à des agents de l'administration des douanes, ou à d'autres fonctionnaires publics.

2° Ces lettres ou autres objets sont inscrits sur un *part* qui les suit jusqu'à destination et qui indique :

1° Le nom du préposé porteur des dépêches ;

2° Le lieu d'où il part, l'itinéraire qu'il doit suivre, et sa destination ;

3° Le nombre des dépêches dont il est porteur ;

4° L'adresse de ces dépêches et le contre-seing dont chacune d'elles est revêtue ;

3° Les dépêches ainsi transportées sont enfermées dans des sacs ou porte-feuilles garnis de serrures, dont une double clef est remise aux agents des postes qui sont désignés par le directeur de cette administration ;

4° Ces sacs ou porte-feuilles, ainsi que les *parts* portant description des lettres y contenues, doivent être représentés aux préposés des postes, à toute réquisition de ces préposés qui en vérifient l'état, saisissent les objets transportés en contravention, et constatent leurs saisies par des procès-verbaux non-sujets au timbre ni à l'enregistrement.

5° Les lettres et objets saisis sont envoyés immédiatement, avec une expédition du procès-verbal, au directeur de l'administration des postes, qui en rend compte au ministre des finances. *(Déc. minist. 30 janvier 1836 et circ. n° 1337).*

ÉTATS DIVERS.

249. Les états que les receveurs sont appelés à établir, se fournissent — par décade, — par quinzaine, — par mois, — par trimestre, — par semestre — et par année.

Ils doivent être rédigés et collationnés avec soin, et expédiés aux époques déterminées.

250. Toutes les fois qu'il n'y a pas lieu à produire un état, il faut le suppléer par un certificat négatif.

ÉTATS DES ACQUITS-A-CAUTION ET PASSAVANTS DE CABOTAGE.

251. Les acquits-à-caution relatifs :

1° Aux expéditions de transit et à celles de mutation d'entrepôt par terre et par mer ;

2° Aux réexportations après saisie en vertu, soit des lois générales, soit du titre 6 de la loi du 28 avril 1816 ;

3° Aux expéditions qui ont lieu des ports et frontières sur les douanes de l'intérieur;

4° Aux chevaux, bêtes de somme, voitures, etc.;

5° Aux marchandises de cabotage débarquées dans d'autres ports que ceux primitivement désignés;

6° Aux expéditions de librairie, de matière d'or et d'argent, et d'armes de commerce;

7° Aux expéditions dites *cas imprévus*, etc.

Et toutes autres expéditions qui, après avoir été régularisées aux bureaux de destination, sont présentement transmises à l'administration pour être, après vérification, renvoyées par elle au bureau de départ, cesseront de lui être envoyées à partir du 1er juin 1848 et seront adressées à chaque directeur sous les ordres desquels sont placés ces mêmes bureaux de destination.

Ces renvois seront effectués le 1er et le 16 de chaque mois, et chaque catégorie d'expédition fera l'objet d'un bordereau spécial série E, n° 56 *ter*. Ce bordereau sera fourni par les receveurs en double expédition, dont une restera déposée à la direction. (*Circ. n° 2242*).

252. Au fur et à mesure qu'il aura été procédé, dans les bureaux de la direction, à la vérification des expéditions, soit par la comparaison par nature, espèce et quantité des marchandises, des indications contenues dans le libellé de chaque expédition et dans la teneur des certificats de visite et actes de décharge, soit par la reconnaissance de l'authenticité des signatures des chefs et agents de tout grade qui ont délivré ou visé ces certificats de visite, actes de décharge, etc., le directeur, s'il s'agit d'expéditions qui ont pris naissance et se sont consommées dans la circonscription de son arrondissement, les renverra aux receveurs des bureaux d'où elles émaneront. (*Circ. n° 2242*).

253. Quant aux acquits-à-caution délivrés dans une autre direction que la sienne, il les transmettra sous bandes, et avec un des deux bordereaux, série E, n° 56 *ter*, qu'il aura reçu des bureaux de sortie ou de destination, à celui de ses collègues ayant dans son arrondissement les bureaux où ces acquits-à-caution auront été délivrés, et ce dernier chef les fera parvenir aux receveurs de ces bureaux, en leur donnant les instructions nécessaires pour la libération, soit pure ou simple, soit conditionnelle, des soumissionnaires. (*Circ. n° 2242*).

254. Il arrive fréquemment que le service des bureaux de sortie ou de destination constate, sur le poids des marchandises énoncé dans les acquits-à-caution, de légères différences en plus ou en moins qui sont la conséquence inévitable, soit des variations inhérentes à l'emploi d'instruments de pesage différents, soit des déchets de route que subissent certains produits en raison de leur nature même ou de la température, ou enfin des circonstances et de la durée des transports. Ces différences, en tant qu'elles sont de peu d'importance et qu'elles n'excèdent pas les proportions admises, ne font point obstacle à l'annulation pure et simple des engagements souscrits.

Il est bien entendu que, lorsque les déficits constatés sur le poids des marchandises dépasseront les limites de tolérance consacrées par l'usage, les directeurs devront subordonner la libération des soumissionnaires à l'acquittement des droits ou au paiement de la valeur sur ces manquants, selon qu'il s'agira d'objets tarifiés ou frappés de prohibition. Ils ne perdront pas de vue que les déficits sur les liquides expédiés en transit ou en mutation d'entrepôt par terre doivent, dans tous les cas, et quelle qu'en soit la cause, être soumis intégralement à la taxe de consommation. (*Circ. n°* 2242).

255. A l'égard des expéditions de transit, de mutation d'entrepôt, ou autres qui auront donné lieu à la reconnaissance, par le service du bureau de destination, de contraventions entraînant la rédaction d'un procès-verbal, elles doivent être transmises directement à l'administration qui statue sur les suites à donner à ces sortes d'affaires.

Il en est de même pour les expéditions de transit qui n'auraient pas été revêtues, soit à l'entrée, soit à la sortie du rayon, du visa prescrit par l'art. 12 de la loi du 9 février 1832. (*Circ. n°* 2242).

§. 2.

RECETTES.

256. Les recettes doivent être enregistrées, soit au journal, soit sur les divers registres de perception, jour par jour, et au fur et à mesure qu'elles se présentent. (*Circ. du min. des fin.* 26 *sept.* 1821).

Tout comptable convaincu d'avoir retardé ou omis de les inscrire

sur ces registres (1), serait destitué et poursuivi comme coupable de détournement des deniers publics. *(Arrêté du 27 prairial an X, art. 4).*

Avant de porter les recettes au journal, il est essentiel d'examiner à quel chapitre elles appartiennent, afin de les classer convenablement. *(Voir sommier n° 294).*

257. Les fonds doivent être tenus constamment réunis, sinon dans la même caisse, ce qui n'est pas toujours possible, du moins dans une même pièce, où ils puissent, à chaque instant, être complètement représentés aux vérificateurs. *(Circ. du 26 septembre 1821).*

S'il manquait des fonds à la caisse d'un comptable au moment où la vérification en serait faite, ce comptable serait considéré comme étant réellement en déficit, bien qu'il eût représenté plus tard les fonds qui lui manquaient, et prouvé qu'il les avait tenus en réserve hors de sa caisse ou de son bureau. *(Même circ).*

258. Les fonds existant dans la caisse et le porte-feuilles des comp-

_____

(1). Lorsqu'un Comptable sera en fuite ou décédé, le scellé sera immédiatement apposé par le juge de paix sur tous ses papiers et effets, à la requête du directeur, afin d'empêcher que les héritiers, les parents, ou toute autre personne, ne détournent des deniers ou effets au préjudice de ce qui sera reconnu être dû au Trésor ou aux services particuliers. Cette formalité aura lieu en présence de l'Inspecteur : il n'en fera excepter que les registres courants, qui, après avoir été arrêtés par lui et paraphés par le même juge, seront remis au successeur du comptable ou à l'employé chargé de l'intérim. *(Circulaire n. 659, et loi du 22 août 1791, titre 13, article 21.)*

Lorsque les scellés seront levés, les héritiers du décédé ou les parents du fugitif seront appelés : leur refus d'y assister, ou leur absence, sera constaté régulièrement.

Ce préambule rempli, le premier soin de l'Inspecteur sera d'établir la situation du comptable décédé ou fugitif, d'après le journal, le sommier, les registres de recettes et les différentes pièces de dépenses. Il rédigera un procès-verbal constatant le résultat de cette vérification, qui devra être faite avec toute la célérité possible. Il joindra à ce procès-verbal un bordereau offrant séparément la nature de chacune des recettes dont le receveur avait à rendre compte à l'époque de son décès ou de sa fuite : les dépenses acquittées jusqu'à la même époque y seront classées dans un ordre semblable ; il y sera fait mention des fonds qui existaient en caisse.

Si le résumé de ce bordereau présente un débet, et s'il s'agit d'un receveur décédé, ses héritiers, qui auront pris qualité, et à qui on devra faire signer, à ce titre, le procès-verbal établissant ce débet, afin qu'ils ne puissent le contester, seront sommés de l'acquitter. S'ils ne font pas sur-le-champ les dispositions nécessaires pour y satisfaire, une contrainte, en tête de laquelle on transcrira le procès-verbal, sera décernée, et les poursuites dirigées contre eux en vertu de cet acte.

Dans le cas où ces héritiers déclareront ne vouloir agir que comme bénéficiaires, on exigera qu'ils donnent caution bonne et solvable de la valeur du mobilier compris dans l'inventaire, et de la portion du prix des immeubles non délégués à des créanciers hypothécaires, conformément à l'article 107 du Code civil.

S'il est question d'un comptable fugitif, on cherchera à découvrir le lieu de sa retraite, afin de s'assurer de sa personne en employant les voies de droit, c'est-à-dire en décernant une contrainte par corps dont l'exécution ne devra éprouver d'autres délais que ceux fixés par la loi.

Si le receveur contre lequel il y aura lieu à prendre ces mesures a des immeubles, il sera fait de suite

10

tables n'ont point d'affectation spéciale : quelles que soient l'origine et la destination des recettes d'où elles proviennent ; les valeurs forment, entre les mains des comptables, une masse commune de ressources indistinctement applicables à tous les besoins. (*Circ.* n° 629).

259. Toute spécialité de fonds étant interdite, les receveurs ne doivent conserver en caisse que les seules sommes indispensables pour subvenir à des besoins très prochains, et verser le surplus dans les caisses du Trésor, sauf à acquitter les dépenses d'une exigence plus éloignée avec les recettes courantes, ou avec des fonds de subvention. (*Circ. n° 629).*

260. Lorsque les receveurs-principaux ou subordonnés ont à verser des fonds considérables dans les caisses des receveurs des finances, ils peuvent les faire escorter par la gendarmerie pour en assurer le libre transport.

Toutefois, l'escorte de la gendarmerie ne doit être demandée qu'autant que le service ordinaire des brigades ne pourrait suffire. (*Circ. des 27 juillet* 1807 *et* 11 *juin* 1825).

§ 5.

DÉPENSES.

261. Les dépenses se divisent en deux parties :

---

des inscriptions sur ses biens, et on procédera à leur expropriation au profit du Trésor (*Circ.* n. 639), poursuites et diligences de l'agent judiciaire ayant son bureau au ministère des finances, avec élection de domicile en l'hôtel de préfecture ou de sous-préfecture, et non ailleurs. (*Circ.* n. 894).

Quant aux effets mobiliers, on en dressera un inventaire à l'instant où on lèvera les scellés ; la saisie en sera déclarée, et la vente en sera faite juridiquement. (*Circ.* n. 639).

Les rapports contenant les demandes en allocation de non-valeur des sommes non-recouvrables sur les débets des comptables indiqueront l'origine et les causes de ces débets, les mesures qui auront été prises au moment où le débet aura été reconnu, tant pour la conservation des droits du Trésor que pour s'assurer de la personne et des biens du comptable : ils relateront la date de ces divers actes, et désigneront les agents supérieurs chargés de la surveillance des comptables lorsque le débet a éclaté, ainsi que la nature de la responsabilité qui pourrait les atteindre. (*Arr. du* 29 *janvier* 1821, art. 1er, *et Circ.* n. 639).

A ces rapports seront jointes les copies des procès-verbaux et de tout autre document constatant les débets, les divers degrés de poursuites et de l'insolvabilité des comptables, ainsi que toutes pièces propres à éclairer sur la marche et la conduite de chaque affaire en particulier. (*Même arrêté, art.* 2).

Les administrations remettront chaque mois, au ministre, un état des contraintes qui auront été décernées contre les comptables en débet pendant le cours du mois précédent. (*Même arrêté, art.* 7).

Tout ce qui vient d'être dit est applicable, en partie, à un receveur auquel on sera obligé de former les mains par suite d'un déficit reconnu lors de la vérification de sa caisse, c'est-à-dire qu'on aura — à établir de même sa situation par un procès-verbal et un bordereau régulier, — à faire apposer les scellés sur ses effets mobiliers, — à prendre inscription sur ses immeubles, — et à délivrer une contrainte qui sera mise à exécution par corps si ce comptable ne satisfait pas immédiatement au débet constaté à sa charge. (*Circulaire* n. 639).

1° Dépenses publiques ;

2° Dépenses des services particuliers ou sur les opérations de trésorerie.

Les premières concernent spécialement le trésor : elles se prélèvent sur les fonds accordés chaque année par le corps législatif et sont appuyées d'un mandat de paiement.

Les secondes se prennent sur les fonds versés par des tiers, et sont appuyées d'un simple ordre de remboursement.

262. Les dépenses publiques se partagent en deux exercices : toutes les dépenses d'un exercice doivent être définitivement liquidées dans les sept mois qui suivent l'expiration de cet exercice.

D'après ce principe, l'exercice, pour les dépenses publiques, est divisé en deux sections sur le sommier : *Exercice courant, — Exercice précédent.* C'est à ce dernier qu'on inscrit les dépenses acquittées pendant les sept mois accordés pour l'apuration de l'exercice.

263. Les dépenses faites pour opération de trésorerie n'ont d'autre désignation d'exercice que celle de l'année pendant laquelle elles s'effectuent.

QUITTANCES.

264. Toute dépense doit être justifiée soit par un émargement donné sur les états de distribution, soit par une quittance régulière.

Pour être régulière, une quittance doit toujours :

1° Être faite au nom du receveur-principal pour le compte duquel la dépense a lieu, sauf à indiquer le nom de l'employé qui effectue le paiement, ainsi :

Je soussigné.... reconnais avoir reçu de M.... receveur - principal des douanes à.... par les mains de M.... receveur à.... etc.

2° Etre donnée par l'ayant-droit lui-même, — ou par son fondé de pouvoir : dans ce dernier cas, la procuration doit rester annexée à la quittance ;

3° Enoncer la cause de la créance et relater exactement la somme en toutes lettres ;

4° Etre datée par le rappel, en toutes lettres, du jour, du mois et de l'année ;

5° Etre établie sur papier timbré au droit invariable de 35 centimes, quand la somme à payer excède dix francs *(n° 275)* ;

6° Ne porter aucune altération, surcharge ou rature, qui ne soit approuvée dans la forme suivante :

Approuvé la rature de... mots à la... ligne ci-dessus.

Bon pour la somme de... (en toutes lettres).

Approuvé les mots... altérés ou surchargés à la... ligne ci-dessus.

7° Enfin, être signée.

265. Si l'ayant-droit ne peut ou ne sait signer, sa quittance doit être signée par deux témoins et formulée ainsi qu'il suit :

Le sieur... ne sachant signer, a fait sa marque ordinaire en présence des sieurs... soussignés, qui certifient lui avoir vu compter la somme ci-dessus.

Si ces deux témoins appartiennent aux douanes, leur signature doit être légalisée par l'inspecteur, le sous-inspecteur, ou le receveur-principal ; s'ils sont étrangers, leur signature est légalisée par le maire.

Dans aucun cas, le receveur qui paie ne peut signer comme témoin.

266. Les quittances délivrées pour les *dépenses du matériel* doivent, indépendamment des formalités ordinaires, indiquer la date et la nature des fournitures ou des travaux faits.

Celles qui ont pour objet le paiement de fournitures de meubles et ustensiles, doivent désigner non-seulement la somme reçue en espèces, mais encore les divers objets réformés reçus à titre d'échange. (*Circ. n° 1634*). Ainsi :

EXERCICE 18

—

du...   18...

—

FRAIS DE

—

Je soussigné... demeurant à... reconnais avoir reçu de M.... receveur-principal des douanes à... par les mains de M... receveur-particulier à..., en acquittement du présent mémoire,

1° Les divers objets réformés qui sont désignés plus haut sous les numéros... et dont la valeur est fixée à......... ci...........   »   »

2° Et en espèces la somme de   »   »

Total...   »   »

Fait à..... le..... 18.....

267. LE REMBOURSEMENT DES CONSIGNATIONS doit être justifié par une quittance. Il ne peut être fait en d'autres mains qu'en celles du consignataire réel, c'est-à-dire de la personne au nom de laquelle la consignation a eu lieu ; ce consignataire ne peut être remplacé dans son droit pour recevoir la somme déposée, à moins d'une procuration en due forme (*n°* 270) ou d'un passé à l'ordre qui peut être donné sur la consignation même, par forme d'endossement, à l'instar des effets de commerce. (*Circ. n°* 1331).

Il pourrait arriver qu'au lieu de représenter l'original de la consignation, le consignataire ne représentât qu'un duplicata de cette expédition : alors le remboursement ne devrait être effectué qu'à charge par lui de fournir caution solidaire de la somme à rembourser s'il arrivait que, dans l'espace de deux années de la date de l'acquit, le porteur de l'acquit original réclamât le paiement des droits mentionnés audit acquit. (*Décision du* 24 *nov.* 1791).

Dans ce cas, la quittance serait ainsi libellée :

Je soussigné .. demeurant à... reconnais avoir reçu de M.... receveur-principal des douanes à... par les mains de M.... receveur-particulier à... la somme de..... laquelle somme je m'oblige, sous la caution solidaire du sieur... négociant demeurant à... à restituer à l'administration des douanes dans le cas où le porteur de l'acquit original viendrait à la réclamer dans le délai de deux ans à partir du jour de la délivrance de cette expédition.

Fait à...... le...... 18

268. Les quittances données pour *remboursement de droits*, pour *acquits de primes à l'exportation,* et pour *remboursement des trois quarts des fonds consignés en garantie de la réexportation des voitures des voyageurs,* peuvent être données sur la lettre d'avis ou sur la liquidation. Si elles sont données séparément, elles doivent être établies sur papier timbré quand la somme payée excède dix francs.

Relativement aux primes seulement, la lettre d'avis, appuyée des expéditions de sortie, peut être revêtue d'une autorisation donnée par l'ayant-droit à un tiers, de toucher le montant de la liquidation en son nom et pour son compte. (*Arrêté* 20 *septembre* 1851).

Si c'est un tiers qui se présente pour toucher, sa quittance est toujours soumise au timbre.

La quittance délivrée pour remboursement de droit doit, quand, au lieu de l'original de l'acquit, c'est sa copie qui est jointe à la liquidation, porter les réserves et garanties voulues par la décision du 24 novembre 1791. Alors elle est établie comme il est dit au n° 267 ci-dessus.

269. LES QUITTANCES DE RETRAITES sont trimestrielles : leur chiffre doit rigoureusement être conforme à celui de l'état d'ordonnancement, c'est-à-dire au douzième de la pension annuelle, pour chaque mois, sans les fractions de centime. La quittance du troisième mois, ou trimestrielle, doit exprimer exactement le total ordonnancé pour trois mois, avec mention de la somme payée pour chacun desdits mois.

La quittance trimestrielle est versée aux receveurs des finances en échange d'un récépissé à talon.

La date du paiement doit toujours être postérieure au dernier jour du terme pour lequel la somme est due : le certificat de vie doit porter la même date que la quittance, ou une date antérieure, mais jamais une date postérieure, parce que le paiement ne peut s'effectuer qu'à vue de ce certificat.

Les quittances doivent être signées par les pensionnaires eux-mêmes : les veuves doivent, *avant tout et indispensablement*, signer du nom de leur mari ou indépendamment du leur propre.

C'est le tuteur des enfants âgés de moins de 16 ans qui signe la quittance et qui touche le montant de la pension : cette quittance doit énoncer la date de la naissance de l'orphelin ; elle est revêtue du certificat de son existence délivré à *vue de l'acte de tutelle*, dont il est fait mention audit certificat, avec légalisation de la signature du tuteur par le maire de sa commune, ou l'adjoint.

La même formalité doit être observée à l'égard du curateur d'un pensionnaire atteint d'aliénation mentale. (*Circ. n° 2374).*

Les quittances pour retraites sont dispensées du timbre. Elles doivent rappeler en marge la date de l'autorisation de paiement, et ne présenter aucune irrégularité qui ne soit approuvée.

PROCURATION.

270. Les émargements, acquits ou quittances donnés par des tiers au nom des ayant-droit, doivent être appuyés de leur procuration : cette procuration doit être jointe au premier émargement, acquit ou

quittance, pour lequel il en est fait usage, et il suffit d'y renvoyer pour les émargements, acquits ou quittances subséquents, en indiquant la pièce à laquelle a été annexé le pouvoir et dans la comptabilité de quel mois figure l'article de dépense à l'appui duquel il a été produit.

Voici un exemple :

Je soussigné..... demeurant à.... fondé de pouvoirs de M..... suivant procuration en date du.... jointe au dossier de la saisie du... bureau de... prévenu..... compris dans la comptabilité du mois de......... 18...... reconnais avoir reçu, etc., etc.

271. La procuration donnée par les employés, pour leurs traitements et émoluments, peut être faite en forme de lettre. Tous autres pouvoirs conférés à un tiers doivent être timbrés et enregistrés, (*Compt. générale, 30 décembre 1826*).

272. A l'égard des remboursements de droits indûment perçus, et des trois quarts des fonds consignés en garantie de la réexportation des voitures de voyageurs, le pouvoir peut être donné par forme d'endossement sur la lettre d'avis, à l'instar des effets de commerce. (*Déc. min. du 8 novembre 1826, et arrêté du 20 sept. 1851*).

Il en est de même pour les remboursements de consignations effectués à des tiers. (*No 267*).

Les lettres d'avis de remboursement de primes sont exclues de cette faculté. (*Arr. du 20 sept. 1851, art. 4*).

§ 4.

PIÈCES SUJETTES AU TIMBRE.

273. Les actes judiciaires dressés par les agents des douanes (1) sont assujettis au timbre ordinaire. (*L. 28 avril 1816, art. 19*).

274. Sont assujetties au timbre proportionnel à la dimension du papier, les pièces suivantes, savoir :

1° Actes d'abandon des objets saisis. (*A.ion. 25 octobre 1828*);
2° Certificat d'hérédité ou de propriété ;
3° Duplicata des actes sujets au timbre (*Admon 6 mars 1834*);

---

(1) Voir la note du numéro 2693.

4° Extraits ou copies d'actes publics ou privés, quand ils doivent être produits en justice (*L. 13 brumaire an VII, art. 12 et circ. de l'Enregistr. n° 1888*) ;

5° Lettres d'avis de liquidation de primes, quand elles sont revêtues par le titulaire d'une autorisation de toucher en son nom et pour son compte. (*Compt. gén.* 1er *septembre* 1838 *et arr. du* 20 *septembre* 1851, *art.* 4).

6° Lettres de voiture et de connaissement. (*Circ. n°* 2043) ;

7° Mémoires dressés par les fournisseurs de meubles, ustensiles, etc., quelque soit la valeur totale des fournitures. (*L. 13 brumaire, an VII, art. 12 et compt. génér.* 18 *juillet* 1851). Ainsi que les devis, quand, portant soumission ou engagement de la part des entrepreneurs, ils ont le caractère d'un marché. (*Adm.* 14 *septembre* 1852) ;

8° Mémoires, réclamations, quelqu'en soit l'objet, adressés à l'administration ou à ses agens. (*Circ. n°* 1167 *et* 2331) ;

9° Pétitions ou lettres. — (*Dito*) ;

10° Pièces fournies pour obtenir une pension de retraite telles que : actes ou copies d'actes de l'Etat civil, — certificats de non-divorce et de non-séparation de corps, — certificats des médecins, — et généralement toutes les pièces non établies par la douane. (*Circ. n°* 2373) ;

(*Si ces pièces étaient délivrées à l'étranger sur papier libre, elles devraient être visées pour timbre en France*).

11° Procurations données à des tiers. (*Compt. gén.* 30 *décembre* 1836).

275. Sont aussi assujettis au timbre, mais seulement au timbre invariable de trente-cinq centimes, quand les sommes dépassent dix francs :

1° Les acquits de primes à l'exportation, — de remboursement de droits, — et de remboursement des 3/4 des fonds consignés en garantie de la réexportation des voitures de voyageurs, quand ces acquits ne sont pas donnés sur la lettre d'avis ou sur la liquidation. (*Compt. générale*, 30 *décembre* 1836) ;

2° Les quittances données par les avoués, avocats, greffiers, et huissiers, pour honoraires ou remboursement. (*L. 13 brumaire an VII, art.* 12) ;

3° Les quittances données par les fournisseurs, quand elles ne sont pas établies sur les mémoires timbrés (*Arr. du* 26 *janvier* 1846) ;

4° Les quittances fournies à l'Etat ou données en son nom : ces quittances sont à la charge de ceux qui les donnent ou qui les reçoivent. *(L. 13 brumaire an VII, art. 29)*;

5° Les quittances fournies par les ayant-droit à des parts de primes, de saisies, etc., quand ces ayant-droit sont étrangers à l'administration. *(Compt. générale, 30 décembre 1836)*.

276. Pareillement, sont soumises au timbre de trente-cinq centimes, bien que la somme soit inférieure à dix francs, les quittances données pour solde d'une créance excédant dix francs. *(Arr. du 26 janv. 1846)*.

277. Les expéditions délivrées par la douane portent un timbre particulier. (*Voir le n° 324*).

PIÈCES EXEMPTES DU TIMBRE.

278. Sont dispensées du timbre les pièces ci-après :

1° Affiches de vente. *(Circ. de l'Enreg. n° 1161)*. *(Voir la note du n° 2748)*;

2° Acquits-à-caution et passavants de circulation dans la zone des bestiaux, des bêtes à laine, des porcs, des légumes et des grains et farines ;

5° Baux de location pour les logements affectés au service des douanes. *(Déc. minis. 17 décembre 1823)*;

4° Bordereaux de situation des comptables. *(Ord. 22 mai 1825)*;

5° Certificats de vie des pensionnaires. *(Déc. minis. 20 mars 1827)*;

6° Certificats d'origine des marchandises ;

7° Certificats de quitus. (*Ord. 22 mai 1825)*;

8° Déclarations faites en douanes. *(L. 2 juillet 1836, art. 7)*;

9° Demandes — de congés — et de secours.

10° Déclarations d'élection de résidence faites par les retraités. *(**Cir.** n° 2373)*.

11° Devis estimatifs de meubles et ustensiles à fournir aux douanes. *(Voir le n° 274 — 7°)*;

12° Duplicata d'actes non sujets au timbre ;

13° Extrait mortuaire et certificat de propriété exigés pour obtenir le paiement des arrérages de 50 fr. et au dessous. (*Circ. n° 2374)*;

14° Lettres des pensionnaires ayant seulement pour but de demander des renseignemens ou des paiements d'arrérages. *(Circ. n° 2331)*;

15° Les quittances de retraite. *(Déc. minis.* 20 *mars.* 1827);

16° Quittances délivrées par les agents des douanes pour leurs traitements, parts de saisies, parts de primes, indemnités, etc.

17° Quittances des ayant-droit ou de leurs héritiers pour des sommes n'excédant pas dix francs. (*L.* 13 *brumaire an VII, art.* 12);

18° Procurations données en forme de lettres par les employés pour leurs traitemens et émolumens. *(Compt. générale* 30 *décembre* 1836).

§ 3.

RESPONSABILITÉ.

279. Les receveurs sont responsables :

— Des actes de leur propre gestion ; (ils répondent personnellement des actes matériellement faits pour eux par un employé de leur choix). *(Circ. n°* 963) ;

— Des recouvrements des droits liquidés sur les redevables et dont la perception leur est confiée. *(Ord.* 8 *déc.* 1832, *art.* 1er) ;

— Des frais de saisies qu'ils auraient négligé de recouvrer ; et de ceux qu'ils auraient mal à propos occasionnés. *(Circ. n°* 279) ;

— Du montant des soumissions et cautionnements non acquittés, quand il est notoire que les personnes qui ont passé ces actes étaient — ou sans facultés — ou sans domicile fixe — ou sans crédit, à l'époque où elles les ont souscrites. *(Circ. n°* 234) ;

— Du vol de leur caisse — s'ils ne justifient pas que ce vol est l'effet d'un cas de force majeure, — ou s'il n'ont pas pris les précautions nécessaires pour l'empêcher. (1). *(Arr. du* 8 *floréal an X)* ;

— Des crédits qu'ils auraient dispensés à des personnes insolvables, ou en omettant une seule des règles établies pour les crédits. *(Cir. n°* 570);

— Des meubles, ustensiles, et archives de leur bureau. *(Cir. n°* 1709);

— Des marchandises dont la garde et le dépôt leur sont confiés. *(Ad.* 3 *juin* 1793) ;

— Des formes qui tiennent à la validité des rapports. *(Circ. n°* 2061);

---

(1) Outre les précautions ordinaires, les receveurs doivent avoir celle de coucher ou de faire coucher un homme sûr dans les lieux où ils tiennent leurs fonds, et, en outre, si c'est au rez-de-chaussée, de le tenir solidement grillé. *(Circ. du* 1er *prairial, an X).*

— Des dommages qui pourraient résulter, soit pour la douane, soit pour le commerce, dans le cas où ils n'auraient pas arrêté les registres de déclarations et de perception la veille du jour où un nouveau tarif devrait être appliqué. *(Circ. n° 1755)* ;

— Des dommages - intérêts des redevables retardés par suite de la fermeture des bureaux pendant les heures où ils devraient être ouverts. *(Lois 14 juin 1850, art. 4, et 22 août 1791, tit. 13, art. 5)* ;

— De la régularité des expéditions. *(Circ. n° 1592)* ;

— Du refus de délivrer aux redevables les expéditions qu'ils réclament. *(Loi 22 août 1791, titre 11, art. 2)* ;

— Et, généralement, de l'exécution de tout le service qui leur est confié.

§ 6.

ALTÉRATIONS. — RATURES, — SURCHARGES ET INTERLIGNES.

280. Les altérations, ratures et surcharges sont défendues sur le livre-journal. *(Loi 22 août 1791, tit. 13, art. 28)*.

Les pièces de recette ou de dépense qui en sont entachées ne peuvent être admises : il faut que l'altération soit approuvée en marge, au moyen d'un renvoi signé par celui qui a arrêté les états ou mémoires, par les souscripteurs des quittances, ou par l'agent administratif qui a visé les pièces pour contrôle. *(Compt. gén. 26 déc. 1833)*.

281. Quand, dans le corps d'un procès-verbal, on fait des ratures, des renvois ou des surcharges, il faut avoir le plus grand soin de les approuver, soit à la fin, soit en marge de l'acte.

Lorsque l'énonciation d'une formalité prescrite à peine de nullité est placée dans le procès-verbal en interligne, d'une écriture et d'une encre différentes, ainsi que l'approbation de cette interligne, le tribunal peut légalement prononcer la nullité du rapport. *(Arr. cass. 28 oct. 1807)*.

On ne peut, toutefois, annuler un rapport sous prétexte que, renfermant des ratures ou surcharges non suffisamment approuvées, il ne mérite pas une pleine confiance, lorsque lesdites ratures et surcharges ne portent que sur des mots insignifiants, absolument étrangers aux parties substantielles du procès-verbal. *(Arr. cass. 11 févr. 1811)*.

282. En principe général, et sauf les cas particuliers pour lesquels

la loi a établi des règles spéciales, il suffit que, dans les actes, les renvois soient simplement paraphés. (*Arr. cass. 23 juillet* 1824).

283. Les ratures doivent être approuvées dans la forme suivante :
Approuvé la rature de... mots à la... ligne de la présente page.
Les altérations de sommes le sont ainsi :
Bon pour la somme de... (la répéter en toutes lettres et la souligner).
Dans les autres cas, on met :
Approuvé les mots... altérés (ou surchargés). *(Compt. gén. 26 déc.* 1833).

ABRÉVIATIONS.

284. Elles sont défendues dans les actes émanant de l'administration des douanes, ainsi que sur ses registres qui doivent être tenus sans aucune lacune ni interligne.

Les sommes doivent être énoncées sans chiffre ni abréviation, sauf, après qu'elles ont été écrites en toutes lettres, à les tirer hors ligne. (*Loi 22 août* 1791, *tit.* 13, *art.* 26, § 1er, *et circ.* 1029 *et* 1674).

Dans les actes, rien ne doit être écrit par abréviation, aucune date ne doit y être mise en chiffres. (*Code civil, art.* 42).

Section II.

ECRITURES DU RECEVEUR-PARTICULIER.

BORDERAU N° 6.

285. Le dernier jour du mois, le receveur arrête tous ses registres de perception : comme il a dû rapporter avec soin l'antérieur sous le total de chaque journée, il embrasse alors, d'un seul coup d'œil, le total général de ses recettes du mois.

Ce total doit être en harmonie parfaite avec le total définitif de son journal, autrement il y aurait une erreur qu'il devrait rechercher sur le champ afin de la faire disparaître.

286. C'est d'après son journal qu'il forme son bordereau n° 6.

Ce bordereau est divisé en deux parties : l'une comprend les recettes

faites pour le compte du trésor ; — l'autre, les diverses recettes opérées pour les services particuliers.

La première partie est divisée en deux exercices : l'un comprend l'année expirée, l'autre l'année courante. C'est au premier, qui ne concerne, au surplus, que les amendes, que l'on porte les sommes reçues par suite de transactions devenues définitives et portant le millésime de l'année écoulée, car la date seule fixe l'exercice et détermine l'imputation des droits constatés. — C'est au second que l'on porte les recettes que l'on effectue à peu près tous les jours sur les droits de douanes, le plombage, la taxe de consommation, etc, parce que ces droits, se réalisant immédiatement, appartiennent toujours à l'exercice courant.

La seconde partie ne présente qu'un exercice parce que les recettes qu'elle comprend sont toujours imputées sur l'exercice pendant lequel elles sont effectuées.

287. La rédaction de ce bordereau n'offre aucune difficulté : certains articles cependant demandent quelques explications.

AMENDES ET CONFISCATIONS. Quand le prévenu réalise, avant que la décision administrative soit intervenue, le montant d'une transaction qu'il a souscrite, il faut porter en recette la totalité du paiement (amendes et frais cumulés), à l'article des recettes diverses intitulé : *Consignations pour assurer l'exécution des transactions*, etc. Mais si ce même prévenu ne satisfait aux clauses de l'accommodement qu'après que l'administration l'aura approuvé par une décision dûment notifiée, on inscrit aux *Amendes et confiscations* la somme destinée à tenir lieu de l'amende ou de la confiscation, et à l'article des recettes diverses : *Recouvrements sur frais de saisies*, etc. les frais qui auront été remboursés. C'est toujours aux amendes que doivent figurer les doubles et triples droits.

TAXE DE CONSOMMATION DES SELS. (*Voir le n° 2109*). — On ne porte à la taxe de consommation que le produit perçu sur des sels provenant de saisies régulièrement constatées : s'il s'agissait du produit de la vente provisoire de sels de minuties, ce produit serait porté, aux recettes diverses, à un article ouvert à la main sous le titre de : *Fonds particuliers de divers : Vente d'objets sujets à dépérir*.

RECETTES DIVERSES. Indépendamment des articles qu'il contient, ce

chapitre est destiné à recevoir, dans le blanc qui y est ménagé, d'autres articles imprévus, tels que *Fonds particuliers de divers,* où l'on inscrit, sur des lignes séparées, — les sommes provenant de la vente provisoire des minutes, — les abonnements aux circulaires imprimées, — les premiers versements de masses des préposés, etc., etc.

AUTRES CONSIGNATIONS. — Cet article est disposé de manière à recevoir : les sommes consignées pour assurer l'entrée ou la sortie des chevaux et bêtes de somme passant la frontière ; — celles consignées en garantie de droits de douanes, — et celles versées à titre de cautionnement pour assurer la destination des marchandises expédiées sous acquit-à-caution.

FONDS REÇUS DU RECEVEUR-PRINCIPAL, ETC. — Cet article est arrangé pour recevoir : — et les sommes envoyées par la principalité à titre de subvention, — et celles conservées par le receveur le premier du mois, — et celles que ce dernier peut verser dans sa caisse dans le cours du mois ; dans le blanc laissé après le dernier article : *Recouvrements sur frais, etc.,* il faut toujours détailler ces espèces de subventions afin de mettre le receveur-principal à même d'en connaître l'origine et de les régulariser en conséquence :

Fonds conservés le 1er du mois. . . . . .
Fonds reçus du receveur-principal. . . . . } »» fr. »» c.
Fonds versés le... par le receveur, pour... (*la cause*).

Le cadre intitulé : *Détail des valeurs reçues et des versements qui ont été faits,* doit être rempli avec soin. On y indique, sur une ligne séparée, et en y réunissant, par une accolade, les sommes composant le montant des récépissés : 1° la date et le n° des récépissés reçus dans le cours du mois ; 2° et la date des versements effectués soit en numéraire, soit en acquits de dépenses, mais pour lesquels on n'a pas encore de récépissé.

Les développements mis au dos du bordereau doivent être remplis avec exactitude et contenir toutes les indications qu'il comporte.

COMPTE COURANT.

288. Une fois le bordereau des recettes établi, le receveur-particulier doit s'occuper de la formation du bordereau de ses dépenses du mois. Ce bordereau n'est autre chose qu'un compte-courant sur lequel

il rappelle, avec détail, toutes les dépenses qu'il a effectuées pour le compte de son receveur-principal.

Le livre-journal seul lui fournit tous les éléments nécessaires.

Au dos de ce compte, il rapporte le détail des opérations susceptibles d'être développées, comme le remboursement des consignations, etc.

Il réunit en liasse toutes les pièces justificatives de dépenses, et il les produit à l'appui de ses écritures.

VERSEMENT. — RÉCÉPISSÉ.

289. Le receveur-particulier ne doit conserver en caisse que les seules sommes qui lui sont indispensables pour subvenir aux besoins très prochains, tels que paiement de ses appointements et des employés de son bureau, remboursement de masses etc : il verse le surplus dans la caisse de la principalité.

Tout versement qu'il opère, soit dans le courant du mois, soit à la fin du mois, donne lieu à la délivrance d'un récépissé à talon détaché d'un registre à souche. (*Série F, circ n° 57*).

Ce récépissé, qui doit être conservé avec soin parce qu'il opère la décharge du comptable, indique la date du versement, — la somme versée, — la nature du versement, — et si ce versement est effectué pour solde ou pour à-compte. (*Circ. n° 883*).

FONDS DE SUBVENTIONS.

290. Pour faire face aux dépenses urgentes, le receveur-particulier est autorisé à réserver, sur ses recettes du mois, les fonds qu'il présume nécessaires. A cet effet, à la fin de chaque mois, il établit ses écritures comme s'il versait toutes ses recettes, de manière à balancer sa comptabilité : mais, au lieu de verser le solde en entier, il conserve la somme dont il présume avoir besoin, et il en fait écriture, le 1er du mois suivant, sous le titre : *Fonds reçus du receveur-principal pour subvenir aux remboursements de consignations.* (*Compt. générale,* 20 mai 1826).

Si, à la fin du mois, les recettes étaient nulles, ou du moins insuffisantes pour couvrir les dépenses présumées, le receveur demanderait des fonds à la principalité par l'intermédiaire du capitaine, qui les lui compterait en faisant les appointements.

Il pourrait arriver aussi que, dans le cours du mois, le receveur fût

dépourvu complètement de fonds, et ne pût faire face à des dépenses urgentes : dans ce cas, il devrait tirer de sa caisse particulière la somme à payer, il s'en chargerait en recette à l'article *Recettes diverses* de son journal pour l'appliquer ensuite à la dépense, et il en ferait la reprise quand il aurait des fonds suffisants. Cette reprise serait justifiée par le fait même de sa présentation en compte.

Section III.

—

ÉCRITURES DU RECEVEUR-PRINCIPAL.

—

291. Comme on l'a vu sous le n° 67, les attributions du receveur principal sont essentiellement — de centraliser les recettes et les états de tous les bureaux de sa principalité, — d'en payer toutes les dépenses, — de faire les versements de fonds, — de former les états et comptes périodiques, — de suivre les affaires contentieuses, — et de correspondre avec le directeur sur tout ce qui a rapport à la perception, à la comptabilité et au contentieux, dans son propre bureau et dans ceux de son arrondissement.

LIVRE-JOURNAL.

292. Le livre-journal, de caisse et de porte-feuilles, doit être tenu jour par jour au courant, sans transposition, surcharge, ni rature, et arrêté à la fin de chaque jour.

Les journées pendant lesquelles il n'y a pas eu d'opérations, doivent être indiquées par le mot *Néant*. Quand les opérations de recettes et de dépenses ne remplissent pas un espace égal, la partie qui reste en blanc doit être barrée au moment où la journée est arrêtée, afin que l'on ne puisse y faire aucune intercalation. (*Circ. n°* 883).

293. Le livre-journal est fourni par la comptabilité générale : il fait partie des registres officiels de la comptabilité. (*N°* 225).

Les perceptions étant inscrites en détail sur les registres à souches et à quittances, on ne reporte sur ce livre que les totaux de chaque journée.

Il est destiné a retracer toutes les opérations du comptable au fur

et à mesure qu'elles ont lieu, et à présenter la situation exacte de sa caisse et de son porte-feuilles.

Toutes les opérations décrites au journal doivent être rapportées au sommier, article par article, jour par jour.

294. Le sommier sert — à dépouiller, article par article, toutes les opérations décrites au livre-journal, à la seule exception de celles qui ont pour objet des conversions de valeurs, — à résumer — et à classer, par nature, toutes les recettes et toutes les dépenses, de manière que le comptable puisse en extraire, à tout moment, sa situation complète, rédiger le bordereau qu'il adresse chaque mois à la direction de la comptabilité générale, — et à établir, à la fin de l'année, le compte qu'il doit rendre à la cour des comptes, aux termes de l'ordonnance du 8 novembre 1820.

En tête du sommier, on a placé pour ordre un tableau destiné à constater la reprise du résultat au 31 décembre qui doit former le premier article du compte de l'année courante.

Aucune opération ne doit être rapportée au sommier qu'elle n'ait été préalablement constatée au journal.

Les opérations à inscrire sont celles qui sont constatées au journal depuis le 1er janvier jusqu'au 31 décembre, ainsi que celles qui peuvent l'être par supplément à cette période. Néanmoins, les receveurs y rapportent *pour mémoire*, aux différents comptes qui se suivent d'une année sur l'autre, les soldes des opérations antérieures à l'année. Voir : *Soldes*.

Puisque c'est d'après les indications du sommier que les écritures doivent être classées au journal, il est indispensable de se bien pénétrer de sa division et de la désignation des différents chapitres dont il se compose.

Il se divise en deux parties :

Revenus et dépenses publics,

Opérations de trésorerie.

La première comprend — la recette qui appartient au Trésor sous la désignation de *contributions et revenus publics*, — et les dépenses imputables sur les fonds de l'Etat sous le titre de *Dépenses publiques*.

La seconde embrasse toutes les opérations de trésorerie, tant pour

11

la recette que pour la dépense. Ces opérations ne regardent que les *Services particuliers.*

1re PARTIE.

RECETTES.

295. Les recettes faites pour contributions et revenus publics sont divisées en deux chapitres.

Le premier comprend les sommes recouvrées en vertu de condamnations pécuniaires, ou par suite de transactions, sur les amendes et confiscations appartenant à l'exercice précédent.

Le deuxième comprend, sous les dénominations suivantes, toutes les recettes opérées pendant l'année courante, savoir :

Art. 1er. *Droits de douanes;* { Marchandises diverses; / Tabac de santé et d'habitude ;

Art. 2. *Droits de navigation;*

Art. 3. *Recettes accessoires;*

Art. 4. *Amendes et confiscations;*

Art. 5. *Plombage et estampillage;*

Art. 6. *Taxe de consommation des sels;*

Art. 7. *Droits sanitaires ;*

Art. 8. *Reversement pour rejet de dépense de l'exercice précédent.* (On doit faire connaître la nature de cette dépense).

DÉPENSES.

296. Les dépenses faites, sur les fonds du Trésor, sous la dénomination générale de *Dépenses publiques,* sont classées en trois chapitres, savoir :

Chapitre 1er. *Frais de régie, de perception et d'exploitation des impôts et revenus publics.* Il est divisé en deux exercices.

Chap. 2. *Remboursements et restitutions, Non-valeurs, Primes et Escomptes.* Il est également divisé en deux exercices, à l'exception des Primes et de l'Escompte.

Chap. 3. *Dépenses des anciens exercices.*

1° Le premier de ces chapitres se divise en quatre paragraphes, comprenant ensemble six articles et dix-huit sections :

Le § premier, sous le titre de PERSONNEL, renferme deux articles :
Art. 1er, *Traitements d'activité;* art. 2, *Indemnités et gratifications.*

Le § deux n'a qu'un article, n° 5, qui, sous la dénomination de
MATÉRIEL, embrasse : — *les constructions, entretien et réparation des
bureaux, corps-de-garde et embarcations;* — *l'achat et l'entretien des
poids, balances et ustensiles de bureau;* — *les frais de transport de paquets, ballots et échantillons;* — *les frais de transport de fonds* — *et les
dépenses imprévues.*

Le troisième § a pour titre DÉPENSES DIVERSES, et comprend, 1° sous
l'article 4, *les dépenses fixes abonnées,* qui sont : *les loyers des bureaux
et des corps-de-garde,* — *et le chauffage et l'éclairage des bureaux et des
corps-de-garde;* 2° sous l'article 5, les DÉPENSES ADMINISTRATIVES, qui
sont : — *les indemnités de tournées et frais de fourrages;* — *les indemnités de résidence aux préposés placés dans les grandes villes;* — *les indemnités de premier établissement aux sous-officiers admis dans le
service actif des douanes;* — *les indemnités aux femmes qui concourrent à la
visite;* — *les indemnités aux employés blessés;* — *les secours aux veuves
et orphelins* — *et les condamnations et frais judiciaires à la charge de
l'État;* — *frais de saisies non recouvrables* — *et primes de capture payées
par le trésor.*

Le quatrième § est réservé aux DÉPENSES SUR CRÉDITS EXTRAORDINAIRES.

2° Le chapitre 2 est composé de six articles :

L'article 1er embrasse, sous le titre de REMBOURSEMENTS SUR PRODUITS
INDIRECTS ET DIVERS, 1° — *le remboursement de droits mal-à-propos perçus
et de recettes accessoires et accidentelles :* 2° *le remboursement de droits réglés en traites ou obligations de crédits qui n'ont pu être réalisés.*

L'article 2, RÉPARTITION DES PRODUITS DE PLOMBAGE ET D'ESTAMPILLAGE,
contient : 1° *les frais d'achat et d'entretien des instruments, des flans à
plomber et de la ficelle;* 2° *et les parts payées aux ayant-droit.*

L'art. 3, REMBOURSEMENTS, PRÉLÈVEMENTS ET RÉPARTITIONS SUR LES AMEN-
DES ET CONFISCATIONS, comprend quatre sections : *Répartition aux ayant-
droits;* — *paiements effectués sur les fonds réservés provenant de saisies
faites en vertu du titre 6 de la loi du 28 avril 1816;* — *application de
produits au remboursement des frais,* — *et restitutions faites à divers.*

L'art. 4 est réservé aux PRIMES A L'EXPORTATION.

L'art. 5 est destiné à l'ESCOMPTE sur la taxe de consommation des sels,

Et l'art. 6 à l'escompte sur les droits de douanes à l'importation.

5° Enfin, le chapitre 5 a deux articles dont le premier concerne les *dépenses des exercices-clos*, et le second les *dépenses des exercices périmés non frappés de déchéance*.

2e PARTIE.

297. La deuxième partie du sommier comprend toutes les opérations de trésorerie, tant pour la recette que pour la dépense. Ces opérations ne regardent que les services particuliers.

RECETTE.

298. La recette est divisée en trois chapitres, savoir :

Chapitre 1. CORRESPONDANTS DU TRÉSOR. Cette dénomination embrasse, en neuf articles, les opérations suivantes :

Art. 1er. Remboursement, par la caisse des dépôts et consignations, de sommes versées à titre de consignations.

Art. 2. SERVICE DES RETRAITES. Ce service est divsé en deux exercices, et comprend les prélèvements effectués — sur les traitements d'activité, — sur les indemnités et gratifications, — sur les produits d'amendes et confiscations, — sur les sommes afférentes aux douanes — et sur les recettes extraordinaires à détailler.

Art. 3. FONDS DE RETENUES pour l'habillement, le service de santé et le casernement des préposés de brigades.

Art. 4. PRIMES DE CAPTURE. Elles sont reçues — de l'administration des contributions indirectes, soit pour saisies de tabacs non propres à la fabrication, soit pour arrestation de fraudeurs ; — des receveurs — et des préfets pour arrestation de déserteurs.

Art. 5. SOMMES AFFÉRENTES AUX PRÉPOSÉS DES DOUANES dans le produit des contraventions constatées à la requête des autres administrations.

Art. 6. CONSIGNATIONS — des 3/4 du tiers de la valeur des voitures de voyageurs susceptibles de restitution dans le cas de réexportation, — pour chevaux et bêtes de somme montés ou attelés, passant la frontière, et pour l'argenterie que les étrangers importent en France pour leur usage ; — en garantie de droits de douanes ; — faites à titre de cautionnement pour assurer la destination de marchandises expédiées sous acquits-à-caution, — et pour assurer l'exécution des transactions dans les affaires résultant d'infractions.

Art. 7. RECOUVREMENTS POUR DES TIERS. Ces recouvrements comprennent : — les droits perçus pour l'administration des contributions indirectes (importation de tabacs de santé ou d'habitude)— et les droits perçus pour l'administration de l'enregistrement et des domaines (visa pour timbre, amendes, vente d'objets mobiliers, etc.)

Art. 8. FONDS PARTICULIERS DE DIVERS ET RECETTES A CLASSER. — Recette de fonds appartenant à divers (appointements, parts de saisies, de primes, etc., — dettes, — sommes reçues pour vente provisoire de minuties), — fonds reçus, dans le cours du mois, des receveurs subordonnés à compte de leurs perceptions, — indemnités reçues des fabricants de soude avant l'ouverture de l'exercice, etc.

Art. 9. FONDS PARTICULIERS DES COMPTABLES. Ce sont les fonds que le comptable verse dans sa caisse pour acquitter des dépenses en excédant de ses recettes.

Chapitre 2. Ce chapitre est consacré aux RECOUVREMENTS et RÉGULARISATIONS D'AVANCES faites soit pour appointements, parts de saisies ou de primes, soit pour des pensions de retraite, des frais de saisies, des fonds de subvention, etc.

Chapitre 5. MOUVEMENTS DE FONDS ENTRE LES COMPTABLES DES FINANCES.

Ce chapitre est formé des quatre articles suivants :

Art. 1ᵉʳ. *Fonds de subvention reçus des receveurs des finances ;*

Art. 2. *Fonds de subvention reçus des receveurs des douanes ;*

Art. 3. *Reprise des valeurs provenant de la gestion du prédécesseur du comptable ;*

Art. 4. *Virements de comptes,* 1° avec les receveurs de l'intérieur de la France, 2° avec les receveurs de l'Algérie, 5° et avec les directeurs des postes.

DÉPENSE.

299. Les dépenses, sur les opérations de trésorerie, sont divisées en quatre chapitres.

Le premier chapitre contient les mêmes divisions que le chapitre 1ᵉʳ de la recette, à l'exception de l'article 2, qui n'existe que pour la recette.

Le chapitre 2 comprend les *Avances à recouvrer et à régulariser ;* il correspond au chapitre 2 de la recette.

Le chapitre 5, sous le titre de DÉBETS A LA CHARGE D'EX-RECEVEURS, n'a qu'un seul article (*Dépenses en accroissement de débets*), qui se divise en

deux sections : 1° *Traites et obligations de crédits en souffrance mis à la charge d'anciens comptables ;* — 2° *Déficits de caisse constatés à la charge d'ex-receveurs subordonnés.*

Le chapitre 4 , qui a pour titre : MOUVEMENTS DE FONDS ENTRE LES COMP-TABLES DES FINANCES , se compose de cinq articles , savoir :

Art. 1er. *Versements aux comptables des finances,* — soit en numéraire, — soit en envois directs , au caissier central du trésor, de traites et obligations de crédit ;

Art. 2. *Fonds de subvention* fournis aux directeurs des postes ;

Art. 3. *Fonds de subvention* fournis aux receveurs des douanes ;

Art. 4. *Valeurs remises* par le comptable à son successeur ;

Art. 5. *Virements de comptes,* 1° Avec les receveurs de l'intérieur de la France ; 2° avec les receveurs de l'Algérie , 3° et avec les directeurs des postes.

JUSTIFICATIONS DES OPÉRATIONS DE COMPTABILITÉ.

300. Les comptables envoient , chaque mois , à l'administration , un bordereau des recettes et des dépenses effectuées par eux pendant le mois : ils doivent joindre à ce bordereau les pièces justificatives de leurs opérations du mois , et notamment celles qui se rapportent aux dépenses. (*Arr. du 9 novembre* 1820, *art.* 5).

Ces pièces sont rappelées sur des chemises qui sont elles-mêmes récapitulées sur un inventaire.

Voici la nomenclature des pièces exigées pour justifier soit la recette , soit la dépense.

§ 1er.

RECETTES.

1re PARTIE DU BORDEREAU.

Contributions et revenus publics.

NATURE DES RECETTES.	JUSTIFICATIONS EXIGÉES.
AMENDES ET CONFISCATIONS. (EXERCICE PRÉCÉDENT).	États annuels nos 7 et 103. (*Comptabilité générale,* 30 *novembre* 1826).

NATURE DES RECETTES.	JUSTIFICATIONS EXIGÉES.
DROITS DE DOUANES.	États annuels n°s 8 et 9 ou 10, et état n° 30. Ce dernier s'envoie avec le compte de gestion. (*Comptabilité générale*, 30 *novembre* 1826, *et* 22 *novembre* 1831).
DROITS DE NAVIGATION.	États annuels n°s 8 et 10. (*Idem*).
RECETTES ACCESSOIRES.	États annuels n°s 8 et 9. Plus : *Pour les timbres :* Etats mensuels des timbres de commissions d'emploi — et bordereau récapitulatif de ces mêmes états. (*Comptabilité générale*, 15 *décembre* 1836). *Pour les marchandises vendues en douane (recettes accidentelles) :* Les procès-verbaux de vente et les pièces justificatives des frais et du décompte du produit net des objets vendus. (*Comptabilité générale*, 22 *janvier* 1841). *Pour les intérêts payés par les débiteurs de traites en souffrances :* Fournir, avec le premier bordereau qui présente l'extinction de la créance, le décompte de ces intérêts, ou copie de la décision qui en fait remise, ou des actes de carence. (*Comptabilité générale*, 26 *décembre* 1833).
AMENDES ET CONFISCATIONS. (EXERCICE COURANT).	États annuels n°s 8 et 9 ou 10, et état annuel n° 103, annexé à l'état n° 8. (*Comptabilité générale*, 1er *septembre* 1838).
PLOMBAGE ET ESTAMPILLAGE.	Etats annuels n°s 8 et 9 ou 10. Plus, *pour les vieux plombs :* acte de vente annexé à l'état mensuel de répartition. (*Idem*).
TAXE DE CONSOMMATION DES SELS.	Etats annuels n°s 8 et 9. (*Idem*).

NATURE DES RECETTES.	*JUSTIFICATIONS EXIGÉES.*
DROITS SANITAIRES.	Etat annuel des droits liquidés formé et affirmé véritable par le receveur-principal, et revêtu du certificat de l'administration sanitaire chargée de la liquidation et du contrôle des produits. (*Arrêté du 5 décembre* 1843, *art.* 26).
REVERSEMENT POUR REJET DE DÉPENSES DE L'EXERCICE PRÉCÉDENT.	Cette opération ne se justifie point : elle ressort de l'injonction de la cour des comptes qui rejette la dépense.

RECETTES.

2e PARTIE DU BORDEREAU.

Opérations de Trésorerie.

NATURE DES RECETTES.	*JUSTIFICATIONS EXIGÉES.*
REMBOURSEMENT DE SOMMES VERSÉES A TITRE DE CONSIGNATION.	Etat annuel n° 11.
SERVICE DES RETRAITES.	Décompte des retenues établies sur les mandats de paiement, les états de gratifications et de répartition, et les rôles d'appointements.
FONDS DE RETENUES POUR L'HABILLEMENT, ETC.	Pièces jointes au compte spécial de ce service, et état n° 11.
PRIMES DE CAPTURE.	Etat annuel n° 11.
SOMMES AFFÉRENTES.	Etat annuel n° 11, auquel est annexé l'état n° 112.
CONSIGNATIONS.	Etat annuel n° 11.
RECOUVREMENTS POUR DES TIERS.	Etat annuel n° 11.

NATURE DES RECETTES.	JUSTIFICATIONS EXIGÉES.
FONDS PARTICULIERS DE DIVERS.	Etats annuels nᵒˢ 11 et 76.
FONDS PARTICULIERS DES COMPTABLES.	Etat annuel nᵒ 11.
FONDS DE SUBVENTION REÇUS DES RECEVEURS DES FINANCES.	Talon des récépissés produits à l'appui de la dépense comprise dans les comptes des receveurs des finances.
FONDS DE SUBVENTION REÇUS DES CAISSES DE L'ADMINISTRATION.	Talons détachés des récépissés des receveurs à qui les fonds ont été remis. (*Comptabilité générale*, 16 *décembre* 1829).
REPRISE DES VALEURS PROVENANT DE LA GESTION DU PRÉDÉCESSEUR DU COMPTABLE.	Procès-verbal de clôture joint au compte de la gestion précédente.
VIREMENTS DE COMPTES.	Bordereaux et récépissés, et état annuel nᵒ 86.

§ 2.

DÉPENSES.

1ʳᵉ PARTIE DU BORDEREAU.

Dépenses Publiques.

NATURE DES DÉPENSES.	JUSTIFICATIONS A PRODUIRE.
	PERSONNEL.
TRAITEMENTS D'ACTIVITÉ ET	1ᵒ Mandat de paiment désignant les parties prenantes; 2ᵒ états émargés ou appuyés de quittances, dûment arrêtés, et présentant, conformément à l'article 10 de l'ordonnance du 14 septembre 1822,

NATURE DES DÉPENSES.   *JUSTIFICATIONS A PRODUIRE.*

INDEMNITÉS ET GRATIFICA-
TIONS.

le nom, le grade ou l'emploi, la position de présence ou d'absence, le service fait, la durée du service, et le décompte de la somme due. *(Comptabilité générale, 30 décembre* 1826).

MATÉRIEL.

MATÉRIEL.

Mandats de paiement appuyés, indépendamment des liquidations — des devis, procès-verbaux d'adjudication, ou de marchés en due forme, si les constructions ou fournitures ont été faites par suite ou en exécution de semblables actes, ce que le mandat doit spécifier, — des mémoires ou factures (sur papier timbré pour les sommes qui excèdent 10 fr.), — des quittances ou états de menus frais. — Le tout revêtu, suivant la nature de la dépense, soit de l'attestation de l'exécution du service, soit du certificat de réception des matières livrées ou des travaux confectionnés; soit, enfin, de certificats portant que les dépenses concernent un service public. (*Comptabilité générale*, 30 *décembre* 1826).

CONSTRUCTION, ENTRETIEN
ET RÉPARATION DES BU-
REAUX, CORPS-DE-GARDE
ET EMBARCATIONS.

Travaux par adjudication.

1° Arrêté de liquidation;
2° Procès-verbal d'adjudication (sur papier timbré) appuyé du cahier des charges;
5° Certificat de réalisation du cautionnement;
4° Approbation de l'administration;
5° Procès-verbal (sur papier timbré) de la réception des travaux;
6° Mémoire timbré de l'entrepreneur, dûment réglé et arrêté;
7° Quittance timbrée de l'ayant droit;
8° Mandat de paiement.

NATURE DES DÉPENSES.	JUSTIFICATIONS A PRODUIRE.

Travaux non adjugés.

1° Arrêté de liquidation, — ou, en cas de travaux d'urgence au-dessous de 50 fr., procès-verbal d'urgence rédigé par le chef local ;

2° Devis estimatif sur papier timbré ;

3° Autorisation donnée, par l'administration, de faire exécuter les travaux ;

4° Certificat de réception des travaux (sur papier timbré);

5° Mémoire (timbré) dûment réglé et arrêté ;

6° Quittance timbrée de l'ayant-droit ;

7° Mandat de paiement.

Paiements d'à-compte.

1° Mémoire (timbré) sommaire, ou état de situation des travaux dûment arrêté ;

2° Quittance de l'ayant-droit ;

3° Mandat de paiement.

(Suite).

CONSTRUCTION, ETC.

Acquisition de maisons ou de terrains.

1° Copie de la décision qui autorise l'acquisition ;

2° Copie ou extrait (timbré) de l'acte de vente notarié ou administratif, ou de tout autre titre constatant l'acquisition et la transmission de la propriété, — ledit acte relatant textuellement la transcription au bureau des hypothèques ;

3° Certificat (timbré) délivré, quinze jours après la transcription de l'acte de vente, par le conservateur des hypothèques, et constatant que l'immeuble acquis n'est grevé d'aucune hypothèque inscrite.

NOTA. Lorsque le certificat du conservateur des hypothèques, délivré quinze jours après la transcription, constate l'existence d'hypothèques judiciaires ou conventionnelles, l'ad-

NATURE DES DÉPENSES.   *JUSTIFICATIONS A PRODUIRE.*

(Suite)..

CONSTRUCTION, ETC.

ministration, au lieu de faire aux créanciers inscrits les notifications indiquées par l'article 2183 du Code civil, enjoint au vendeur de rapporter main-levée de toutes les inscriptions existantes dans les 90 jours de la date du contrat, à défaut de quoi elle dépose son prix à la caisse des dépôts et consignations, après avoir purgé les hypothèques légales : pour cet effet, la consignation sans offres réelles préalables doit toujours être stipulée par une clause expresse dans le contrat.

4° Pièces relatives à la purge des hypothèques légales (*article* 2194 *du Code civil*), savoir :
Certificat (timbré) du dépôt du contrat au greffe pour être affiché ; — Notification (timbrée) au procureur impérial et aux parties intéressées ; — certificat d'affiche (timbré) pendant deux mois ; — exemplaire certifié de la feuille d'annonces judiciaires du département, constatant l'insertion de l'exploit de notification.

Nota. S'il agit d'une acquisition dont le prix est inférieur à 500 francs, la décision du ministre qui l'autorise peut dispenser de la purge des hypothèques légales ; si le prix est inférieur à 100 francs, la purge n'est pas nécessaire.

5° Certificat du conservateur des hypothèques constatant qu'aucune inscription n'a été requise, sur l'immeuble acquis, pendant les deux mois de l'affiche dans l'auditoire du tribunal ;
6° Décision de l'administration autorisant le paiement ;
7° Quittance (timbrée) du vendeur ;
8° Mandat de paiement. (*Règlement du 20 janvier* 1846).

NATURE DES DÉPENSES.   *JUSTIFICATIONS A PRODUIRE.*

ACHAT ET ENTRETIEN DES POIDS, BALANCES ET USTENSILES DE BUREAU.

Dépenses au-dessous de 50 francs.

1° Mémoire (timbré) dûment liquidé et arrêté, revêtu du certificat de réception indiquant, *pour les achats*, le numéro d'inscription à l'inventaire ;

2° Quittance timbrée de l'ayant-droit ;

3° Arrêté de liquidation (produit seulement à la cour des comptes par l'administration) ;

4° Mandat de paiement. *(Règlement du 26 janvier 1846).*

Dépenses de plus de 50 francs.

1° Arrêté de liquidation ;

2° Devis (timbré) des travaux ou fournitures ;

3° Copie certifiée de l'autorisation donnée par l'administration ;

4° Mémoire (timbré) dûment liquidé et arrêté, revêtu du certificat de réception indiquant, *pour les achats*, le numéro d'inscription à l'inventaire ;

5° Quittance (timbrée) de l'ayant-droit ;

6° Mandat de paiement. *(Idem).*

FRAIS DE TRANSPORT DE PAQUETS, BALLOTS ET ÉCHANTILLONS.

De Paris aux chefs-lieux des directions.

1° Extrait ou copie (timbrée) du marché ;

2° Certificat de réalisation du cautionnement ;

3° Lettre de voiture (timbrée) ou mémoire (timbré) dûment arrêté ;

4° Quittance (timbrée) de l'ayant-droit ;

5° Mandat de paiment.

Dans l'étendue territoriale des directions.

1° Lettre de voiture (timbrée) ;

2° Arrêté de liquidation (produit à la cour des comptes par l'administration) ;

3° Quittance (timbrée) de l'ayant-droit ;

4° Mandat de paiement.

NATURE DES DÉPENSES.	JUSTIFICATIONS A PRODUIRE.
FRAIS DE TRANSPORT DE FONDS.	1° Lettre de voiture (timbrée), mémoire (timbré) ou état des dépenses dûment certifié ; 2° Quittance (timbrée) de l'ayant-droit ; 3° Arrêté de liquidation (produit à la cour des comptes par l'administration) ; 4° Mandat de paiement. *(Réglement du 26 janvier 1846).*
DÉPENSES IMPRÉVUES.	Mêmes justifications que pour achat et entretien des poids, balances et ustensiles de bureau.

DÉPENSES FIXES ABONNÉES.

LOYERS.

En cas de bail.

FRAIS DE LOYERS DES BUREAUX ET DES CORPS-DE-GARDE.	1° Etat collectif arrêté par le comptable, visé par l'inspecteur et certifié par le directeur ; 2° Copie (timbrée) certifiée du bail, au renouvellement dudit bail, — ou, en cas de bail verbal, déclaration du directeur ; 3° Emargement des propriétaires si la dépense est au-dessous de dix francs, et, dans le cas contraire, quittance (timbrée) des bailleurs ; 4° Mandat de paiement.

En cas d'abonnement.

1° Etat collectif arrêté par le comptable, visé par l'inspecteur et certifié par le directeur.
2° Quittances des agents des douanes ;
3° Mandat de paiement.
(Réglement du 26 janvier 1846).

Chauffage et éclairage.

CHAUFFAGE ET ÉCLAIRAGE DES BUREAUX ET DES CORPS-DE-GARDE.	1° Copie de l'état des frais dûment arrêté et visé ; 2° Quittances des agents des douanes ; 3° Mandat de paiement. (*Même réglement*).

NATURE DES DÉPENSES.	JUSTIFICATIONS A PRODUIRE.
	DÉPENSES ADMINISTRATIVES.
INDEMNITÉS DE TOURNÉES	1° Etat nominatif dûment arrêté et émargé; 2° Arrêté de liquidation (cet arrêté n'est pas remis au comptable; il est produit à la cour des comptes avec le compte de gestion); 5° Mandat de paiement.
FRAIS DE FOURRAGE ET IN- DEMNITÉS DE RÉSIDENCE.	1° Etat nominatif dûment arrêté et certifié; 2° Quittances des ayant-droit par émargement ou séparées; 5° Mandat de paiement.
INDEMNITÉS AUX FEMMES VISITEUSES.	1° Etat nominatif dûment arrêté et certifié; 2° Quittances des ayant-droit par émargement ou séparées; 5° Extrait de l'approbation de l'administration, lorsque l'allocation annuelle dépasse 400 francs; 4° Mandat de paiement.
INDEMNITÉS AUX EMPLOYÉS BLESSÉS.	1° Arrêté de liquidation; 2° Copie certifiée par le directeur local de la décision qui alloue l'indemnité; 5° Mémoire timbré des honoraires des médecins et des fournitures de médicaments; 4° Quittance (timbrée) de l'ayant-droit; 5° Mandat de paiement.
SECOURS AUX VEUVES ET ORPHELINS.	1° Décisions motivées qui allouent les secours; 2° Quittances des ayant-droit; 5° Arrêté de liquidation (produit à la comptabilité par l'administration); 4° Mandat de paiement.
CONDAMNATIONS ET FRAIS JU-	1° Expédition (timbrée), ou extrait (timbré), ou signification (timbrée) du jugement de condamnation;

NATURE DES DÉPENSES.	*JUSTIFICATIONS A PRODUIRE.*
DICIAIRES A LA CHARGE DE L'ÉTAT.	2º Copie de la décision administrative qui a prescrit d'y acquiescer ; 5º Exécutoire des dépens (timbré), ou état (timbré), dûment taxé ; 4º Quittances (timbrées) des ayant-droit ; 5º Mandat de paiement.
PRIMES POUR ARRESTATION DE FRAUDEURS.	1º Copie du procès-verbal de saisie appuyée d'un extrait (timbré) du jugement de condamnation ; 2º Quittances des ayant-droit ; 3º Mandat de paiement.
FRAIS DE SAISIES NON RE-COUVRABLES.	1º Original ou copie du procès-verbal ; 2º Etat de frais (timbré) dûment taxé par le juge ou approuvé par l'administration, et appuyé des quittances de frais (timbrées), ou, à défaut de quittances, du certificat qui doit en tenir lieu ; 3º Procès-verbal de vente des objets saisis (timbré), ou acte constatant soit la remise autorisée, soit la destruction également autorisée des objets saisis ; 4º Certificat d'insolvabilité ou d'absence des prévenus, s'il y a lieu ; 5º Copie de la décision administrative portant, suivant les cas, approbation de transaction, ou ordre, soit d'abandonner, soit de suspendre indéfiniment les poursuites. 6º Mandat de paiement.
HONORAIRES DES AVOCATS.	1º Copie de la décision administrative qui autorise l'allocation ; 2º Quittance (timbrée) de l'ayant-droit ; 3º Mandat de paiement.
REMBOURSEMENT DE DROITS	REMBOURSEMENTS SUR PRODUITS INDIRECTS ET DIVERS. 1º Décision de l'administration, ou décision ministérielle ;

NATURE DES DÉPENSES.	JUSTIFICATIONS À PRODUIRE.
DE DOUANES, OU SANITAIRES.	2° Quittance de l'ayant-droit ; 3° Mandat de paiement.
REMBOURSEMENTS. NON-VALEURS.	1° Extrait de la déclaration de recette des droits en paiement desquels les traites ont été admises ; 2° Décompte des sommes recouvrées et des frais acquittés ; 3° Décision ministérielle qui autorise la surséance indéfinie et l'admission en non-valeurs ; 4° Déclaration dûment certifiée de l'inscription des traites et frais restant à recouvrer sur le registre des *créances admises en surséance indéfinie.*
REMBOURSEMENTS. PRODUITS DIVERS.	1° Décision ministérielle constatant l'imputation, au budget des recettes, de la somme remboursée ; 2° Pièces justificatives des droits liquidés ; 3° Quittance de l'ayant-droit ; 4° Mandat de paiement. (*Réglement du 26 janvier 1846*).
FRAIS D'ACHAT ET PARTS PAYÉES.	PRÉLÈVEMENTS ET RÉPARTITIONS SUR LES PRODUITS DE PLOMBAGE ET D'ESTAMPILLAGE. 1° États de distribution émargés et appuyés — des actes de vente des vieux plombs. *(Comptabilité générale, 1er septembre 1838)*, — et des pièces (timbrées) justificatives des frais d'achat et d'entretien des instruments et du prix des flans et de la ficelle. *(Comptabilité générale, 31 mai 1833).* 2° Mandat de paiement. NOTA. Si le prélèvement des frais a lieu intégralement dans un seul mois, la quittance du fournisseur est annexée à l'état de répartition. Si ce prélèvement ne s'effectue que de mois en mois, la quittance est rapportée à l'appui du premier prélèvement partiel, sauf

12

FRAIS D'ACHAT, ETC.

à mentionner, sur les états de répartition de chacun des mois suivants, jusqu'au recouvrement total, la production de cette quittance, avec rappel en masse des prélévements antérieurs qu'elle aura justifiés. *(Comptabilité générale, 12 décembre 1834 et 20 déc. 1841).*

RESTITUTIONS, PRÉLÈVEMENTS ET RÉPARTITIONS SUR LE PRODUIT DES AMENDES ET CONFISCATIONS.

Mandats de paiement destinés à régulariser des paiements provisoires effectués d'après autorisation administrative, lesdits mandats appuyés d'états de répartition émargés et de toutes les pièces constatant la contravention.

Ces pièces sont, suivant le cas :

RÉPARTITIONS.

1° L'état de répartition approuvé par l'administration lorsque le produit s'élève à plus de 500 francs ;

2° L'original ou la copie dûment certifiée du procès-verbal ;

3° Le jugement ou extrait du jugement, signification, extrait, etc ;

4° L'original ou la copie dûment certifiée de la transaction ;

5° La décision approbative de la transaction — ou l'ordre de poursuivre l'exécution du jugement ;

6° L'ordonnance sur requête portant autorisation de vendre par provision ;

7° Le procès-verbal de classement des tabacs versés à la régie ; — l'acte de vente ou l'acte de remise au prévenu, — ou l'acte de destruction des objets saisis ;

8° L'acte constatant l'absence ou l'insolvabilité des prévenus, en cas de non-recouvrement de l'amende ;

9° L'état des frais visé par le directeur et appuyé des pièces justificatives ;

NATURE DES DÉPENSES.   JUSTIFICATIONS A PRODUIRE.

RÉPARTITIONS. (Suite).

10° L'autorisation formelle de répartir le produit, et de comprendre l'indicateur dans la répartition.

PAIEMENTS EFFECTUÉS SUR LES FONDS RÉSERVÉS EN VERTU DU TITRE 6 DE LA LOI DU 28 AVRIL 1816.

1° Etats émargés ;
2° Arrêté de liquidation joint par la comptabilité au compte du receveur ;
5° Mandat de paiement.

APPLICATION DES PRODUITS AU REMBOURSEMENT DES FRAIS.

Produit égal aux frais.

1° Mandat de paiement ;
2° Chemise n° 60, renfermant l'état du produit arrêté par le comptable et revêtu d'un certificat de l'inspecteur ;
5° L'état détaillé des frais appuyé des quittances ;
4° Et, enfin, toutes les autres pièces indiquées sur la chemise n° 60. *(Comptabilité générale*, 15 décembre 1856).

Frais excédant le produit.

1° Mandat de paiement.
2° Certificat de renvoi aux liquidations de frais tombés à la charge du trésor ;
5° Et certificat de recette délivré par l'inspecteur, portant qu'il a été fait recette, au compte du trésor, du montant des frais transportés en dépense au budget. *(Comptabilité générale*, 15 décembre 1856).

RESTITUTIONS.

1° Mandat de paiement.
2° Copies des décisions administratives qui autorisent les restitutions ;
5° Quittances des parties prenantes (sur papier timbré si la restitution excède 10 francs), ou, à défaut de quittances, les récépissés de versements à la caisse des dépôts et consignations. *(Comptabilité générale*, 15 décembre 1856).

NATURE DES DÉPENSES.	JUSTIFICATIONS A PRODUIRE.
	PRIMÉS A L'EXPORTATION.
PRIMES A L'EXPORTATION.	1° Mandat de paiement ; 2° Liquidation ; 5° Pièces déterminées pour chaque espèce de primes ; 4° Acquits ou quittances des ayant-droit. (*Comptabilité générale*, 50 *décembre* 1826).
SUR LES DROITS DE DOUANES ET LA TAXE DE CONSOM-MATION DES SELS.	ESCOMPTES. 1° Mandats de paiement ; 2° Quittances à souche portant liquidation visées par l'agent compétent. (*Comptabilité générale*, 4 *mars* 1851).
EXERCICES CLOS ET EXER-CICES PÉRIMÉS.	ANCIENS EXERCICES. *Par mois.* Mêmes justifications que pour les dépenses analogues de l'exercice courant. NOTA. Le droit à être relevé de la déchéance étant établi lors de la demande du crédit qui devient l'objet d'une loi spéciale, il n'y a pas lieu d'en justifier de nouveau à l'appui de l'ordonnance ou du mandat de paiement. (*Règlement du* 26 *janvier* 1846). *Par année.* Etat à la main désignant les exercices et les chapitres, le nom des créanciers et le montant des paiements.

2ᵉ PARTIE DU BORDEREAU.

Dépenses sur les opérations de Trésorerie.

NATURE DES DÉPENSES.	JUSTIFICATIONS A PRODUIRE.
SOMMES VERSÉES A LA CAISSE DES DÉPÔTS ET CONSIGNA-TIONS.	Certificats délivrés par le comptable d'après ses écritures et visés par l'inspecteur au vu des récépissés des dépôts. (*Comptabilité générale*, 50 *décembre* 1826).

JUSTIFICATIONS DES DÉPENSES.

NATURE DES DÉPENSES.	JUSTIFICATIONS A PRODUIRE.
RETENUES, POUR L'HABILLE-MENT, LE SERVICE DE SANTÉ ET LE CASERNEMENT.	Ordres de remboursement délivrés par le directeur et quittancés par les parties prenantes. *(Idem).*
PRIMES DE CAPTURE.	**RÉPARTITIONS.** Etats de répartition émargés par les parties prenantes, dûment arrêtés par le comptable, et ordonnancés par le directeur. *(Comptabilité générale, 30 décembre 1826).* **RESTITUTIONS.** Ordres de remboursement; Décisions administratives; Et quittances des parties prenantes. *(Id).*
SOUS-RÉPARTITION DES SOMMES AFFÉRENTES.	*(Par mois).* Etats de sous-répartition émargés et appuyés d'un ordre de dépense qui peut être inscrit au dos des états. *(Comptabilité générale, 21 décembre 1857).* *(Par année).* Etat n° 112.
CONSIGNATIONS.	
Restitutions des sommes consignées pour : 1° Les voitures de voyageurs; 2° Les chevaux et bêtes de somme;	*Par année.* — Etat n° 81. *Par mois.* Ordres de remboursement; Etats certifiés des dépenses; Et reconnaissances revêtues d'un certificat de décharge et des quittances des parties prenantes.
3° L'argenterie;	Récépissés des contributions indirectes. *(Comptabilité générale, 20 mai 1826).*
4° Garantie de droits;	Etat certifié par le comptable; Ordre de remboursement; Et reconnaissances revêtues d'une décharge et des quittances des intéressés. *(Comptabilité générale, 12 novembre 1832).*
5 Cautionnement pour assurer la destination des	Ordres de restitution appuyés des acquits-à-caution revêtus des certificats de dé-

NATURE DES DÉPENSES.	*JUSTIFICATIONS A PRODUIRE.*
marchandi^{ses} expédiées par acquits-à-caution ;	charge et des quittances des consignataires. (*Idem*).
6° L'exécution des transactions.	Ordres de remboursement ; Décisions administratives ; Et quittances des ayant-droit, ou, à défaut, récépissés de la caisse des dépôts et consignations. (*Idem*).

VERSEMENTS SUR RECOUVREMENTS FAITS POUR DES TIERS.

1° A la régie, pour droits d'importation sur les tabacs de santé ;	Récépissés de l'administration des contributions indirectes.
2° A l'enreg^{nt} pour droit de visa pour timbre.	Récépissés de l'administration de l'enregistrement.
FONDS PARTICULIERS DE DIVERS ET FONDS PARTICULIERS DES COMPTABLES.	Etats annuels n°s 76 et 84, visés par l'inspecteur, et délivrés par le comptable d'après ses écritures courantes.
AVANCES A RECOUVRER.	Etat annuel n° 5.
DÉFICIT DE CAISSE CONSTATÉ A LA CHARGE D'EX-RECEVEURS SUBORDONNÉS.	Autorisation de dépense appuyée du procès-verbal constatant le déficit. (*Comptabilité générale*, 30 décembre 1826).
TRAITES ET OBLIGATIONS DE CRÉDITS EN SOUFFRANCE MISES A LA CHARGE D'ANCIENS COMPTABLES.	Autorisation de dépense appuyée de la décision ministérielle qui a rendu l'ex-receveur responsable du non-paiement des traites et obligations de crédits admises par lui en paiement de droits. (*Idem*).
VERSEMENTS AUX COMPTABLES DES FINANCES.	Récépissés délivrés sur des formules à talon, et visés, à la diligence des receveurs des finances, dans les 24 heures, par les préfets ou les sous-préfets. (*Comptabilité générale*, 31 mai 1833).

NATURE DES DÉPENSES.	JUSTIFICATIONS A PRODUIRE.
FONDS DE SUBVENTION.	Ordres de subvention revêtus de récépissés. *(Comptabilité générale,* 16 *décembre* 1829).
VALEURS REMISES PAR LE COMPTABLE A SON SUC-CESSEUR.	Expédition du bordereau final du receveur dont les fonctions ont cessé. *(Comptabilité générale,* 15 *décembre* 1836).
VIREMENTS DE COMPTES.	*Par année :* État n° 86.
	Par mois :
1° Paiements faits par le comptable.	Récépissés du montant des acquits transmis au receveur pour le compte duquel les paiements ont été effectués. *(Comptabilité générale,* 30 *décembre* 1826).
2° Application aux services.	Déclaration du comptable, sur le bordereau de virement, portant qu'il s'est chargé en recette de la somme recouvrée pour son compte. *(Idem).*

CHAPITRE II.

—

GESTION. — MUTATION DE COMPTABLES. — INTÉRIMAIRES.

—

Section I.

—

GESTION.

301. Les comptables sont directement justiciables de la cour des comptes, et ils présentent le compte de leur gestion en leur nom et sous leur responsabilité personnelle. (*Ordonnance du* 8 *novembre* 1820, *article* 2).

Les comptes sont rendus par année. (*Idem, art.* 3).

Chaque comptable n'est responsable que des actes de sa gestion personnelle : en cas de mutation, le compte d'année est divisé suivant

la durée de la gestion des différents titulaires, et chacun d'eux rend compte des opérations qui le concernent. (*Idem*, *art. 4*).

302. La gestion des receveurs subordonnés rentre dans celle des receveurs-principaux, lesquels reçoivent le compte des premiers et leur en donnent une décharge provisoire jusqu'au jugement définitif de la cour. (*Circulaire n° 712*).

303. La gestion d'un comptable sortant ne s'arrête point au jour à dater duquel il reçoit sa nomination pour un autre emploi, mais elle continue jusqu'au moment où il cesse ses fonctions.

Le nouveau titulaire fait remonter sa gestion à l'époque où a cessé celle de son prédécesseur, pourvu qu'elle ne soit pas antérieure à la date où sa nomination doit avoir son effet, à moins, toutefois, qu'il ne veuille pas se charger des opérations qui auraient précédé son entrée en fonctions et qui auraient été faites par un intérimaire. (*Lettre du 18 avril 1842*).

La signature du comptable sortant n'est indispensable que sur les procès-verbaux de clôture et le compte n° 1er : les bordereaux et les divers états de développement peuvent être signés par son successeur.

304. Quand un receveur principal s'absente par congé, il présente un suppléant qui doit être agréé par l'administration, et celui-ci gère sous la responsabilité du titulaire.

Section II.

MUTATION DE COMPTABLES. — INTÉRIMAIRES.

305. Aux termes de l'art. 4 de l'ordonnance du 8 novembre 1820, chaque receveur n'est responsable que des actes de sa gestion personnelle. Ainsi, lorsqu'un receveur cesse ses fonctions parce qu'il passe à un autre emploi, qu'il est admis à la retraite, ou qu'il est destitué, il doit remettre de suite sa caisse et son porte-feuilles à son successeur ou à l'employé chargé de l'intérim de la recette, après que sa comptabilité a été vérifiée dans tous ses détails par l'inspecteur, lequel — rejette toutes les dépenses non valablement justifiées ou étrangères aux différents services, — n'admet comme avances à régulariser que celles légalement autorisées; — arrête les registres après qu'ils ont été mis

au courant; fait rédiger un bordereau n° 58, série E ; pour établir la situation du comptable, — et dresse, contradictoirement avec lui ou son successeur, ou l'intérimaire, un procès-verbal constatant l'identité de l'excédant de recette avec les valeurs en caisse et en porte-feuilles, et le montant des avances à régulariser et créances à recouvrer, ainsi que la remise de ces mêmes valeurs et créances. (Circ. n° 717).

306. Le receveur sortant de fonctions dans le cours de l'année rend compte de sa gestion de la même manière que pour la fin d'année. (Circ. n° 838).

Lorsqu'il rend son compte à la cour, il remplace, dans le résultat général, la formule ordinaire par une formule spéciale où il exprime la remise faite par lui des valeurs en caisse et en porte-feuilles et créances à recouvrer, au lieu de s'en déclarer reliquataire.

307. Le premier acte de la gestion du comptable entrant en fonctions ou de l'intérimaire est de faire recette, sur son livre-journal, des valeurs et des avances à régulariser qui lui sont remises. Le montant de ces avances est porté dans la colonne *sans mouvement de valeurs*, et il en est fait de suite dépense, dans la même colonne, pour les porter au sommier comme avances à régulariser.

308. Dans le cas de disparition ou de décès d'un receveur, sa comptabilité est arrêtée par l'inspecteur, conformément aux dispositions de la circulaire n° 659, et sa situation établie sur un bordereau n° 58 comme pour les cas ordinaires.

Le successeur ou l'intérimaire se charge des valeurs en caisse et en portefeuille, et des créances à recouvrer qui lui sont remises par l'inspecteur, suivant procès-verbal, afin qu'il en fasse le premier article de son compte.

Comme, dans le cas de disparition, il n'y aura personne pour rendre compte, il deviendra indispensable que le nouveau receveur rende le compte de son prédécesseur, mais séparément du sien, afin de ne point confondre les deux gestions.

Il en serait de même si les héritiers d'un receveur décédé renonçaient à sa succession, parce qu'on ne pourrait les forcer à fournir un compte auquel ils seraient dès-lors entièrement étrangers : mais les héritiers qui auraient pris qualité ne pourraient se dispenser de le rendre. S'ils s'y refusaient, ils devraient y être contraints par les voies

de droit, conformément à l'article 24 du titre 13 de la loi du 22 août 1791, qui leur deviendrait applicable comme représentant le comptable dont ils auraient hérité. (*Circ. n° 717*).

309. L'intérimaire d'une recette vacante doit être agréé par l'administration, et, dans ce cas, il rend compte de sa gestion personnelle, et il a caractère pour être jugé par la cour des comptes. (*Circ. n° 2119*).

Si l'intérim ne devait durer que quelques jours et ne donnait lieu à aucune opération considérable, le receveur arrivant pourrait, d'accord avec l'intérimaire, faire remonter le compte de sa gestion à l'époque où son prédécesseur aurait cessé ses fonctions. (*Circ n° 963*).

Le compte fourni par l'employé chargé de gérer une recette pour le titulaire absent par congé ou pour cause de service, doit toujours porter en titre le nom du titulaire : c'est seulement dans le cas de vacance de la recette que le compte est établi au nom de l'employé qui fait l'intérim.

310. L'orsque des opérations de redressement ou autres ont lieu par supplément à la gestion d'un comptable dont les fonctions ont cessé dans le cours de l'année, elles doivent être présentées dans un nouveau bordereau de situation qui doit être transmis à la comptabilité générale avec celui qui est fourni par son successeur pour le mois pendant lequel les opérations supplémentaires ont été constatées, afin qu'il n'y ait, pour la comptabilité, ni lacune ni défaut de liaison entre les deux gestions.

311. Aux termes de la circulaire n° 1709, un récolement général du mobilier d'un bureau, d'une embarcation, ou d'une caserne, doit être fait à chaque mutation survenant soit parmi les receveurs, à qui le mobilier des bureaux est confié, soit parmi les capitaines, qui ont la garde de celui des embarcations, corps-de-garde, ou casernes. *(Voir le n° 190)*.

Ces récolemens, dont l'avantage est incontestable, doivent continuer à être opérés, et les résultats en sont transmis à l'administration. (*Circ. n° 2113*).

312. L'intérimaire d'une recette vacante à défaut de titulaire peut jouir, en tout ou en partie, du traitement attaché à cet emploi, mais dans le seul cas où l'intérim doit occasionner des dépenses extraordi-

naires qu'il ne serait pas en état de supporter, et qu'il n'y aurait pas d'autres moyens de l'en indemniser. *(Circ. n° 2114)*.

313. Tout employé des deux services qui est appelé à suppléer un chef absent par congé, ou par toute autre cause, jouit, à l'exclusion de ce chef, de la part dévolue au grade dans le produit des saisies effectuées pendant la durée de sa gestion provisoire. *(Circ. n° 2356)*.

Mais il ne peut participer au produit de ces saisies, si les fonctions dont il est provisoirement investi entraînent exclusion du droit au partage. *(Déc. des 3 janv. et 4 mai 1850)*.

314. Quand un employé, absent par congé, est remplacé par un intérimaire pris dans un autre bureau que celui de sa résidence, celui-ci touche la moitié de sa part : si l'intérimaire est du même bureau, il n'a droit qu'à la part qui lui est dévolue par son grade. *(Circulaire n° 1212)*.

315. Si, par circonstance spéciale, l'employé absent perd la totalité de sa part de plomb, cette part est dévolue en entier à l'intérimaire. *(Idem)*.

316. L'intérimaire n'a aucun droit à la part de l'employé absent, quand cette absence est le résultat d'un changement de résidence. *(Cir. n° 1212)*.

317. L'intérimaire a droit aux frais de bureau et de loyer pendant tout le temps de sa gestion provisoire. *(Circ. n° 963)*.

Voir, pour les employés en congé, les n°ˢ 90 à 94.

CHAPITRE III.

EXPÉDITIONS DES DOUANES.

Section unique.

§ 1ᵉʳ.

NATURE DES EXPÉDITIONS.

318. Les expéditions que l'on délivre ordinairement dans les douanes sont les suivantes :

Passavants pour la circulation ;

Acquits de paiement des droits d'entrée et de sortie ;

Consignations en garantie de droits ;

Consignations pour assurer la circulation — des chevaux et bêtes de somme, — des voitures et de l'argenterie des voyageurs ;

Acquits-à-caution pour garantir — soit l'emprunt du territoire étranger, — soit la circulation de certaines marchandises ;

Passavants pour les primes à l'exportation, etc.

§ 2.

PAR QUI ELLES SONT DÉLIVRÉES.

319. Les expéditions doivent toujours, et dans tous les cas, être délivrées par la douane.

Les juges des tribunaux et leurs greffiers ne peuvent expédier des acquits de paiement, acquits-à-caution, congés, passavants, réceptions ou décharges de soumissions, ni rendre aucun jugement pour tenir lieu desdites expéditions. (*Loi* 22 *août* 1791, *tit.* 11, *art.* 2, § 1er).

§ 3.

LIBELLÉ DES EXPÉDITIONS.

320. Les expéditions de douanes doivent être sans aucune lacune ni interligne, et les sommes qui y sont inscrites doivent être sans chiffres ni abréviations, sauf, après qu'elles ont été écrites en toutes lettres, à les tirer en chiffres hors ligne. (*Loi* 22 *août* 1791, *tit.* 13, *art.* 26, § 1er).

Les ratures ou surcharges doivent être approuvées. (*Voir les* n°s 219, 280 *et* 284).

§ 4.

SIGNATURE DES EXPÉDITIONS.

321. Les expéditions doivent être signées au moins par deux employés.

Il est interdit aux receveurs et autres commis des bureaux de délivrer seuls aucune expédition. Si le receveur ou le visiteur d'un bureau composé de deux employés est absent ou malade, sa signature doit être suppléée par celle du préposé de brigades qui est de service près le bureau. Ce préposé signe en second les expéditions que délivrent les

receveurs des bureaux où il n'existe pas d'autre employé. (*Circ. du* 28 *brumaire an XI*).

§ 5.

EXPÉDITIONS TENANT LIEU DE PASSAVANT POUR CIRCULER DANS LE RAYON.

822. Les expéditions qui remplacent le passavant pour assurer le libre transport des marchandises dans le rayon, sont : les acquits de paiement des droits perçus à l'entrée ou à la sortie, — les consignations, — les acquits-à-caution de toute espèce, — les passavants de prime, — et, pour les sucres, les mélasses, les sels, les tabacs et les vins, les expéditions délivrées par l'administration des contributions indirectes.

§ 6.

JUSTIFICATION D'ORIGINE.

823. Toutes les expéditions de douanes peuvent servir de titre d'origine pour les marchandises que l'on doit mettre en circulation, ou que l'on désire conserver en magasin : mais, au préalable, elles doivent avoir été visées aux lieux et dans les délais prescrits sur ces mêmes expéditions (*voir le n*° 403), et n'avoir pas plus d'une année de date (*n*° 595).

§ 7.

TIMBRE DES EXPÉDITIONS.

824. Les actes délivrés par les douanes portent un timbre particulier dont le droit est réglé comme suit, sans qu'il puisse y avoir addition de décime :

Pour les acquits-à-caution concernant la douane, les actes relatifs à la navigation, et les commissions d'emplois. . . . . . » 75 c.

Pour les acquits-à-caution concernant les sucres indigènes. » 25 c.

Pour les quittances de droits au-dessus de 10 francs, ainsi que pour celles délivrées sur le registre 71 B, quand la somme payée excède 10 francs. . . . . » 25 c.

Pour toutes les autres expéditions . . . . » 05 c.
(*Loi* 28 *avril* 1816, *art.* 19).

825. C'est l'administration elle-même qui fait appliquer le timbre et qui compte de son produit. (*Idem*).

326. Cependant sont affranchis du timbre :

1° Les acquits-à-caution et les passavants délivrés pour la circulation des bêtes à corne, des bêtes à laine, des porcs, des grains et farines, et des légumes ;

2° Les expéditions de pacage et de circulation dans la zône des chevaux et autres bêtes de somme. *(Circ. n° 1114).*

327. Lorsque, par suite d'une erreur dans l'application du tarif, on est dans le cas d'opérer une perception supplémentaire, il n'y a pas lieu de faire payer au redevable le timbre de la nouvelle quittance ; le montant en est porté en non-valeur, et l'on annote sur la souche de la quittance le motif pour lequel le droit du timbre n'a pas été perçu. (*Tarif de* 1844).

§ 8.

REFUS DES EXPÉDITIONS.

328. Ainsi que je l'ai dit aux n°ˢ 319 et 2857, les juges des tribunaux et leurs greffiers ne peuvent expédier des acquits de paiement, ou à caution, congés, passavants, réceptions ou décharges de soumissions, ni rendre aucun jugement pour en tenir lieu ; mais, en cas de difficulté entre les marchands et voituriers et les employés sur la délivrance d'une expédition quelconque, les tribunaux sont appelés à régler les dommages et intérêts que ces redevables pourraient prétendre à raison du refus qu'ils auraient éprouvé de la part desdits employés de leur délivrer les acquits de paiement, les acquits-à-caution, les congés, ou les passavants. (*L. 22 août* 1791, *tit.* 11, *art.* 2).

329. On ne doit accorder de passavant pour l'enlèvement des marchandises dans le rayon, qu'autant que leur origine est dûment justifiée. (*N°* 393).

Quel que soit le motif des transports, la douane ne peut refuser le passavant si les formalités exigées pour la circulation sont accomplies. (*Administ.* 12 *décembre* 1855).

§ 9.

REMISE DES EXPÉDITIONS AU COMMERCE.

330. Les expéditions ne doivent être remises aux parties intéressées qu'au moment même du départ des marchandises. Si ce départ n'avait

pas lieu immédiatement, il serait constaté, lorsqu'il s'effectuerait, par un visa des préposés de service près du bureau. *(Loi 28 avril 1816, article 32).*

(Voir le n° 703 pour le départ des marchandises).

§ 10.

REPRÉSENTATION, CONTRÔLE ET VISA DES EXPÉDITIONS.

331. Les expéditions, et principalement les acquits de paiement et les acquits-à-caution de transit, sont contrôlés, lors du passage de la marchandise devant les bureaux, au moyen d'un registre sur lequel on les inscrit par extrait. (*L. 28 avril 1816, art. 35, et 4 germinal, an II, tit. 3, art. 3).*

ACQUITS DE PAIEMENT.

332. Les acquits de paiement sont contrôlés et visés dans les bureaux de passage où les marchandises peuvent être visitées. (*Mêmes lois et articles).*

PASSAVANTS DE CIRCULATION.

333. Les passavants pour la circulation des marchandises, doivent, ainsi que les marchandises, être représentés aux employés des bureaux qui se trouvent sur la route, pour y être visés : ils doivent être également représentés aux employés des différents postes, sur la réquisition de ceux-ci, qui peuvent conduire les objets au plus prochain bureau pour y être vérifiés, sauf les dommages-intérêts envers le conducteur ou le propriétaire, s'il n'y a ni fraude, ni contravention, et si, surtout, ce bureau n'est pas sur la route à parcourir. (*Arr. du 22 thermidor an X, art. 6 et loi 22 août 1791, tit. 3, art. 16).*

PASSAVANS DE PRIMES.

334. Les passavants de primes sont visés au premier bureau frontière qui est rencontré en venant de l'intérieur, où l'on se borne à reconnaître extérieurement l'identité des ballots désignés dans l'expédition. On ne procède à la visite par déballage qu'à l'égard des marchandises qui, dépourvues d'expédition de douanes ainsi que de plomb, n'ont encore été l'objet d'aucune vérification avant le départ. (*Ord. du*

23 *septembre* 1818, *art.* 7). Dans ce dernier cas, on délivre un simple passavant de circulation. (*N°* 604).

PASSAVANS DE CONSIGNATIONS POUR CHEVAUX, ETC.

335. Pendant la durée du délai fixé par les expéditions, les voyageurs et voituriers ont la faculté de s'en servir pour tel nombre de voyages qu'ils jugent à propos de faire, à charge de se rendre à l'étranger ou à l'intérieur indistinctement par tous les bureaux de première ligne des frontières.

En cas de rentrée ou de sortie provisoire, les employés de la brigade sont aptes à la constater, à charge d'en faire mention tant sur l'expédition que sur un registre spécial série E, 95, ouvert à cet effet.

Le concours des agents des deux services est toujours nécessaire pour constater les réexportations ou réimportations définitives. *(Rég. du 18 juin 1846, art. 7. — Circ. n° 2117).*

ACQUITS-A-CAUTION — PACAGES INTERNATIONAUX.

336. La sortie ou l'entrée des troupeaux allant aux pacages, est constatée au dos de l'acquit-à-caution par les employés du service ? *(Voir le n° 1085).*

CONSIGNATIONS. — VOITURES DE VOYAGEURS. — ARGENTERIE.

337. Lors de la réexportation des voitures de voyageurs et de l'argenterie des étrangers qui viennent séjourner en France, les visa se donnent comme il est dit au n° 335.

ACQUITS-A-CAUTION. — TRANSITS.

338. Les acquits-à-caution de transit doivent être présentés, pour y être visés, au bureau des douanes de seconde ligne par lequel les marchandises entrent sur le territoire des deux myriamètres frontières, ou en sortent.

Avant de viser, les employés reconnaissent que le chargement est intact, ainsi que les enveloppes des colis, les cordes et les plombs.

Dans le cas seulement où il y aurait déficit ou altération des colis, des cordes, ou des plombs, il peuvent procéder à la visite complète et constater les soustractions ou substitutions qui auraient eu lieu. (*L.* 9 *février* 1832, *art.* 12).

Pour obtenir le visa, il faut que toutes les marchandises comprises dans un acquit-à-caution soient présentées à la fois.

Si les marchandises étaient présentées au bureau de deuxième ligne sans être accompagnées de l'acquit-à-caution, les employés constateraient le nombre et le bon état extérieur des colis, ainsi que l'intégrité du plombage, et délivreraient un passavant motivé pour assurer le passage de ces marchandises dans le rayon jusqu'au bureau désigné pour la sortie : quand, plus tard, l'acquit-à-caution leur serait produit, ils vérifieraient s'il y a identité entre l'énoncé de cette expédition et les résultats de leur reconnaissance consignés à la souche du passavant. Dans le cas d'affirmative, ils apposeraient sur l'acquit-à-caution le visa prescrit ; dans le cas contraire, ils s'abstiendraient et laisseraient ainsi les intéressés sous le coup des peines qu'ils auraient encourues. *(Circ. nº 2104).*

Quand le conducteur ne se trouve pas sur la route qui conduit au point de sortie désigné par l'expédition, on n'en doit pas moins viser cette expédition et reconnaître l'intégrité du chargement. *(Adm. 20 septembre et 19 novembre 1841).*

Il en est de même quand le délai est expiré. *(Idem).*

ACQUITS-A-CAUTION. — CABOTAGE.

339. En cas de relâche, les acquits-à-caution doivent être revêtus du visa de la douane ou du poste établi dans les ports intermédiaires, afin de constater la relâche, ses motifs et sa durée. *(Nº 404).*

§ 11.

DÉFAUT DE VISA.

PASSAVANTS. — ACQUITS DE PAIEMENT.

340. Les expéditions non-visées aux bureaux y indiqués ne peuvent servir de titre d'extraction. *(Lille, tome 8, page 37).*

Le défaut de visa d'un passavant ou d'un acquit de paiement, à un bureau désigné expressément, annulle cette expédition et donne lieu à la saisie des marchandises. *(Loi 28 avril 1816, art. 58, § 2, et arr. de cass. du 19 juillet 1831).*

15

CONSIGNATIONS. — ACQUITS-A-CAUTION POUR CHEVAUX PASSANT
LA FRONTIÈRE.

341. Si, en cas de rentrée ou de sortie provisoire dont il est parlé aux n^{bs} 413 à 417, le visa exigé n'était pas apposé sur l'expédition, cette expédition serait considérée comme nulle, et il y aurait lieu à en délivrer une autre pour assurer les droits du trésor; ce serait alors au conducteur à faire les démarches nécessaires pour faire régulariser la première.

ACQUITS-A-CAUTION. — TRANSIT.

342. Le défaut de visa des acquits-à-caution de transit du prohibé ou du non-prohibé entraîne, contre le conducteur, le paiement d'une amende de 500 fr. (n°s 554 à 558), solidairement avec le soumissionnaire. *(Loi 9 février 1832, art. 12).*

Toutefois, ce visa n'est point obligatoire dans les bureaux de seconde ligne pour les marchandises dont le transport s'effectue par les chemins de fer. *(Circ. n° 2242).*

343. Lorsqu'un acquit-à-caution de transit n'a pas été visé u bureau de 2ᵉ ligne, on s'abstient de constater ce non-visa par un procès-verbal, attendu qu'on ne constate pas des faits négatifs qui se prouvent suffisamment d'eux-mêmes, et l'on n'exerce contre le conducteur aucune action directe : seulement, dans le certificat de décharge, apposé au dos de l'acquit-à-caution, on insère la formule suivante : *Sous toutes réserves de droits et actions de l'administration résultant de l'absence du visa du présent acquit-à-caution au bureau de 2ᵉ ligne.*

L'acquit-à-caution est renvoyé, dans la forme ordinaire (n° 470) au bureau de départ où l'on décerne contrainte (n° 2986 *et suivants*), en vertu de la soumission, contre l'expéditeur et sa caution, à fin de paiement de l'amende de 500 francs, sauf le recours de cet expéditeur contre le conducteur de la marchandise, recours dont le fondement a été, d'avance, assuré par la loi elle-même, puisque celui-ci est solidairement passible de l'amende en question, et que c'est par son fait seul qu'elle est devenue exigible.

Pour mettre le consignataire à même d'exercer contre le voiturier le recours dont il s'agit ici, les employés doivent demander la représenta-

tion des lettres de voiture, afin de pouvoir y inscrire la mention du défaut de visa. *(Circ. n° 1561 et 1538).*

344. Le défaut de visa des acquits-à-caution de pacage fait supposer une intention de fraude de la part des soumissionnaires, et donne lieu, à leur préjudice, aux peines édictées soit pour les excédants, soit pour les déficits, suivant le cas. *(N°ˢ 2602 à 2611).*

§ 12.

PERTE DES EXPÉDITIONS. — DUPLICATA.

345. En cas de perte des expéditions, les registres peuvent seuls servir à la décharge des redevables. *(Voir le n° 550).*

Mais comme ces registres ne peuvent être communiqués au public, on délivre, aux parties intéressées, des copies certifiées desdites expéditions, toutes les fois que l'on peut prendre les précautions suffisantes pour empêcher les doubles emplois et autres abus. *(Loi 22 août 1791, tit. 13, art. 26).*

346. Voici les règles que prescrit l'administration pour la délivrance des duplicata :

1° Dans tous les cas, les extraits, copies ou duplicata, peuvent être délivrés sur l'autorisation du directeur, et même, en cas d'urgence, sur celle du chef supérieur de la localité, (inspecteur, receveur-principal, ou sous-inspecteur).

2° Hors le cas où la délivrance en est prescrite par un jugement, ou par une réquisition de l'autorité judiciaire, les extraits, copies et duplicata ne doivent jamais être remis que sur la demande directe ou la production du consentement par écrit de la personne qui a souscrit l'original, ou au nom de laquelle cet acte a été libellé.

3° Les duplicata d'actes soumis au timbre doivent être timbrés.

4° Lorsqu'il s'agit de duplicata d'acquits-à-caution, ou de passavant de cabotage, on doit, avant d'en effectuer la remise, faire souscrire à l'expéditeur l'engagement cautionné de payer, outre l'amende prononcée par la loi, la valeur des marchandises étrangères dont l'introduction frauduleuse pourrait être opérée au moyen de ces duplicata.

5° De même, les duplicata de reconnaissances de consignations et

d'acquits de paiement ne doivent être délivrés que sous les réserves et garanties prescrites par la décision du 24 novembre 1791, transmise par la circulaire du 29 du même mois. *(N° 267).*

6° Les duplicata des expéditions doivent être délivrés sur une feuille détachée des registres courants.

En pareil cas, la souche ne doit porter aucun numéro d'ordre, et le volant prend nécessairement le numéro de l'expédition primitivement délivrée et que le duplicata est destiné à remplacer. C'est sur ce duplicata que doivent être libellés et signés les réserves ou engagements spécifiés aux deux paragraphes qui précèdent.

7° Enfin, le mot *duplicata* doit toujours être écrit à la main en tête des pièces de cette nature, et l'on doit certifier au bas que l'expédition est délivrée à ce titre. On a soin pareillement de mentionner toujours, tant sur la souche que sur le volant, la date de l'autorisation en vertu de laquelle le duplicata est délivré, et la qualité du chef de qui émane cette autorisation. (*Circ. n° 2247*).

§ 13.

FAUSSES EXPÉDITIONS.

347. Dans le cas où un particulier tenterait un délit de contrebande à l'aide d'une expédition fausse ou altérée, il serait immédiatement arrêté, et le rapport, rédigé contre lui, énoncerait le genre de faux, les altérations ou les surcharges. Ladite expédition, signée et paraphée des saisissants, serait copiée et décrite fidèlement dans le corps du rapport auquel elle serait annexée, et qui contiendrait la sommation faite à la partie de le signer et sa réponse. (*Loi du 9 floréal an VII, titre 4, art. 4, et code d'inst. crim., art. 8*). (*Voir le n° 2539*).

Ce rapport, qui devrait être immédiatement rédigé, serait remis au tribunal dont la saisie ressortirait.

348. Si les employés des bureaux où les expéditions ont été délivrées, reconnaissaient, lorsque ces expéditions rentrent déchargées, que des altérations abusives ont eu lieu, le directeur du bureau d'arrivée, après toutes fois avoir demandé des explications au consignataire des marchandises, adresserait, à cet égard, un rapport circonstancié à l'administration : elle examinerait si ces altérations constituent le crime de faux, et, dans le cas de l'affirmative, non-seulement elle

poursuivrait, en vertu du principe consacré par un arrêt de la cour de cassation du 19 décembre 1806 (1), le paiement, avec amende, d'une somme égale à la valeur des marchandises introduites à la faveur des fausses expéditions, mais encore elle déférerait les coupables à la justice, afin d'assurer l'application des peines afflictives prononcées par le code pénal. (*Circ. n° 1460*).

349. Dans la vue de prévenir, autant que possible, l'abus qui pourrait résulter de l'emploi de feuilles de passavants ou d'acquits-à-caution restées en blanc, les receveurs doivent toujours remplir sur leurs registres, aussitôt qu'ils leur sont parvenus, l'indication du bureau, et la série des numéros. Cette précaution est très utile; elle donne le moyen de signaler l'expédition remplie par un faux, en même temps qu'elle en borne forcément l'emploi possible dans un rayon assez circonscrit. Il devient, dès-lors, facile de reconnaître l'introduction consommée à l'aide d'une fausse expédition, et souvent de prévenir la fraude et d'atteindre le faussaire. (*Circ. du 20 nov. 1817*).

350. L'acquit-à-caution ou le passavant, dans les douanes maritimes, tient lieu de permis de débarquement, quand, au préalable, il a été enregistré et visé : mais l'emploi de l'expédition, comme permis de débarquer, pouvant faciliter la soustraction des expéditions fausses ou falsifiées dont on aurait fait usage, il importe de prévenir ces abus. On y parviendra en empêchant qu'après le débarquement l'expédition ne passe de nouveau entre les mains du consignataire. Mais comme cette mesure de service, possible partout, pourrait être négligée dans certains ports, il devient nécessaire de pouvoir s'assurer de l'authenticité des expéditions qui, égarées ou soustraites, n'ont pas été rapportées au bureau. A cet effet, les receveurs-principaux adressent, du 15 au 20 de chaque mois, à leur directeur, un état (série E, n° 26, A), par direction, des acquits-à-caution ou passavants qui, enregistrés dans le mois précédent sur le registre de déclaration, et remis pour tenir lieu de permis de débarquer, ont été soustraits ou perdus. Cet état est transmis directement et sans retard par le directeur à son

---

(1) Quand, trompée par de faux acquits-à-caution, la douane a laissé introduire des marchandises de fraude, elle peut, le faux étant reconnu, poursuivre la confiscation de ces marchandises, bien qu'il n'y ait eu ni saisie, ni procès-verbal.

collègue de la direction de départ, qui, de son côté, le communique immédiatement aux receveurs des bureaux où les expéditions ont été délivrées. Ceux-ci le rapprochent de la souche, ils en comparent attentivement les détails, et, après qu'il a été revêtu de leurs observations, on le renvoie de la même manière aux ports de débarquement.

Il pourrait arriver qu'après avoir été enregistrée à titre de déclararation, l'expédition s'égarât avant le débarquement. Dans ce cas, et après la certitude acquise qu'en effet il n'y a pas eu de débarquement, on délivrerait un permis de débarquer, sur lequel on reproduirait toutes les indications de la déclaration enregistrée, et qui, revêtu des annotations nécessaires, serait renvoyé au bureau de départ pour tenir lieu de l'expédition perdue. (*Circ. n° 1460*).

Dans tous les cas, comme il importe que les receveurs ne radient les soumissions qu'en vertu d'un titre authentique, les directeurs, en renvoyant au bureau de destination l'état série E, n° 26 A, revêtu des annotations de la douane de départ, doivent y faire joindre des duplicata des acquits-à-caution qui y sont compris. Ces expéditions remplacent les acquits originaux : elles sont régularisées et renvoy. ᴉs la forme ordinaire au bureau qui les a délivrées ; alors, seulement, on annule, s'il y a lieu, les soumissions y relatives. (*Circ. manusc. du 26 février 1836*).

(*Voir, pour la garantie et la fidélité des certificats de décharge, le numéro 464*).

§ 14.

EXPÉDITIONS RETENUES POUR CAUSE DE CONTRAVENTION.

351. Les expéditions de transit, de mutation d'entrepôt ou autres qui donnent lieu à la reconnaissance, par le service des bureaux de destination, de contravention entraînant la rédaction d'un procès-verbal, sont transmises directement à l'administration, qui statue sur les suites à donner à ces sortes d'affaires.

Il en est de même pour les expéditions de transit qui n'ont pas été revêtues, soit à l'entrée, soit à la sortie du rayon, du visa prescrit par l'art. 12 de la loi du 9 février 1832. (*N°ˢ 342 et 343*). (*Circ. du 25 avril 1848, n° 2242*).

§ 15.

RENTRÉE DES EXPÉDITIONS.

352. Au fur et à mesure que les expéditions dont le but est rempli

rentrent dans le bureau qui les a délivrées, elles sont mises en liasse, si ce sont des passavants, ou collées au registre duquel elles ont été détachées, si ce sont des acquits-à-caution. (*N° 251 et suivants*).

Quant aux passavants de consignations, ils sont conservés, dans les bureaux subordonnés, jusqu'à la fin du mois pour être, alors, adressés à la principalité qui les joint à l'appui de sa comptabilité.

LIVRE IV.

—

POLICE DES COTES ET FRONTIÈRES.

—

CHAPITRE PREMIER.

—

Section I.

—

§ 1er.

DE LA VISITE SUR LES PERSONNES.

353. La loi imposant aux employés le devoir de s'assurer qu'aucune marchandise ne pénètre frauduleusement sur le territoire de l'Empire, leur donne incontestablement le droit d'opérer les visites à corps.

Mais ces visites à corps doivent être faites avec réserve et circonspection : les employés subalternes ne doivent y procéder que sur l'ordre du sous-inspecteur, d'un employé de bureau, ou d'un chef de la partie active. Une visite approfondie doit être l'exception et non la règle; on ne doit y soumettre les voyageurs qu'autant qu'on y est amené par quelques renseignements, ou par quelques soupçons que les apparences peuvent donner. (*L. 25 juin* 1841).

354. Ce n'est guère que dans les bureaux de première ligne que les visites à corps sont pratiquées : c'est au bureau même, ou dans ses dépendances et annexes, qu'elles sont faites, à moins qu'il n'y ait

consentement du voyageur à ce qu'elles soient opérées ailleurs pour
éviter des retards. (*Administ.* 10 *novembre* 1842).

355. Les femmes ne peuvent être visitées que par des personnes
de leur sexe. *(Circ. n°* 1068, *et administ.* 18 *novembre* 1841).

Les femmes qui sont appelées à concourir à ces visites, ne peuvent
être choisies que parmi les femmes, les veuves ou les filles des employés.
Elles doivent être âgées de 21 ans au moins si elles sont mariées ou
veuves, et de 25 ans si elles sont filles; elles sont nommées par les
directeurs, sauf l'approbation de l'administration, si leur traitement
doit être de 400 fr. et au-dessus. *(Administ.* 18 *novembre* 1841).

356. Si, par suite de la visite, il y a lieu à verbaliser, le procès-
verbal doit rappeler les motifs que l'on a eu de suspecter la fraude,
tels que l'ampleur des vêtements, les allées et venues fréquentes à l'é-
tranger, etc. etc., le lieu où la visite a été effectuée, et, si c'est hors
de la douane, si c'est avec l'agrément du voyageur.

Si celui-ci se refuse à la visite, on verbalise contre lui par application de l'art. 2, titre 4 de la loi du 4 germinal an II, pour opposition
à l'exercice des fonctions. (*N°* 242 *du tableau officiel des contraventions*).
(Administ. 10 *novembre* 1842).

Section II.

AVIS A DONNER AUX VOYAGEURS.

357. Il est formellement prescrit aux receveurs de veiller à ce
qu'avant de procéder à aucune vérification, on donne aux voyageurs
les avis (1) nécessaires pour qu'ils puissent faire exactement leurs déclarations. *(Voir les n°s* 364 *et suivants).*

Ces déclarations doivent porter sur tous les objets passibles de droits
ou prohibés que renferment les colis amenés par les voyageurs, faute
de quoi l'intention de fraude serait tenue pour constante, et les objets
seraient saisis et confisqués, avec amende, suivant le cas.

---

(1) L'administration a fait imprimer un avis aux voyageurs qui présente, en regard du texte, sa traduction en anglais, allemand, espagnol et italien. Cet avis doit être affiché dans tous les bureaux de passage.
(*Circ. n.* 1965).

358. Si, malgré les avertissements donnés aux voyageurs, la douane trouvait des objets neufs parmi leurs effets, elle procéderait à leur égard de la manière suivante :

1° S'il y a eu déclaration spontanée de leur part, elle autorisera, sans qu'il soit besoin d'en référer à l'administration, ou le renvoi à l'étranger, ou le simple dépôt sous la clef de la douane, s'il est demandé.

2° S'il n'y a pas eu déclaration, la saisie des marchandises supposées appartenir à une opération de commerce sera immédiatement déclarée, le procès-verbal rédigé, et l'application des peines poursuivies, sauf à n'exécuter le jugement qu'après en avoir obtenu l'autorisation.

3° Enfin, s'il y a déclaration et si cette déclaration porte que les colis ne renferment que des effets à usage et rien de désigné par l'avis imprimé comme prohibé, la douane considérera si le nombre et l'importance des objets trouvés en contravention signalent un projet de fraude, ou s'il s'agit seulement d'objets évidemment destinés à l'usage du voyageur ou de sa famille. Elle ne procédera point à la saisie par procès-verbal judiciaire; elle se bornera à déclarer la retenue et à déposer les objets entre les mains du receveur, après les avoir scellés d'un double cachet du propriétaire et des vérificateurs. Il sera rendu compte à l'administration de chaque fait de cette nature, ainsi que de toutes les circonstances propres à dénoter la bonne ou mauvaise foi du voyageur qu'il concerne, et ce ne sera qu'après avoir apprécié ces circonstances que l'administration fera connaître si l'on devra convertir en saisie la retenue dont il s'agit. Dans ce cas, l'affaire reprendra la marche propre au contentieux.

En aucune hypothèse, il n'y aura lieu à saisir les voitures de voyageurs comme ayant servi au transport de quelques objets prohibés qui se trouvent confondus avec des hardes.

Quand il y aura lieu à saisir, on aura soin d'énoncer au rapport qu'on avait averti les prévenus soit verbalement, soit par la remise de l'avis imprimé. (*Circ. du 11 septembre 1817, n° 321*).

Section III.

—

DE LA VISITE DES MARCHANDISES.

—

DANS LES PORTS,

359. Les capitaines et autres officiers et préposés sur les bâtiments du service des douanes, ceux du commerce ou de la marine militaire, peuvent visiter tous bâtiments au-dessous de 100 tonneaux étant à l'ancre ou louvoyant dans les deux myriamètres des côtes de France, hors le cas de force majeure. *(L. 4 germ. an II, tit. 2, art. 7).*

360. Les préposés des douanes peuvent aller à bord de tout bâtiment, même de ceux de guerre (1), entrant dans les ports ou rades, ou en sortant, montant ou descendant les rivières, et demeurer jusqu'au déchargement ou sortie, ouvrir les écoutilles, chambre, armoires, caisses, balles, ballots, tonneaux et autres enveloppes. *(M. loi, art. 8).*

Voir : *Importations par mer, n°s 2462 et suivants.*

SUR LES FRONTIÈRES DE TERRE.

361· Quand la déclaration est déposée au bureau, et que les marchandises y ont été amenées *(n° 367),* les employés procèdent à la vérification s'ils le jugent à propos.

La visite ne peut être faite qu'en présence de la partie intéressée : si celle-ci refusait d'y assister, les marchandises resteraient en dépôt au bureau.

Le déballage et le remballage des marchandises pour la visite restent aux frais des propriétaires qui peuvent, à cet effet, employer des portefaix ou toutes autres personnes qu'ils jugent devoir choisir. *(Loi 22 août 1791, tit. 2, art. 6, 14, 16 et 17).*

Voir les mots : *Acquittement des droits* (661), — *Cabotage* (482), — *Circulation* (398), — *Entrepôts* (740 — 758), — *Emprunt du territoire*

---

(1) Relativement aux visites à faire sur les bâtiments de guerre, les préposés doivent se faire accompagner par les commandants de la marine dans les ports, les capitaines des vaisseaux, ou les officiers des états-majors. *(Loi 22 août 1791, tit. 13, art. 10).*

tranger (504), — *Primes* (598), — *Transit* (522), — *Importation par mer* (n° 2462).

Section IV.

DES VISITES A DOMICILE.

362. Les préposés sont autorisés d'une manière absolue, par la loi du 22 août 1791, tit. 13, art. 59, (n° 2491), à faire, dans le rayon des douanes, des recherches dans les maisons où les entrepôts fraudu-eux sont formés, et cette loi n'exige nullement que les marchandises soient ou circulantes ou introduites sans avoir été perdues de vue. *(Arr. cass.* 18 *novemb.* 1817).

Par ses articles 60 et 62, la loi du 28 avril 1816 donne également aux employés le droit de se transporter dans les maisons et endroits situés dans toutes les villes et communes du rayon et de l'intérieur, à l'effet d'y rechercher les marchandises de contrebande. *(N*os *2516 et* 2519).

Mais, dans ces deux cas, les visites doivent être faites de jour seule-ment, et toujours avec l'assistance d'un maire, d'un adjoint, d'un officier municipal ou d'un commissaire de police. *(N*os *2501 et* 2516).

363. Les préposés ne doivent jamais s'introduire dans un domicile, pour y rechercher la fraude, sans être accompagnés d'un officier public, dans tous les cas où l'assistance de ce fonctionnaire est ordonnée par les lois.

Les perquisitions faites et la fraude découverte, ils peuvent rédiger leur procès-verbal de saisie en l'absence du fonctionnaire dont la pré-sence aurait autorisé leur entrée dans la maison, si ce fonctionnaire refuse de satisfaire à la réquisition qui lui aurait été faite de rester pré-sent, réquisition et refus que le rapport doit expressément constater.

Ils ont également la faculté de se retirer au bureau pour y verbaliser, s'ils ne peuvent le faire dans la maison même où ils auraient saisi sans compromettre leur sûreté, mais leur procès-verbal doit alors contenir les motifs qui les auraient forcés à se retirer.

Enfin, s'ils requéraient vainement l'assistance d'un officier public pour entrer dans une maison, ils devraient la tenir cernée, et recourir à l'autorité supérieure pour lui dénoncer l'officier qui aurait méconnu

ses devoirs, et obtenir d'elle qu'elle en déléguât immédiatement un autre. (*Circ. n° 721*).

Toutefois, dans les cas urgents, et alors qu'un intérêt pressant de service réclamerait l'emploi d'une mesure prompte et efficace, ils devraient passer outre à leurs perquisitions, alors même que, par un motif non admissible, l'officier public aurait refusé son concours. (*Administ. 22 juillet 1841*).

Voir : *Entrepôts frauduleux*, — *Recherche de la fraude et saisies à l'intérieur*.

CHAPITRE II.

DÉCLARATIONS A FAIRE EN DOUANE (1).

RÈGLES GÉNÉRALES.

364. La loi du 22 août 1791, par les articles 4, 5, 6, 7 et 8 de son titre 2, exige impérieusement une déclaration de la part — des capitaines ou maîtres de vaisseaux, bateaux ou autres bâtiments, qui abordent dans un port de mer, ou qui en sortent, — des capitaines et commandants de vaisseaux de guerre et de tous autres bâtiments qui sont employés au service de la marine nationale, — et des voituriers ou conducteurs de marchandises qui entrent ou qui sortent par terre.

La circulaire n° 521 astreint à la même formalité tous les voyageurs ou passagers qui franchissent les frontières.

Quand même les marchandises présentées en douane seraient affranchies des droits de tarif, le commerce n'en serait pas moins tenu d'accomplir les obligations qui lui sont imposées relativement aux déclarations. (*Circ. n° 2436*).

365. Les déclarations sont établies sur des feuilles que la douane imprime à ses frais et qu'elle livre gratis aux redevables : elles sont affranchies du timbre. (*Loi 2 juillet 1836, art. 7*).

(1) Voir les numéros 2558 et suivants, et les numéros 652 à 660.

366. Les déclarations faites dans les bureaux, sur les côtes et frontières, sont enregistrées par les employés et signées par les déclarants (1) : si le conducteur ne sait pas signer il en est fait mention. (*L. 4 germinal an II, tit. 3, art.* 6).

367. Aucune déclaration anticipée ne peut être reçue en douane : elle ne doit être déposée qu'au moment où l'on présente les marchandises à la vérification. (*Déc. administ. 12 août* 1840).

Cette règle est très essentielle à maintenir, surtout à l'égard des grains dont la taxe peut varier d'un moment à l'autre. (*Déc. adminis. 22 avril* 1841).

La déclaration n'est reçue que lorsque le navire est entré dans le port, et que le manifeste a été déposé au bureau. (*Déc. adm. 25 sept.* 1832 *et* 19 *août* 1836).

---

(1) La remise en douane d'une déclaration à l'entrée donne lieu aux opérations successives dont le détail suit :

1. Aussitôt qu'un importateur se présente, on reçoit sa déclaration qui doit être formulée, d'après les termes du tarif, sur une feuille série T, n. 1, exempte de timbre ;

2. Cette pièce est ensuite remise à l'employé chargé du registre 4, pour la transcrire, et faire signer cet enregistrement par le déclarant, ou constater qu'il ne sait signer ;

3. Après cela, la déclaration doit passer au sous-inspecteur pour *coter* le visiteur ;

4. Le visiteur l'inscrit à son portatif n. 7 : il porte en regard ses pesées à mesure qu'il les opère, ainsi que le résultat de sa vérification.

5. Il rapporte ce résultat sur la déclaration n. 1, et liquide le droit.

6. Il porte ensuite cette liquidation au registre n. 8, et rend alors la déclaration, revêtue des numéros des différents registres, au receveur.

7. Celui-ci vérifie la liquidation, et délivre, au registre 5, un acquit de paiement.

8. La déclaration est ensuite remise à l'employé chargé de la balance, pour faire, sur le registre 42, les inscriptions qui deviennent le contrôle de la recette.

9. S'il s'agit d'importation pour le transit, après que la déclaration a été transcrite au registre série M, 46 B ou 46 C, et signée par le déclarant et sa caution ; — que le sous-inspecteur a coté le visiteur, — que celui-ci a inscrit la déclaration à son portatif n. 7, — a rapporté en regard le résultat de sa vérification, et la pesée après conditionnement et le plombage, — qu'il a établi sur cette feuille n. 1 son certificat de visite, cette même feuille est remise à l'employé chargé des acquits-à-caution, qui libelle l'expédition, en ayant soin de rapporter, à la souche, les différences en plus ou en moins reconnues par la visite.

10. La marche indiquée au paragraphe 9 ci-dessus doit être suivie pour les expéditions exceptionnelles sur la douane de Paris, ou sur les douanes intérieures.

11. S'il s'agit d'importation par des voyageurs, ou de faibles approvisionnements par les regnicoles, les objets doivent être déposés au magasin de la visite où l'employé de semaine les reconnaît et les vérifie ; il porte son opération sur un carnet spécial, dit *carnet de semaine*, qu'il envoie ensuite au receveur pour établir d'abord la déclaration au registre T, n. 6, puis délivrer l'acquit de paiement extrait dudit registre, lequel acquit est représenté au visiteur et aux préposés de garde qui visent avant de laisser enlever les objets auxquels il s'applique.

12. Les inscriptions portées au n. 6 doivent, ainsi que celles faites sur le carnet de semaine, être totalisées chaque soir, et ce total doit être rapporté, en une seule ligne, au registre S de liquidation et de visite, avant de clore la journée.

368. La date de l'enregistrement de la déclaration en détail sert de base pour l'application du tarif : cette règle est applicable aux marchandises qui ont été déposées en douane à défaut de déclaration en détail, en conformité de l'art. 9 du titre 2 de la loi du 4 germinal an II. (*Déc. adm. 2 juillet* 1836). (*Voir le n°* 379).

369. Les marchandises d'entrepôt, déclarées pour la consommation, sont passibles des taxes applicables au moment où la déclaration est remise et enregistrée à la douane. A cet égard, elles sont soumises aux règlements généraux qui régissent les marchandises venant directement de l'étranger. (*Arr. cass.*, 3 *octobre* 1810, *et déc. adm.* 2 *juillet* 1840).

370. Quand le dernier jour valable pour appliquer un tarif est un dimanche ou un autre jour férié, les bureaux de douane doivent rester ouverts pour recevoir et enregistrer les déclarations relatives à l'application de ce tarif, et le receveur est tenu d'arrêter ses registres de déclarations et de perceptions à la clôture de la séance de la veille du jour où ce nouveau tarif doit être appliqué. (*Voir le n°* 223).

371. La remise, dans la même journée, de plusieurs déclarations donnant ouverture à une perception de plus de 600, confère au redevable le droit à l'escompte ou au crédit. (*Circ. n°* 1778). (*Voir Escompte, n°* 718).

372. Les dénominations adoptées dans le tarif officiel sont les seules admissibles dans les déclarations pour les marchandises qu'il désigne : celles qui y sont omises doivent être déclarées sous la dénomination usitée dans le commerce. (*Circ. du* 17 *septembre* 1841).

373. La loi distingue deux espèces de déclarations :
Déclarations en détail, et déclarations sommaires ou de gros.

§ 1er.

DÉCLARATIONS EN DÉTAIL.

374. Les déclarations contiendront (1) la qualité, — le poids, —

(1) Toute déclaration doit être sérieuse et sincère : elle doit contenir, comme le veut la loi, l'énonciation du poids, de la qualité, du nombre, de la mesure ou de la valeur ; en un mot, renfermer toutes les indications nécessaires pour fixer la quotité du droit à percevoir : cette règle est essentielle, on ne doit jamais

la mesure ou le nombre des marchandises qui devront les droits au poids, à la mesure ou au nombre, — et la valeur, lorsque les marchandises devront les droits suivant leur valeur. (*Voir Préemption*, n° 2569). Elles énonceront également — le lieu du chargement, — celui de la destination — et, dans les ports, le nom du navire et celui du capitaine ; — les marques — et numéros des ballots, caisses, tonneaux et futailles, seront mis en marge des déclarations. (*L. 22 août 1791, tit. 2, art. 9*).

Les déclarations à faire en douane pour obtenir un passavant de circulation doivent indiquer précisément — la maison où les marchandises sont déposées — le lieu de leur destination — ainsi que le jour et l'heure où elles doivent être enlevées. (*L. du 19 vendémiaire an VI, art. 2*).

375. La déclaration du poids et de la mesure ne sera point exigée pour les marchandises *sujettes à coulage* (1). Les capitaines ou voituriers devront y énoncer seulement — le nombre de futailles — leurs marques —et numéros, les représenter en même quantité que celles portées aux déclarations, lettres de voitures, connaissements, et autres expéditions relatives au chargement, et la perception des droits ne sera faite que sur le poids et la contenance effective. (*Même loi et titre, art 19*).

Les déclarations relatives aux *machines et mécaniques* (2) seront, après

---

en affranchir le commerce, alors même qu'il renoncerait à contester le résultat de la vérification. (*Circ.* 17 septembre 1841).

Les déclarations indiqueront : — les numéros des cotons filés importés pour la consommation. (*Circ.* 5 juin 1834), et, pour les laines, la valeur propre à chaque balle. (*Ordon.* 26 *juillet* 1826, art. 3).

Pour les fausses déclarations, *voir les numéros* 2554 *et suivants*.

(1) Sont considérés comme sujets à coulage *les fluides et liquides* renfermés dans des futailles, ainsi que les sucres des premier et deuxième types, sans exception de ceux qui sont en balles ou sacs. (*Circ.* n. 924, *et déc. adm.* 28 *novembre* 1843).

(2) Ces déclarations doivent indiquer la nature et l'espèce des machines ou partie de machines, — leur provenance, — leur destination, — leur poids, — et leur valeur.

Le déclarant est tenu de joindre à leur appui : 1. un inventaire explicatif des objets auxquels elles ont rapport, lequel inventaire doit spécifier le nombre, — la destination — et le poids, par nature de métaux, des pièces importées ; 2. un plan sur échelle représentant, par des nuances distinctes, les différents métaux dont sont composées les machines ou parties de machines.

Au moment de l'acquittement des droits, et avant l'enlèvement des objets, les importateurs doivent souscrire une soumission cautionnée portant engagement de payer, dans le cas où le contrôle du comité consultatif des arts et manufactures constaterait de fausses déclarations, tel supplément de droits qui pourrait se trouver dû par suite de ce contrôle, et les sommes représentant les confiscations et amendes encourues d'après les lois générales. (*Ordon.* 10 *juin* 1845, art. 5 *et* 10).

Les suppléments de droits ne sont dus qu'à la date de la notification aux redevables des décisions du comité consultatif. (*Circ.* 2418).

l'acquittement des droits, soumises au comité des arts et manufactures, pour être contrôlées par lui, quant à la nature de l'objet déclaré. Les fausses déclarations que ce contrôle donnera lieu de reconnaître seront punies des peines prononcées par les lois générales sur les douanes. (*Li du 9 juin 1845, art. 1er*).

376. Le chef de la douane peut accorder au commerce la facilité d'examiner les marchandises avant la déclaration en détail, de les décharger même, et d'en prélever des échantillons, afin de se mettre en état de remplir, sans aucun risque de surprise, l'obligation de faire une déclaration complète, pourvu que jusque-là les agents des douanes demeurent étrangers à toutes opérations, et que, selon le vœu de la loi, les déclarations, telles qu'elles ont été fournies, subissent, de toute nécessité, l'épreuve de la visite. (*Circ. n° 355*).

Toutefois cette facilité n'est accordée que pour l'*espèce* ou la *qualité*, et non pour le poids des marchandises. (*Déc. admin. 8 août 1833*).

Elle peut être étendue aux fers en barre, lorsque le déclarant a des doutes sur leurs dimensions. (*Déc. admin. du 22 avril 1835*).

RÉUNION DE COLIS.

377. Il est défendu de présenter comme unité, dans les déclarations, plusieurs ballots ou autres colis, fermés, réunis, de quelque manière que ce soit, à peine de confiscation et d'une amende de cent francs, conformément à l'art. 20 du titre 2 de la loi du 22 août 1791. (*Loi 27 juillet 1822, art. 16*).

Cet article 16, dont l'application est suspendue sur les frontières de terre par la note, n° 59, du tarif de 1844, s'applique aux marchandises prohibées aussi bien qu'à celles qui ne le sont point. La confiscation qu'il prononce ne porte pas seulement sur les colis qui excèdent l'unité, mais sur la totalité des marchandises contenues dans le colis multiple. (*Déc. admin. 23 juillet 1839*).

Ainsi, il y a violation à l'article dont il s'agit quand, au lieu du nombre des boîtes de vanille, la déclaration indique seulement celui des caisses qui les contiennent. (*Déc. admin. 8 octobre 1833*).

CHANGEMENTS DANS LES DÉCLARATIONS.

378. Ceux qui auront fait leurs déclarations n'y pourront plus aug-

menter ni diminuer, sous quelque prétexte que ce puisse être, et la vérité ou la fausseté des déclarations sera jugée sur ce qui aura été premièrement déclaré.

Néanmoins si, dans le jour (1) de la déclaration et avant la visite, les propriétaires ou conducteurs des marchandises reconnaissaient quelque erreur dans les déclarations, quant au poids, au nombre, à la mesure ou à la valeur, ils pourraient rectifier lesdites déclarations, en représentant toutefois les balles, caisses ou tonneaux, en même nombre, marques et numéros que ceux énoncés aux déclarations, ainsi que les mêmes espèces de marchandises : après ce délai, ils n'y seront plus reçus. (*L. 22 août* 1791, *tit.* 2, *art.* 12).

A l'égard des laines, quand la vérification n'a pas été faite dans les trois jours de la déclaration, le déclarant peut, en vertu de la loi du 2 juillet 1856, modifier sa déclaration *quant à la valeur*. On doit donc, quand la visite n'a pu avoir lieu *dans les* 72 *heures* qui ont suivi la déclaration, ne procéder à cette visite qu'après avoir invité le déclarant à faire connaître par écrit s'il entend, ou non, maintenir la valeur déclarée. S'il profite du bénéfice de la loi, sa nouvelle déclaration sert de base à la vérification; dans le cas contraire, sa première déclaration est irrévocable. Dès-lors, il importe de constater l'heure à laquelle elle a été déposée en douane, et d'inviter le déclarant à parapher la mention de ce dépôt. (*Circ. n° 1550*).

La faculté de modifier les déclarations, en ce qui concerne la valeur des laines, n'est accordée que dans le seul cas où, *par le fait de la douane*, la vérification a été retardée au-delà de 72 heures. (*Déc. adm.* 28 *novembre* 1857).

RETENUE DES MARCHANDISES A DÉFAUT DE DÉCLARATION EN DÉTAIL.

379. Si, outre les manifestes et les déclarations sommaires à produire par les capitaines des bâtiments et les conducteurs par terre, des déclarations en détail ne sont pas présentées, les marchandises seront retenues et déposées dans les magasins de la douane pendant deux mois, et les propriétaires tenus de payer un pour cent pour droit de magasinage (n° 2273) en sus des droits. S'il n'y a pas réclamation

---

(1) Par le mot *jour*, on doit entendre la journée même, et non pas un délai de 24 heures. (*Déc. adm.* 28 *novembre* 1857).

et déclaration en détail après ce délai, les marchandises seront vendues au profit de l'Etat (Voir le n° 2791), à la charge de réexporter à l'étranger celles dont l'entrée est prohibée. (*L. 4 germinal an II, tit. 2, art. 9*). (*Voir le n° 2169*).

380. Sont seules exceptées de la déclaration en détail et d'une visite complète au premier bureau d'entrée les marchandises qui, d'après les ordres particuliers de l'administration et les modifications qu'elle apporte à la marche de son service pour la facilité du commerce, doivent être transférées à un second bureau pour être soumises à ces formalités. (*L. 28 avril 1816, art.* 27).

Pour jouir de ces facilités, il faut que les marchandises soient en colis quelconques : quant aux marchandises en vrac, l'administration se réserve la faculté d'en permettre l'expédition sous des conditions particulières, suivant les besoins du commerce dans chaque localité. (*Déc. adm. 26 novembre 1841*).

Voir : *Marchandises conduites d'un premier bureau à un second pour y être déclarées et visitées, n° 2199 et suivant.*

§ 2.

DÉCLARATIONS SOMMAIRES OU DE GROS.

—

DANS LES PORTS.

381. Aucune marchandise ne sera importée par mer, soit d'un port étranger, soit d'un port français, sans un manifeste (*n° 2434*) signé du capitaine, qui exprimera la nature de la cargaison, avec les marques et numéros, en toutes lettres, des caisses, balles, barils, boucauts, etc. (*Loi 4 germ. an II, tit. 2, art. 1er*).

382. Quand un navire arrive au port de sa destination avec un chargement, il y a toujours lieu de faire à la douane deux déclarations distinctes : l'une, dite *déclaration de gros*, doit être faite dans les 24 heures, et n'est autre chose que la transcription du manifeste dont le capitaine du navire est toujours porteur ; l'autre, est la déclaration en

détail qui doit être faite, dans les trois jours de l'entrée du navire, par chacun des intéressés à la cargaison. (*Circ. n° 765*).

383. La déclaration de gros doit demeurer au bureau, être transcrite sur le registre, et signée par les capitaines ou maîtres de bâtiments : dans le cas où ils ne sauraient signer, il en serait fait mention sur le registre. La déclaration des bâtiments doit être faite, quand même ils seraient sur lest. *(Loi 22 août 1791, tit. 2, art. 5).*

384. Les capitaines des navires en relâche volontaire ou forcée sont tenus de déposer, dans les 24 heures de leur arrivée, la déclaration sommaire de leur chargement. *(Loi 22 août 1791, tit. 2, art. 4 et tit. 6, art. 1 et 3).*

385. Les bateaux de pêche sont dans la même obligation. (*Déc. adm. 22 févr. 1848).*

(Voir : *Importations par mer, n° 2445 — 2448*).

SUR LES FRONTIÈRES DE TERRE.

386. Les voituriers et conducteurs des marchandises, qui ne présenteront pas à leur arrivée des déclarations en détail, seront tenus de déclarer le nombre des ballots, leurs marques et numéros. (*Loi 22 août 1791, tit. 2, art. 10, § 1er*).

Cette déclaration sommaire n'est exigible que, lorsque à défaut absolu de déclaration en détail, les marchandises doivent être retenues et déposées en douane. (*N° 379*). *(Déc. adm. 22 juin 1841*).

387. Cependant, dans le cas où il ne s'agirait pas de plus de dix caisses ou ballots dont le conducteur ignorerait le contenu, il pourrait en requérir l'ouverture en présence des commis, et les droits seraient acquittés sur les objets reconnus. (*L. 22 août 1791, tit. 2, art. 10, § dernier*).

Cette disposition ne saurait être invoquée pour les importations par mer, car le capitaine, conducteur de la marchandise, devant être porteur d'un manifeste indiquant la nature des marchandises, ne pourrait pas être admis à déclarer à l'arrivée qu'il ignore le contenu d'une partie des colis. Mais, en ce qui concerne les arrivages par terre, l'exception établie par la loi est demeurée en pleine vigueur. Il suffira, pour prévenir les tentatives d'abus qu'elle pourrait favoriser, de pro-

céder avec la plus sévère exactitude à la vérification du contenu des colis pour lesquels on réclamera l'application. Si cette vérification faisait découvrir des marchandises prohibées d'une manière absolue ou relative, elles ne devraient pas être saisies. Il faudrait, ainsi que le prescrit la circulaire du 17 avril 1815, n° 11, les faire réexporter immédiatement, comme s'il s'agissait de marchandises non admissibles déclarées sous leur propre dénomination, et ce en vertu de l'article 4 du titre 5 de la loi du 22 août 1791. *(Déc. adm. du 22 juin 1841).*

388. Les marchandises prohibées doivent être portées sur la déclaration sommaire sous leurs véritables dénominations, par *nature, espèce et qualité. (L. 9 février 1832, art. 4). (Voir le n° 2223).*

CHAPITRE III.

DE LA CIRCULATION (1).

389. Voici ce que l'on entend par *exportation* et *importation,* et comment on doit les distinguer de ce que la loi appelle *circulation.*

L'importation et surtout l'exportation proprement dite, d'après l'acception grammaticale de ces deux mots, ne signifieraient autre chose que l'entrée ou la sortie du territoire français, constatée à l'instant même où elle s'effectuerait sur la ligne qui sert de séparation aux deux territoires; mais si l'on s'arrêtait absolument à cette définition, les dispositions de la loi seraient vraiment illusoires, parce qu'il serait très rare, et que peut-être même il n'arriverait jamais qu'on pût arrêter et saisir l'objet de la fraude à l'instant où il franchirait cette ligne de séparation. Il faut donc regarder comme constant et conforme au véritable vœu de la loi, que l'exportation et l'importation sont caractérisées lorsque le dernier bureau de sortie ou le premier bureau d'entrée sont dépassés : alors le motif de la saisie doit être infraction aux lois de la sortie ou de l'entrée.

Mais, au contraire, si ces bureaux ne sont pas dépassés, et qu'il ne s'agisse conséquemment que de circulation, on ne peut provoquer que

_____

(1) Voir, pour les pénalités, les numéros 2555 à 2557.

les condamnations portées en la loi du 19 vendémiaire (n° 2355) et en l'article 15 du titre 5 du règlement général (n° 590), c'est-à-dire la confiscation avec amende de cent francs; autrement, ce serait faire disparaître les distinctions que les lois ont très précisément établies entre l'importation et la circulation, et ce serait regarder les lois des 19 vendémiaire an VI et 22 août 1791 comme ayant prévu un cas (celui de la circulation) qui ne devait jamais se présenter, puisque, dans le système qu'on suppose, on assimilerait toujours le cas de la circulation à celui d'importation ou d'exportation.

Il est cependant des circonstances où, même avant que les bureaux d'entrée ou de sortie soient dépassés, la fraude d'importation ou d'exportation peut être caractérisée. Si, par exemple, le prévenu est rencontré sur une route oblique relativement à ce bureau; si l'objet est prohibé, qu'il le porte, qu'il soit facile à cacher, et qu'il ait pris des précautions pour se soustraire à la recherche des préposés; alors il convient de relater ces faits au procès-verbal, et de conclure aux peines portées pour cause d'importation ou d'exportation. *(Circ. du 30 mai 1798).*

Les lois et règlemens sur le transport et la circulation des denrées et marchandises seront exécutés dans les deux myriamètres des frontières de terre. *(L. 8 floréal an XI, art. 84 et 28 avril 1816, art. 36).* — *(Voir les n°s 141 et 142).*

DÉCLARATION.

390. Les propriétaires ou conducteurs de marchandises et denrées qui passeront de l'intérieur sur le territoire des *deux myriamètres* limitrophes de l'Étranger, seront tenus de les conduire au premier bureau de sortie (1), et d'en faire la déclaration dans la même forme que pour l'acquit des droits (voir le n° 564) (2). A l'égard de celles qui

---

(1) Les marchandises destinées à être transportées sur le territoire frontière doivent être déclarées au premier bureau situé sur leur route, et ce n'est qu'à ce bureau qu'il appartient de délivrer les expéditions nécessaires pour la circulation entre les lignes des douanes. (*Circ. du 17 novembre 1815*).

(2) Les propriétaires ou conducteurs des marchandises et denrées qui devront être enlevées dans les deux myriamètres limitrophes de l'Etranger, pour y circuler ou pour être transportées dans l'intérieur de la France, seront tenus d'ajouter à la déclaration prescrite par l'article 15 du titre 5 de la loi du 22 août 1791, l'indication précise de la maison où ces marchandises et denrées sont déposées, et le lieu de leur destination, ainsi que le jour et l'heure où elles devront être enlevées. (*Loi du 19 vendémiaire an VI, art. 2, parag. 1*).

Les lettres de voiture étant souvent incomplètes et n'ayant aucune valeur en douane, ne peuvent jamais, et dans aucun cas, tenir lieu de déclaration.

devront être enlevées dans cette étendue du territoire.... *pour y circuler ou être transportées* dans l'intérieur (1), la déclaration devra en être faite au bureau, soit d'entrée, soit de sortie, le plus prochain du *lieu de l'enlèvement;* le tout à peine de confiscation desdites marchandises et denrées, et d'amende de cent francs. (*Loi du* 22 *août* 1791, *tit.* 3, *art.* 15).

EXPÉDITION A DÉLIVRER.

391. Les propriétaires ou conducteurs qui devront circuler dans le rayon avec des marchandises, ne seront point assujettis au formalités de l'acquit-à-caution : ils seront seulement tenus de prendre des passavans de circulation. (2) *(L.* 22 *août* 1791, *tit.* 3, *art.* 16 — *et* 19 *vendémiaire an VI, art.* 1er*).*

A la douane seule appartient le droit de délivrer les passavans. *(Arr. de cass.* 21 *messidor, an VII);* les juges et leur greffiers ne peuvent en expédier, ni rendre aucun jugement pour en tenir lieu *(voir le n*° 2857*);* ceux que délivreraient les maires ne pourraient être regardés comme valables. (*Arr. de cass.* 21 *messidor an VII*).

Peuvent tenir lieu de passavans : — les acquits de paiement à l'entrée, — les acquits-à-caution de toute espèce, — les passavans de prime, — et, pour les sucres, les mélasses, les sels, les tabacs et les vins, — les expéditions délivrées par la régie. *(Circ. du* 27 *octobre* 1821*).* (N° 322).

CERTIFICAT DE BESOIN.

392. Les particuliers dont les habitations sont situées entre les bureaux des douanes et l'Etranger, qui voudront y faire arriver, soit de

---

(1) La circulation des marchandises est libre dans l'enceinte des communes frontières dont la population est d'au moins 2,000 habitants : c'est une conséquence de la faculté d'y former les entrepôts. (*Déc. adm. du* 10 *fév.* 1841).

Les faubourgs des villes de 2,000 âmes jouissent de la même immunité qui ne cesse que là où les maisons sont écartées, et où commencent à s'établir, au milieu des champs, les fermes, métairies, hameaux, etc. (*Déc. adm. du* 4 *juin* 1817).

Les lois générales sur la circulation ne doivent dès-lors être appliquées qu'à l'égard des marchandises destinées à être transportées à l'extérieur des communes de plus de 2,000 habitants. (*Déc. adm. du* 6 *avril* 1837).

Les lois et règlements généraux de douanes, notamment l'arrêté du 22 thermidor an X relatif aux frontières de terre, seront mis en vigueur sur les nouvelles frontières de l'Empire. (*Ord. du* 27 *juin* 1844, *art.* 7).

(2) Le passavant doit accompagner la marchandise : son exhibition tardive ne peut couvrir la contravention. (*Arr. cas.* 5 *messidor et* 8 *thermidor an VIII.* — *Beilac*.

Le passavant est soumis au timbre de 0,05 centimes. (N 324). — Cependant le passavant délivré pour assurer la circulation des bestiaux et du menu bétail est exempt de ce timbre. (*Circ. n.* 1114).

l'intérieur, soit de l'étendue du territoire soumis à la police, *d'un my-riamètre* par l'arrêté du 17 thermidor an IV, *des bestiaux* (*n*° 1050), *chevaux* (*n*° 1016*)*, *mules et mulets* (*n*° 1016), *cires, soies et autres objets dont la sortie est défendue* ou soumise à des droits, n'obtiendront de passavants pour ce transport qu'autant qu'ils seront porteurs de certificats de la municipalité du lieu de la destination, constatant que ces bestiaux et marchandises sont pour leur usage et consommation. (*Arr. du* 25 *messidor an* VI*, art.* 1*er*).

L'administration a décidé, le 12 décembre 1855, que, quelque soit le motif du transport, la douane ne pouvait refuser un passavant moyennant l'accomplissement des formalités exigées pour la circulation.

La douane doit exiger la production préalable de certificats de besoin pour le transport des drilles dans le rayon frontière, lorsque, d'ailleurs, elles ont pour destination une fabrique, légalement existante, située entre un bureau de première ligne et l'Étranger. (*Circ. n*° 2328*)*.

CERTIFICAT D'ORIGINE.

393. Il ne sera accordé de passavant et expédition pour l'enlèvement des marchandises que pour les espèces et quantités dont l'origine aura été justifiée par les acquits de paiement des droits d'entrée, ou les expéditions d'un bureau de douane justificatives de leur extraction de l'intérieur. Tout excédant ou autres objets seront censés introduits en fraude. (*Arr. du* 22 *thermidor an* X*, art.* 2, 3 *et* 4).

L'arrêté du 22 thermidor an X se borne à exiger le titre d'extraction, sans expliquer comment il y sera suppléé pour les *objets récoltés ou fabriqués dans le rayon.* La loi de 1816, art. 58, répare en partie ce silence; elle impose, pour les fabrications locales, l'obligation de justifier de l'origine; elle ne dit pas, il est vrai, en quoi consistera cette justification, mais elle donne le droit d'en exiger une, et l'usage a fait admettre comme telle la représentation de certificats délivrés par les maires. (*Déc. adm. des* 20 mars 1830 *et* 17 *juin* 1836).

En l'absence du maire et de l'adjoint, ces certificats peuvent être délivrés par un conseiller municipal; mais, dans ces cas, ils doivent être revêtus du cachet de la mairie. (*Déc. adm. du* 20 *avril* 1837*)*.

Si l'on avait lieu de soupçonner que ces titres sont délivrés d'une manière abusive, les chefs locaux devraient en référer à l'autorité supérieure. (*Déc. adm. du* 5 *mars* 1833. *Bourgat*).

Le mode établi par un arrêté préfectoral pour la justification d'ori-

gine des produits récoltés dans le rayon est obligatoire pour les habitants, et les saisies opérées à défaut de cette justification sont régulières. (*Arr. cas. du* 20 *décembre* 1839, *circ.* 1794).

Dans les grandes villes, où la consommation locale laisse disponible un grand nombre de preuves d'extraction suffisantes pour couvrir, et au-delà, toutes les introductions frauduleuses qui pourraient être effectuées, la douane peut se dispenser d'exiger les justifications d'origine, sauf en ce qui concerne les armes, pour lesquelles il y a toujours lieu de les réclamer. (*Déc. adm. du* 13 *mai* 1840. *Bourgat*).

Les titres produits doivent être retenus par les receveurs quand le passavant demandé comprend la totalité des marchandises qu'ils énoncent. Dans le cas contraire, ils sont rendus après qu'on y a mentionné les quantités de marchandises pour lesquelles de nouvelles expéditions ont été délivrées. (*Déc. adm. du* 3 *septembre* 1834. *Bourgat*).

EXEMPTION DE LA JUSTIFICATION D'ORIGINE.

394. Seront exempts de la justification d'origine, mais non du passavant, les consommateurs qui, pour leur usage, auront acheté dans le myriamètre de la frontière et transporteront à leur domicile, les jours de foire ou de marché, les coupons d'étoffes et autres objets de consommation *qui n'excéderont pas cinq mètres en étoffes de laine, huit mètres en étoffes de soie et en toile de coton et autres, et trois kilogr. de sucre ou de café. (Arr. du* 22 *thermidor an X, art.* 5).

En dispensant les consommateurs de la justification d'origine, la loi a voulu que l'objet de consommation, destiné à l'usage personnel de celui qui obtient le passavant, fut transporté directement à son domicile et non ailleurs. Aussi l'administration a-t-elle décidé, le 20 décembre 1839, que les expéditions délivrées en vertu de l'art. 5 ci-dessus ne pouvaient pas servir de titre pour la réexpédition des marchandises. (*Bourgat*).

DÉFAUT DE CERTIFICAT D'ORIGINE.

395. Les marchandises de la classe de celles qui sont prohibées à l'entrée, ou dont l'admission est réservée à certains bureaux par l'article 20 de la présente loi (ce sont celles qui paient 20 fr. et plus les 100 kilog.), seront réputées avoir été introduites en fraude dans tous les cas de contravention ci-après, lorsqu'ayant été chargées sur le rayon

des frontières et amenées au bureau, ou représentées aux préposés *pour être mises en circulation avec passavant*, dans les circonstances où les règlements permettent ce transport préalable, elles se trouveront dépourvues des pièces justificatives de leur extraction légale de l'Etranger ou de l'intérieur, ou de leur fabrication dans le rayon des frontières. *(L. du 28 avril* 1816, *art.* 38).

Lorsque, pour justifier de l'origine d'une marchandise prohibée ou imposée à plus de 20 fr. déclarée pour la circulation, il est présenté à un bureau de douane un passavant qui n'est pas applicable à cette marchandise, on doit, en vertu des dispositions combinées des art. 1, tit. 5, de la loi du 22 août 1791 (*n*° 2477), 38 de la loi du 28 avril 1816 (*n*° 2229), et 15 de celle du 27 mars 1817 (*n*° 2592), réclamer de la juridiction civile la confiscation avec amende de 500 fr. (*Déc. adm.* 2 nov. 1842).

Les expéditions *non visées* aux bureaux y indiqués, et celles qui ont *plus d'un an de date*, ne peuvent servir de titre d'extraction. (*Dunkerque*, 1er *septembre* 1814, *Lille*, *tome* 8, *page* 37, *et loi du* 17 *mai* 1826, *art.* 22).

L'article 22 de la loi du 17 mai 1826, et particulièrement l'arrêté du 22 thermidor an X, portent que les expéditions de douanes, présentées comme justification d'origine, seront valables pendant une année entière, à partir de leur date.

En comblant une lacune qui existe dans les lois dont il prescrit l'application, cet article, quoique spécial à l'île de Corse, peut, sous ce rapport, être considéré comme stipulant d'une manière générale, en ce qui sert à justifier l'usage suivi jusqu'à présent de refuser, pour titre d'origine des marchandises, des expéditions (acquits ou passavants) ayant plus d'une année de date. C'est ce qu'avait autrefois prescrit une circulaire du 9 fructidor an XII. Depuis, l'administration a fait connaître qu'il convenait de maintenir cette disposition, sauf à ne pas tenir à rigueur pour la date des expéditions, lorsqu'il ne s'élève d'ailleurs aucun soupçon de fraude. (*Déc. administ. des* 24 *octobre* 1835 *et* 15 *sept.* 1836. *Bourgat*).

PRÉSENTATION DES MARCHANDISES A LA DOUANE.

396. Indépendamment des formalités prescrites pour obtenir des passavants, les marchandises devront être préalablement présentées au

plus prochain bureau, en même temps qu'on y souscrira la déclaration d'enlèvement. *(Arrêté du 22 thermidor an X, art. 6)*.

Cette présentation préalable n'est de rigueur qu'à l'égard des marchandises prohibées à l'entrée ou à la sortie, ou assujetties à un droit d'entrée de 20 francs au plus par 100 kilog. ou de 10 pour $\%$ de la valeur. *(Même arrêté, art. 1er et circ. du 3 fructidor an X)*.

Il en est de même des productions et des fabrications locales. Toutefois, les inspecteurs peuvent accorder la dispense de cette formalité pour certaines marchandises dans les localités où leur transport préalable au bureau entraînerait des retards et des frais trop considérables. *(Voir le n° suivant. — Circ. du 3 fructidor an X, et déc. administ. 7 octobre 1834)*.

DISPENSE DE LA PRÉSENTATION PRÉALABLE.

397. Quant aux autres marchandises, c'est-à-dire, quant à celles qui sont tarifées à moins de 20 francs par 100 kilog., ou qui paient moins de 10 p. $_0$/^{0} de la valeur, il est inutile de les conduire au bureau en même temps qu'on y dépose la déclaration; mais, alors, on rentre dans l'application de la loi du 19 vendémiaire an VI, art. 2 *(n° 2553)*, qui prescrit aux conducteurs ou propriétaires d'ajouter à leur déclaration l'indication précise de la maison où ces marchandises et denrées sont déposées, le lieu de leur destination, ainsi que le jour et l'heure où elles devront être enlevées, et qui permet aux employés, en cas de suspicion de fraude, de se transporter, lors de l'enlèvement, au lieu où lesdites marchandises et denrées sont déposées, et d'en exiger la représentation au fur et à mesure de leur sortie dudit lieu de dépôt, et avant leur départ dudit lieu (1). *(Circ. 3 fructidor an X. — Déc. adm. 17 juin 1836)*.

Si le propriétaire ou le conducteur refusait ou ne pouvait faire cette représentation, il serait poursuivi et condamné en une amende de 500 fr. *(Loi 22 vendémiaire an VI, art. 2)*.

Le transport préalable au plus prochain bureau s'effectue au moyen des expéditions délivrées antérieurement, et des certificats d'origine délivrés par les maires, sans quoi les marchandises seraient saisissables

---

(1) Cette loi de vendémiaire an VI n'est pas applicable aux bestiaux qui sont soumis au compte ouvert (n. 1019) par l'ordonnance du 28 juillet 1822. — *Voir la note 3 du n. 2553.*

pour défaut de justification d'extraction. *(Arr. du 22 thermidor an X, art. 3, et L. 28 avril 1816, art. 38).*

Les marchandises payant moins de 20 francs par 100 kilog., ou taxées à moins de 10 p. $_0$/^{0} de la valeur, peuvent, lorsque le bureau se trouve situé entre le lieu de départ et celui de destination, et pour éviter des retards, être présentées à ce bureau en même temps que la déclaration ; mais, dans ce cas, leur transport préalable doit être justifié par des titres d'origine. *(Bourgat).*

VISITE DES MARCHANDISES.

398. Quand la déclaration est déposée au bureau, et que les marchandises y sont amenées, le receveur ou le visiteur procède à leur vérification. (*N*º 661).

La visite ne peut être faite qu'en présence de la partie intéressée : Si celle-ci refusait d'y assister, les marchandises resteraient en dépôt au bureau. (*N*º 361).

Le déballage et le remballage des marchandises pour la visite restent aux frais des propriétaires, qui peuvent, à cet effet, employer des portefaix ou toutes autres personnes qu'ils jugent devoir choisir. (*N*º 361).

Quand la visite est terminée, l'employé qui y a procédé en inscrit les résultats au dos de la déclaration.

S'il n'a reconnu qu'un simple déficit, il ne délivre l'expédition que pour les quantités reconnues. *(Admin. 22 octobre 1841).*

S'il a trouvé un excédant dont l'origine n'est pas justifiée, il le constate par un procès-verbal. (*N*º 87 *du tableau officiel des contraventions, du 23 décembre 1844).*

Enfin, s'il a découvert un simple simulacre, sans valeur aucune, ou un manque d'identité en nature ou en espèces, il agit d'après les instructions contenues sous le nº 2555.

REFUS DES PASSAVANTS.

399. Quel que soit le motif du transport, la douane ne peut refuser le passavant nécessaire, pourvu que l'on se conforme aux formalités exigées pour la circulation. *(Adm. 12 décembre 1835)* (*Voir le* nº 392).

Les tribunaux ne sont pas compétents pour enjoindre à la douane de délivrer un passavant ; mais le redevable peut faire constater le refus de

cette délivrance afin de s'en prévaloir comme il avisera. (*Arr. de cass.* 25 *janvier* 1842. — *Voir le n*⁰ 328).

400. Le transport, dans le myriamètre limitrophe de l'Etranger, des *poissons, pain, vin, cidre ou poiré, bière, viande fraîche ou salée, volaille, gibier, fruits, légumes, laitage, beurre, fromage* (à l'exception des départements du Doubs, de l'Ain et du Jura) (*n*⁰ 1092), *et autres objets de jardinage*, lorsqu'ils ne feront pas route vers l'Etranger, et, dans tous les cas, lorsqu'ils sont trosportés, aux jours de foire et de marché, dans les villes de la frontière, est excepté des formalités prescrites pour la circulation. (*Lois des 22 août* 1791, *tit.* 3, *art.* 17; 19 *vendémiaire an VI, art.* 4, 28 *avril* 1816, *art.* 37, *et arrêté du* 22 *thermidor an X, art.* 9*)*.

Les *grains et graines* n'étant point compris dans l'exemption ci-dessus, il s'ensuit qu'ils sont absolument soumis, dans le rayon des douanes, aux formalités prescrites par l'arrêté du 22 thermidor an X pour la police des circulations. (*Arr. de cass. du* 20 *janvier* 1840. *Circ.* 1799).

Il en est de même des huiles et de toutes les autres marchandises qui ne sont pas dénommées par l'article 9 de l'arrêté du 22 thermidor an X. (*Déc. admin. du* 12 *février* 1856).

Les bœufs et vaches étaient compris dans cette exception; mais l'ordonnance du 28 juillet 1822 les a soumis à un régime particulier. — Voir *Bestiaux, n*⁰ 1019.

401. Les passavants indiqueront — le lieu de départ, — celui de destination (1), — les qualités, — quantités, — poids, — nombre et mesure (2) des marchandises ou denrées. Ils fixeront en toutes lettres — le temps nécessaire pour le transport, — la route à parcourir (3), —

---

(1) Les passavants délivrés aux colporteurs doivent faire mention d'une destination unique. (*Circ. du* 14 *octobre* 1816).

(2) On peut, pour les tissus, se borner à indiquer le poids ou la mesure. (*Déc. adm.* 7 *juillet* 1834).

(3) Un marchand ambulant qui, par la nature de son commerce, s'arrête en tous les villages situés sur la route ou à proximité de la route qu'il parcourt, ne peut accomplir le transport de ses marchandises avec la même célérité qu'un voiturier. On doit donc, pour la fixation des délais, avoir égard aux distances à

et la date du jour où ils seront délivrés. Ils porteront l'obligation , — de les représenter, ainsi que les marchandises , aux préposés des bureaux qui se trouveront sur la route , pour y être visés , — et à toute réquisition , aux employés des différens postes pui pourront conduire les objets au plus prochain bureau pour y être vérifiés , sauf les dommages et intérêts envers le conducteur ou le propriétaire , s'il n'y a ni fraude , ni contravention. *(Arr. du 22 thermidor an X, art. 6 , et loi du 22 août 1791 , tit. 3 , art. 16).*

Rien n'oblige le conducteur des marchandises expédiées par simple passavant à leur faire suivre la destination primitivement indiquée ; il peut toujours , en restant sur la route tracée par le passavant , les laisser en deçà de cette destination : seulement , le receveur du lieu où une partie de ces marchandises seraient déposées doit l'indiquer au dos de l'expédition. *(Déc. adm. du 23 oct. 1835).*

Le passavant doit toujours être signé par deux employés de bureau, ou , à défaut, par le receveur et le planton.

Il rappelle d'une manière précise la nature et la date du titre d'origine dans les cas où cette justification est exigée.

DOMMAGES – INTÉRÊTS.

D'après l'article 16 du titre 3 de la loi du 22 août 1791 , les dommages-intérêts ne sont dus , à défaut de fraude ou de contravention , qu'autant que le bureau où les marchandises ont été conduites n'est pas situé sur la route à parcourir. *(Bourgat).*

NULLITÉ DES PASSAVANTS.

402. Ils sont nuls et donnent lieu à la saisie ;

1° Quand *les délais y portés sont expirés.* (*Loi du 22 août* 1791 , *tit.* 3 , *art.* 16 , *et arr. de cas. du* 10 mars 1804).

2° Quand, portant l'obligation expresse de les faire viser à un bureau de passage , les marchandises auront dépassé ce bureau *sans que ladite obligation ait été remplie. (Loi du 28 avril 1816, art. 58 , § 2, et arr. de cas. du 19 juillet 1831).*

---

parcourir et aux difficultés que peuvent présenter les localités. Des règles absolues ne sauraient être déterminées sur cet objet ; c'est aux directeurs à examiner qu'elle est la latitude qu'on peut , sans danger, accorder aux colporteurs pour le transport et la vente de leurs marchandises dans le rayon. *(Déc. adm.* 30 *décembre* 1814, — 4 *février* 1819 *et* 30 *octobre* 1821. — *De Beilac).*

3° Quand les marchandises présentées au bureau *ne sont pas identiquement les mêmes* que celles décrites au passavant. (*Arr. de cas. du* 19 *novembre* 1834).

4° Quand il y a *défaut d'identité* (1) *entre la qualité, le poids, etc.*, des objets énoncés, et *la qualité, le poids, etc.*, de ceux transportés (2). (*Arr. de cas. du* 24 *août* 1808).

5° Quand ils sont contraires à l'une des obligations déterminées. (*Arr. du* 22 *thermidor an X, art.* 7).

6° Quand les objets s'écartent de la route à tenir. (*L. du* 19 *vendémiaire an VI, art.* 3).

7° Quand le transport s'effectue entre le coucher et le lever du soleil sans que le passavant en porte la permission expresse. (*Arr. du* 23 *thermidor an X, et arr. de C. du* 23 *juillet* 1838).

VISA DES PASSAVANTS.

403. 1° Les passavants doivent être visés dans tous les bureaux indiqués pour ce visa. (*Loi d'août* 1791, *tit.* 3, *art.* 16).

2° Il est défendu de viser un passavant pour une destination ultérieure. (*Lille, tome* 8, *page* 47).

3° Une fois arrivées à leur destination, on ne peut saisir les marchandises sous prétexte que le passavant n'a pas été visé au bureau de la route indiquée. (*Arr. de cas. du* 29 *frimaire an XI*).

4° On peut visiter les marchandises dans chaque bureau et chaque poste de passage et la visite doit être constatée par un visa sur l'expédition.

5° Le passavant ne doit être remis à l'intéressé qu'au moment du départ des marchandises, (*loi du* 28 *avril* 1816, *art.* 32), et l'heure du départ doit être indiquée par un visa.

---

(1) Les juges ne peuvent supposer que la non-identité des marchandises provient d'une erreur commise dans le passavant de la douane, surtout lorsque cette expédition est conforme à la déclaration primitive du propriétaire. (*Arr. de cas.* 14 *juin* 1809).

(2) La loi n'ôte point au marchand le droit de vendre en route et de disposer de sa marchandise comme bon lui semble : elle veut seulement que le transport soit effectué à certaines conditions, telles que le visa, le délai, etc.

CIRCULATION DES MARCHANDISES PROHIBÉES OU PAYANT 20 FRANCS ET PLUS
LES 100 KILOGRAMMES.

404. Les marchandises de la classe de celles qui sont prohibées à l'entrée, ou dont l'admission est réservée à certains bureaux par l'article 20 de la présente loi (*ceux tarifés à* 20 *francs et plus les* 100 *kilog.*), seront réputées avoir été introduites en fraude, dans tous les cas de contravention ci-après :

1° Lorsqu'elles seront trouvées dans le rayon des frontières, sans être munies d'un acquit de paiement, passavant ou autre expédition valable, pour la route qu'elles tiendront, et pour le temps dans lequel se fera le transport, à moins qu'elles ne viennent de l'intérieur par la route qui conduira directement au premier bureau de 2ᵉ ligne. (*Loi du* 28 *avril* 1816*, art.* 38, § 1ᵉʳ).

CHAPITRE IV.

—

DES CONSIGNATIONS.

—

En comptabilité les consignations rentrent dans les opérations de trésorerie, où elles figurent, pour la recette, sous l'article 6 du chapitre 1ᵉʳ, et, pour la dépense, sous l'article 5 du chapitre 1ᵉʳ.

On les divise en cinq sections, savoir :

1° Consignations pour assurer la réexportation des voitures de voyageurs ;

2° Consignations pour assurer les droits sur les chevaux et autres bêtes de somme qui passent la frontière et l'argenterie des voyageurs ;

5° Consignations en garantie de droits ;

4° Consignations à titre de cautionnement pour assurer la destination des marchandises expédiées sous acquit-à-caution ;

5° Et consignations pour assurer l'exécution des transactions dans les affaires résultant d'infractions.

Section I.

—

CONSIGNATIONS POUR ASSURER LA RÉEXPORTATION DES VOITURES DE VOYAGEURS.

—

RECETTE.

405. Les voitures prohibées par la loi du 10 brumaire an V ne sont admises qu'à charge par les voyageurs d'en garantir le renvoi à l'Etranger, dans le délai de trois ans, en consignant le tiers de leur valeur réelle : la condition du renvoi étant remplie, les trois quarts de la somme consignée sont remboursés. (*L. du 27 juillet 1822, art.* 18. (*Voir le n°* 2000).

Voici comment le comptable passe écriture du tiers de la valeur des voitures :

Il porte les trois quarts de ce tiers aux *Consignations*, pour être restitués au consignataire lors de la réexportation, et aux *recettes accessoires* le quatrième quart, qui, dans tous les cas, appartient au Trésor. (*Circ. du 4 juillet* 1803).

On ne prélève pas de décime. (*Circ. n°* 350).

S'il arrivait que des étrangers se trouvassent dans l'impossibilité de réaliser le montant de la consignation, le comptable pourrait recevoir une obligation, suffisamment cautionnée, de compter la somme en espèce dans un délai de deux mois au plus : mais ce cas doit être très rare. (*Circ. n°* 780).

DÉPENSE.

406. Le remboursement des trois quarts du tiers consigné est soumis aux règles suivantes :

1° Les 3/4 du tiers de la valeur des voitures sont remboursés par les receveurs des bureaux frontières au moment même de la sortie des voitures, sauf aux comptables qui auront ainsi fait des paiements pour leurs collègues, à se couvrir de leurs avances par la voie du virement.

2° Les réexportations devant être effectuées dans les trois années de la date de l'exportation des voitures, c'est seulement durant cette période que la restitution des sommes consignées peut être opérée, et

lorsque, d'ailleurs, les reconnaissances de consignation ont été revêtues, par les employés, de certificats constatant, d'une part, que les voitures représentées sont identiques à celles introduites et décrites dans les expéditions, de l'autre, que le passage à l'étranger a été effectué. Les receveurs qui s'écarteraient de ces dispositions s'exposeraient à voir laisser à leur charge les sommes qu'ils auraient indûment payées.

3° Les quittances doivent toujours être données par les consignataires mêmes, et, à défaut, par des fondés de pouvoir légalement constitués, ou par toute autre personne à laquelle ils auraient fait cession de leurs droits au moyen d'un passé à l'ordre inscrit en forme d'endossement sur la reconnaissance de consignation, à l'instar de ce qui se pratique pour les effets de commerce, ainsi que cela a été prescrit par l'instruction ministérielle du 30 décembre 1829, n° 9.

4° Si, au lieu de l'original de la reconnaissance de consignation, on présentait, au bureau de sortie, un duplicata de cette expédition, le remboursement ne devrait être fait qu'à la charge par le réclamataire de fournir caution solidaire de la somme qui lui aurait été remboursée, s'il arrivait que, dans l'espace de deux années de la date de l'acquit, le porteur de l'acquit original de paiement réclamât le remboursement des droits portés audit acquit. — En cas de difficultés à cet égard, on suspendrait le paiement réclamé et on prendrait les ordres de l'administration, comme on devrait également le faire s'il s'élevait des doutes sur l'identité des voitures présentées ou la régularité des pièces produites. (*Circ. n° 1331*). Voir : *Quittances-remboursements de consignations, n° 267*).

407. Les restitutions doivent être régularisées par des ordres de remboursement délivrés par le directeur (*Circ. n° 780*), et appuyés, indépendamment de la quittance des parties, des expéditions de douanes revêtues du certificat de réexportation. (*Comptab. générale*, 20 mai 1826).

A la fin du mois, ces dépenses sont récapitulées sur la chemise n° 40, qui accompagne l'inventaire et le bordereau n° 2.

408. Tous les mois, les directeurs adressent à l'administration l'état des voitures de voyageurs réexportées par les bureaux de leur direction : cet état s'établit conformément au modèle donné par la circulaire n° 550. (*Circ. n° 1331*).

409. APPLICATION AUX DROITS. Si la réexportation n'a pas lieu dans les délais prescrits, ou s'il n'y a pas de réclamation de la somme consignée, le comptable porte cette somme en recette six mois après le délai fixé par l'expédition pour la décharge. (*Compt. générale*, 20 mai 1826). (*V. n° 449*).

Cette opération se fait sans mouvement de valeurs : la somme à appliquer est dépensée au chapitre des CONSIGNATIONS, et reprise en même temps au chapitre des RECETTES ACCESSOIRES. (*Circ. n° 1326*).

Section II.

—

CONSIGNATIONS — POUR CHEVAUX ET BÊTES DE SOMME

servant aux voyageurs et aux voituriers — pour voitures à échelles, charrettes, charriots, etc., servant au transport des marchandises, des matériaux et des produits de l'industrie rurale, — et pour l'argenterie des voyageurs.

§ 1.

CHEVAUX ET BÊTES DE SOMME.

—

DISPENSE D'ACQUITTER LES DROITS.

410. Les chevaux et autres bêtes de somme (à l'exception des ânes qui sont affranchis de toute formalité), *montés ou attelés* (1) servant aux voyageurs et voituriers, français ou étrangers, et dont ceux-ci déclarent que l'entrée n'est pas définitive, sont affranchis, au passage à la frontière, du paiement des droits établis par le tarif général, moyennant l'accomplissement de formalités et conditions ci-après indiquées (2). (*Règlement du 18 juin 1846, art. 1er, et circ. n° 2117*).

———

(1) Pour les chevaux *en laisse*, voir le n. 1009.

(2) En ce qui concerne les chevaux, *attelés ou montés*, que les voyageurs ou voituriers français déclarent vouloir conduire temporairement à l'étranger, il est délivré, soit aux bureaux de première ligne, soit aux bureaux situés sur la route suivie par les voyageurs ou voituriers venant de l'intérieur, un passavant descriptif destiné à assurer le libre retour de ces animaux.

S'il s'agit d'un *attelage*, ce passavant contient, indépendamment du signalement des chevaux, celui de la voiture à laquelle ils sont attelés, pour qu'elle puisse, de même, rentrer librement à la fin du voyage, ou à chaque passage successif de la frontière. (*Circ. n. 2438*).

Il en est de même, à la sortie, (1) pour les bêtes de somme autres que les chevaux de toutes espèces (*circ. n*º 2438), dont l'exportation est affranchie de tout droit.

EXPÉDITION A DÉLIVRER.

411. La garantie du renvoi à l'Étranger ou de la réexportation à l'intérieur doit être fournie — soit au moyen d'une soumission valablement cautionnée (nº 2614), — soit par la consignation d'une somme égale aux droits du tarif. (*N*º 419).

Cette garantie est exigible dans les bureaux de 1ere ligne des frontières de terre et dans les bureaux maritimes.

Toutefois, sur les frontières de terre, les voyageurs et voituriers se rendant de l'intérieur à l'Étranger, ont la faculté de lever, dans les bureaux situés sur la route qu'ils suivent, les expéditions dont ils sont tenus de se pourvoir. Il suffit, en ce cas, que les expéditions soient visées au passage par le bureau ou par la brigade de première ligne. (*Même règl. art.* 2).

MENTION A FAIRE DANS LES EXPÉDITIONS.

412. Les expéditions doivent constater que les chevaux sont montés ou attelés, et indiquer exactement le signalement de chaque animal

---

A la sortie, il peut être délivré, pour les chevaux *en laisse ou destinés à la vente*, un passavant descriptif propre à en assurer la réimportation ultérieure en exemption des droits d'entrée, après reconnaissance de l'identité : mais, afin de prévenir les abus, le délai, pour le retour, doit être limité à 30 jours, au plus, et les passavants doivent, en outre, stipuler que la réimportation en franchise ne sera accordée qu'autant que les chevaux seront représentés au bureau même qui en aura constaté le passage à l'étranger. (*Circ. n.* 2438).

Lorsqu'un passavant descriptif a été égaré, les chevaux qu'il concerne et dont l'identité est reconnue à vue des indications inscrites à la souche, peuvent rentrer en franchise par le bureau d'où il émane. S'il s'élève des soupçons d'abus, il est exigé soit une soumission, soit une consignation, avec réserve de radiation ou de restitution, en cas de représentation du passavant dans un délai de trois mois après l'expiration du terme primitivement fixé par cette expédition.

Quand le retour s'effectue par un bureau autre que celui où le passavant a été délivré, ces dernières dispositions sont également suivies ; mais on subordonne, en outre, la radiation ou la restitution à l'obligation de faire préalablement constater, au bureau de sortie, l'identité des animaux. (*Déc. adm.* 14 août 1851).

(1) Le bénéfice de cette concession peut être refusé aux étrangers déjà repris de contrebande, ou notoirement connus comme contrebandiers de profession, et qui ne viennent en France qu'afin de préparer ou assurer le succès de leurs coupables manœuvres. Mais les receveurs n'appliqueront jamais cette mesure toute exceptionnelle qu'aux individus qui leur seront signalés par leur inspecteur. (*Déc.* 1er *juil.* 1841 et 21 *sept.* 1846).

conformément à l'instruction qui se trouve à la fin du présent paragraphe, n° 424. (*Idem. art.* 3). *Voir le n°* 421.

POINTS D'ENTRÉE ET DE SORTIE. — VISA.

418. Les chevaux et autres bêtes de somme peuvent être ramenés
à l'intérieur ou réexportés à l'Etranger en passant indistinctement par
tous les bureaux de première ligne des frontières de terre et par tous
les buréaux maritimes.

Sur les frontières de terre, les voyageurs et voituriers doivent être
dispensés de l'obligation de faire viser leurs expéditions dans les bureaux
intermédiaires ou de 2ᵉ ligne situés sur la route à parcourir. (*Régl. du*
18 juin 1846, *art.* 4).

DÉLAI. — PÉREMPTION.

414. Les expéditions détermineront le délai au-delà duquel elles
cesseront d'être valables. Ce délai est fixé, d'après les indications fournies
par les voyageurs et voituriers, en raison de la destination et des distances à parcourir. Il ne peut, dans aucun cas, excéder une année.

Toutefois, le directeur, dans l'arrondissement duquel se trouve le
bureau appelé à constater la réimportation ou la réexportation des animaux, peut accorder une prolongation de délai, ou autoriser la régularisation de l'expédition nonobstant la péremption du délai primitivement accordé. Dans ce cas, si les expéditions n'ont pas été délivrées
dans un bureau faisant partie de son arrondissement, le directeur est
tenu de rendre compte immédiatement à l'administration de la prolongation de délai par lui accordée. (*Id., art.* 5).

415. Pendant la durée du délai fixé par les expéditions, les voyageurs et voituriers ont la faculté de s'en servir pour tel nombre de
voyages qu'ils jugent à propos de faire, à charge de se rendre à l'Etranger
ou à l'intérieur par les bureaux situés ainsi qu'il est dit au numéro 413
ci-dessus. (*Id, art.* 6).

RENTRÉES OU SORTIES PROVISOIRES.

416. En cas de rentrée ou de sortie provisoire, les employés de la
brigade sont aptes à la constater, à charge d'en faire mention, tant sur
l'expédition, que sur un registre spécial, série E, 95, ouvert à cet
effet. (*Id., art.* 7, § 1ᵉʳ).

RENTRÉES OU SORTIES DÉFINITIVES.

417. Le concours des agents des deux services est toujours nécessaire pour constater les réexportations ou les réimportations définitives. (*Id. art. 7, § dernier*).

418. Lors de la sortie ou de la rentrée définitive des chevaux et bêtes de somme, constatée ainsi qu'il est dit au numéro précédent, le receveur du bureau délivre le certificat de décharge sur l'acquit-à-caution (1), ou, s'il s'agit d'une consignation, il restitue immédiatement la somme consignée.

Si ce remboursement a lieu dans un bureau autre que celui où les droits ont été consignés, le receveur se couvre de cette dépense selon le mode prescrit par les instructions relatives à la comptabilité générale. (*Voir le n° 435*). (*Id., art. 8*).

NON-RAPPORT DES RECONNAISSANCES DE CONSIGNATIONS.

419. Si les reconnaissances de consignations ne sont pas rapportées régularisées dans les six mois qui suivent l'expiration du délai accordé, les sommes consignées sont définitivement acquises au trésor, par application de l'art. 14, du titre 3, de la loi du 22 août 1791. (*Id., art. 9*). (*Voir le n° 449*).

RADIATION DES SOUMISSIONS. — PERTE DES ANIMAUX.

420. L'administration se réserve de statuer sur les demandes de radiation de soumission ou de remboursement de consignations relatives aux chevaux et bêtes de somme dont la perte, résultant d'un évènement quelconque, est alléguée par les voyageurs ou voituriers.

Toutefois, lorsque la perte des animaux venus de l'Etranger a eu lieu et est immédiatement constatée par les employés des deux services dans une localité où il existe un bureau de douane, le directeur peut, sans être tenu de prendre l'attache de l'administration, faire régulariser les acquits-à-caution, ou ordonner le remboursement immédiat de la consignation. (*Id., art. 10*).

---

(1) A moins de soupçons d'abus, la douane peut se borner à exiger le simple droit d'entrée sur les animaux énoncés en un acquit-à-caution, lorsqu'*avant l'expiration du délai*, le soumissionnaire déclare les avoir vendus à l'intérieur. (*Déc. adm.* 6 nov. 1851).

§ 2.

FORMALITÉS RELATIVES AUX VOITURES SERVANT AU TRANSPORT DES MARCHANDISES, DES MATÉRIAUX, OU DES PRODUITS DE L'INDUSTRIE RURALE.

421. Les acquits-à-caution ou reconnaissances de consignation délivrés pour les chevaux et bêtes de somme doivent indiquer l'espèce, la forme et la valeur des voitures à échelles, charrettes, charriots (1), tombereaux, et autres voitures de même nature auxquelles les animaux sont attelés, afin que l'identité puisse en être reconnue lors du retour à l'Étranger ou à l'intérieur. (*Règlement du 18 juin 1846, art. 11*).

422. Si les voitures présentées à l'importation sont entièrement neuves (2), le receveur ne doit en autoriser l'introduction en franchise que sous la condition de les réexporter à l'Étranger. L'accomplissement de cette condition est garantie, soit au moyen d'une clause spéciale insérée dans la soumission cautionnée souscrite par le voiturier pour les chevaux et bêtes de somme, soit par le dépôt, à titre de consignation, des droits d'entrée.

Pour l'application de cet article, la valeur des voitures doit être déclarée par les voituriers, sauf rectification d'office par la douane, qui a la faculté, en cas de refus par lesdits voituriers d'admettre cette rectification, d'user du droit de préemption. (*Règlement du 18 juin 1846, art. 12*).

423. Sont applicables aux voitures les nos 414 à 420 ci-dessus. (*Même règlement, art. 13*).

§ 3.

INSTRUCTION POUR SERVIR A LA DESCRIPTION EXACTE ET UNIFORME DU SIGNALEMENT DES CHEVAUX, ANNEXÉE A LA CIRCULAIRE DU 22 SEPTEMBRE 1840, Nº 1833.

424. Les signes caractéristiques principaux qui constituent le signalement complet du cheval sont au nombre de cinq, savoir :

---

(1) Il s'agit ici exclusivement des voitures qui font l'objet de la note 684 du tarif de 1844, et non des voitures suspendues servant aux voyageurs et dont l'admission temporaire demeure soumise aux conditions de l'article 18 de la loi du 27 juillet 1822. (*Régl. 18 juin 1846*).

(2) On doit se borner à garantir la réexportation des voitures à échelles entièrement neuves : celles qui portent des traces de service sont dispensées de toute soumission ou consignation de droits. (*Régl. du 18 juin 1846 et déc. adm. 10 nov. 1846*).

1º L'espèce ;

2º Les poils formant la robe, ou le pelage ;

3º Les marques particulières dans lesquelles on comprend les **vices** de conformation extérieure ;

4º L'âge ;

5º La taille.

Trois de ces points, *le pelage*, *les marques particulières* et *l'âge*, ne peuvent être bien précisés qu'à l'aide des connaissances spéciales dont on va donner quelques notions.

Il est utile de les faire précéder du vocabulaire des diverses parties du cheval qu'il faut nécessairement connaître pour prendre un bon signalement.

Salières. — Creux plus ou moins profonds qui se trouvent à un pouce environ au-dessus des yeux.

OEil vairon. — Se dit de l'œil d'un cheval dont la prunelle, tirant sur le vert, est entourée d'un cercle blanchâtre.

Chanfrein. — Devant de la tête, depuis les yeux jusqu'aux nazeaux ; lorsqu'il est un peu en arc, il s'appelle *busqué* ou *moutonné.*

Ganache. — Les joues du cheval.

Nazeaux. — Les narines. Ils sont séparés par le bas du chanfrein.

Le bout du nez. — Espace qui descend entre les nazeaux et finit à la lèvre supérieure.

Le garrot. — Se trouve entre le col et le dos, au-dessus des deux épaules.

Le genou d'un cheval est *couronné* quand la peau qui le couvre a été endommagée par suite d'une chute, et que la marque y reste.

Fanon. — Bouquet de poils placé derrière les boulets et qui enveloppe l'ergot.

Queue de rat, ou ratée. — Dégarnie de crins.

Courte queue est celle dont on a enlevé quelques nœuds.

Queue à l'anglaise ou anglaisée, ou plus communément *niquetée.* — Queue coupée et dont on a enlevé les tendons pour la faire porter en trompe.

Section I.

DE LA ROBE.

425. On entend par robe tous les poils égaux en longueur qu'on trouve sur la surface de la tête, de l'encolure, du poitrail, des épaules, des reins, de la croupe, des flancs, etc. Les poils de la crinière, du toupet, des sourcils, des oreilles, de la queue, des fanons ou tendons, n'entrent pour rien dans la composition de la robe. On les appelle *crins*, comme on nomme *lin* le poil des extrémités autour des fanons.

On ne dit pas qu'un cheval est de telle couleur, mais bien de tel *poil* ou de telle *robe*.

Il y a des robes simples et des robes composées.

§ 1er.

DES ROBES SIMPLES.

426. Les robes simples sont formées de la réunion des poils d'une couleur uniforme.

On en distingue de six sortes : *le blanc*, *le noir*, *le gris souris*, *le gris ardoisé*, *l'alezan* ou *bai* (1) et *l'isabelle*.

Si la robe est toute entière, ou noire, ou gris souris, ou alezan, l'animal est encore appelé *zain*, mot qui s'ajoute par supplément à la désignation de la robe pour indiquer que celle-ci est d'une même couleur sans qu'il s'y rencontre aucun poil blanc.

Ces six sortes de robes simples se subdivisent, chacune, en diverses nuances désignées ci-après :

ROBES SIMPLES.

1° POILS BLANCS. (4 NUANCES).

1° *Blanc simple*. — Qui n'est pas d'une blancheur éclatante.

---

(1) Le poil *alezan* et le poil *bai* sont exactement de la même couleur : seulement on appelle *bais* les chevaux d'une robe alezan, quelle que soit sa nuance, quand ils ont les extrémités, la queue, la crinière et le toupet noirs ; ainsi la dénomination de *bai* emporte avec elle l'idée d'une robe alezan avec des crins noirs.

2º *Blanc de lait ou soupe au lait.* — Encore plus mat. Il paraît sale ; il est moins blanc que le blanc simple. Ni l'un ni l'autre ne sont brillants.

3º *Blanc argenté.* — Eclatant et brillant au soleil.

4º *Blanc de porcelaine.* — Extrêmement brillant et reflète avec éclat une teinte bleuâtre. Ces deux dernières robes sont fort rares.

2º POILS NOIRS. (4 NUANCES).

1º *Noir franc.* — Foncé, sans être brillant ; commun.

2º *Noir jais.* — Très-foncé et très-éclatant : de toutes les robes simples, c'est le noir jais le plus chatoyant.

3º *Noir lavé.* — Moins foncé que les deux premiers.

4º *Noir mal teint.* — Il réfléchit une couleur un peu roussâtre. Ces deux derniers noirs sont les plus communs.

3º POILS GRIS SOURIS. (3 NUANCES) (1).

1º *Gris souris simple.* — Couleur qui approche le plus de la couleur de souris.

2º *Gris souris clair ou cendré.* — Moins foncé que le précédent.

3º *Gris souris foncé.* — Approche souvent du noir.

4º POILS GRIS ARDOISÉS. (3 NUANCES) (2).

1º *Gris ardoisé.* — Celui dont la nuance de chaque poil, considéré isolément, réfléchit la nuance de l'ardoise.

2º *Gris ardoisé clair.* — 3º *Gris ardoisé foncé.* — Ces deux nuances s'expliquent d'elles-mêmes. Quand les chevaux gris ardoisés ont la raie de mulet, on en fait mention.

5º POILS ALEZANS OU BAIS. (9 NUANCES).

1º *Alezan cerise.* — Nuance qui approche beaucoup du rouge clair de la cerise, dite griotte.

---

(1) La couleur principale et ses nuances s'indiquent d'elles-mêmes. Le cheval a communément la *raie de mulet*, qui prend du garrot à la queue. Quand il ne l'a pas, on en fait la remarque dans le signalement. Quelquefois les chevaux *gris souris* sont marqués de plusieurs raies noires ou transversales, aux genoux, aux jarrets et même aux extrémités ; on y ajoute alors l'épithète : *zébré*, dans telle ou telle partie.

(2) Il arrive quelquefois que le gris ardoisé est le résultat du mélange d'une teinte particulière de poils blancs et noirs qui réflétent la même nuance que le gris ardoisé. C'est ce qu'on appelle improprement *gris de fer*. Dans ce cas, la robe doit être rangée parmi les robes composées.

2º *Alezan doré.* — Tire sur le jaune brillant, et reflète la couleur d'une pièce d'or.

3º *Alezan clair.* — D'un jaune moins foncé que le précédent.

4º *Alezan café au lait.* — D'un jaune tirant sur la couleur du café au lait (1).

5º *Alezan châtain.* — Jaune obscur, nuance de la châtaigne.

6º *Alezan marron.* — Plus foncé, plus obscur que le précédent.

7º *Alezan brûlé.* — Couleur de linge légèrement roussi au feu.

8º *Alezan vineux.* — Rouge obscur tirant sur la couleur d'un linge taché de vin ; quelquefois les crins de la crinière et de la queue sont blancs : en faire la remarque.

9º *Alezan fauve, clair, poil de biche ou de vache.* — Nuance qui se trouve plus habituellement dans les bêtes à cornes.

6º POILS ISABELLES. (4 NUANCES).

1º *Isabelle commun.* — C'est l'isablle proprement dit ; un alezan pâle, lavé, d'un jaune clair tenant le milieu entre le blanc et le jaune, mais où cette dernière couleur domine.

2º *Isabelle clair.* — Ressemble à une soupe au lait légèrement nuagée d'un jaune d'œuf.

3º *Isabelle doré.* — A beaucoup d'analogie avec l'alezan doré ; mais il est moins foncé et il est chatoyant.

4º *Isabelle foncé* — D'un jaune roussâtre. Cette espèce a communément la raie de mulet ; l'absence de ce signe est une exception : il faut la mentionner.

§ 2.

DES ROBES COMPOSÉES.

427. Les robes composées sont le produit de la réunion des poils simples de deux ou de trois couleurs dont le mélange est plus ou moins confus, ou plus ou moins distinct. Ces robes, assez communes, peuvent être divisées en cinq classes, savoir :

---

(1) On voit très-rarement des chevaux de cette robe à crins et extrémités noirs ; il y en a cependant, et alors on les désigne sous le nom de *bai café au lait*. La plupart des chevaux de ce poil ont la peau délicate ; ils ont souvent du *ladre* (absence de poil) auprès des yeux, des naseaux, des lèvres, etc. On en fait mention.

1° Mélange de noir et de blanc, formant le gris;

2° Mélange de blanc et d'alezan;

3° Mélange de blanc, de noir et d'alezan, formant le rouan;

4° Mélange de blanc sale, d'alezan vineux, et de noir mal teint, formant le louvet;

5° Pie et rubican.

De même que les robes simples, les robes composées se subdivisent en diverses nuances; on va les indiquer :

ROBES COMPOSÉES.

1re classe.

MÉLANGE DE NOIR ET DE BLANC, FORMANT LE GRIS. (4 NUANCES) (1).

1° *Gris simple.* — C'est celui où le noir et le blanc sont dans une égale ou presque égale proportion.

2° *Gris clair.* — Le blanc domine. S'il y a, sur toute l'étendue de cette robe, ou seulement sur quelques-unes de ses parties, des taches gris foncé de la largeur d'une pièce de un franc au moins et d'une pièce de cinq francs au plus, régulièrement espacées, c'est ce qui constitue le gris miroité.

3° *Gris foncé ou sale.* — Le noir domine. Si cette robe est couverte, en tout ou en partie, de taches gris clair, dont la forme, la position et les dimensions soient les mêmes que celles du gris miroité, c'est ce qui constitue le gris pommelé.

4° *Gris argenté.* — Vif, peu chargé de noir; le fond, qui est blanc, ressemble à de l'argent extrêmement brillant, de la même teinte que le blanc argenté dont on a parlé aux robes simples. Ce gris est assez souvent miroité, c'est-à-dire couvert de taches d'un gris plus foncé.

Chacune des nuances du gris est sujette à certaines variétés indiquées par les dénominations qui en fixent le caractère, telles que :

Gris tigré. — Couvert de taches noires disposées à peu près comme celles de la peau d'une panthère.

---

(1) On a vu (note 2, page 229) que le *gris ardoisé* peut être ou simple ou composé : les nuances sont les mêmes dans les deux cas. Les gris ardoisés de robes composées sont quelquefois pommelés.

Gris moucheté. — Couvert de petites taches noires en forme de mouchetures.

Gris tisonné ou charbonné. — D'un gris couvert de taches noires irrégulières et longues, semblables à celles qu'on ferait avec du charbon (1)

Gris tourdille. — Gris sale, semé de taches d'un noir mal teint ou lavé. Cette robe approche assez du plumage de la grive.

Gris étourneau. — Les taches ont la même étendue, la même distribution que dans le gris tourdille; mais elles sont plus claires, tandis que le fond de la robe est, au contraire, plus foncé.

Gris truité (2). — Même fond que le gris étourneau; mais les petites taches sont alezanes.

2ᵉ classe.

MÉLANGE DE BLANC ET D'ALEZAN (3 NUANCES).

1° *Aubère.* — Mélange de blanc et d'alezan dans une égale proportion.

2° *Fleur de pêcher.* — Quand le blanc domine.

3° *Mille-fleurs.* — Quand, dans l'une ou l'autre des deux premières robes, il y a mélange confus de taches blanches et alezanes, irrégulières de forme, d'étendue et de situation.

3ᵉ classe.

MÉLANGE DE BLANC, DE NOIR ET D'ALEZAN, FORMANT LE ROUAN (3 NUANCES) (3).

1° *Rouan simple.* — Quand le blanc, le noir et l'alezan sont à peu près en égale proportion.

___

(1) Ces taches, mouchetures ou charbonnures, se remarquent assez souvent dans les gris simples, clairs ou argentés, presque jamais dans les gris foncés.

(2) Ces variétés ou taches diverses, qui viennent d'être indiquées, se remarquent aussi quelquefois sur le rouan, le blanc, l'alezan et le bai; alors, après avoir décrit le fond de ces robes, on ajoute, selon le cas *truité, tisonné, moucheté* ou *tigré.*

(3) Le rouan simple, foncé ou clair, peut être *vineux*, comme il a été dit pour l'alzan; alors on l'indique, ce qui ne doit pas empêcher de déterminer la nuance du rouan.

Si dans un rouan, surtout dans un rouan foncé, la tête et les extrémités sont noires, l'animal est dit rouan (de telle nuance) *cap de Maure.*

2º *Rouan foncé ou très foncé.* — Selon que le blanc est plus ou moins rare.

3º *Rouan clair ou fleur de pêcher.* — Suivant que le blanc ou l'alezan domine, et que le noir est plus rare.

4º classe.

MÉLANGE DE BLANC SALE, D'ALEZAN VINEUX ET DE NOIR MAL TEINT, FORMANT LE LOUVET (3 NUANCES).

1º *Louvet clair.* — Si le blanc sale domine.

2º *Louvet foncé.* — Si c'est l'alezan vineux.

3º *Louvet obscur.* — Si c'est le noir mal teint.

5º classe.

PIE ET RUBICAN.

Pie. — Lorsque des taches blanches et noires, ou blanches et alezanes, inégales, distinctes et séparées entre elles, sont alternées les unes par les autres, de manière à occuper toute l'étendue du corps du cheval, elles constituent la robe *pie*. On distingue les robes *pies* par la couleur des taches de poils simples qui dominent; delà : *pie noir*, *pie alezan*, etc., selon que les taches noires ou alezanes sont plus nombreuses ou plus larges.

Rubican. — Quelques poils blancs semés çà et là sur le noir, l'alezan ou le bai, forment le *rubican*, dénomination que l'on ajoute à la désignation de la couleur du fond de la robe. Lorsque ces poils blancs ne sont pas semés sur toute la robe, on désigne la place où ils se trouvent. Ainsi l'on dit : alezan, bai ou noir rubican au dos, à la croupe, etc.

Section II.

DES MARQUES PARTICULIÈRES.

428. *Poil chatoyant.* — Variété des robes simples, lorsque la nuance se forme ou s'affaiblit, à mesure qu'on fait changer le cheval de place, et qui ressemble à une étoffe moirée.

Le lavé. — Les nuances des robes simples, sauf le noir jais, s'affaiblissent ou s'éclaircissent toujours autour des lèvres, des yeux, sous le ventre, aux flancs, aux fesses, etc. C'est ce qui forme le *lavé*. On dit : fesses lavées, flancs lavés, extrémités lavées.

Marqué de feu. — Si ces mêmes parties sont d'un roux plus ou moins vif, on dit : *marqué de feu* à telle ou telle partie, ou *feu aux extrémités*, ou *extrémités de feu*, selon le cas. On ne voit guère que des bais bruns aux extrémités de feu.

Ladre. — C'est le cheval, de quelque poil qu'il soit, dont le bout du nez, ou le tour des yeux, quelquefois l'un et l'autre, sont sans poil et d'une chair rouge et fade, couverte de taches obscures.

Cillé. — Se dit d'un cheval qui a, par vieillesse, des poils blancs aux cils.

Boire dans son blanc. — Lorsque le blanc du bout du nez occupe toute la lèvre supérieure.

Marqué en tête. — Tache blanche (étoile ou pelote) sur le front.

Chanfrein blanc. — Bande de poils blancs qui occupe plus ou moins d'espace le long du chanfrein. On dit : *prolongé entre les naseaux*, lorsque la bande blanche descend jusqu'au bout du nez.

Grand chanfrein ou belle face. — Lorsque tout le devant de la tête, jusqu'entre les naseaux, est blanc.

Liste. — S'entend d'une ligne blanche qui descend le long du chanfrein et se prolonge jusqu'aux naseaux.

Marqué légèrement. — Petites taches entre les naseaux, à la lèvre supérieure ou inférieure, etc.

Épis. — On donne ce nom à la direction et au rebroussement des poils, qui, au lieu de présenter une surface unie, forment, sur la robe de l'animal, une sorte d'enfoncement, une rosace ou un point d'intersection très marqué.

Coup de lance. — Concavité qui existe le plus souvent dans l'encolure ou dans l'épaule. Elle a la forme de la cicatrice d'un coup de lance.

DES BALZANES.

429. Ce sont des marques blanches qui quelquefois s'étendent du genou et du jarret exclusivement au sabot.

Suivant leurs dimensions, on dit :.

Petites balzanes, — lorsque le blanc est seulement à la circonférence du pied ou de la couronne.

Haut-chaussé, — quand la balzane va jusqu'aux genoux et aux jarrets.

Trop haut chaussé, — quand elle les dépasse.

Trace de balzane, — toutes les fois que la trace blanche ne fait pas entièrement le tour du paturon.

Suivant leur forme :

Balzane pointue, — lorsqu'elle forme une pointe en arrivant à la couronne. Elle est pointue en avant, en arrière, en dedans ou en dehors.

Balzane dentelée, — lorsqu'elle forme des pointes à son origine et à sa terminaison.

Balzane herminée ou mouchetée, — lorsqu'elle est tachetée de noir dans plusieurs points de son étendue.

Balzane bordée, — lorsque les poils qui précèdent son commencement ou sa terminaison se détachent du fond de la robe et de la balzane, de manière à former une bordure noire ou alezane, mais différente du fond de la robe et de la balzane elle-même.

Balzane antérieure hors montoir (1), — celle de la jambe droite de devant.

Balzane antérieure au montoir, — celle de la jambe gauche de devant.

Balzane postérieure au montoir, — celle de la jambe gauche de derrière.

Balzane postérieure hors montoir, — celle de la jambe droite de derrière.

S'il y a trois balzanes, on dit *balzanes à trois extrémités*, dont une au montoir, ou hors montoir, antérieure ou postérieure.

Si elles sont au *bipède antérieur*, ou *bipède postérieur*, ou au *bipède droit* ou *gauche*, ou au *bipède diagonal droit* ou *gauche*, on l'exprime également, en disant : *balzane à tel ou tel bipède* (2).

---

(1) On appelle *montoir* le côté où se place le cavalier pour monter à cheval : c'est la gauche du cheval ; *hors montoir*, c'est la droite.

Dans la désignation de ces balzanes, on dit aussi : droite cu gauche, au lieu de hors montoir et montoir

(2) On a déjà vu, section I, paragraphe 1er, *des Robes simples*, qu'un cheval est *zain*, lorsqu'on ne rencontre aucune marque blanche sur le corps. Il n'en serait pas moins appelé zain, si cette marque était la suite d'une plaie quelconque faite à la peau, ainsi que cela arrive quelquefois au garrot, sur le dos, etc., à la suite du froissement de la selle ou du harnais. Il est facile de s'assurer si ces poils proviennent d'une

Section III.

DE L'AGE DES CHEVAUX.

§ 1er.

DES DENTS.

430. On connaît l'âge d'un cheval à l'inspection de ses dents.

Elles sont au nombre de 40 dans les chevaux et de 36 dans les juments, parce qu'ordinairement celles-ci n'ont pas de crochets.

On divise les dents en *incisives*, en *crochets* et en *molaires* ou *mâchelières*. Les premières se subdivisent en pinces, mitoyennes et coins.

Chaque mâchoire a deux pinces, deux mitoyennes, deux coins, deux crochets et douze mâchelières.

Les *pinces* sont les deux dents incisives qui sont tout-à-fait au-devant de la bouche, en haut et en bas.

Les *mitoyennes* sont les deux incisives qui sont à droite et à gauche des pinces en haut et en bas.

Les *coins* sont les deux dents incisives qui sont à droite et à gauche des mitoyennes en haut et en bas.

Les *crochets* sont des espèces de dents rondes et pointues qui croissent entre les dents de devant (incisives), et les dents mâchelières.

Dents de lait : ce sont les incisives qui poussent au cheval aussitôt qu'il est né (1).

Le poulain garde ses dents de lait jusqu'à deux ans et demi, quelquefois trois ans, mais c'est rare. Les quatre premières dents de lait (les pinces, deux dessus et deux dessous) tombent, et sont remplacées par quatre autres que l'on appelle pinces également.

A trois ans et demi, et rarement à quatre ans, les mitoyennes

---

plaie. Le milieu de la place où ils existent est alors le plus souvent dénuée de poils ; ceux des environs sont moins longs que ceux du reste de la robe ; ils sont inégaux entr'eux et ne réfléchissent pas une couleur également blanche. Il faut faire mention de ces taches dans un signalement complet.

(1) Il ne faut pas perdre de vue que ces indications sont spéciales à l'art hippiatrique. En ce qui concerne l'application du droit, de même que pour le signalement du cheval, on doit toujours se conformer à la note 3 du tarif officiel, d'après laquelle ce quadrupède cesse d'être considéré comme poulain dès que des dents

tombent, et sont aussi remplacées par quatre autres appelées de même.

A quatre ans et demi ou cinq ans, les coins tombent et font place à quatre autres dents pareillement nommées.

Les dents de lait sont courtes, blanches, pleines en dessus ; celles qui leur succèdent sont moins blanches, plus fortes et creuses en dessus.

Les coins viennent presque toujours après les crochets d'en bas, quelquefois en même temps et quelquefois auparavant. Lorsque les coins poussent, il semble que la dent ne fasse que border la gencive en dehors, comme un petit cercle d'émail, jusqu'à cinq ans, époque à laquelle la dent sort de la gencive de l'épaisseur d'une pièce de cinq francs : c'est vers ce temps que les crochets d'en haut poussent assez ordinairement ; ceux d'en bas sont un peu élevés et forment une pointe aiguë.

De cinq ans, à cinq ans et demi, la dent du coin, restant toujours creuse en dedans, est sortie de l'épaisseur de deux écus.

De cinq ans et demi à six ans, la dent du coin est sortie de l'épaisseur du petit doigt, la muraille interne est formée et il n'y reste plus qu'un petit creux noir dans le milieu, qu'on nomme le germe de fève ; alors le creux des pinces est totalement usé et celui des mitoyennes l'est à demi.

A six ans et demi le germe de fève des coins sera diminué et les crochets auront acquis toute leur longueur ; ceux d'en haut seront cannelés en dedans.

A sept ans, les coins sortent de l'épaisseur d'un doigt et le germe de fève est beaucoup diminué.

A huit ans, la dent du coin sera longue comme l'épaisseur du deuxième doigt. Le germe de fève sera tout à fait effacé ; le cheval aura rasé.

On appelle cheval *bégu*, celui dont le creux noir des dents s'use peu, de façon qu'il paraît toujours n'avoir que de six à huit ans : à ces chevaux, on reconnaîtra l'âge à la longueur des dents et aux autres indices généraux.

---

d'adulte commencent à paraître, c'est-à-dire à la chute d'une dent de lait (pince) ce qui a lieu d'ordinaire à deux ans et demi. En hippiatrique, au contraire, le poulain n'est cheval que quand *il a tout mis*, c'est-à-dire à cinq ans.

§ 2.

431. Peu après la naissance. — 4 pinces.

Peu après les pinces. — 4 mitoyennes.

Trois ou quatre mois après. — 4 coins.

A deux ans et demi. — Les pinces creuses.

A trois ans et demi. — Les mitoyennes creuses; les crochets d'en bas paraissent.

A quatre ans et demi. — Les coins bordent les gencives.

A cinq ans. — Les crochets d'en haut et les coins sortent de l'épaisseur d'un écu.

A cinq ans et demi. — Les coins sortent de l'épaisseur de deux écus, et les crochets d'en bas sont blancs et tranchants.

De cinq ans et demi à six ans. — Les coins sortent de l'épaisseur d'un petit doigt; le germe de fève paraît, le creux des pinces est usé; celui des mitoyennes demi-usé.

A six ans complets. — Le germe de fève des coins a diminué, les crochets sont parvenus à leur longueur; les crochets d'en haut sont cannelés ou raboteux en dedans.

A sept ans. — Les coins sortent de l'épaisseur d'un doigt, le germe de fève a beaucoup diminué.

A huit ans. — Coins longs du travers du deuxième doigt; le germe de fève tout à fait effacé : alors le cheval ne marque plus.

De neuf à onze ans, inclus. — La disposition de la fève supérieure a lieu dans le même ordre que celle de la mâchoire inférieure.

§ 3.

432. Crochets d'en haut arrondis et diminués.

Crochets d'en bas arrondis et jaunes.

Dents avancées jaunes et longues.

Salières creuses.

Le cheval cillé.

Palais décharné.

Os de la ganache tranchant.

Crins qui blanchissent.

§ 4.

DU SIGNALEMENT.

433. Pour procéder méthodiquement et exactement à la description d'un cheval, on doit suivre l'ordre indiqué en tête de cette instruction.

1° *L'espèce.* — On distingue s'il s'agit d'un hongre, d'un entier ou d'une jument.

2° *La robe.* — Pour en déterminer la nuance, on place le cheval dans son *véritable jour.* On distingue entre les robes simples et les robes composées.

3° *Marques particulières.* — Elles doivent être décrites exactement, surtout les balzanes. On indique les vices de conformation extérieurs.

4° *L'âge.* — On s'en assure et on l'annonce après une inspection attentive des dents.

5° *La taille.* — Pour la déterminer, on place le cheval dans une pose naturelle, de manière à ce que ses pieds de devant soient l'un contre l'autre, *sans efforts;* on met alors en *équerre* la toise contre le cheval, de sorte que le pied de cette toise soit de niveau et sur la même ligne que le sabot et que la ligne descende sur la pointe du garrot en appuyant légèrement (1).

EXEMPLE.

434. Un cheval hongre, poil isabelle foncé, sans raie de mulet, légèrement marqué en tête; balzane postérieure dentelée hors mon-

---

(1) Il est facile aux préposés de s'assurer, en campagne, de l'identité de la taille, au moyen d'une mesure métrique en ruban, à l'extrémité de laquelle pend un plomb. L'extrémité supérieure se fixe à la baguette du fusil horizontalement placée sur le garrot du cheval.

toir ; une loupe au genou du côté montoir ; cinq ans et demi ; taille
de.....

Section IV.

REMBOURSEMENT DES CONSIGNATIONS POUR CHEVAUX ET BÊTES DE SOMME.

435. Lorsque la réimportation ou la réexportation se fait dans le délai déterminé, par quelque bureau que ce soit de la frontière, le receveur restitue immédiatement les sommes consignées, si, d'ailleurs, la parfaite identité des animaux et des voitures est reconnue, et si leur passage est constaté par un certificat (1). (*Circ. n° 1038*).

Ici, deux cas se présentent :

Ou le passavant de consignation appartient au bureau qui a remboursé les droits, ou à un autre bureau situé dans la même principalité, — ou bien il émane d'un bureau étranger à cette principalité.

Dans le premier cas, la dépense est inscrite au chapitre des *Consignations*; dans le second, elle est inscrite au chapitre des *Virements*, pour être transportée ensuite, au moyen d'un bordereau n° 78, dans la caisse du receveur-principal dont dépend le bureau qui a délivré l'expédition. Celui-ci, en recevant le bordereau, en prend le montant en recette sous le titre de *Virements*, et balance cette recette par un article de dépense aux *Consignations*.

436. Si le délai porté sur l'expédition était périmé, il n'en serait pas moins procédé à la reconnaissance des animaux et des voitures, mais le remboursement ne devrait être effectué que sur l'autorisation de l'administration. (*N° 420*).

437. Le remboursement doit être justifié par une quittance. — Il ne peut être fait en d'autres mains qu'en celles du consignataire réel, c'est-à-dire la personne au nom de laquelle la consignation a eu lieu. — Ce consignataire ne peut être remplacé dans son droit pour recevoir la somme déposée, à moins d'une procuration en due forme ou d'un passé à l'ordre qui peut être donné sur la consignation même, par

---

(1) Il n'y a pas lieu à rembourser les droits sur les chevaux attelés à une voiture, lorsque cette voiture n'est pas réexportée. (*Adm. 26 juillet 1838*).

forme d'endossement, à l'instar des effets de commerce. (*Circ. n° 1331*).

Si le consignataire ne savait pas écrire, la quittance devrait être signée par deux témoins, et formulée ainsi qu'il suit :

Le sieur...., ne sachant signer, a reçu la somme ci-dessus en présence des sieurs.... (noms, qualités et demeure), *qui certifient la lui avoir vu compter.*

A....... le....... 18....

Si les deux témoins appartiennent aux douanes, leur signature doit être légalisée par l'inspecteur ou le sous-inspecteur ; s'ils sont étrangers, leur signature est légalisée par le maire. (*Circ. n° 968, § 9*).

Dans aucun cas, le receveur qui paie ne peut signer comme témoin.

438. Il pourrait arriver qu'au lieu de représenter l'original de la consignation, le consignataire ne représentât qu'un duplicata de cette expédition : alors le remboursement ne devrait être effectué qu'à charge par lui de fournir caution solidaire de la somme à rembourser s'il arrivait que, dans l'espace de deux années de la date de l'acquit, le porteur de l'acquit original réclamât le paiement des droits portés audit acquit. (*Circ. du 29 oct. 1791, et Circ. n° 1331*). Voir : *Quittances-remboursements de droits, n° 267.*

439. Les restitutions des sommes consignées doivent être justifiées par des ordonnances de remboursement délivrées par le directeur, et appuyées, indépendamment de la quittance des parties, des expéditions de douanes revêtues de certificats de réexportation ou de réimportation. (*Comptabilité gén., 20 mai 1826*).

Elles sont, à la fin du mois, récapitulées sur la chemise n° 41, qui accompagne l'inventaire.

APPLICATION AUX DROITS.

440. Si les animaux qui font l'objet des consignations ne sont pas représentés en temps utile, ou s'ils sont représentés sans vie, la somme consignée reste acquise au trésor, et, alors, par une opération de sans mouvement de valeurs, on la retire du chapitre des *Consignations* pour l'appliquer aux *Droits de douanes*. Mais cette application ne peut être faite que six mois après le délai fixé par l'expédition pour la représentation. (*Circ. n° 1255*). (*N° 419*).

Section V.

CONSIGNATIONS POUR L'ARGENTERIE DES VOYAGEURS.

RECETTE.

441. Les étrangers qui viennent en France peuvent introduire l'argenterie qui est uniquement destinée pour leur usage ; mais ils doivent, par une consignation, assurer, en cas de non-réexportation, le recouvrement des droits de douanes et de garantie.

Le montant de la somme consignée est porté en recette comme s'il s'agissait de chevaux.

DÉPENSE.

442. Les règles qui concernent les remboursements de sommes consignées pour les chevaux sont, en tout point, applicables au remboursement des consignations pour l'argenterie.

La dépense est justifiée par les ordonnances de remboursement délivrées par le directeur et appuyées, indépendamment de la quittance des parties, des expéditions de douanes revêtues du certificat de réexportation.

Le versement à l'administration des contributions indirectes du droit de garantie est justifié par les récépissés des agents de cette administration. *(Comptabilité générale,* 20 *mai* 1826*).*

APPLICATION AUX DROITS.

443. Quand il y a lieu d'appliquer aux droits et produits les sommes consignées, l'opération se fait de la manière suivante :

On dépense la somme entière au chapitre des *consignations*, en ayant soin, toutefois, de faire la distinction de la partie de la somme qui doit être appliquée aux droits de douanes et de celle qui doit être versée à la régie : on porte la première partie à la colonne des sans mouvements de valeurs et on la balance à la recette par l'article *Droits de douanes,* et on inscrit la seconde à la colonne du numéraire.

444. La dépense pour restitution des sommes consignées est récapitulée sur la chemise n⁰ 41 ; celle faite pour versement à la caisse de la

régie l'est sur la chemise n° 43. Ces deux chemises, rappelées sur l'inventaire, accompagnent le bordereau n° 2.

Section VI.

CONSIGNATIONS EN GARANTIE DE DROITS.

RECETTE.

445. Quand les propriétaires demandent à retirer des douanes les marchandises qu'ils se proposent d'acquitter, mais dont les droits ne peuvent être réglés de suite, — ou quand ils élèvent des réclamations relatives à l'application du tarif, on peut les admettre à consigner le montant des droits présumés. *(Compt. gén. 20 mai 1826).*

Des reconnaissances sont détachées du registre série M, n° 22 *ter.*, et remises aux consignataires. *(Circ. n° 1563).*

DÉPENSE.

446. Les reconnaissances sont échangées, soit contre des quittances définitives des droits, en dépensant, sans mouvement de valeurs, aux *consignations*, les sommes qui y figurent, et en les reprenant en recette aux *droits de douanes*, — soit contre la restitution des valeurs consignées, restitution qui est justifiée par un état certifié de la dépense, et par un ordre de remboursement appuyé de la quittance du consignataire. *(Compt. gén., 12 nov. 1822).*

Ces sortes de dépenses sont récapitulées sur la chemise n° 95, qui, à la fin du mois, est annexée à l'inventaire.

OBSERVATIONS COMMUNES AUX QUATRE SECTIONS PRÉCÉDENTES.

447. Au fur et à mesure que les reconnaissances de consignations rentrent à la principalité, le comptable vérifie si elles sont régulières ; en cas d'inexactitude, il les renvoie au bureau d'où elles émanent pour être rectifiées. — Vers la fin du mois, il les classe par bureau et par

ordre de numéros, et les détaille sur deux états dont l'un présente l'entrée et l'autre la sortie. Voici un modèle :

DOUANES.

CONSIGNATIONS À { l'entrée. la sortie.

MOIS
de...... 18....

Direction de

. PRINCIPALITÉ DE

ÉTAT *des remboursements de consignations effectués à l'entrée* (ou à la sortie) *dans les bureaux de la principalité, pendant le mois de........ 18....*

BUREAUX.	Nᵒˢ ET DATES des passavants.	SOMMES restituées.	OBSERVATIONS.
	TOTAL.		

Certifié véritable : à........ le........ 18.....

Le receveur principal,

448. Ces états, auxquels sont annexées les reconnaissances, doivent être en harmonie parfaite avec les écritures tenues au sommier : ils sont adressés à la direction, qui, après vérification, délivre les ordres de restitution.

449. Pour avoir la certitude que tous les passavants de consignations sont rentrés, comme aussi pour connaître les époques auxquelles doivent être faites les applications, chaque receveur-principal doit ouvrir un registre où il inscrit, par numéros, dates, objets et sommes, toutes les reconnaissances délivrées, dans le mois, dans les bureaux de son arrondissement; dans d'autres colonnes, il indique le délai accordé pour la représentation; il rappelle la date précise de l'expiration du délai de six mois, et fait connaître l'époque de la restitution ou de l'application. (*Circ. n° 1255*).

Les règles tracées dans l'un ou l'autre des trois paragraphes dont il s'agit sont applicables à chacun d'eux, ainsi qu'au paragraphe suivant :

Section VII.

CONSIGNATIONS A TITRE DE CAUTIONNEMENT.

RECETTE.

450. La destination des marchandises expédiées sous acquit-à-caution, soit pour la circulation sur la ligne, le cabotage, le transit, ou des animaux envoyés au pacage, peut être assurée par une consignation faite à titre de cautionnement. *(Compt. génér., 20 mai 1826)*.

DÉPENSE.

451. La restitution de cette consignation est justifiée par un ordre de paiement, appuyé de l'acquit-à-caution revêtu d'un certificat de décharge et de la quittance du consignataire. (*Compt. gén., 12 novembre 1832*). Elle est détaillée sur la chemise n° 96, qui est annexée à l'inventaire.

L'APPLICATION aux droits se fait en dépensant la somme consignée, et en la reprenant en recette aux droits de douanes.

Section VIII.

CONSIGNATIONS POUR ASSURER L'EXÉCUTION DES
TRANSACTIONS.

RECETTES.

452. Si les sommes stipulées dans une transaction sont, immédiatement après la passation de cet acte, versées entre les mains du receveur, il en est fait recette au chapitre des *Consignations*. On agirait de même si le recouvrement avait lieu avant la notification de la décision administrative.

Les frais remboursés sont portés à ce même chapitre cumulativement avec les sommes applicables aux autres condamnations. *(Comptabilité gén., 31 déc.* 1838).

DÉPENSES.

453. APPLICATION. Quand l'autorité compétente a statué sur les arrangements et que sa décision est notifiée au comptable, celui-ci retire des consignations les sommes qu'il a reçues provisoirement, et il les applique, soit aux amendes, soit aux confiscations, soit aux frais. *(Compt. gén., 31 déc.* 1838).

454. RESTITUTION. La décharge du compte de ces espèces de consignations, en ce qui touche les restitutions faites aux prévenus, est justifiée par des ordres de dépense auxquels sont annexées les décisions qui les ont autorisées, et par les quittances des parties prenantes, ou, en cas d'absence de celles-ci, par les récépissés de versements à la caisse des dépôts et consignations, conformément aux dispositions de la circulaire de la comptabilité générale du 21 décembre 1853. *(Compt. gén., 31 déc.* 1838).

Les sommes restituées sont, à la fin du mois, détaillées sur la chemise n° 114 qui accompagne l'inventaire.

CHAPITRE V.

DES ACQUITS-A-CAUTION.

455. L'acquit-à-caution est une expédition qui a pour but d'assurer l'arrivée d'une marchandise à la destination qui lui est assignée.

A la douane seule appartient le droit de le délivrer; il est défendu aux juges de rendre aucun jugement pour en tenir lieu. (*L.* 22 *août* 1791, *titre* 11, *art.* 2).

Les acquits-à-caution forment entre l'administration et ceux à qui elle les délivre de véritables contrats, qui doivent être exécutés selon leur forme et teneur, sous les seules modifications admises par la loi. (*Ordon.* 11 *juin* 1816, *arr. de cass.* 29 *juin* 1825).

OBLIGATIONS DE L'EXPÉDITEUR.

456. L'expéditeur est tenu :

1° De fournir soumission de rapporter, dans les délais fixés et calculés d'après les distances, un certificat de l'arrivée ou du passage de la marchandise au bureau désigné ;

2° De donner caution solvable (1) ;

5° Et de s'engager, solidairement avec sa caution, à payer les condamnations encourues, en cas de fraude ou de non-rapport d'un certificat de décharge régulier. (*L.* 22 *août* 1791, *tit.* 5, *art.* 2, *et* 4).

---

(1) Celui qui se rend caution d'une obligation se soumet envers le créancier à satisfaire à cette obligation, si le débiteur n'y satisfait pas lui-même. (*Code civil*, *art.* 2011).

Le cautionnement ne se présume point; il doit être exprès, et on ne peut l'étendre au-delà des limites dans lesquelles il a été contracté. (*Idem*, *art.* 2015).

Le débiteur obligé à fournir une caution doit en présenter une qui ait la capacité de contracter, qui ait un bien suffisant pour répondre de l'objet de l'obligation, et dont le domicile soit dans le ressort de la cour où elle doit être donnée. (*Idem*, *art.* 2018).

La solvabilité d'une caution ne s'estime qu'eu égard à ses propriétés foncières. (*Idem*, *art.* 2019).

Lorsque la caution reçue par le créancier est ensuite devenue insolvable, il doit en être donné une autre. (*Idem*, *article* 2020).

(Voir le mot *Solidarité* n. 2324 à 2532).

OBLIGATION DU RECEVEUR.

457. Le receveur doit n'accepter que des cautions dont la solvabilité est parfaitement connue, autrement il serait responsable du montant des soumissions et des cautionnements qui ne seraient pas acquittés, surtout s'il était notoire que les personnes qui ont passé ces actes étaient, à l'époque où elles les ont souscrits, ou sans fortune, ou sans domicile fixe, ou sans crédit. (*Circ. des 14 frimaire an IX et 26 décembre 1816*).

A défaut de caution solvable, il doit refuser l'acquit-à-caution : il doit le refuser également quand, s'agissant de denrées et de bestiaux, le transport peut s'effectuer directement sur le territoire français. (*Arr. du 5 prairial an V, art. 1er, et circ. du 14 fructidor an IX*).

RÈGLES GÉNÉRALES.

MARCHANDISES SUJETTES A L'ACQUIT-A-CAUTION.

458. Les marchandises soumises à l'acquit-à-caution sont exemptes des droits d'entrée et de sortie.

Sont soumises à l'acquit-à-caution :

1° Les marchandises expédiées par mer d'un port pour un autre port du territoire français (n° 487);

2° Les marchandises qui ne peuvent être transportées directement par terre d'un lieu à un autre, sans emprunter le territoire étranger (n° 505);

3° Les marchandises venant de l'Étranger transportées d'un premier bureau sur un autre, pour y payer les droits (n° 2200);

4° Les marchandises prohibées à la sortie, à l'exception des drilles et chiffons (n° 2081);

5° Les marchandises expédiées en transit (n°s 519-520);

6° Les marchandises qu'on transporte d'un entrepôt dans un autre (*numéro* 767);

7° Les marchandises expédiées pour les colonies et pour les établissements français d'outre-mer;

8° Les marchandises prohibées à l'entrée reçues en entrepôt provisoire;

9° Les marchandises prohibées provenant de saisies, à l'exception de

celles dont la valeur n'excède pas 5 fr. et qui ne peuvent être comprises avec d'autres dans un même acquit-à-caution (n° 2757);

10° Les ouvrages d'or et d'argent expédiés sur un bureau de garantie (n° 1162);

11° La librairie importée (n° 2055);

12° Les armes de commerce importées (n° 2075);

13° Les marchandises expédiées sur la douane de Paris (n⁰ˢ 573-2251);

14° Certains objets expédiés par allèges (n° 960);

15° Les chevaux et bêtes de somme qui pacagent dans la zône extérieure (n° 1057);

16° Les bestiaux qui sont envoyés aux pacages internationaux (n° 1078);

17° Les chevaux et bêtes de somme qui franchissent temporairement la frontière (n° 411);

18° Et tous les produits admis temporairement (n⁰ˢ 2185-2186).

LIBELLÉ DE L'ACQUIT-A-CAUTION.

459. Les acquits-à-caution doivent énoncer :

1° Le nom de l'expéditeur et de sa caution;

2° Les marques et numéros des colis;

3° Le lieu de départ et celui de destination;

4° Le délai fixé pour le transport;

5° L'espèce, la qualité et la quantité des marchandises, en les désignant, d'après les termes du tarif, par tous les signes et caractères qui peuvent en assurer la parfaite reconnaissance au bureau de destination;

6° Le prélèvement d'échantillons, quand il y a lieu;

7° Le degré de l'avarie, quand elle existe;

8° Et les pénalités encourues en cas de fraude ou de non-rapport.

VISA.

460. Les acquits-à-caution doivent être visés aux bureaux de passage et de destination. (N⁰ˢ 462, 554 à 558).

Le visa ne se donne qu'à vue de la marchandise qui peut être vérifiée, et cette marchandise est saisissable si elle n'est pas identiquement la même que celle décrite dans l'acquit-à-caution. (*Arr. cas.* 19 *novembre* 1834, *et* 10 *mai* 1841, *et circ.* n⁰ˢ 1467 *et* 1863).

CERTIFICAT DE DÉCHARGE.

461. Le bureau de destination vérifie, à l'arrivée des marchandises, l'état des cordes et des plombs, le nombre des colis et des marchandises y contenues ; il s'assure que les formalités de l'acquit-à-caution ont été remplies, et délivre gratis un certificat de décharge qui doit être inscrit au dos de cette expédition et signé au moins par deux employés. (*N*os 463 *et* 466).

Ce certificat ne peut être expédié par les juges ni par les greffiers, et aucun jugement n'en peut tenir lieu. *(L. 22 août 1791, tit. 11, art 2.)*

462. Si, dans sa vérification, l'employé reconnaît des excédants, des déficits, des soustractions ou des substitutions, il doit les constater par un procès-verbal ; mais il doit mentionner simplement, sur l'acquit-à-caution, les légères différences ou les déficits qui ne proviennent évidemment d'aucune manœuvre frauduleuse.

S'il s'agit d'un acquit-à-caution qui n'a pas été visé, les employés du bureau de sortie s'abstiennent de constater ce non-visa par un rapport : seulement ils doivent avoir le soin d'insérer la formule suivante dans le certificat de décharge : *sous toutes réserves des droits et actions de l'administration résultant de l'absence du visa du présent acquit-à-caution au bureau de seconde ligne.* (*Circ. n*o 1338).

REGISTRE POUR LES ACTES DE DÉCHARGE.

463. Un registre spécial est destiné à recevoir l'enregistrement des actes de décharge ; mais on n'y inscrit que les acquits-à-caution qui émanent des autres bureaux. Ce registre indique, pour chaque expédition, le nom des visiteurs, l'heure à laquelle les marchandises ont été conduites à l'Étranger, les noms des préposés d'escorte et ceux des employés qui ont signé les actes de décharge. (*Circ. du 20 déc.* 1814).

GARANTIE DES CERTIFICATS DE DÉCHARGE.

464. Les soumissionnaires et leurs cautions ne cessent d'être garants de la fidélité du certificat de décharge — qu'après 4 mois pour le commerce en France, — six en Europe, — dix pour les Indes occidentales et l'Afrique jusqu'au cap de Bonne-Espérance, — et 18 mois

pour les grandes Indes et l'Ile Bourbon. (*L. 4 germinal an II, tit. 7, art. 3, et* 21 *avril* 1818, *art.* 24 *et* 26).

RETARDEMENTS. — PÉREMPTION DES DÉLAIS.

465. Les capitaines et maîtres de bâtiments sont admis à justifier qu'ils ont été retardés par des cas fortuits, comme fortune de mer, poursuite d'ennemis, et autres accidents, et ce, par des procès-verbaux, rédigés à bord et signés des principaux de l'équipage, — ou par des rapports faits aux juges du tribunal qui remplace celui d'amirauté au lieu de destination, ou à la mairie, à défaut de tribunal, et ces procès-verbaux ou rapports sont affirmés devant lesdits juges.

Les marchands ou conducteurs des marchandises transportées par terre sont également admis à justifier des retardements qu'ils ont éprouvés pendant la route, en rapportant au bureau de la douane des procès-verbaux, en bonne forme, faits par les juges des lieux où ils ont été retenus, et, à défaut d'établissement d'aucune juridiction, par les officiers municipaux desdits lieux : ces procès-verbaux doivent faire mention des circonstances et des causes du retard.

Dans les deux cas ci-dessus, les acquits-à-caution ont leur effet, et les certificats de décharge sont délivrés et signés par deux employés.

On ne doit admettre les rapports ou procès-verbaux dont il s'agit, qu'autant qu'ils sont déposés au bureau de destination ou de passage en même temps que les marchandises y sont représentées, et il ne peut être suppléé à leur défaut par la preuve testimoniale. (*Loi* 22 *août* 1791, *tit.* 3, *art.* 8).

466. Les employés ne peuvent délivrer de certificats de décharge pour les marchandises qui sont représentées au bureau de la destination ou du passage, après le temps fixé par l'acquit-à-caution ; mais si les retards sont justifiés comme il est dit au n° 465, le directeur, ou même le sous-inspecteur, et, à son défaut, le receveur, accorde, sur la demande des intéressés, des prolongations de délais, et l'acquit-à-caution est régularisé.

Si ces retards, au contraire, ne peuvent être convenablement expliqués, et s'il s'agit de marchandises expédiées par mer ou par terre, en empruntant le territoire étranger, ces marchandises doivent acquitter, au bureau où elles sont présentées après ledit délai, les droits d'entrée

comme si elles venaient de l'Étranger, sans préjudice du double droit de sortie dont le paiement est poursuivi, au lieu de départ, contre les soumissionnaires. *(Mêmes loi et titre, art. 7).*

PERTE DES ACQUITS-A-CAUTION.

467. Il est suppléé à la perte de l'acquit-à-caution par la délivrance d'un duplicata de cette expédition. (*Voir Duplicata*, n^{os} **345 et 346**).

PERTE DES MARCHANDISES.

468. La perte des marchandises qui transitent est aux risques des soumissionnaires. (*Loi* 17 *déc.* 1814, *art.* 8). (*Voir les n^{os}* 549 *à* 553).

Il en est de même pour les bestiaux envoyés aux pacages internationaux. *(Loi 2 juillet* 1836). (*Voir les n^{os}* 1069 *et* 1086).

ANNULATION DES SOUMISSIONS.

469. Avant de prescrire l'annulation des soumissions, les directeurs doivent faire procéder, dans leurs bureaux, à la vérification approfondie des acquits-à-caution et autres expéditions.

Cette vérification doit avoir surtout pour objet la comparaison par nature, espèce et quantité de marchandises, des indications contenues dans le libellé de chaque expédition et dans la tenue des certificats de visite et actes de décharge, la reconnaissance de l'authenticité des signatures des chefs et agents de tous grades qui ont délivré ou visé ces certificats de visite, actes de décharge, etc., etc.

Quand elle est terminée, le directeur transcrit sur l'expédition les instructions nécessaires pour la libération, soit pure et simple, soit conditionnelle, des soumissionnaires, et cette expédition est transmise au bureau d'où elle émane. (*Circ. n^o* 2242).

RENVOI DES ACQUITS-A-CAUTION, ETC.

470. Les acquits-à-caution et toutes autres expéditions, après avoir été régularisés aux bureaux de destination, sont adressés à chaque directeur, sous les ordres duquel sont placés ces mêmes bureaux de destination.

Ces renvois ont lieu le 1er et le 16 de chaque mois, et chaque catégorie d'expéditions fait l'objet d'un bordereau spécial dont la formule

est imprimée : ce bordereau est fourni en double expédition, dont une reste déposée à la direction.

Au fur et à mesure qu'il a été procédé à la vérification des pièces, le directeur, s'il s'agit d'expéditions qui ont pris naissance et se sont consommées dans la circonscription de son arrondissement, les renvoie aux receveurs des bureaux qui les ont délivrées.

Quant aux expéditions délivrées dans une autre direction que la sienne, il les transmet, sous bandes, et avec un des deux bordereaux qu'il a reçus des bureaux de sortie ou de destination, à celui de ses collègues ayant dans son arrondissement les bureaux où elles ont été délivrées. *(Circ. n⁰ 2242)*.

ACQUITS-A-CAUTION RETENUS POUR CAUSE DE CONTRAVENTION.

471. Les expéditions de transit, de mutation d'entrepôt, ou autres, qui auront donné lieu à la reconnaissance, par le service des bureaux de destination, de contraventions entraînant la rédaction d'un procès-verbal, devront être transmises directement à l'administration qui statuera sur les suites à donner à ces sortes d'affaires.

Il en sera de même pour les expéditions de transit qui n'auraient pas été revêtues, soit à l'entrée, soit à la sortie du rayon, du visa prescrit par l'article 12 de la loi du 9 février 1832. Toutefois, ce visa n'est pas obligatoire dans les bureaux de seconde ligne relativement aux marchandises dont le transport s'effectue par les chemins de fer. *(Circ. n⁰ 2242)*.

ACQUITS-A-CAUTION ALTÉRÉS OU FALSIFIÉS.

472. Si, lors de la vérification dans les bureaux de direction, de destination ou de passage, des altérations abusives étaient reconnues sur les acquits-à-caution, le directeur du bureau d'arrivée demanderait des explications au consignataire des marchandises et adresserait, à cet égard, un rapport circonstancié à l'administration. De son côté, l'administration examinerait si ces altérations constituent le crime de faux, et, dans le cas de l'affirmative, non-seulement elle poursuivrait, en vertu du principe consacré par un arrêt de la cour de cassation du 19 décembre 1806 *(Collection de Lille, tome 7, page 335)*, le paiement, avec amende, d'une somme égale à la valeur des marchandises introduites à

17

la faveur des fausses expéditions, mais encore elle déférerait les coupables à la justice. (*Circ. du 20 octobre* 1834, *n° 1460, page 6).*

473. Dès qu'un receveur s'aperçoit qu'un acquit-à-caution n'est pas rentré dans les délais voulus, il doit en donner avis au soumissionnaire ou à sa caution, et celui-ci est tenu de faire les démarches nécessaires pour hâter cette rentrée.

Si, après deux ou trois avertissements successifs, le rapport de l'acquit n'est pas effectué, le receveur en donne avis à la direction et demande l'autorisation de décerner contrainte.

Toutefois, si dans les dix mois qui suivent le délai accordé pour rapporter le certificat de décharge, il n'avait reçu aucun ordre soit de la direction, soit de l'administration, il devrait, sans plus tarder, décerner contrainte (*n° 2986 et suivants*) contre les soumissionnaires en retard, et cela, pour éviter de tomber dans la prescription que l'art. 25 du titre 13 de la loi du 22 août 1791 (*n° 11*) prononce contre toute action qui n'a pas été ouverte dans l'année qui suit le terme d'un engagement quelconque. (*Circ. n° 952*).

474. A la fin de chaque trimestre, les receveurs doivent fournir à l'administration des relevés des acquits-à-caution non rentrés trois mois après l'expiration des délais accordés. Ils ne comprennent, dans un même relevé, que les acquits relatifs à des marchandises dont la réexportation a dû s'effectuer par des bureaux faisant partie d'une même direction : ces relevés doivent parvenir à l'administration dans la quinzaine qui suit la période pour laquelle ils sont formés. (*Circ. n° 2200*).

475. Si les certificats de décharge qui devront être délivrés dans les bureaux de la destination ou de passage, ne sont pas rapportés dans les délais fixés par les acquits-à-caution, et s'il n'y a pas eu consignation du simple droit, les receveurs décerneront contrainte contre les soumissionnaires et leurs cautions conformément à leurs soumissions. (*Voir Contrainte, n° 2986 et suivants*). (*L.* 22 août 1791, *tit.* 3, *art.* 12 *et* 13).

RÉPARTITION DES SOMMES PAYÉES POUR NON-RAPPORT.

476. Les sommes payées en sus des droits, à défaut de non-rapport de certificats de décharge, ou pour falsification desdits certificats, sont répartics comme celles provenant de saisies de bureau. (*Arrété du 9 fructidor an V, art.* 23).

CHAPITRE VI.

DU CABOTAGE (1).

§ 1er.

BATIMENTS ADMIS AU CABOTAGE.

477. Le cabotage est réservé :

1° Aux navires régulièrement francisés, dont les officiers et les trois quarts de l'équipage sont français. (*Loi* 21 *sept.* 1793, *art.* 4);

2° Aux navires espagnols, par réciprocité, quand ils sont pourvus des preuves de leur nationalité et de la composition légale de leur équipage. (*Traités de* 1768, 1769 *et* 1786; — *Circ. des* 20 *sept.* 1817, *et* 10 *janv.* 1827);

3° Aux navires français ou étrangers frêtés pour le compte du gouvernement. (*Loi* 17 *vendémiaire an II, art.* 3, *et décision du* 5 *messidor an III*).

BATIMENTS EXCLUS DU CABOTAGE.

478. Les bâtiments étrangers ne peuvent transporter d'un port français à un autre port français aucunes denrées, productions, ou marchandises du crû, produit ou manufactures de France, colonies ou possessions de France, sous peine de confiscation des bâtiments et cargaison, et de 5,000 fr. d'amende, solidairement et par corps, contre

---

(1) Pour les pénalités, voir les numéros 2544 à 2552, — et les numéros 838 et suivants.

les propriétaires, consignataires et agents des bâtiments et cargaison, capitaine et lieutenant. *(Loi* 21 *sept.* 1793, *art.* 3 *et* 4).

Cette exclusion s'applique non-seulement aux produits indigènes, mais encore aux produits étrangers déjà dépêchés pour la consommation. *(Ordon.* 4 *oct.* 1826, *et circ.* 1014).

MARQUES DES BATIMENTS ET RÔLES D'ÉQUIPAGES.

479. Le nom et le port d'attache de tout bâtiment ou embarcation exerçant une navigation maritime *(n°* 838) seront marqués à la poupe, en lettres blanches de huit centimètres au moins de hauteur, sur un fond noir, sous peine d'une amende de cinquante à cent francs s'il est armé au cabotage.

Défense est faite, sous la même peine, d'effacer, d'altérer, couvrir ou masquer lesdites marques. *(Décret. du* 19 *mars* 1852).

Le rôle d'équipage est obligatoire; il doit être renouvelé tous les ans. Le défaut d'exhibition de ce rôle entraîne une amende de 200 francs, et l'embarquement de tout individu qui n'y figure pas est punissable, par chaque individu embarqué, d'une amende de 50 à 100 fr. *(Décret du* 19 *mars* 1852, *art.* 1, 2, 3 *et* 4).

Voir, pour le mode de procéder en cas de contravention, les n°s 858 et suivants.

DESTINATION MIXTE.

480. En matière de cabotage, un navire ne peut charger à la fois des marchandises pour un port de France et pour l'Etranger. *(Lettres des* 26 *août* 1817).

Il résulte de cette disposition que tout voyage de cabotage doit s'effectuer directement, à moins de fortune de mer dûment justifiée.

FRANCHISE DE DROITS.

481. Les marchandises expédiées par mer d'un port à un autre de France, ne sont sujettes à aucun droit d'entrée ou de sortie : mais elles sont soumises aux formalités ci-après. *(Loi* 22 *août* 1791, *tit.* 3, *art.* 1er).

§ 2.

BUREAU DE DÉPART.

———

DÉCLARATION ET VISITE.

482. Les marchandises ou denrées doivent être déclarées dans la forme prescrite par les règlements *(n*os *364 et suivants)*, et conduites au bureau ou en tel autre endroit convenu entre la douane et le commerce, pour y être vérifiées. (*Loi 22 août 1791, tit. 2, art.* 6, *et tit.* 3, *art.* 2).

La déclaration doit — énoncer la valeur des marchandises *(Loi 8 floréal an XI, art.* 74), — et les décrire par tous les signes propres à les faire reconnaître.

PLOMBAGE.

483. L'identité des marchandises expédiées par cabotage, soit avec acquit-à-caution, soit avec passavant, n'est garantie par le plombage des douanes (1) que dans les cas ci-après :

1° Si les marchandises sont prohibées à l'entrée ou à la sortie ;

2° Pour les marchandises tarifées au poids, si elles sont passibles d'un droit qui, avec le décime, s'élève à plus de 20 fr. par 100 kil. ; et pour les autres, si le droit d'entrée répond à plus du dixième de la valeur.

Toutes autres marchandises restent affranchies du plombage pour les cas ci-dessus, ainsi que pour les réexportations et mutations d'entrepôt par mer. *(Loi 2 juillet 1836, art.* 20).

EMBARQUEMENT.

484. Aucune marchandise ne peut être chargée sur les navires et autres bâtiments sans un permis par écrit des employés et hors de leur présence. *(Loi 22 août 1791, tit. 2, art.* 13).

485. Les marchandises doivent, immédiatement après la visite,

---

(1) Le tableau n. 16, placé à la fin du tarif de 1844, donne la nomenclature des marchandises soumises à la formalité du plombage. (*Voir les n.* 670 *et suivants pour les règles générales du plombage*).

être transportées sur les bâtiments destinés à les recevoir. *(Mêmes loi et tit., art.* 26).

486. L'embarquement ne peut avoir lieu que dans l'enceinte d'un port, et en plein jour. *(Loi 22 août* 1791 *, tit.* 13, *art* 9).

Il ne peut être commencé qu'après que tous les objets compris au permis ont été réunis sur le quai et comptés par les préposés chargés de constater la mise à bord. *(Loi 27 juillet* 1822, *art.* 13, *et circ. nº* 740).

Il peut être effectué au moyen d'allèges. *(Loi 22 août* 1791, *tit.* 13, *art.* 11).

DÉLIVRANCE DES EXPÉDITIONS.

487. Les expéditions par cabotage, d'un port de France à un autre, ne sont assujetties à l'acquit-à-caution que dans les cas ci-après :

1º Si les marchandises expédiées sont prohibées à la sortie, si elles appartiennent à la classe des céréales, ou même si, étant tarifées, elles sont prohibées temporairement ;

2º Pour les marchandises tarifées au poids, si elles sont passibles, à la sortie, d'un droit de plus de 50 centimes par 100 kilog.; et, pour les autres (1), si le droit de sortie répond à plus d'un quart pour cent de la valeur, décime compris.

Il n'est délivré qu'un simple passavant pour toutes les autres marchandises : la douane peut aussi affranchir de l'acquit-à-caution les marchandises désignées par le présent paragraphe, lorsque la somme des droits dont elles seraient passibles à la sortie ne s'élève pas à plus de trois francs par espèce et par expéditeur. *(Loi 2 juillet* 1836, *art.* 19, *et circ. nº* 2160).

488. Les acquits-à-caution doivent contenir la soumission de rap-

---

(1) Pour les boissons de toute sorte , accompagnées d'un acquit-à-caution des contributions indirectes , le commerce est dispensé de lever un passavant ou un acquit-à-caution , à la condition de fournir une déclaration en double expédition *(série M , n.* 28 *bis)*, sans surcharges ni additions , par renvoi , ou en interlignes , à moins qu'elles n'aient été préalablement approuvées par le service. Cette déclaration est inscrite sommairement sur un registre *(série M , n.* 24) affecté spécialement à cet usage. Dans les deux dernières colonnes de ce registre , on indique la nature et la quantité de chaque espèce de boissons.

L'une des expéditions reste déposée au bureau pour servir à la tenue des écritures , et notamment à la formation des états statistiques : l'autre , timbrée et revêtue du permis ainsi que des certificats de visite et d'embarquement , doit être annexée à l'acquit-à-caution de la régie jusqu'à la douane de destination , qui , après en avoir fait mention au registre *(série M , n.* 11 , *A)*, la régularise , s'il y a lieu , et la renvoie au bureau de départ. *(Circ. n.* 2153).

porter, dans un délai fixé suivant la distance des lieux, un certificat de l'arrivée des marchandises au bureau désigné, ou de payer le double droit de sortie.

Les expéditionnaires doivent donner caution solvable, qui s'oblige solidairement avec eux au rapport du certificat de décharge.

Si ces expéditionnaires préfèrent consigner le montant des droits de sortie, les registres des déclarations portant lesdites soumissions doivent énoncer, ainsi que les acquits-à-caution, la reconnaissance des sommes consignées. (*L. 22 août 1791, tit. 3, art. 2*).

489. L'expédition n'est délivrée que sur le certificat d'embarquement des employés chargés de le surveiller, et, autant que cela est possible, ce certificat est visé par un employé supérieur.

Dans les petits bureaux, les receveurs ne peuvent délivrer d'acquit-à-caution qu'après avoir vérifié eux-mêmes les marchandises et en avoir constaté l'embarquement. Ils font intervenir, pour l'une ou l'autre opération, le chef de poste et les préposés qui s'y trouvent, lesquels attestent avoir vu à bord les objets déclarés. (*Circ. des 24 fructidor an X, et 1er jour complémentaire an X*).

MANIFESTE DE SORTIE.

490. Aucun navire, chargé ou sur lest, ne peut sortir d'un port de France sans être muni d'un manifeste visé par la douane. (*L. 5 juillet 1836, art. 2, § 1er*). (*Voir les nos 2435 et suivants*).

Cependant, il y a dispense de manifeste en faveur des patrons de petites barques qui transportent, entre les lieux les plus rapprochés de la côte, ou entre le continent et les îles du littoral, des denrées de consommation. (*Circ. n° 282, et déc. admin. du 9 août 1836*).

L'acquit-à-caution ou le passavant peut, quand il comprend toute la cargaison, remplacer le manifeste de sortie; dans ce cas, il doit porter cette mention : *Le présent remis par moi, capitaine soussigné, comme manifeste complet de mon chargement. (Circ. n° 2133*).

RELACHE.

491. Les bâtiments caboteurs ne peuvent opérer leur débarquement qu'au seul port désigné par l'expédition, la marchandise devant nécessairement consommer sa destination première, à moins de force majeure dûment justifiée. (*Circ. du 9 floréal, an X*).

492. Lorsque les navires caboteurs relâchent, par quelque cause que ce soit, dans des ports intermédiaires, les acquits-à-caution dont ils sont munis doivent être revêtus du visa de la douane ou du poste qui y est établi, tant à l'abord qu'au départ, afin de constater la relâche, ses motifs et sa durée.

L'obligation de ces visa doit être insérée dans les acquits-à-caution. *(Circ. du 4 juin 1811).*

§ 5.

BUREAU DE DESTINATION OU DE PASSAGE.

—

MANIFESTE.

493. Aucune marchandise ne peut être importée d'un port français sans un manifeste signé du capitaine, qui exprimera la nature de la cargaison, avec les marques et numéros des colis. *(Loi 4 germinal, an II, tit. 2, art. 1er).*

L'acquit-à-caution ou le passavant peut tenir lieu du manifeste, quand il est unique et comprend toute la cargaison : mais alors il doit porter cette mention : *Le présent, remis par moi, capitaine soussigné, comme manifeste complet de mon chargement. (Circ. n° 282). (Voir le n° 490).*

DÉCLARATION.

494. Trois jours après l'arrivée du bâtiment, le consignataire est tenu de donner par écrit et de signer l'état des objets qui lui appartiennent ou qui lui sont consignés, en spécifiant les marques, nombre et contenu des colis, les quantités et qualités. *(Loi 4 germ., an II, tit. 2, art. 4).*

Les règles générales prescrites pour les déclarations en détail *(n° 374)* doivent être observées ici.

DÉBARQUEMENT.

495. Le débarquement ne peut s'effectuer sans un permis de la douane. *(Loi 22 août 1791, tit. 2, art. 13).*

Il ne peut avoir lieu que dans l'enceinte d'un port et en plein jour. *(Id., art. 9).*

A l'exception des bâteaux à vapeur, les navires sont mis en déchargement à tour de rôle. (*Même loi*, *tit.* 2, *art.* 13).

Il peut se faire par des allèges. (*Idem*, *tit.* 13, *art.* 11).

496. Le débarquement est précédé, 1° du dépôt que le capitaine fait à la douane du manifeste et des papiers de navigation ; 2° de la visite sommaire du navire, laquelle s'opère par les préposés du service actif ; 5° de la déclaration en détail ; 4° du permis.

La vérification s'effectue ensuite, mais rarement sur le navire ; on procède au déchargement sous la surveillance des employés cotés à bord et qui enregistrent sur leur carnet les colis qui sortent du bâtiment et qui sont envoyés soit au bureau de visite, soit à l'entrepôt, quand la visite ne peut s'en faire sur le quai.

CHANGEMENT DE DESTINATION ET AUTRES FACILITÉS.

497. Les receveurs et les inspecteurs ou sous-inspecteurs sédentaires, quand il s'agit d'objets d'approvisionnements ou de matières servant de lest, et, dans tous les autres cas, les directeurs, peuvent permettre les changements de destination toutes les fois que la demande leur en parait bien motivée, et qu'ils ont d'ailleurs les moyens de faire surveiller l'opération de manière à prévenir les abus.

L'autorisation des mêmes chefs est également suffisante pour que les marchandises conduites dans un port autre que celui de leur destination, par un navire qui ne doit point en consommer le transport, soient transbordées en présence du service sur des bâtiments en charge pour ce dernier port. L'opération et les noms des navires sont mentionnés dans le visa dont les expéditions doivent être revêtues.

Enfin, ces chefs peuvent permettre que les colis expédiés par cabotage, et qui, à leur arrivée dans le port désigné par les expéditions, doivent être immédiatement réexpédiés pour un autre port, restent sous les plombs du premier bureau de départ, quand ceux-ci ont été reconnus sains et entiers. On se borne à rappeler, sur la nouvelle expédition, que le plomb dont les marchandises sont recouvertes est celui du bureau de..... (*Circ. n° 1460*).

RÉGULARISATION DES EXPÉDITIONS.

498. Les capitaines des bâtiments, consignataires ou propriétaires,

sont tenus de présenter les marchandises au bureau de destination en même qualité et quantité que celles énoncées dans les expéditions.

Ces expéditions ne peuvent être régularisées par la douane qu'après vérification faite de l'état des cordes et plombs, du nombre des ballots, et des marchandises y contenues. (*Loi 22 août* 1791, *tit.* 3, *art.* 6).

499. Les soumissionnaires qui rapportent dans les délais les acquits-à-caution déchargés, certifient, au dos desdites expéditions, la remise qu'ils en font à la douane : ils sont tenus de déclarer le nom, la demeure et la profession de celui qui leur a remis le certificat de décharge, pour être procédé, s'il y a lieu, comme à l'égard des falsifications ou altérations de tous genres d'expéditions, soit contre les soumissionnaires, soit contre les porteurs des expéditions. Dans ce dernier cas, lesdits soumissionnaires et leurs cautions ne sont tenus que des condamnations pûrement civiles, conformément à leurs soumissions. (*Voir les n*os 512 *à* 514).

Le délai pour s'assurer de la vérité du certificat de décharge et pour intenter l'action est de quatre mois : après ce délai, l'administration est non recevable à former aucune demande. (*Loi* 22 *août* 1791, *tit.* 3, *art.* 10).

500. Les droits consignés sont rendus aux marchands, et les soumissions qu'ils ont faites avec leurs cautions sont annulées en leur présence, et sans frais, sur le registre, en rapportant par eux les acquits-à-caution revêtus des certificats de décharge en bonne forme. (*Id.*, *art.* 11).

ARRIVÉE APRÈS LES DÉLAIS.

501. Les préposés ne peuvent délivrer de certificats de décharge pour les marchandises qui sont présentées au bureau de destination ou de passage, après le temps fixé par l'expédition. Et s'il s'agit de marchandises expédiées par terre ou par mer, en empruntant le territoire étranger, elles doivent acquitter, au bureau où elles sont présentées après ledit délai, les droits d'entrée, comme si elles venaient de l'Etranger, sans préjudice du double droit de sortie dans le cas où il serait dû, et dont le paiement est poursuivi, au lieu de départ, contre les soumissionnaires. *(Id., art. 7).*

RETARDS PAR FORCE MAJEURE JUSTIFIÉE.

502. Les capitaines et maîtres de bâtiments seront admis à justifier qu'ils auront été retardés par des cas fortuits, comme fortune de mer, poursuite d'ennemis, et autres accidents, et ce, par des procès-verbaux rédigés à bord, et signés des principaux de l'équipage, ou par des rapports faits aux juges du tribunal de commerce du lieu de destination, ou aux officiers de la mairie, à défaut de ce tribunal, et les procès-verbaux ou rapports seront affirmés devant lesdits juges. Dans ce cas, les acquits-à-caution auront leur effet, et les certificats de décharge seront délivrés par la douane.

Il ne peut être suppléé par la preuve testimoniale au défaut desdits rapports ou procès-verbaux, qui ne seront admis qu'autant qu'ils auront été déposés au bureau de destination ou de passage, en même temps que les marchandises y auront été représentées. (*Loi* 22 *août* 1791, *tit.* 3, *art.* 8).

CHAPITRE VII.

EMPRUNT DU TERRITOIRE ÉTRANGER.

FRANCHISE DES DROITS.

503. Les marchandises transportées directement par terre d'un lieu à un autre de France, en empruntant le territoire étranger (1), ne sont sujettes à aucun droit d'entrée et de sortie : mais, dans ce cas, elles sont soumises aux formalités ci-après. (*Loi* 22 *août* 1791, *tit.* 3, *art.* 1er). (*Voir, en cas d'infractions, les* nos 2544 *à* 2552).

DÉCLARATION ET VISITE.

504. Les marchandises sont déclarées et vérifiées de la même manière que pour l'acquittement des droits. (*Nos* 364 — 661).

(1) Les marchandises dont le transport peut s'effectuer directement sur les terres de France, ne peuvent jouir de la faculté d'emprunter le territoire étranger. (*Arr. du* 5 *prairial, an* V, *art.* 1).

EXPÉDITIONS A DÉLIVRER. — PLOMBAGE.

505. Les marchandises qui empruntent le territoire étranger sont assujetties à l'acquit-à-caution ou au passavant.

L'acquit-à-caution est nécessaire :

1° Si les marchandises sont prohibées à la sortie ;

2° Si, étant tarifées, elles sont prohibées temporairement ;

3° Si elles appartiennent à la classe des céréales ;

4° Si, étant tarifés au poids, elles sont passibles à la sortie d'un droit de plus de 50 centimes par 100 kilog., ou si, étant taxées à la valeur, le droit de sortie répond à plus d'un quart pour $_0/^0$ de la valeur, décime compris.

Dans tous les autres cas, il est délivré un simple passavant. *(Loi* 2 *juillet* 1856, *art.* 19, *et circ.* n° 2160).

On se conforme à cet égard, ainsi que pour le plombage, au tableau n° 16, placé à la page 585 du tarif de 1844.

LIBELLÉ DES EXPÉDITIONS.

506. Les expéditions doivent contenir la soumission de rapporter, dans un délai fixé suivant la distance des lieux (1), un certificat du passage des marchandises au bureau désigné.

Les expéditionnaires doivent donner caution solvable qui s'oblige solidairement avec eux au rapport du certificat de décharge : s'ils préfèrent consigner le montant des droits de sortie, les registres de déclarations portant lesdites soumissions énoncent, ainsi que les acquits-à-caution, la reconnaissance des sommes consignées. *(Loi* 22 *août* 1791, *tit.* 5, *art.* 2).

L'expédition doit décrire exactement les marchandises par tous les signes, caractères et particularités qui peuvent en assurer la parfaite reconnaissance au bureau de destination *(circ. du* 26 *juillet* 1814), et désigner le bureau auquel les marchandises doivent être représentées *(arrêté du* 5 *prairial, an* V, *art.* 2), avec la clause suivante : *Pour porter à… et non ailleurs, à moins de force majeure dont il sera justifié.* (*Circ. du* 9 *floréal, an* X).

---

(1) Ce délai est fixé à raison d'un jour par six lieues en été, et cinq lieues en hiver ; quand il s'agit de petites distances, on donne seulement deux heures par lieue. (*Circ.* 27 *messidor an* V).

DÉPART DES MARCHANDISES.

597. Les marchandises sont, immédiatement après la délivrance de l'expédition, conduites à l'Etranger, sans qu'elles puissent, hors les cas d'avarie et autres semblables, rentrer dans les magasins des marchands, ni être entreposées dans d'autres maisons, à peine de confiscation et de 100 francs d'amende. (*Loi 22 août* 1791 , *tit.* 2, *art.* 26).

BUREAU DE PASSAGE. — VISA.

508. Les voituriers sont tenus de présenter, aux bureaux de passage, les marchandises dont ils sont chargés, en même qualité et quantité que celles énoncées dans les expéditions. (*Loi 22 août* 1791 , *tit.* 3, *art.* 6 , § 1er).

Le visa dans les bureaux de passage ne prouve pas qu'un colis soit rentré sur le territoire français, et ne peut établir une preuve de non-contravention. (*Arr. cass.*, 8 nov. 1810).

Le visa est de rigueur, à peine de saisie. (*Arr. cass.*, 17 *thermidor, an VIII*).

BUREAU DE DESTINATION.

509. Une fois arrivées au bureau de destination , les marchandises y sont représentées et vérifiées comme s'il s'agissait de l'acquittement des droits.

Si la vérification ne faisait découvrir que des différences peu considérables entre le poids des marchandises et les expéditions, on devrait se borner à exiger des consignataires une soumission cautionnée de s'en rapporter à la décision de l'administration (*n*os 47 *à* 50 *des modèles*), et on leur remettrait les marchandises. (*Circ. n*° 539).

Si les marchandises représentées étaient prohibées ou différaient dans l'espèce, elles seraient saisies avec amende.

Si les quantités reconnues étaient inférieures à celles indiquées, l'acquit-à-caution ne serait déchargé que pour les quantités représentées.

Le tout, indépendamment des condamnations à poursuivre au bureau de départ contre les soumissionnaires et leurs cautions, et d'après leurs soumissions. (*Loi 22 août* 1791, *tit.* 3, *art.* 9).

ARRIVÉE APRÈS LES DÉLAIS.

510. Les dispositions rappelées sous le n° 501 sont de tout point

applicables à l'arrivée, après les délais, des marchandises qui empruntent le territoire étranger.

RETARDS PAR FORCE MAJEURE JUSTIFIÉE.

511. Les marchands ou conducteurs des marchandises transportées par terre, sont admis à justifier des retardements qu'ils ont éprouvés pendant la route en rapportant au bureau de la douane des procès-verbaux en bonne forme, faits par les juges des lieux où ils ont été retenus, et, à défaut d'établissement d'aucune juridiction, par les officiers municipaux desdits lieux, lesquels procès-verbaux doivent faire mention des circonstances et des causes du retard.

Dans ce cas, les expéditions ont leur effet, et les certificats de décharge sont délivrés par la douane.

Il ne peut être suppléé par la preuve testimoniale au défaut desdits procès-verbaux, qui ne sont admis qu'autant qu'ils ont été déposés au bureau de destination ou de passage, en même temps que les marchandises y sont représentées. (*L.* 22 *août* 1791, *tit.* 3, *art.* 8).

DÉCHARGES DES ACQUITS-A-CAUTION.

512. L'acquit-à-caution ne peut être déchargé qu'après vérification faite de l'état des cordes et plombs, du nombre des ballots et des marchandises y contenues, et il n'est rien payé pour les certificats de décharge qui doivent être inscrits au dos des acquits-à-caution, et signés au moins de deux commis dans les bureaux où il y en a plusieurs.

Il est défendu auxdits préposés, à peine de tous dépens, dommages et intérêts, de différer la remise desdits certificats, lorsque les formalités prescrites par les acquits-à-caution ont été remplies, ou qu'il est rapporté des procès-verbaux constatant les retards (*n*° 511), et, pour justifier du refus, le conducteur des marchandises est tenu d'en faire rédiger acte, qui est signifié sur-le-champ au receveur du bureau, et aucune preuve par témoins n'est admise à cet égard. (*Loi* 22 *août* 1791, *tit.* 3, *art.* 6).

513. Le certificat de décharge ne doit être expédié que dans le bureau indiqué par l'expédition. (*Arrêté du* 5 *prairial an* V, *art.* 2).

514. Il ne peut être expédié par les juges ni par leurs greffiers; aucun jugement n'en peut tenir lieu. (*L.* 22 *août* 1791, *tit.* 11, *art.* 2).

CHAPITRE VIII.

—

CHEVAUX ET BÊTES DE SOMME SERVANT AUX VOYAGEURS ET AUX VOITURIERS.

—

515. Les chevaux et autres bêtes de somme (à l'exception des ânes qui sont affranchis de toute formalité), montés ou attelés, servant aux voyageurs et voituriers, et dont ceux-ci déclarent que l'entrée ou la sortie n'est pas définitive, sont affranchis, au passage à la frontière, du paiement des droits établis par le tarif : mais leur réimportation ou leur réexportation doit être garantie soit par la consignation d'une somme égale aux droits, soit par une soumission valablement cautionnée. (*Règl. du 18 juin* 1846, *art.* 1 *et* 2).

Ce que j'ai dit au mot *Consignations, n°* 410 *et suivants*, étant de tout point applicable aux acquits-à-caution, il devient superflu de le répéter ici.

Je ferai seulement observer que si le certificat de décharge n'est pas rapporté dans le délai fixé, il y a lieu de décerner contrainte contre le soumissionnaire et sa caution (*n°* 2992 *et suivants*) pour le paiement du double droit d'entrée ou de sortie des animaux (*n°* 2614). (*Loi* 22 *août* 1791, *titre* 3, *art.* 12).

CHAPITRE IX.

—

DU TRANSIT (1).

—

Section I.

—

TRANSIT DES MARCHANDISES NON PROHIBÉES.

—

DÉSIGNATION DES MARCHANDISES ET DES BUREAUX.

516. Les opérations de transit sont mises spécialement sous la surveillance des inspecteurs et sous-inspecteurs sédentaires. (*Circ. 20 décembre* 1814).

Les receveurs sont expressément chargés de s'assurer de la solvabilité des soumissionnaires et de leurs cautions. Ils ne peuvent accorder le transit aux mêmes personnes que dans la proportion de leurs facultés connues, distinction faite des acquits-à-caution qui ont été rapportés dûment déchargés et de ceux dont l'objet n'est pas encore rempli. (*Circ. du 20 décembre* 1814).

517. Toutes les marchandises, matières ou objets fabriqués, passibles des droits à l'entrée du territoire français, à l'exception de celles désignées au tableau n° 1 annexé à la loi du 9 février 1832 (*voir le tableau n° 8 du tarif de* 1844, *page* 369), pourront, aux conditions prescrites par la présente loi, et par celles des 17 décembre 1814, 21 avril 1818, 27 juillet 1822, et 17 mai 1826, être expédiées en transit de tous les ports d'entrepôt réel, pour ressortir par les bureaux de la frontière indiqués au tableau n° 2. *Voir le tableau n° 7, page* 368, *du tarif de* 1844. (*Loi 9 février* 1832, *art.* 1er).

518. Les marchandises non-prohibées admises au transit sont affranchies de tous droits. (*L. 9 juin* 1845, *art.* 6).

---

(1) En cas d'infractions, voir *les numéros* 2641 à 2655.

DÉCLARATION. — SOUMISSION ET ACQUIT-A-CAUTION.

519. Ceux qui veulent jouir du transit, soit à l'arrivée des marchandises, soit en les retirant des entrepôts, sont tenus d'en déclarer à la douane les quantités, espèces et qualités (1), et de les y faire vérifier, plomber, et expédier par acquit-à-caution. (*L. 17 décembre 1814, art. 4, § 1er*).

Ils doivent fournir à la douane d'entrée leur soumission cautionnée de faire sortir les marchandises du territoire français, et d'en justifier en rapportant l'acquit-à-caution dûment revêtu du certificat de décharge et de sortie. (*Même loi, art. 5, § 2*).

520. Les acquits-à-caution et soumissions indiquent le bureau de sortie, et limitent, suivant la distance et le mode de transport, le délai (2) dans lequel les marchandises doivent y être conduites, et exportées à l'Etranger. On ajoute à ce délai celui de 20 jours pour le rapport des acquits-à-caution déchargés. (*Même loi, art. 5, § 3*).

Les acquits-à-caution font connaître également (3) :

1º L'origine des marchandises ;

2º Le pavillon importateur ;

3º Le premier bureau d'entrée ;

4º La date de l'enregistrement des marchandises au sommier, si elles sont extraites d'un entrepôt ;

5º Si, en raison du mode d'importation ou de provenance, elles ont été admises, ou non, à une modération de droits. (*Circ. n° 856*) ;

6º Toutes les indications nécessaires pour la liquidation éventuelle des droits d'entrée. (*Déc. adm. 7 juillet 1851*).

521. En désignant les marchandises, les acquits-à-caution doivent rappeler les dénominations du tarif, donner tous les détails distinctifs propres à faciliter la reconnaissance de la marchandise. (*Déc. adm. 27*

(1) Les déclarations relatives au transit sont régies par la loi du 22 août 1791. (*Voir les numéros 364 et suivants*). Les marchandises imposées à la valeur, déclarées pour le transit, sont, dès-lors, sujettes à préemption. (*Circ. n. 1574*). (*Voir le n. 2569*).

(2) Ordinairement on accorde deux myriamètres et demi par jour : on augmente ce délai de ce qui est nécessaire pour les stations forcées de la navigation intérieure et du roulage. (*Circ. 20 déc. 1814*).

(3) En matière de transit prohibé, l'expédition doit énoncer toujours — la valeur — et le poids net afférent à chaque marchandise. (*Administration, 31 juillet 1850*).

18

mars 1832), — et mentionner s'il a été levé des échantillons. (*Circ. n° 583*).

522. Quand les déclarations sont déposées et transcrites au registre série M, 46 B, les marchandises sont visitées, pesées, mesurées ou nombrées, si les employés l'exigent. S'ils ne s'en rapportent pas aux déclarations, la visite est de rigueur. Dans tous les cas, elle est sous la responsabilité de l'employé chargé d'y procéder, et du chef du bureau. (*Loi 22 août 1791, tit. 2, art. 14, 15 et 16 — et 28 avril 1816. art. 26*). (*Voir le n° 571*).

523. Lorsque le nombre des colis d'une même espèce de marchandises, compris dans une déclaration ou dans un acquit-à-caution, est de cinq ou au-dessous, la vérification et la pesée ne portent que sur un seul colis ; au-dessus de ce nombre, on ne vérifie et on ne pèse qu'un cinquième des colis, et même moins si le chef de la visite le juge sans inconvénient. (*Déc. minist., 24 sept. 1839, et 28 nov. 1840. — Circ. 1776*).

On agit de même lorsque des colis appartenant à plusieurs déclarations, ou acquits-à-caution, sont présentés simultanément par le même expéditeur. (*Circ. n° 2136*).

Cependant si l'on avait lieu de craindre des tentatives de fraude ou des abus, on ferait bien de recourir à la visite complète. Ce serait même un devoir pour les employés d'en agir ainsi toutes les fois qu'à l'entrée la visite des premiers colis ferait ressortir des inexactitudes notables dans l'énoncé de la déclaration, et qu'à la sortie les déficits reconnus sur le cinquième des colis vérifiés excéderaient ce que l'on peut raisonnablement attribuer à la dessication des marchandises en cours de transport, ou aux variations légères et en quelque sorte inévitables entre des résultats obtenus avec des instruments différents. (*Circ. n° 1776*).

POIDS NET ET POIDS BRUT. *(Voir le n° 665).*

524. Les employés du bureau d'entrée ont la faculté de faire constater le poids net effectif en même temps que le poids brut, afin de

prévenir les discussions, au bureau de sortie, sur la quantité réelle des marchandises et leur tare (1). (*Loi* 17 *déc.* 1814, *art.* 7).

Cette précaution doit être employée aussi fréquemment qu'on le peut sans exposer le commerce à de trop grands inconvénients, et particulièrement lorsque l'on juge qu'il y a une grande disproportion entre la tare légale et la tare effective : dans ce cas, le poids net effectif reconnu est mentionné dans l'acquit-à-caution. (*Circ. n*º 396).

Toutefois, à moins de motifs fondés de fraude, on doit s'abstenir de constater le poids net des machines et mécaniques. (*Déc. adm.*, 24 *avril* 1846).

PORTATIF.

525. Les résultats de la visite sont mentionnés sur un portatif spécial, série M, nº 16 C, rappelant seulement — la date et le numéro de la déclaration, — le nom du déclarant — et les objets réellement vérifiés. *(Circ. n*º 2081).

ESPÈCES ET VOLUME DES COLIS.

526. Des décrets pourront arrêter et modifier successivement la liste des marchandises fabriquées qui ne devront être admises au transit que lorsqu'elles seront présentées dans des colis en bon état, dont elles désigneront l'espèce et le volume selon la nature des objets et les habitudes du commerce. *(Loi* 9 *février* 1832, *art.* 11).

Les fabrications dont le transit est permis devront, pour jouir de cette faculté, être mises dans les colis de l'espèce indiquée à la page 369, tableau nº 8, du tarif de 1844.

Quant aux dimensions des colis, elles seront ultérieurement réglées, s'il y a lieu (2). (*Ordon.* 11 *février* 1832, *art.* 1ᵉʳ).

527. Les employés du bureau d'entrée, doivent, avant l'expédition, exiger la réparation des futailles, caisses et emballages défectueux, ou qui seraient propres à favoriser des soustractions malgré le plombage. (*Loi* 17 *décembre* 1814, *art.* 7).

---

(1) Le commerce est libre de ne déclarer que le poids brut : rien ne l'oblige à la déclaration du poids net, soit réel, soit légal, des marchandises non prohibées. (*Décis. adm.* 31 *janvier* 1834).

(2) Les dimensions des colis n'ont pas été encore réglées, mais elles le seraient dès que le commerce leur donnerait des dimensions exagérées. (*Circ. n.* 1304).

MODE D'EXPÉDITION.

528. La loi du 9 février 1852 porte dans son article 15 :

« Les marchandises destinées pour le transit ne pourront être pré-
» sentées que séparément, par espèce et qualité, suivant les distinc-
» tions du tarif, de manière qu'une espèce forme seule le contenu d'un
» colis, à moins que, dans l'intérieur des caisses, il y ait des compar-
» timents pour séparer les marchandises d'espèces ou de qualités diffé-
» rentes, ou que, dans les autres colis, chacune de ces marchandises
» n'ait un emballage particulier. »

Mais, pour éviter des retards et des frais considérables au commerce,
le ministre a décidé, le 3 août 1859, que l'effet de cet article serait
temporairement suspendu, sauf à le remettre en vigueur si l'expérience
venait à en démontrer la nécessité.

Ainsi, désormais et jusqu'à nouvel ordre, le commerce a la faculté
de réunir, dans un même colis, des marchandises de diverses espèces
et qualités, quelles soient ou non prohibées, ou qu'elles appartiennent
à l'une ou à l'autre catégorie. Seulement, lorsqu'il y a, dans le même
colis, réunion d'objets tarifés et d'objets prohibés, on applique à tous le
régime propre à ces derniers, c'est-à-dire qu'ils sont tous expédiés sous
les formalités et conditions générales du transit du prohibé (n° 565).
(*Circ. n° 1762*).

Les acquits-à-caution doivent spécifier les différentes espèces ou qualités des marchandises composant l'expédition. (*Circ. n° 1762*).

529. Le commerce peut aussi réunir en fardeaux deux sacs ou
ballots de marchandises. Réunis par une corde, ces deux sacs ou ballots peuvent ne faire l'objet que d'une seule pesée. *(Circ. n° 1555)*.

COLIS PRESSÉS (1).

530. Toutes les dispositions relatives au transit des marchandises
prohibées, présentées et expédiées en colis pressés, pourront, à la
demande des expéditeurs, être appliquées aux fils et tissus non prohibés. (*L. 2 juillet 1836, art. 11*).

L'expéditeur qui veut jouir de cette faculté, doit l'énoncer dans sa

---

(1) Voir *le numéro* 571.

déclaration et y mentionner la valeur des marchandises : alors, la vérification, le plombage et l'expédition, ont lieu sous les formalités et
conditions que déterminent les articles 5, 6, 7 et 8 de la loi du 9 février 1832 (*n*º 571). (*Circ. n*º 1555).

Ainsi, bien qu'il s'agisse ici de marchandises non prohibées, ce
ne sont pas les peines édictées par la loi du 17 décembre 1814 qui
doivent être stipulées et poursuivies en cas d'abus, car elles supposent
une vérification approfondie qui n'a pas lieu pour ces sortes d'expéditions. La valeur des marchandises est prise pour base des amendes :
cette valeur peut toujours être appréciée par les employés, soit au vu
de la marchandise, soit au moyen des factures dont la loi du 4 germinal an II, titre 6, art. 5 (*n*º 2569), les autorise à réclamer l'exhibition ;
et, dans tous les cas, s'ils la jugent insuffisante, ils peuvent, d'après
l'article 4 de la loi du 9 février 1832 (*n*º 568), en assigner d'office
une plus exacte. (*Circ. n*º 1555).

AVARIES.

531. Les marchandises sont réputées d'une qualité saine si le propriétaire ne fai[...] [...] constater qu'elles sont avariées, et indiquer, dans
l'acquit-à-c[...] [...] [...]gré de l'avarie. (*L*. 17 *déc*. 1814, *art*. 9).

532. Les marchandises ne sont réputées avariées que lorsque l'a-
varie a été réellement reconnue par les employés et évaluée par une
expertise dans les formes suivantes :

1º L'expertise doit être expressément demandée par l'expéditeur qui
a intérêt à l'obtenir, lequel doit d'abord déclarer que l'avarie existe,
et à tel degré ;

2º Elle doit être faite par deux experts nommés, l'un par la douane,
l'autre par le déclarant, et départagés, au besoin, par un troisième
expert que nommerait le tribunal de commerce ;

3º Le sous-inspecteur sédentaire et le vérificateur désigné doivent
assister aux opérations des experts, sans avoir d'avis à donner, mais
comme surveillants, et pour être en mesure de témoigner à l'administration de la régularité de ce qui se fait ;

4º Si l'avis des experts réduit notablement, c'est-à-dire de plus du
dixième, le degré d'avarie annoncé par le déclarant, il en résulte

qu'il y a eu tentative de fraude, et que l'on doit la constater à telle fin que de droit ;

5° Enfin, le résultat de l'expertise doit être mentionné dans l'acquit-à-caution. (*Circ. n° 1111*). (*Voir le n° 536*).

533. Si l'acquit-à-caution présenté au bureau de sortie ne faisait pas mention de l'avarie, les employés devraient d'abord s'attacher à reconnaître les causes de cette avarie, et examiner ensuite avec le plus grand soin si elle a pu avoir lieu dans le trajet. Si, après cet examen, ils ont l'intime conviction que la marchandise est la même que celle qui a été expédiée du bureau de départ, alors ils se bornent à exiger le paiement du simple droit d'entrée : mais si les circonstances de l'expédition et les caractères de l'avarie les portent à croire qu'il y a eu substitution de marchandise, la fraude doit être constatée et poursuivie. (*Déc. adm. 12 oct. 1832*).

534. Si l'avarie n'est point constatée comme il est dit aux n°s 531 et 532 précédents, les marchandises qui seront présentées au bureau de sortie avariées perdront la faculté du transit (1).

L'acquit-à-caution pourra néanmoins être déchargé en payant immédiatement à ce bureau le simple droit d'entrée sur lesdites marchandises, ce qui laissera aux propriétaires la faculté d'en disposer dans l'intérieur.

Sont exceptées de ces dispositions les avaries qui n'excèderont pas 2 p. $_0/^0$ de la valeur. (*L. 17 décembre 1814, art. 9*).

ÉCHANTILLONS. — BOITES QUI LES RENFERMENT.

535. Le tableau n° 8 du tarif de 1844, page 369, dans la nomenclature des marchandises sur lesquelles des échantillons (2) doivent

---

(1) Voir le numéro 533.

(2) Pour les tissus, les échantillons sont fixés sur des cartes ou livrets, avec indication du numéro de la pièce à laquelle ils se rapportent.

Si les pièces de tissus, semblables en qualité, différent quand aux dessins, ou si, ayant le même dessin, elles sont de qualité différente, un échantillon doit être prélevé sur chacune d'elles.

Les tissus ne sont assujettis à l'échantillon qu'autant qu'ils sont en pièces.

A l'égard des mouchoirs, des cravates, des cachemires, des écharpes, etc., pour lesquels on ne fournit pas d'échantillon, l'acquit-à-caution doit exprimer, indépendamment des dimensions en tous sens, la couleur du fonds, la disposition et la nature des ornements, tels que bordures seules, fleurs, bouquets, rosaces, palmes, ramages, etc., avec ou sans bordure. (*Circ. n. 1504*).

être prélevés pour que leur identité soit plus spécialement garantie.

Ces échantillons sont mis dans des boîtes séparées (1) que l'on scelle du plomb de la douane et que le conducteur de la marchandise est tenu de produire au bureau de sortie, *voir le n⁰* 540. (*L. 9 février 1832, art.* 11, § *dernier*).

536. En cas d'avarie des marchandises, il est indispensable de faire accompagner d'échantillons les acquits-à-caution.

Ces échantillons sont mis en paquets bien ficelés, scellés du cachet de la douane, et renfermés, en outre, dans des boîtes fermées et plombées; l'expédition mentionne leur envoi sous la garantie du voiturier qui, faute de les représenter au bureau de sortie, n'obtiendrait pas le certificat de décharge. (*Circ. du* 18 *juillet* 1828, *n⁰* 1111).

537. Les échantillons de marchandises prohibées sont laissés à la libre disposition de l'expéditeur quand la douane reconnaît qu'ils n'ont aucune valeur commerciale.

Les échantillons de prix doivent être détériorés : néanmoins la douane peut en permettre l'entrée sous la formalité du plombage, et au moyen d'un acquit-à-caution portant l'obligation d'en effectuer, dans un délai déterminé, la réexportation par le bureau même de leur introduction, à peine d'en payer la quadruple valeur, comme pour les objets expédiés en transit. (*Adm.* 3 *janvier* 1832).

538. Les boîtes destinées à contenir les échantillons doivent toujours être de forme carrée; chaque face doit être d'un seul morceau. On y place les échantillons immédiatement après la reconnaissance, faite par le vérificateur, de leur identité avec la marchandise; ils doivent former un paquet qu'on scelle du cachet de la douane. On plombe ensuite la boîte que l'on perce de manière que la corde en traverse les angles, c'est-à-dire, ainsi que l'a entendu la loi du 21 avril 1818, art. 51, les deux plans dont la rencontre forme les arrêtes de la boîte. (*Circ. n⁰* 1312).

Il est expressément recommandé aux employés de suivre toute cette opération avec une attention constante. (*Circ. n⁰* 1304).

---

(1) Les expéditeurs doivent fournir autant de boîtes distinctes qu'il y a d'acquits-à-caution, et chaque boîte doit indiquer le numéro et la date de l'acquit, avec le nom du bureau qui l'a délivré. (*Circ. n.* 385).
Il est défendu de placer les échantillons dans le même colis que la marchandise. (*Déc. adm.* 28 *nov.* 1832).

539. Aux termes de la décision ministérielle du 6 mai 1847, transmise par la circulaire n° 2171, le service est autorisé, sauf en ce qui touche les produits présentés en *colis pressés*, à permettre la substitution d'un échantillon au second emballage et au second plomb, prescrits par l'article 14 de la loi du 9 février 1832 (*n° 542*), toutes les fois que cette facilité est réclamée par le commerce et que le prélèvement d'un échantillon est d'ailleurs possible.

La dispense du double plombage et du double emballage, moyennant le prélèvement d'un échantillon, doit s'étendre indistinctement à tous les produits fabriqués expédiés en transit autrement qu'en colis pressés. (*Circ. n° 2444*.)

PERTE DES ÉCHANTILLONS.

540. La perte des échantillons ne doit pas être un obstacle à la consommation du transit, quand les colis sont en bon état, et que les marchandises présentent une parfaite identité avec l'énoncé de l'expédition.

On se borne à prélever de nouveaux échantillons, et à garantir, par des soumissions valablement cautionnées, les condamnations exigibles en cas de substitutions frauduleuses reconnues par les voies légales. A cet effet, les nouveaux échantillons, adressés à l'administration, francs de port, sont soumis, suivant le cas, à l'examen soit des experts du gouvernement, soit des employés du bureau de départ.

De simples échantillons mis sur carte suffisent s'il s'agit de tissus façonnés; mais, à l'égard des tissus unis, une pièce entière, choisie par la douane, doit toujours être prélevée à titre d'échantillon. Après l'expertise, cette pièce est renvoyée au bureau de sortie, et les frais de ce transport, comme ceux de l'envoi, sont payés par le consignataire ou le propriétaire de la marchandise. (*Adm. 18 janvier 1837*.)

Chaque carte d'échantillon doit rappeler le nom du bureau d'entrée, et le numéro et la date de l'acquit-à-caution.

Voir, *pour la soumission à passer, le modèle n° 82.*

PLOMBAGE.

541. Les colis renfermant des fabrications prohibées ou autres, seront vérifiés et plombés, comme il est dit au n° 542, sauf le cas prévu par l'art. 5 de la loi du 9 février 1832. (*N° 571*).

542. Ces colis seront, après une exacte vérification, assujettis au double plombage : le premier sur le colis à nu, lequel devra être percé de manière à ce que la corde en traverse les angles; le second par-dessus l'emballage, à la manière accoutumée. Voir *le n° 539. (L. des 9 février 1832, art. 14, et 21 avril 1818, art. 31).*

Les colis renfermant des marchandises autres que les fabrications, ne sont assujettis qu'au simple plombage. (*Loi 17 décembre 1814, art. 5*).

Il en est de même pour les marchandises qu'on expédie en fardeaux. (*Circ. n° 1555*).

543. Le premier, comme le second emballage, doit envelopper, couvrir entièrement la marchandise ; de simples bandes en croix ne peuvent être considérées comme emballage. (*Déc. adm., 5 mars 1839*).

544. Le commerce a la faculté de réunir en fardeaux deux sacs ou ballots de marchandises expédiées en transit. Réunis par une corde, les deux sacs ou ballots peuvent ne faire l'objet que d'une seule pesée, et, au lieu d'être plombés séparément, ils ne sont revêtus que d'un seul plomb. Le fardeau qu'ils forment est, dès-lors, considéré comme unité. (*Circ. n° 1555*).

545. Il est expressément recommandé aux employés — de faire pratiquer des trous aux angles des colis, — d'y faire passer la corde à plomb, — et de suivre les opérations du plombage avec le plus grand soin et l'attention la plus rigoureuse. (*Circ. n° 1312*).

546. Le prix d'apposition du premier plomb est fixé à 50 centimes ; celui du second plomb est de 25 centimes.

Dans tous les cas, le plombage n'est que de 25 centimes pour les céréales.

Ce prix comprend la fourniture de la matière première, celle des cordes et ficelles, les frais de main-d'œuvre et d'application des plombs : toutefois, à Paris, les frais de cordage et d'emballage sont à la charge des expéditeurs. (*L. 2 juillet 1836, art. 21*).

MISE EN ENTREPÔT.

547. Les marchandises expédiées en transit des frontières de terre sur les ports où il existe un entrepôt réel, pourront y être admises comme si elles arrivaient par mer. (*L. 17 mai 1826, art. 13, § 1er*). (*Voir le n° 759*).

MISE EN CONSOMMATION.

548. Les marchandises expédiées en transit peuvent rester en France en payant les droits d'entrée, lorsque après vérification au bureau désigné par l'acquit-à-caution, elles y sont déclarées pour la consommation, et qu'elles sont, par leur nature, admissibles aux droits par ce même bureau. *(Déc. adm. 22 sept.* 1818).

Elles acquittent les droits d'après le tarif en vigueur au moment où la déclaration est reçue et enregistrée. *(Nº 14 des observations préliminaires du tarif de* 1844*)*.

Quant aux céréales, qui sont soumises à une tarification qui peut changer tous les mois, on leur applique le droit d'entrée exigible au moment où elles sont déclarées pour la consommation. *(Déc. admin.* 10 *octobre* 1843).

PERTE TOTALE OU PARTIELLE DES MARCHANDISES.

549. Le transit est entièrement aux risques des soumissionnaires, sans qu'ils puissent être exemptés du paiement des droits en alléguant la perte totale ou partielle des marchandises.

Seulement, dans le cas de perte justifiée par un procès-verbal du juge ou d'un officier public, rédigé sur les lieux et rapporté en temps utile avec l'acquit-à-caution, la douane ne peut exiger que le paiement du simple droit d'entrée. *(L.* 17 *décembre* 1814*, art.* 8).

Les manquants sur les *liquides ou fluides*, reconnus, à la sortie, ne provenir que du bris des vases intérieurs, donnent simplement lieu au paiement des droits d'entrée, ou, si liquide ou fluide est prohibé, au paiement de la valeur. *(L.* 2 *juillet* 1836*, art.* 10*, § 2)*.

550. Si la perte porte sur des marchandises prohibées, la douane réclame seulement, en cas de justification, le paiement de la simple valeur de l'objet perdu. *(Déc. adm.* 11 *mars* 1839).

551. Même en cas de perte justifiée, les tribunaux ne peuvent affranchir les soumissionnaires du paiement — soit du simple droit d'entrée, — soit de la simple valeur. *(Circ. nº* 1744*, et arr. cass.* 21 *janvier* 1839).

552. Le paiement du simple droit est, ainsi que celui de la simple valeur, porté en recette au compte de l'Etat. *(Déc. adm.* 1er *avril* 1848).

553. Les poursuites sont toujours exercées par la douane de départ. *(Circ. n° 1487).*

VISA DES ACQUITS-A-CAUTION.

554. Le conducteur des marchandises expédiées en transit doit les représenter au bureau des douanes de seconde ligne par lequel il entre sur le territoire des deux myriamètres des frontières, ou en sort (1), pour faire viser l'acquit-à-caution (2), après que les employés ont reconnu que le chargement est intact, ainsi que les enveloppes des colis, les cordes et les plombs. (*L. 9 février* 1832*, art.* 2, § 1ᵉʳ).

Néanmoins, le visa n'est point obligatoire dans les bureaux de 2ᵉ ligne relativement aux marchandises dont le transport s'effectue sur les chemins de fer. (*Circ. n° 2242*).

555. A moins d'une autorisation spéciale de l'administration, on doit présenter *à la fois*, au bureau de seconde ligne, toutes les marchandises comprises dans une même expédition. (*Déc. adm.* 1ᵉʳ *septemb.* 1841).

556. Au moment de donner le visa, les employés ne procèdent à la visite complète qu'autant qu'ils reconnaissent qu'il y a déficit ou altération des colis, des cordes ou des plombs. Dans ce dernier cas, ils constatent les soustractions ou les substitutions qui ont eu lieu. (*Loi 9 févr.* 1832*, art.* 12).

557. Si les marchandises présentées au bureau de 2ᵉ ligne n'étaient point accompagnées de l'acquit-à-caution, les employés constateraient le nombre et le bon état des colis, ainsi que l'intégrité du plombage, et ils délivreraient un passavant motivé pour assurer le passage de ces marchandises dans le rayon jusqu'au bureau désigné pour la sortie.

---

(1) Il est inutile que l'acquit-à-caution désigne ce bureau; il suffira que le conducteur se présente au bureau de deuxième ligne situé sur sa route. (*Déc. adm.* 21 *mai* 1838).

Quand ce conducteur ne se trouve pas sur la route qui conduit au point de sortie désigné par l'acquit-à-caution, le receveur du bureau de deuxième ligne ne peut se refuser à reconnaître l'intégrité du chargement, et à viser cette expédition, parceque l'administration a pu autoriser la sortie par un autre point de sortie. (*Déc. adm.* 27 *septembre* 1841).

(2) Si le délai de l'acquit-à-caution était périmé, et que les causes du retard fussent convenablement expliquées, on n'en devrait pas moins apposer le visa prescrit : ce visa doit toujours être signé par deux personnes. (*Déc. adm.* 16 *nov.* 1841).

Lorsqu'ensuite l'acquit-à-caution leur serait reproduit, ils vérifieraient s'il y a identité entre l'énoncé de cette expédition et les résultats de leur reconnaissance consignés à la souche du passavant : dans le cas d'affirmative, ils apposeraient sur l'acquit le visa exigé ; sinon, ils s'abstiendraient, et laisseraient ainsi les intéressés sous le coup des peines qu'ils auraient encourues. (*Circ. n° 2104*).

DÉFAUT DE VISA DES ACQUITS-A-CAUTION.

558. Lorsqu'un acquit-à-caution de transit n'a pas été visé au bureau de seconde ligne, on s'abstient de constater ce non-visa par un procès-verbal, et l'on n'exerce, contre le conducteur, aucune action directe : seulement on insère dans le certificat de décharge la formule suivante : *sous toutes réserves des droits et actions de l'administration résultant de l'absence du visa du présent acquit-à-caution au bureau de seconde ligne.*

Cet acquit-à-caution est ensuite renvoyé, dans la forme ordinaire, au bureau de départ, où l'on décerne contrainte, en vertu de la soumission, contre l'expéditeur et sa caution, à fin de payement de l'amende de 500 fr., sauf le recours de cet expéditeur contre le conducteur de la marchandise. (*Circ. n°s 1313 et 1338*).

Mention du défaut de visa doit être faite sur les lettres de voiture, pour que le consignataire, ainsi averti, puisse, avant de payer le prix du transport, exercer contre le voiturier tel recours que de droit. (*Circ. n° 1361*).

VISITE AU BUREAU DE SORTIE.

559. Avant de laisser consommer le transit, la douane de sortie (1) vérifie exactement, à vue de l'acquit-à-caution, l'état des plombs, ainsi que l'espèce, la qualité, le nombre et le poids des marchandises (*n° 523*) ; ensuite elle fait conduire ces marchandises à l'étranger, en

---

(1) Le bureau de sortie est celui que désigne l'acquit-à-caution. Lorsque des marchandises sont présentées à un autre bureau, et que ce bureau est ouvert aux opérations de la nature de celle qui fait l'objet de l'expédition, le sous-inspecteur, ou, à son défaut, le receveur, peut permettre le changement de destination, autant que la demande lui paraît justifiée par des motifs valables, et sous la condition expresse que les colis et le plombage sont en bon état. (*Circ. n. 2184*).

Mais si ce bureau de sortie où l'on présente les marchandises n'était pas ouvert au transit, les employés devraient, sous peine de destitution, s'abstenir de décharger les acquits-à-caution. (*Circ. 7 mai 1815*).

plein jour, par la route directe , et sous l'escorte des préposés (1). *(Voir le n° 571).*

Ces diverses opérations sont consignées et certifiées, sur les acquits-à-caution , par les vérificateurs et les préposés d'escorte. *(Loi 17 déc. 1814, art. 12).*

560. Si, lors de la visite, on découvrait des soustractions ou des substitutions, on les constaterait par un procès-verbal.

Si le plombage extérieur et intérieur était altéré , et si , surtout, les employés conservaient des doutes sur l'origine des objets présentés , ils suspendraient le transit, et ils adresseraient , en même temps , à l'administration , un double échantillon pour être soumis aux experts du gouvernement. *(Déc. adm., 12 juin 1826).*

Ils pourraient aussi, au lieu de suspendre le transit, le laisser suivre son cours, après, toutefois, avoir prélevé de nouveaux échantillons, et garanti, par des soumissions valablement cautionnées *(n° 47 des modèles)*, les condamnations exigibles en cas de substitution frauduleuse ultérieurement reconnue.

PRÉSENTATION DES MARCHANDISES APRÈS LES DÉLAIS FIXÉS.

561. Si les marchandises sont présentées au bureau après les délais portés en l'acquit-à-caution , le sous-inspecteur, ou , à son défaut, le receveur peut, quand les causes du retard sont convenablement expliquées , permettre la consommation immédiate du transit , à charge par lui de rendre compte au directeur des motifs de sa détermination. *(Circ. n° 1555).*

CHANGEMENT DE DESTINATION (2).

562. Il arrive souvent que des marchandises comprises dans un même acquit-à-caution et parvenues au bureau de sortie , doivent recevoir plusieurs destinations.

Dans ce cas , on autorise le commerce à remettre immédiatement au-

---

(1) Le capitaine tient à la disposition du sous-inspecteur, ou du receveur, à défaut du sous-inspecteur, le nombre d'hommes nécessaires pour les convois ; ces hommes doivent être d'une fidélité éprouvée. *(Circ. 20 décembre 1814).*

(2) Voir *la note du n. 559.*

tant de déclarations distinctes qu'il y a de régimes différents à appliquer. Toutefois, la vérification des marchandises formant l'objet d'un acquit-à-caution ne doit, dans aucun cas, être scindée, et une fois cette vérification accomplie, chaque partie suit, sans aucun retard, la destination qui lui est propre.

On observe, en pareil cas, les règles suivantes :

Toutes les déclarations séparées, remises simultanément par les intéressés, doivent être libellées dans les termes mêmes de l'expédition de transit ; elles donnent lieu à la délivrance d'autant de permis partiels qui sont remis, à la fois, au vérificateur, avec l'acquit-à-caution.

Les marchandises allant à la consommation sont livrées au commerce après vérification et garantie des droits : celles désignées pour l'entrepôt ou pour la réexportation, aussi après vérification, suivent ces destinations, accompagnées du permis spécial à chacune d'elles, et sous l'escorte des préposés, s'il y a lieu.

L'acquit-à-caution, rapporté au bureau de déclaration, revêtu du certificat collectif des vérificateurs, n'est déchargé qu'au moment où il est justifié, par la rentrée des divers permis de consommation, d'entrepôt, ou de réexportation, que les marchandises ont reçu leurs différentes destinations. On doit, d'ailleurs, faire précéder cette décharge, suivant le cas, des numéros de recette, de sommier ou du certificat de réexportation effective.

Enfin, les soumissions exigibles suivant la nature de la destination, sont souscrites, selon l'usage, préalablement à la délivrance du permis. *(Administr.,* 9 *sept.* 1848).

DÉCHARGE DE L'ACQUIT-A-CAUTION.

563. Quand les formalités voulues pour la sortie des marchandises de transit sont accomplies, les certificats de décharge sont délivrés par le receveur et signé par lui et un autre employé.

Ces certificats ne sont valables qu'autant que les opérations successives de la visite, du transport sous escorte et de la sortie ont été certifiées sur les acquits-à-caution par les vérificateurs et les préposés d'escorte. *(Loi* 17 *déc.* 1814, *art.* 12). *Voir les n*os 455 *à* 476 *relatifs aux acquits-à-caution.*

DÉCHÉANCE DES NÉGOCIANTS.

564. Tous négociants et commissionnaires qui seront convaincus d'avoir importé ou exporté en fraude des denrées et marchandises, ou d'avoir, à la faveur de l'entrepôt et du transit, effectué des soustractions, substitutions, ou versements dans l'intérieur, pourront, indépendamment des peines portées par les lois, être privés, par un arrêté spécial du gouvernement, de la faculté de l'entrepôt et du transit, ainsi que de tout crédit de droits. *(Loi 8 floréal, an XI, art. 83).*

Section II.

TRANSIT DES MARCHANDISES PROHIBÉES.

MARCHANDISES ADMISES AU TRANSIT. — BUREAUX D'ENTRÉE.

565. Les marchandises prohibées à l'entrée *(voir le tarif de 1844, tableau n° 8, page 369)*, pourront transiter en entrant par l'un des ports ou bureaux *(voir le tableau n° 7, page 368 du même tarif)* marqués d'un ou de deux astérisques au tableau n° 2 de la présente loi, ou par l'un des ports d'entrepôt spécialement désignés par l'article 17 de la présente loi *(voir : Entrepôt des marchandises prohibées, n° 788)*, pour ressortir par l'un desdits ports ou bureaux, si elles arrivent par terre, et seulement par ceux de ces mêmes bureaux marqués d'un double astérisque, si elles arrivent par mer. *(Loi 9 févr. 1832, art. 3).*

Les marchandises prohibées, admissibles au transit, peuvent être dirigées sur les entrepôts de l'intérieur. *(Loi 26 juin 1835, art. 1er).*

CONDITIONS DU TRANSIT. — DÉCLARATIONS ET VISITES.

566. Le transit des marchandises prohibées est soumis aux conditions générales déterminées par la loi du 17 décembre 1814, et de plus aux conditions suivantes (1) :

---

(1) Les marchandises prohibées, saisies dans le cas de fausse déclaration ou d'excédant de colis, peuvent suivre leur destination primitive sous les formalités générales du transit, pourvu qu'on souscrive, avant toute remise, une soumission cautionnée de payer, s'il y a lieu, les condamnations encourues. *(Décis. administ. 14 septembre 1837).*

Les marchandises doivent être portées sous leur véritable dénomination, par nature, espèce et qualité, soit au manifeste, si elles arrivent par mer, soit en la déclaration sommaire prescrite par la loi du 4 germinal an II (n° 381), si elles arrivent par terre : et, de plus, elles doivent être déclarées en détail, et à la fois, par espèce, qualité, nombre, mesure, poids brut et net, et valeur, aux termes de la loi du 4 germinal an II, titre 2, art. 4.

Tous les colis portés aux manifestes ou déclarations, doivent être présentés à la visite, et, en cas de découverte de fraude ou de contraventions, on agit comme il est dit aux n°s 2649 et suivants. (*Loi 9 fév. 1832, art. 4, § 1 et 2*).

Si la douane juge que la valeur des marchandises n'a pas été déclarée à son véritable taux, elle pourra d'office en assigner une plus exacte, sauf, si l'expéditeur conteste, à recourir aux commissaires experts institués par l'art. 19 de la loi du 27 juillet 1822. (*Même loi, art. 4, § 6*).

567. La vérification doit porter sur les différentes indications données dans les déclarations.

La mesure comporte, pour les tissus, les dimensions de largeur et de longueur : mais, à moins de circonstances particulières, les vérificateurs doivent se dispenser de les mesurer, et s'en rapporter, sur ce point, aux énonciations des déclarations. (*Circ. n° 1776*).

Lorsqu'ils jugent le mesurage indispensable, ils doivent, autant que possible, l'effectuer sans déploiement des étoffes. Ainsi, par exemple, quand elles sont pliées à plis égaux, on peut, en multipliant la largeur d'un de ces plis par leur nombre, reconnaître la longueur de la pièce entière. L'expéditeur lui-même doit concourir à simplifier la visite, en fournissant, pour chaque pièce, un relevé des dimensions.

Lorsque le nombre de pièces est trop considérable pour que le détail en soit inséré dans l'acquit-à-caution, l'indication des dimensions pièce par pièce peut être faite en regard de leur numéro sur la carte d'échantillons, ou sur une feuille que l'on joint à l'acquit-à-caution sous le cachet de la douane. Dans l'un ou l'autre cas, ces pièces sont revêtues du visa de la douane, et rappelées par elle dans le libellé de l'expédition où l'on se borne à indiquer, avec la largeur, la longueur totale des tissus. (*Circ. n° 1304*).

568. Si la douane juge que la valeur des marchandises n'a pas été déclarée à son véritable taux, elle peut, d'office, en assigner une plus exacte, sauf, si l'expéditeur conteste, à recourir aux commissaires experts institués par l'art. 19 de la loi du 27 juillet 1822. *(L. 9 février 1832, art. 4, § dernier).*

569. On constate toujours les poids nets par la soustraction matérielle des emballages : aucune approximation n'est admissible. *(Circ. n° 1304).*

Toutefois, on peut comprendre dans le poids net les papiers, cartons, planchettes et autres objets qui sont indispensables au pliage, à l'arrangement ou à la conservation de certaines étoffes, telles que mousselines, robes, collerettes, etc., que le moindre froissement altère, et qui n'ont en quelque sorte de prix qu'autant qu'elles conservent toute leur fraîcheur. *(Circ. n° 1378).*

570. Lorsque les consignataires n'ont pas reçu les documents nécessaires pour produire avec sécurité toutes les indications que la déclaration comporte, la douane est autorisée à permettre qu'ils fassent peser les colis, et qu'ils en reconnaissent le contenu sous la surveillance du service, qui s'abstient toutefois de prendre part à cette opération, d'après le principe qui interdit aux employés de procéder à la visite des marchandises avant la remise des déclarations complètes.

Cette facilité doit être accompagnée de précautions telles qu'il n'en puisse résulter aucun abus. *(Circ. n° 1304).*

MARCHANDISES PRÉSENTÉES EN COLIS PRESSÉS.

571. Lorsque les marchandises, et notamment les fils et tissus, sont présentées en colis pressés et fortement comprimés, la vérification s'en opère de la manière suivante :

Les objets sont retirés de leurs emballages et mis à nu sans être dégagés du lien servant à les réunir et qui doit les laisser assez à découvert pour qu'on en puisse reconnaître l'espèce, la qualité et le nombre, sans déploiement ou aunage des fils et tissus.

Ce colis intérieur, dont les dimensions en tous sens et le poids net, comprenant les planchettes, cartons, toiles ou papiers retenus sous la première ligature et la ligature elle-même, doivent être énoncés dans la déclaration en même temps que les indications exigées *(n° 566)*, est,

après vérification, décrit avec tous ses signes de reconnaissance dans l'acquit-à-caution.

Ledit colis, ainsi mis à nu, est assujetti au plombage par la douane, qui peut, de plus, y apposer son cachet. Il est ensuite replacé dans les emballages, qui sont également ficelés et plombés.

Le mode de vérification à l'entrée, ci-dessus déterminé, est suivi par la contre-visite, à la douane de sortie.

Toutefois, en cas d'indice de fraude, la douane peut, tant à l'entrée qu'à la sortie, exiger la rupture des liens, et se livrer à une vérification approfondie. (*Loi* 9 *fév.* 1832, *art.* 5).

Section III.

TRANSITS LOCAUX OU SPÉCIAUX.

572. Les dispositions des lois générales sont applicables aux divers transits locaux ou spéciaux déjà autorisés par les règlements de douanes, et à ceux qui pourront être permis à l'avenir. (*Loi* 17 *déc.* 1814, *art.* 14).

CHAPITRE X.

MARCHANDISES EXPÉDIÉES SUR LA DOUANE DE PARIS, OU SUR UNE DOUANE DE L'INTÉRIEUR.

573. Les objets que l'on expédie sur la douane de Paris, ou sur une des douanes de l'intérieur, sont ceux dont la nature ou la destination exige une exception aux règles générales.

Ces objets sont désignés sous le n° 2251.

574. Leur envoi ne peut avoir lieu que d'après un ordre exprès de l'administration.

Cependant, dans les cas nécessairement très rares où un chef de service ne croirait pas pouvoir se dispenser d'autoriser, sous sa propre responsabilité, une expédition de cette nature, il devrait à l'instant même en donner avis à l'administration. (*Circ. du* 10 *sept.* 1817).

MODE D'ENVOI — DÉCLARATION — SOUMISSION.

575. Les colis dirigés sur Paris, ou sur une douane de l'intérieur, sont expédiés par acquit-à-caution spécial.

Cet acquit-à-caution doit décrire en détail — l'espèce, — la forme, — la dimension, — le poids, — le genre d'enveloppe, et tous les caractères extérieurs des colis. *(Même circ.)*

576. Les colis sont revêtus de deux plombs : l'un posé en-dessus du 1er emballage, l'autre en dessus du 2e emballage que la douane doit exiger. A côté du premier plomb, on attache une carte portant ces mots : *Ce plomb ne peut être ôté qu'à la douane de.... son enlèvement avant la visite entraînerait le paiement de l'amende prononcée par la loi. (Même circ).*

577. On doit exiger de l'expéditeur la déclaration de la valeur des objets renfermés dans les colis : si elle n'était pas connue de lui, **on** devrait établir, d'office, une valeur moyenne de 1,000 fr. par 50 kilog. que l'expérience autorise à assigner aux ballots de ce poids contenant des marchandises précieuses. (*Même circ*).

NON RAPPORT DE L'ACQUIT-A-CAUTION.

578. L'orsqu'à l'expiration du délai fixé par l'acquit-à-caution, le certificat de décharge n'est pas rapporté, on doit, sans remise ni considération, décerner contrainte contre le soumissionnaire, (n°s 2986 *et suivans*) et demander les ordres de l'administration pour les suites ultérieures. (*Circ. du 10 septembre* 1817).

Voir les n°s 2615 et 2616 pour les peines à appliquer en cas de contravention.

CHAPITRE XI.

—

PRIMES A L'EXPORTATION. (1)

—

§ 1er.

—

Règles générales.

—

IMMUNITÉS DES DROITS DE SORTIE.

579. Toutes les marchandises présentées à l'exportation avec les conditions nécessaires pour obtenir une prime, sont, par le fait, affranchies de tout droit de sortie. (*Circ. nos 646 et 965*).

L'exception créée, pour les viandes salées, les beurres salés et le sel ammoniac, par la circulaire n° 965, a été levée par décision ministérielle du 2 février 1853. *(Circ. du 7 février 1853)*.

QUOTITÉ DES PRIMES.

580. Les primes ne sont acquises qu'aux produits dont l'exportation est constatée régulièrement et dans la forme déterminée par les réglemens. *(Ord. du 26 juillet 1826, art. 2 § dernier)*.

La quotité de ces primes est déterminée par des lois particulières. Le tableau n° 9, page 371, du tarif de 1844, donne, avec la nomenclature des marchandises, la quotité de la prime qui leur est particulière, et l'indication de la loi qui l'accorde.

581. En cas de changement dans la quotité des primes, la date de l'exportation définitive détermine seule l'application de la prime. (*Déc. adm. 16 septembre 1840*).

La douane considère, comme équivalent à l'exportation définitive, l'embarquement dans les ports, ou la vérification dans les bureaux de l'extrême frontière de terre. *(Déc. adm. 17 novembre 1848)*.

—

(1) Pour les peines encourues en cas d'infraction, *voir les numéros* 2620 à 2622,

EXPORTATEUR.

582. Aucune loi ne disant d'une manière explicite à qui la prime doit advenir, on doit entendre que cette prime, qu'elle que soit son espèce, est due à celui qui effectue l'exportation, et que celui-là est exportateur qui présente la marchandise en douane, déclare la sortie sous bénéfice de la prime, fournit les justifications d'origine nécessaires, quand même il n'en est pas l'auteur, et rapporte définitivement la preuve du passage effectif de la marchandise à l'Étranger. (*Circ. n° 1091*).

CERTIFICATS DE FABRIQUE. — EXTRAITS.

583. L'origine française des produits admis à la prime doit être constatée par des certificats de fabrique conformes au modèle annexé à la circulaire du 17 septembre 1849, n° 2546, et indiquant l'espèce et la qualité des produits, et, de plus, les marques et numéros des pièces, s'il s'agit de tissus.

Quand la douane ne se croit pas suffisamment assurée de l'authenticité des certificats, elle peut exiger qu'ils soient visés par le sous-préfet de l'arrondissement du lieu de fabrication. *(Ordon., 23 sept. 1818, art. 3).*

584. Les certificats d'origine sont dispensés du timbre. (*Circ. du 25 nov. 1829*).

Ils doivent s'adapter en tous points aux marchandises présentées. (*Circ. n° 708*).

Ils peuvent être délivrés par les négociants, commissionnaires, ou entrepositaires. (*Circ. n° 708*).

Un seul certificat suffit pour toutes les marchandises qu'on peut comprendre dans un même passavant. *(Adm. 13 juillet 1829).*

585. Lorsqu'on ne veut exporter qu'une partie des marchandises décrites en un certificat de fabrique, les receveurs des douanes délivrent des extraits de ce certificat, en ayant soin de mentionner sur l'original les quantités pour lesquelles il doit cesser d'être valable. *(Même ordon., art. 4).*

QUITTANCES DES DROITS D'ENTRÉE.

586. Les quittances des droits d'entrée doivent être fournies à la douane quand il s'agit — de savon, — de soufre, — de chapeaux de

paille, écorce ou sparterie, — de plomb, de cuivre, ou de laiton, et de peaux (*loi 21 avril 1818, art.* 16, — *et 17 mai 1826, art.* 8 *et* 10), et de sucres raffinés. (*Circ. n° 1389*).

Elles ne doivent point avoir plus de deux années de date. (*Ord.*, 26 *juillet* 1826, *art.* 2).

S'il s'agit de chapeaux de paille, écorce ou sparterie, elles ne doivent pas remonter à plus de six mois. *(Loi 17 mai 1826, art.* 10).

587. La douane ne doit admettre que des quittances délivrées pour importations par navires français, à moins que l'exportateur ne prouve l'identité de la marchandise exportée avec celle importée par navire étranger (*ord.*, 26 *juillet* 1826, *art.* 2), en fournissant une quittance délivrée en son nom, ou un extrait authentique des livres du consignataire qui a acquitté les droits pour le compte de ce même exportateur ou fabricant. (*Circ. n° 998*).

588. Quand la première exportation n'épuise pas la quittance produite, on délivre au négociant un bulletin ainsi conçu :

« M... *a déposé entre les mains du soussigné, receveur des douanes, une* » *quittance des droits d'entrée délivrée par le bureau de... sous le n°...* » *le... pour... qui ont été importées de... par le navire le... aux droits* » *de... par 100 kilo. Ladite quittance, portant en total la somme de ..* » *sera adressée à l'administration des douanes où il sera ouvert audit* » *sieur... un compte pour l'exportation des... qu'il peut effectuer avec* » *prime aux conditions fixées par la loi.* » *(Circ. 784 et 953).*

QUITTANCES ET COMPTES-OUVERTS.

589. Les quittances ne doivent pas être jointes aux expéditions, mais transmises immédiatement à l'administration par l'intermédiaire du directeur.

Les douanes doivent ouvrir un compte à chaque exportateur par *crédit* et *débit*.

On y porte exactement, au crédit, toutes les énonciations des quittances, et, au débit, toutes les exportations successives, jusqu'à épuisement du crédit. Mais il faut se souvenir que les quittances sont périmées après deux années de date, et après six mois pour les chapeaux de paille. Si donc, avant la péremption de la date de la quittance, le crédit qu'elle motive n'a pas été épuisé par des expéditions, ce qui reste tombe en non-

valeur, et si le négociant fait de nouvelles exportations, il doit fournir de nouvelles quittances, à l'égard desquelles on opère comme on vient de le dire. *(Circ. n° 998, — et adm. 14 sept. 1826).*

DÉCLARATION.

590. Les justifications d'origine et les quittances des droits étant fournies, la déclaration est reçue et enregistrée au nom de celui qui la signe, qui présente la marchandise et produit le certificat de fabrique *(Circ. n° 1091)*, à moins, toutefois, qu'il n'agisse comme simple commissionnaire pour le compte d'un tiers dénommé au titre d'origine. Dans ce cas, la déclaration est enregistrée au nom de ce dernier *représenté par le sieur... commissionnaire.* Le nom du commissionnaire ne doit pas figurer au passavant, mais seulement le nom du négociant ou fabricant pour le compte de qui s'opère l'exportation. *(Déc. adm., 21 octob. 1829).*

591. Les déclarations doivent indiquer, dans les termes mêmes employés par la loi, l'espèce et la quantité des produits exportés, et préciser, en outre, la quotité de la prime demandée. *(Circ. n° 1380).*

Les certificats d'origine doivent être produits à l'appui des déclarations : s'ils ne donnent pas d'une manière complète et correcte toutes les indications voulues, on doit refuser l'expédition. *(Circ. n° 920).*

592. Quand il s'agit de tissus de laine, la déclaration et le passavant doivent désigner :

1° Les dimensions et le poids brut des colis ;

2° Le nombre de pièces contenues dans chacun ;

3° L'espèce, la qualité spéciale, le poids net, la mesure en longueur et en largeur, la couleur ;

4° Et, si ce sont des draps, casimirs, ou étoffes classées à la prime à la valeur, le prix par mètre de chaque pièce. *(Ordon. du 28 août 1820, art. 3 et 7; — circ. n°s 694, 708, 726, — 1004 et 1085).*

593. Si la déclaration et le passavant énoncent des tissus aptes à divers degrés de la prime, il faut réunir dans une même accolade et totaliser le poids partiel des tissus du même degré. *(Déc. adm., 4 janv. 1827, et 31 déc. 1829).*

594. Si des certificats d'origine ou des déclarations énonçant des draps ou étoffes à la valeur et des tissus dont la prime est au poids, le

receveur délivre, pour ces derniers, un extrait du titre d'origine, lequel doit être signé par un vérificateur et visé par le chef du bureau : ensuite la douane délivre un passavant spécial pour chaque nature de prime ; mais cette mesure ne doit jamais retarder la délivrance du passavant, ni encore moins occasionner le rejet d'une déclaration ou facture cumulative de diverses espèces de tissus, car la mesure n'est prescrite que dans l'intérêt du commerce. (*Circ. n° 1085*).

595. Pour les marchandises dont la sortie s'effectue par le port même où l'expédition prend naissance, il est produit, en double expédition, une déclaration série M, 55 A, ou 54 A, selon qu'il s'agit de marchandises diverses ou de sucres, que l'on inscrit sommairement sur un registre série M, n° 24. L'une de ces feuilles reste en dépôt à la section chargée de la tenue de ce registre ; l'autre sert à constater la suite des opérations : après avoir été revêtue du permis d'embarquement, elle est remise au déclarant pour être par lui présentée aux vérificateurs ; ceux-ci constatent les résultats de leur contrôle, et en délivrent successivement les certificats d'escorte jusqu'au navire de mise à bord et d'exportation définitive. Cette expédition, destinée à être transmise à l'administration, est alors renvoyée à la section des déclarations pour que les certificats soient transcrits sur le double qui prend le caractère d'une souche complète. (*Circ. n° 2346*).

596. A l'égard des marchandises non expédiées directement par mer, c'est-à-dire expédiées — 1° d'un bureau de ligne de terre ou de l'intérieur sur un bureau de sortie de terre ou de mer ; — 2° d'un port sur un bureau de terre ; — 3° d'un port sur un autre port, par la voie de terre ; — 4° d'un port sur un autre, par mer, dans le cas d'escale ; — 5° des ports situés en rivière, — il est présenté une déclaration, en double expédition *(série T, n° 9 et 9 A, ou 10 et 10 A)*, selon qu'il s'agit de marchandises diverses ou de sucres, dont l'une *(n° 9 ou 10)*, après annotation au registre série M n° 54 ou 54 bis, est revêtue du certificat de visite et sert à la délivrance du passavant auquel on annexe, avec l'autre formule *(n° 9 A ou 10 A)*, les certificats d'origine, et les échantillons, lorsqu'il doit en être fourni. (*Circ. n° 2346*).

CONSERVATION DES DÉCLARATIONS.

597. Les déclarations souches sont conservées avec soin : à l'expi-

ration de chaque mois, de chaque quinzaine, ou de chaque semaine, suivant les importances des opérations de la localité, elles sont réunies par un lien commun les traversant à l'un des angles, et contenant un bulletin où en est mentionné le nombre ainsi que les numéros, et que signe un chef de service, après avoir apposé son cachet sur les extrémités du lien. (*Circ. n*° 2346).

VÉRIFICATION.

598. Pour opérer la vérification des marchandises, on doit les extraire de leur emballage, s'assurer qu'elles sont de l'espèce de celles pour lesquelles la prime est accordée, et que tous les caractères en sont identiques avec les preuves d'origine. (*Ord., 23 sept. 1818, art. 5, et 28 août 1820, art. 4*).

Pour les sucres, on examine chaque pain séparément et à nu. (*Circ. n*° 952).

En vue de faciliter les opérations de commerce, il est permis, par exception, *dans les douanes de l'intérieur,* de placer des marchandises de simple exportation dans un colis renfermant des marchandises admissibles à la prime.

Le bénéfice de cette disposition est subordonnée aux conditions suivantes :

1° Après avoir été plombées spécialement, les marchandises de simple exportation sont introduites dans le colis de prime qui, recouvert d'un double emballage et d'un double plombage, reçoit extérieurement une estampille, apposée à l'aide d'une plaque découpée, en caractères d'au moins six centimètres, et formée du mot *Insertion* précédé du chiffre indiquant le nombre des colis accessoires contenus dans le colis principal ;

2° Outre les énonciations relatives aux marchandises de prime, le passavant relate — le nombre des colis accessoires, — le poids brut de chacun d'eux, — ainsi que l'espèce et le poids net des marchandises qu'ils renferment. (*Bourgat. Circ. lith. du 19 mai 1847*).

Une facilité analogue est accordée, *dans les douanes de l'intérieur,* en ce qui concerne les marchandises en réexportation (*n*° 829). Le colis de prime et le colis de marchandises étrangères ayant été emballés et plombés séparément, conformément à la loi, forment un fardeau qui,

revêtu d'un emballage, est soumis à la formalité du plombage : on mentionne sur le passavant — le poids brut, — les marques et numéros de chaque fardeau, — le nombre des colis dont il se compose, — et le numéro de l'acquit-à-caution ; enfin, sur cet acquit-à-caution, est inscrite une pareille annotation rappelant le numéro du passavant auquel il est annexé jusqu'au bureau de sortie. (*Déc. adm.*, 8 *mars* 1851).

PLOMBAGE.

599. Le remballage des marchandises qui ont subi la visite a lieu en présence des personnes déléguées par les chefs des douanes, et les colis sont plombés. (*Ord.*, 23 *sept.* 1818, *art.* 6).

Le plombage doit être exécuté avec soin, netteté et solidité, afin qu'il y ait impossibilité matérielle de rien déranger dans l'intérieur des colis. (*Circ. n°* 952 *et* 1077).

600. Si, lorsqu'il s'agit de sucres, les tonneaux n'offrent pas de solidité, ou sont fabriqués de telle sorte que, malgré le plomb, les fonds ou les douves puissent être dérangées, on est en droit de refuser le plombage, et la visite est entièrement recommencée à l'extrême frontière. (*Circ. n°* 952).

L'usage de plomber les caisses ou balles à nu, c'est-à-dire au-dessous de l'emballage matelassé qui peut se déchirer et se réduire de manière à faire jouer la corde de plombage, est bon en soi, et doit être maintenu : mais il faut que l'expédition de douane ne décrive que ce qui est réellement sous plomb. La douane de la frontière, qui doit vérifier ce qui est décrit, ne tient aucun compte de la paille, des toiles et des serpillières dont on a pu envelopper les colis après le plombage, et doit toujours en exiger la soustraction ou du moins le détournement, afin de pouvoir reconnaître l'existence du plomb. Si le commerce désire obvier à cet inconvénient, il peut faire apposer un second plomb sur l'emballage de sûreté. Alors, on a soin d'exprimer, dans les expéditions, le poids net de la marchandise, le poids brut qui se trouve sous le premier plomb, et enfin le poids total du colis tel qu'il doit être présenté avec le second plomb, à la reconnaissance duquel on peut se borner à la sortie, quand tout est resté parfaitement intact. (*Circ. n°* 751).

ÉCHANTILLONS POUR LES TISSUS DE LAINE.

601. Les déclarations présentées en douane à l'effet d'obtenir la

prime (1), doivent être accompagnées des échantillons nécessaires à la
reconnaissance de l'espèce de laine dont ils sont formés. *(Ord. 31 octobre 1821, art. 9).*

Ces échantillons doivent avoir au moins 6 à 7 centimètres carrés,
sinon, on en prélève d'autres sur les pièces. *(Circ. n°s 634, 1015, 1025
et 1176).*

Ils doivent être sur des cartes séparées où se trouvent annotés en regard le numéro et le poids de la pièce, et, de plus, pour les tissus à
la valeur, la longeur et le prix du mètre de la pièce à laquelle ils se
rapportent. *(Circ. n^0 1015).* Ils sont fixés à ces cartes par un lien placé
sous le double cachet du déclarant et de la douane. *(Circ. 2258).*

602. Les échantillons d'objets non susceptibles de division, tels que
châles, écharpes, bonnets, bas, et autres articles, doivent consister
dans un de ces mêmes objets : L'administration le renvoie, après l'expertise, à la douane qui l'a reçu, à l'effet d'être remis au déclarant,
ou conservé en dépôt dans cette même douane si l'intéressé le juge
convenable, pour servir ultérieurement de type de comparaison.

Dans ce dernier cas, l'expéditeur qui aurait à déclarer au même bureau de nouvelles quantités de produits absolument identiques, serait
dispensé de fournir de nouveaux échantillons, et le service se bornerait
à certifier sur l'expédition de sortie que la marchandise a été reconnue,
de tout point, conforme au type antérieurement déposé, et que la valeur déclarée ne dépasse pas celle assignée par les experts à ce même
type.

En tout état de choses, le déposant a la faculté, lorsqu'il voudra en
user, de retirer du bureau le type dont il s'agit.

A l'égard des expéditions qui se composent d'un certain nombre de
pièces de tissus de même nature et qualité, le prélèvement d'un seul
échantillon de ces tissus peut suffire; mais, dans ce cas, on doit apporter d'autant plus de soins à la vérification, qu'il s'agit de constater
la parfaite identité de l'échantillon avec la totalité des pièces. *(Circ.
n^0 2258).*

603. Pour réduire autant que possible le délai qui s'écoule néces-

---

(1) Toutes les étoffes de laine dont la valeur n'est pas décuple de la prime demandée, sont exclues du
bénéfice de la prime. *(Ordon. du 31 octobre 1821, art. 8, paragraphe dernier).*

sairement entre les exportations et la liquidation des primes, l'administration a, le 17 juillet 1848 arrêté les dispositions suivantes :

1° Toutes les fois que le commerce consentira à fournir un *double échantillon*, l'envoi des échantillons de fils et tissus de laine pure ou mélangée aux experts du gouvernement s'effectuera immédiatement après la réception des premières déclarations faites par les exportateurs.

2° Tout exportateur qui voudra jouir du bénéfice de cette disposition, sera tenu de présenter en douane, à l'appui de sa déclaration, deux cartes d'échantillons des produits qu'il se proposera d'expédier. Ces cartes seront : l'une soumise aux experts, l'autre annexée aux passavants destinés à accompagner la marchandise jusqu'à la frontière : ces passavants devront indiquer s'il a été fourni des échantillons simples ou doubles. Les vérifications devront particulièrement porter sur la carte qui restera jointe à l'expédition de sortie, afin que la seconde, destinée a être soumise au contrôle des experts, conserve toute sa fraîcheur. Les agents de la visite devront, dès lors, se borner, quant à l'examen de cette seconde carte, à s'assurer qu'il existe une complète identité entre les deux échantillons produits.

3° Le 1er, le 11 et le 21 de chaque mois, les receveurs des bureaux où les déclarations auront été présentées adresseront directement à l'administration les cartes produites pour être soumises à l'expertise, et ils en annonceront l'envoi par une lettre spéciale. Ils réuniront ces cartes en paquets distincts et séparés, affectés chacun à une des catégories de produits indiquées ci-après :

1° Draps unis ou façonnés, de laine pure ou mélangée ;

2° Couvertures ;

3° Bonneterie orientale ;

4° Tissus non foulés de laine pure ou mélangée ;

5° Tapis, bonneterie ordinaire et passementerie ;

6° Fils ;

7° Produits de natures différentes compris dans un même passavant.

Les cartes de chaque paquet seront superposées dans l'ordre numérique des passavants, et chaque paquet sera accompagné d'un bordereau n° 52 bis. Un de ces bordereaux sera réuni au paquet, et placé en évidence sous le lien qui le retiendra ; l'autre bordereau accompagnera la lettre d'envoi. Dans aucun cas, les lettres d'envoi ne devront

être enfermées sous l'enveloppe des paquets d'échantillons. *(Circ. n° 2266).*

DÉLIVRANCE DU PASSAVANT.

604. Il sera délivré par la douane un passavant pour accompagner la marchandise jusqu'au point de sortie désigné. *(Ordon. du 23 sept. 1818, art. 7 ; — circ. n° 646).*

Ce passavant doit indiquer :

1° Le nom de l'exportateur ;

2° Le pays étranger où vont les marchandises ;

3° L'espèce, la quantité, le nombre, la valeur, et le poids net (1) de la marchandise renfermée dans chaque ballot ;

4° La dimension et le poids brut des colis ;

5° L'unité (poids ou valeur) qui sert de base à la liquidation de la prime ;

6° S'il a été fourni des échantillons simples ou doubles ;

7° Le délai pour l'exportation ;

8° Le bureau de douane où l'exportateur désire toucher la prime ;

9° Enfin, le bureau par lequel la sortie doit s'opérer (2). *(Circ. n°s 751, — 920, — 1199 et 2266, — et ordon., 23 sept. 1818, art. 7).*

605. On ne doit jamais cumuler dans le même passavant des produits de natures différentes, tels, par exemple, que des tissus de pur coton et des étoffes de laine : un passavant distinct doit être délivré pour chaque objet donnant ouverture à une prime différente. *(Circ. n° 646).*

606. Pour les expéditions qui se vérifient et se consomment dans le même port, on délivre un permis d'embarquer, lequel tient lieu de passavant, et doit contenir les mêmes indications.

607. Toute marchandise de prime, chargée sur un navire destiné à faire escale dans un autre port de France avant de se rendre à sa destination définitive pour l'Etranger, ou les colonies françaises, peut accomplir ce trajet en vertu du passavant de prime délivré, soit à la

---

(1) Le poids net, qui sert de base à la liquidation, est de rigueur ; il doit être rapporté correctement en toutes lettres et en chiffres. La tare légale n'est jamais admise.

(2) *Voir le numéro* 612.

douane du port du premier chargement, soit dans toute autre douane des frontières de terre ou de l'intérieur d'où elle aura été dirigée sur ce même port, pourvu, toutefois, que la douane de celui-ci soit au nombre des bureaux que comprend la deuxième section du tableau n° 10 du tarif de 1844.

L'autorisation de l'escale est mentionnée sur le passavant par une annotation précise émanant du chef du service local.

En même temps, et conformément à ce qui est prescrit pour les viandes et beurres salés par la circulaire n° 2309, l'obligation de représenter le passavant au bureau d'escale est énoncée au manifeste en regard de l'inscription des colis de prime.

A l'arrivée du navire au port d'escale, la douane procède, comme douane de sortie définitive, à la contre-visite d'usage, c'est-à-dire soit à la simple reconnaissance extérieure des colis, de leurs dimensions, des marques et numéros, et de l'intégrité des cordes ou plombs, soit, s'il y a lieu, à une vérification plus approfondie, le tout selon les prescriptions de l'article 5 de l'ordonnance du 28 août 1820 et de la circulaire du 12 décembre 1827, n° 1077.

Enfin, les résultats de cette reconnaissance sommaire ou de cette vérification sont consignés sur le passavant de prime, où est pareillement inscrite la mention du départ du navire pour l'Étranger. (*Circ. n° 2333*).

608. La marche indiquée ci-dessus s'applique non-seulement aux marchandises dont l'exportation s'accomplit à bord même du navire parti du premier port, mais encore à celles qui sont transbordées dans le port d'escale sur un autre bâtiment. En pareil cas, le transbordement doit être immédiat et s'effectuer sans que le service perde les colis de vue. (*Circ. n° 2333*).

609. Il n'est facultatif de diriger les marchandises débarquées sur un bureau de sortie de la frontière de terre, qu'en renouvelant complètement les opérations de prime, et en levant, par conséquent, un nouveau passavant. (*Circ. n° 2333*).

DÉLAI. — PROLONGATION.

610. Le passavant doit accorder un délai suffisant pour effectuer la sortie des marchandises.

Toutes les fois que les causes des retards apportés dans l'expédition paraîtront suffisamment justifiées, le chef local du bureau de sortie pourra autoriser l'exportation, nonobstant l'expiration des délais indiqués, mais sans que ces délais puissent être ainsi prolongés au-delà de trois mois. Passé ce terme, la sortie des marchandises ne pourra s'accomplir, sous bénéfice de la prime, que d'après une autorisation spéciale de l'administration.

Toutes les autorisations pour prolongation de délais doivent être mentionnées sur les expéditions par des annotations datées ou signées, et les chefs qui les délivrent doivent les porter à la connaissance du directeur. *(Circ. n°s 2199 et 2204).*

VISA AU BUREAU DE PASSAGE.

611. Le premier bureau frontière qui est rencontré en venant de l'intérieur se borne à reconnaître extérieurement l'identité des ballots désignés dans les expéditions, et à viser lesdites expéditions.

Il ne procède à la visite par déballage qu'à l'égard des marchandises qui, dépourvues d'expéditions de douane ainsi que de plombs, n'ont encore été l'objet d'aucune vérification avant le départ *(ordon. 23 sept. 1818, art. 10)*, et, dans ce cas, il délivre — ou un passavant de prime, sous les conditions générales, — ou un simple passavant de circulation jusqu'au bureau frontière, selon qu'il est, ou non, ouvert aux opérations qui concernent les primes.

BUREAU DE SORTIE. — CONTRE-VISITE.

612. L'exportation définitive ne peut avoir lieu et n'est valablement constatée que par les bureaux spécialement désignés par la loi (1). *(Circ. n° 1199).*

Ces bureaux ne procèdent, à moins d'indices particuliers dont ils n'ont pas à rendre compte, qu'à une vérification purement extérieure des colis, laquelle vérification a pour objet de reconnaître l'état des colis et des plombs, l'identité des marques, du poids et des dimensions en tous sens des ballots. *(Ordon. 23 septembre 1818, art. 9, et 28 août 1820, art. 5).*

---

(1) Voir, pour la nomenclature de ces bureaux, le tableau n. 10, page 575, du tarif officiel de 1844.

La contre-visite par déballage n'est donc point obligatoire, mais purement facultative. (*Circ. n° 1077*).

613. Les résultats de la visite sont constatés par des certificats apposés au dos de l'expédition : les employés n'expriment, dans ces actes, que le résultat de leur conviction : ils peuvent même, s'ils le jugent à propos, ajouter, par renvoi à la formule du certificat, que la vérification a été faite en détail ou sommairement. (*Circ. n° 1077*).

CHANGEMENT DE BUREAU.

614. Les chefs du bureau de sortie peuvent, sur la demande motivée du commerce, autoriser l'exportation par un bureau autre que celui qui est indiqué par le passavant, pourvu que ce bureau soit ouvert aux opérations de prime : ils mentionnent ce changement de bureau, sur les expéditions, par des annotations qu'ils datent et qu'ils signent, et ils en réfèrent immédiatement à la direction. (*Circ. n°s 2199 et 2204*).

ESCORTE. — CERTIFICAT DE PASSAGE RÉEL A L'ÉTRANGER.

615. Les préposés du service actif, choisis par les chefs pour escorter les marchandises, doivent toujours être présents à la reconnaissance qui en est faite au bureau de sortie. (*Circ. n° 742*).

Ensuite, et en plein jour, ils accompagnent les colis jusqu'à l'extrême limite, les voient pénétrer sur le territoire limitrophe, et restent en observation assez de temps pour empêcher qu'ils ne rétrogradent.

De retour au bureau, ils attestent le passage réel à l'Étranger par un certificat apposé au dos du passavant et revêtu de deux signatures visées par le chef du bureau. (*Ordon. 27 septembre 1818, art. 12, et circ. n°s 603 et 646*).

616. Les exportations par mer se constatent :

1° Par la reconnaissance qui se fait au bureau ;

2° Par l'escorte du bureau au navire ;

5° Par l'embarquement ;

4° Et par la sortie effective du port. (*Circ. n° 1077*).

ENREGISTREMENT DU PASSAVANT DE PRIME.

617. Quand le bureau de sortie a terminé les opérations de véri-

fication et d'exportation définitive, le passavant est revêtu des certificats de visite et d'escorte jusqu'à l'Étranger ; il est ensuite enregistré, in-extenso, sur un registre spécialement ouvert à cet effet.

ENVOI DES PIÈCES A L'ADMINISTRATION.

618. Le passavant ou permis, le certificat de fabrique, les factures, les cartes d'échantillons, et les certificats de contre-visite et de sortie définitive, sont remis immédiatement au receveur du bureau frontière, qui, après les avoir fait régulariser (1), les adresse, dans le jour, avec une formule d'envoi série E, n° 52, au directeur qui s'assure de leur exactitude, les vise, et les transmet sans retard à l'administration. (*Ordon.* 23 *septembre* 1818, *art.* 14, 28 *août* 1820, *art.* 7, *et circ.* n⁰ˢ 603, 646, 692, 1286 *et* 2546).

619. Chaque lettre d'envoi porte un numéro spécial et ne s'applique qu'à des marchandises de même nature, appartenant au même exportateur, et sorties par le même bureau. Elle doit indiquer le taux de la prime demandée sans, pour cela, présenter un projet de liquidation. (*Circ.* n⁰ˢ 603, 692 *et* 920).

MODE D'ACQUITTEMENT DES PRIMES.

620. Le conseil d'administration délibère sur les demandes et allocations de primes. (*Ordon.* 30 *janvier* 1822, *art.* 5).

621. En cas de difficultés sur la qualification des diverses marchandises, on a recours aux experts du gouvernement. (*Circ.* n° 740).

622. Les ordonnances de liquidation sont approuvées par le directeur général (*circ.* n° 692), qui ordonne le paiement de la prime sur la caisse des douanes désignée par l'exportateur. (*Ordon.* 23 *sept.* 1818, *art.* 14).

623. L'administration donne avis des liquidations aux exportateurs. (*Circ.* n° 603).

---

(1) Après avoir été classées dans l'ordre suivant : passavant, — déclaration, — ou, selon le cas, déclaration, — permis, — certificat d'origine, — carte d'échantillons, s'il s'agit de fils et de tissus de laine, les pièces sont réunies par un lien sous cachet apposé à froid, puis fixées au second feuillet de la formule série E, n. 52, au moyen d'un autre lien qui les traverse à l'angle gauche supérieur, à une distance de six centimètres du bord. (*Circ. lith.*, 9 *août* 1851).

20

624. La douane remet à tout déclarant de marchandises de primes des extraits des expéditions de sortie, c'est-à-dire des permis ou des passavants qui lui ont été délivrés.

Ces extraits sont détachés d'un registre à talon, série M, n° 56, et doivent porter la signature d'un des deux employés qui ont signé le permis ou le passavant.

L'ayant droit est tenu, pour recevoir le montant des primes, de produire, à l'appui de la lettre d'avis de liquidation qui lui a été adressée directement par l'administration, les extraits des expéditions de sortie pour les marchandises auxquelles s'applique cette lettre d'avis.

La remise de ces extraits constitue pour les ayant-droit et pour les comptables une garantie réciproque qui a pour but de prévenir toute réclamation non-fondée, comme tout paiement irrégulier.

Une fois le paiement effectué, ces extraits doivent être annexés à la liquidation. (*Circ. n° 2462*).

625. La lettre d'avis, appuyée des extraits des expéditions de sortie, peut être revêtue d'une autorisation donnée par l'ayant-droit, à un tiers, de toucher le montant de la liquidation en son nom et pour son compte.

Dans ce cas, la lettre d'avis est passible du timbre de dimension, lequel peut être appliqué dans tous les bureaux de l'enregistrement. (*Circ. n° 2462*).

626. La faculté du transfert, sous forme d'endossement, des lettres d'avis de liquidation de prime est supprimée. (*Circ. n° 2462*).

627. Dix jours après l'expiration de la date de la lettre d'avis qui lui est adressée, l'exportateur peut se présenter à la caisse de douane qu'il a désignée ; il y exhibe ladite lettre qui reste entre les mains du comptable, il la revêt de son *pour acquit*, et, en échange, il touche le montant de la prime. (*Circ. n°s 603, 646, 692, 694 et 740*).

§ 2.

SPÉCIALITÉS.

SUCRES RAFFINÉS.

628. Voir les lois des 27 mars 1817, art. 4 et 5 ; — 27 juillet 1822,

.art. 8 ; — 17 mai 1826, art. 9 ; — 26 avril 1835 ; — 2 juillet 1836,
art. 5 ; — 18 juillet 1837, art. 4 ; — 5 juillet 1840, art. 5 ; — et 13
juin 1831, art. 10. — Et, en outre, les circ. n° 784, — 1580, —
1643, — et 2426.

FILS ET TISSUS DE COTON.

629. Voir l'ordonnance du 23 septembre 1818 et la loi du 28 juin
1833, et de plus, les circ. 1055 — 1184 — 1414 — 2074 et 2209.

FILS ET TISSUS DE LAINE.

630. Voir les ordonnances des 28 août 1820, et 31 octobre 1821,
art. 9, — la loi du 2 juillet 1836, et les circulaires n°s 1045, 1085,
1517, 1558, 1620, 2149 et 2450.

SAVONS.

631. Voir les ordonnances des 1er février 1840 et 21 mai 1841,
art. 1er, — la loi du 11 juin 1845, et les circ. 953, 1804 et 2070.

SOUFRE.

632. Voir les ordonnances des 26 septembre 1822 et 9 octobre
1825 — et la circulaire 1585.

ACIDES NITRIQUES ET SULFURIQUES.

633. Voir les lois des 10 mars 1819, art. 9, — 6 mai 1841, art.
4 et 11 juin 1845, art. 1er, et les circ. 547, 660 et 1585.

VIANDES SALÉES.

634. Voir l'ordonnance du 22 juin 1820, et la loi du 7 juin 1820,
art. 9, plus les circ. 584, 619, 850 et 957.

BEURRES SALÉS.

635. Voir les ordonnances des 13 juillet 1825, art. 9, 25 novembre
1825, et 28 juillet 1840, la loi du 17 mai 1826, art. 8 et la circulaire
n° 957.

SEL AMMONIAC.

636. Voir les ordonnances des 13 juillet et 25 novembre 1825, la
loi du 17 mai 1826, art. 8, et la circ. n° 958.

MEUBLES EN ACAJOU.

637. Voir les lois des 7 juin 1820, art. 7, — 2 juillet 1836, — et 9 juin 1845, plus la circulaire 577.

PLOMB, CUIVRE, LAITON ET PEAUX.

638. Voir les ordonnances des 26 juillet 1826 et 4 janvier 1848, — la loi du 17 mai 1826, art. 8, et les circ. 998, 2213 et 2429.

CHAPEAUX DE PAILLE.

639. Voir les lois des 17 mai 1826, art. 10 et 5 juillet 1836, plus la circulaire 1551.

MACHINES A VAPEUR.

640. Voir les lois des 6 mai 1841, art. 1er, et 11 juin 1845, art. 2, et la circulaire, n° 1850.

FONTES.

641. Voir l'ordonnance du 30 mai 1839, — les lois des 5 juillet 1836, art. 5, et 6 mai 1841, art. 1er.

CHAPITRE XII.

ACQUITTEMENT DES DROITS DE DOUANES.

BUREAUX OU LES DROITS SONT PERÇUS.

642. C'est dans les bureaux, et non ailleurs, que les droits doivent être acquittés.

Sur les frontières maritimes, les mêmes bureaux perçoivent indistinctement les taxes d'entrée et de sortie.

Sur les frontières de terre, les droits d'entrée sont acquittés dans les bureaux les plus voisins de l'Étranger, dits bureaux de première ligne, et les droits de sortie dans les bureaux les plus rapprochés de l'intérieur, dits bureaux de seconde ligne, à moins que ces derniers bureaux ne soient plus éloignés du lieu du chargement que le bureau de première

ligne : en ce cas, les droits de sortie peuvent être pareillement acquittés dans ceux-ci. *(Loi 22 août 1791, tit. 1ᵉʳ, art. 2, et tarif de 1844,
nᵒ 26).*

643. A l'entrée seulement, il est fait exception aux règles ci-dessus
pour les marchandises qui, d'après les instructions spéciales de l'administration, sont affranchies, au premier bureau, d'une vérification détaillée, et sont alors transportées, après simple reconnaissance sommaire, à un second bureau à l'effet d'y être visitées et soumises aux
droits. *(Voir le nᵒ 2199).*

644. Les marchandises importées de l'Étranger peuvent, dans certains bureaux, et sous les conditions et restrictions déterminées par la
loi, être déclarées pour l'entrepôt ou le transit. Dans ce cas, les marchandises entreposées n'acquittent les droits d'entrée qu'au moment où
elles sont retirées de l'entrepôt pour la consommation. *(Tarif nᵒ 27).*

645. Dans les villes de l'intérieur où il est établi des bureaux de
douane, les droits de sortie peuvent être payés par anticipation. *(Voir
le nᵒ 2246).*

646. On peut importer par tous les bureaux jusqu'à concurrence
de, savoir :

25 kilog. toile de lin ou de chanvre, écrue ;

5 kilog. de toute sorte de rubans ;

5 kilog. de toute sorte d'ouvrages de passementerie ;

5 kilog. de sel de marais ou de saline ;

50 kilog. de fer et d'outils de fer, ou d'outils de fer rechargé d'acier
— d'instruments aratoires, — de scies et de limes et râpes. *(Tarif
nᵒ 33).*

647. On peut également introduire par tous les bureaux les marchandises qui, au tarif, ne sont marquées d'aucun astérisque.

Les petites quantités de denrées coloniales ou d'autres marchandises
non prohibées, que les voyageurs apportent avec eux, soit comme provision de route ou de ménage, soit comme échantillons, et dont il est
évident qu'on ne peut faire négoce, peuvent être admises aux droits
dans tous les bureaux sur la simple autorisation des chefs locaux, sauf
aux receveurs à avoir soin d'annoter sur les registres les motifs de ces
perceptions exceptionnelles. *(Tarif nᵒ 35). (Voir les nᵒˢ 1189 à 1195).*

RESTRICTIONS D'ENTRÉE.

648. D'après l'article 22 de la loi du 28 avril 1816 (*n° 2481 en note*), les marchandises qui y sont dénommées, et dont la plupart font partie de ce qu'on appelle denrées coloniales de premier ordre, ne peuvent être importées que par les ports d'entrepôt spécialement désignés à cet effet : l'entrée par terre pour la consommation en est interdite, sauf le cas prévu par le traité conclu avec les Pays-Bas le 25 juillet 1840. (*Tarif n° 217*).

Les marchandises auxquelles s'applique cette restriction d'entrée sont marquées, au tableau des droits, de deux astérisques **.

On ne peut importer que par ces mêmes ports d'entrepôt les marchandises des colonies françaises auxquelles une modération de droits est accordée. Ces marchandises sont aussi marquées de deux astérisques au tableau des droits.

649. Les marchandises dont la taxe d'entrée s'élève, en principal, à plus de 20 fr. par 100 kilogr., ou qui ont été nommément désignées par des lois ou ordonnances, ne peuvent être introduites que par certains bureaux, conformément à ce qui est prescrit par l'article 20 de la loi du 28 avril 1816 (1).

650. Il est pourvu par des mesures administratives, en ce qui concerne l'importation des matières premières, aux exceptions locales qu'exige la position des fabriques situées dans le rayon frontière; mais ces exceptions aux restrictions d'entrée ne peuvent résulter que d'ordres spéciaux de l'administration.

C'est donc à elle directement, ou par l'intermédiaire des directeurs, que les fabricants doivent s'adresser, par lettres établies sur papier timbré, en justifiant des motifs de leurs demandes et de la mesure de leurs besoins.

Les autorisations ainsi accordées sont toujours temporaires, et révocables en cas d'abus : elles fixent, eu égard aux besoins réels des fabriques, les quantités de matières premières dont l'importation exceptionnelle est permise. (*Tarif n° 34*).

---

(1) On a indiqué, au tableau des droits, par un astérisque *, les marchandises auxquelles s'applique cette disposition. Les bureaux qui sont spécialement ouverts à leur importation, sont indiqués au tableau n. 5, page 363 du tarif de 1844.

RESTRICTIONS DE SORTIE.

651. Il n'y a de restrictions de sortie que pour les marchandises ci-après :

Grains, légumes secs et leurs farines ($n°$ 1143) ;

Tabacs fabriqués ($n°$ 2144) ;

Boissons ($n°$ 2102) ;

Ouvrages d'or et d'argent ($n°$ 1164) ;

Poudres à tirer (n°s 2124 *et* 2125) ;

Et marchandises de primes ($n°$ 612). (*Tarif de* 1844, $n°$ 37).

DÉCLARATIONS A L'ENTRÉE ET A LA SORTIE.

652. Les capitaines, voituriers ou conducteurs entrant en France, ou en sortant, sont tenus, sous les peines portées par les lois, de faire, à leur arrivée dans les lieux où les bureaux sont établis, déclaration sur le registre du bureau, ou d'en présenter une signée des marchands ou propriétaires, ou de leurs facteurs, laquelle déclaration demeure au bureau, et est transcrite sur le registre par les employés et signée par lesdits capitaines, voituriers ou conducteurs ; dans le cas où ils ne savent signer, il en est fait mention sur le registre. (*Loi* 22 *août* 1791, *tit.* 2, *art.* 8). (*Voir les n^{os}* 364 *et suivants*).

653. La déclaration pour l'acquittement des droits, doit, outre les indications exigées, mentionner la profession et le domicile de la personne à qui les marchandises sont adressées *(loi* 28 *avril* 1816, *art.* 25), ainsi que la marque et le $n°$ de chaque colis. *(Loi* 22 *août* 1791, *tit.* 2, *art.* 9).

654. Les déclarations ne peuvent être faites par anticipation, c'est-à-dire avant que les marchandises qui en sont l'objet ne soient arrivées dans le port ou au bureau frontière où la déclaration est présentée.

Dans aucun cas, lorsqu'il s'agit de marchandises arrivant par mer, la douane ne peut recevoir les déclarations avant que le manifeste d'entrée du navire à bord duquel se trouvent ces marchandises, n'ait été déposé au bureau.

Il est également interdit de recevoir des déclarations de sortie pour des marchandises destinées à être embarquées sur des navires qui ne sont pas arrivés. (*Tarif, $n°$* 37).

655. Les déclarations sont affranchies du timbre : elles doivent être transcrites sur les registres immédiatement et à leur tour de rôle. (*Tarif, n° 62*).

656. Les marchandises doivent être énoncées sous les seules dénominations admises au tarif : celles qui n'y sont pas mentionnées doivent être déclarées sous la dénomination la plus usitée dans le commerce. (*Tarif, n° 60*).

657. Pour faciliter au commerce les moyens de faire ses déclarations en pleine connaissance de cause, les chefs du service sont autorisés à permettre aux propriétaires ou consignataires des marchandises importées de l'Etranger de les examiner avant la déclaration, de les décharger même, et d'en prélever des échantillons, afin d'en connaître l'espèce, la qualité, ou la valeur : mais cette facilité ne doit être accordée que sous les mesures de précaution nécessaires pour prévenir les abus, et sous la condition, comme l'explique la circulaire n° 553, que les employés resteront étrangers à cet examen préalable, de manière à ce que, dans toute circonstance, la déclaration demeure soumise au libre contrôle de la visite. (*Voir, pour les marchandises prohibées, la circulaire 1304*). (*Tarif, n° 59*).

658. Les déclarations de mise en consommation, une fois produites, obligent à l'acquittement des droits, à moins qu'il ne soit fait abandon par écrit des marchandises qui en font l'objet, lesquelles sont alors vendues, à la diligence de l'administration, au profit de l'État, sans qu'il y ait de répétition à faire au propriétaire pour la différence qui pourrait exister, au désavantage du trésor, entre le produit de la vente et le montant intégral du droit. (*Voir les n°* 2167 *et suivants relatifs aux marchandises abandonnées ou délaissées en douane*). (*Tarif n° 69*).

659. Toute marchandise pour laquelle il n'a pas été fourni de déclaration en détail dans les trois jours qui suivent l'arrivée d'un navire, peut, après sommation faite au capitaine de la conduire au bureau, être débarquée d'office, aux frais de qui de droit, pour être mise en dépôt. (*Tarif, n° 70*).

660. Quand les marchandises paient à la valeur, les employés doivent chercher, par tous les moyens en leur pouvoir, à s'assurer de l'exactitude des valeurs déclarées.

Lorsque le service juge que la valeur des marchandises n'a pas été exactement déclarée, il peut user du droit de préemption, c'est-à-dire retenir les marchandises en payant au déclarant, dans les 15 jours qui suivent la notification du procès-verbal de retenue, une somme égale à la valeur de la marchandise, et le dixième en sus. (*Tarif, n° 73*). *(Voir le mot Préemption, n°* 2569 *et suivants). (Voir les Règles générales sur les déclarations, n°* 364 *et suivants).*

VÉRIFICATION DES MARCHANDISES.

661. Les déclarations faites et enregistrées, les marchandises sont visitées, pesées, mesurées ou nombrées, si les employés l'exigent, et cela, en présence de la partie à la charge de laquelle restent les frais de manipulation. *(Voir les n°* 2464 *et suivants).*

La visite complète est facultative pour les employés qui n'ont point à rendre compte de leur détermination ; mais elle est de rigueur quand ils ne s'en rapportent point aux déclarations.

Dans tous les cas, elle est sous la responsabilité personnelle de celui qui est chargé d'y procéder et du chef du bureau. (*L.* 22 *août* 1791, *tit.* 2, *art.* 14, 15, 16 *et* 17, *et* 28 *avril* 1816, *art* 26). (*V. le n°* 2465).

Toutes les opérations de visite, telles que reconnaissance d'espèce, de poids, ou d'intégrité de cordes et de plombs, doivent être faites par les vérificateurs eux-mêmes ; l'emballeur qui les assiste ne doit s'occuper que de la manutention des colis d'après les ordres et les indications qu'ils lui donnent.

662. Lorsque la déclaration présente séparément le poids de chaque colis, et que des vérifications partielles paraissent devoir suffire, la douane, qui pourrait s'en rapporter, pour la totalité des marchandises, aux indications de cette déclaration, peut, à plus forte raison, l'admettre comme exacte pour la partie des colis qu'elle ne visite pas (1). Elle doit, dans ce cas, pour les colis qu'elle a visités, perce-

---

(1) Dans l'intérêt du trésor, on doit peser intégralement celles des marchandises pour lesquelles, soit à cause de la nature de celles-ci, de la diversité ou de l'inégalité des colis, soit à cause de l'élévation du droit, la pesée par épreuve serait de nature à faire naître ou à favoriser des abus. (Circ. n. 2248).

Quand il s'agit de s'en rapporter aux déclarations du commerce, ou quand le commerce demande à remplacer la pesée intégrale par de simples pesées d'épreuves, le recours à l'un ou à l'autre mode ne peut avoir lieu qu'en vertu d'une autorisation du chef de la visite donnée par écrit sur le permis ou sur le carnet du vérificateur. (Circ. n. 2248).

voir ou garantir les droits d'après les poids effectifs qu'elle a constatés, et reproduire les quantités énoncées dans la déclaration pour les colis à l'égard desquels elle a jugé devoir l'admettre comme exacte. (*Déc. adm.* 30 *juillet et* 17 *sept.* 1841*)*.

Quand des marchandises de même espèce sont présentées en colis semblables, mais dont le poids partiel n'est pas indiqué par la déclaration, on peut se contenter de peser quelques-uns des colis, et déterminer ensuite proportionnellement le poids de la totalité. Si, dans le cas d'excédant passible du simple ou du double droit, le déclarant conteste l'exactitude de l'opération, il y a lieu de procéder à la pesée du tout. (*Circ. du* 3 *mai* 1793 *et* 20 *mai* 1848).

<h3 style="text-align:center">PORTATIF.</h3>

663. Les détails de la visite sont inscrits (1), à l'encre, sur un carnet ou portatif, au moment même et au fur et à mesure qu'elle a lieu.

C'est d'après ces détails que le vérificateur délivre le certificat qui sert de base à la liquidation des droits. La transcription au carnet de la déclaration, ou de l'expédition qui en tient lieu, n'est que secondaire; elle peut se faire après la visite lorsque l'encombrement du magasin — ou les besoins du commerce — exigent de la célérité.

664. Si, dans le cours de ses opérations, le vérificateur reconnaît des excédants, des déficits, ou des différences notables, il les constate par un procès-verbal.

S'il pense que la valeur des objets taxés à la valeur est faussement déclarée, il use du droit de préemption (*n*o 2569), en observant, toutefois, qu'il n'y a pas lieu de préempter les marchandises soumises à un droit de 1/4 p. $_0/^0$, ou moins (2). (*Circ. n*o 2260).

Enfin, si, parmi les marchandises, il en trouve qui soient prohibées et déclarées sous leur vraie dénomination, il ne les saisit point; mais celles qui sont destinées à l'importation sont renvoyées à l'Étranger,

---

La faculté de peser par épreuves ne dispense pas les employés de s'assurer toujours de la nature et de la qualité des marchandises, tant par l'ouverture d'un certain nombre de colis, que par le sondage de tous. (*Idem*).

(1) Le résultat des vérifications réellement effectuées est seul présenté avec détail sur les portatifs. (*Circ. n.* 1341).

(2) Dans ce cas, la valeur est portée d'office à ce qu'elle doit être. (*Circ. n.* 2260).

et celles dont on demande la sortie restent en France , par application de l'art. 4, tit. 5, de la loi du 22 août 1791. *(N° 2223).*

665. D'après le principe général posé par l'art. 5 du titre 1er de la loi du 22 août 1791 , les marchandises de toute sorte, *tarifées au poids*, doivent acquitter les droits sur le *poids brut*.

Il est fait exception à cette règle :

1° Pour les marchandises dont la taxe s'élève à plus de 40 francs par 100 kilog. : celles-ci, conformément à l'article 7 de la loi du 27 mars 1817 , ne doivent acquitter le droit que sur le *poids net ;*

2° Pour les ouvrages en soie, en or et en argent ; — l'or et l'argent bruts, — les dentelles, — les plumes apprêtées, — le coton en laine, — le sucre, — le café, — le cacao, — le poivre, — l'indigo, — la potasse. Les marchandises qui suivent le régime de celles-ci, savoir : le sulfate de soude, — le tartre brut et le carbonate de potasse, acquittent à l'entrée les droits *au net*, quelque soit la quotité des droits qui les affectent. *(Voir les observations préliminaires du tarif de 1844.)*

666. Le *poids brut* est celui qui résulte de la pesée cumulée du contenant et du contenu.

667. Le poids net est effectif ou légal.

Le poids net effectif, autrement dit le *poids réel*, est celui qui se constate par le pesage de la marchandise dépouillée de ses emballages (1).

Le poids net légal est celui qui se calcule en déduisant du poids brut des colis la tare légale, c'est-à-dire la tare que la loi a déterminée, selon le mode d'emballage ou l'espèce des marchandises, pour le cas où le redevable n'aurait pas demandé, en temps utile, que la liquidation fut établie sur le poids net effectif.

Voir, *au tarif de 1844, page 562, le tableau des tares légales.* Voir *également, à ce tarif, les n°s 75 à 92 des observations préliminaires, et la circulaire du 10 mars 1848 , n° 2225).*

668. Les marchandises visitées par la douane ne sont pas toujours pesées avec une rigoureuse exactitude.

---

(1) On déduit du poids des marchandises les objets qui ne forment qu'un accessoire de l'emballage intérieur, notamment les gros papiers qui enveloppent les boîtes de plumes métalliques et les paquets d'aiguilles ; ainsi que la mousse ou le foin dont on entoure la porcelaine et les verreries. (Circ. n. 2413).

Certaines fractions de poids, connues sous la dénomination de *trait* ou *tombée*, sont accordées au commerce.

Il a été réglé par l'administration qu'on se servirait de l'*hectogramme* lorsqu'il s'agirait de marchandises précieuses taxées au kilog. pour les pesées de 10 kilog. au plus, et du *décagramme* pour les poids moindres; que pour les denrées coloniales et autres marchandises taxées au quintal, on se servirait du *demi-kilogramme*, quand il s'agirait de colis de moins de cent kilogr. présentés isolément, et du *kilogramme* pour les pesées plus fortes, soit qu'il s'agisse de grands colis, ou de petits colis réunis. *(Décis. adm.* 15 *février* 1840).

EMBALLAGE DES COLIS.

669. Les caisses, futailles, vases, et généralement tous les objets servant à l'emballage des marchandises, ne sont pas soumis à des droits indépendants de ceux qui affectent les marchandises elles-mêmes, que celles-ci soient taxées au brut, au net, à la valeur, au nombre ou à la mesure.

Toutefois, lorsque ces emballages ont évidemment une valeur marchande, c'est-à-dire, quand il est notoire qu'il peut y avoir profit à les employer à tout autre usage que celui auquel ils ont été momentanément affectés, et lorsque, d'ailleurs, ils renferment des objets tarifés autrement qu'au brut, ou des objets qui, imposés au brut, sont soumis à des droits notablement inférieurs à ceux qu'acquitteraient lesdits emballages s'ils étaient importés séparément, on doit faire suivre à ceux-ci le régime qui leur est propre.

Cette règle s'applique notamment :

1° Aux cruchons de poterie, aux outres en cuir et aux bouteilles de verre contenant des liquides;

2° Aux estagnons en cuivre ou en autres métaux communs dans lesquels on importe des huiles ou des essences, et qui, dans ce cas, peuvent être admis exceptionnellement au droit de 10 % de la valeur.

3° Aux boîtes dans lesquelles sont renfermés les carillons à musique. *(Voir la note* 640 *du tarif de* 1844*)* ;

4° Aux caisses de fer-blanc;

5° Aux sacs employés pour le transport de certaines denrées ou marchandises, lorsque, d'ailleurs, ils sont en toile neuve, ou en toile de qualité supérieure aux toiles affectées d'ordinaire à cet usage;

6° Enfin, aux cercles de fer qu'on emploie quelquefois pour la ligature des colis, et aux peaux dont on se sert pour enveloppes ; mais la taxe n'est exigible qu'autant que les cercles de fer et les peaux sont en bon état.

Les doubles futailles et les doubles emballages de toute sorte ne sont pas compris dans le poids des marchandises tarifées au brut. (*Tarif de 1844, n° 91*).

PLOMBAGE ET ESTAMPILLAGE.

§ 1ᵉʳ.

PLOMBAGE.

MARCHANDISES SUJETTES AU PLOMBAGE.

670. Le plombage est destiné à assurer l'identité des marchandises pendant leur transport ; il offre aussi une garantie réelle aux intérêts de l'industrie et à ceux du trésor. (*Circ. n° 299*).

671. Sont assujetties au plombage :

1° Les marchandises de prime ;

2° Les marchandises qui transitent ;

3° Celles qui sont réexportées ;

4° Celles qu'on expédie d'un premier bureau sur un autre pour y être vérifiées et acquittées ;

5° Celles qu'on dirige sur les douanes de Paris ou de l'intérieur, ou sur des mairies ou des préfectures, pour y être examinées ;

6° Celles qui sont dirigées d'un entrepôt sur un autre ;

7° Celles qui, prohibées à l'entrée ou à la sortie, circulent dans le rayon ;

8° Celles qui sont admises au cabotage — ou qui empruntent le territoire Étranger.

On peut plomber aussi :

1° Les effets des voyageurs qui entrent sur le territoire français,

afin d'éviter de nouvelles visites dans le rayon. (*Paris*, 27 *juillet* 1832);

2° Les marchandises expédiées à l'Etranger par la douane de Paris, ou par les douanes de l'intérieur;

3° Celles expédiées d'un bureau principal à l'Etranger, afin de les affranchir d'une seconde visite au bureau de sortie;

4° Les outils et fournitures d'horlogerie. (*Paris*, 13 *mars* 1844);

5° Les tissus de fil et les dentelles. (*Paris*, 27 *juillet* 1832);

6° Les objets de collection, et les objets d'art hors de commerce. (*Paris*, 17 *sept*. 1836);

7° Les objets fragiles accompagnant les voyageurs, ou présentés par les commissionnaires. (*Besançon*, 8 *juin* 1836, *et Paris*, 13 *mars* 1844);

8° Les carillons à musique et les mouvements de montres sans boîtiers. *(Dito);*

9° Les tresses de paille fine. (*Paris*, 21 *mai* 1831);

10° Le papier collé. (*Paris*, 2 *août* 1843).

Dans le premier cas, le plombage est obligatoire; dans le second, il est facultatif, et ne doit s'opérer que sur la demande expresse de l'intéressé.

672. Les marchandises en vrac ne peuvent être plombées : si celles qu'on présente ainsi sont assujetties au plombage, on doit les faire mettre dans les colis qui leur sont propres. (*Circ. du* 20 *vendémiaire an II*).

673. Les expéditions doivent énoncer que les marchandises soumises au plombage ont réellement été plombées. (*Circ. du* 5 *prairial an X*).

MODE DE PLOMBAGE.

674. Pour plomber, il n'est fait usage que d'instruments pouvant à la fois empreindre les deux faces et la tranche de chaque plomb : ces instruments sont fournis par l'administration seule, ainsi que les flans nécessaires, au fur et à mesure des besoins. (*Ordon.* 8 *janvier* 1817, *art.* 1 *et* 2).

Il est expressément défendu aux employés, sous peine de destitution, d'employer d'autres instruments ou flans que ceux fournis par l'administration, et de démonter lesdits instruments pour s'en servir d'une autre manière que celle prescrite. (*Même ordon.*, *art.* 4).

675. La principale garantie du plombage dépend du soin avec lequel on l'applique, et du choix des cordes qui doivent être parfaitement saines et fortement serrées et nouées. (*Circ.* 30 *août* 1816).

Quand il s'agit de plomber une futaille, on fait percer, à chaque bout, deux douves et deux fonds pour y passer la corde du plomb : pour les caisses, on exige qu'un des côtés, le dessus, le dessous et un bout soient traversés également par la corde. (*Arr. 4ᵉ jour complémentaire an VIII, art.* 5).

676. Les plombs ne doivent jamais être frappés hors de l'enceinte du bureau et sans la présence d'un vérificateur.

677. Les douanes qui ne sont pas pourvues d'instruments à plomber, y suppléent par des cachets.

678. Le chef du bureau s'assure que les instruments sont en bon état ; il veille à ce qu'ils ne sortent jamais du bureau, et qu'ils soient toujours, hors les heures de service, remis sous la clef de la douane. Quand les opérations sont terminées, il vérifie si le nombre des flans remis aux emballeurs est bien en rapport avec celui des plombs réellement apposés. (*Arr. 4ᵉ jour complémentaire an VIII*).

PRIX DES PLOMBS.

679. Le prix de chaque plomb appliqué dans les douanes, en vertu des lois et ordonnances, est réduit à 25 centimes dans les cas ci-après :

1° A la réexportation directe, par mer, des marchandises reçues en entrepôt ;

2° Pour le second plombage prescrit à l'égard de diverses marchandises admises au transit ;

3° Pour les marchandises de prime ou de transit qui, après avoir été vérifiées dans un port ou bureau de sortie qui ne touche pas immédiatement à l'Etranger, doivent être remises sous le sceau des douanes pour en assurer le passage définitif, soit en haute mer, soit sur le territoire de la domination limitrophe ;

4° Pour les marchandises expédiées sur les entrepôts créés en vertu de la loi du 27 février 1832, ou qui sont extraites de ces entrepôts, soit pour être réexportées, soit pour être dirigées sur d'autres entrepôts français ;

5° Pour les céréales expédiées en transit.

Pour tous les autres cas, il reste fixé à 50 centimes. (*L. 2 juillet 1836, art. 21*).

A l'égard des marchandises expédiées par mer sous le régime du cabotage, des mutations d'entrepôt et des transbordements, la taxe de plombage cesse d'être perçue, bien que ces marchandises demeurent assujetties à la formalité du plombage dans les cas déterminés par les art. 20 et 21 de la loi du 2 juillet 1836. (*Décret du 21 mars 1852 et circ. du 23 dudit mois*). (*Voir les n°s 685 et 691*); mais une somme annuelle de 460,000 fr. est ajoutée au budget des douanes à titre d'indemnité représentative du produit de cette taxe. (*Circ. du 23 mars 1852, n° 20*).

Le prix de chaque plomb comprend la fourniture de la matière première, celle des cordes et ficelles, les frais de main-d'œuvre et d'application des plombs.

Toutefois, dans la douane de Paris, les frais de cordage et d'emballage sont à la charge des expéditeurs, conformément aux dispositions de l'ordonnance du 28 mars 1850. (*L. 2 juillet 1836, art. 21*).

680. Il est défendu aux employés, sous peine de destitution et autres peines plus graves, si le cas y échet, d'exiger ou de recevoir d'autres ni plus fortes rétributions que celles fixées ci-dessus. (*Ordon. 8 janvier 1817, art. 4*).

§ 2.

ESTAMPILLAGE.

681. Dans les bureaux qui ne sont pas pourvus d'instruments ou de flans à plomber, on appose sur les colis, en remplacement du plomb, un ou plusieurs cachets à la cire. (*Tarif de 1844, n° 253*).

On ne peut exiger, pour remboursement du prix de ces cachets, plus de 25 centimes par colis. (*Idem*).

682. Les frais d'apposition d'estampilles, y compris l'achat des instruments et de la couleur, est fixé à 10 centimes dans les cas suivants :

1° Cotons étrangers destinés pour l'entrepôt fictif. (*Ord. du 9 janv. 1818, art. 5 et 10*); le prix de 10 cent. est dû par balle de coton ou par marque nouvelle ;

2° Cotons filés étrangers dont l'entrée est permise. *(Ord. du 22 août 1834, art. 2, et circ. nº 1456)* ;

3° Pièces de foulards écrus, admis temporairement pour être imprimés. *(Ord., 13 mai 1837, art. 3, et circ. nº 1624)* ;

4° Feuilles de tôle ou pièces de fer admises temporairement et destinées à être employées à la construction des bateaux en fer et des chaudières pour les machines à vapeur. *(Ord., 28 mai 1843, art. 3)* ;

5° Nankins de l'Inde importés en droiture. *(Arrêté, 26 janv. 1849, et circ. nº 2306)*.

683. Le prix des estampilles est fixé à 5 centimes :

1° Quand il s'agit de marchandises de retour ;

2° D'échantillons de commerce, de futailles, de sacs en toiles ;

3° Et de tous autres objets qu'il s'agit d'estampiller pour en assurer le libre retour en France. *(Circ. nº 811)*.

§ 3.

VIEUX PLOMBS.

684. Quand la destination des marchandises est consommée, les plombs sont détachés des colis et applatis de telle sorte que leur empreinte soit complètement effacée. Ils sont ensuite remis au receveur qui en reste dépositaire jusqu'à ce qu'il s'en trouve une quantité suffisante pour les livrer à la fonte, opération qui doit se faire en présence du sous-inspecteur et du receveur.

La matière brute est vendue aux enchères, après affiches, et le prix de l'adjudication est ajouté au bénéfice qu'offrent les plombs et les estampilles. *(Circ., 24 brumaire, an XI, et déc. adm., 10 octob. 1850)*.

La vente a lieu conformément aux dispositions de l'art. 17 du règlement du 25 juin 1827, concernant la vente des laines préemptées pour le compte de l'État. *(Déc. adm., 11 août 1838)*. *(Voir le nº 112 des modèles)*.

§ 4.

INSCRIPTION DU PRODUIT DES PLOMBS, ESTAMPILLES, CACHETS, ET VIEUX PLOMBS.

685. Chaque bureau tient un registre spécial *(série E, nº 64)* sur lequel on inscrit, jour par jour, le produit des plombs, cachets et es-

21

tampilles : le verso du premier feuillet de ce registre indique les règles à suivre pour le tenir convenablement. *(Circ. n° 1719).*

On y inscrit aussi le produit de la vente des vieux plombs.

On réunit ces divers produits en une seule et même masse, et la répartition du tout s'effectue entre les employés qui y ont droit. (*Circ. n° 1362*).

Le nombre et le prix des plombs apposés gratuitement *(n° 679)* doivent être inscrits, jour par jour, et pour chaque expédition, sur un registre série E, n° 64, ouvert spécialement à cet effet. A la fin du mois, ce registre, dûment totalisé, offre ainsi les éléments d'appréciation nécessaires pour les opérations ultérieures. *(N° 691). (Circ. du 29 mars 1852, n° 23).*

§ 5.

RÉPARTITION DU PRODUIT DU PLOMBAGE ET DE L'ESTAMPILLAGE.

686. Le produit de la taxe de plombage et d'estampillage se répartit, entre les ayant-droit, à l'expiration de chaque mois : il est procédé, en fin d'année seulement, à la distribution du fonds de réserve institué par l'arrêté du 6 juin 1848. *(Arrêté du 21 juillet 1849, art. 4).*

687. La répartition a lieu selon les proportions fixées par la décision du 3 septembre 1839 :

Ainsi, les sous-inspecteurs, les receveurs-principaux, les receveurs particuliers, les contrôleurs, les vérificateurs et les visiteurs de toute classe, ont une part entière, à l'exception des douanes de Marseille, Bayonne, Bordeaux, Nantes, Rouen, le Hâvre et Dunkerque : dans ces douanes, les vérificateurs de 2e classe n'ont que demi-part, et ceux de 3e classe un tiers de part ;

Les commis-principaux de 1re classe touchent demi-part ;

Ceux de 2e classe un tiers de part ;

Les commis de 1re et 2e classe reçoivent un sixième de part ; et les emballeurs, un huitième de part. (*Circ. n° 1594 et 2336*).

Les inspecteurs sont exclus de tout partage. (*Arr. du 6 juin 1848, art. 3. — Circ. 2225*).

688. Le maximum de la part annuelle des sous-inspecteurs est fixé à 1,500 francs.

Aucun employé ne peut recevoir annuellement une somme supérieure à son traitement fixe.

Dans les bureaux où la part entière dépasse ce maximum, les parts fractionnaires peuvent s'élever, savoir :

Pour les commis-principaux de 1re classe, et pour les vérificateurs de 2e classe, aux 4/5e du traitement ;

Pour les commis-principaux de 2e classe, et pour les vérificateurs de 5e classe, aux 3/5e ;

Pour les commis de 1re et de 2e classe, aux 2/5e ;

Pour les peseurs et les emballeurs, à une part équivalente à celle qui leur est attribuée par les anciens règlements. (*Arr. du 21 juillet 1849, art. 2 et 3, et circ. n° 2336*).

689. Quand les parts de plombage doivent être ramenées au maximum, l'excédant forme un fonds commun qui est réparti chaque année, entre les employés des douanes où s'effectuent les expéditions donnant lieu à l'apposition des plombs ou estampilles.

Dans les 15 premiers jours de janvier, les directeurs adressent à l'administration un état indiquant, pour chaque bureau, le produit net de la taxe pendant l'année précédente, la part attribuée à chacun des ayant-droit, et, lorsqu'il y a lieu, le montant de la somme afférente au fonds de la réserve. A vue de cet état, l'administration opère la distribution du fonds commun. (*Arr. des 6 juin 1848, et 21 juillet 1849. Circ. n° 2336*).

690. En cas d'absence par congé, la part de l'employé absent est réduite de moitié ; l'autre moitié est versée à la masse et se répartit avec elle. (*Circ. n° 1594*).

Voir au mot : *Mutation de comptables, les n°s 312 et suivants.*

691. Relativement à la portion du fonds de 460,000 francs, la répartition a lieu d'après un état que les directeurs adressent annuellement à l'administration et qui indique :

1° La somme qu'a reçue chaque ayant-droit sur le produit ordinaire des taxes de plombage ;

2° Et celle qui, d'après le nombre des plombs de cabotage ou de mutation d'entrepôt gratuitement apposés, aurait pu lui être attribuée si ces plombs avaient encore donné ouverture au recouvrement de la taxe. (*Circ. n° 23, du 29 mars 1852*).

PAIEMENT DES DROITS.

692. Les marchandises sont le gage des droits, et l'on ne doit consentir, dans aucun cas, à leur enlèvement, avant que ceux-ci n'aient été acquittés, consignés ou garantis. (*Tarif de* 1844, *n*° 235 *et loi du 4 germinal an II, tit.* 3, *art.* 11).

693. Les droits de douane doivent être payés au comptant (1), sans délai, et en monnaie ayant cours légal, à toutes les entrées et sorties du territoire français. (*L.* 4 *germinal an II, tit.* 3, *art.* 11).

Toutefois, en ce qui touche les droits d'entrée, l'obligation d'en effectuer le paiement en numéraire n'est pas absolue ; ils peuvent être réalisés aussi en effets de crédits à l'entière satisfaction des comptables. (*Tarif de* 1844, *n*° 236). (*Voir Crédits, n*° 706 — *et Escomptes, n*° 718).

Les monnaies de cuivre et de billon de fabrication française ne peuvent être employées dans les paiements, si ce n'est de gré à gré, que pour l'appoint de la pièce de 5 fr. (*Circ. des* 31 *août et* 18 *sept.* 1810).

694. Il n'est reçu aucune division d'écus en paquets : toutes les pièces sont comptées, et ceux qui les reçoivent sont tenus de s'assurer qu'elles ont cours en France. (*Décret,* 18 *août* 1810, *art.* 2).

695. Toutes les marchandises étrangères qui sont importées pour les approvisionnements de la marine, de la guerre, et autres départements, sont et demeurent assujetties, sans exception, au paiement effectif des droits à l'introduction en France, sur le pied réglé par le tarif des douanes. (*Décret du* 6 *juin* 1807, *art.* 1ᵉʳ).

QUITTANCES OU ACQUITS DE PAIEMENT.

696. Tous paiements et versements faits aux receveurs donnent lieu à la délivrance immédiate d'une quittance détachée d'un registre à souche. (*Ordon.* 8 *décembre* 1822, *art.* 8).

Cette quittance, qui prend le nom d'acquit de paiement, n'est soumise à aucun droit particulier. On ne rembourse que le prix du timbre qui est de 5 cent., ou de 25 cent., selon que la somme est au-dessous

---

(1) Il ne doit point y avoir de perception sans liquidation ; toute liquidation doit être faite à vue d'un certificat de visite. (*Déc. adm.*, 2 *août* 1832).

ou au-dessus de 10 francs. (*L. des* 22 *août* 1791, *tit.* 1ᵉʳ, *art.* 7, *et* 28 *avril* 1816, *art.* 19).

697. Les tribunaux ne peuvent rendre aucun jugement pour en tenir lieu. (*L.* 22 *août* 1791, *tit.* 11, *art.* 2).

698. L'acquit de paiement doit indiquer : — le titre en vertu duquel la perception a lieu, — l'espèce, — la qualité — et la quantité des marchandises, d'après le résultat de la visite ;

Il doit rappeler en marge les marques et numéros des colis ;

Il doit désigner encore : — le lieu où les marchandises ont été chargées ; — le nom et le domicile de celui qui a payé les droits, — le lieu de destination — avec le nom et la profession de la personne à qui les objets sont destinés, — et la liquidation des droits. (*Loi* 28 *avril* 1816, *article* 33).

699. Si les marchandises importées sont destinées pour le lieu même de l'établissement du bureau, l'acquit de paiement ne doit accorder que la faculté de les conduire immédiatement au domicile de celui à qui elles sont adressées, et ne peut servir à aucun transport hors de la commune. (*Même loi, art.* 34).

Si elles ont une autre destination, l'acquit de paiement sert à les transporter jusqu'à cette destination ; mais, alors, il doit — désigner la route à suivre, — et indiquer : — 1° le bureau où le conducteur sera tenu de les faire reconnaître et de faire contrôler l'acquit ; — 2° le délai dans lequel le chargement devra être présenté au bureau de contrôle ; — 3° et celui qui sera nécessaire pour les faire arriver à leur destination. (*Même loi, art.* 35).

700. S'il arrivait que le redevable ne prît pas l'acquit de paiement immédiatement après sa délivrance, et qu'il attendît au lendemain pour payer, on annulerait la déclaration primitive inscrite au registre, on la reporterait à la journée où la perception s'effectuerait, et on indiquerait, par une note, le motif de cette transposition. (*Circ. du* 25 *sept.* 1833, *lithog*).

701. Un autre cas pourrait encore se présenter : c'est celui où un redevable voudrait retirer des douanes des marchandises qu'il se proposerait d'acquitter, mais dont les droits ne pourraient être réglés, ou à l'égard de la tarification desquelles il élèverait des réclamations.

Il conviendrait alors de garantir les droits du trésor au moyen d'une consignation (*circ. n° 1363*), et de provoquer l'avis des experts institués par la loi du 27 juillet 1822, pour vider les contestations sur l'application du tarif. (*Voir le n° 2414*).

DÉCIME.

702. Il doit être perçu, à titre de subvention extraordinaire, dix centimes par franc en sus de tous les droits de douanes et de navigation, conformément à ce qui est prescrit par la loi du 6 prairial an VII, et par l'art. 17 de la loi du 28 avril 1816.

Ainsi, à toute liquidation de droit on doit ajouter le dixième de la totalité de la somme principale à percevoir.

Cependant, par exception à la disposition ci-dessus, ne sont pas soumis au décime par franc :

1° Les droits de magasinage et de garde ;

2° Le droit de timbre sur les expéditions ;

3° Le montant des consignations effectuées pour assurer le renvoi à l'Etranger des voitures de voyageurs ;

4° Les droits d'entrée sur les provisions de tabac de santé ou d'habitude ;

5° Le droit de tonnage de 5 francs par tonneau exigible sur les navires des Etats-Unis, d'après la convention du 24 juin 1822 ;

6° La taxe de consommation sur les sels et les taxes sanitaires ;

7° Et le droit de 15 p. $_0/^0$ perçu au profit de la caisse des invalides de la marine, sur les marchandises prohibées provenant de naufrages, et admises exceptionnellement à la consommation. (*Tarif de 1844, n° 55, et déc. admin. 7 février 1834*).

DÉPART DES MARCHANDISES.

703. Les marchandises sont, après la délivrance de l'expédition, transportées à bord des bâtiments ou conduites par terre à l'Etranger, ou introduites dans l'intérieur, immédiatement et sans délai, sans emmagasinage ni transport rétrograde. (*L. 4 germinal an II, tit. 3, art. 2*).

Cependant l'expéditeur pourrait garder à l'intérieur la marchandise dont il aurait payé les droits de sortie, pourvu qu'elle se trouvât encore sous la main de la douane ; mais si elle était déjà en cours de transport pour l'Etranger, l'exportation serait consommée, sauf à de-

mander à l'administration l'autorisation de la faire réimporter. *(Déc. admin. 17 janvier 1839).*

On peut permettre le renvoi à l'Etranger des petites parties de marchandises apportées par des voyageurs, lorsque ceux-ci se refusent à en acquitter les droits. *(Déc. admin. 18 février 1842).*

704. Les marchandises que l'on veut retirer des bureaux après y avoir rempli les formalités prescrites pour leur introduction par terre, ne peuvent être rechargées que dans l'emplacement affecté à cette opération, devant la douane ou dans les cours et dépendances du bureau, et sous la surveillance des préposés.

Les acquits de paiement, ou autres expéditions, ne sont remis aux intéressés qu'au moment du départ des marchandises, lequel est constaté par un visa des préposés de service près du bureau. (*L. 28 avril 1816, art. 32*).

Relativement aux marchandises expédiées par eau, les préposés attestent, dans le visa, que l'embarquement s'est effectué en leur présence. (*Circ. nº 149*).

705. Aucune marchandise ne peut être retirée du premier bureau d'entrée, qu'après qu'elle y a été déclarée en détail; que la vérification en a été faite, sous la responsabilité personnelle des employés chargés d'y procéder et des chefs du bureau; que les résultats de la visite ont été constatés sur des registres spéciaux; que les droits ont été portés en recette; et que le conducteur est muni de l'expédition nécessaire pour circuler. (*L. 26 avril 1816, art. 26*).

CRÉDITS DES DROITS.

ÉTABLISSEMENT DES CRÉDITS.

706. Quand les redevables présentent en douane une ou plusieurs déclarations s'élevant à plus de 600 francs (1), soit pour les droits de douanes à l'entrée seulement, soit pour la taxe de consommation des sels, le receveur peut recevoir en paiement des obligations cautionnées,

_____

(1) Pour les sucres, voir le n, 2154, titre 5, art. 56.

des traites ou des lettres de change commerciales. (*Loi du* 22 *ventôse an XII.* — *Circ. n^{os}* 171 , 570 *et* 1778).

707. Les crédits ne sont autorisés que dans les grands ports et dans quelques douanes de second ordre.

Pour ces dernières, le directeur général arrête le tableau des bureaux dans lesquels , à raison de la nature des opérations commerciales , ou de la moindre importance des taxes qui s'y perçoivent, les crédits individuels peuvent, sans inconvénient, être prévus et limités à l'avance. — Dans ces bureaux , les receveurs forment, tous les trois mois, et soumettent aux inspecteurs et directeurs dont ils dépendent , la liste des redevables qu'ils croient pouvoir être admis au crédit , et de leurs cautions , avec l'indication des sommes auxquelles ils estiment que le crédit peut s'élever, pour chacun d'eux , d'après ses facultés notoirement connues. Le directeur, d'après les observations de l'inspecteur et ses propres notions, statue sur les propositions du receveur, soit quant à l'admissibilité des redevables et des cautions au crédit , soit quant à la quotité des crédits qu'il juge pouvoir être accordés. — Le receveur est toujours libre d'accorder ou de refuser les crédits , même ainsi autorisés , mais il ne peut faire d'autres crédits que ceux approuvés , ni pour de plus fortes sommes que celles qui sont limitées par le directeur, sous peine d'encourir, par ce seul fait , la responsabilité absolue. — Les listes indiquées ci-dessus n'excluent pas les propositions que , dans l'intervalle de leur approbation , le receveur pourrait avoir à faire pour être autorisé à admettre au crédit des redevables non encore portés sur ces listes , sauf , pour lesdites propositions, à procéder, soit par le receveur, soit par l'inspecteur et le directeur, comme il vient d'être réglé. (*Arrêté ministériel du* 9 *décembre* 1822 , *art.* 5, *et circulaire n*^o 771).

Les receveurs subordonnés , autorisés, par leurs receveurs principaux , qui sont seuls responsables , à faire des crédits , sont tenus de leur soumettre préalablement les effets qui leur sont présentés en garantie. (*Circ. n*^0 570).

REGISTRE DES CRÉDITS.

708. Tout receveur qui fait crédit des droits doit tenir un registre des crédits dans lequel il inscrit , par ordre alphabétique , tous les individus obligés envers sa caisse en vertu des effets qu'il les aura admis

à souscrire en leur nom ou comme cautions. Pour chacun d'eux, les obligations nouvelles sont, chaque mois, balancées avec les extinctions, et la situation réelle, à la fin du mois, est établie dans un tableau qui est remis au plus tard le 5 du mois suivant à l'inspecteur, qui, après l'avoir vérifié, le transmet au directeur avec ses observations : ce chef y inscrit, à son tour, les notes qu'il juge convenable, et l'envoie à l'administration en même temps que les bordereaux. *(Circ. n° 570)*.

DURÉE DES CRÉDITS.

709. Les crédits sont de quatre sortes, et comportent autant de délais distincts :

L'un de quatre mois, pour la généralité des marchandises présentées à l'acquittement ;

Un autre, également de quatre mois, pour les sucres bruts envoyés directement aux raffineries. *(Circ. n° 893)*;

Un troisième de six mois, pour le plomb expédié sur les fabriques dans lesquelles il doit recevoir une décomposition chimique ;

Enfin, un quatrième, moitié à trois mois, moitié à six mois, pour la perception de la taxe du sel. *(Circ. n° 2189)*.

La durée de ces crédits part de la date de la liquidation des droits. *(Circ. n° 1675)*.

FORME DES CRÉDITS.

710. Les effets ou papiers de crédits admissibles au paiement des droits sont de deux sortes : les uns consistent en des obligations causées pour droits dus à terme, et créées spécialement par les redevables eux-mêmes ; les autres sont des traites ou lettres de change commerciales.

Les premières sont souscrites par le principal obligé, qui est le redevable du droit crédité, et par une ou plusieurs cautions.

Les secondes doivent offrir les signatures du tireur, d'un ou plusieurs endosseurs, et être, de plus, acceptées.

Toutes doivent être :

— Libellées sur papier timbré ;

— Sans fraction de centime ;

— A terme fixe et toujours renfermé dans les limites des règlements ;

— Transmissibles par la voie de l'endossement ;

— Enfin, payables dans le lieu de la résidence du receveur-général ou particulier des finances, soit à son domicile, soit à celui qu'il plait au débiteur de fixer dans le même lieu, en indiquant positivement, dans le corps des effets ou par une note marginale, que le choix du domicile de ces receveurs n'entraine ni frais ni commission de la part du débiteur. (*Circ. n*^{os} 570 *et* 621).

Voici un modèle d'obligation :

     A   *le*   18   *Bon pour ▸ fr. ▸ c.*

Le... 18..., *nous soussignés...* (nom et prénoms du principal obligé), *négociant demeurant à..., principal obligé, et* .. (nom et prénoms de la caution), *négociant demeurant à...., caution dudit...* (rappeler les nom et prénoms du principal obligé), *demeurant à...., paierons solidairement à M..., receveur des douanes à...., ou à son ordre, dans le lieu de la résidence du receveur* (général ou particulier) *des finances à..., au domicile de...* (soit le domicile du débiteur ou celui de tout autre, s'il réside dans le lieu de la recette générale ou particulière, soit le domicile des receveurs des finances), *la somme de... valeur en droits de douanes* (ou de consommation des sels), *suivant les déclarations de l'un de nous faites en ce bureau le..., sous les numéros....*

Toute traite doit être limitée, pour son échéance, à la durée légale du crédit du droit qu'elle garantit : elle doit d'ailleurs être acceptée lorsque le receveur la reçoit en paiement.

Trois personnes concourent à assurer le paiement d'une traite : le tiers-porteur qui, redevable du droit, la passe en paiement à l'ordre du receveur, — l'accepteur — et l'endosseur. Le tiers-porteur est, comme débiteur du droit crédité, le premier obligé; l'accepteur et l'endosseur sont les cautions.

Le tiers-porteur, l'accepteur et l'endosseur d'une traite habitent ou non la résidence du receveur, et la traite est payable, ou dans cette résidence, ou à Paris.

Si le tiers porteur, redevable du droit, habite la résidence du receveur, un seul endosseur, pris aussi dans la même résidence, suffit, lors même que l'accepteur habiterait Paris, où la traite devrait être payée.

Si le tiers-porteur a son domicile hors du lieu où le receveur exerce ses fonctions, celui-ci doit faire endosser la traite par deux personnes solvables et prises dans sa résidence : un seul endosseur suffit néan-

moins, dans ce dernier cas, si l'accepteur, première caution, habite également la résidence du receveur, et s'il est lui-même d'une solvabilité notoire. (*Circ. n° 570*).

Les billets à ordre doivent être libellés d'après les articles 187 et 188 du code de commerce : le redevable qui les donne en paiement doit ajouter, après le passé à l'ordre, ces mots : *Valeurs en droits de douanes* (ou de consommation des sels). (*Circ. n° 570*).

ENGAGEMENTS ET SOLVABILITÉ DES REDEVABLES.

711. Le receveur étant responsable des obligations et des traites qu'il reçoit, doit exiger, outre la signature du principal soumissionnaire des droits crédités, celle d'une caution parfaitement solvable et habitant le lieu de sa propre résidence, qui s'oblige aux mêmes termes que le premier redevable.

Il doit prendre une seconde caution d'une solvabilité non moins certaine, si la première caution ou si le premier redevable n'habite pas dans sa propre résidence.

Toutefois, il est autorisé à se contenter d'une seule signature offrant les conditions requises, et à accepter, en remplacement de la seconde signature, le transfert en son nom, à titre de nantissement, de marchandises existant dans les entrepôts réels ou dans les magasins généraux de dépôt, en quantités suffisantes pour répondre de l'acquittement des droits à l'échéance. (*Circ. n° 2236*).

Il ne doit jamais admettre pour caution des personnes dont la fortune serait commune avec celle du principal obligé ou d'une première caution, c'est-à-dire des associés, s'il s'agit de négociants, ou des parents communs en biens, si ce sont des personnes étrangères au commerce.

Pour ces dernières, si leur fortune consiste en bien-fonds, le receveur, avant de les admettre, soit comme principaux obligés, soit comme cautions, doit s'assurer que leurs biens sont libres de toute hypothèque pour une somme notablement supérieure au montant des droits dont ils garantissent le crédit, et prendre inscription sur ces mêmes biens aussitôt qu'il est possible de le faire légalement, s'il arrive que les effets de crédits soient protestés à l'échéance à défaut de paiement. (*Circ. n° 570*).

Quand le receveur accorde des délais pour les paiements, les nou-

velles garanties obtenues des débiteurs, ou la substitution de nouveaux engagements aux anciens, ne peuvent changer l'origine ni la nature des créances; elles doivent continuer de figurer dans l'actif comme droits non réalisés. Le comptable se borne à annoter, au compte de la créance, les changements survenus dans les engagements, et les garanties qui doivent en assurer le recouvrement : il fait d'ailleurs mention, sur son bordereau de situation n° 2, du mois pendant lequel les changements ont eu lieu, et, de son côté, le directeur en informe immédiatement la comptabilité générale par lettre spéciale. (*Comptab. générale, 15 février 1840, et circ. n° 1758*).

SOMMIER ET GRAND-LIVRE DES CRÉDITS.

712. Les obligations cautionnées, traites, lettres de change, et généralement tous les effets de crédits que les receveurs sont autorisés à recevoir, sont enregistrés et décrits d'abord par ordre de date sur un sommier, puis sur un registre de compte-ouvert pour chaque redevable. (*Arr. minist. du 9 décembre 1822, art. 1er*).

Il est tenu, dans les bureaux de l'administration centrale, un grand-livre des crédits sur lequel sont reportés et tenus constamment au courant les comptes ouverts dans tous les bureaux de douanes à chacun des redevables admis au crédit : de sorte qu'à toute époque l'administration peut donner au trésor le tableau exact de la situation de chacun de ses comptables pour chaque crédit, tant en ce qui concerne le principal obligé que ses cautions. (*Même arrêté, art. 2*).

ENVOI DES EFFETS AU TRÉSOR.

713. Tous les dix jours, savoir : les 1er, 11 et 21 de chaque mois, les receveurs principaux adressent au caissier général du trésor, *par paquets chargés*, les traites et obligations de crédits reçues dans leur principalité. Ces traites et obligations sont accompagnées d'un bordereau descriptif, établi en double expédition, dont l'une est transmise par le caissier du trésor, après qu'il l'a vérifiée et certifiée, à l'administration, afin de servir à la tenue du grand-livre des crédits. (*Même arrêté, art. 3 et circ. n° 719*).

Une expédition de ce bordereau est transmise à l'administration en même temps que celles adressées au caissier du trésor; une autre expé-

dition reste entre les mains du comptable pour justifier sa dépense dans le cas où sa comptabilité serait vérifiée. *(Circ. n° 723).*

REFUS DES CRÉDITS.

714. Les receveurs qui se croiraient obligés de refuser, à un redevable du droit sur les sels, le crédit de trois, six ou neuf mois, par suite d'inquiétude sur sa solvabilité éventuelle, auront la faculté, au lieu de refuser absolument le crédit, d'admettre, pour le montant des droits, des obligations ou traites à trois mois pour la moitié, et à six mois pour l'autre moitié, en bonifiant audit redevable l'escompte à raison de 6 pour $^0/_0$ par an, sur la portion du crédit qui aurait pu être portée jusqu'à neuf mois, et à laquelle ledit redevable aurait ainsi renoncé. *(Arr. minis. du 9 décembre 1822).*

PROTÊTS. — CONTRAINTES.

715. En cas de protêt des traites et obligations non acquittées à l'échéance, le renvoi en est fait par le caissier du trésor, dans les délais de rigueur, au receveur général du département d'où elles sont provenues, lequel en fournit récépissé au caissier général, et est chargé d'en réclamer le remboursement immédiat auprès du receveur du bureau principal où elles ont été admises. — Le remboursement se fait par les receveurs principaux sur la représentation du protêt : ces comptables font les poursuites nécessaires contre les souscripteurs, endosseurs et accepteurs, pour assurer les droits du trésor et en recouvrer le montant. *(Circ. n° 719).*

Lorsque le receveur aura fait crédit des droits, il sera, en cas de refus ou de retard de la part des redevables, autorisé à décerner contrainte, en fournissant, en tête de cette contrainte, extrait du registre qui contiendra la soumission des redevables. *(L. du 22 août 1791, tit. 13, art. 31).*

En conséquence, lorsque les contraintes auront pour objet des effets de crédits protestés à l'échéance, le receveur commencera par donner, en tête, une copie exacte de la déclaration en paiement des droits à recouvrer, telle qu'elle aura été signée sur le registre par le redevable, et il transcrira à la suite les traites ou obligations qu'il aura admises pour garantir le crédit de ces droits. *(Circ. n° 251).*

Dans le corps de la contrainte, le receveur devra conclure non-seu-

lement au paiement de la somme due, mais encore à celui des intérêts. (*Circ. du 15 octobre 1808, et compt. génér.*, 26 *décembre* 1835).

Les poursuites sont faites au nom de l'agence du trésor, et le domicile est élu dans les hôtels de préfecture ou de sous-préfecture. (*Circ. n° 894*).

716. Lorsqu'une créance résultant de traites en souffrance est soldée en entier par un seul paiement, en principal, frais et intérêts, le débiteur reçoit en échange les titres de la créance, et il suffit de constater cette conversion de valeurs au livre-journal : mais lorsque les paiements ont lieu partiellement, et qu'une partie de la créance peut tomber en non-valeurs, il convient de soumettre ces recouvrements à un contrôle régulier. En conséquence, et en conformité des dispositions de l'art. 8 de l'ordonnance du 8 décembre 1832, les récépissés de sommes reçues à compte des traites et obligations de crédits non acquittées à leur échéance seront détachés d'un registre à souche. (*Compt. gén.*, 26 *déc.* 1833).

Au moment du règlement de compte avec les débiteurs de traites et obligations en souffrance, les intérêts dus par suite du retard des paiements seront ajoutés au compte de la créance, et on en créditera en même temps le trésor sous le titre de *recettes accidentelles*, en indiquant l'affaire à laquelle ils se rapportent. Le premier bordereau de situation n° 2, qui présentera l'extinction de la créance, devra être accompagné du décompte des intérêts, en double expédition, et d'une copie de la décision qui en aura fait remise.

Dans le cas où l'on ne pourrait recouvrer qu'une partie des intérêts, elle sera seule ajoutée à la créance et portée en recette au compte du trésor : cette circonstance sera mentionnée au pied du décompte qui devra être appuyé d'actes de carence justifiant du non-recouvrement de la totalité des intérêts.

Enfin, lorsque la créance n'aura pu être recouvrée totalement en principal et frais, et qu'une partie tombera en non-valeur pour le trésor, on dressera un état de situation de la créance présentant distinctement le principal et les frais, ainsi que la date, la provenance et le montant des recouvrements. Cet état, auquel seront annexées les pièces justificatives des frais, sera certifié par le comptable, et visé, après vérification, par l'inspecteur et le directeur. (*Compt gén*, 26 *déc.* 1833).

REMISE AUX RECEVEURS.

717. Pour dédommager les receveurs-principaux de la responsabi-

lité qui pèse sur eux, en raison des crédits qu'ils sont autorisés à accorder au commerce, il leur est alloué une remise qui est ainsi graduée :

1/3 p. % sur les deux premiers millions ;

1/4 p. $_o$/° de 2 à 4 millions ;

1/5 p. % de 4 à 5 millions ;

1/6 p. % de 5 à 6 millions ;

1/10 p. $_o$/° de 6 à 11 millions ;

1/20 p. $_o$/° au-dessus de 11 millions.

(Arr. min. du 6 juin 1848, art. 2 et circ. n° 2254).

L'excédant de produit est attribué au trésor, à titre de recette accidentelle. *(Même arrêté, art. 3).*

La remise ne doit jamais être excédée ; toute extension serait une concussion matérielle qui, outre les peines de droit, entraînerait immédiatement la destitution du receveur qui s'en rendrait coupable. *(Circ. n°s 174 et 570).*

Les receveurs particuliers des douanes et des contributions indirectes qui concourent à la concession des crédits, participent, pour un tiers, au produit des remises proportionnelles allouées aux receveurs-principaux. *(Déc. minist. du 25 septembre 1852).*

Le receveur-principal, au profit duquel la totalité de la taxation sera ordonnancée, tiendra compte particulièrement à chaque receveur sous ses ordres de la somme qui lui est attribuée. *(Circ. du 30 septembre 1852, n° 65).*

ESCOMPTE.

SUR LES DROITS DE DOUANES.

718. Les redevables des droits de douanes à l'entrée sont admis à jouir, pour les droits qu'ils acquittent au comptant, lorsqu'il s'agit de déclarations donnant ouverture à une perception au-dessus de 600 f. (1),

---

(1) Les acquits de minuties au-dessous de 10 fr. ne peuvent jamais concourir à former la somme de 600 fr. nécessaire pour le règlement de l'escompte. *(Admin. 15 décembre 1837).*

L'escompte n'est dû que pour les acquittements au-dessus de 600 fr., quand même il y aurait des traites. *(Admin. 27 juillet 1837).*

Les suppléments de perception opérés en vertu des décisions du comité consultatif, doivent motiver l'ap-

d'un escompte calculé pour quatre mois à partir du jour de la liquidation, et réglé à raison de 4 p. %, par an. *(Arr. du ministre des finances des 11 janvier 1831, art. 1er, et 9 avril 1852, art. 2, circ. nos 2147 et no 29, du 15 avril 1852).*

Plusieurs liquidations du même jour, quoique se rapportant à des marchandises déclarées à des dates différentes, peuvent se cumuler pour donner ouverture à l'escompte. *(Circ. no 1792).*

719. L'enregistrement de l'escompte sur le registre de recettes pourrait donner lieu à une difficulté aussi facile à prévoir qu'à surmonter. D'après la disposition du registre de recettes, l'escompte doit être présenté séparément pour chaque paiement : cependant il pourra arriver qu'après avoir levé une quittance de moins de 600 francs, la même personne soit dans le cas d'en lever, le même jour, une ou plusieurs autres qui, réunies à la première, excèdent cette somme, et qu'usant de la faculté accordée par les règlements, elle réclame le bénéfice de l'escompte sur l'ensemble des droits énoncés dans ces diverses quittances. Dans ce cas, on prélèvera la totalité de l'escompte sur la dernière perception, et une note mise à la souche rappellera les numéros des autres quittances auxquelles s'applique aussi cet escompte. *(Compt. génér., circ. lithographiée, 25 septembre 1833).*

720. L'escompte sur les droits de douanes fait partie des *dépenses publiques,* où il est classé sous l'art. 6 du chapitre 2. Il est toujours enregistré au journal à la colonne des sans-mouvements de valeurs.

La dépense est justifiée par un mandat de paiement et par les quittances des parties, qui sont récapitulées sur la chemise no 95, jointe à l'inventaire. *(Compt. génér., 4 mars 1831).*

SUR LES SELS, LES SUCRES INDIGÈNES ET LES BIÈRES.

721. Le paiement de la taxe de consommation sur les sels est effectué, — soit en traites ou obligations dûment cautionnées, à trois et six

plication de l'escompte, bien qu'ils ne soient opérés que plusieurs mois après l'importation. *(Admin., 30 août 1839).*

Ont droit à l'escompte les commissionnaires qui ont signé les déclarations, bien que ces déclarations soient remplies et déposées en douane par les conducteurs des marchandises qui assistent aux opérations de la douane. *(Admin., 10 octobre 1836, et 7 octobre 1841).*

mois, lorsque le droit s'élève à plus de 600 fr., — soit au comptant, sous un escompte liquidé et bonifié à raison de 1 fr. 87 cent. 1/2 par cent pour quatre mois et demi, terme moyen du crédit, soit un 1 7/8 p. o/° lorsque ce droit s'élève au moins à 500 fr. (*Ordon. du 27 déc. 1843, — arr. minist. du 8 déc. 1843, — et circ. n° 2189*).

L'escompte ne peut précéder le paiement effectif : ainsi il ne doit être soldé qu'après l'acquittement des effets pour raison desquels il est dû.

L'effet est censé acquitté s'il ne vient à protêt dans le délai fixé, et si la notification n'en est faite au receveur. C'est à cette époque seulement qu'il doit payer l'escompte et s'en porter en dépense. (*Circ. n° 785 du 31 janvier* 1823).

722. L'escompte pour les sels est classé dans les *Dépenses publiques :* il y figure sous l'article 5 du chapitre 2. Le paiement est justifié par un mandat de paiement et les quittances des redevables annexées à la chemise n° 28, qui accompagne l'inventaire.

REMBOURSEMENTS SUR PRODUITS INDIRECTS ET DIVERS.

723. Les remboursements sur produits indirects et divers forment l'article 1er du chapitre 2 des *Dépenses publiques*, et sont divisés en deux exercices.

Ils comprennent :

1° Les remboursements de droits mal à propos perçus et de recettes accessoires et accidentelles ;

2° Les remboursements de droits réglés en traites ou obligations de crédits qui n'ont pu être réalisés.

724. La demande en remboursement doit être formée dans les deux années du paiement des droits. *(Loi 22 août* 1791, *tit.* 13, *art.* 25).

725. Lorsque des droits de douanes sont reconnus avoir été indûment perçus, une décision spéciale, prise en conseil d'administration, en autorise le remboursement.

Lorsque des traites ou obligations admises en paiement de droits n'ont pu être réalisées, et que, sur la proposition de l'administration et le rapport du directeur du contentieux des finances, le ministre a autorisé l'allocation en non-valeur, ainsi que la surséance indéfinie des poursuites contre les redevables, le montant de ces traites, auquel sont

ajoutés les frais de poursuites acquittés, est retiré par le comptable des valeurs de portefeuille parmi lesquelles elles étaient classées, et porté en dépense par imputation sur les crédits ouverts au budget. — La créance, ainsi portée en non-valeurs, est immédiatement constatée sur un registre ouvert sous le titre : CRÉANCES ADMISES EN SURSÉANCE INDÉFINIE tenu par le comptable, lequel reste dépositaire des traites et demeure chargé d'en poursuivre ultérieurement la réalisation dans le cas du retour des débiteurs à meilleure fortune : un relevé dûment certifié du mouvement de ces créances est adressé, à la fin de chaque année, à la comptabilité générale.

726. Les réclamations de produits divers sont instruites par les bureaux compétents du ministère des finances : chacune d'elles occasionne la présentation d'un rapport sur les conclusions duquel il est statué par le ministre, et qui doit toujours exprimer, d'après l'attestation du directeur de la comptabilité générale, que le budget des recettes a profité de la somme dont le remboursement est réclamé. (*Règlement du* 26 *janvier* 1846).

727. Les remboursements de droits sont soumis aux règles concernant les dépenses des exercices-clos.

728. Pour obtenir la liquidation du remboursement à opérer, il faut produire l'original de l'acquit de paiement revêtu, suivant les cas, d'un des certificats ci-dessous. (*N*° 730).

Si, au lieu de l'original, on ne produisait que la copie, il ne faudrait acquitter la dépense qu'à la charge par le réclamataire de fournir caution solidaire de la somme à lui rembourser, s'il arrivait que, dans l'espace de deux années de la date de l'acquit, le porteur de l'original vint à réclamer le remboursement des droits portés audit acquit. (*Circ. du* 29 *nov.* 1791). — Dans ce cas, la quittance serait libellée comme il est dit au mot : *Quittances.* — *Remboursement de droits,* n° 268.

729. Lorsque les droits ont été réglés en obligations de crédits, le remboursement ne doit être effectué qu'après l'acquittement de ces obligations.

Quand les droits ont été payés en numéraire et sous bénéfice de l'escompte, le remboursement ne peut avoir lieu qu'à charge de restitution de l'escompte afférent à la somme à rembourser d'après le temps qui

restera à courir depuis le jour du remboursement jusqu'à l'expiration des quatre mois de crédits accordés.

Dans le pemier cas, l'inspecteur doit certifier, sur la liquidation, que les obligations de crédits ont été acquittées avant le remboursement : dans le second, il certifie, également sur la liquidation, que l'escompte à restituer pour tel nombre de jours, et s'élevant à la somme de..., a été porté en recette, sous le titre de RECETTES ACCIDENTELLES, le... sous le n⁰....

730. Voici des modèles de certificats :

N⁰ 1er. *L'escompte alloué par les arrêtés du ministre des finances des 11 janvier 1831 et 28 décembre 1846 ayant été bonifié à M..., négociant à..., sur le montant de l'acquit de paiement n⁰..., que la nouvelle liquidation est destinée à rectifier, le remboursement de la somme de..., perçue en trop au préjudice du réclamant, n'a été fait entre ses mains qu'après restitution, faite par lui, de la somme de..., montant de l'escompte afférent à la somme à rembourser, calculé à partir du présent jour jusqu'au... du mois de..., terme de l'expiration des quatre mois de crédits accordés par lesdits arrêtés. — Ladite somme de... a été reprise au compte du trésor le..., sous le n⁰... du journal.*

A.... le.... 18....

L'inspecteur,

N⁰ 2. *M..., négociant demeurant à..., n'ayant pas été dans le cas de se voir bonifier l'escompte alloué par les arrêtés des 11 janvier 1831 et 28 décembre 1846, la somme de..., perçue en trop à son préjudice, lui a été remboursée intégralement.*

A..., le .., 18...

L'inspecteur,

N⁰ 3. *Les droits faisant l'objet de l'acquit de paiement que la nouvelle liquidation ci-dessus détaillée est destinée à rectifier, ayant été réglés en obligations de crédits, le remboursement de la somme de... n'a été effectué au sieur..., négociant à..., qu'après l'acquittement de ces obligations.*

A..., le..., 18...

L'inspecteur,

N° 4.   CERTIFICAT MOTIVANT LE REMBOURSEMENT.

Nous soussignés, vérificateurs des douanes à...., certifions que le présent acquit de paiement constate qu'il a été perçu, pour droits d'entrée sur...., pesant...., à raison de.... les 100 kilog., une somme de...., en principal . . . .   »   » }   »   »

                    Décime . . .   »   »

Mais il y a eu erreur dans l'indication du poids desdites marchandises, qui, après coup, mais avant leur sortie des magasins, ont été reconnues par M. le sous-inspecteur et les vérificateurs soussignés, ne peser que.... kilog., qui, à raison de..., donnent en principal . . . .   »   » }   »   »

                   Décime . . . .   »   »

                Différence. . . .   »   »

En conséquence de cette rectification, il est dû au redevable, pour droits perçus en trop, une somme de..., qui doit lui être remboursée intégralement (s'il n'a pas joui de l'escompte), *ou qui doit lui être remboursée, après prélèvement, au profit du trésor, de la somme de..., montant de l'escompte afférent à ladite somme* (s'il y a eu escompte).

731. Les remboursements doivent être développés, par nature de produits, dans les comptes généraux des finances; les comptables doivent, en conséquence, classer dans une chemise particulière les remboursements *de chacun des différents droits*, et en récapituler le montant sur une autre chemise. (*Compt. génér.*, 21 *mars* 1836) qui porte le N° **26**, et qui, à la fin du mois, se joint à l'inventaire.

LIVRE V.

DES ENTREPOTS (1).

CHAPITRE 1er.

732. Par entrepôts on entend les magasins où le commerce a la faculté de placer ou entreposer certaines marchandises, sous des conditions déterminées, en attendant qu'il trouve à les vendre.

Ces marchandises ainsi entreposées sont considérées comme étant encore à l'Etranger, et ne sont assujetties au paiement des droits du tarif qu'à leur sortie d'entrepôt.

733. A proprement parler, il n'y a que deux espèces d'entrepôts : *l'entrepôt réel*, et *l'entrepôt fictif.*

Le premier s'opère dans des magasins spécialement affectés à cet usage, et sous la clef de la douane et du commerce qui est tenu de fournir et d'entretenir lesdits magasins.

Le second a lieu dans les magasins mêmes des négociants, à charge par eux de donner une clef à la douane et de représenter les marchandises en mêmes quantités et qualités.

Mais dans l'intérêt du commerce, la loi a encore créé une autre espèce d'entrepôt, à savoir : les entrepôts intérieurs et aux frontières.

Section Ire.

ENTREPÔT RÉEL.

NOTA. Les règles tracées dans la présente section sont applicables aux sections qui la suivent en tout ce qui n'est pas contraire aux dispositions qui concernent spécialement ces dernières.

---

(1) En cas de contravention, *voir les numéros* 2624 à 2640.

§ 1er.

MARCHANDISES NON-PROHIBÉES.

VILLES QUI JOUISSENT D'UN ENTREPÔT.

734. Il y a un entrepôt réel de marchandises et denrées étrangères, coloniales et autres, dans les villes désignées au tableau n° 15 du tarif officiel de 1844. Ledit entrepôt a lieu à la charge de réexporter lesdites marchandises, ou d'en payer les droits, à l'expiration de l'année. (*Voir le n° 744*). (*Loi du 8 floréal an XI, art. 23*).

735. Peuvent également être reçus dans les entrepôts réels :
1° Les marchandises prohibées dites *de traite*. (*Même loi, art. 24*);
2° Et les tabacs en feuilles. (*Loi 9 floréal, an X, art. 5*). (*N° 2134*).

MAGASINS A AFFECTER AUX ENTREPÔTS.

736. Les villes auxquelles l'entrepôt est accordé n'en jouissent qu'à la charge de fournir, sur le port, des magasins convenables, sûrs, et réunis en un seul corps de bâtiment pour y établir ledit entrepôt (1) : à l'effet de quoi le plan du local est présenté au gouvernement, qui, après avoir examiné s'il est propre à sa destination, l'y affecte, s'il y a lieu, par un arrêté spécial. (*Loi 8 floréal, an XI, art. 25*).

737. Tous les magasins servant d'entrepôt doivent être fermés à deux clefs, dont l'une reste entre les mains de la douane, et l'autre entre les mains du commerce, qui fournit et entretient lesdits magasins. (*Même loi, art. 26*).

738. Les viandes et poissons salés, huiles de poisson et suif brut, destinés pour les entrepôts réels, sont placés dans des magasins uniquement affectés à ce genre de marchandises, soit par une division et une nouvelle distribution des bâtiments d'entrepôts, acceptés en exécution des articles 25 et 26 de la loi du 8 floréal an XI (*n°s 736 et 737*

---

(1) Dans les lieux où l'entrepôt est établi dans des magasins particuliers, faute de bâtiments publics gardés par la douane, l'entrepositaire est tenu de passer une soumission cautionnée comme pour l'entrepôt fictif. (*Circ. numéro 987*).

ci-dessus), soit en laissant au commerce l'option de fournir un local séparé qui présente les sûretés requises par la loi. (*Ordon.* 9 *janvier* 1818, *art.* 1er).

739. Dans les ports où l'insuffisance de l'emplacement de l'entrepôt réel l'exige, les laines étrangères, non filées, ni teintes, peuvent être mises en entrepôt dans les magasins que fournit le propriétaire ou consignataire, pourvu qu'ils soient reconnus sûrs et convenables, et fermés de deux clefs dont l'une reste déposée à la douane *(Id., art.* 2).

DÉCLARATIONS ET VISITES.

740. La déclaration et la visite des marchandises qui doivent être entreposées se font dans la même forme et de la même manière que s'il s'agissait de marchandises déclarées pour la consommation immédiate. (*Voir les n°s* 364 — 661).

SOMMIER.

741. Un sommier d'entrée et de sortie (*série M, n°* 30) (1), est ouvert pour toutes les marchandises reçues en entrepôt.

Ce sommier rappelle, d'après les résultats de la visite, — la nature, — l'espèce, — le poids ou la mesure — et la qualité des marchandises.

Il doit mentionner aussi la valeur des marchandises, lorsqu'elle est nécessaire pour l'application du tarif, — leur provenance — et le pavillon importateur. (*Circ. n°s* 987 *et* 1308*).*

On doit avoir soin d'affecter des registres spéciaux à l'inscription des marchandises faisant l'objet de chaque nature d'entrepôt. (*Circ. n°s* 672, 709 *et* 2081).

742. Les sommiers sont tenus par les contrôleurs dans les douanes où il en existe, et, dans les autres, par les premiers vérificateurs. Ils contiennent, en tête, une instruction sur leur tenue. (*Circ.* 24 *thermidor an X*).

CONTRÔLE.

743. Au vu des écritures élémentaires et des sommiers, on tient

---

(1) Pour les grains et farines seulement, l'ancienne formule n. 59 bis est maintenue. (*Circ. n.* 2081).

des feuilles de dépouillement de la situation quotidienne des entrepôts, *par entrepositaire et par nature de marchandises.*

Ces relevés (*série E*, n° 5 *ter*) doivent être, chaque mois, rapprochés de ceux déjà tenus actuellement sous le n° 6 de la même série. S'il est constaté des différences dans les résultats mentionnés sur l'un et l'autre relevé, on doit en rechercher immédiatement les causes. L'envoi de l'état de situation doit néanmoins, en tout état de choses, être fait dans les délais prescrits, sauf à indiquer, au besoin, par une note apposée sur ce document, quels sont les chiffres à l'égard desquels il existe des doutes, et à fournir, dans le courant du mois, un relevé rectificatif et supplémentaire.

Dans le cours d'une année, toutes les existences en entrepôt doivent avoir été tour à tour l'objet d'un contrôle. (*Circ. n° 2091*).

DURÉE DE L'ENTREPÔT.

744. La durée de l'entrepôt réel, tel qu'il est autorisé par l'art. 25 (*n° 736*) de la loi du 8 floréal an XI, est de trois années. (*Loi 17 mai 1826, art. 14, § 1er*).

Elle n'est que d'une année dans les villes où les magasins ne sont pas réunis en un seul corps de bâtiment. (*L. 8 floréal an XI, art. 23, et circ. n° 987*).

745. C'est à partir du jour de la transcription des marchandises sur le sommier que court la durée légale de l'entrepôt. (*Déc. adminis. 21 novembre 1844*).

PROLONGATION DE DURÉE.

746. Les demandes de prolongation doivent être faites avant l'expiration du terme de l'entrepôt, au directeur du département, qui les transmet à la fin de chaque mois, au directeur général, par un état en double expédition, rédigé suivant le modèle joint à la circ. n° 449.

La durée de l'entrepôt est maintenue jusqu'à la décision définitive. (*Circ. n° 449*).

EXPIRATION DES DÉLAIS ACCORDÉS. — LIQUIDATION DES DROITS.

747. Si, à l'expiration des délais fixés, il n'est pas satisfait à l'obligation d'acquitter les droits, ou de réexporter (*n° 2175*), les droits sont

liquidés d'office ; et si l'entrepositaire ne les a pas acquittés dans le mois de la sommation (n° 2175) qui lui en est faite à son domicile, s'il est présent, ou à celui du maire, s'il est absent, les marchandises sont vendues (n° 2175), et le produit de la vente, déduction faite de tous droits et frais de magasinage (n° 2275) ou de toute autre nature, est versé à la caisse des dépôts et consignations pour être remis au propriétaire, s'il est réclamé dans l'année à partir du jour de la vente, ou, à défaut de réclamation dans ce délai, être définitivement acquis au trésor. (*L. 17 mai 1826, art. 14*).

ÉCHANTILLONS POUR LE PAIEMENT DES DROITS.

748. Les droits s'acquittent au moyen d'échantillons prélevés avant ou après l'entrée en entrepôt.

Ces échantillons eux-mêmes sont soumis aux droits au moment où on les prélève.

Si c'est avant l'entrée, il faut qu'ils fassent partie de la première pesée, dont le total est pris en charge, sauf à défalquer ensuite, par des annotations au sommier, le montant des échantillons.

Si le prélèvement se fait en entrepôt, on décharge pareillement le compte de l'entrepositaire pour la somme des droits acquittés, au moyen d'annotations qui établissent la réduction du poids de chacun des colis d'où les échantillons sont extraits. (*Circ. n°ˢ 422 et 1308*).

QUANTITÉ PASSIBLE DES DROITS. — DÉFICIT.

749. Le droit est dû sur le poids constaté à l'entrée ; mais on fait exception à cette règle pour les déficits qui proviennent du déchet naturel que les marchandises éprouvent pendant leur séjour en entrepôt réel, et, dans ce cas, c'est le directeur général seul qui statue sur les demandes en exemption. (*Circ. n°ˢ 422 et 1308*).

Les directeurs adressent chaque année à l'administration un état des déficits reconnus à la sortie d'entrepôt selon le modèle joint à la circulaire n° 422.

MISE EN CONSOMMATION. — DROITS APPLICABLES.

750. La loi atteint toute marchandise trouvée en entrepôt : ainsi, le droit pour la mise en consommation intérieure est celui du tarif en vigueur au moment de l'expiration des délais légaux ou prolongés, ou

au moment de la déclaration de sortie. (*Circ. n° 929, arr. cas. du* 3 *octobre* 1810, *et circ. n°* 1308).

DÉBALLAGE. — MÉLANGE. — TRANSVASEMENT DES MARCHANDISES. — DIVISION ET RÉUNION DE COLIS.

751. Dans l'intérieur des magasins, tout déballage de marchandises, tout mélange, bénéficiement ou simple transvasement, toute division ou réunion de colis sont expressément interdits aux entrepositaires, s'ils n'ont préalablement obtenu à cet effet la permission de l'agent supérieur des douanes.

Lorsque ces opérations sont autorisées, elles ne doivent avoir lieu qu'en présence des employés que ce chef a délégués pour les constater immédiatement. Le résultat en est ensuite inscrit au compte d'entrepôt.

752. En cas de transvasement, de division, ou de réunion, les colis qu'on veut substituer aux colis primitifs doivent être pesés vides ainsi que ces derniers, et la différence entre le poids des uns et celui des autres est annotée au registre, pour qu'on puisse se rendre compte de la différence qui en résulte sur le poids brut de la marchandise. (*Circ. n°* 1308).

RECENSEMENT.

753. Chaque année, la douane procède à un recensement général des marchandises, pour s'assurer de l'existence dans l'entrepôt de tout ce qui est porté au registre, des différences qui peuvent se trouver entre les écritures et la réalité, ainsi que de leurs causes.

Les écritures inexactes qui auraient occasionné des différences entre l'énoncé des registres et la situation effective de l'entrepôt, ne peuvent être rectifiées qu'avec l'attache de l'administration. (*Circ. du* 3 *vendémiaire an XII, et circ. n°* 1308).

754. Pour faciliter la marche et l'efficacité des recensements, on doit tenir la main à ce que les marchandises soient classées avec ordre dans les magasins, c'est-à-dire par espèces, et par propriétaires pour chacun desquels il existe un compte-ouvert. (*Circ. n°* 1308).

PORTATIF.

755. Le résultat des recensements est constaté sur un portatif coté et paraphé par le directeur. (*Circ. n° 551*).

CESSION. — TRANSFERT DE PROPRIÉTÉ DES MARCHANDISES. — RESPONSABILITÉ DES PROPRIÉTAIRES.

756. Les entrepositaires restent, en vertu de leurs déclarations, obligés — soit de réexporter la marchandise, ou d'en payer les droits, — soit de répondre des déficits reconnus à l'époque des recensements ou à la sortie d'entrepôt.

Leur responsabilité, à cet égard, subsiste, lors même qu'ils ont cessé d'être propriétaires des objets entreposés, tant qu'ils n'ont pas déclaré et justifié la cession ou transfert de la propriété à un tiers, et fait intervenir ce tiers pour s'engager envers la douane. (*Circ. n° 1308*).

757. L'acte de transfert doit être transcrit sur un registre particulier et signé du cédant et du cessionnaire. (*Circ. n° 672*).

Cet acte a pour objet :

1° De libérer le vendeur envers la douane et d'engager le nouveau propriétaire ;

2° De prévenir toute fraude ou simulation entre négociants après faillite, — ou avant faillite en temps suspect ;

5° De décharger la douane de toute réclamation ultérieure de la part du cédant, et de l'autoriser à livrer les marchandises sur les déclarations des cessionnaires. (*Admin., 7 mai 1841*).

SORTIE D'ENTREPÔT. — DÉCLARATION ET VISITE.

758. A la sortie d'entrepôt, l'entrepositaire est tenu de reproduire dans sa déclaration, que suit la délivrance des permis, toutes les indications constatées à l'entrée, et les vérificateurs procèdent de nouveau à la visite des marchandises pour s'assurer qu'elles sont identiquement les mêmes, et qu'on n'a rien ajouté ni soustrait.

Cette contre-visite n'est toutefois de rigueur que s'il s'agit de mutation d'entrepôt et de réexportation.

Pour ce qui passe à la consommation, elle est purement facultative de la part de la douane, à moins que l'entrepositaire ne demande un

nouveau pesage en vue de constater le déchet que la marchandise peut avoir éprouvé pendant son séjour en entrepôt. (*Circ. n° 1308*).

MARCHANDISES EXPÉDIÉES EN TRANSIT.

759. Les marchandises expédiées en transit des frontières de terre sur les ports d'entrepôt réel peuvent y être admises comme si elles arrivaient par mer.

Elles acquittent, à la réexportation, le même droit que les marchandises venues à l'entrepôt par la voie de mer. (*L. 17 mai 1826, art. 13*).

760. Lesdites marchandises peuvent être réexpédiées de l'entrepôt — soit en transit, — soit par mutation d'entrepôt. (*Déc. adm. 21 janvier 1840*).

MUTATIONS D'ENTREPÔT.

761. Les marchandises non prohibées, admissibles au transit, peuvent être expédiées d'un entrepôt sur l'autre par la voie de terre, sous les conditions et garanties du transit, et en franchise de tous droits. (*N°s 516 et suivants*).

Les marchandises prohibées, également admissibles au transit, ne peuvent être expédiées, sous les mêmes conditions, que d'un entrepôt spécial du prohibé sur l'autre. (*L. 9 février 1832, art. 25*).

762. Les objets qui, pour transiter, sont assujettis au double emballage et au double plombage, doivent l'être également pour changer d'entrepôt par terre. (*Circ. n° 652*).

763. Les mutations qui peuvent être faites d'un entrepôt sur un autre ne donnent lieu à aucune prolongation du délai d'entrepôt. (*L. 27 février 1832, art 3, et circ. n° 1763*).

Dans ce délai se trouve compris le temps que les marchandises ont passé dans le premier port. (*Circ. 20 vendémiaire an XI*).

RÈGLES A SUIVRE A LA SORTIE DU PREMIER ENTREPÔT.

764. L'expéditeur remet une déclaration de sortie d'entrepôt.

Cette déclaration est transcrite sur le registre série M, n° 47, et forme soumission qui est signée par l'expéditeur et sa caution.

Un permis est délivré, et rapporté en douane après sa régularisation.

Il est ensuite procédé à la vérification et à l'embarquement des marchandises. (*Circ. n° 1849*).

Le poids desdites marchandises doit être constaté avec soin.

S'il y a différence entre ce poids et celui qui a été constaté à l'entrée, on réclame le paiement des droits pour le déficit ; si la marchandise sort d'entrepôt réel, et que le déficit ne provienne que du déchet naturel, les directeurs peuvent, en cas de réclamation, le comprendre dans l'état mensuel. (*N° 749*).

Le compte d'entrepôt est entièrement apuré au port de départ, et l'acquit-à-caution n'exprime que le poids réel. (*Circ. n° 460*).

765. En cas de mutation par mer, l'embarquement ne peut être commencé qu'après que les objets compris au permis ont été réunis sur le quai, et comptés par les préposés chargés de constater la mise à bord. (*L. 27 juillet 1822, art. 13*).

766. Les navires d'une capacité quelconque peuvent opérer ces mutations. (*Admin. 21 octobre 1818*).

ACQUIT-A-CAUTION EN CAS DE MUTATION D'ENTREPÔT.

767. Le transport des marchandises dirigées d'un entrepôt sur un autre est assuré par un acquit-à-caution. (*Circ. n° 652*).

768. Cet acquit-à-caution doit contenir :

1° La désignation de l'entrepôt d'où sortent les marchandises. (*Circ. 20 vendémiaire an XI*).

2° La date primitive de l'entrée au premier entrepôt (*idem*);

3° La puissance ou contrée étrangère d'où sont venues les marchandises. (*Circ. 25 avril 1811*);

4° Le privilège auquel les marchandises sont admissibles en raison de leur provenance. (*Circ. n° 856*);

5° Le degré ou du moins l'existence de l'avarie, quand elle existe. (*Déc. adm. 8 juillet 1841*);

6° Si la mutation a lieu en transit ou par cabotage. (*Circ. n° 652*);

7° Les peines édictées en cas de non-rapport, en temps utile, du certificat de décharge ;

8° Enfin, tous les renseignements nécessaires pour que les conditions qui se rapportent à chaque espèce de marchandises s'accomplissent dans le second port comme elles se seraient accomplies dans le premier.

769. Dans le cas de non-rapport, en temps utile, et avec décharge valable des acquits-à-caution délivrés pour assurer le transport de marchandises d'un entrepôt dans un autre, les soumissionnaires sont contraints à payer le double droit desdites marchandises, et cent fr. d'amende, s'il s'agit d'objets tarifés; ou, s'il s'agit d'objets prohibés, la valeur desdites marchandises avec amende de 500 fr. (*Loi 17 mai 1826, art. 21*).

PLOMBAGE DES MARCHANDISES EXPÉDIÉES PAR MUTATION D'ENTREPÔT.

770. L'identité des marchandises expédiées par cabotage, soit avec acquit-à-caution, soit avec passavant, n'est garantie par le plombage que dans les cas ci-après :

1° Si les marchandises sont prohibées à l'entrée ou à la sortie ;

2° Pour les marchandises tarifées au poids si elles sont passibles d'un droit qui, avec le décime, s'élève à plus de 20 francs par 100 kilog.; et, pour les autres, si le droit d'entrée répond à plus du dixième de la valeur.

Toutes autres marchandises restent affranchies du plombage pour les cas ci-dessus, ainsi que pour les mutations d'entrepôt par mer. (*Loi 2 juillet 1836, art. 20*).

AVARIES SURVENUES DANS LE TRANSPORT.

771. Si les marchandises éprouvent des avaries dans leur transport par mer d'un entrepôt à un autre, on leur applique les dispositions des articles 51 et suivants de la loi du 21 avril 1818, qui accordent, aux marchandises avariées par suite d'évènements de mer, une réduction de droits proportionnelle à la dépréciation que ces évènements leur ont fait subir, et dont le degré se trouve constaté par une vente publique. (*Nos* 531 — 2196). (*Circ. n° 1364*).

772. Mais si ces marchandises sont déjà atteintes d'avarie avant leur mutation d'entrepôt, il faut que l'acquit-à-caution mentionne, sinon le degré, du moins l'existence de l'avarie.

A défaut de cette mention, les marchandises seraient réputées saines, et la douane du port de destination, fondée à contester l'identité de la marchandise avariée qui lui serait présentée avec celle désignée par l'expédition, pourrait la saisir, et poursuivre l'application de l'article 9 du titre 3 de la loi du 22 août 1791. (*Déc. adm. 8 juillet 1841*).

773. La remise de la déclaration d'avarie doit être faite à la douane dans les trois jours de la visite.

Toute avarie non déclarée en temps utile, doit être traitée comme toutes les détériorations qui surviennent pendant le séjour en entrepôt, pour l'admission exceptionnelle desquelles l'administration se réserve de statuer d'après la nature et la réalité des faits. (*Circ. n° 1190*). *Voir le n° 2473.*

RÉINTÉGRATION DES MARCHANDISES DANS LE NOUVEL ENTREPÔT.

774. A l'arrivée des marchandises au nouveau port de destination, la simple remise de l'acquit-à-caution, visé pour valoir *permis de débarquer,* dispense le destinataire de fournir une déclaration en détail.

Toutefois, lorsqu'un acquit-à-caution comprend des marchandises adressées à plusieurs consignataires, et que chacun d'eux déclare, fait débarquer et présente à la visite la partie des marchandises qui lui est consignée, la douane doit délivrer autant de permis de débarquer qu'il y a de déclarations séparées. (*Circ. n° 1849*).

775. Avant de réintégrer les marchandises en entrepôt, on doit constater leur poids effectif. Il est loisible au service de procéder à des vérifications par épreuve, ainsi qu'on le fait en matière de transit (*n° 523*) en vertu de la circulaire n° 1776, dont les dispositions sont applicables aux mutations d'entrepôt par mer. (*Circ. n° 1849*).

776. Après la visite, l'acquit-à-caution est déchargé pour la quantité reconnue, et cette quantité, portée au certificat de décharge, est prise en charge sur les registres d'entrepôt, sauf à la douane du port d'expédition à poursuivre, s'il y a lieu, l'application des peines édictées à l'égard des manquants. (*Circ. n° 460*).

MISE EN CONSOMMATION AU MOMENT DE L'ARRIVÉE DES MARCHANDISES DANS LE NOUVEL ENTREPÔT.

777. Quand, en arrivant au nouveau port de destination, le consignataire a l'intention de livrer immédiatement les marchandises à la consommation, il est tenu de faire sa déclaration de mise en consommation et de la déposer en douane.

Cette déclaration est transcrite sur le registre ad hoc; la vérification de la marchandise, la liquidation et la perception des droits se font

comme s'il s'agissait d'une importation directe, et l'acte de décharge de l'acquit-à-caution mentionne, au lieu de la réintégration en entrepôt, l'acquittement des droits et le n° de recette. *(Circ. n° 1348).*

RÉEXPORTATION DES ENTREPÔTS RÉELS OU FICTIFS.

778. La formalité de l'acquit-à-caution n'est plus exigée pour les marchandises non-prohibées à l'entrée qui sont réexportées par mer des entrepôts réels ou fictifs; mais pour y suppléer dans le cas où l'acquit-à-caution était prescrit, les propriétaires ou consignataires doivent se soumettre, par leur déclaration de sortie d'entrepôt, à rapporter, sur le permis qui leur est délivré, les certificats des préposés des douanes qui ont été présents à l'embarquement des marchandises et de ceux qui en ont constaté le départ de l'Etranger : le tout sous peine d'être contraints au paiement de la valeur de ces marchandises, et de l'amende encourue pour leur introduction frauduleuse.

L'exécution de ces soumissions est garantie par un cautionnement, si les propriétaires ou consignataires n'ont pas leur domicile dans le port d'expédition, ou ne sont pas reconnus solvables. (*Loi* 21 *avril* 1818, *art.* 61).

779. Les permis délivrés en vertu de l'article précédent, dans les ports d'Abbeville, Bayonne, Bordeaux, Nantes et Rouen, doivent suivre les marchandises sur le cours des rivières affluentes à la mer, jusqu'au point désigné par l'administration des douanes, suivant les localités, pour en faire constater le départ. *(Même loi, art.* 62, *et loi* 9 *juin* 1845, *art.* 10).

780. L'embarquement des marchandises déclarées en réexportation d'entrepôt ne peut être commencé qu'après que tous les objets compris en un permis d'embarquement ont été réunis sur le quai et comptés par les préposés des douanes chargés de constater la mise à bord. (*L.* 27 *juillet* 1822, *art.* 15).

781. Les permis d'embarquement remplaçant l'acquit-à-caution, il importe que les certificats dont ils seront revêtus et qui ont l'effet d'un acte de décharge, ne soient délivrés qu'après avoir acquis entière certitude de l'embarquement et du départ des marchandises. Cette partie du service exige, en outre, la plus active surveillance sur les côtes pour prévenir les réintroductions. *(Circ. n° 586).*

782. Les embarquements doivent être certifiés par le plus grand nombre de préposés possible.

Un chef doit vérifier les marchandises à bord, et en faire le recensement. (*Circ.* 7 *mai* 1808).

783. Les marchandises expédiées en réexportation d'entrepôt par mer ne sont assujetties à la formalité du plombage que dans les cas ci-après (1) :

1º Si elles sont prohibées à l'entrée ;

2º Pour les marchandises tarifées au poids, si elles sont passibles d'un droit qui, avec le décime, s'élève à plus de 20 fr. p. $^0/_0$ kilog., et, pour les autres, si le droit répond à plus du 10e de la valeur. *(L. 2 juillet 1836, art. 20).*

Le plombage n'a lieu que dans les entrepôts éloignés des côtes, comme Abbeville, Bayonne, Bordeaux, Nantes et Rouen, parce que la sortie de ces ports n'est pas définitive, et doit être constatée par les bureaux placés au bas des rivières, lesquels devraient recommencer la visite si l'identité des marchandises portées dans les permis n'était pas garantie par le plombage, dont ils se bornent à reconnaître l'intégrité.

La garantie du plombage est également nécessaire à Marseille pour prévenir les soustractions et substitutions qui peuvent se commettre depuis le moment où les marchandises sortent de l'entrepôt jusqu'à leur départ. *(Circ. nºs 510 et 731).*

784. Le transport des marchandises réexportées doit être direct, à peine de confiscation et d'amende. *(Arr. cass. 18 ventôse an VII).*

785. Le propriétaire des marchandises qui doivent être réexportées est présumé les avoir introduites en fraude, lorsqu'il ne peut — ni les représenter, — ni justifier de leur réexportation. *(Arr. cass. 15 ventôse an XI).*

786. Les marchandises réexportées par mer ne sont assujetties qu'au droit de balance : ce droit est de 15 cent. par 100 francs de valeur, ou, de 50 cent. par 100 kilog., au choix du redevable. *(L. 17 déc. 1815, art. 4, et 24 nivôse an V, art. 2).*

_____

(1) Le tableau p. 10, du tarif de 1844, donne la nomenclature des marchandises assujetties au plombage.

787. Tous négociants et commissionnaires qui seront convaincus d'avoir, à la faveur de l'entrepôt, effectué des soustractions, substitutions, ou versements dans l'intérieur, pourront, indépendamment des peines portées par les lois, être privés, par un arrêt spécial du gouvernement, de la faculté de l'entrepôt, ainsi que de tout crédit de droits. (*L. 8 floréal an XI, art.* 83, § 1er).

§ 2.

—

ENTREPOT DES MARCHANDISES PROHIBÉES (1).

—

Ports.

—

BÂTIMENTS AFFECTÉS AUX ENTREPÔTS.

788. L'entrepôt des marchandises prohibées, de toute espèce, sera autorisé dans les ports (*désignés au tableau n° 15, du tarif de 1844*), après que le commerce aura fait disposer, à la satisfaction du gouvernement, dans le bâtiment de l'entrepôt réel qui se trouve sous la garde permanente des préposés, et non ailleurs, des magasins spéciaux, absolument isolés de ceux où se trouvent les marchandises passibles de droits, et qui seront, comme l'entrée principale de l'entrepôt, fermés à deux clefs, dont l'une restera entre les mains du délégué du commerce, et l'autre entre les mains du receveur des douanes.

Le gouvernement pourra exiger successivement, dans les ports où l'entrepôt des objets prohibés acquerrait assez d'importance pour rendre nécessaire un service spécial, que ledit entrepôt soit établi dans un local séparé, n'ayant d'ouverture que sur les quais, et offrant toutes les dispositions de sûreté que des décrets détermineront. (*L. 9 février 1832, art.* 17).

MANIFESTES ET DÉCLARATIONS. — VISITES.

789. Le manifeste et la déclaration en détail des marchandises pro-

---

(1) En cas de contravention, *voir les* n. 2930 à 1655.

hibées, destinées pour l'entrepôt, sont faits comme il est déterminé par l'art. 4 de la loi du 9 février 1832 (*n*^{os} 566 *à* 568), aux mêmes conditions et sous les mêmes peines. (*L.* 9 *février* 1832, *art.* 19).

EXPÉDITIONS DES MARCHANDISES PROHIBÉES SUR LES ENTREPÔTS.

790. Les expéditions en transit des marchandises prohibées ne peuvent avoir lieu des frontières sur les ports désignés, qu'après que le commerce, dans lesdits ports, aura satisfait aux conditions imposées par l'art. 17 de la présente loi, sans que, provisoirement, l'entrepôt spécial puisse être remplacé, soit par l'entrepôt ordinaire, soit par des magasins particuliers sous la clef des douanes. (*L.* 9 *fév.* 1832, *art.* 9).

791. Les marchandises prohibées arrivant par mer à destination du transit, si elles ne sont immédiatement rechargées pour le transport par l'intérieur, seront mises dans l'entrepôt spécial, où elles ne pourront séjourner que pendant un mois, en restant d'ailleurs sous balle, sauf le cas de nécessité de bénéficiement pour cause d'avarie : passé ce délai, elles seront placées sous le régime de l'entrepôt, et ne pourront être réexportées que par mer. (*L.* 9 *février* 1832, *art.* 10).

DIVISION DES COLIS.

792. Les colis qui renferment les marchandises prohibées, reçues en entrepôt, ne peuvent être divisés. (*L.* 9 *févr.* 1832, *art.* 20, § 2).

Cependant, lorsqu'il arrive que toutes les marchandises contenues dans un colis n'ont pas la même destination, il est convenable, mais dans ce cas seulement, d'en permettre la division : le chef de la visite peut donc l'autoriser toutes les fois que le consignataire lui en justifie la nécessité. (*Circ. n*° 1776).

793. Lorsqu'un colis renferme à la fois des marchandises prohibées et des marchandises tarifées, déclarées les unes et les autres sous leur véritable dénomination, la douane peut en permettre la séparation et les faire entreposer sous le régime spécial à chacune d'elles. (*Déc. admin.* 4 *septembre* 1829).

PRÉLÈVEMENTS D'ÉCHANTILLONS.

794. L'entrepositaire qui veut prélever, à titre d'échantillons, un fragment de tissus ayant de la valeur, doit en faire la déclaration, et la

douane, après vérification, garantit la reconnaissance de l'objet par une estampille à la rouille, lorsque le tissu est de nature à en conserver l'empreinte, et, dans le cas contraire, en y apposant un plomb.

Ensuite, par un acte descriptif qui est transcrit sur un registre spécial, l'entrepositaire se soumet sous caution à effectuer, à moins de réintégration en entrepôt, la réexportation de cet échantillon au plus tard lorsque la partie de marchandise d'où il a été prélevé y est elle-même assujettie, sous peine d'y être contraint, par application de l'art. 6 de la loi du 9 février 1832 (n° 2654), au paiement de la quadruple valeur.

Dans aucun cas, l'échantillon prélevé ne peut être une pièce entière.

Quant aux échantillons qui ne consistent qu'en fragments sans aucune valeur, ou que l'on consent à rendre tels en les lacérant, la remise en est faite sans conditions. *(Déc. min. 9 avril 1834, et circulaire manusc. du 16 dudit mois).*

795. Le prix de l'estampille dont il est question au numéro précédent, est fixé à 5 centimes, celui du plomb à 25 c. *(Circ. manusc. 16 avril 1834).*

RÉEXPORTATION.

796. Les marchandises prohibées, reçues en entrepôt, doivent être réexportées par mer, sauf le cas prévu par l'art. 10 de la présente loi *(n° 791). (L. 9 février 1832, art. 20, § 1er).*

La réexportation n'est assujettie qu'aux formalités prescrites par les art. 61 et 62 de la loi du 21 avril 1818 *(n°s 778 et 779). (Même loi, art. 21, § 1er).*

DURÉE ET APUREMENT DE L'ENTREPÔT.

797. La durée et l'apurement définitif de l'entrepôt du prohibé se règlent d'après l'article 14 de la loi du 17 mai 1826 *(n°s 744 et 747). (L. 9 février 1832, art. 20, § dernier).*

Section II.

ENTREPOT FICTIF.

CONDITIONS DE L'ENTREPÔT FICTIF. — SOUMISSIONS. — MUTATIONS.

798. Les denrées et productions assujetties au droit de consommation jouissent de la faculté de l'entrepôt fictif, *sous la soumission cautionnée* de les réexporter, ou de payer les droits d'entrée au moment où elles sortent de l'entrepôt pour la consommation. *(L. 8 floréal an XI, art.* 14, § 1er*).*

799. Les négociants et autres qui veulent jouir de l'entrepôt fictif, sont tenus de déclarer aux bureaux des douanes, avant la mise en entrepôt, les magasins où leurs marchandises doivent être renfermées, et de faire leur soumission (1), de les représenter en mêmes qualités et quantités toutes les fois qu'ils en seront requis, avec défense de les changer de magasin sans déclaration préalable et permis spécial de la douane (2), à peine de payer immédiatement les droits en cas de mutation non autorisée, et du double droit dans le cas de soustraction absolue (3), indépendamment d'une amende qui peut s'élever au double de la valeur de la marchandise soustraite. *(L. 8 floréal an XI, art.* 15*).*

(1) La douane n'est pas autorisée à rechercher la qualité, la solvabilité de l'entrepositaire, ni à exiger qu'il soit pourvu d'une patente. Il lui suffit que l'on souscrive les obligations prescrites par la loi, et qu'une caution, reconnue solvable par le receveur, en garantisse l'exécution. (*Déc. adm.* 23 *octobre* 1859).

(2) Les demandes de mutations de magasin, sans transfert de la propriété des marchandises, peuvent avoir leur effet sous la garantie de la soumission d'entrepôt fournie originairement et dûment cautionnée. Elles ne donnent lieu qu'à une opération très simple qui consiste à recevoir sur le registre spécial la déclaration de mutation de magasin, à délivrer le permis, et à en prendre la reconnaissance signée du principal soumissionnaire et de sa caution, au moyen de sa soumission. (*Circ. n.* 67).
Quand le local le permet, le commerce a la faculté de placer dans l'entrepôt réel des marchandises admissibles en entrepôt fictif. (*Déc. adm.* 5 *avril* 1841).

(3) Si la marchandise, transportée sans autorisation d'un magasin dans un autre, y est représentée intégralement, il n'y a qu'un simple déplacement, et, par conséquent, déchéance du bénéfice de l'entrepôt. — Mais si la marchandise est transportée dans plusieurs magasins, le caractère constitutif de l'identité manque, et il y a soustraction absolue dans le sens de la loi (*déc. adm.* 14 *avril* 1857), et il faut poursuivre simultanément le soumissionnaire et sa caution. (Voir le n. 2341(. (*Circ. n.* 1474).

MARCHANDISES ADMISES DANS L'ENTREPÔT FICTIF.

800. Sont admissibles à l'entrepôt fictif, sous les conditions prescrites par les articles 14 et 15 *(nos 798—799 et 811)* de la loi du 8 floréal an XI :

1° Toutes les denrées coloniales françaises jouissant d'une modération de droits (1), qui sont importées régulièrement par navires français : mais indépendamment de la soumission d'entrepôt, les liquides, tels que : sirops, mélasses, tafia et liqueurs, doivent être conservés par les consignataires dans un magasin fermé à deux clefs, dont une reste à la douane. *(L.* 7 *décembre* 1815, *art.* 2)*;*

2° Les marchandises dont l'état est annexé à l'ordonnance du 9 janvier 1818, à charge de les désigner et distinguer, dans les soumissions d'entrepôt, conformément audit état. (*Ordon.* 9 *janv.* 1818, *art.* 3)*;*

3° Les cotons en laine étrangers, aux conditions imposées par l'ordonnance du 9 janvier 1818. (*Même ordon., art.* 4)*;*

4° Et les houilles. (*Circ. n*° 1555).

MARCHANDISES EXCLUES DE L'ENTREPÔT FICTIF.

801. Il ne peut être reçu en entrepôt fictif, ni, par suite, en être réexporté, que des marchandises parfaitement conservées, et franches de toute avarie. (*L.* 27 *juillet* 1822, *art.* 12).

802. Sont exclus de l'entrepôt fictif, sauf la faculté de l'entrepôt réel :

1° Tous les cotons étrangers susceptibles d'une réduction de droits pour cause d'avarie ;

2° Et ceux dont les balles ont été ouvertes ou rompues avant la mise en entrepôt. (*Ordon.* 9 *janvier* 1818, *art.* 11).

DÉCLARATION. — VISITE. — ÉCHANTILLONS.

803. L'entrée en entrepôt fictif doit toujours être précédée de la déclaration de l'entrepositaire, et de la reconnaissance, par la douane, des quantités, espèces et qualités des marchandises.

---

(1) Les cafés importés du Sénégal et des autres établissements français de la côte occidentale d'Afrique, quoique jouissant d'une modération des droits, ne sont point admissibles en entrepôt fictif, attendu qu'ils ne proviennent point d'une colonie française, et qu'ils ne sont point récoltés sur des terres appartenant à la France. (*Déc. adm.* 30 *décembre* 1841).

La douane peut même prélever des échantillons afin d'avoir un moyen assuré contre les substitutions. (*Circ. 23 vend. an XI*).

REGISTRES ET ÉTATS D'ENTREPÔT FICTIF.

804. Les registres portent en tête une instruction sur la manière de les tenir, et les états sont rédigés d'après les formules fournies par l'administration. (*Circ. n° 672*).

Voir *le n° 741*.

MANIPULATION. DES MARCHANDISES.

805. Les marchandises doivent être représentées dans les colis et avec les marques mêmes désignées dans la soumission. (*Circ. n° 1451 et arr. cass. 29 janvier 1834*).

Les manipulations sont permises toutes les fois que la conservation des marchandises les rend nécessaires ; mais elles doivent toujours être précédées de la déclaration de l'entrepositaire et de l'autorisation de la douane. (*Déc. admin. 26 mai 1841*).

CESSION. — TRANSFERT DE PROPRIÉTÉ.

806. En cas de transfert de la propriété des marchandises existant en entrepôt fictif, la soumission primitive peut être maintenue à la charge du négociant qui cède ses marchandises, comme la douane peut en recevoir une nouvelle de la part du cessionnaire.

Ainsi, les signataires d'une soumission d'entrepôt ne sont pas dans l'obligation de déclarer le transfert de propriété, si leur intention est de rester responsables des droits et amendes aux termes de l'art. 15 de la loi du 8 floréal an XI (*n° 799*). Ils n'ont à remplir que les formalités prescrites pour les mutations de magasins. (*N° 799, notes 2 et 3*).

Lorsque, au contraire, ces négociants veulent déclarer le transfert pour être libérés de leurs soumissions, les cessionnaires, reconnus solvables, et qui offrent un cautionnement valide, sont admis à fournir une nouvelle soumission d'entrepôt, au moyen de laquelle l'ancienne est annulée. (*Circ. du 8 septembre 1815, n° 67*).

807. Le soumissionnaire n'est libéré de son engagement que lorsqu'il s'est fait substituer un autre obligé dont la douane a agréé la soumission, bien que d'ailleurs elle ait eu connaissance de la cession, et

qu'elle ait assisté au transport des marchandises dans les magasins du cessionnaire. (*Arr. cass.* 9 *mars* 1835, *circ. n*° 1485).

808. L'annulation de ladite soumission de la part de la douane peut seule, même en cas de vente des marchandises, libérer les signataires de la première soumission, *(Arr. cass.* 2 *mai* 1809).

RECENSEMENTS.

809. Les soustractions étant faciles dans le régime de l'entrepôt libre, il convient d'en prévenir l'abus par de fréquents recensements qu'on renouvelle au moins tous les trimestres. (*Circ.* 24 *therm. an X).*

Les résultats de ces recensements doivent être constatés sur un portatif coté et visé par le directeur et soumis fréquemment à l'examen et au visa des sous-inspecteurs et des inspecteurs. (*Circ. n*° 551).

RESPONSABILITÉ DES NÉGOCIANTS.

810. Les négociants sont responsables des soustractions, vols, ou enlèvements de marchandises entreposées dans des magasins qui leur appartiennent. *(Adm.* 22 *frimaire an VII).*

DURÉE DE L'ENTREPÔT FICTIF.

811. La durée de l'entrepôt fictif ne peut excéder le terme d'une année. *(L.* 8 *floréal an XI, art.* 14, § *dernier).*

812. Si l'entrepositaire demande l'autorisation de retirer ses marchandises de l'entrepôt réel pour les placer dans ses magasins, sous le régime de l'entrepôt fictif, le délai d'un an, accordé pour cet entrepôt, ne court que du jour de la déclaration de changement de régime, sauf à réduire ce délai si la marchandise a séjourné plus de deux ans dans l'entrepôt réel, et de manière à ce que la somme des deux délais n'excède jamais le maximum de trois années fixé par la loi du 17 mai 1826. *(Déc. adm.,* 5 *avril* 1841*).*

PROLONGATION DE DURÉE.

813. Si, pour cause légitime, une prolongation de délai a été accordée par l'administration, il n'est pas nécessaire de faire renouveler les engagements du soumissionnaire et de sa caution, attendu qu'aux termes de la soumission ils se sont engagés l'un et l'autre pour la durée effective de l'entrepôt. *(Déc. adm.,* 8 *octobre* 1842).

Toutefois, lorsque les prolongations de délai sont accordées d'office par la douane, c'est-à-dire sans que la demande en ait été faite par les intéressés, il convient d'en informer les cautions, afin de les prémunir contre toute surprise, et de les mettre à même de prendre telle mesure qu'elles jugeront convenable. (*Déc. adm.*, *18 octobre* 1847).

Dans tous les cas, si le receveur juge que la caution ne présente plus la même solvabilité qu'au moment où elle a été reçue pour la première fois, il doit exiger un autre répondant à sa satisfaction, et, en cas de refus, réclamer sur-le-champ le paiement des droits. *(Circ. n*os *644 et 847).*

FIN DE TERME. — POURSUITES.

814. Si, à l'échéance du premier délai, le soumissionnaire n'avait pas effectué la réexportation ou la mise en consommation de sa marchandise, ou n'avait pas, en vertu d'une prolongation consentie par l'administration, produit un nouveau cautionnement, des poursuites devraient être entamées sans retard : elles devraient atteindre la caution comme le principal obligé.

Il suffirait, pour régulariser la procédure, et prévenir toutes difficultés, de faire, *aussitôt après l'expiration du délai*, commandement au soumissionnaire d'acquitter les droits, ou de réexporter la marchandise, et de notifier la même injonction à la caution, en déclarant qu'on fera valoir contre elle l'obligation qu'elle a contractée solidairement. *(Circ. n*os *644 et 847).*

Le principe établi ci-dessus ne concerne nullement l'entrepôt réel proprement dit, mais il est applicable à l'entrepôt réel sous soumission, dans les ports où les magasins ne sont pas réunis. (*Circ. n*° 847).

815. Aux termes de l'art. 18 du titre 13 de la loi du 22 août 1791, les préposés ont qualité pour signifier le commandement; mais dans le cas où une prolongation d'entrepôt paraîtrait ne pas devoir être accordée, il conviendra généralement de recourir au ministère d'un huissier, afin de prévenir plus sûrement toute irrégularité dans la signification à faire. *(Circ. n*° 858).

RÉEXPORTATION.

816. Pour la réexportation des marchandises entreposées fictivement, voir les n°s 778 et 779.

Section III.

—

ENTREPOTS A L'INTÉRIEUR ET AUX FRONTIÈRES (1).

———

CRÉATION DES ENTREPÔTS.

817. Il pourra être établi, par des décrets, des entrepôts réels de douane dans toutes les villes qui le demanderont et qui rempliront les conditions déterminées ci-dessous, n^0 818. (*L.* 22 *février* 1832, *art.* 1er).

CONDITIONS EXIGÉES POUR OBTENIR L'ENTREPÔT.

818. Pour obtenir l'établissement de l'entrepôt, les villes auxquelles la faculté en aura été accordée, devront préalablement y avoir affecté un bâtiment spécial, isolé, et distribué intérieurement de manière à ce qu'on y puisse classer séparément, selon qu'il pourra être prescrit par les décrets, les marchandises d'origines diverses.

Le même bâtiment devra offrir la distribution convenable pour l'établissement des corps-de-garde des préposés des douanes, ainsi que des logements et bureaux réservés à l'agent du commerce et à celui des douanes, dépositaires chacun d'une clef de l'entrepôt, le premier pour la conservation et la garde des marchandises, le second pour la garantie des droits du trésor.

Ces édifices devront avoir été agréés par le gouvernement. (*Loi* 27 *février* 1832, *art.* 9).

819. Les villes qui demanderont l'établissement d'un entrepôt devront pourvoir à la dépense spéciale nécessitée par la création et le service desdits entrepôts… et généralement à tous les frais occasionnés par lesdits entrepôts. (*Même loi, art.* 10, § 1er).

La dépense relative au service de perception et de surveillance des entrepôts créés en vertu de la loi du 27 février 1832 est mise à la charge de l'Etat à partir du 1er janvier 1840. (*L.* 10 *août* 1839 *art.* 11).

820. Ces mêmes villes jouiront des droits de magasinage dans l'en-

———

(1) En cas d'infraction, *voir les n.* 2636 à 2640.

trepôt, conformément aux tarifs qui seront concertés avec les chambres de commerce et approuvés par le gouvernement.

Elles pourront faire concession temporaire de ces droits, avec concurrence et publicité, à des adjudicataires qui se chargeraient de la dépense du local, de la construction et de l'entretien des bâtiments, ainsi que de toutes les autres charges de l'entrepôt.

Le commerce, représenté par la chambre de commerce du lieu, pourra, sur le refus du conseil municipal, se charger de remplir les mêmes obligations, au moyen d'une association d'actionnaires qui sera constituée en société anonyme. (*L.* 27 *février* 1832, *art.* 10).

MARCHANDISES ADMISES AUX ENTREPÔTS.

821. Les entrepôts qui seraient établis à l'intérieur pourront recevoir toutes les marchandises non-prohibées, admissibles au transit, qui y seront expédiées — soit des villes d'entrepôt réel où elles auront été débarquées (1), — soit des bureaux frontières ouverts au transit. (*L.* 27 *février* 1832, *art.* 2).

822. Les marchandises prohibées à l'entrée et admissibles au transit pourront, aux conditions déterminées par la loi du 27 février 1832, être également reçues dans les entrepôts intérieurs. (*L.* 26 *juin* 1835, *art.* 1er, § 1er).

EXPÉDITION DES MARCHANDISES SUR LES ENTREPÔTS.

823. Les marchandises que l'on dirigera sur les entrepôts à créer en vertu de la présente loi, seront expédiées de la même manière, sous les mêmes conditions, et sous les mêmes peines, en cas d'infraction, que celles qui sont déterminées par les lois relatives aux entrepôts réels et par celle du 17 décembre 1814 et autres relatives au transit et aux mutations d'entrepôt.

Toutes les lois relatives aux entrepôts maritimes, à l'entrée des marchandises entreposées, à la police intérieure des magasins, seront applicables aux entrepôts créés en vertu de la présente loi. (*L.* 27 *février* 1832, *art.* 4).

Voir : *Transit, n° 516 et suivants, et Entrepôts réels, n° 734 et suivants.*

---

(1) Tout transport de ces marchandises avec emprunt de la mer est formellement interdit. (*Déc. admin.* 19 *mars* 1834).

PRIX DES PLOMBS.

824. Le prix des plombs est fixé à 25 centimes, tant pour les marchandises expédiées sur les entrepôts intérieurs, que pour celles qui sont extraites de ces entrepôts soit pour être réexportées, soit pour être dirigées sur d'autres entrepôts. *(L. 2 juillet* 1836, *art.* 21).

DÉCHARGE DE L'ACQUIT-A-CAUTION. — REPRISE AU COMPTE DE L'ENTREPÔT.

825. La décharge des acquits-à-caution s'opérera immédiatement par l'entrée en entrepôt des marchandises qui en feront l'objet, et qui seront reprises au compte de l'entrepôt, après que l'identité en poids, quantités, mesures, espèces et qualités, aura été reconnue.

826. La plupart des marchandises dirigées sur les entrepôts de l'intérieur étant transportées par eau, il est juste d'affranchir du paiement des droits les excédants qui proviennent de l'humidité.

A cet effet, les droits d'entrée, si la marchandise est déclarée pour la consommation immédiate, ou les comptes d'entrepôt, si elle doit être entreposée, sont établis d'après les poids mentionnés dans les acquits-à-caution.

Dans ce cas, le sous-inspecteur sédentaire n'accorde l'immunité qu'après s'être assuré personnellement de l'état des marchandises. Le vérificateur en tient note sur son portatif, afin de justifier le défaut de concordance qui existe entre le poids résultant de son opération et celui qui est porté sur les registres de la douane.

Les négociants ont toujours la faculté de renoncer au bénéfice de cette concession, qu'on n'applique pas toutes les fois qu'ils préfèrent s'en rapporter au *poids actuel* et font leur déclaration en conséquence. *(Admin.,* 5 *mai* 1839).

DURÉE DE L'ENTREPÔT.

827. Le séjour des marchandises en entrepôt ne pourra excéder les trois années fixées par l'art. 14 de la loi du 17 mai 1826 (n° 744), lesquelles seront comptées du jour de l'importation des marchandises par terre ou par mer.

Les mutations qui pourront être faites d'un entrepôt sur l'autre ne donneront lieu à aucune prolongation de ce délai. *(L.* 27 *février* 1832, *art.* 3).

828. Lorsque les marchandises recevront immédiatement la destination d'un entrepôt intérieur, le délai commencera à compter du jour
de la délivrance de l'acquit-à-caution pour les y conduire, et, dans le
cas contraire, à dater du jour de leur entrée dans l'entrepôt du port
ou de la frontière. *(Circ. n° 1308).*

SORTIE DE L'ENTREPÔT. — MISE EN CONSOMMATION. — RÉEXPORTATION. — MUTATION.

829. Les marchandises reçues en entrepôt pourront en être retirées :

1° Soit pour la consommation après avoir acquitté les droits du tarif
en vigueur ;

2° Soit pour passer, par simple mutation, dans un autre entrepôt ;

3° Soit enfin, pour être réexportées en transit, soit par mer, soit
par les frontières de terre. *(L. 27 février 1832, art. 6 et 26 juin 1833,
art. 1er, § 2).*

Voir *le n° 598, § 3.*

EXPIRATION DU DÉLAI D'ENTREPÔT.

830. Si les marchandises reçues en entrepôt ne sont pas acquittées
ou réexportées avant l'expiration du délai déterminé (n° 827), il en sera
disposé ainsi qu'il est voulu par l'art. 14 de la loi du 17 mai 1826.
(n° 747). (L. 27 février 1832, art. 7).

DÉCHÉANCE DES NÉGOCIANTS ET COMMISSIONNAIRES.

831. Ceux qui auront été condamnés pour des soustractions ou
autres délits qui seraient commis dans les entrepôts créés en vertu de
la présente loi, ou dans les expéditions qui s'y rapportent, seront passibles des interdictions déterminées par l'art. 83 de la loi du 8 floréal
an XI (n° 364), ainsi que ceux qui prêteraient leur nom pour soustraire les condamnés aux effets de la présente disposition. (*L. 27 fév.
1832, art. 8).*

CHAPITRE II.

DE LA NAVIGATION (1).

832. Les dispositions sur la navigation sont classées ainsi :
1° Navires qui jouissent du privilège de la nationalité ;
2° Formalités relatives à la francisation ;
3° Transfert ;
4° Congés à remettre aux capitaines ;
5° Droits de navigation à acquitter ;
6° Police relative aux navires.

Section I.

NAVIRES QUI JOUISSENT DU PRIVILÈGE DE LA NATIONALITÉ.

833. Sauf les exceptions indiquées ci-après, les navires étrangers ne peuvent être importés pour être vendus et nationalisés. Les avantages que la loi accorde aux bâtiments français leur sont refusés. (*Loi 13 mai 1791*).

834. Le privilège national consiste dans la faculté du transport des marchandises ou denrées, d'un port français dans un autre port français. Ce transport est interdit aux navires étrangers sous peine de confiscation et de 3,000 fr. d'amende. *(L. 21 septembre 1793, art. 4).*

En vertu de ce privilège, les transports de la métropole aux colonies, ou des colonies en France, ne peuvent, sous les mêmes peines, avoir lieu que par des bâtiments français. (*Idem*, *art.* 3).

Les défenses qui résultent des deux articles précédents ne sont pas applicables aux navires étrangers frétés pour le compte du gouvernement, c'est-à-dire dont l'équipage est nourri et soldé par lui. (*L. 27 vendémiaire an II, art. 3 ; — déc. adm. 17 brumaire an V, et 17 germinal an III*).

---

(1) Cet article est puisé dans le *Résumé Analytique* de M. Fasquel.

Les bâtiments espagnols, si aucun doute ne s'élève sur leur nationalité, sont autorisés à faire le cabotage sur les côtes de France. (*Circ.* 20 *septembre* 1817, *et* 10 *janvier* 1827).

CONDITIONS AUXQUELLES LA NATIONALITÉ EST ACCORDÉE.

835. Le privilège national n'est accordé qu'aux navires construits en France, dans les colonies ou possessions françaises, et qu'autant que ces navires appartiennent à des Français, et que les officiers et les trois quarts des équipages sont Français. (*L.* 24 *avril* 1791, *et* 27 *vendémiaire an II*).

Un Français résidant à l'Étranger ne peut être propriétaire, en tout ou en partie, d'un bâtiment pour lequel la francisation est réclamée, qu'autant qu'il est associé d'une maison française, et qu'il n'a pas prêté serment de fidélité à l'État dans lequel il a fixé son domicile. (*L.* 27 *vendémiaire an II, art.* 12).

EXCEPTIONS.

836. La condition d'avoir été construit en France afin de pouvoir être francisé, n'est pas exigée :

1° Pour les bâtiments capturés et déclarés de bonne prise ;

2° Pour les bâtiments confisqués pour contravention aux lois ;

5° Pour un bâtiment étranger naufragé, qui, vendu, a subi des réparations égalant le quadruple du prix de sa vente. (*L.* 21 *septembre* 1793, *et* 27 *vendémiaire an II*) ;

4° Pour les bâtiments qui, par suite de naufrages, ont été vendus au profit de la caisse des invalides de la marine (*déc. adm.*, 28 *mai* 1825) ; cette disposition, toutefois, n'est applicable qu'aux embarcations épavées trouvées en pleine mer. (*Adm.*, 6 *juin* 1834) ;

5° Pour les bâtiments achetés à l'Étranger par des Français, et qui, ayant été constamment employés pendant cinq ans à la pêche de la baleine et des poissons à lard, ont fait au moins deux voyages dans l'Océan-Pacifique, et quatre voyages dans les mers du Nord. (*Ord.*, 10 *février* 1819).

JUSTIFICATION DE L'ORIGINE DES NAVIRES.

837. L'origine des navires à nationaliser se justifie :

1° Pour les navires construits en France, par le certificat du cons-

tructeur énonçant les dimensions et la contenance du bâtiment. (*Circ. 22 septembre 1841*).

2° Pour les navires de prises, par le jugement qui a déclaré la prise valable, et par l'acte d'adjudication faite à un Français ;

5° Pour les navires confisqués, par une expédition, en forme, du jugement de condamnation ;

5° Pour ceux étrangers jetés sur les côtes, par une expédition du procès-verbal constatant le naufrage et la vente, et par les comptes justificatifs des réparations.

La valeur des réparations que subit un navire naufragé est fixée par trois experts nommés, l'un par la douane, l'autre par la marine, le troisième par le tribunal de commerce. On constate cette valeur par un acte particulier ; elle ne peut comprendre les objets accessoires non inhérens au corps du navire.

(*Décision minist.*, 29 *thermidor an X, et circ.* 7 *fructidor an X et* 3 *janvier* 1818).

Un navire cesse d'être réputé français s'il éprouve à l'Étranger un radoub ou des réparations dont les frais excèdent 6 francs par tonneau, à moins, toutefois, qu'il n'y ait eu nécessité légalement justifiée de lui faire subir ces réparations. (*Loi* 27 *vendém. an II, art.* 8).

La francisation ne peut être accordée à un navire quoique construit en France, si les pièces employées à sa construction ont été préparées à l'Étranger. (*Déc. adm.*, 7 *janvier* 1803).

Un bâtiment français capturé, qui rentre en France, ne perd ses droits au privilège national qu'autant qu'il a changé de propriétaire : il continue à jouir des avantages réservés à sa qualité de français, si sa possession n'a pas été interrompue. (*Déc. ministér.*, 24 *vendém. an XIII*).

RÔLE D'ÉQUIPAGE.

838. Le rôle d'équipage est obligatoire pour tous bâtiments ou embarcations exerçant une navigation maritime (1).

La navigation est dite maritime, sur la mer, dans les ports, sur les

---

(1) Ces dispositions ne concernent pas le service des douanes — seulement les agents de ce service ont le droit de se faire représenter les rôles d'équipages dans tous les cas où la condition de cette partie essentielle de l'armement est un des éléments indispensables d'examen et d'appréciation des demandes relatives aux importations et aux exportations. (*Circ. du* 30 *avril* 1852, n. 56).

étangs et canaux où les eaux sont salées, et, jusqu'aux limites de l'inscription maritime, sur les fleuves et rivières affluant directement ou indirectement à la mer. *(Déc. du 19 mars 1852, art. 1er).*

Le rôle d'équipage est renouvelé à chaque voyage pour les bâtiments armés au long cours, et tous les ans pour ceux armés au cabotage ou à la petite pêche. *(Idem, art. 2).*

Tout capitaine, maître ou patron, ou tout individu qui en fait fonctions, est tenu, sur la réquisition de qui de droit, d'exhiber son rôle d'équipage, sous peine d'une amende — de 500 francs si le bâtiment est armé au long cours, — de 200 francs si le bâtiment ou embarcation est armé au cabotage, — de 100 francs s'il est armé à la petite pêche. *(Idem, art. 3).*

L'embarquement de tout individu qui ne figure pas sur le rôle d'équipage est punissable, par chaque individu embarqué, d'une amende — de 500 francs si le bâtiment est armé au long cours, — de 50 à 100 fr. si le bâtiment ou embarcation est armé au cabotage, — de 25 à 30 fr. s'il est armé à la petite pêche. *(Idem, art. 4).*

MARQUES DU NOM ET DU PORT D'ATTACHE DES BATIMENTS.

839. Le nom et le port d'attache de tout bâtiment ou embarcation exerçant une navigation maritime seront marqués à la poupe, en lettres blanches de huit centimètres au moins de hauteur, sur fond noir, sous peine d'une amende — de 100 à 300 francs s'il est armé au long cours; — de 50 à 100 francs s'il est armé au cabotage; — de 10 à 30 francs s'il est armé à la petite pêche.

Défense est faite, sous les mêmes peines, d'effacer, altérer, couvrir ou masquer lesdites marques. *(Décret. du 19 mars 1852, art. 6).*

840. Ces infractions, auxquelles ne seront point appliquées les dispositions de l'art. 365, § 2, du code d'instruction criminelle, seront poursuivies, en France et dans les colonies françaises, devant le tribunal correctionnel du lieu où elles auront été constatées. *(Idem, art. 8, § 1er).*

841. Les procès-verbaux feront foi jusqu'à inscription de faux; — ils devront être signés; — ils devront, en outre, et à peine de nullité, être affirmés dans les trois jours de la clôture desdits procès-verbaux par-devant le juge-de-paix du canton ou l'un de ses suppléants, — ou

24

par-devant le maire ou l'adjoint, soit de la résidence de l'agent instru-mentaire, soit de celle où le délit a été constaté. (*Idem, art.* 9, § 1er).

Les poursuites, qui ont lieu à la diligence du ministère public, doivent être intentées dans les trois mois qui suivent le jour où la contravention a été constatée : passé ce délai, l'action publique est prescrite. (*Idem, art.* 10).

842. Toutes les amendes seront prononcées solidairement tant contre les capitaines, maîtres ou patrons, que contre les armateurs des bâti-ments ou embarcations.

843. Le montant de ces amendes (1) sera attribué à la caisse des invalides de la marine, et le cinquième en sera dévolu aux agents des douanes qui auront constaté la contravention (2). Cette allocation ne pourra, toutefois, excéder 25 francs pour chaque infraction. (*Idem, art.* 11).

VENTE DES NAVIRES.

844. Les bâtiments de mer peuvent être exportés en payant le droit de 2 francs par tonneau : ils perdent alors leur caractère de nationalité. (*L.* 21 *avril* 1818, *art.* 2).

845. Lorsqu'un navire français a été vendu en France à un étranger et que cet acquéreur n'a pas obtenu du consul de sa nation l'autorisa-tion de naviguer avec ce bâtiment, un congé est remis à ce propriétaire pour se rendre à sa destination : cette pièce est ensuite renvoyée à l'ad-ministration par l'agent consulaire. (*Déc. admin.* 23 *déc.* 1818).

Section II.

FORMALITÉS RELATIVES A LA FRANCISATION.

846. Le navire, qui réunit les conditions exigées pour arborer le pavillon national, reçoit la qualité de Français par un acte de franci-sation.

---

(1) Les receveurs de l'enregistrement et des domaines sont chargés du recouvrement : ils versent les fonds qui en proviennent dans les mains des trésoriers de la marine. (*Décr. du* 19 *mars* 1852, *art.* 12).

(2) La sous-répartition a lieu conformément aux règles générales sur la matière. (*Circ. du* 30 *avril* 1852, n. 56).

Cet acte est signé du ministre des finances ; il est délivré par la douane du port où le bâtiment est francisé. (*Loi 27 vendémiaire an II, et art. minist.* 30 *juin* 1829).

SERMENT.

847. Le propriétaire, pour obtenir un acte de francisation, prête serment de propriété, soit devant le juge-de-paix, soit devant le tribunal civil ou de commerce, dans la forme déterminée par la loi.

Le serment indique à quel titre le navire a droit d'être francisé. (*Lois* 21 *septembre* 1795 *et* 27 *vendémiaire an II, art.* 13).

848. Le serment peut être reçu dans un lieu autre que celui où réside le possesseur du navire.

L'acte, après avoir été rédigé, est transmis au receveur des douanes du port auquel le bâtiment doit être attaché ; il est joint aux autres papiers du navire. (*Lettre du* 7 *floréal an X*).

849. Le serment est prêté de nouveau toutes les fois qu'il y a motif à renouveler l'acte de francisation autrement que pour cause de vétusté de cet acte, ou de changement dans la forme du navire. Voir : *Acte de francisation, n*os 854 *à* 858. *(Adm.* 18 *novembre* 1817).

CAUTIONNEMENT.

850. Le serment étant fait, le propriétaire souscrit une soumission cautionnée par laquelle il s'engage à ne vendre ni prêter l'acte de francisation du navire, et à rapporter cet acte au bureau, en cas de perte, démolition ou vente du bâtiment. (*L.* 27 *vendémiaire an II, art.* 16).

851. Le cautionnement à souscrire est réglé sur les bases suivantes :
20 francs par tonneau, si le bâtiment est de moins de 200 tonneaux ;
30 francs par tonneau pour les navires de 200 à 400 tonneaux ;
40 francs par tonneau pour les navires de 400 tonneaux et au-dessus. (*Même loi, art.* 11).

JAUGE ET DESCRIPTION DU NAVIRE.

852. La francisation n'a lieu qu'après que la capacité du navire a été constatée par le jaugeage.

Le vérificateur, sur la demande du propriétaire, se transporte à bord du bâtiment ; il en vérifie, sous sa responsabilité, la description

et le tonnage ; il suit, pour cette opération , le mode déterminé par la loi (*n° 934 et suivants*), et il délivre son certificat. (*Id.*, art. 14).

853. Si le bâtiment se trouve dans un port autre que celui où la francisation s'opère, le certificat de description et de tonnage, visé par le directeur, est transmis au receveur du port d'attache (celui où il va être francisé) pour y être déposé. (*L.* 27 *vendémiaire an II, art.* 24 *et* 25, — *lettre du* 21 *vendémiaire an XIII).*

ACTE DE FRANCISATION.

854. La formalité du serment étant remplie, le navire jaugé et le cautionnement souscrit par le propriétaire , un projet d'acte de francisation est rédigé. Cette pièce, où sont reproduits les termes de la soumission , est adressée à l'administration. L'acte original est ensuite envoyé par l'administration au receveur. (*Loi* 27 *vendém. an II, art.* 10, *et circ.* 5 *juillet* 1829).

855. Si, avant la signature du brevet par le ministre, le navire doit mettre à la voile, un acte provisoire est remis au capitaine pour autoriser ce dernier à naviguer. Cet acte est annulé et doit être retenu par la douane , si, quatre mois après sa délivrance , il est présenté dans un port de France, à moins, toutefois, que le bâtiment ne soit entré dans le port par relâche forcée. (*Circ.* 15 *juillet* 1829 *et* 21 *mars* 1834).

856. Les actes de francisation sont soumis à la formalité du timbre. Le droit à percevoir pour chaque acte est de 75 centimes. (*Loi* 28 *avril* 1816 , *art.* 19).

La douane exige , en outre, le prix du parchemin ; ce prix est fixé à 68 centimes.

857. Si l'acte de francisation délivré par la douane se trouve égaré , le propriétaire, en affirmant la sincérité de cette perte, en obtient un nouveau ; il est tenu , dans ce cas, de remplir toutes les formalités d'une première francisation, et d'acquitter les droits. (*Loi* 27 *vendém. an II , art.* 20).

858. Le renouvellement d'un acte de francisation , pour cause de vétusté , n'est qu'un simple remplacement pour lequel la douane exige seulement le remboursement du prix du parchemin et le droit du timbre. (*Circ.* 19 *mars* 1805).

CHANGEMENT DE NOM OU DE PORT D'ATTACHE.

859. S'il s'agit de changer le nom d'un bâtiment, une autorisation d'un agent supérieur de la marine est nécessaire. Le receveur des douanes, à qui cette autorisation est communiquée, opère la substitution sur ses registres, et délivre un nouvel acte. *(Circ. 25 octob. 1826).*

860. Un simple changement dans la forme ou le tonnage d'un navire, ou dans son nom, ne donne lieu à aucun des actes qui précèdent la francisation, ni à l'acquit du droit : seulement on renouvelle l'acte, en exigeant le prix du parchemin (68 centimes), et celui du timbre. *(Loi 27 vendém. an II, art. 21, — et circ. 30 juin 1828 et 23 septemb. 1832).*

861. Il est permis à un propriétaire de faire dépendre son navire d'un port autre que celui où il a été primitivement francisé.

Dans ce cas, il remplit, au port de nouvelle attache, les formalités ordinaires de francisation ; les soumissions anciennes sont annulées. *(Déc. adm., 10 vendém. an XI).*

DISPOSITIONS DIVERSES.

862. Lorsqu'un bâtiment francisé aux colonies ou dans les comptoirs d'Afrique doit être attaché à un port français, l'acte de francisation produit par le propriétaire tient lieu des titres d'origine. La douane se borne, dans ce cas, à exiger les soumissions prescrites par la loi. *(Circ. 25 décemb. 1816, 25 décemb. 1817, et 25 févr. 1818).*

863. Les canots dépendant des navires auxquels ils sont attachés, et ceux de 1 à 2 tonneaux appartenant à des habitants voisins de la côte, ne s'éloignant qu'à une faible distance du lieu où ils sont fixés, ne sont pas soumis à la francisation. *(Circ. 15 avril 1803, et 31 octob. 1828).*

864. Ne sont pas soumis non plus à la francisation les bâtiments qui restent en rivière en-deçà du dernier bureau des douanes. *(Déc. admin., 27 frimaire an III).*

865. Tous les actes produits à la douane pour justifier l'origine des navires francisés sont conservés au bureau où la francisation a été accordée ; ils y sont classés avec ordre. *(Déc. adm., 31 déc. 1819).*

866. Concourir directement ou indirectement à une francisation frauduleuse entraîne une amende de 6,000 francs ; les officiers publics, agents ou capitaines qui ont participé à la fraude, sont, en outre, déclarés incapables d'occuper aucun emploi et de commander un navire. *(Loi 27 vendém. an II, art. 15).*

Section III.

TRANSFERTS. — VENTES.

867. Un propriétaire qui vend son navire transmet à l'acquéreur le privilège de la nationalité. A cet effet, l'acte de vente doit contenir une copie du brevet de francisation. *(Loi 27 vendém. an II, art. 18).*

868. Les actes de vente des bâtiments sont admis en douane comme ceux reçus par des notaires, s'ils sont faits :

Par les tribunaux de commerce. *(Circ., 28 pluviôse an VII)* ;
Par les courtiers. *(Circ., 17 ventôse an XII)* ;
Sous signature privée. *(Déc. adm., 12 juin 1813).*

869. Si la vente est faite par acte sous signature privée, cet acte doit être enregistré ; il est, en outre, confirmé par le serment de propriété que prescrit la loi *(no 847). (Même déc.).*

870. Le droit d'enregistrement à percevoir pour la vente de tout ou partie d'un bâtiment est d'un franc. *(Loi 21 avril 1818, art. 64).*

871. Toute vente totale ou partielle d'un navire est inscrite, par le receveur des douanes du port auquel le bâtiment appartient, au dos de l'acte de francisation. Chaque transmission donne ouverture à un droit particulier ; le droit qui n'a pas été perçu sur des ventes antérieures est également dû. *(Circ., 24 mai 1817, et déc. adm., 12 vend. an VI).*

872. On ne mentionne le transfert sur l'acte de francisation, qu'autant que le nouveau possesseur a renouvelé les obligations précédemment souscrites par son vendeur, ou qu'il a justifié que ces obligations ont été remplies dans le port où le navire doit être attaché. En cas de refus, l'annotation peut toujours avoir lieu, mais alors le bâtiment doit cesser de jouir des avantages de la nationalité. *(Circ., 6 act. 1832).*

873. Le changement de propriétaire par voie d'héritage entraîne également l'inscription, et donne lieu à la perception du droit de mutation : il n'est dû qu'un seul droit, quelque soit le nombre des héritiers acquéreurs ou cessionnaires. (*Circ., 4 germ. an VII et 24 mai 1817*).

874. Il y a obligation pour les capitaines, ou propriétaires, qui, se trouvant à l'Étranger, y vendent leurs bâtiments, d'en faire la déclaration au consul Français. Celui-ci en prévient l'administration des douanes, qui fait réclamer le rapport du congé et de l'acte de francisation. (*Déc. adm., 23 déc. 1818*).

875. La douane seule peut revêtir d'annotations les actes de francisation des navires. (*Circ., 6 nov. 1824*).

NAVIRES EXPORTÉS, NAUFRAGÉS, DÉPECÉS, ETC.

876. Lorsque la vétusté d'un bâtiment doit amener son dépècement, la déclaration en est faite à la douane. L'identité du navire est reconnue par la jauge, et, après que le vérificateur s'est assuré de la démolition effective, un procès-verbal constatant ces faits est remis au propriétaire afin qu'il puisse faire annuler ses soumissions. (*Déc. adm., 24 fév. 1809*).

877. Quand un navire a cessé de reparaître, les soumissions relatives à sa francisation ne sont annulées qu'après que son naufrage, ou sa capture, ou tout autre évènement qu'il a éprouvé, a été légalement justifié. (*Arrêté, 13 prairial an XI*).

878. Toutes les pièces propres à établir la preuve de l'évènement sont produites à l'administration. Si elle juge que ces pièces sont insuffisantes, elle réclame le concours de la marine et l'application des dispositions de l'arrêté du 13 prairial an XI. Si, au contraire, elle les admet comme valables, elle annule les soumissions et en informe l'autorité maritime. (*Circ., 18 juin 1828*).

ANNULATION DES SOUMISSIONS CONCERNANT LES NAVIRES EXPORTÉS, NAUFRAGÉS, DÉPECÉS, ETC.

879. Lorsqu'un bâtiment de mer francisé a, soit par suite d'exportation ou de vente, soit pour cause de naufrage, de capture ou de confiscation, cessé de faire partie de l'effectif de la marine marchande, et qu'il en a été dûment et régulièrement justifié, et que, d'ailleurs, les

titres de nationalité ont été remis à la douane du port auquel appartient le navire, la radiation des soumissions se rapportant à ce navire peut être autorisée par le directeur, soit d'office, soit sur la demande des soumissionnaires. On ne réfère à l'administration que dans le cas où des difficultés s'élèveraient, soit à cause de l'insuffisance des justifications produites, soit à raison de faits ou d'indices permettant de craindre qu'il ait été fait abus de la francisation.

Les directeurs se transmettent directement, de l'un à l'autre, les pièces qui concerneraient des navires attachés à d'autres ports que ceux de leurs directions respectives.

Il ne faut jamais négliger d'adresser immédiatement à l'administration les bulletins d'extinctions prescrits par la circul. n° 1030. (*Circ., n° 136, du 24 août 1853*).

Section IV.

—

CONGÉS A REMETTRE AUX CAPITAINES.

880. L'acte de francisation appartient au navire; il constate la nationalité. Le congé est un acte de police qui permet au capitaine de se mettre en mer pour se rendre dans tel port désigné, en invitant les autorités à lui accorder, au besoin, secours et assistance. (*Loi 27 vend. an II, art. 22; — arrêté minist., 30 juin 1829, et circ. 15 juil. 1829*).

881. Les congés sont délivrés au nom du chef de l'Etat; ils portent le timbre du ministère des finances. Ils sont signés par le receveur des douanes, et contre-signés tant par le commis principal à la navigation que par l'employé qui a vérifié la jauge. (*Arr. min. 30 juin 1829. — Circ. 15 juillet 1829*).

882. Le congé rappelle — le numéro et la date de la francisation, — le nom du propriétaire, — celui du bâtiment, — le lieu de construction, etc.; il donne toutes les indications portées en l'acte de francisation; il aide aussi à constater, à chaque voyage, l'identité du navire. (*L. 27 vend. an II, art. 9, et circ. 15 juillet 1829*).

883. La délivrance du congé a lieu après affirmation de la propriété, et sur l'engagement de ne disposer de cet acte que pour l'usage du bâtiment auquel il est accordé. Il est fourni, en garantie de cet engage-

ment, des soumissions semblables à celles exigées pour la francisation. (*Même loi, art.* 15 *et* 16).

RENOUVELLEMENT DES CONGÉS.

884. Toutes les fois que le congé doit être renouvelé, et que, par suite, il y a lieu à la perception du droit, la douane exige que la soumission soit souscrite et que le congé lui-même soit délivré. Il est formellement défendu d'opérer le renouvellement des congés par un simple visa apposé sur ces pièces. (*Circ.* 17 *février* 1832).

885. Les congés délivrés pour des bâtiments de 30 tonneaux et au-dessus ne sont valables que pour un voyage.

Le congé est renouvelé et le droit perçu toutes les fois que le navire ne retourne pas directement au point d'où il est parti. (*L.* 27 *vendém. an II, art.* 11, — *circ.* 9 *mai* 1828).

886. Un navire est réputé entreprendre un second voyage, et il y a lieu dès-lors au renouvellement du congé, si, au lieu de se rendre directement au point d'où il était parti, il fait de nouvelles courses intermédiaires avant de rejoindre le port de départ. (*Circ. du* 9 *fév.* 1828).

887. Si, ayant déclaré qu'il retourne au port de départ, le capitaine se rend ailleurs, on perçoit, au bord où il aborde, le droit qu'il aurait dû payer au port de départ. (*Adm.,* 13 *mai* 1834).

888. Le renouvellement n'est pas exigé si, à son départ, un navire a pris un chargement pour plusieurs ports que son congé désigne à l'avance, lorsque, d'ailleurs, il ne recharge pas dans ces lieux des marchandises pour un port autre que celui de départ. (*Circ.* 9 *février* 1828, *n°* 1101).

889. Il y a lieu au renouvellement du congé, quoique le port où retourne le bâtiment soit situé sur la même rivière que le port de départ. (*Déc. adm.* 14 *novembre* 1834).

890. Les congés renouvelés sont renvoyés tous les trois mois par le receveur dans les ports d'attache, pour faciliter le recensement annuel des navires. (*Circ.* 27 *janvier* 1835).

CONGÉS DONT LA DURÉE EST LIMITÉE.

891. Les bâtiments et barques au-dessous de 30 tonneaux ne sont

assujettis qu'au congé annuel de 5 fr. Le propriétaire qui ne se soumet pas à cette obligation encourt la confiscation de son navire avec amende de 100 francs. (*L. 27 vendém. an II, art. 4 et 5*).

892. On n'exige également que le renouvellement annuel du congé avec droit de 5 francs, pour les bateaux pontés au-dessous de 50 tonneaux faisant la petite pêche devant le port auquel ils appartiennent, et qui, habituellement, rapportent le produit de cette pêche à terre, soit à ce port, soit à un port voisin. (*Déc. min. 16 octobre 1827*).

Pour les bâtiments de 50 tonneaux et au-dessus, le congé est valable pour un mois. (*Circ. 5 pluviôse an VIII*).

893. Les bâtiments au-dessus de 50 tonneaux qui naviguent dans l'intérieur des rivières, sur les parties affluentes à la mer, soumises à la police des douanes, sont assujettis à un congé mensuel. (*Déc. minist. 27 nivôse an VIII*).

Ceux naviguant en rivières, sans emprunt de la mer, reçoivent, comme moyen de police pour la douane, un congé annuel dont elle ne fait payer que le timbre. (*Déc. adm. 18 germ. an VIII et 2 juin 1832*).

894. Les bâtiments français, expédiés pour l'Étranger, reçoivent, au moment de leur départ, un congé qui ne peut avoir plus d'une année de validité. Ce congé est renouvelé à leur rentrée dans un port de France. (*Déc. admin., 5 pluviôse an XI*).

895. A l'égard des navires employés dans le Levant, ces bâtiments paient le double droit du premier congé qu'ils reçoivent à leur retour s'ils ne reviennent qu'après l'expiration de l'année de leur congé; ils n'encourent aucune amende, même après deux années d'absence, s'il est justifié qu'ils ont fait la caravane, et qu'ils n'ont pas cessé d'être propriété française. (*Même déc. et adm., 17 fév. 1825*).

PASSE – PORTS.

896. Le passe-port sert au capitaine d'un navire Étranger pour se mettre librement en mer.

Il a pour objet d'attester que le bâtiment qu'il désigne sort d'un port de France où il a acquitté tous les droits auxquels il était imposé (*Circ. 29 avril 1793 — et 8 octob. 1794*).

897. La formule du passe-port est revêtue de la signature du mi

nistre des finances. Le receveur des douanes est chargé de délivrer cette formule, qu'il remet au capitaine au moment où il lui rend les papiers du bord. *(Loi, 28 avril 1816, — et circ., 29 avril 1793).*

898. Le passe-port est assimilé à un certificat, et, comme tel, il est passible du droit dont sont frappés les certificats (*n°s 908 et 921*). *(Loi, 27 vend. an II, art. 37, — et déc. admin., 5 pluviôse an V).*

Section V.

DROITS DIVERS DE NAVIGATION.

Les perceptions auxquelles donnent lieu la délivrance des actes de navigation et le mouvement des bâtiments se distinguent ainsi :

Droit de francisation, — de transfert, — de tonnage ; — droit d'expédition, — de congé, — de passe-port, — d'acquits, — de permis, — de certificat, — et de bassin.

§ 1er.

DROIT DE FRANCISATION.

899. Le droit de francisation est rangé au nombre des principaux droits de navigation.

Il est établi comme suit :

Pour bâtiments au-dessous de 100 tonneaux, 9 cent. par tonneau ;
id.　　　de 100 tonneaux à 200 exclus. 18 francs ;
id.　　　de 200　id.　　à 500 exclus. 24 francs ;
Pour chaque 100 tonneaux au-dessus de 500, 60 francs.
(Loi, 27 vend. an II, art. 26, et ordon., 29 juin 1853, art. 3).

Comme droit principal de navigation, le paiement du droit de francisation emporte le paiement de celui d'acquit *(n^0 908). (Circ., 23 oct. 1810).*

§ 2.

DROIT DE TRANSFERT ET D'ENDOSSEMENT.

900. Le droit de transfert, par suite de vente ou d'héritage de tout ou partie d'un navire, est fixé, savoir :

Pour les bâtiments au-dessous de 100 tonneaux, 6 cent. par tonneau ;

Pour ceux de 100 tonneaux et au-dessus , 6 francs. (*Loi* , 27 *vend. an II , art.* 17 *;* — *circ.*, 30 *avril* 1830, — *et ord.*, 29 *juin* 1833).

Le droit de transfert de 6 cent. par tonneau , sur la contenance du navire de moins de 100 tonneaux , est dû quelque soit la portion de ce navire qui fait l'objet de l'endossement. (*Lettre du* 21 *avril* 1834 *au directeur de Nantes*).

§ 3.

DROIT DE TONNAGE.

901. Le droit de tonnage est composé du droit établi par la loi du 27 vendémiaire an II , et du demi-droit imposé par la loi du 14 floréal an X. Il est essentiellement un droit *d'abord*. Il est dû par le seul fait de l'entrée du navire dans un port où il existe un bureau. (*Circ.,* 9 *juil.* 1832).

902. Comme droit d'abord , il affecte le corps du navire et non sa cargaison. Les bâtiments sur lest y sont soumis comme les navires chargés. (*Déc. adm.,* 23 *prairial an II*).

903. C'est à l'entrée du navire que le droit de tonnage est exigible. On doit l'acquitter dans les 20 jours de l'arrivée , et , si la station est de moins de 20 jours , avant le départ du bâtiment. (*L.* 4 *germinal an II, tit.* 13, *art.* 12).

904. La relâche d'un navire dans un golfe , une anse , ou une baie , où il n'y a pas de bureau , et qui ne fait pas partie d'un port gardé , cesse d'être affranchie du paiement du droit de tonnage si , dans ce lieu , le capitaine fait une opération de commerce. (*Circ.* 9 *juillet* 1832).

§ 4.

DROIT D'EXPÉDITION.

905. Le droit d'expédition est généralement perceptible quand le droit de tonnage est exigible.

Il est dû en totalité à l'entrée. Il se perçoit sur tous les navires au-dessus de 5 tonneaux. (*Déc. adm.* 23 *pluviôse an II* , — *et* 19 *brumaire an X*).

§ 5.

DROIT DE CONGÉ.

906. Le droit de congé des bâtiments français est perçu d'après les fixations suivantes :

Bâtiments français
{ de 50 tonneaux et au-dessus. . . . . 6 fr.
  au-dessous de 50 tonneaux { pontés. . . 5 fr.
                              { non-pontés . 1 fr.

(*L. 27 vendémiaire an II, art. 6 et 26*).

Il est fait recette de ce droit au registre de navigation, et il en est délivré quittance. (*Déc. adm. 23 octobre 1833*).

§ 6.

DROIT DE PASSE-PORT.

907. Le droit de passe-port est dû pour chaque navire étranger, au moment où le capitaine reçoit de la douane les papiers avec lesquels il se met en mer.

Ce droit est d'un franc. (*Déc. adm. 5 pluviôse an V*).

§ 7.

DROITS D'ACQUITS, DE PERMIS ET DE CERTIFICATS.

———

RÈGLES GÉNÉRALES DE PERCEPTION.

908. Les droits d'acquits, de permis et de certificats, sont accessoires des droits de navigation.

Ils se perçoivent séparément et sont ainsi fixés :
Pour les navires étrangers. . . . . 1 fr.
Pour les navires français . . . . 0 fr. 50 c.
(*L. 27 vendémiaire an II, art. 37, — déc. minist. 17 floréal an V, — et circ. 21 et 23 octobre 1810*).

909. Ces droits sont perceptibles relativement à l'acte de navigation, sans aucun rapport avec les droits du tarif d'entrée ou de sortie, ni avec les passavants, acquits-à-caution et certificats de décharge. (*Déc. min. 17 floréal an V*).

910. L'affranchissement des droits de tonnage, d'expédition et de congé, qui existe à l'égard des bateaux faisant la navigation intérieure des rivières, entraîne celui des droits de permis, acquits et certificats qui leur sont inhérents. (*Circ.* 10 *juin* 1829).

911. Il est compté au trésor public des droits d'acquits, de permis et de certificats, comme de ceux de navigation : ils sont dus pour chaque expédition particulière. (*Idem*).

DISPOSITIONS SPÉCIALES AU DROIT DE PERMIS.

912. Le droit de permis est dû pour toute déclaration donnant lieu à un chargement ou à un déchargement de marchandises ; quelle que soit d'ailleurs la durée de l'opération et le nombre des expéditions délivrées. (*L.* 27 *vendémiaire an II, art.* 47. — *Déc. adm.* 25 *floréal an V,* — *et adm.* 13 *thermidor an XI*).

913. La perception a lieu lors même que le bâtiment est exempt du paiement du droit de tonnage, l'affranchissement de ce dernier droit n'entraînant pas celui du droit de permis. (*Déc.* 12 *ventôse an VII*).

914. Un seul permis suffit quelle que soit la durée de l'embarquement ou du débarquement, lorsqu'il n'y a qu'un seul envoyeur ou destinataire. (*Circ.* 16 *ventôse an IV*).

915. Il y a dispense du droit de permis :

1º Pour les petits bâtiments, barques et bateaux qui, faisant la pêche sur nos côtes, en apportent le produit dans le port d'où ils sont partis, ou dans d'autres ports français. (*Déc.* 10 *mars* 1819);

2º Pour les bateaux et barques qui naviguent dans l'intérieur des rivières. L'exemption s'étend aux transports qui ont lieu dans l'intérieur d'une même rade. *(Circ.* 10 *juin* 1829*);*

3º Pour les débarquements faits d'un navire qui ne peut sortir du port. (*Tarif de navigation*).

La dispense du droit de permis n'emporte pas l'affranchissement du permis. Dans tous les cas d'exemption, le permis est délivré gratis. (*Circ.* 10 *juin* 1829).

916. Le droit de permis n'est pas dû s'il s'agit d'effets embarqués ou débarqués, ayant appartenu à des marins décédés à la mer ou dans un port autre que celui de leur domicile : toutefois, la propriété de

ces effets doit être préalablement attestée par le commissaire des classes. (*Déc. administ.* 24 *juillet* 1826).

917. A l'égard des bateaux venant des îles du littoral non soumises au régime des douanes, un seul droit de permis est dû pour toute la cargaison, lorsque ces bateaux ne chargent que des objets d'approvisionnement. (*Arrêté,* 25 *brumaire an V*).

918. Les barques que le commerce emploie pour alléger les bâtiments hors d'état, par leur forte contenance, de remonter les rivières ou d'entrer dans les ports, sont exemptes du droit de permis; mais il faut que les marchandises que l'on transborde aient déjà payé le droit de permis, ou qu'elles y soient ultérieurement assujetties. (*Déc.,* 18 *prairial an VII, et* 31 *décembre* 1819).

919. Les droits de permis sont additionnés, à la fin de chaque journée, sur les registres de déclarations et de passavants, et ils sont ensuite portés en recette sur le livre-journal. *(Circ.* 9 *mai et* 20 *octobre* 1834).

DISPOSITIONS RELATIVES AU DROIT D'ACQUIT.

920. Le droit d'acquit n'est perceptible qu'autant que les droits principaux de navigation, c'est-à-dire ceux de tonnage et d'expédition, sont dus. Les droits de francisation, de congés, de transfert, de permis et de certificat n'y donnent pas ouverture. (*Déc. administ.,* 25 *octobre* 1833).

DISPOSITIONS RELATIVES AU DROIT DE CERTIFICAT.

921. Les certificats par lesquels les capitaines justifient qu'ils se sont conformés aux lois de douanes, sont soumis au droit de 50 centimes, ou de 1 franc, selon que le navire est étranger ou qu'il est français. (*L.* 27 *vendémiaire an II, art.* 37, *et déc.* 5 *pluviôse, an V*).

§ 8.

DROITS DE BASSIN.

922. Il est perçu, dans les lieux où il existe des bassins à flot (au Hâvre et à La Rochelle), sur les navires admis à entrer et à séjourner

dans ces bassins, une taxe d'entretien réglée par mois comme suit :

Bâtiments étrangers. . . . . . » 75 c. par tonneau ;
Bâtiments français. . . . . . » 50 c.   id.
Bâtiments du petit cabotage . . . « 15 c.   id.

(*L. 2 mai 1803, art. 1er, et 22 février 1810*).

923. Le droit est perçu en entier pour les deux premiers mois de séjour dans les bassins à flot. Il est réduit à moitié pour les 3e et 4e mois, et au quart pour les mois suivants. (*L. 2 mai 1803, art. 2*).

924. Le moindre séjour est compté pour un demi-mois. Ce droit, néanmoins, est modéré à un dixième de la taxe pour les bâtiments français seulement, qui, après avoir été désarmés, séjournent dans les bassins. En cas de réarmement, ils sont de nouveau soumis au droit imposé. (*Idem*).

925. Cette perception est spéciale : son produit est affecté à l'entretien des bassins. (*Idem, art. 4*).

Il est tenu à la douane deux registres ; l'un est intitulé : *Permis d'entrée dans le bassin ;* l'autre a pour titre : *Recettes et quittances des droits.*

Section VI.

POLICE DES NAVIRES.

926. Afin de pouvoir suivre le mouvement des navires et d'assurer la régularité des perceptions, il est ouvert, dans chaque bureau maritime, un registre destiné à faire connaître — l'entrée et la sortie des bâtiments, — leur tonnage, — leur pavillon, — le lieu d'où ils viennent, — celui où ils vont. Ce registre est tenu constamment au courant. (*Loi, 17 vend. an II, art. 38*).

927. L'administration, pour contrôler de son côté le mouvement des ports, exige que les receveurs lui adressent, à la fin de chaque mois, un état présentant toutes les entrées et les sorties des navires. (*Circ., 31 déc. 1850*).

928. Des bulletins journaliers sont remis par le brigadier du port aux chefs locaux, afin que ceux-ci puissent exercer, sur les bâtiments

qui entrent dans le port ou qui en sortent, la surveillance que réclame l'intérêt des perceptions.

929. Dans les 24 heures de l'arrivée des bâtiments, le capitaine, ou son courtier, est tenu de déposer au bureau des douanes l'acte de francisation et le congé du navire. Ces pièces **y** restent jusqu'au départ du bâtiment. (*Loi, 27 vend. an II, art.* 28).

930. Les pièces successivement produites pour établir la propriété des navires et obtenir, soit la francisation, soit des transferts, doivent aussi être déposées au bureau : elles y sont conservées avec soin dans leur dossier respectif. Ce dossier indique les changements survenus au navire, les noms des propriétaires auxquels il a successivement appartenu, les principaux évènements survenus dans sa construction, etc., de manière à reproduire l'historique du bâtiment. *(Circ. du 19 février 1833, — et adm., 7 janv.* 1835).

931. Toutefois, les receveurs ne conservent que les papiers des bâtiments dépendant de leur port. Ils adressent à la direction ceux concernant les navires qui ont changé de port, afin que ces actes soient transcrits, avec leurs dossiers, aux receveurs des ports de nouvelle attache. (*Circ., 19 février* 1833).

932. Dans chaque bureau maritime, le receveur ou le commis-principal ouvre un registre présentant l'effectif des bâtiments du port. Ce registre est tenu au courant par l'inscription successive de toutes les nouvelles francisations, des transferts, des changements de noms, et des extinctions. (*Circ., 30 janv.* 1827).

933. Les registres matricules sont tenus de manière à n'offrir que les francisations concernant des navires existant ou dont la perte récente va être justifiée ; chaque année un recensement est opéré. Cette opération étant terminée, le receveur doit prévenir les soumissionnaires en retard, afin qu'ils se mettent en règle relativement aux justifications qu'ils ont à produire pour éviter des poursuites. (*Circ., 30 janv.* 1827).

Section VII.

—

JAUGEAGE DES NAVIRES.

—

DISPOSITIONS GÉNÉRALES.

934. Il y a nécessité pour les employés de jauger les navires — lorsqu'ils doivent être francisés, — ou qu'ils ont à acquitter le droit de tonnage, — ou que la douane a intérêt à s'assurer qu'ils ont réellement le tonnage requis, soit pour importer certaines marchandises, soit pour opérer des réexportations. *(Loi,* 27 *vend. an II, art.* 14; *— circ.,* 19 *août* 1828).

935. Dans toutes les circonstances où la jauge a besoin d'être vérifiée, l'employé à qui ce soin est confié se transporte à bord du bâtiment, il en examine et relève avec soin les dimensions pour établir le tonnage : l'opération est faite sous sa responsabilité *(idem)*, sauf le recours de l'administration contre lui, aux termes de l'art. 19, tit. 13, de la loi du 22 août 1791. (*Circ., n°* 730).

936. Les navires étrangers sont jaugés à chaque voyage qu'ils font en France. Cependant ceux arrivant en droiture d'un port français où ils ont déjà payé les droits, et à l'égard desquels il n'existe aucun soupçon de non-identité, acquittent l'impôt d'après le tonnage reconnu d'abord. (*Circ.,* 19 *août* 1828).

937. La jauge doit être constatée par deux employés : il est du devoir du sous-inspecteur sédentaire, s'il s'agit d'un navire étranger, d'accompagner le vérificateur à bord, et de concourir à l'opération. (*Délibération,* 21 *septembre* 1800; — *circ.,* 22 *prairial an VI*).

938. Les certificats de jauge doivent mentionner si le navire a ou n'a pas de faux tillac, serrage ou vaigrage, afin que pareille indication puisse être relatée dans les actes de francisation.

L'opération du jaugeage ne donne lieu à aucune rétribution ni indemnité. (*Circ.* 19 *août* 1828).

939. Lorsque la jauge fait découvrir une différence attribuée à une erreur, la douane, si le navire se trouve au port d'où il dépend, opère

immédiatement la rectification tant sur l'acte de francisation, que sur le registre matricule; sinon, le tonnage reconnu est mentionné au registre de jauge, un certificat est ensuite rédigé et transmis au port d'attache, afin que l'on opère dans ce port le changement de contenance du bâtiment. (*Circ.* **22** *juin* 1833).

Si la différence reconnue est la suite d'un changement subi par le navire sans la participation de la douane, le bâtiment est saisi comme étranger. (*Idem*).

940. Les capitaines ne sont passibles d'aucune peine en cas d'inexactitude reconnue dans le jaugeage par eux déclaré. (*Circ. n° 790*).

941. Lorsque le changement qu'un bâtiment a éprouvé dans sa construction a été déclaré, la douane, si le navire est au port d'attache, rédige un nouveau projet de brevet qui est transmis à l'administration. Si le navire n'est pas au port d'attache, le receveur annote le brevet de francisation ainsi que le congé, et il délivre un certificat de jauge motivé qu'il envoie au directeur, afin que l'acte de francisation soit renouvelé dans le port auquel appartient le bâtiment. (*Circ.* **22** *juin* 1833).

942. Le certificat destiné à constater l'opération de jauge est extrait du registre n° 2. Il est exempt du droit de timbre. (*Circ.* **28** *oct.* 1829).

MODE DE JAUGEAGE.

BATIMENTS A VOILE.

943. Le tonnage des bâtiments est calculé de la manière suivante :
Ajouter la longueur du pont, prise de tête en tête, à celle de l'étrave à l'étambot; déduire la moitié du produit; multiplier le reste par la plus grande largeur du navire ou maître-ban; multiplier encore le produit par la hauteur de la cale et de l'entrepont, et diviser par 3,80.

Si le bâtiment n'a qu'un pont, prendre la plus grande longueur du bâtiment, multiplier par sa plus grande largeur ou maître-ban, et le produit par la plus grande hauteur, puis diviser par 3,80 (1). (*Loi du* 12 *nivôse an* II, *et ordon.* 18 *nov.* 1837, *art.* 1er).

---

(1) Voir, pour l'explication des termes employés dans cette disposition, les circ. 1678 et 1363.

Les dimensions doivent être exprimées en mètres et fractions décimales du mètre. (*Ordon.* 18 *nov.* 1837, *art.* 1ᵉʳ, § 2).

La largeur comme la longueur, se prend de dedans en dedans ; la hauteur ne doit point comprendre la sentine (*partie de la cale ou les eaux se réunissent*), elle se prend des planches sous planches, sans avoir égard à la carlingue ni au barrot. (*Circ.* 8 *thermidor an X*, — *et déc. adm.* 6 *novembre* 1841).

944. En prenant les dimensions du navire, on néglige les millim. les autres fractions du mètre sont exprimées en centimètres, ainsi au lieu de deux décimètres on écrit 20 centimètres.

On néglige également les millimètres dans le quotient de la division, et la fraction du tonneau doit toujours être exprimée en centimètres.

Voici un exemple qui ne laisse aucune incertitude à ce sujet :

JAUGEAGE D'UN NAVIRE A DEUX PONTS.

Longueur du pont prise de tête en tête. . .	30ᵐ 20 c.
Longueur de l'étrave à l'étambot.	25 98
	56 18
La moitié est de	28 09
Maître-ban, ou plus grande largeur . . .	8 12

Multiplier la 1ʳᵉ dimension par la seconde . .
5618
2809
22472

228,0908

Hauteur de la cale et de l'entrepont prise planches sous planches . . . .
5,20
Multiplier.

45618160
11404540

Total 1186,072160

qui, divisés par 3,80, donnent 512 tonneaux 12 centièmes.

(*Circ.* nº 1665, *du* 5 *décembre* 1837).

BATIMENT A VAPEUR.

945. Les bateaux à vapeur sont jaugés d'après le mode déterminé par l'ordonnance du 18 novembre 1837 (n°s 943 *et* 944), sauf les modifications suivantes :

1° La plus grande largeur est mesurée au-dessus du pont, dans la chambre des machines, sur le vaigrage, auprès de l'arbre des roues ;

2° Le produit des trois dimensions sera divisé par 3,80, et les $^{60}/_{100}$ du quotient exprimeront le tonnage légal du bâtiment. (*Ordon.* 18 *août* 1839, *art.* 1er).

946. Les dispositions de l'article 2 de l'ordonnance du 18 novembre 1837 (n° 947), sont communes aux bâtiments à vapeur. (*Id., art.* 3).

MARQUES DE JAUGE.

947. Le nombre de tonneaux obtenus par la jauge est gravé, au ciseau, sur les faces, avant et arrière du maître-ban.

Cette opération se fait, soit lors de la mise à l'eau du bâtiment, soit lorsqu'après avoir subi des réparations importantes, où pour toute autre cause, le jaugeage doit être effectué de nouveau.

Afin de faciliter les opérations de la douane, des marques fixes sont appliquées ou gravées, par les soins de l'administration, sur les points du bâtiment où ont été prises les dimensions principales sur lesquelles le tonnage a été calculé. (*Ordon.* 18 *nov.* 1837, *art.* 2).

948. C'est le vérificateur-jaugeur qui doit appliquer ces marques, ou les faire appliquer en sa présence.

Les clous de jaugeage sont fournis par l'administration, et leur apposition est gratuite. (*Circ. n°* 1665).

949. Les points d'où les mesures ont été prises devant être marqués d'une manière fixe, il est très important de les déterminer avec la plus grande précision, et de procéder à la première opération de jaugeage avec une attention toute particulière ; car, à moins de changement dans la forme ou la construction du navire, les vérifications ultérieures n'ont généralement pour objet que d'en reconnaître l'identité. (*Circ. n°* 1665).

INSTRUMENTS NÉCESSAIRES POUR LE JAUGEAGE.

950. Les instruments nécessaires pour le jaugeage des navires se composent :

1° D'un ruban-mesure ;

2° D'un double mètre et d'un double décimètre en bois ;

3° De clous de jaugeage à tête poinçonnée de la lettre D ;

4° De tarières destinées à préparer la cavité dans laquelle le clou de jaugeage doit être fixé ;

5° D'un poinçon à tête,

6° Et d'une masse en fer, qui doivent servir à enfoncer les clous. (*Circ.* 1673, *du* 17 *février* 1838).

951. Pour l'emploi du ruban-mesure et des divers autres instruments mentionnés ci-dessus, consulter la circulaire du 17 février 1838, n°. 1673 et l'instruction qui y est annexée.

JAUGEAGE DES NAVIRES ÉTRANGERS.

952. Le mode déterminé pour le jaugeage des bâtiments français de toute espèce (*n°* 943 *et suivants*), s'applique également pour percevoir les droits de navigation, aux navires des pays étrangers où le mode d'établir la jauge ne fait pas ressortir, pour les navires français, un plus fort tonnage que le mode prescrit. (*Ordon.* 18 *août* 1839, *art.* 2).

CHAPITRE III.

DÉBARQUEMENT ET EMBARQUEMENT.

953. Le débarquement est précédé :

1° Du dépôt que le capitaine fait à la douane du manifeste et des papiers de navigation ;

2° De la visite sommaire du navire, laquelle s'opère, dès l'abord, par les préposés du service actif ;

3° De la déclaration ;

4° Du permis.

La vérification s'effectue ensuite, mais rarement sur le navire. On procède au déchargement sous la surveillance des préposés cotés à bord, et qui enregistrent sur leur carnet les colis qui sortent du bâtiment et qui sont envoyés, quand la vérification ne peut s'en faire sur le quai,

soit au bureau de visite, soit à l'entrepôt. Là, il est procédé à la visite.

L'embarquement doit toujours être précédé :

1° De la déclaration ;

2° De la délivrance du permis ;

3° De la vérification des marchandises, après laquelle le vérificateur inscrit sur le permis le *bon à conduire à bord.*

Pour le cabotage et les mutations d'entrepôts, on ne procède à l'embarquement qu'après la réunion, sur le quai, de tous les colis mentionnés au permis. (*Marie du Mesnil*).

TRANSPORT IMMÉDIAT.

954. Les marchandises doivent, après le permis, être transportées à bord des bâtiments, ou introduites dans l'intérieur, immédiatement et sans délai, sans emmagasinage ni transport rétrograde, hors le cas d'avarie ou de naufrage, à peine de confiscation et de 100 francs d'amende. (*Loi, 22 août 1791, tit. 2, art. 26, et 4 germin. an II, titre 3, art. 2*).

LIEUX ET HEURES DES OPÉRATIONS.

955. Les chargements et déchargements des navires ne peuvent avoir lieu que dans l'enceinte des ports où les bureaux sont établis, sauf le cas de force majeure dûment justifiée. Ils ne peuvent se faire qu'en plein jour, entre le lever et le coucher du soleil, quand même les marchandises seraient accompagnées de permis, à peine de confiscation desdites marchandises. (*Loi, 22 août 1791, tit. 13, art 9, et 4 germin. an II, tit. 6, art. 1er).*

Voir le numéro 961.

TOUR DE RÔLE.

956. Hors le cas d'urgente nécessité, relatif à la sûreté du bâtiment, les navires sont mis en déchargement à tour de rôle, suivant la date de leur déclaration, et en aussi grand nombre que le local et le nombre des préposés attachés au bureau peuvent le permettre. (*Loi, 22 août 1791, tit. 2, art. 13*).

OBLIGATIONS DES EMPLOYÉS.

957. Les commis nommés pour assister au débarquement et embar-

quement sont tenus de se transporter au lieu de chargement ou de déchargement, à la première réquisition, sous peine de répondre des évènements résultant de leur refus. (*Idem*, § 2).

Dès que le vérificateur est désigné, il doit se rendre au lieu marqué pour l'opération. Les employés ne doivent jamais oublier que le commerce vit de célérité, et que le moindre retard lui est préjudiciable. (*Marie du Mesnil*).

Le capitaine de brigades remet au sous-inspecteur sédentaire la liste des préposés qui réunissent les qualités nécessaires pour être cotés aux chargements et déchargements. C'est sur cette liste que le sous-inspecteur prend l'employé qu'il juge à propos d'affecter à chaque bâtiment mis en charge ou en décharge. Le préposé coté ne peut être distrait de son travail jusqu'à son complément. Il est, pendant ce travail, soumis à la surveillance du capitaine. *(Arrêté, 4e jour compl. an VIII, art. 7).*

PERMIS. — PRÉSENCE DES EMPLOYÉS.

958. Il ne peut être chargé sur les navires ou autres bâtiments, ni en être déchargé, aucunes marchandises, sans le congé ou la permission par écrit des préposés de l'administration, et qu'en leur présence, à peine de confiscation des marchandises et d'amende de 100 francs.

(*Loi, 22 août* 1791, *tit.* 2, *art.* 13).

La douane délivre autant de permis qu'elle a reçu de déclarations en détail. (*Déc.* 16 *ventôse an IV*).

DÉFENSES AUX CAPITAINES.

959. Sous les mêmes peines, il est défendu aux capitaines et maîtres de bâtiments de se mettre en mer et sur les rivières y affluentes, sans être porteurs de l'acquit de paiement des droits, ou autres expéditions, suivant les circonstances. (*Loi, 22 août* 1791, *tit.* 2, *art.* 13).

Si les marchandises étaient prohibées, il y aurait amende de 500 fr. et confiscation des moyens de transport. *(Même loi, tit.* 5, *art.* 1er).

ALLÈGES.

960. On ne peut se servir d'allèges pour transporter aucun objet du port dans les navires, ou des navires dans le port, sans un permis de la douane énonçant les quantités et qualités dont chaque allège est chargé, à peine de confiscation des marchandises et de 100 francs d'amende.

Sous les mêmes peines, les versements de bord à bord, et les déchargements à terre ne peuvent avoir lieu qu'en présence des commis.

S'il s'agit de marchandises transportées par allèges d'un lieu où il y a un bureau dans un autre lieu où il y a également un bureau, elles doivent être déclarées et expédiées par acquit-à-caution. (*Loi*, **22** *août* **1791**, *tit.* **13**, *art.* **11**).

VÉRIFICATION DES CARGAISONS.

961. Les préposés, pour la vérification des bâtiments et cargaisons, pourront, au coucher du soleil, fermer les écoutilles, pour n'être ouvertes qu'en leur présence. Les rapports faits par eux seront comparés avec les manifestes et déclarations des capitaines, propriétaires, ou consignataires; la différence ou non différence sera mentionnée sur le registre. (*Loi*, **4** *germ. an II*, *tit.* **2**, *art.* **5**).

CHAPITRE IV.

TRANSBORDEMENTS (1).

AUTORISATION DES TRANSBORDEMENTS.

962. Les transbordements des marchandises étrangères, ou provenant des colonies françaises, destinées à être réexportées immédiatement sous tous pavillons, ou à être expédiées pour un autre port français sur navire français, peuvent être autorisés dans tous les ports d'entrepôt.

Cette faculté s'applique, s'il s'agit de réexportations immédiates, aux marchandises admissibles dans les entrepôts réels ou fictifs du port où le transbordement s'effectue; — et, s'il s'agit d'expéditions sur un second port de France, aux marchandises admissibles à la fois au port de prime-abord et à celui de destination. (*Circ. du 20 avril* 1841, *n°* 1846, § 2, *et déc. adm.*, 17 *décemb.* 1841).

---

(1) Par transbordement, on entend l'action de verser les marchandises d'un bord à l'autre, c'est-à-dire d'un navire sur un autre.

DÉCLARATION.

963. Les transbordements sont autorisés sur la demande du consignataire ou du capitaine, lequel est tenu de remettre à cet effet une déclaration en détail.

Cependant, s'il justifie, soit par sa correspondance, soit par ses papiers de bord, de l'impossibilité de satisfaire complètement à cette obligation autrement que par la reconnaissance préalable des marchandises, l'inspecteur, ou le sous-inspecteur sédentaire, peut, s'il juge qu'il n'en peut résulter aucun abus, admettre exceptionnellement comme suffisante une déclaration indiquant seulement, mais avec exactitude, le nombre, l'espèce et les numéros des colis, ainsi que la nature de leur contenu. (*Circ.*, n° 1846).

ENREGISTREMENT DE LA DÉCLARATION. — PÉNALITÉS.

964. Cette déclaration est transcrite sur un registre particulier, série M, n° 10 bis; ce registre est formulé de manière à garantir, suivant le cas, les amendes prononcées par l'art. 61 de la loi du 21 avril 1818 (n° 778), ou par l'art. 21 de la loi du 17 mai 1826 (n° 2628). (*Circ.*, n° 1846).

PERMIS.

965. Le permis, qui se détache du registre (*M*, n° 10 bis), doit contenir l'autorisation de faire transborder les colis désignés.

Bien que le transbordement suppose la double opération du débarquement et de l'embarquement, on ne perçoit néanmoins qu'un seul droit de permis, puisqu'il n'y a qu'un seul acte de délivré. Ce droit est porté en recette sur la souche de la soumission du registre n° 10 bis. (*Circ.*, n° 1846).

966. Quand il s'agit de marchandises destinées pour un autre port de France, le permis qui, dans ce cas, tient lieu d'acquit-à-caution, doit les accompagner jusqu'à ce port, où le consignataire est tenu de produire, dans les trois jours, sa déclaration en détail, conformément à la loi.

Il est dès-lors nécessaire que ce permis mentionne si les justifications de provenance et de transport direct ont été produites et admises au port de prime abord, et qu'il contienne, à cet égard, tous les renseignements

onsignés habituellement sur les acquits-à-caution de mutation d'entre-
ôt, qu'il remplace. *(Circ., n° 1846)*.

MODE DE TRANSBORDEMENT. — VISITE DES MARCHANDISES.

967. Le transbordement a lieu, autant que possible, soit directement, de bord à bord, soit au moyen d'allèges; il ne peut être fait que
ur des navires du tonnage requis en cas de réexportation.

Dans l'un et l'autre cas, les marchandises sont reconnues sur le pont
u navire à bord duquel elles sont embarquées pour la réexportation,
u pour un autre port français.

Cette reconnaissance s'effectue sur le quai partout où la disposition
u lieu exige la mise à terre des colis.

En tout état de choses, il convient que les vérifications ne soient pas
rolongées sans nécessité.

Les employés doivent donc, à moins de motifs particuliers, se bor-
er à reconnaître l'identité des colis, et à constater la nature des mar-
handises, en faisant ouvrir ou sonder un petit nombre, le dixième
ar exemple, des caisses, balles ou ballots; ils ne peuvent même
as exiger l'ouverture des boîtes en fer-blanc soudées qui renferment
es étoffes de prix. L'essentiel est de se prémunir contre toute soustrac-
ion ou substitution frauduleuse, et d'acquérir la certitude que l'on
éexpédie effectivement tous les colis déclarés et soumis à la visite.
Circ. n° 1846).

PLOMBAGE.

968. En cas de réexpédition des marchandises sur un autre port de
rance, elles doivent être plombées comme si elles étaient extraites
l'entrepôt, et faire l'objet d'un état particulier série E, n° 54, qui est
ransmis à l'administration pour la mettre à même d'apprécier l'impor-
ance des opérations de transbordement. *(Circ. n° 1846)*.

DROIT DE RÉEXPORTATION.

969. En cas de renvoi immédiat à l'Etranger, on ne perçoit pas le
lroit de réexportation, qui, aux termes de la loi du 7 décembre 1815,
a'est exigible qu'à l'égard des marchandises réellement extraites d'en-
repôt. *(Circ. n° 1846)*.

970. Les marchandises de transbordement ne figurent point sur le sommier d'entrepôt. On les reprend seulement, au port de prime abord dans les états du commerce général, sauf à en faire état au port de destination, au commerce spécial, si elles y sont mises en consommation, ou, au commerce général à la sortie, si elles y sont chargées en réexportation. (*Circ. n° 1846*).

SURVEILLANCE DES OPÉRATIONS.

971. Les opérations de transbordement sont surveillées, suivant l'importance des marchandises, — soit par un vérificateur, — soit par des préposés de la brigade, au nombre desquels doit, autant que possible, se trouver un chef, — soit par les employés des deux services agissant concurremment.

Les réexpéditions, soit qu'elles aient lieu par transbordement proprement dit, soit qu'elles nécessitent un transport par terre, sous escorte, doivent être suivies et constatées avec le plus grand soin. (*Circ. n° 1846*).

CHAPITRE V.

NAUFRAGES. — ECHOUEMENTS. — ÉPAVES.

§ 1er.

Police des sauvetages.

INTERVENTION DE LA DOUANE, DE LA MARINE ET DES CONSULS.

972. Le capitaine qui a fait naufrage, et qui s'est sauvé seul ou avec partie de son équipage, est tenu de se présenter devant le juge du lieu ou, à défaut de juge, devant toute autre autorité civile pour y faire son rapport. (*Code de commerce, art.* 246).

973. Les préposés des douanes sont tenus de se transporter sans délai sur le lieu du naufrage, et de prévenir en même temps les officiers de la marine, chargés d'y pourvoir. (*Loi 22 août* 1791, *tit.* 7, *art.* 1er).

A défaut des armateurs, propriétaires, subrécargues ou correspondants, l'officier en chef de l'administration de la marine, et, en son absence, celui qui le remplace, est chargé du sauvetage et de tout ce qui concerne les naufrages, quelle que soit la qualité du navire. (*Arr.* 17 *floréal an IX, art.* 1er).

Jusqu'à son arrivée sur le lieu du naufrage, les syndics des gens de mer donnent les premiers ordres, et requerrent, en cas de besoin, l'assistance des autorités locales, soit pour pourvoir au sauvetage, soit pour empêcher le pillage. (*Idem, art.* 2).

Les consuls étrangers, lorsqu'il y a réciprocité de convention avec les puissances auxquelles ils appartiennent, sont admis, s'ils agissent en personne, à représenter les propriétaires absents ou leurs correspondants. Ils ne peuvent se faire suppléer par des étrangers, ni même par aucun employé de leur chancellerie. (*Circ. n°* 935).

EXCLUSION DES ÉTRANGERS.

974. Les autorités constituées doivent enjoindre à tout individu de se retirer du lieu de l'échouement, et de ne s'immiscer en aucune manière dans les opérations du sauvetage, à moins qu'il n'y soit expressément autorisé. (*Arrêté du 27 thermidor an VII, art.* 4).

GARDE DES OBJETS SAUVÉS.

975. Les marchandises sauvées sont réputées étrangères jusqu'à ce que l'origine française en ait été prouvée : elles doivent être mises en dépôt et gardées par les préposés, de concert avec les agents commis à cet effet par les officiers de la marine (1). (*L. 22 août* 1791, *tit.* 7, *art.* 1er, *et circ. n°* 51 *et* 613).

---

(1) Les chefs de la marine suivent le dépôt et la vente des objets naufragés concurremment avec la douane. S'ils s'opposaient à ce que les préposés coopérassent aux différents actes relatifs aux naufrages et épaves, il en serait dressé procès-verbal pour être transmis à l'administration, qui en rendrait compte au ministre. (*Circ. du 28 pluviôse an II et 27 germinal an X*).

COMPTE RENDU A L'ADMINISTRATION.

976. Un compte exact doit être rendu à l'administration — sur les détails du service dont les naufrages sont l'occasion , — sur les résultats de ce service, et sur les suites du naufrage en ce qui a rapport aux cargaisons. (*Circ., 4 janvier* 1818).

VOL DES MARCHANDISES. — POURSUITES.

977. En cas de vol des marchandises naufragées , les auteurs du vol sont arrêtés et remis entre les mains du juge de paix ou du procureur impérial chargé de les poursuivre : les marchandises détournées sont réunies à celles du chargement. Si le pillage avait eu lieu avec violences , la commune pourrait être rendue responsable. (*L.* 22 *août* 1791 ; *tit.* 7, *art.* 7, — *et arrêté du* 27 *thermidor an* 7, *art.* 5, 6 *et* 7).

978. Le procès-verbal d'arrestation doit être remis, dans le jour, au juge de paix le plus prochain, sans que les frais, en aucun cas, puissent être à la charge de l'administration. (*L.* 22 *août* 1791 , *tit.* 7, *art.* 7).

Si le juge de paix ou le procureur impérial refusaient purement et simplement de statuer sur les procès-verbaux d'arrestation , les directeurs devraient immédiatement en écrire au procureur général et en informer l'administration.

Mais si leur décision était basée sur l'absence des preuves du délit , la douane prendrait aussitôt des conclusions pour faire appliquer aux contrevenants les lois relatives aux importations ou à la circulation , suivant le cas. Ces conclusions doivent toujours être réservées dans le rapport, afin que l'on ne puisse pas objecter aux employés que cet acte n'a pas été rédigé *de suite* , comme le veut la loi. (*Déc. admin.*, 30 *mai* 1856).

CADAVRES TROUVÉS A LA CÔTE.

979. Lorsqu'à la suite d'un naufrage il est trouvé des cadavres à la côte , le brigadier doit en donner avis au maire du lieu , afin que ce dernier puisse faire procéder à l'inhumation. (*Circ.* 23 *janv.* 1793).

§ 2.

Sort des marchandises sauvées du naufrage.

EMMAGASINEMENT ET BÉNÉFICIEMENT.

980. La loi distingue le dépôt provisoire de la mise en magasin définitive.

Le dépôt provisoire a lieu à la côte même, à la sortie des marchandises du bâtiment. Il est surveillé par les agents du service actif qui tiennent note exacte de tout ce qui se débarque, et préparent ainsi l'opération de l'emmagasinement. *(Circ. 27 juillet 1811).*

981. Après la mise à terre, les marchandises sont conduites dans un magasin fermé de la double clef de la marine et de la douane.

Les préposés assistent aux procès-verbaux de reconnaissance et de description des effets sauvés, et ils signent les actes qui sont rédigés par les officiers compétens. Il leur est ensuite délivré des expéditions de ces actes lesquels sont taxés avec les frais de sauvetage. *(L. 22 août 1791, tit. 7, art. 2).*

982. Si les marchandises emmagasinées ont besoin d'être bénéficiées, le bénéficiement est autorisé : il a lieu en présence des préposés des douanes qui sont tenus d'y assister à la première réquisition qui leur en est faite, à peine de demeurer responsables des évènements. *(Idem. art. 3).*

983. C'est ici que se termine l'intervention rétribuée du service actif : alors commence ce qu'on nomme les *suites du naufrage* ; c'est le receveur qui, pour cet objet est appelé ; c'est lui qui signe les actes, etc. *(Circ. 19 septembre 1820).*

RECONNAISSANCE DES MARCHANDISES. — ÉTABLISSEMENT DE LEUR ORIGINE.

984. Les marchandises provenant de naufrages, d'échouements, ou jetées à la côte par suite d'évènements de mer, sont présumées étrangères et traitées comme telles si leur origine française n'est pas légalement établie.

Cette origine n'est recherchée que lorsque, par la forme des emballages, il y a lieu de croire que le navire venait d'un port de France,

et, dans ce cas, une expertise est réclamée. Alors il est prélevé des échantillons qui sont soumis à la décision des experts du gouvernement. *(Circ. n° 923).*

985. Si l'origine française est reconnue, les marchandises sont admises en exemption de tous droits : elles sont remises à leur propriétaire ou réexpédiées. *(Circ. 19 mai 1815).*

S'il s'agit de marchandises étrangères non prohibées, elles acquittent les taxes du tarif, ou elles sont réexportées, conformément aux règles générales. *(L. 4 germinal an II, tit. 2, art. 11).*

Si elles sont avariées, elles obtiennent la réduction de droit accordée par les règlements. *(Circ. 18 août 1818).*

Enfin, si lesdites marchandises étrangères sont prohibées à l'entrée, elles sont vendues, ou remises à ceux qui les réclament, à charge de leur renvoi à l'étranger. En attendant leur réexportation, elles sont transportées, sous la conduite des préposés, et aux frais des propriétaires, au port le plus voisin, où elles sont placées sous la clef de la douane. *(L. 22 août 1791, tit. 7, art. 6 et circ. 30 juin 1825).* — Il est défendu aux juges d'en faire la remise pure et simple auxdits propriétaires, à peine d'être condamnés au paiement de la valeur et d'une amende de 500 francs. *(Idem).*

VENTE.

986. La vente des marchandises naufragées, sans exception de celles dont l'entrée est réservée à certains bureaux, ni de celles avariées, peut se faire au bureau le plus voisin du lieu du sauvetage, lors même que ce bureau ne serait pas au nombre de ceux que la loi désigne pour leur admission. *(Circ. n° 417).*

987. Lorsque les marchandises doivent être vendues, celui qui est chargé d'en poursuivre la vente doit faire signifier au receveur des douanes du plus prochain bureau du lieu du naufrage le jour de la vente, et lui fixer un délai suffisant pour qu'il puisse y assister, le tout, à peine d'être responsable des droits sur la totalité des marchandises.

Le receveur doit être présent à ladite vente ; il veille à ce que les adjudicataires observent les formalités prescrites pour les déclarations, visites et acquits des droits. *(L. 22 août 1791, tit 7, art. 4).*

La vente des marchandises et du bâtiment est ordonnée par le commissaire de marine, après avoir appelé le receveur des douanes. *(Arr. 6 germinal an VIII, art. 15).*

988. Sont communes aux marchandises naufragées les dispositions qui règlent le paiement des droits sur les marchandises avariées (n° 2468) *(L. 22 août 1791, tit. 7, art. 5).*

Dans le cas où les marchandises prohibées, sauvées du naufrage, seraient tellement avariées qu'elles ne pourraient pas être exportées sans le risque d'une perte totale, les adjudicataires ou propriétaires ont la faculté de les faire vendre publiquement, à la charge de payer, après la vente, entre les mains des préposés à la perception, un droit de 15 p. 0/0 sur le produit de ladite vente, pour, le montant de ce droit, être versé à la caisse des invalides de la marine. *(Id. art. 6).*

Ce droit n'est point sujet au décime. Il est versé par l'adjudicataire entre les mains du receveur de la douane : celui-ci en délivre quittance, en fait recette dans ses écritures, et en verse le montant intégral dans ladite caisse. *(Déc. adm. 7 février 1834, et 7 avril 1847).*

Si la possibilité de conserver ces objets et de les renvoyer à l'Étranger était contestée par le vendeur, il deviendrait indispensable alors de faire constater l'état d'avarie de la marchandise et la nécessité d'en effectuer immédiatement la vente à l'intérieur, afin d'en prévenir la perte. Par analogie avec ce qui se pratique, aux termes de la circulaire n° 1411, pour les marchandises avariées expédiées en transit, les intéressés auraient à réclamer l'expertise, qui serait faite par deux experts nommés l'un par la douane et l'autre par le propriétaire, ou, à son défaut, par la marine, et départagés, au besoin, par un troisième expert nommé par le tribunal de commerce. Les frais de cette expertise devraient incontestablement être payés par le propriétaire ou la marine. *(Déc. adm. 7 avril 1847).*

989. Avant de procéder à la vente des denrées avariées destinées à être livrées à la consommation, on doit obtenir la preuve qu'elles sont sans danger pour la santé publique. *(L. 21 avril 1818).*

990. Les bâtiments de mer étrangers que la marine fait vendre à la suite d'un naufrage sont assimilés, pour la francisation, à ceux vendus par suite de confiscation, mais seulement lorsque le sauvetage a eu lieu en pleine mer. *(Déc. adm. 4 septembre 1824 et 6 juin 1834).*

26

991. Si le bâtiment est français, et si, étant jugé hors de service, il est démoli, toutes les pièces propres à constater cet évènement sont réunies par les intéressés, afin de provoquer l'annulation de la soumission de francisation.

PRODUIT DE LA VENTE.

992. Le produit de la vente des objets naufragés est déposé à la caisse des invalides de la marine, sauf réclamation par qui de droit. (*Arr.* 17 *floréal an IX, art.* 3).

RÉEXPORTATION.

993. La réexportation des marchandises prohibées ne peut être différée au delà de trois mois, à compter du jour de la remise qui a été faite soit au propriétaire, soit à l'acquéreur, à peine de confiscation desdites marchandises. (*L.* 22 *août* 1791, *tit.* 7, *art.* 6).

Il en est de même des marchandises non-prohibées, si elles ne sont pas mises en consommation, ou placées en entrepôt réel. (*Admin.* 10 *mai* 1839).

994. Les marchandises prohibées, ou non, qui sont renvoyées à l'Étranger, sont affranchies du droit de réexportation.

Mais si ces marchandises, dirigées sur un port d'entrepôt, étaient admises dans cet établissement sous le bénéfice des lois qui le régissent, elles devraient être assimilées aux autres marchandises d'entrepôt dont elles conserveraient tous les avantages, et acquitter le droit de réexportation lorsqu'elles seraient renvoyées à l'Étranger par mer. (*Admin.* 10 *mai* 1839).

§ 3.

ÉPAVES ET CHOSES DU CRÛ DE LA MER.

995. Les marchandises d'épaves sont soumises aux droits d'entrée, à moins qu'elles ne soient reconnues provenir d'origine française. (*Circ.* n° 923).

Si ces marchandises sont diversement imposées à raison de la provenance et du mode de transport, c'est toujours le maximum de la taxe qui leur est applicable. (*Adm.* 14 *février* 1839).

996. Les marchandises que la tempête jette sur les côtes, ou que

les flots déposent sur le rivage, ou qui sont trouvées en mer, doivent être soumises à l'examen des commissaires-experts du gouvernement ; toutes les fois que la nature de ces marchandises et la forme des emballages permettent d'en présumer l'origine française, sans que l'on n'ait à s'enquérir du lieu où elles ont été chargées par le navire inconnu qui a péri. (*Circ.* n° 923).

997. Les choses du crû de la mer, comme ambre, corail, poissons à lard, et autres semblables, qui n'ont appartenu à personne, demeurent entièrement à ceux qui les ont tirées du fond de la mer ou pêchées sur les flots. S'ils les ont trouvées sur les grèves, ils n'en ont que le tiers. (*Ordon. de la marine de* 1681, *tit.* 9, *art.* 29).

998. Les poissons échoués sur les côtes sont traités comme provenant de pêches françaises.

Les préposés, quand une baleine ou autre cétacé vient à échouer sur leur penthière, doivent en empêcher le dépècement, jusqu'à ce que les droits du gouvernement et le paiement de la taxe soient assurés.

Dans les cas d'échouemens sur la côte de squelettes ou ossements d'animaux marins d'une espèce inconnue ou extraordinaire, ils doivent en avertir sur-le-champ leurs chefs, afin que ceux-ci, d'accord avec les agents de la marine, puissent prendre les mesures convenables pour la conservation de ces objets. Ils doivent aussi prévenir de suite le préfet ou le sous-préfet, afin de mettre ainsi l'autorité supérieure à portée de prendre, s'il y a lieu, dans l'intérêt de la science, les mesures de conservation qu'elle jugera le plus convenables.

En attendant, les objets jetés à la côte restent sous la garde et la surveillance des brigades.

Les directeurs doivent rendre compte, sur-le-champ, à l'administration, des échouemens de ce genre qui ont lieu dans leurs arrondissements. (*Circ.,* n° 1142).

999. Les particuliers qui trouvent des objets sur la côte doivent les déclarer à la douane, indépendamment de la déclaration qu'ils ont à faire au bureau de la marine (*circ.,* 27 *germinal an X*), où l'on doit remettre sans retard les bouteilles contenant des papiers, que la mer dépose sur la côte. (*Décis. admin.,* 21 *août* 1855).

1000. Les dispositions des lois et règlements relatifs aux marchandises naufragées (n°ˢ 972 *et suivants*), sont applicables aux objets trouvés

en mer ou jetés par les flots sur les grèves. (*Décis. minist.*, 21 *sept.* 1829, — *et admin.*, 13 *novemb.* 1829).

1001. Ceux qui sauvent en pleine mer quelques objets, en ont le tiers. (*Ordon. de* 1681, *tit.* 9, *art.* 27).

Les deux autres tiers appartiennent à la caisse des invalides.

Tous les frais de sauvetage sont à la charge de cette caisse. (*Circ*, 29 *juillet* 1813).

§ 4.

INDEMNITÉS DE SAUVETAGE.

PRÉSENCE DES EMPLOYÉS AUX SAUVETAGES.

1002. Chacune des administrations de la marine et des douanes ne peut envoyer qu'un seul chef sur le lieu du naufrage. (*Arrêté*, 20 *floréal an XIII, art.* 3).

Les directeurs ne doivent envoyer au lieu de l'échouement que le nombre de préposés strictement nécessaire. Il ne faut pas non plus y envoyer une brigade entière, mais former, au contraire, des détachements de trois ou quatre ports voisins.

La revue de présence que demande le ministre de la marine pour constater le nombre de ceux qui ont droit aux vacations, ne peut être refusée. (*Circ.*, 7 *janvier* 1806).

La présence du receveur est indispensable, car c'est à lui qu'il appartient de décider quel sera le régime applicable aux diverses marchandises, de recevoir les déclarations, et de rédiger tous autres actes. (*Déc. admin.*, 24 *juillet* 1837).

DROITS AUX INDEMNITÉS.

1003. Les employés supérieurs n'ont droit aux indemnités que lorsqu'ils ont opéré hors de la banlieue de leur résidence. (*Arrêté*, 20 *floréal an XIII, art.* 4).

Une décision du ministre de la marine fixe à une lieue de poste de 2,000 toises le rayon dans lequel les employés des deux services qui en occupent le centre, sont tenus de donner leurs soins aux navires échoués, sans pouvoir prétendre à aucune indemnité. (*Circ.*, n° 602).

Le relèvement et la vente de quelques effets, débris, ou pièces de bois jetés à la côte, ne donnent lieu à aucune vacation. (*Arrêté*, 20 *floréal*, *an XIII*, *art.* 5).

Les préposés aux sauvetages devant se retirer (1) quand les propriétaires ou leurs fondés de pouvoirs se présentent pour y pourvoir, les vacations et frais de route qui leur sont dus jusqu'à cet instant leur sont payés par le propriétaire. (*Idem*, *art.* 6).

TAUX DES VACATIONS ET FRAIS DE ROUTE.

1004. Le nombre des vacations est déterminé, pour les agents des douanes et de la marine, par celui des journées employées jusqu'à l'entrée en magasin des objets sauvés, sauf les vacations qui peuvent être allouées, pour les opérations ultérieures de bénéficiement et de la vente, tant au receveur qu'à l'agent de la marine avec lequel il procède. (*Circ.*, n° 602).

1005. Les frais de route sont calculés d'après la distance du lieu de la résidence à celui de l'échouement ou de l'emmagasinement, suivant le cas de sauvetage ou de vente, sans qu'on ait égard aux courses intermédiaires. (*Circ.* n° 602).

1006. L'indemnité accordée aux agents des douanes qui concourent aux sauvetages, est ainsi fixée :

	Pour frais de route, par myriamètres.	Vacation par jour.
Aux inspecteurs, sous-inspecteurs et receveurs-principaux.	5 fr. »	6 fr. »»
Aux capitaines, receveurs-particuliers, vérificateurs, visiteurs et lieutenants.	2 »	4 »»
Aux brigadiers, sous-brigadiers et préposés	» »	1 50

(*Arrêté*, 30 *avril* 1848, *et circ.* n° 2301).

_____

(1) Ils cessent de travailler au sauvetage, mais ils doivent demeurer sur le lieu du naufrage, en nombre suffisant, pour la garde des marchandises et la conservation des droits du trésor. (*Bourgat*).

MODE DE PAIEMENT.

1007. Les sommes revenant aux agents du service des douanes sont mandatées, au nom des receveurs principaux, sur état nominatif des parties prenantes.

Lesdites parties émargent la feuille de répartition au fur et à mesure du paiement qui leur est fait par leurs chefs, et cette pièce est ensuite remise à l'autorité maritime qui la rattache au mandat, à titre de justification définitive.

Il est fait aux employés, de la manière la plus formelle, l'injonction de ne jamais toucher aucune somme autrement que par l'intermédiaire de leurs chefs. (*Circ. 25 mars 1844, n° 2011*).

LIVRE VI.

RÉGIMES SPÉCIAUX.

CHAPITRE PREMIER.

Chevaux.

§ 1er.

DISPOSITIONS GÉNÉRALES.

1008. Les chevaux *en laisse (no 1009 et 1014)* ne sont pas compris dans l'expression générique *bestiaux*, et, dès lors, ils sont considérés comme *marchandises. (Arr. cass. 17 juin 1806).*

Il en est de même des chevaux qui ne sont pas *actuellement* employés à l'agriculture, c'est-à-dire au moment où ils sont trouvés dans la zône extérieure qui leur est spéciale. (*No 149). (Trib. civ. de Pontarlier,* 29 *novembre* 1855).

Les chevaux, autres que ceux servant à l'exploitation des terres, ne sont pas compris sous la dénomination générale de *bestiaux*, et il appartient aux tribunaux de juger, en fait, si un cheval saisi est, ou non, dans l'exception, et si cette exception peut entraîner l'affranchissement des formalités de douanes. (*Arr. cass.* 18 *juin* 1859).

1009. Les chevaux en laisse, et ceux qui, n'étant pas en laisse, sont destinés à la vente, ne peuvent entrer en France que sous le paiement des droits. *(Circ. no 974 et règl. du 18 juin 1846).*

1010. Quand les chevaux saisis sont mis en vente, l'acte de vente doit énoncer qu'ils sont vendus sans garantie aucune, afin d'éviter toute réclamation pour vices rédhibitoires.

§ 2.

CIRCULATION.

1011. Tout cheval, mule, mulet, etc., existant dans la zône et

non soumissionné, est saisissable, d'après la loi générale. (*Arr. des 25 messidor an VI — et 1er frimaire an VII*).

La circulation des chevaux en laisse, ou avec attelage et harnais simulés, est passible de l'amende de 100 fr. et entraine la confiscation, conformément à la loi. *(Jug. du trib. civil de Pontarlier, des 29 et 30 novembre 1835)*.

Mais si la circulation a lieu en deçà de la zône extérieure, le transport des chevaux, mules et mulets est dispensé du passavant. *(Adm. 17 octobre 1834)*.

§ 3.

IMPORTATION.

1012. L'importation illégale des chevaux entraine leur confiscation avec amende de 200 fr. d'après l'art. 4 du titre 3 de la loi du 4 germinal an II. (*N° 2484*).

Pour que les tribunaux admettent le délit d'importation, il faut qu'elle soit flagrante et certaine. Les rapports ne peuvent être trop circonstanciés à cet égard.

Toutefois, on peut considérer comme importation les saisies opérées dans le rayon, lorsque le fait de cette importation peut être matériellement démontré. *(Jug. du trib. civil de Rocroy, 22 février 1837)*.

§ 4.

EXPORTATION.

1013. L'exportation des chevaux de toute espèce est affranchie de tous droits. *(Décr. 28 avril 1851)*.

L'immunité des droits de sortie ne dispense pas le commerce de l'accomplissement des obligations qui lui sont imposées par le titre 2 de la loi du 22 août 1791, en ce qui concerne les déclarations et la présentation à la visite. De leur côté, les employés doivent constater exactement ces exportations, et en faire écriture pour la rédaction des états de commerce. *(Circ. n° 2436)*.

§ 5.

PASSAGE TEMPORAIRE DE LA FRONTIÈRE.

1014. Les chevaux *montés* ou *attelés*, servant aux voyageurs ou voi-

turiers et dont ceux-ci déclarent que l'entrée n'est pas définitive, sont affranchis, au passage à la frontière, du paiement des droits d'entrée moyennant l'accomplissement des formalités et conditions imposées par le règlement du 18 juin 1846.

Voir *les numéros* 410 *et suivants.*

Les chevaux conduits *en laisse* à l'Étranger, soit pour la vente, soit pour toute autre destination, ne peuvent, lors même qu'ils sont accompagnés d'un passavant descriptif, être réadmis en exemption du droit d'entrée, qu'autant qu'ils sont reproduits, dans le délai de 30 jours, au bureau même par lequel l'exportation a eu lieu. (*Circ. n⁰ 2438*).

Cependant, lorsque lesdits chevaux ont été revêtus, à la sortie, du plombage prescrit pour le transit (*n⁰ 1015*), le commerce peut les réimporter, dans le délai de 30 jours, par tous les bureaux indistinctement. (*Déc. admin.* 10 *juin* 1852).

§ 6.

TRANSIT.

1015. Le transit des chevaux, mules, mulets, ânes et anesses, peut avoir lieu exceptionnellement, et à titre d'essai, sous les conditions suivantes :

1° Les importations et réexportations s'effectueront exclusivement par les bureaux ouverts au transit (*n⁰ 516 et suivants*), et seront soumis aux formalités générales qu'édicte la loi ;

2° Les acquits-à-caution énonceront le signalement des chevaux ;

5° La reconnaissance de l'identité de chaque cheval sera garantie par le plombage, lequel aura lieu au moyen d'une corde passée verticalement derrière les jambes de devant, nouée sur le garrot, et dont les extrémités seront ramenées devant le cou, où un second nœud sera arrêté par le plomb ;

4° Les expéditeurs seront expressément prévenus que les dispositions de l'art. 12 de la loi du 17 décembre 1814 (*n⁰ˢ 559 et 560*), concernant l'intégrité du plombage, seront, dans tous les cas, strictement appliquées. (*Admin.*, 30 *déc.* 1842, — *et circ. du* 30 *mai* 1853, *n⁰* 113).

§ 7.

PACAGES DANS LA ZÔNE EXTÉRIEURE.

1016. Ceux qui veulent faire paître des mules, mulets, chevaux et juments au-delà des bureaux des douanes placés du côté de l'étranger sont tenus de prendre, dans ces bureaux, des acquits-à-caution portant soumission d'y représenter lesdits animaux au retour des pacages. *(Arr. du 25 messidor an VI, art. 2, n° 1050).*

Pendant les pacages ou à leur retour, tout excédant reconnu sur le nombre des chevaux qu'indique l'acquit-à-caution doit être saisi et confisqué, avec amende de cent francs, par application de l'art. 15, tit. 3 de la loi du 22 août 1791, (n° 2553), comme *paissant* ou *circulant* sans expédition dans la zône extérieure.

Cette jurisprudence ressort de la combinaison de l'arrêté du 25 messidor an VI, ci-dessus, et de l'art. 15 de la loi de 1791 précité. *(Déc. adm., 11 septembre 1845, — et jugement du tribunal civil de Castellane, du 3 février 1847).*

1017. Quant aux déficits, les préposés doivent les mentionner sur les acquits-à-caution, afin que ces expéditions ne soient plus valables que pour le nombre de têtes dont l'existence a été constatée, et en informer en même temps le receveur de l'arrondissement, qui en prend note sur la souche du registre, et poursuit, s'il y a lieu, le paiement du double droit de sortie (1). *(Mêmes déc. et jugement).*

§ 8.

PACAGES INTERNATIONAUX.

1018. Les règles concernant les pacages internationaux sont tracées aux n°s 1077 et suivants.

---

(1) Les chevaux, à la sortie, sont exempts de tous droits. En cas de déficit, il n'y aurait donc aucune peine à requérir. Il en serait de même en cas de perte, même non-justifiée.

CHAPITRE II.

BESTIAUX (1).

§ 1er.

COMPTES-OUVERTS.

1019. Des décrets prescriront les moyens d'ordre et de police jugés nécessaires pour empêcher la fraude que pourraient favoriser les établissements ruraux situés dans les deux kilomètres et demi de la frontière la plus rapprochée de l'étranger. (*L. 27 juillet* 1822, *art.* 10).

1020. C'est d'après cette loi qu'ont été prises les dispositions suivantes qui, par conséquent, sont obligatoires.

ÉTABLISSEMENT DU COMPTE-OUVERT.

1021. Dans le principe, les détenteurs de bœufs, vaches, taureaux, veaux, bouvillons, taurillons et génisses, habitant les deux kilomètres et demi en deçà des bureaux et brigades formant la première ligne des douanes, ont été astreints (2) à faire, au bureau le plus voisin de leur domicile, la déclaration du nombre et de l'espèce des têtes de bétail qu'ils avaient à l'étable, et cette déclaration a formé la base d'un compte-ouvert.

Aujourd'hui ce compte-ouvert est tenu au courant en y inscrivant les prises en charge et les prises en décharge (3) au fur et à mesure qu'elles se présentent. (*Ordon.* 28 *juillet* 1822, *art.* 1er).

---

(1) Voir, pour *les pénalités*, les num. 2601 à 2611.

(2) Des dispenses du compte peuvent être accordées aux communes à l'égard desquelles il est reconnu que ce compte est trop gênant et peu utile, aux communes, par exemple, qui, ne présentent pas d'inquiétude de fraude, vu leur position, sont séparées de la première ligne par une rivière ou par une montagne escarpée, etc. Les demandes tendant à obtenir ces dispenses sont adressées à l'administration par le directeur, d'après l'avis des maires et des inspecteurs. (*Circ.*, n. 768).

(3) L'inscription en charge n'est de rigueur que pour les bestiaux qui doivent séjourner dans la zone spéciale jusqu'après le lendemain de la clôture des foires et marchés. De même, les décharges n'ont lieu que pour les bestiaux de la zone spéciale qui doivent séjourner dans l'intérieur. (*Circ.*, n. 768).

REGISTRES ET DOSSIERS.

1022. Pour la régularité des comptes, l'administration a fait imprimer deux registres sous les n°s 22 A et 22 bis de la série T.

Le registre 22 bis sert de base aux opérations. On doit le diviser en autant de parties qu'il y a de communes dans le ressort du bureau, et chaque partie doit présenter autant de subdivisions qu'il y a de détenteurs : d'un côté de ce registre on porte les prises en charge avec les indications voulues par chaque colonne, et de l'autre on inscrit les décharges. Une table alphabétique est dressée sur le dernier feuillet pour abréger les recherches.

L'autre registre (n° 22 A) est affecté aux prises en charges et aux prises en décharges, sans distinctions des communes ni des détenteurs : il sert à fixer les dates des déclarations et à contrôler le premier registre. (*Circ. n° 768*).

1023. D'un autre côté, un dossier est ouvert sous le nom de chaque détenteur. Il rappelle le numéro de son compte et le nom de la commune qu'il habite, et il est principalement destiné à recevoir, dans deux chemises distinctes, les déclarations de charge et de décharge auxquelles on doit recourir, — soit en cas de contestation, — soit lors de la vérification des inspecteurs. (*Circ., n° 768*).

DÉCLARATIONS.

1024. Les détenteurs peuvent faire leurs déclarations sur les cahiers série L, n° 1 ; ils doivent les revêtir de leur signature, et, s'ils ne savent écrire, faire intervenir un témoin qui appose la sienne en présence du receveur ou du maire qui signe aussi, pour attester que le détenteur a reçu lecture de la pièce par lui donnée.

Ces déclarations doivent être faites distinctement pour les charges et pour les décharges ; elles doivent indiquer exactement — l'âge, — la couleur, — le sexe — et tous les signes propres à assurer la reconnaissance des bestiaux. (*Circ., n° 768*).

1025. Les déclarations, libellées convenablement et signées, sont inscrites d'abord sur le registre 22 A, puis sur le registre 22 bis, après quoi le receveur les revêt des numéros sous lesquels elles ont été enregistrées, et les classe dans les dossiers.

FEUILLE DE SIGNALEMENTS (1).

1026. Dans certaines localités, on établit en double, sur une feuille volante, le compte de chaque détenteur. Cette feuille porte des numéros d'ordre et rappelle le signalement exact de chaque pièce de bétail. La douane garde l'une de ces feuilles et remet l'autre au propriétaire qui doit la conserver avec soin : toutes les mutations, tous les mouvements y sont simultanément annotés ; de cette manière, on prévient les erreurs en contrôlant les opérations, et on évite toute espèce de réclamation de la part du détenteur ainsi mis à même de toujours connaître la situation de son compte.

CHAPITRE I.

(1) SIGNALEMENT DES BESTIAUX.

DES POILS FORMANT LA ROBE.

Article 1.

ROBES SIMPLES.

Les robes simples sont formées de la réunion des poils d'une couleur uniforme ; il en est de plusieurs sortes, tels sont : le *noir*, le *blanc*, le *rouge*, le *gris simple*.

POILS NOIRS (3 nuances).

Le *noir commun* est foncé sans être brillant ;
Le *noir jais* est très-foncé, éclatant et chatoyant ;
Le *noir mal teint* réfléchit une couleur roussâtre.

POILS BLANCS (3 nuances).

Le *blanc pur*, plus clair et plus vif que le blanc de lait ;
Le *blanc de lait*, plus mat et moins vif que le précédent ;
Le *blanc sale*, qui réfléchit un blanc légèrement roussi.

POILS ROUGES (8 nuances).

Rouge-simple, nuance bien connue, rouge poil de vache ;
Rouge-fauve, qui réfléchit la nuance du poil de biche ou de chevreuil ; il est terne ;
Rouge-froment, qui réfléchit le jaune-clair du froment ;
Rouge-froment-clair, plus clair que le précédent, et approchant beaucoup du blanc ;
Rouge-ardent, d'un rouge vif, éclatant ;
Rouge-ardent-foncé, plus foncé que le précédent, et réfléchissant une nuance rouge-sombre.
Rouge-chatain, réfléchissant la couleur de la chataigne ;
Rouge-fumé, ou *rouge-brun*, nuance qui approche plus ou moins du noir-mal-teint. Dans certaine localités du Jura, on l'appelle *rouge-bouchardé* ou *brunet*.

POILS GRIS-SIMPLES OU GRIS-SOURIS (3 nuances).

Gris-souris, qui réfléchit la nuance de la souris ;

JUSTIFICATIONS D'ORIGINE. — REPRODUCTIONS.

1027. Toutes les prises en charge doivent être justifiées, — soit par des passavants ou acquits de paiement réguliers, — soit par des déclarations de mutations de compte, — soit par des certificats d'origine délivrés par les maires et revêtus de leurs cachets, — soit, enfin, par des déclarations de reproduction.

Les reproductions doivent être déclarées dans la quinzaine au plus tard.

Gris-souris-clair ;
Gris-souris-foncé.

Art. 2.

ROBES COMPOSÉES.

Poil noir et blanc, lorsque la robe se compose de tâches noires et blanches, inégales, bien distinctes, séparées entre elles et occupant toute la partie du corps de l'animal ; mais où le noir domine ;

Poil blanc et noir, lorque le blanc domine ;

Poil rouge et blanc, *poil blanc et rouge*, selon la couleur qui domine.

Dans un signalement, on ne doit jamais se borner à la dénomination vague de noir et blanc, ou de rouge et blanc ; il faut toujours ajouter quelques marques particulières, et presque toutes les robes en présentent.

On rencontre quelquefois des bêtes à cornes dont la robe rouge ou noire est parsemée de poils blancs ; on dit alors : *poil noir ou rouge rubican*. Quelquefois aussi, mais rarement, les poils blancs sont en égale quantité avec les poils noirs, et bien mêlés ; c'est alors un *gris-noir*.

Dans la nuance du *rouge-fumé* ou *brunet* ; quelquefois la robe est marquée de raies noires transversales ; on dit alors : *poil rouge fumé, rayé de charbon ou de noir*.

Lorsqu'une robe noire ou rouge est parsemée de petites tâches blanches, elle est *mouchetée* ; si les tâches sont plus gosses, de la largeur d'une pièce de 1 fr. ou de 5 fr., elle est *tachetée* ; si les tâches sont encore plus larges, la robe est alors *tâchée à telle et telle partie*.

Lorsqu'une robe blanche est parsemée de petites tâches noires, elle est *tigrée* ; si les tâches sont de la grosseur d'une pièce de 1 fr. ou de 5 fr., elle est *tachetée* ; et si les tâches sont plus larges, la robe est alors *tâchée à telle ou telle partie*.

CHAPITRE II.

DES MARQUES PARTICULIÈRES.

Lorsqu'une bête à cornes a la tête blanche, elle est *pommelée* ou *motelée* (Jura) ;

Lorsqu'elle est blanche le long du dos, à partir du cou jusqu'à la queue, elle est *ramelée* ou *jaillotée* ;

Elle est régulièrement *pommelée* ou *motelée*, lorsque la tête, à partir des oreilles, est toute blanche ; et *régulièrement ramelée*, lorsque la raie blanche, du cou à la queue, n'est point interrompue et s'étend sur une largeur à peu près égale.

Largement ramelée ou jaillotée se dit lorsque cette raie est au moins d'une largeur d'un pied.

On mentionne si l'animal est *dagorne* ou *écorné* ; s'il a les cornes *droites*, en *arrière*, *baissées* ou *recourbées*.

L'animal a les yeux et le mufle dans le *rouge*, dans le *noir*, dans le *fauve*, dans le *souris*, lorsque les yeux et le mufle sont entourés de l'une de ces couleurs.

Les yeux sont *bordés* de telle ou telle couleur lorsqu'ils en sont légèrement entourés.

La tâche se trouve quelquefois à l'un des coins des yeux ; on dit alors : *une tâche rouge au coin de chaque œil, au coin de l'œil gauche ou de l'œil droit*.

Collier tigré ou *moucheté* autour des mâchoires, est un cercle qui part de l'une ou de l'autre oreille et qui passe sous le cou.

Toutefois, on peut se dispenser de prendre en charge les sujets destinés à être vendus ou livrés au boucher dans la quinzaine de leur reproduction. Ce délai de quinze jours est de rigueur. (*Ordon.*, 28 *juil.* 1822, *art.* 3, — *et circ.*, *n°* 768).

RECENSEMENTS.

1028. Les comptes ouverts sont contrôlés tous les six mois, au

---

Mâchoires tigrées ou mouchetées.
Marque triangulaire, en forme de cœur, etc., au front.
Marque prolongée sur le chanfrein comprenant tel ou tel naseau.
Blanc sur le garrot, le blanc se dirigeant sous le ventre par telle ou telle épaule.
Blanc sur la croupe, le blanc descendant sous le ventre par la cuisse ou le flanc gauche ou droit.
Queue, moitié ou bout de queue blanc.
Extrémités ou pieds blancs, etc., etc.

Il serait impossible de classer ici toutes les marques particulières et variées à l'infini que peut présenter la robe d'une bête à cornes ; c'est à l'employé qui prend un signalement à apporter assez de soin et d'attention pour donner avec clarté et exactitude la forme, la grandeur et la position des différentes marques qu'il reconnaît.

CHAPITRE III.

DE L'AGE DES BÊTES A CORNES.

On connaît l'âge des bêtes à cornes à l'inspection de leurs dents, et, pour les vaches, à l'inspection des cornes, lorsque toutes leurs dents de lait sont remplacées, ce qui a lieu à cinq ans.

Les bêtes à cornes n'ont de dents incisives qu'à la mâchoire inférieure : ces incisives sont au nombre de huit qui peuvent se subdiviser en deux pinces, quatre mitoyennes et deux coins.

Les dents de lait sont les incisives qui poussent à la bête à cornes aussitôt qu'elle est née.

La génisse ou le bouvillon garde ses dents de lait jusqu'à deux ans environ.

À deux ans, les deux premières dents de lait tombent et sont remplacées par deux autres ;

À quatre ans environ, les deux autres mitoyennes tombent et sont aussi remplacées par deux autres ;

Enfin, à cinq ans environ, ces deux dernières dents, les coins les plus éloignés des pinces, tombent et font place à deux autres.

La différence qu'il y a entre les dents de lait et celles de bœuf ou de vache, est que les premières sont petites, blanches, peu fermes, et séparées les unes des autres, au lieu que celles de bœuf ou de vache sont larges, moins blanches, beaucoup plus fermes, et touchent les unes aux autres.

Au premier veau, ce qui a lieu ordinairement de deux à trois ans, les cornes de la vache croissent subitement, et cette pousse subite forme, autour et à peu près à la naissance de chaque corne, une espèce d'anneau : la vache alors a deux ans et demi ou trois ans, et, tous les ans, les cornes poussent en anneau. La vache aura autant d'années qu'elle aura d'anneaux à chaque corne plus deux ans et demi ou trois ans, époque à laquelle elle aura mis bas. Une vache n'est donc jamais hors d'âge, tandis qu'un bœuf, à cinq ans, à la chute de toutes les dents de lait, n'offre plus d'indices de son âge.

On prend la taille des bêtes à cornes comme celle des chevaux.

EXEMPLE DU SIGNALEMENT.

Une vache, poil noir et blanc, pommelée, régulièrement ramelée, l'œil gauche dans le noir du corps, l'œil droit dans une tache noire ; une tache noire et ronde à la mâchoire droite, deux mouches blanches sur l'oreille gauche, les deux pieds de derrière blancs ; bout de la queue noire, — huit ans, — 125 centimet.

moins (1), par des recensements des agents des douanes. *(Ordon. du 28 juillet* 1822 *, art.* 3 *,* § 2).

1029. Quand le receveur reçoit l'ordre de faire opérer les recensements (2), il commence par établir, sur le registre 22 bis, la situation de chaque détenteur, en soustrayant le total des décharges de celui des charges ; il en porte ensuite les résultats sur les feuilles de recensements individuelles qu'il remet au lieutenant de son arrondissement.

Celui-ci, accompagné d'un ou de deux préposés, et assisté d'un officier municipal, — se rend dans tous les établissements ruraux où il vérifie l'exactitude des comptes : il inscrit sur les feuilles les changements d'état qui sont survenus depuis le dernier recensement, il y mentionne les différences en plus ou en moins qu'il reconnaît, — et il signe, avec ses préposés et l'officier qui l'a accompagné, le résultat de toutes ses opérations.

A son tour, le receveur annote ses registres en conséquence; et arrête à nouveau la situation de chaque détenteur. *(Circ.,* 768).

PÉNALITÉS.

1030. Les différences en moins qui peuvent se trouver entre le compte-ouvert des déclarants et l'effectif reconnu lors des recensements ne donnent lieu à aucune poursuite (3). *(Ord. du* 28 *juil.* 1822, *art.* 4).

1031. Les différences en plus entraînent le paiement du double-droit d'entrée, à moins qu'elles ne proviennent de reproductions sur place survenues dans la quinzaine qui a précédé le recensement. *(Même ordon. art.* 4).

1032. Les excédants se constatent par un procès-verbal dès qu'ils sont reconnus; mais il n'est pas indispensable que ce procès-verbal soit rédigé à domicile, parce que, ici, il ne s'agit pas d'une saisie, mais seulement du paiement d'un double droit. *(V. le n°* 2420).

_____

(1) Il suffit de faire les recensements de 6 mois en 6 mois chez les détenteurs dont on n'a pas à soupçonner les intentions : à l'égard de ceux qui se livrent à la fraude; ces recensements doivent être répétés à des intervalles plus rapprochés; mais ils doivent être autorisés par le directeur ou par l'inspecteur.

(2) Ils ont ordinairement lieu au printemps et à l'automne, au départ pour les pacages et au retour.

(3) On ne rédige pas de rapport : on se borne simplement à constater les manquants sur les feuilles de recensements, à l'effet d'annuler proportionnellement le droit de mettre en circulation.

Le bétail n'est pas déplacé et sa description est inutile. (*Adm.* 5 *sept.* 1851). (*Voir le n° 43 des modèles*).

1033. Un procès-verbal n'est pas même nécessaire si le détenteur se soumet à payer volontairement le double droit : il suffit de rédiger, sur papier timbré, un simple acte conservatoire.

Voir *le n° 42 des modèles.*

§ 2.

CIRCULATION.

1034. Le détenteur qui veut mettre en circulation une pièce de bétail, ne peut obtenir de passavant qu'autant que cette pièce de bétail est portée à son compte-ouvert. (*Ordon.* 28 *juillet* 1822, *art.* 2).

1035. Le transport des bœufs ou vaches qui partiront du rayon des deux kilomètres et demi en deçà de la première ligne des douanes, ou des portions de territoire situées entre cette ligne et l'Étranger, et de ceux qui devront arriver de l'intérieur dans les mêmes rayons et portions de territoire, ne pourra s'effectuer que par passavants, lesquels seront dispensés de timbre et de tous droits.

« Les passavants seront levés au bureau des douanes le plus voisin de première ligne, si le bétail doit être conduit vers l'intérieur, et au bureau le plus voisin de seconde ligne, lorsque le bétail devra venir dans le rayon ou portions de territoire ci-dessus désignées.

« Ils contiendront l'indication exacte du délai accordé pour le transport, du chemin à suivre, et l'obligation du visa dans tous les bureaux ou postes de douanes de la route » (1). (*Idem*, *art.* 7).

1036. Si le particulier à qui appartiennent les bestiaux trouvés circulant sans expédition a un compte-ouvert, la peine encourue est le paiement du *double droit d'entrée*, d'après l'article 9 de l'ordonnance du 26 juillet 1822, ainsi conçu :

« Tout bœuf ou vache qui sera trouvé, dans les mêmes rayons ou « territoires (2 *kilom.* 1/2), non revêtu de la marque *(on ne l'ap-* « *plique plus*, *circ.* n° 855), sera réputé avoir été introduit en fraude

---

(1) Ils doivent indiquer, en outre, d'une manière précise, l'âge, le pelage, l'espèce des bestiaux, ainsi que toutes les marques qui peuvent en assurer l'identité. (*Voir la note du n.* 1024.)

« et paiera le double droit d'entrée conformément à l'art. 4.» (*N°* 1031).

Si ce particulier n'a pas de compte-ouvert, il y a lieu de requérir contre lui *la confiscation des bestiaux avec amende de* 100 *francs*, conformément aux art. 15 et 16 de la loi du 22 août 1791, titre 3. *(Numéros* 390 *et* 401).

Cette distinction ressort des termes d'un jugement du tribunal de Rocroy en date du 17 mai 1837, et des considérants de l'arrêt de cassation du 9 juin 1841.

1037. Ce même arrêt pose encore en principe que l'ordonnance du 28 juillet 1822 déroge, en ce qui concerne les bestiaux, aux art. 17, tit. 3 de la loi du 22 août 1791, — 4 de celle du 19 vendémiaire an VI, — 9 de l'arrêté du 22 thermidor an X, — et 57 de la loi du 28 avril 1816, et les replace sous l'empire des lois générales pour tous les cas qu'elle n'a pas prévus.

Il s'ensuit que :

Quand les bestiaux soumis au compte-ouvert franchissent la zône pour aller dans l'intérieur du rayon, ou passent, dans la zône même, de l'arrondissement du bureau où ils sont assujettis au compte dans celui d'un autre bureau où ils ne le sont pas, ils doivent être saisis avec amende de 100 francs.

Il en est de même quand ils arrivent de l'intérieur du rayon dans la zône sans être accompagnés d'une expédition de douane.

§ 3.

IMPORTATION.

1038. L'importation flagrante des bestiaux entraîne leur confiscation avec amende de 200 francs, conformément aux lois générales.

Il ne peut exister de présomption légale d'importation frauduleuse à l'égard du menu bétail (*n°* 1044) rencontré circulant dans le rayon sans expédition de douanes; les tribunaux peuvent apprécier si les faits énoncés au rapport constituent suffisamment cette importation. (*Arr. de cass. du* 9 *mai* 1843).

§ 4.

EXPORTATION.

1039. L'exportation du bétail est punie d'après les lois générales.

§ 5.

PACAGES (1).

1040. Les dispositions concernant les pacages des bestiaux sont rappelées sous les n⁰ˢ 1050 à 1077.

§ 6.

TRANSIT.

1041. Les bêtes à cornes sont admises au transit : l'acquit-à-caution doit énoncer le nombre des têtes de chaque espèce de bétail : chaque pièce sera plombée ou marquée à chaud lorsque le plombage ne sera pas praticable. (*Circ. du 30 mai 1853, n⁰ 113*).

§ 7.

VENTE DES BESTIAUX SAISIS.

1042. Quand on met en vente des bestiaux saisis, on doit énoncer dans l'acte de vente qu'ils sont vendus sans garantie aucune, afin d'éviter toute réclamation pour vices rédhibitoires.

CHAPITRE III.

MENU BÉTAIL.

1044. La dénomination de menu bétail comprend les bêtes à laine, les chèvres et les porcs (2).

1045. Une décision ministérielle en date du 28 juin 1828, transmise par la circulaire n⁰ 1114, a arrêté que les dispositions de l'art. 7 de l'ordonnance du 28 juillet 1822 *(n⁰ 1035)* étaient applicables au menu bétail.

D'où il suit que le transport du menu bétail qui s'effectue dans les

---

(1) Pour les *Pénalités*, voir les n. 2602 à 2611.

(2) Le menu bétail est admis au transit : l'acquit-à-caution doit énoncer le nombre de têtes de chaque espèce, et chaque tête doit être plombée ou marquée à chaud. (*Circ. du 30 mai 1853, n. 113*).

deux kilomètres et demi de l'extrême frontière, doit être assuré par un passavant qui est dispensé du timbre.

1046. Le menu bétail que l'on envoye aux pacages dans la zône extérieure est assujetti à l'acquit-à-caution.

Voir : *Pacages dans la zône extérieure, n° 1050.*

1047. En cas d'excédant lors de la rentrée des pacages, c'est dans la combinaison de l'arrêté du 25 messidor an VI (*n° 1057*) et de l'art. 15 du titre 3 de la loi du 22 août 1791 (*n° 2253*) qu'il faut chercher les moyens de répression légaux. Ainsi, tout excédant sur le nombre des animaux qu'indique l'acquit-à-caution doit être saisi et confisqué, avec amende de 100 fr., par application de l'art. 15 précité, comme *paissant ou circulant* sans expédition dans la zône extérieure.

1048. Quand aux déficits, les préposés doivent les mentionner sur les acquits-à-caution, afin que ces expéditions ne soient plus valables que pour le nombre de têtes dont l'existence a été constatée, et en informer en même temps le receveur de l'arrondissement, qui en prend note sur la souche du registre, et poursuit, s'il y a lieu, le paiement du double droit de sortie. (*Déc. adm. 11 septembre 1845, et jug. du trib. civil de Castellane du 3 février 1847*).

1049. La multiplicité des mouvements des bêtes à laine est telle que les receveurs ne peuvent toujours mettre l'ordre nécessaire dans les opérations qui les concernent : par suite, ils sont exposés — ou à faire des refus d'expéditions mal fondés, — ou à commettre des doubles emplois, et les vérifications des inspecteurs sont quelquefois impossibles.

Pour remédier à ces inconvénients, les receveurs doivent tenir, à l'appui de l'acquit-à-caution, et indépendamment de cette expédition, un compte-ouvert pour chaque détenteur de bêtes à laine qui sont à demeure ou qui vont au pacage dans la zône extérieure.

Ce compte est purement administratif; il n'entraine aucune obligation nouvelle pour les soumissionnaires, et il a cet avantage que; tout en rendant le travail plus facile et plus sur, il demande peu de temps, et présente toujours la situation des détenteurs de manière à prévenir toute erreur et toute incertitude. (*Règl. du 15 juillet 1825, art 42).* (1).

---

(1) Ce réglement donne un modèle du compte à établir.

CHAPITRE IV.

—

PACAGES (1).

—

§ 1er.

PACAGES DANS LA ZÔNE EXTÉRIEURE. — DÉCLARATIONS.

1050. Les propriétaires qui veulent conduire leurs bestiaux aux pacages dans la zône extérieure sont tenus de produire une déclaration d'enlèvement ou de mise en circulation, au bureau de première ligne le plus voisin de l'étable ou du pacage. (*Règl. du* 15 *juillet* 1825, *art.* 4).

Cette déclaration doit énoncer : — le nombre, — le signalement des bestiaux, — leur destination, — le nom et la circonscription des pâturages où ils sont envoyés, — la route à suivre pour les y conduire et les ramener, — l'espace de temps nécessaire pour parcourir cette route, — et la durée du pacage. (*Idem, art.* 2).

S'il s'agit de bêtes à laine, elle doit indiquer aussi la date de la tonte. (*Idem, art.* 5).

1051. Quand les troupeaux sont nombreux, la déclaration doit être établie et remise à la douane en double expédition, l'une pour rester annexée au registre, l'autre pour suivre le volant de l'expédition (*idem art.* 14), après avoir été visées par les agents des douanes.

SIGNALEMENS DES BESTIAUX.

1052. Pour empêcher que des bestiaux frauduleusement introduits ne puissent être substitués à d'autres qui auraient péri, ou qu'on aurait retirés d'un troupeau, les déclarations doivent constater avec précision, — l'espèce, — le sexe, — la couleur, et toute marque distinctive. (*Idem, art.* 5). (*Voir la note du n°* 1024).

1053. Pour que les signalemens des têtes de bétail soient transcrits avec netteté, on délivre, s'il le faut, plusieurs expéditions, ou

———

(1) Pour les *Pénalités*, voir les n. 2602 à 2611).

l'on exige du propriétaire une déclaration en double, pour, un de ces doubles être annexé au registre, et l'autre suivre le volant de l'acquit-à-caution *(idem, art.* 14), auquel il est fixé par le cachet du receveur.

CERTIFICAT DE BESOIN.

1054. Si les bestiaux d'un lieu situé en deçà de la première ligne sont destinés pour la zône extérieure, un certificat de besoin, donné par l'autorité administrative de cette zône, et revêtu de son cachet, doit être produit à l'appui de la déclaration. *(Idem, art.* 3).

RECONNAISSANCE DES BESTIAUX.

1055. D'après les dispositions de la loi générale, on est en droit d'exiger que les bestiaux soient toujours représentés aux bureaux des douanes pour l'obtention des passavants, acquits-à-caution, visa ou certificats de décharge.

Toutefois, les inspecteurs peuvent, à charge d'en rendre compte aux directeurs, dispenser de cette obligation, dans le cas où elle serait trop onéreuse, les propriétaires ou conducteurs qui se soumettraient aux conditions jugées nécessaires pour y suppléer. Ces conditions consisteraient notamment à déclarer d'avance le jour et l'heure de la mise en mouvement des bestiaux, à déterminer précisément le chemin qu'ils doivent suivre, ainsi que la durée de leur marche, et à donner tous les moyens de vérification aux employés, soit à l'étable, soit sur un point convenu. *(Idem, art.* 8).

En cas de dispense de représentation au bureau, le receveur, ou, à son défaut, un chef de la brigade, se rendra sans délai, assisté d'un préposé, et muni de la déclaration, soit à l'étable, soit au lieu convenu, pour la reconnaissance des bestiaux. (*Idem, art.* 10).

1056. La reconnaissance des bestiaux doit être faite avec une attention particulière, non-seulement par les employés des bureaux appelés à délivrer ou à décharger des expéditions, mais encore par ceux des bureaux de passage.

Il faut surtout se tenir en garde contre toute manœuvre tendant à légitimer, à l'aide de passavants ou d'acquits-à-caution, l'origine des bestiaux qui auraient été ou pourraient être tirés de l'étranger pour être joints à un troupeau en cours de transport. (*Idem, art.* 9).

ACQUITS-A-CAUTION.

1057. Ceux qui voudront faire paître des bestiaux, mules, mulets, chevaux et juments, au-delà des bureaux de douanes placés du côté de l'étranger, seront tenus de prendre, dans ces bureaux, des acquits-à-caution portant soumission d'y représenter lesdits bestiaux au retour des pacages. (*Arrêté du 25 messidor an VI, art. 2*).

C'est au bureau le plus voisin de l'étable, ou du lieu dans lequel les bestiaux sont conduits, que doit être levée cette expédition. (*Règlement du 15 juillet 1825, art. 6*).

1058. Les acquits-à-caution délivrés pour assurer le pacage dans la zóne extérieure sont affranchis du droit de timbre. (*Circ. des 29 mai 1826, et 31 juillet 1828*).

DÉLAIS ET CONDITIONS GÉNÉRALES DES ACQUITS-A-CAUTION.

1059. L'acquit-à-caution, lorsqu'il permettra seulement de traverser la zóne extérieure, tracera la route à tenir, désignera les bureaux de passage avec obligation de l'y faire viser, et restreindra le délai au temps nécessaire pour l'arrivée au bureau. (*Règlement, 15 juillet 1825, art. 11*).

1060. L'acquit-à-caution de pacage, ou de séjour dans la zóne extérieure, pourra étendre les délais à 3, 6 ou 12 mois. (*Id., art. 12, § 1er et admin., 11 avril 1827*).

Mais cette facilité ne sera accordée qu'autant que le pacage ou l'établissement rural dans lequel devront se trouver les bestiaux, sera déterminé d'une manière absolue, et que le soumissionnaire s'engagera à les représenter *de jour, à toute réquisition des préposés*, en nombre conforme, en identité parfaite, et au lieu fixé, sous peine de poursuites immédiates, soit pour les manquants, soit pour les excédants. (*Règlem. du 15 juillet 1825, art. 12*).

1061. L'acquit-à-caution ne pourra étre valable que pour un *pacage déterminé*, et pour des têtes de bétail qui, appartenant au même troupeau, se trouveront ensemble sur ce pacage.

Si donc un propriétaire veut diviser son troupeau et l'envoyer en même temps sur plusieurs pacages, il doit prendre aussi plusieurs acquits-à-caution.

Si le troupeau doit être conduit successivement sur divers pacages, l'acquit-à-caution sera reproduit pour être renouvelé, ou du moins pour recevoir la mention du changement de pacage.

Si, enfin, différents troupeaux sont réunis sur le même pacage, chacun d'eux doit être accompagné d'un acquit-à-caution qui lui soit propre. *(Idem, art. 13).*

1062. Un acquit-à-caution est nécessaire pour chacune des augmentations qu'un troupeau en pacage doit recevoir autrement que par reproduction : cette règle s'applique même aux têtes de bétail qu'on déclarerait renvoyer au troupeau dont elles auraient été précédemment distraites.

Mais si le propriétaire le préfère, le receveur annulera l'acquit-à-caution antérieur pour en délivrer un seul comprenant — et les têtes de bétail déjà soumissionnées, — et l'augmentation apportée à son troupeau. *(Idem, art. 19).*

Cependant on peut prendre en charge, par addition à l'acquit-à-caution, jusqu'à concurrence de vingt têtes de bétail. (*Déc. adm. 4 nov.* 1841).

MOUVEMENTS DES TROUPEAUX. — ANNOTATIONS SUR LES EXPÉDITIONS.

1063. Les propriétaires ou gardiens qui voudront distraire de leurs troupeaux des têtes de bétail, soit pour les changer de pâturages, soit pour les abattre ou les vendre, devront remettre préalablement au bureau où l'acquit-à-caution aura été délivré, une déclaration énonciative du signalement détaillé et de la destination de ces têtes de bétail. (*Règlement*, 15 *juillet* 1825, *art.* 15).

1064. Les reproductions et les extinctions devront aussi être déclarées le plus tôt possible au bureau où l'acquit-à-caution aura été délivré ; et la réalité des unes et des autres sera constatée — soit à l'étable, — soit au lieu convenu, par le receveur, ou par un chef de la brigade, assisté d'un préposé. (*Idem, art.* 16).

Voir : *Perte de bestiaux,* n° 1069.

1065. Dans les cas prévus aux deux numéros ci-dessus, l'acquit-à-caution auquel se rattachera la déclaration faite devra être produit en même temps que celle-ci.

L'obligation de le remplacer par un autre pourra n'être pas imposée

chaque fois : mais, pour y suppléer, les annotations nécessaires seront portées par le receveur au dos de l'acquit-à-caution, ainsi que sur la souche correspondante, et les changements faits par suite à la soumission devront être paraphés par le déclarant.

Il est, d'ailleurs, entendu — que l'usage des annotations est restreint aux reproductions et aux décharges, — que les cautions se seront engagées d'avance pour les reproductions, — et que, lorsque le nombre ou le détail des annotations seront tels que le compte des têtes de bétail deviendra difficile à établir, on aura soin d'exiger une nouvelle soumission, et de délivrer un nouvel acquit-à-caution qui devra relater le numéro et la date de l'ancien. (*Régl.* 15 *juillet* 1825, *art.* 17).

1066. Seront pareillement rappelés le numéro et la date de l'ancien acquit-à-caution sur les expéditions qu'on délivrera pour des têtes de bétail qui devront être distraites des troupeaux, — soit afin d'être envoyées sur d'autres pâturages, — soit pour être abattues ou vendues. (*Id. art.* 18).

PACAGE JOURNALIER.

1067. Le pacage journalier des bestiaux établis à demeure dans la zone extérieure a lieu sous la garantie d'un acquit-à-caution délivré pour les délais de 3, 6 ou 12 mois. (*N*° 1060).

Pour empêcher qu'il ne devienne abusif, les brigades doivent surveiller particulièrement les troupeaux : elles s'assurent, au départ, qu'on ne laisse pas à l'étable des têtes de bétail dont l'absence servirait à couvrir des introductions frauduleuses sur le pacage ; au retour, que les têtes de bétail n'excèdent pas le nombre déterminé par l'acquit-à-caution. (*Idem, art.* 20).

PACAGE D'HIVER.

1068. Les acquits-à-caution doivent exprimer formellement la faculté de l'envoi au pacage, et indiquer le terrain à parcourir : ils désigneront aussi les chalets et les étables où les troupeaux seront renfermés. (*Idem. art.* 21).

PERTE DES BESTIAUX.

1069. Les pertes, pendant le pacage, sont aux risques des soumis-

sionnaires. Toutefois, il peut être fait exception à cette disposition en ce qui concerne le droit de sortie (n⁰ 1077). (*Loi 2 juillet 1836, art. 22, § 2 et 3*).

1070. Les particuliers qui se sont soumis à représenter à un bureau de douane des mules, mulets, chevaux, vaches et autres bestiaux envoyés au pacage dans la zône extérieure, sont tenus, en cas de mort desdits animaux, d'en faire immédiatement la déclaration au bureau où l'acquit-à-caution a été délivré, afin que les préposés puissent se transporter sur les lieux à l'effet de vérifier ladite déclaration.

Ils ne peuvent être déchargés de leur soumission que sur le certificat desdits préposés constatant que leur déclaration est exacte *(arr. du 1ᵉʳ brumaire an VII, et adm. 7 août 1841)*, ou sur des certificats réguliers délivrés par les maires. (*Règl., 15 juillet 1825, art. 27*)

PERTE DE L'ACQUIT-A-CAUTION.

1071. Quand un acquit-à-caution est perdu, on ne peut annuler la soumission qu'après en avoir demandé l'autorisation à la direction, et s'être assuré qu'il n'y a pas de fraude.

La reconnaissance préalable qui est faite des bestiaux est inscrite sur la souche. (*Adm., 28 nov. 1831*).

RECENSEMENTS. — SURVEILLANCE DES PRÉPOSÉS.

1072. Les chefs et préposés du service actif sont chargés spécialement de constater et d'assurer l'exécution des conditions imposées par les acquits-à-caution. (*Règl. du 15 juil. 1825, art. 47*).

Ils doivent vérifier si tous les bestiaux sont soumissionnés, et, à cet effet, ils se font représenter les acquits-à-caution. Ils veillent à ce que les troupeaux ne s'écartent ni des pacages, ni des chemins déterminés, et à ce qu'on ne les mêle ni avec des bestiaux non-soumis à l'acquit-à-caution sur la lisière de la zône extérieure, ni avec des bestiaux étrangers sur l'extrême frontière. (*Idem, art. 48*).

1073. Les recensements des troupeaux ont lieu — soit aux pâturages, — soit à la sortie de l'étable, ou à la rentrée, — soit à l'étable même.

Les préposés peuvent y procéder spontanément dans les pâturages, et à la sortie de l'étable ou à la rentrée; mais ils ne peuvent opérer de

recensements dans l'étable même que sur l'ordre exprès de l'un des chefs de la brigade, et qu'avec l'assistance d'un officier municipal, hors le cas prévu au n° 1060, *Délais et conditions, etc. (Idem, art.* 44 *et* 45).

1074. Les recensements ne peuvent avoir lieu que de jour. (*Idem, art.* 45).

1075. Les résultats de chaque recensement sont établis au registre de travail de la brigade qui l'a opéré. (*Idem, art.* 46).

1076. Lorsque les employés constatent sur les troupeaux en pacage des excédants.qu'ils attribuent à des reproductions sur place, ou à toute autre cause étrangère à la fraude, ils doivent se borner à garantir éventuellement les intérêts de l'administration, et mettre le directeur à même de prendre ou de provoquer telle décision qui lui paraîtra juste et convenable dans l'intérêt du service. (*Déc. adm.,* 30 *mai* 1843).

§ 2.

PACAGES INTERNATIONAUX (1).

———

CONDITIONS DU PACAGE.

1077. Le pacage du bétail de toute espèce, d'un côté à l'autre de la frontière, ne pourra avoir lieu qu'à la condition de réimporter ou de réexporter les mêmes troupeaux en nombre et en espèces, sans addition des jeunes bêtes mises bas pendant le pacage, lesquelles seront assujetties aux tarifs et règlements en vigueur pour l'importation ou l'exportation, si on la réclame.

Les pertes, pendant le pacage, sont aux risques des soumissionnaires.

.Toutefois il pourra être fait exception aux dispositions ci-dessus en ce qui concerne le droit de sortie et l'admission du croit des troupeaux durant le pacage à l'Étranger. (*Loi,* 2 *juillet* 1836, *art.* 22).

Cette exception a son application dans les Pyrénées où la mise bas a lieu ordinairement pendant le séjour des troupeaux français en Espagne.

———

(1) Les dispositions qui concernent le pacage des troupeaux dans la zône extérieure sont applicables aux troupeaux étrangers qui viennent pacager en France. (*Régl. du* 15 *juillet* 1825, *art.* 26).

Pour les *Pénalités,* voir les n. 2608 à 2611.

Afin de donner une base plus sûre à l'immunité, on constate à la sortie l'état de gestation des femelles, et l'on en fait mention sur l'acquit-à-caution. On n'appliquerait le principe général posé par la loi qu'en cas de circonstances particulières où l'on aurait lieu de soupçonner la fraude, et dont il serait rendu compte à l'administration.

Sur les autres frontières, si des troupeaux français étaient conduits à l'Étranger pendant le temps de la gestation, les jeunes sujets devraient, au retour de ces troupeaux, être soumis aux droits d'entrée. (*Circ.*, n° 1552).

Si l'on ne réclame pas l'exportation, les jeunes sujets qui naissent en France peuvent y rester en exemption de tous droits d'entrée. (*Circ.*, n° 1552).

DÉCLARATIONS ET ACQUITS-A-CAUTION.

1078. Les propriétaires ou conducteurs des troupeaux français ou étrangers en feront la déclaration, préalablement à leur entrée ou à leur sortie, au bureau le plus voisin du pacage si celui-ci est situé dans la zône extérieure, ou au bureau le plus voisin du lieu d'entrée (*règl. du 15 juillet 1825, art.* 22, 30 *et* 37), et ils y lèveront un acquit-à-caution. (*Idem*).

1079. Cette déclaration, ainsi que l'acquit-à-caution, énonceront : — le jour et l'heure de l'entrée ou de la sortie ; — la route à tenir soit pour aller au bureau le plus prochain, ou seulement jusqu'au lieu du pacage, soit pour aller à l'Étranger ; — le délai dans lequel le troupeau parcourra cette route, entre le lever et le coucher du soleil ; — la valeur des bestiaux par espèce ; — le poids des toisons pour les bêtes à laine ; — et l'état de gestation des pièces de bétail femelles. (*Idem, art.* 24 *et* 31).

1080. Le délai des acquits-à-caution de pacage est de 5 mois ou de 6 mois. (*Idem, art.* 12 *et* 45). — Il peut même être étendu à une année quand il s'agit de pacages journaliers. (*Adm.*, 11 *avril* 1827). (*N°* 1067).

1081. Chaque troupeau, ou, pour mieux dire, les animaux compris dans une même déclaration, doivent faire l'objet d'un acquit-à-caution spécial, sans qu'il soit jamais permis d'ajouter sur une première expédition des bestiaux compris dans une déclaration subséquente. (*Déc. adm.*, 5 *octobre* 1844).

HEURES ET POINTS D'ENTRÉE OU DE SORTIE.

1082. Autant que possible, un seul et même point, par arrondissement de brigade, sera déterminé dans les acquits-à-caution pour les mouvements journaliers de bestiaux de France à l'Étranger, et de l'Étranger en France.

Les mêmes heures d'entrée et de sortie seront aussi assignées.

Lorsque les besoins d'une localité réclameront davantage, on pourra accorder, par arrondissement de brigade, deux points divers et deux heures différentes pour tous les troupeaux; mais, dans tous les cas, l'unité de lieu sera exigée pour chaque troupeau distinctement. *(Règl.* 15 *juillet* 1825, *art.* 38).

1083. Les capitaines et les receveurs se concerteront avec les maires pour la fixation des heures et des points d'entrée et de sortie. *(Idem, art.* 39).

Les préposés et, autant que possible, les chefs de brigades assisteront à l'entrée et à la sortie des troupeaux. *(Idem, art.* 40).

1084. Si les localités ne permettaient pas, sans donner lieu à des gênes excessives et à des retards onéreux, d'assigner les points de passage pour se rendre à l'Étranger ou pour venir en France, les inspecteurs, de concert avec les autorités locales, adopteraient les mesures commandées par la nature des lieux, et en rendraient compte à leur directeur. *(Adm.,* 11 *avril* 1827).

VISA AUX PASSAGES.

1085. La sortie des troupeaux français allant pacager à l'Étranger est constatée au dos de l'acquit-à-caution par les employés qui accompagnent ces troupeaux jusqu'à la limite du territoire français pour prévenir toute manœuvre frauduleuse. *(Règlement,* 15 *juillet* 1825, *art.* 53).

L'entrée des troupeaux étrangers venant pacager en France est aussi constatée sur l'acquit-à-caution par les préposés du service actif, et la vérification du nombre et de l'état des bestiaux est faite par le receveur ou par un chef de brigade, avec l'assistance d'un préposé, soit au bureau, soit au pacage situé en deçà du bureau. *(Idem, art.* 25).

Quand il s'agit de pacages journaliers, les entrées ou les sorties successives sont constatées par le service actif au dos des acquits-à-caution :

mais, comme le verso de ces expéditions serait loin de suffire à tous les visas, on leur annexe, sous le cachet du bureau, une feuille qui porte la date, le numéro de l'acquit, et la signature du receveur ; une fois remplie, cette feuille est retirée et remplacée par une autre, et ainsi de suite jusqu'au terme assigné par l'acquit-à-caution. (*Adm.*, *11 avril* 1827).

PERTE DES BESTIAUX.

1086. Les pertes, pendant les pacages internationaux, sont aux risques des soumissionnaires. (*L. 2 juillet* 1836, *art.* 22, § 2).

Cependant quand, dans le pacage étranger, le déficit, au lieu de provenir de spéculations frauduleuses, est le résultat de pertes éprouvées à l'étranger, ce déficit n'entraîne que le paiement du simple droit de sortie (*n°* 1077), et, comme il est très faible, ce droit lui-même peut être remis. (*Circ. n°* 1552).

1087. Toutes les fois que des peaux fraîches sont présentées comme justification de déficits qui ont été affranchis des droits d'exportation, les directeurs peuvent en autoriser l'admission en franchise, pourvu qu'il ne s'élève aucun doute sur leur identité. (*Déc. adm.* 18 *juil.* 1843).

1088. En ce qui concerne les pertes éprouvées par les troupeaux étrangers paissant en France, il y a toujours lieu d'exiger le paiement du simple droit d'entrée, alors même que la douane n'a pas de motif de supposer des manœuvres frauduleuses. (*Circ. n°* 1552).

RÉIMPORTATION ET RÉEXPORTATION DÉFINITIVES DES TROUPEAUX.

1089. La rentrée définitive des troupeaux français doit être déclarée à l'avance, et, à l'heure fixée, un chef de la brigade et un préposé se trouvent au point frontière désigné et escortent le troupeau jusqu'au bureau où la reconnaissance en est faite en leur présence. (*Règl.* 15 *juillet* 1825, *art.* 35).

Cette rentrée ne peut s'effectuer par un autre bureau que celui qui a délivré l'acquit-à-caution, à moins d'une autorisation spéciale du directeur. (*Idem, art.* 34).

L'attention toujours nécessaire dans la reconnaissance est recommandée surtout à l'égard des troupeaux qu'on représenterait au complet. (*Idem, art.* 36).

1090. La réexportation des troupeaux étrangers doit, à moins d'une autorisation spéciale du directeur, s'effectuer par l'arrondissement du bureau même où l'acquit-à-caution à été levé. (*Idem, art.* 28).

La réexportation préalablement déclarée, est constatée, à la frontière, par le receveur ou par un chef de brigade, avec l'assistance d'un préposé au moins, et le certificat de décharge de l'acquit-à-caution est signé des employés qui ont été appelés à assurer la sortie effective du troupeau étranger. (*Idem, art.* 29).

1091. Quand aux bêtes à laine, si le troupeau n'est réexporté qu'après la tonte, les droits d'entrée sont exigés à raison de trois kilog. par toison, sans égard à la croissance qu'elle a pu éprouver pendant le séjour de l'animal sur le territoire français. (*Déc. adm.,* 18 *mars* 1831).

A l'égard des troupeaux espagnols, le poids de la toison à été fixé à deux kilog. pour les moutons et les brebis, et à 80 décag. pour les agneaux. (*Déc. adm.* 13 *décembre* 1842).

CHAPITRE V.

FROMAGES DE PATE DURE.

CIRCULATION.

1092. La circulation des fromages de pâte dure est assujettie à la formalité du passavant, suivant les articles 15 et 16 du titre 3 de la loi du 22 août 1791, dans la partie du rayon frontière qui s'étend sur les départements du Doubs, du Jura, et de l'arrondissement de Nantua, département de l'Ain. (*Ord.* 9 *janvier* 1818, *art.* 1er).

1093. Dans les localités qui se trouvent en dehors de la zône extérieure, le passavant est délivré sur la seule production de la déclaration du gérant, visée par le maire : dans les endroits situés entre l'étranger et les bureaux de première ligne, la délivrance du passavant est soumise aux conditions ci-après déterminées.

DÉCLARATION.

1094. Les passavans nécessaires pour mettre en circulation les fromages provenant de chalets français situés entre la ligne de démarcation de la frontière et les premiers bureaux des douanes dans les mêmes localités (1), ne sont accordés que sur la déclaration du propriétaire ou principal gérant de chaque chalet, qui doit justifier, par les expéditions requises pour les pacages de bestiaux (2), du nombre de vaches (3) qu'il entretient dans cet établissement, et faire connaître les quantités de fromage qu'il se propose d'expédier dans le courant de l'année. (*Ord. 9 janvier* 1818, *art.* 2).

1095. Le gérant peut donner à sa déclaration (4) la forme suivante :

DOUANES.

Exécution de l'ordon. du 9 janv. 1818.

NOM DU PRINCIPAL GÉRANT.

Nombre de vaches :
Nombre de chèvres :

Allocation demandée : kilo.
 à raison
de kilo par vache.
et de kilo par chèvre.

DÉPARTEMENT D

ARRONDISSEMENT DE... COMMUNE DE....

Bureau de... *Fromagerie de...*

DÉCLARATION DE FABRICATION POUR L'ANNÉE.

Je soussigné, principal gérant de la fromagerie de... située dans la commune de... déclare être dans l'intention de fabriquer, pendant l'année.... saison d'été, la quantité de..

kilogr. *fromage de pâte dure, avec le produit de... vaches laitières, et de.. chèvres ; à raison de... kilo par vache, et de... kilo par chèvre, d'après le détail donné au tableau ci-dessous.*

Je déclare, en outre, que la fabrication commencera le.... pour être terminée le....

En foi de quoi j'ai signé la présente déclaration pour jouir du bénéfice de l'art. 2, de l'ordonnance du 9 janvier 1818.

  Fait à...... le.... 18.....

---

(1) Les fromages fabriqués dans les maisons placées entre la frontière et le premier bureau, ainsi que dans un village où se trouverait un bureau de première ligne, sont soumis aux formalités de l'ordonnance du 9 janvier 1818, sans égard à la position de ce bureau. (*Déc. adm.*, 1er fébr. 1819 *et* 8 *mars* 1827).

(2) Ainsi que pour les comptes-ouverts établis par l'ordonnance du 28 juillet 1822 (n. 1021).

(3) Si le gérant a des chèvres dont le lait est versé dans les chaudières pour la fabrication du fromage, il est tenu aussi de justifier de leur existence régulière dans ses étables. (Voir *les n.* 1044 *et suivants*).

(4) Ces déclarations sont dispensées du timbre. (*Déc.*, 14 *juillet* 1850).

TABLEAU DU NOMBRE DE TÊTES DE DÉTAIL APPARTENANT AUX DIVERS
PROPRIÉTAIRES OU DÉTENTEURS.

NUMÉROS DES		NOMS ET PRÉNOMS	NOMBRE DE		
comptes ouverts.	acquis-à-caution.	des PROPRIÉTAIRES DE BESTIAUX.	vaches laitières		chèvres.
			françaises.	étrangères.	

Vu par le maire de la commune de... tant pour légalisation de la signature du sieur... que pour certification de sa présente déclaration, conformément à l'article 5 de l'ordonnance du 9 janvier 1818.

A.... le.... 18....

(Apposer ici le
cachet de la mairie).

AVIS MOTIVÉ DU RECEVEUR DES DOUANES.

La fromagerie de... est située à.. kilomètres de l'Étranger; les pâturages y sont de (bonne ou mauvaise) qualité. La fabrication doit commencer le... et finir le... 18...

On entretient dans cet établissement ... vaches, et ... chèvres.

Prenant pour base la moyenne des trois dernières années qui a été de... par tête de bétail, et considérant...

Le receveur soussigné propose d'allouer, à raison de... kilo. par vache, et de... kilo par chèvre, un crédit total de... kilo. de fromage de pâte dure, dit façon Gruyère, sous les réserves et conditions suivantes : 1° que les vaches entretenues dans la fromagerie seront toutes laitières; 2° qu'il ne sera délivré de passavants de circulation que pour les quantités de fromage recensées par les agents des douanes; 5° enfin que, dans le cas de déplacement ou de perte de quelques-uns des bestiaux, le crédit sera réduit d'office dans la proportion des manquants, calculée sur l'existence réelle des têtes de bétail dans l'établissement.

A.... le.... 18...

28

AVIS DE L'INSPECTEUR.

La fabrication de 18... se produisant....

L'inspecteur soussigné propose d'allouer à la fromagerie de... un crédit de... kilog. fromage de pâte dure, sous les réserves et conditions exprimées ci-dessus par M... receveur à...

A.... le.... 18...

VISA DU DIRECTEUR.

Vu par le directeur des douanes soussigné, qui estime qu'un crédit de.... kilog. fromage de pâte dure peut être accordé à la fromagerie de...

A.... le.... 18...

APPROBATION DU SOUS-PRÉFET.

Vu et approuvé par nous sous-préfet de l'arrondissement de... pour la quantité de... kilog. fromage de pâte dure; la présente allocation accordée en vertu de l'article 3 de l'ordonnance du 9 janvier 1818.

A.... le.... 18...

(Cachet de la
sous-préfecture).

ALLOCATION DU CRÉDIT.

1096. Cette déclaration, dont le maire de la commune certifie l'exactitude, est soumise à l'approbation du sous-préfet de l'arrondissement, qui règle la quantité de fromage à expédier, après avoir pris l'avis du receveur de la douane où les passavants de circulation doivent être délivrés. *(Ordon., 9 janvier 1818, art. 3).*

1097. En cas de contestation sur la quantité de fromage accordée par le sous-préfet, elle est définitivement fixée par le préfet du département, qui prend, préalablement, l'avis du directeur des douanes. *(Même ordon., art. 4).*

1098. Le crédit doit être réglé avant la délivrance d'aucun passavant. *(Adm., 6 sept. 1826 et 28 mars 1831).*

1099. Ordinairement on alloue 90 à 100 kilog. de fromage par vache, et 20 à 25 kilog. par chèvre.

1100. La fixation du crédit, variant d'après le nombre des animaux attachés aux établissements, les receveurs doivent tenir compte

des accroissements ou des réductions qui surviennent par suite d'achat, de vente ou de mort de ces animaux.

1101. Le lait étranger peut être versé dans les chalets français, mais alors il doit payer les droits d'entrée (5 fr. 50 c. par 100 kilog.)

1102. Les fromages provenant du lait des troupeaux français qui pacagent à l'Étranger, peuvent être affranchis des droits d'entrée. (*L. 5 juillet* 1836, 1re *section*).

Dans tous les cas, cette disposition ne reçoit son effet qu'en vertu d'autorisations spéciales de l'administration. (*Circ.* 16 *juillet* 1836, n° 1550).

1103. Les fromages provenant de la fabrication du lait de vaches étrangères paissant à l'étranger doivent, s'ils sont livrés à la consommation, acquitter les droits d'entrée. (*Adm.* 28 *octobre* 1819).

1104. Le lait des vaches suisses paissant sur Suisse peut être, néanmoins, versé dans les formageries françaises : mais alors, à moins du paiement des droits d'entrée, les fromages en provenant doivent être réexportés. (*Adm.* 17 *mai* 1829).

1105. Si le crédit alloué était épuisé, et que, néanmoins, le gérant voulût expédier ses fromages à l'intérieur, il devrait payer, et non consigner, les droits sur la quantité excédant le crédit, sauf à lui à se pourvoir auprès du directeur et du préfet, afin d'obtenir — soit la décharge de ces droits, — soit une allocation supplémentaire.

RECENSEMENS.

1106. La fabrication des fromages commence ordinairement vers la fin d'avril et se termine dans les premiers jours de novembre de chaque année.

Pour empêcher qu'il ne soit fait abus d'une fabrication trop large, comme aussi pour prévenir la fraude que l'on pourrait tenter en présentant des fromages suisses comme provenant des établissements français, le service actif doit opérer, dans chaque chalet, des recensements afin de constater, d'une époque donnée à une autre, le nombre de pièces fabriquées et le poids total de ces pièces.

Ces recensements, qui ne doivent jamais être faits sans l'assistance d'un officier municipal, peuvent être limités à trois.

Le premier a lieu un mois après le commencement de la fabrication ; le second au milieu de l'exercice, et le troisième au moment où la fabrication doit cesser.

1167. Les résultats des recensements sont constatés par des procès-verbaux *(série L, n° 2)*, qui sont signés par les recenseurs, par le gérant et par l'autorité municipale qui a assisté aux opérations, et remis ensuite au receveur de l'arrondissement où se trouvent les chalets, pour que celui-ci fasse, sur ses registres, les annotations convenables.

1168. Si, dans le cours des recensements, ou dans toute autre circonstance, les employés trouvaient, dans les fromageries, des fromages en excédant des quantités allouées, ou dont les propriétaires ne pourraient justifier l'origine, ils devraient considérer ces fromages comme introduits en fraude, et ils en poursuivraient la saisie et la confiscation comme formant entrepôt frauduleux. *(Adm., 17 mai 1821 et 22 août 1842).*

CLÔTURE DE FABRICATION.

1169. Quand la fabrication est terminée, le gérant est tenu de le déclarer à la douane : le receveur, alors, arrête le compte de chaque fruitière afin que l'allocation de crédit d'un exercice ne soit pas reportée sur un autre.

CHAPITRE VII.

PROPRIÉTÉS LIMITROPHES.

DISPOSITIONS GÉNÉRALES.

1170. Les étrangers propriétaires de terres situées en France à un demi-myriamètre des frontières, jouissent de la faculté d'exporter en franchise de tous droits les denrées provenant desdites terres. *(Ord. du 15 oct. 1814, art. 1er).*

1171. Cette faculté n'a lieu que sous la condition expresse que les Français propriétaires de biens-fonds situés sur le territoire étranger

jouissent, également et réciproquement, de la liberté d'importer dans l'intérieur les récoltes provenant desdits biens-fonds. (*Même ord., art.* 2).

TITRES JUSTIFICATIFS DE LA POSSESSION.

1112. Lorsque de nouvelles délimitations ont changé, en tout ou en partie, la position de certaines propriétés limitrophes, on a toujours conservé aux habitants des pays respectifs le droit d'user, en exemption des droits de douanes, des terres qu'ils conservaient hors de la domination où ils restaient eux-mêmes.

C'est dans ce but qu'a été rendue l'ordonnance du 15 novembre 1814. Comme toutes les dispositions antérieures relatives au même objet, comme le traité de 1760 relatif aux frontières de Savoie, celui du 18 novembre 1779 pour la Belgique, celui du 27 septembre 1803 pour la Suisse, elle a voulu venir au secours de ceux dont l'habitation était subitement séparée des champs qui en dépendent et même des bâtiments d'exploitation.

Ces sortes de mesures, quoique leur effet ait une durée fort étendue, sont néanmoins transitoires de leur nature, puisqu'elles se rapportent à un même accident dont les traces doivent finir par disparaître.

Elles ne s'appliquent qu'aux propriétaires d'alors (1), et à leurs héritiers en ligne directe; mais jamais elles ne peuvent concerner ceux à qui la nouvelle possession de ces terrains limitrophes n'arrive qu'à titre d'achat, de donation ou de legs. (*Adm. 15 mars* 1849).

Or, l'extinction progressive du régime exceptionnel tient au fait des mutations totales ou partielles qui s'opèrent entre les anciens propriétaires et des acquéreurs étrangers, ou des donataires qui ne sont pas héritiers de droit.

L'intérêt de ces derniers ne les portant pas à déclarer eux-mêmes leur véritable état quant à la possession du privilège, c'est à la douane, qui a l'inventaire de toutes les propriétés limitrophes, à mettre beaucoup de soins pour se tenir au courant des mutations qui surviennent et des titres des nouveaux possesseurs.

---

(1) Les fermiers, soit étrangers, soit français, jouissent, au même titre, et sous les mêmes conditions, que les propriétaires, des privilèges afférents aux propriétés limitrophes. (*Tarif de* 1841, n. 134).

1113. Pour jouir de l'immunité, les propriétaires sont tenus :

1° De déclarer, au bureau de la douane le plus voisin, l'étendue et la valeur de leurs terres situées dans les 5 kilomètres limitrophes ;

2° De désigner le genre de culture auquel elles sont employées ;

3° De prendre l'engagement de ne faire entrer ou sortir des récoltes que dans un juste rapport avec l'étendue et l'espèce des cultures ;

4° Et de justifier de leur possession, par le dépôt momentané au bureau, — soit de titres originaux antérieurs aux dernières délimitations de territoire ; — soit de certificats ayant moins d'une année de date, délivrés par les conservateurs des hypothèques, et constatant que ces mêmes terres leur appartiennent toujours ; — soit de certificats de notoriété délivrés par les maires des lieux où les biens sont situés ; — soit, enfin, des quittances des contributions directes, payées à l'Etranger, et des baux à ferme, lorsque les fermiers acquittent l'impôt foncier. (*Circ.* 29 *septembre* 1814, — 31 *janv.* 1820, — 30 *mars* 1826, — 50 *décembre* 1830, — *et* 21 *juin* 1837).

TENUE D'UN REGISTRE.

1114. Les titres de justification de propriété antérieurs à 1815 ne restent pas indéfiniment entre les mains de la douane : ils sont rendus aux propriétaires dès qu'ils ont été examinés avec soin.

Mais, au préalable, chaque receveur doit inscrire, sur un registre ouvert spécialement à cet effet, — le nom des propriétaires qui se sont mis en règle à son bureau ; — la date et la nature du titre produit, — la situation des biens fonds auxquels ce titre se rapporte, — et la contenance desdits biens. (*Circ. n*° 1632, *du* 21 *juin* 1837*).

DÉCLARATIONS ANNUELLES.

1115. Chaque année, des déclarations particulières doivent être faites par les propriétaires, dans la saison de la récolte, — soit pour assigner d'avance le maximum des récoltes (1), — soit pour indiquer,

---

(1) Si le receveur juge que l'évaluation de la récolte est exagérée, et si le déclarant ne consent pas à la réduire, on a recours au sous-préfet pour qu'il nomme une commission d'agriculteurs dont l'avis sert de règle provisoire. (*Circ.* n. 874).

Il n'est pas nécessaire de faire vérifier sur les lieux l'étendue et la nature des propriétés. (*Déc. adm*, 22 *juin* 1813).

au moins approximativement, les quantités de denrées qu'ils veulent faire entrer ou sortir.

Chaque envoi de récolte doit être accompagné d'une déclaration expresse du propriétaire portant que la quantité de.... provient réellement des terres qu'il possède à... et qu'il affirme ne les avoir pas encore vendues. (*Circ. n° 874, 5 septembre 1824*).

RÉCOLTES JOUISSANT DE L'IMMUNITÉ.

1116. L'immunité n'est accordée qu'aux récoltes proprement dites (1), en d'autres termes, aux produits *annuels* de la terre.

Les blés de toute sorte, et autres produits de la terre, ne peuvent être importés en franchise que dans l'état même où l'on est dans l'usage de les enlever des champs. (*Tarif de 1844, n°s 135 et 137*).

Les propriétaires français peuvent exporter en franchise les grains destinés aux semailles, en justifiant qu'ils n'excèdent pas les quantités nécessaires, et que ces grains proviennent de la dernière récolte des terres qu'il s'agit d'ensemencer. (*Déc. admin. 10 octobre 1834 et 1er juin 1840*).

Les beurres provenant de propriétés suisses situées en France, peuvent être exportés, à la charge d'en fixer d'avance la quantité. (*Déc. minist. du 24 fructidor an XII*).

EXCLUSION DE L'IMMUNITÉ.

1117. Les coupes de bois (2), les matériaux extraits des carrières, la laine, le lait, le fromage, et tous autres objets analogues, sont exclus de l'immunité. (*Tarif de 1844, n° 135, § dernier*).

Il en est de même de tout produit qui a déjà été engrangé ou qui a reçu une préparation quelconque, tel, par exemple, que des blés qui ont été battus (3). (*Tarif de 1844, n° 137, § dernier*).

Toutefois, dans les localités où les transports ne s'effectuent que par

---

(1) L'importation ou l'exportation des récoltes ne peut avoir lieu en franchise que par les bureaux où les titres de propriété ont été déposés et vérifiés. (*Déc. adm. 26 novembre 1839*).

(2) Cependant il y a exception pour les bois qui proviennent des îles du Rhin (*déc. minist. 22 janvier 1827*), ou des forêts que les sujets sardes possedaient en France avant le traité du 24 mars 1760, à quelque distance que ce soit de la frontière. (*Déc. minist. 8 juin 1826*).

(3) La paille provenant de ces blés peut être importée ou exportée. (*Déc. adm. 5 février 1826*).

des bêtes de somme, il y a exception pour les blés en grains, (*déc. min.* 7 *déc.* 1824 — *et déc. adm.* 17 *déc.* 1824), et pour les grains de colza qui peuvent être mis en sac. (*Déc. adm.* 25 *septembre* 1834).

DÉLAIS POUR L'IMPORTATION OU L'EXPORTATION.

1118. Le délai pour l'exportation en franchise des denrées du crû des propriétés limitrophes s'étend de l'époque de la récolte au 1er avril.

A l'importation, ce délai est restreint au temps même de la récolte, c'est-à-dire que les denrées ne peuvent être admises, en exemption de droits, que du 1er juin au 15 novembre.

1119. Par exception toute spéciale :

Les produits de vendange, savoir, le moût encore muet et le vin nouveau encore en fermentation, et qu'on ne saurait, par suite, conserver dans des vases clos, peuvent être exportés, ou importés, jusqu'à la fin de novembre. *(Tarif de* 1844, *n*° 156 *et circ. n*° 874, § 8).

Les olives fraîches, les oranges et les fleurs et feuilles d'orangers peuvent être importées ou exportées jusqu'au 1er juillet de l'année suivante. *(Décis. min.* 24 *mars* 1837, — *décis. adm.* 27 *mars* 1837*)*.

ENGRAIS.

1120. Les propriétaires peuvent transporter en franchise, d'un pays à l'autre, les engrais destinés à l'amendement de leurs terres. *(Tarif de* 1844, *n*° 138).

PACAGES SUR LES PROPRIÉTÉS LIMITROPHES.

1121. Les propriétaires de terres situées dans le demi-myriamètre de la frontière, peuvent, s'ils ont satisfait d'ailleurs aux conditions imposées pour la libre exportation ou importation des récoltes, envoyer des bestiaux de l'un à l'autre pays pour faire consommer les fourrages sur place. *(Tarif de* 1844, *n*° 139, — *circ.* 504 *et* 874).

1122. La faculté d'envoyer des bestiaux aux pacages doit être restreinte à un nombre de têtes proportionné à l'importance des propriétés. Elle a nécessairement pour effet de réduire, dans la proportion des quantités de fourrages ainsi consommées, le crédit de celles qui peuvent être importées ou exportées en franchise. (*Déc. adm.* 12 *août* 1840).

1123. Les instructions qui concernent les pacages internationaux sont applicables aux pacages des propriétés limitrophes. (*Voir les n*^{os} *1077 et suivants, où ces instructions sont rapportées*).

ÉTATS A FOURNIR.

1124. Les directeurs, au lieu de l'état général annuel demandé par la circulaire du 29 mai 1827, doivent adresser à l'administration tous les ans :

1° Un relevé récapitulatif, par bureau, indiquant seulement le total des quantités et de la valeur approximative des récoltes de chaque espèce admises en franchise ;

2° Un état des mutations survenues d'une année à l'autre parmi les propriétaires inscrits sur le tableau nominatif qui a été arrêté, pour chaque bureau, le 1er juillet 1837. (*Circ. n° 1632*).

1125. Ces états doivent être rédigés avec soin ; ils doivent aussi être vérifiés avec la plus grande attention, de manière à ce qu'aucune erreur ne puisse échapper, et que l'on soit toujours assuré de la régularité des immunités accordées. (*Circ. n° 1632*).

DISPOSITIONS TRANSITOIRES.

1126. Les diverses règles rappelées dans le présent chapitre sont applicables sur tous les points de la frontière, sauf quelques exceptions locales résultant des traités internationaux, et pour l'application desquelles des instructions spéciales sont données par l'administration. (*Tarif de 1844, art. 140*).

CHAPITRE VII.

GRAINS (1) ET FARINES.

Section I.

CIRCULATION.

1127. Les grains et graines n'ayant point été rappelés dans les dispositions des lois des 22 thermidor an X , articles 7 et 9 , et 28 avril 1816 , article 57 , qui dispensent certaines marchandises du passavant, il s'ensuit qu'ils sont absolument soumis , dans le rayon des douanes, aux formalités générales établies par l'arrêté du 22 thermidor an X , pour la police des circulations (2). (*Arr. cass.*, 20 *janvier* 1840). (*Voir les n°ˢ 389 et suivants*).

1128. D'après la règle ci-dessus, la formalité du passavant serait rigoureusement applicable dans toute l'étendue du rayon ; mais l'administration n'exige l'expédition que pour les céréales qui circulent dans les 5 kilomètres des frontières.

Le transport , pendant le jour, des grains conduits au moulin et des farines en revenant , est affranchi de toutes formalités lorsque leur poids n'excède pas 60 kilog. *(Voir la note du n° 2023)*. Les directeurs peuvent même étendre cette tolérance lorsqu'ils le jugent sans inconvénient. (*Déc. adm.*, 11 *juin* 1832 , — 19 *mai* 1835 , — 1ᵉʳ *août* 1839 , — *et* 18 *mars* 1840).

1129. D'après le système actuel de tarification , le droit d'entrée des grains pouvant s'élever à plus de 10 % de la valeur, ils doivent, en principe , être considérés comme appartenant à la classe des marchandises dont la justification d'origine est exigible , conformément à l'article 1ᵉʳ de l'arrêté du 22 thermidor an X. Cette justification doit

---

(1) Par le mot *grains* on entend : 1. le froment, l'épeautre et le méteil ; 2. le seigle , le maïs , l'orge , le sarrasin et l'avoine. *(Circ. n. 1515)*.

(2) Les expéditions pour la circulation des grains sont affranchies du timbre. (*Circ. n. 172*).

s'établir, à l'égard des grains étrangers, par les acquits de paiement des droits d'entrée, et, pour les grains français récoltés sur les lieux, par des certificats de provenance délivrés par l'autorité locale. (*Déc. adm.*, 12 mai 1840).

1130. Le mode établi par un arrêté préfectoral, pour la justification d'origine des produits récoltés dans le rayon frontière, étant obligatoire (*arr. cass*, 20 *déc.* 1859, — *et circ.*, n° 1794), les directeurs doivent se concerter avec les préfets pour établir des mesures de surveillance ou de contrôle propres à réprimer la fraude des céréales partout où elle pourrait compromettre les intérêts de l'agriculture ou ceux du trésor. (*Déc. adm.*, 11 *juin* 1832, — *et* 12 *mai* 1840).

Section II.

MOUTURE DES GRAINS (1).

1131. Les blés froments étrangers, sans distinction d'espèce ni d'origine, peuvent être importés temporairement en franchise de droits pour la mouture, sous les conditions déterminées par la loi du 5 juillet 1856 (voir : *marchandises admises temporairement*, n° 2185 *et suivants*), et par les articles ci-après. (*Décret*, 14 *janvier* 1850, *art.* 1er, *et circ.*, 2363).

1132. Par 100 kilog. de froment importés, on est tenu de représenter, en farines de froment bien conditionnées, de bonne qualité, et sans mélange quelconque, savoir :

90 k.	de farine blutée à	10 pour $^0/_0$,
80 k.	— id. —	à	20 pour $^0/_0$,
ou 70 k.	— id. —	à	50 pour $^0/_0$,

suivant le taux de blutage qui a été déclaré d'avance à la douane, d'après chacune de ces catégories.

Le rendement obligatoire est augmenté de 5 % (5 kilog. de farine pour 100 kilog. de blé), lorsque le droit est de plus de 6 fr. 25 c. par hectolitre sur les blés importés par navires français ; il est réduit de

___

(1) Voir la note du n. 2023.

5 % quand le droit de sortie des blés est de plus de 6 fr. par hectolitre. (*Même décret, art.* 2).

1133. Les froments dont il s'agit ne peuvent être importés que par les ports d'entrepôt réel, et par les bureaux ouverts au transit, ou à l'entrée des marchandises taxées à plus de 20 francs par 100 kilogr. (*Idem, art.* 3).

1134. Les déclarants s'engagent (1), par une soumission valablement cautionnée, à rapporter, ou à réintégrer en entrepôt (2), dans un délai qui ne peut excéder 20 jours, les farines en quantité et qualité, et selon le degré de blutage, conformes aux prescriptions de l'article 2. (*N°* 1132) (3).

Les déclarations pour la mouture ne sont point reçues pour moins de 15,000 kilog. de froment. (*Idem, art.* 4).

1135. Des échantillons de farines de pur froment, blutée à 10, 20 et 30 %, sont déposés dans les bureaux de douanes ouverts à ces sortes d'opérations, afin d'y servir de type pour la vérification des farines.

En cas de doute ou de contestation sur l'espèce ou la qualité des farines, des échantillons, prélevés contradictoirement par la douane et les soumissionnaires, doivent être soumis à l'expertise légale. (*Idem, art.* 5).

1136. Les droits d'entrée sur les sons provenant de la mouture, sont acquittés (4) à raison de 8, 18 ou 28 kilog. de son par 100 kilog.

---

(1) Les minotiers ont la faculté — ou de réexporter identiquement les farines provenant de la mouture des blés étrangers, — ou d'échanger ces blés contre des quantités proportionnelles de farines indigènes. (*Circ. n.* 2363).

(2) La représentation des farines, pour la réexportation ou pour l'entrepôt, ne peut s'effectuer qu'à l'un des bureaux appartenant à la classe et à la section dans laquelle l'importation a eu lieu (*décret,* 1er juin 1850); mais, à l'égard des farines placées en entrepôt, le commerce a la faculté de les réexporter en totalité, ou par parties, soit pour la réexportation directe, soit en transit, soit en mutation d'entrepôt, sous les formalités propres à chacune de ces expéditions. (*Circ.,* n. 2389). (Voir : *marchandises admises temporairement,* n. 2185 *et suivants*).

(3) Au moment de l'importation, on doit constater, par épreuves seulement, le poids moyen de l'hectolitre de froment, indépendamment de la quantité d'hectolitres. Mention de ces deux résultats est faite tant dans la soumission que sur l'acquit-à-caution. (*Circ.,* n. 2363).

(4) C'est au bureau d'où émane l'acquit-à-caution, et avant la libération des soumissionnaires, que les droits d'entrée doivent être perçus sur le son afférent à la quantité de blé pour laquelle l'expédition a été régularisée. On doit inscrire le n. de recette en marge de l'acte de décharge. (*Circ.,* n. 2572).

de blé, suivant que les farines représentées ont été blutées à 10, 20 ou 50 %.

La différence de 2 % est comptée comme déchet à la mouture. (*Id.*, *art.* 6).

Section III.

IMPORTATION.

1137. La prohibition éventuelle à l'entrée des grains et farines (1), prononcée par les lois des 10 juillet 1819 et 4 juillet 1821, est abolie. (*Loi*, 15 *avril* 1832, *art.* 1er).

Cet article ne prononçant aucune pénalité en cas de fraude, il faut, pour la répression, recourir à la loi générale. (*Arr. cass.* 1er *mars* 1841).

Si, d'après le système actuel de tarification, le droit d'entrée des grains s'élevait à plus de 10 % de la valeur, ou si la quantité de ces grains introduits frauduleusement donnait ouverture à un droit de 20 francs, ou plus, par 100 kilog., il y aurait lieu d'appliquer les dispositions de l'art. 41 de la loi du 28 avril 1816. (*Déc. adm.*, 12 *mai* 1840).

1138. Le prix des grains et farines, dans les principaux marchés de France, sert de base à la perception des droits dus à leur importation et à leur exportation.

Quelles que soient les variations qui surviennent dans ces prix d'après les mercuriales des marchés régulateurs, l'entrée ou la sortie des grains sont constamment permises. (*Loi*, 15 *avril* 1832, — *et* 26 *avril* 1833; — *circ.*, 1315).

1139. Pour déterminer la quotité des droits d'importation et d'exportation, le ministre de l'intérieur arrête, à la fin de chaque mois, l'état des prix moyens des grains vendus dans les principaux marchés, et cet état publié dans le bulletin des lois le 1er de chaque mois, sert, pendant le mois de sa publication, à la perception des droits. (*Loi*, 6 *juillet* 1819, *art.* 6, — 5 *avril* 1832, — *et circ.*, n° 1315).

L'administration envoie aux directeurs une ampliation de la mer-

---

(5) Les grains importés pour le compte du gouvernement sont soumis au même régime que ceux du commerce. (*Circ.*, n. 822).

curiale arrêtée par le ministre, avec l'indication des droits qui en résultent, et ceux-ci doivent en faire parvenir sur-le-champ aux receveurs, et particulièrement à ceux des bureaux ouverts à l'entrée ou à la sortie des grains et farines, un extrait où ils font connaître, pour chaque espèce de grains et farines, les droits à percevoir, en même temps qu'ils rappellent l'époque à partir de laquelle ces droits doivent être appliqués. (*Circ.*, 1752).

Des formules, série E, n° 29, sont destinées à l'envoi de ces bulletins.

1140. L'importation des grains est restreinte aux seuls ports et bureaux désignés par la loi : ces bureaux sont indiqués au tableau n° 5 du tarif de 1844. (*Loi, 2 déc. 1814, — et ord., 17 janvier 1830*).

1141. Les quantités de grains présentés à l'importation doivent être exprimées *en hectolitres* dans les déclarations et les vérifications.

Là où les grains sont vérifiés *au poids*, la conversion du poids à la mesure se fait d'après les bases ci-après qui ont été établies d'après le poids net des grains :

1 hectolitre de froment pèse 76 kilog.

1	—	seigle	—	66 k.
1	—	maïs	—	72 k.
1	—	avoine	—	51 k.
1	—	orge	—	60 k.
1	—	vesce	—	75 k.
1	—	sarrazin	—	65 k.

(*Circ.*, n°ˢ 1130 *et* 1901).

Section IV.

EXPORTATION.

1142. La prohibition éventuelle à la sortie des grains et farines, établie par les lois des 16 juillet 1819 et 4 juillet 1821, est abolie. (*Loi, 15 avril 1832, art. 7*).

1143. Leur exportation ne peut être effectuée que par les ports et bureaux spécialement désignés. (*Ordon., 17 janvier et 23 août 1830, — et loi 2 décembre 1814, art. 8*).

Le tableau n° 5 du tarif officiel de 1844 donne l'indication de ces bureaux.

Les droits à percevoir sont, comme ceux à l'importation, indiqués par des bulletins mensuels transmis aux receveurs par la direction.

1144. Cependant, sur les frontières de terre, les grains et farines peuvent être soumis aux droits de sortie dans tous les bureaux indistinctement, à charge de n'en effectuer l'exportation que par l'un des bureaux spécialement désignés pour la sortie des grains, lequel doit, dans ce cas, être rappelé dans l'acquit de paiement. Il est entendu que cette facilité n'est accordée que lorsqu'il s'agit de bureaux qui font partie de la même zône, et où, par conséquent, les grains sont passibles des mêmes droits. (*Note* 95 *du tarif de* 1844, *et circ. n°* 1243).

1145. Toute exportation ou tentative d'exportation de grains, farines et légumes secs par d'autres points des frontières de terre et de mer que ceux déterminés, est poursuivie et punie conformément aux dispositions des art. 2 et 6 de la loi du 26 ventôse an V. (*Ordon. du* 18 *décembre* 1814, *art.* 3).

Les autres contraventions sont régies par les lois générales. (*Arr. cas.* 1er *mars* 1841).

Section V.

———

CABOTAGE.

1146. Le cabotage des grains n'est assujetti qu'aux règlements généraux des douanes (*n°* 477 *et suivants*). Même en cas de prohibition de sortie, il peut s'effectuer sans autorisation préalable du ministre de l'intérieur. (*Déc. minist.* 27 *septembre* 1828. — *Circ. n°* 1124).

1147. Le cabotage des grains et farines doit être assuré par un acquit-à-caution. (*L.* 2 *juillet* 1836, § 2). Cette expédition est affranchie du timbre. (*Déc. adm.* 24 *avril* 1847).

1148. Les grains peuvent, comme les autres marchandises, être débarqués dans un port autre que celui désigné par l'acquit-à-caution, mais, pour cela, une autorisation spéciale du directeur ou du receveur est nécessaire. (*Circ. n°* 1460, *et déc. adm.* 4 *mars* 1841).

Section VI.

ENTREPÔTS.

1149. Les grains et farines arrivant de l'Etranger en France peuvent être mis en entrepôt dans tous les ports français, et dans les villes de Strasbourg, Sierck, Thionville, Charleville, Givet, Lille et Valenciennes. *(L. 17 nov. 1790, — 2 décem. 1814, art. 9, — et 16 juillet 1819, art. 11).*

1150. L'entrepôt des grains est fictif et non réel. *(L. 20 oct. 1830, art. 4, et 15 avril 1832).*

La durée de l'entrepôt fictif est fixée à deux ans. *(L. 27 juillet 1832, art. 14).*

1151. Le magasin destiné à servir d'entrepôt doit être exactement désigné par l'entrepositaire. C'est dans ce magasin, et non ailleurs, que les grains ou farines doivent être représentés à toute réquisition des préposés des douanes. *(Déc. 7 germinal an X, circ. 25 octobre 1830, n° 1154).*

1152. Les quantités de grains mises en entrepôt sont, lors de la vérification, constatées à la fois à la mesure *par hectolitres*, et au poids *par kilogr. (n° 1141)*, pour chaque espèce de céréales. *(Circ. 25 octobre 1830, et 15 juin 1831).*

1153. Pour dispenser de la réexportation intégrale, on n'admet aucun déchet s'il n'est reconnu provenir de la dessiccation naturelle des grains, ou de force majeure. *(L. 27 juillet 1822, art. 14, et circ. 15 juin 1831).*

1154. Ceux qui, ayant mis en entrepôt fictif des grains étrangers, ne les représenteraient pas à toute réquisition, seraient passibles d'une amende égale au double de la valeur desdits grains, ou du double-droit d'entrée, selon qu'à l'époque ou la soustraction serait constatée, l'espèce des grains manquants se trouverait être, à l'entrée, prohibée ou assujettie à des droits. *(L. 27 juillet 1822, art. 14).*

1155. Pour la réexportation des grains, on se conforme aux règles communes aux autres marchandises. *(N°s 778 et suivants).*

CHAPITRE VIII.

—

HORLOGERIE MONTÉE (1).

—

1156. L'horlogerie montée, c'est-à-dire les montres à boites d'or, à boites d'argent et de métal autre que l'or, — les montres sans boitiers, — les mouvements de toute sorte, — et les carillons à musique, ne peuvent être importés que par les bureaux ouverts au transit des marchandises prohibées. *(L. 2 juillet 1836, section 1re).*

Voir *le tableau n° 7 du tarif de 1844.*

1157. Les montres d'or et d'argent, ainsi introduites, sont, après l'acquittement des droits, dirigées, par acquit-à-caution et sous le double plomb des douanes, sur l'un des bureaux de garantie de Paris,

---

(1) L'horlogerie à une importance considérable dans les cantons de Genève et de Neufchatel (Suisse), où elle a pris naissance. Tous les jours elle tend même à prendre de nouveaux développements par suite des débouchés qu'elle trouve dans les contrées lointaines.

Dans la partie de notre territoire qui borde ces deux pays, elle cherche à s'implanter ; mais, pour arriver à des résultats satisfaisants, elle a besoin d'encouragement et de capitaux.

Comme autrefois, ce n'est plus un seul ouvrier qui commence et qui finit une pendule ou une montre : ce sont des milliers de bras qui concourent à son achèvement ; hommes, femmes, enfants, tous y travaillent, tous y apportent leur petit contingent.

Ainsi, dans l'industrie horlogère, on trouve les parties suivantes qui, toutes, sont distinctes l'une de l'autre, et forment chacune une branche particulière :

Adoucisseurs, — *arrondisseurs,* — *brunisseurs,* — *ciseleurs,* — *creuseurs de cadrans, etc.,* — *découpeurs,* — *doreurs,* — *ébaucheurs,* — *émailleurs,* — *emboîteurs,* — *faiseurs de débris,* — *finisseurs,* — *fondeurs,* — *graveurs,* — *guillocheurs,* — *lamineurs,* — *metteurs en charnières,* — *monteurs de boîtes,* — *peintres en cadrans, ornements et portraits,* — *pierristes,* — *pivoteurs,* — *planteurs d'ancres, d'échappements, etc.,* — *polisseurs,* — *poseurs de cadrans, de cuvettes, de glaces, de pierres, etc.,* — *régleurs,* — *remonteurs,* — *repasseurs,* — *rhabilleurs,* — *sertisseurs,* — *tailleurs de roues, de cylindres, etc.,* — *tourneurs de cuvettes, de plaques, etc.,* — *et visiteurs.*

Indépendamment de ces parties, il faut compter encore les fabricants de fournitures d'horlogerie, et ils sont encore en plus grand nombre que les autres : chaque fabricant a sa partie, et chaque partie embrasse distinctement les fournitures suivantes :

Aiguilles, — *anneaux et pendants,* — *balanciers,* — *barillets,* — *boucles,* — *bouts de carrés,* — *cadrans divers,* — *calottes,* — *carrés,* — *carrés de rapport,* — *chaînes,* — *chevillots,* — *clefs,* — *contre-pivots,* — *coqs,* — *crochets,* — *cuvettes,* — *cylindres,* — *échappements divers,* — *écuelles de carrés de rapport,* — *glaces en tous genres,* — *goupilles,* — *outils d'horlogerie dont le nombre est infini, et la forme très-variée,* — *pignons,* — *pivots,* — *plaques de contre-pivots,* — *raquettes,* — *ressorts,* — *roues,* — *rouleaux,* — *verges,* — *vis, etc, etc.*

29

— Lyon, — Besançon, — Bordeaux — et Marseille, pour y être essayées et marquées, et y acquitter le droit de garantie. (*L. 2 juillet 1836, section 1re; 11 juin 1845, art. 9; 24 déc. 1845, art. 2, et 22 juin 1846*).

L'obligation de diriger ces montres sur l'un des bureaux de garantie ne comporte aucune exception, c'est-à-dire que les employés n'ont pas à examiner si les montres sont, ou non, revêtues d'un poinçon quelconque.

Toutefois, sont affranchis de cette obligation :

1° Les bijoux d'or et d'argent appartenant aux ambassadeurs et envoyés des puissances étrangères ;

2° Les bijoux d'or et d'argent à l'usage personnel des voyageurs pourvu que leur poids n'excède pas 5 hectogrammes ;

3° Et les montres qui sont à l'usage des uns et des autres. (*L. 19 brumaire an VI, tit. 2, art. 23, et circ. nos 1442 et 1459*).

On peut même, lorsque les voyageurs n'ont sur eux, pour leurs besoins, qu'une seule montre, ne pas la soumettre au droit d'entrée, quand, par sa nature et sa valeur, cette montre est en rapport avec la position sociale de la personne qui la porte. (*Tarif de 1844, note 639*).

1158. Une saisie de montres à l'importation donne lieu à l'application des lois des 28 avril 1816 ou 21 avril 1818, suivant le cas. (*L. 5 juillet 1836, art. 3*). Voir *le nº* 2485.

CHAPITRE IX.

OUVRAGES D'OR ET D'ARGENT (1).

Section I.

DROITS DE GARANTIE.

1159. La garantie des ouvrages d'or et d'argent est assurée par des

---

(1) En cas de contravention, *voir le n.* 2658.

poinçons qui sont appliqués sur chaque pièce , ensuite d'un essai de la matière. (*L. 19 brum. an VI, art.* 7, *et ord.* 7 *avril* 1838, *art.* 1, 2 *et* 4).

Le droit de garantie est perçu sur les ouvrages d'or et d'argent de toutes sortes : il est de 20 francs par hectogr. d'or, et d'un franc par hectogr. d'argent, non compris les frais d'essai et de touchant. (*L. 19 brumaire an VI, art.* 21).

Tout ouvrage d'or et d'argent achevé et non marqué , trouvé chez un marchand , est saisi et donne lieu , pour la première fois, à une amende de 200 francs ; pour la seconde fois, à une amende de 500 francs ; et , pour la troisième fois, à une amende de 1000 fr. (*L. 19 brumaire an VI, art.* 80 *et* 107).

1160. Les bureaux de garantie sur lesquels on peut diriger, par acquit-à-caution et sous double-plomb , les ouvrages d'or et d'argent importés de l'Etranger, sont désignés par la circulaire du 15 septembre 1840, n° 1852, et rappelés dans la note 636 du tarif de 1844.

A défaut de représentation des objets au bureau de garantie , les pénalités encourues sont celles déterminées sous le n° 1179.

1161. Les bureaux de garantie où les montres doivent être dirigées sont indiqués sous le n° 1157.

Section II.

IMPORTATION.

1162. Les ouvrages d'or et d'argent venant de l'Etranger sont soumis aux droits du tarif. (*L.* 28 *avril* 1816, — *et circ. n*° 932).

Après l'acquittement, ils sont envoyés sous double plomb , et par acquit-à-caution , au bureau de garantie (*n*° 1160) désigné par l'expéditeur, où ils sont poinçonnés et où ils paient des droits égaux à ceux qui sont perçus pour les ouvrages d'or et d'argent fabriqués en France. (*N*° 1159). (*L. 19 brum. an VI, art.* 23, *et circ.* 932).

A l'exception de l'horlogerie étrangère qui est régie par des lois particulières (*n*°ˢ 1156 *à* 1158), les ouvrages d'or et d'argent importés peuvent être marqués du poinçon étranger dans tous les bureaux de garantie indistinctement. (*Ordon.* 28 *juillet* 1840).

1163. Sont exceptés des dispositions ci-dessus : (1)

1° Les ouvrages d'or et d'argent appartenant aux ambassadeurs et envoyés des puissances étrangères;

2° Les bijoux d'or et les ouvrages d'argent à l'usage personnel des voyageurs, pourvu que leur poids n'excède pas en totalité 5 hectog. (*L. 19 brumaire an VI, art. 23*);

3° Les ouvrages de joaillerie dont la monture est très légère et contient des perles fines ou fausses, des cristaux dont la surface est entièrement émaillée, ou enfin qui ne pourraient supporter l'empreinte des poinçons sans détériorations. (*Arr. 1er messidor an VI, et circ. du 4 août* 1825). (*N° 932*).

4° Les aiguilles, cadrans, bouclettes, pendants de montres non réunis à leurs boîtiers. (*Circ. n° 932*);

5° Et les ouvrages que l'on consent à faire briser ou marteler au 1er bureau d'entrée. (*Circ. n° 932*).

Section III.

EXPORTATION EN FRANCHISE DU DROIT DE GARANTIE.

1164. Les ouvrages d'or et d'argent présentés à l'exportation sont soumis aux droits du tarif. (*L. 28 avril* 1816).

Ces droits ne peuvent être perçus que dans les bureaux désignés à la page 551 du tarif de 1844, et par la circ. n° 1852.

Selon qu'ils sont, ou non, poinçonnés les ouvrages d'or et d'argent suivent un régime différent.

OUVRAGES POINÇONNÉS.

1165. Lorsque les ouvrages neufs d'or et d'argent fabriqués en France, et ayant acquitté les droits de garantie, sortent de France, comme vendus, ou pour l'être à l'étranger, lesdits droits sont restitués au fabricant, sauf la retenue d'un tiers. (*L. 19 brumaire an VI, art. 25,* — *et ordon. 30 décembre* 1859, *art. 9*).

---

(1) Les objets désignés sous les n. 1 et 2 sont exempts de toute taxe; ceux compris sous les n. 3, 4 et 5 sont affranchis seulement du droit de garantie; mais ils restent passibles des droits de douanes tant à l'entrée qu'à la sortie. (*Circ., n. 932*).

Cette restitution est faite par le bureau de garantie qui a perçu les droits sur lesdits ouvrages, ou, à défaut de fonds, par une traite sur le bureau de garantie de Paris.

Cependant, cette restitution n'a lieu que sur la représentation d'un certificat de l'administration des douanes, muni de son sceau particulier, et constatant la sortie desdits ouvrages.

Ce certificat doit être rapporté dans le délai de trois mois. (*L. 19 brumaire an VI, art. 26*).

1166. Les expéditions doivent être accompagnées d'une déclaration descriptive certifiée par les préposés du bureau de garantie qui ont perçu les droits, et légalisée par les maires, ou, à Paris, par les administrateurs des monnaies.

La douane de sortie confronte le tout, et, après l'application des droits de son tarif, elle constate l'exportation définitive et en délivre un certificat qui est visé par le directeur et revêtu du sceau de l'administration. (*Déc. minist. 22 nivôse et 22 germinal an VII, — circulaire n° 932).*

Voir *les n°s 1173, 1176 et suivants.*

OUVRAGES NON POINÇONNÉS.

1167. Les ouvrages d'or et d'argent pourront être exportés sans marque du poinçon français et sans paiement du droit de garantie, pourvu qu'après avoir été soumis à l'essai et reconnus au titre légal, ils restent déposés au bureau de la régie des contributions indirectes, ou placés sous la surveillance de ses préposés, jusqu'au moment où l'exportation en sera consommée.

Le gouvernement déterminera, par un règlement d'administration publique, le mode d'exécution de la présente disposition. (*L. des recettes, du 10 août 1839, art. 16, annexée à la circ. n° 1832*).

1168. Ce mode d'exécution a été déterminé par l'ordonnance du 30 décembre 1839, dont voici la teneur :

DÉCLARATION. — SOUMISSION. — EXPORTATION IMMÉDIATE.

1169. Tout fabricant qui voudra exporter des ouvrages d'or et d'argent en franchise du droit de garantie, et sans application de la marque des poinçons français, pourra les présenter à l'essai sans mar-

que du poinçon du fabricant, et après que la fabrication en aura été achevée, pourvu qu'il fasse au bureau de garantie une déclaration préalable du nombre, de l'espèce et du poids desdits ouvrages, et qu'il se soit engagé à les y apporter achevés dans un délai qui ne devra pas excéder dix jours. (*Ordon. du 30 décembre 1839, art. 1er*).

Néanmoins, les ouvrages d'orfèvrerie qui ne pourraient être essayés à la coupelle, ou par la voie humide, sans détérioration, s'ils étaient achevés, seront apportés bruts au bureau et remis au fabricant, après essai, pour en terminer la fabrication, moyennant qu'il souscrive également l'engagement de les rapporter achevés dans le délai de dix jours. (*Idem, art, 2*).

Les ouvrages ainsi rapportés après achèvement, et dont l'identité sera reconnue, sans toutefois qu'il puisse être exigé un nouveau droit d'essai, et ceux qui, en vertu de la dispense prononcée par l'art. 1er, ne seront présentés à l'essai qu'entièrement finis, seront aussitôt après, renfermés dans une boîte scellée et plombée, et remis au fabricant, sur sa soumission de les exporter dans les délais prescrits par la loi. *(Idem, art, 3).*

POINÇONS D'EXPORTATION. — CONSERVATION DES OBJETS A DOMICILE.

1170. Les fabricants qui voudront conserver à leur domicile les ouvrages qu'ils destinent à l'exportation seront admis, sur déclaration, à les faire marquer d'un poinçon spécial dit *d'exportation*, en suivant, quant à ces ouvrages, les règles ordinaires d'essai et de contrôle; ils seront dispensés de payer les droits de garantie, à charge par eux de justifier ultérieurement de la sortie desdits ouvrages. (*Idem, art, 4*).

Les fabricants qui voudront conserver à domicile les ouvrages qu'ils auront l'intention d'exporter sans aucune marque des poinçons français, seront admis, après essai, à faire appliquer le poinçon sur une perle métallique attachée à l'ouvrage par un fil de soie, pourvu que l'ouvrage soit disposé de manière que cette marque volante n'en puisse être enlevée. Les ouvrages ainsi marqués seront mis à la disposition du fabricant, à charge par lui de justifier ultérieurement de leur exportation dans les formes prescrites. (*Idem, art. 5*).

COMPTE-OUVERT.

1171. Au moment de la remise aux fabricants, leur compte sera

chargé des ouvrages marqués du poinçon d'exportation ou des marques volantes. La décharge s'opérera — soit par la justification de l'exportation dans les formes prescrites, — soit par la prise en charge au compte d'un négociant, d'un commissionnaire, ou d'un marchand en gros, ainsi qu'il sera expliqué ci-après. (*Ord.* 30 *déc.* 1839, *art.* 6).

Les ouvrages déclarés pour l'exportation et pris en compte chez les fabricants pourront être achetés par des négociants, des commissionnaires ou des marchands en gros patentés en cette qualité, lesquels seront tenus, avant d'en prendre livraison, de faire une déclaration descriptive desdits objets au bureau de garantie, et de se soumettre à la prise en charge aux mêmes conditions que le fabricant.

Il est interdit, sous les peines de droit, à toutes autres personnes, faisant commerce d'ouvrages d'or et d'argent, d'avoir en leur possession des ouvrages marqués du poinçon d'exportation ou des marques volantes; elles ne pourront avoir, comme par le passé, que des ouvrages empreints des poinçons ordinaires de titre et de garantie. (*Id.*, *art.* 8).

RECENSEMENTS ET INVENTAIRES. — DÉFICITS.

1172. Les manquants reconnus au compte des fabricants, lors des recensements et inventaires, seront soumis au paiement intégral des droits de garantie : il sera procédé, pour le décompte et le recouvrement des droits, conformément aux règles prescrites pour les contributions indirectes. (*Idem*, *art.* 7).

MODE D'EXPORTATION ET D'EMBALLAGE DES OBJETS D'OR ET D'ARGENT.

1173. Tout fabricant, commissionnaire, négociant, ou marchand en gros, qui exportera des ouvrages d'or et d'argent, marqués ou non marqués, pour lesquels les formalités prescrites par la présente ordonnance auraient été remplies, ne les emballera qu'en présence des employés de la régie, lesquels escorteront les colis et assisteront au plombage en douane. (*Idem*, *art.* 10, § 1er).

Les employés des contributions indirectes doivent certifier de leur concours par l'attestation suivante qu'ils apposent sur la soumission spéciale, laquelle soumission est ensuite remise à l'exportateur et n'accompagne pas la bijouterie jusqu'à la frontière :

« *Le colis, accompagné par nous à la douane, a été plombé en notre présence, et expédié avec acquit-à-caution n°..... en date de ce jour.* »

A raison de ces mesures particulières de précaution, la douane peut se dispenser de soumettre ces colis à la visite, et se borner à reconnaître l'existence des plombs ou cachets de la régie. (*Circ. n° 1832*).

1174. Ces sortes d'exportations sont soumises à la formalité de l'acquit-à-caution.

Il y a dès lors, pour les douanes qui font l'expédition, deux opérations distinctes : la délivrance de l'acquit des droits de sortie — et celle d'un acquit-à-caution portant soumission de justifier, dans un délai de trois mois, de l'exportation définitive.

C'est sur l'acquit-à-caution même que les justifications de sortie doivent être libellées : les certificats de reconnaissance doivent être conçus en ces termes :

« *Nous soussignés... certifions avoir reconnu sains et intacts les cordes et plombs du colis mentionné au présent acquit, et énoncé contenir...* »

La douane de sortie peut se borner à reconnaître l'identité du plombage : à moins de suspicion de fraude, elle constate purement et simplement le fait matériel des colis.

Comme pour les soumissions d'exportation de bijouterie poinçonnée, la signature des employés qui délivrent le certificat de décharge est légalisée par le directeur, et celle de ce chef par l'administration.

Après leur décharge, les acquits-à-caution sont remis à l'exportateur même, qui, après les avoir fait revêtir des légalisations voulues, s'en prévaut pour obtenir l'annulation des soumissions souscrites tant en douane qu'entre les mains de la régie. (*Circ. du 15 sept. 1840, n° 1832*).

APUREMENT DU COMPTE-OUVERT.

1175. Le compte de l'expéditeur, et la soumission d'exportation seront déchargés sur la justification, dans le délai de trois mois, de la sortie des colis. (*Ordon., 30 déc. 1839, art. 10, § dernier*).

Section IV.

—

EXPORTATION SOUS RÉSERVE DE RETOUR.

———

DÉCLARATION.

1176. Les expéditeurs qui ne considèrent pas leur exportation comme définitive, doivent exprimer la réserve du retour dans la déclaration descriptive qu'ils produisent à la douane pour acquitter le droit de sortie.

Cette déclaration descriptive, portant réserve de retour, n'est admise, et la promesse du retour ne peut être faite, que par l'un des bureaux désignés par la circ. n° 1832, et rappelés à la page 551 du tarif de 1844.

Sur cette déclaration, qui est commune à l'administration des monnaies et à celles des douanes, on doit énoncer, pour les ouvrages de quelque importance, tels que vases, huiliers, flambeaux, sucriers, etc., la forme, les ornements et le poids de chacun d'eux, de manière qu'à la réimportation, si elle a lieu, ils soient facilement reconnus.

Les couverts de même poids et de même forme, peuvent y être confondus dans un même article.

Les ouvrages d'argent, de faible valeur, sont également réunis par espèces et sous un poids commun.

Il en est de même des ouvrages d'or, qui doivent y figurer, soit par un article unique avec son poids particulier, soit rassemblés par espèces et sous un poids commun.

En tête de la déclaration doit être indiquée la marque du fabricant, telle qu'elle est empreinte sur les ouvrages. *(Circ., n° 932)*.

RECONNAISSANCE DES OBJETS. — ENVOI SUR L'ÉTRANGER.

1177. Lorsque le colis renfermant les ouvrages d'or et d'argent aura été scellé, à la garantie de Paris, ou, partout ailleurs, dans les bureaux de garantie, après, toutefois, qu'il y aura eu confrontation très-soigneuse des objets avec la déclaration qui les décrit, il pourra être mis en transport vers l'Étranger.

Si l'acquit de sortie n'a pu être délivré par une douane de l'intérieur,

il le sera au premier bureau du rayon, au vu de la soumission d'exportation et de la déclaration descriptive, pièces qui, dans l'une et l'autre hypothèse, devront être annexées à l'acquit de sortie. *(Circ., nº 932).*

DOUANE DE SORTIE.

1178. A l'extrême frontière, les employés ayant reconnu la parfaite intégrité du sceau de la monnaie, ou du bureau de garantie, et celle de l'ensemble des colis, procéderont de la manière suivante :

Si l'acquit de sortie a déjà été délivré par une douane de l'intérieur où les colis ont été plombés à nu, comme il est expliqué par l'art. 31 de la loi du 21 avril 1818, et ensuite recouverts d'un double emballage également plombé, les employés des douanes pourront, après avoir reconnu ce dernier plomb intact et avoir retiré le double emballage, se borner à vérifier la parfaite intégrité du colis, des ligatures et des cachets apposés par le bureau de garantie, desquels cachets ils reconnaîtront l'identité avec ceux qui se trouvent empreints sur la déclaration descriptive.

Si les employés ne jugent pas devoir s'en tenir à cette vérification extérieure qui n'est autorisée que pour le seul cas dont il s'agit, ils procéderont à la contre-visite en détail, sans avoir à rendre compte de leur motif.

En toute hypothèse, ils assureront le passage à l'Etranger *(circ. du 7 mai 1828, nº 1100)*, et le certifieront sur la soumission d'exportation, ainsi que sur la déclaration descriptive.

Un simple visa sera apposé sur l'acquit de sortie.

Ces trois documents devront être remis au conducteur lui-même, ou à tout autre agent intéressé à l'exportation. Le premier, c'est-à-dire la soumission d'exportation, doit servir à obtenir la restitution des deux tiers des droits de garantie, et les deux autres à appuyer la demande en réintroduction si elle doit avoir lieu. *(Circ. nº 932).*

RÉIMPORTATION.

1179. Toutes les fois que, s'étant conformé de tout point aux règles qui précèdent, l'exportateur sera à même de produire à l'un des bureaux de douane ouverts à l'entrée des marchandises payant plus de 20 francs du quintal décimal *(nº 649)*, l'acquit de sortie appuyé de la

déclaration descriptive, ce bureau est autorisé à procéder immédiatement après la reconnaissance sommaire des objets présentés au retour à leur envoi sur le même bureau de garantie qui a commencé l'expédition d'exportation, et cet envoi devra s'effectuer sous la garantie du double plombage prescrit par l'art. 51 de la loi du 21 avril 1818 (*numéro* 542) et d'un acquit-à-caution qui énoncera que, faute d'en accomplir les conditions, le soumissionnaire encourra les peines édictées par l'art. 76 de la loi du 5 ventôse an XII, ainsi conçu :

« En cas de fraude des droits de la marque d'or et d'argent, les ob-
« jets de fraude seront saisis et confisqués, et les contrevenants con-
« damnés à une amende égale au quadruple des droits fraudés. »

Ainsi, la valeur des objets devra être exprimée en l'acquit-à-caution. (*Circ. n° 932*).

1180. Enfin, cet acquit étant régulièrement déchargé, après que l'identité aura été reconnue, et les deux tiers du droit de garantie remboursés (1), les ouvrages seront mis à la disposition du propriétaire. (*Circ. n° 932*).

Section V.

ARGENTERIE DE MÉNAGE APPARTENANT A DES FRANÇAIS RENTRANT EN FRANCE,
OU A DES ÉTRANGERS QUI VIENNENT S'Y ÉTABLIR.

1181. Tous les bureaux de douanes pourront d'office, et sous les formalités actuellement en usage (2), expédier sur les bureaux de garantie l'argenterie de ménage importée, soit par des Français, soit par des Etrangers venant s'établir en France.

Après examen par les agents de la garantie et réintégration au bureau des douanes, toutes les pièces qui auront été reconnues empreintes des poinçons français appliqués soit antérieurement, soit postérieurement à l'an VI, seront remises en franchise des droits de douane et de garantie.

---

(1) Les ouvrages d'or et d'argent, exportés en vertu de la loi du 10 août 1839 (n. 1167), sont admis au bénéfice du retour, lorsque leur origine nationale et leur identité ont été constatées par les agents du bureau de garantie. (*Circ. du 28 sept. 1853, n. 148*).

(2) Acquit-à-caution et double plombage.

L'argenterie de fabrication étrangère sera immédiatement poinçonnée et soumise au droit de marque ; après quoi, renvoyée au bureau des douanes, elle sera par celui-ci remise en franchise du droit de douane.

Seront également remises en exemption de la taxe de douanes, mais sous obligation du poinçonnage et de l'acquittement du droit de marque, les parties d'argenterie de ménage qui auraient été primitivement expédiées de France, revêtues du poinçon spécial d'exportation prescrit par la loi du 10 août 1859.

1182. Dans les deux cas déterminés ci-dessus, s'il arrivait que le propriétaire de l'argenterie refusât de payer le droit de garantie, les pièces seraient néanmoins réexpédiées sur la douane pour être, par les soins de celle-ci, ou réexportées à l'Etranger, ou brisées, selon le vœu de la loi, et soumises en cet état au droit de la matière brute.

Ces nouvelles dispositions, dont il sera fait application par les bureaux de douanes et de garantie sans qu'il soit besoin de recourir, comme par le passé, à une autorisation supérieure, sont, comme l'étaient celles résultant de la décision de 1817, uniquement applicables à l'argenterie en cours de service, à l'exclusion de tous objets neufs.

1183. Rien n'est changé, d'ailleurs, ni aux dispositions générales qui régissent la réadmission des objets d'or et d'argent neufs en retour de l'Etranger, notamment à celles déterminées par la circulaire du 28 septembre 1855, n° 148, ni au régime d'admission temporaire, tel qu'il a été réglé par la décision du département des finances, en date du 5 septembre 1825, à l'égard de l'argenterie étrangère que les propriétaires demandent à introduire à charge de réexportation. Les importateurs demeureront libres ainsi d'effectuer cette introduction soit à titre provisoire, sous consignation des droits, soit à titre définitif, sous l'accomplissement des formalités spécifiées ci-dessus. (*Décis. min. 2 février 1854, — et circ. du 13 dudit mois).*

CHAPITRE X.

—

MEUBLES ET EFFETS

A L'USAGE DES VOYAGEURS ET DES ÉTRANGERS.

1184. A leur arrivée dans les douanes, les voyageurs sont tenus de faire la déclaration de tous les objets renfermés dans les colis qui les accompagnent.

Pour qu'ils puissent faire exactement cette déclaration, les employés (1) doivent les guider et leur donner les avis nécessaires. (*Voir le n° 557*).

Section I.

—

EFFETS A L'USAGE DES VOYAGEURS.

—

EFFETS SUPPORTÉS.

1185. Les habillements et le linge de corps formant le trousseau des voyageurs ne sont soumis à aucun droit d'entrée ni de sortie, l'orsqu'ils présentent des traces évidentes de service, et que les quantités sont en rapport avec la position sociale des propriétaires.

Cette immunité est accordée même quand les objets dont il s'agit n'accompagnent pas les voyageurs; mais il faut alors qu'ils soient importés avec d'autres effets à usage, et qu'ils n'excèdent pas le nombre strictement nécessaire.

C'est aux employés à apprécier, en pareil cas, ce qu'il est convenable de faire pour prévenir toute fraude, comme pour éviter toute rigueur inutile. *(Tarif de 1844, note n° 720)*.

---

(1) Un officier ou un sous-officier du service actif doit, avant la visite, avertir les voyageurs qu'il leur importe de prendre connaissance de l'avis aux voyageurs qui est affiché dans les douanes.

En cas de saisie, il est recommandé de mentionner, dans le procès-verbal, l'accomplissement des prescriptions faites, à cet égard, par les règlements. (*Déc. adm.*, 17 sept. 1851).

1186. Le numéraire importé ou exporté par un voyageur est affranchi des droits. (*Adm. 30 mai 1840*).

1187. Le linge de table et de cuisine, et le linge de lit ne jouissent pas de l'exemption des droits. Toutefois, lorsque, dans le bagage des voyageurs, il ne s'en trouve que de très faibles quantités (1), on peut passer outre, à moins qu'il ne s'agisse de linge neuf. (*N° 1198*).

1188. Les habits de théâtre qui suivent les acteurs dans leurs départements,

Les instruments de musique dont se servent les artistes ambulants,

Et les instruments *portatifs* de l'espèce à l'usage personnel des voyageurs, — sont admis à circuler librement, quand nul doute ne s'élève sur la qualité des individus qui les présentent. (*Tarif de 1844, note 720*).

EFFETS NEUFS.

1189. Les vêtements neufs (2) confectionnés, et autres effets neufs (3), à l'usage des voyageurs, sont soumis à l'entrée, au droit de 50 p. % de la valeur en France, lorsqu'ils sont déclarés avant la visite, et que la douane reconnaît que ce sont des objets tous de commerce destinés à l'usage personnel des déclarants, et en rapport avec leur condition et le reste de leurs bagages (4). (*L. 2 juillet 1836, section première*).

1190. Sont également admis au droit de 50 p. % de la valeur en France :

1° Les nécessaires de voyage ;

2° Les petites pharmacies de voyages ;

3° Les objets de sellerie, etc.;

---

(1) Si les quantités étaient par trop fortes, on les soumettraient au droit de 15 0/0 de la valeur. (*Tarif*). Voir le n. 1195.

(2) Par vêtements, on entend non-seulement les habillements proprement dits, mais encore tout ce qui sert, à un titre quelconque, à vêtir les personnes des deux sexes : ainsi, on range dans cette classe, les bottes, souliers, chapeaux, gants, manteaux, châles, etc. (*Circ., n. 1459*).

(3) Il y a lieu d'admettre comme *autres effets*, quel que soit le tissu dont elles sont formées, les pièces de lingerie neuves, appropriées pour le corps, la table, ou le lit. (*Circ., n. 1459*).

(4) Si la douane avait lieu de penser que les objets présentés ne sont pas à l'usage personnel des voyageurs, elle suspendrait l'admission, et elle en référerait sur-le-champ à la direction. (*Circ., n. 1442*).

4° Et les objets de fantaisie, de nature prohibée qu'apportent de l'étranger les voyageurs, même quand ils ne seraient pas à leur usage personnel ; mais il faut que ces objets soient en petit nombre, et que la position sociale du déclarant ne permette pas de supposer qu'ils sont importés à titre d'opération de commerce. *(Tarif de 1844, n° 722, et déc. adm. 2 sept. 1845).*

1191. Si, parmi les effets des voyageurs de bonne foi, il se trouve des objets non-prohibés, hors de commerce, dont ils ne veulent ou ne peuvent acquitter les droits, la douane est autorisée à les faire réexporter comme s'ils étaient prohibés. *(Adm. 24 février 1842).*

1192. Quand un carillon à musique, apporté par un voyageur, est renfermé dans une boîte en corne fondue, ou en écaille, on peut, malgré la prohibition, percevoir le droit sur le poids net du carillon. *(Adm. 23 juillet 1830).*

1193. Lorsque les voyageurs n'ont sur eux, pour leurs besoins, qu'une seule montre, on peut affranchir cette montre des droits d'entrée, quand, surtout, elle est, par sa nature et sa valeur, en rapport avec la position sociale de la personne qui la porte. *(Note 639 du tarif de 1844).*

PLOMBAGE DES EFFETS A L'USAGE DES VOYAGEURS.

1194. Dans certaines localités, la douane est autorisée à plomber les malles renfermant les vêtements et les effets à l'usage des voyageurs, afin d'éviter de nouvelles visites pendant leur transport dans le rayon ; mais ce plombage ne dispense pas d'une contre-visite quand la seconde douane a des soupçons de fraude. *(Déc. adm. 2 juillet 1834). (Voir le n° 671).*

Section II.

MEUBLES A L'USAGE DES ÉTRANGERS OU DES VOYAGEURS.

1195. Les objets de toute nature composant le mobilier des Étrangers qui viennent s'établir en France, ou des Français qui rentrent dans leur patrie, peuvent être admis, à titre d'exception, au droit de 15 p. o/°, sur la simple autorisation des chefs locaux, quand, notoire-

ment destinés à l'usage des importateurs et de leur famille, ces objets sont reconnus porter des traces évidentes de service.

Mais, à moins d'une autorisation spéciale de l'administration, on ne peut en effectuer l'importation que par l'un des bureaux marqués au tarif d'un astérisque, et à charge de produire, à l'appui de la déclaration de valeur, un inventaire exact et détaillé de tout ce qui doit être introduit. *(Note 715 du tarif de 1844).*

1196. Cette facilité s'applique non-seulement aux objets d'ameublement, y compris les tapis et tapisseries de toute sorte, mais encore au linge de lit, de table, et de cuisine, aux matelas, et à tous ustensiles quelconque de ménage, même aux articles qui, par leur nature, pourraient être considérés comme prohibés à l'entrée, à l'exclusion toujours de tout objet neuf. *(Tarif de 1844, note 715).*

1197. Peuvent encore être importés au droit de 15 p. $_0/^0$ et traités comme meubles :

1° Les vieilles porcelaines, même celles de Chine, du Japon, ou de Saxe, quand elles sont en petit nombre, et qu'elles portent des traces évidentes d'usage ;

2° Les cadres pour tableaux, gravures, etc., dorés ou non, à l'exception des cadres communs en bois blanc, sans ornements ni moulures, qui font partie de la boiselleric ;

3° Les verres ou glaces qui accompagnent les cadres ;

4° Les outils en cours d'usage ;

5° Les pianos compris dans le mobilier, lorsqu'ils portent des traces évidentes d'usage, et que la valeur sur laquelle la taxe doit être perçue n'est pas au-dessous de 600 francs ;

6° Et les marbres dont sont ornés certains meubles. *(Tarif de 1844, n⁰ 715).*

1198. Les vins, liqueurs, et autres provisions de ménage ne sauraient, dans aucun cas, participer au bénéfice des dispositions ci-dessus.

Il en est de même :

De l'argenterie. *(N° 1181).*

Du linge neuf en pièces ;

Et des matelas neufs qui doivent acquitter les droits du tarif, tant sur le contenu du matelas que sur le tissu qui en forme l'enveloppe. *(Tarif de 1844, note 715).*

1199. Il est recommandé aux employés de veiller à ce que la valeur des objets admis ainsi exceptionnellement aux droits des meubles, soit convenablement établie. Ils doivent inviter, au besoin, les importateurs à rectifier leurs déclarations, en les avertissant qu'en cas de refus de leur part, on appliquerait à tout autre objet qu'aux meubles proprement dits, au lieu du droit de 15 $°/_0$ de la valeur, les dispositions rigoureuses du tarif. (*Tarif de* 1844, *note* 715).

CHAPITRE XI.

VOITURES DES VOYAGEURS.

2000. Les voitures prohibées par la loi du 10 brumaire an V, ne seront admises qu'à charge par les voyageurs d'en garantir le renvoi à l'étranger, dans le délai de trois ans, en consignant le tiers de leur valeur réelle. La condition du renvoi étant remplie, les trois quarts de la somme consignée seront remboursés. Il n'y aura d'exception (1) à cette règle qu'en faveur des voyageurs français qui ramèneront les voitures qui leur ont servi. *(Loi 27 juillet 1822, art. 18).*

2001. La consignation du tiers de la valeur des voitures ne sera pas exigée des Ambassadeurs ou Ministres étrangers accrédités près la cour de France, non plus que des agents diplomatiques et courriers de cabinet qui justifieront de leurs titres et mission. *(Arr. du ministre des finances du 25 septembre 1824, art. 1).* Il n'y a pas à rechercher,

---

(1) Cette exception ne s'applique qu'aux Français qui justifient, par un acquit-à-caution, de la sortie antérieure de cette même voiture. (*Arr. de C. du 24 mars* 1841).

En cas de saisie, il faut agir d'après les lois générales de douane. (*Arr. de la C. de Metz du 12 février* 1840).

La consignation n'est pas passible du décime par franc. On la porte en recette, savoir : un quart au compte du trésor, et les trois autres quarts aux opérations de trésorerie. (*Circ. du 17 janvier* 1823).

Voir les n. 405 et suivants.

On ne soumet pas au droit de sortie les voitures à l'usage des voyageurs. (*Tarif de* 1844, *note* 683, *paragraphe dernier*).

Les fourgons dans lesquels on transporte des sangsues vivantes, sont soumis à la même consignation que les voitures de voyageurs ; mais l'intégralité de la somme consignée est restituée si ces fourgons sont réexportés dans le délai d'un an. (*Tarif de* 1844, *note* 683).

à l'égard de ces voitures, si elles sont neuves ou vieilles. *(Tarif de 1844)*.

Art. 2. Les voitures de voyageurs nationaux ou étrangers seront affranchies de la consignation lorsqu'elles seront conduites par les chevaux de postes et chargées de bagages, et plus spécialement lorsqu'il sera évident qu'elles servent depuis longtemps et qu'elles ne peuvent être un objet de commerce (1).

Art. 3. Seront pareillement exempts de la consignation les *habitants des pays limitrophes* qui justifieront de leur domicile, s'ils ne viennent en France que momentanément, ou s'ils traversent seulement le territoire français dans une courte distance pour se rendre à l'étranger, et pourvu que les voitures dont ils se servent soient évidemment hors de commerce (2).

2002. Il sera tenu un registre spécial des voitures admises en vertu du précédent article, où l'on notera le retour à l'étranger. Les douanes frontières signaleront à l'administration ceux qui auraient laissé leurs voitures dans l'intérieur, afin qu'ils ne puissent plus jouir nulle part de la facilité qu'on entend accorder aux personnes de bonne foi. *(Arr. minist. du 25 septembre 1824, art. 4)*.

2003. Les *diligences appartenant à des services publics*, soit de France, soit de l'étranger, ainsi que les *fiacres et voitures* connus pour traverser périodiquement ou habituellement les frontières, ne seront pas tenus à faire la consignation. *(Idem, art. 5)*.

Les voitures étrangères qui seraient destinées à faire un service particulier dans l'intérieur ne pourraient être admises. *(Déc. adm. du 10 décembre 1839)*.

Cependant si, hors le cas prévu par l'art. 5 ci-dessus, une diligence publique se trouvait dans la nécessité de traverser fortuitement la frontière, on pourrait l'admettre à titre d'exception, et sous soumission cautionnée de la réexporter dans un très court délai. *(Déc. adm. du 17 novembre 1834, Bourgat)*.

---

(1) Si elles étaient neuves, elles resteraient soumises à la consignation, et, dans le cas où elles n'auraient pas été déclarées telles, il y aurait lieu de les saisir pour cause de fausse déclaration. *(Tarif, n. 683)*.

(2) Quand le séjour en France des individus établis près de la frontière doit se prolonger au-delà de quelques jours, il y a lieu d'assurer la réexportation de leurs voitures au moyen d'un acquit-à-caution. *(Tarif, n. 683)*.

2004. Pourront être réimportées en franchise *toute espèce de voitures* pour lesquelles on aura levé, à la sortie de France, un passavant descriptif qui en fasse reconnaître l'identité au retour (1). *(M. ar. art. 6).*

2005. *Toutes les voitures neuves, autres que celles dont parle l'art. 1er du présent arrêté,* resteront assujetties à la consignation voulue par la loi, ou à la saisie, dans le cas où ceux qui les occuperaient ne seraient pas des voyageurs, mais des courtiers de fraude. *(Idem, art. 7).*

2006. Les douanes admettront les voitures de voyageurs *sur les valeurs déclarées,* lorsqu'elles reconnaîtront ces valeurs conformes à la vérité : en cas de contestation, elles recourront à l'avis d'un expert. *(Circ. du 17 janvier 1823, no 780).*

La circulaire no 580 donne la valeur moyenne des voitures le plus communément employées (2).

Désignation des voitures.		Neuves.	Vieilles.
VOITURES A 2 ROUES {	Chaises de postes . . .	1,400 « «	900 « «
	Carricks à pompes . .	2,000 « «	« « « «
	Diligences, ou coupés	5,500 « «	2,000 « «

(1) Cette disposition, aux termes de la loi du 27 juillet 1822 (n. 2000), est particulièrement applicable aux voitures de fabrication française avec lesquelles les voyageurs se sont rendus à l'Etranger. Quant à celles de fabrication étrangère, il ne doit être délivré de passavant [descriptif pour en assurer le retour en franchise, que lorsqu'on représente l'acte de consignation dont elles ont été l'objet à leur entrée en France, et qu'on justifie ainsi, ou que le délai pour en effectuer la réimportation définitive n'est pas expiré, ou qu'il y a eu abandon d'une consignation faite antérieurement pour la même voiture.

Tout passavant délivré à l'effet d'assurer la libre rentrée d'une voiture, ne peut être valable que pour un an. *(Tarif, note 683).*

(2) Voici une instruction sur la manière de prendre le signalement des voitures :

On détermine d'abord — le genre de voiture, si c'est un char-à-banc, — un char de côté, — un char en face, — une calèche, — une berline, — un tilbury, etc., etc., — si elle est neuve, usagée, ou en mauvais état; — si elle est ou non garnie en cuivre, en cuivre doré ou argenté, et qu'elles sont les parties garnies; — si elle repose sur ressorts ou sur brancards; — s'il y a caisse derrière ou siège devant; — si elle est couverte à soufflet; — de quelle couleur sont peints la caisse et le train; — si la caisse porte des armoiries; — de quelle couleur la voiture est rechampie; — de quelle couleur sont les filets; — si la voiture est construite à un ou deux limons; — quelle est la garniture de l'intérieur, en basane, en maroquin, drap, coutil, toile, etc.; — s'il y a une ou deux lanternes, etc., etc. — On indique ensuite la valeur de la voiture, laquelle valeur est estimée de gré à gré, — et, — s'il existe des doutes de fraude, — on prend encore la largeur de l'ouverture des portières, ou la mesure de toute autre partie de la voiture.

EXEMPLE DE SIGNALEMENT.

Un char en face, usagé, sur ressorts plats, — couverture à soufflet; — marques évidentes d'usage sur le derrière de la caisse; caisse chocolat; train rouge; filets bleus; siège devant; porte-bagage derrière; gardes-crotte; deux lanternes; le siège, la portière et les vitraux garnis en cuivre argenté; intérieur garni en maroquin vert, à deux limons; valeur huit cent francs.

VOITURES A 4 ROUES	Landaws	5,000 « «	3,000 « «
	Berlines . . . . ,	4,500 « «	2,500 « «
	Calèches	2,400 « «	1,500 « «

2007. S'il arrivait que des étrangers se trouvassent dans l'impossibilité de réaliser la consignation, on pourrait recevoir une obligation, suffisamment cautionnée, de compter la somme en espèces dans un délai qui ne pourrait excéder deux mois. (*Circ. 17 janvier* 1823).

2008. Quand des voitures qui servent à l'agriculture ou au roulage franchissent momentanément la frontière, la douane doit en assurer le renvoi à l'étranger, ou le retour en France, en même temps que celui des animaux qui y sont attelés.

Pour les règles à suivre à cet égard, *voir les nos* 410 *et suivants.*

CHAPITRE XII.

MARCHANDISES TRANSPORTÉES PAR LES COURRIERS DES MALLES.

2009. Il est défendu aux courriers des malles de se charger d'aucune marchandise, à peine de confiscation, et, pour vérifier les contraventions, leurs brouettes, malles et valises pourront être visitées au bureau de première et seconde ligne. (*L. 22 août* 1791, *tit.* 2, *art.* 28).

« Les courriers des malles seront soumis aux visites de chaque bureau, ils ne se chargeront d'aucune marchandise, à peine de confiscation, de trois cents francs d'amende, et d'être exclus de tout emploi dans les postes. » (*L. 4 germinal an II, tit.* 3, *art.* 7).

« Les courriers nationaux ne pourront se charger que des paquets appartenant au service des postes. » (*Arr. du* 17 *oct.* 1794, *art.* 1er).

« Il leur est expressément défendu de se charger d'aucune marchandise, sous les peines portées par l'art. 7 du titre 3 de la loi du 4 germinal an II. » (*Idem, art.* 2).

« Les courriers étrangers qui se chargent d'objets de commerce sont sujets à la visite et au paiement des droits de douanes. » (*Id., art.* 3).

« Les courriers Étrangers sont tenus de se conformer aux dispositions de l'art. 7 du titre 5 de la loi du 4 germinal an II. » *(Id., art. 4).*

2010. Tout courrier ordinaire des dépêches, soit Français, soit Étranger, est tenu de porter *un part énonciatif* de ses nom et prénoms, ainsi que du bureau de poste duquel il dépend, et de souffrir les visites des préposés des douanes, conformément aux lois des 22 août 1791, et 4 germinal an II. » *(Règlement du 15 mars 1810, art. 1er., circ. du 9 avril 1810).*

Même règlement, art. 2 : « La visite des préposés des douanes ne pourra avoir lieu, dans leur bureau, que sur les caisses, balles, ballots ou paquets non scellés du cachet de l'administration des postes, et non portés sur le part du courrier.

« Mais tout ce qui sera scellé du cachet des postes et porté sur le *part*, ne pourra, conformément à la décision du ministre des finances, en date du 12 prairial an V, être visité que dans le bureau des postes françaises le plus voisin, en présence des préposés de ce bureau, qui seront tenus de présenter eux-mêmes aux préposés des douanes tous les objets que ces derniers jugeront sujets à la visite, et il en sera dressé procès-verbal (1).

« Les paquets et objets qui auront subi la visite, et dans lesquels il ne sera rien trouvé de sujet aux droits, seront refermés avec soin et croisés d'une ficelle sur laquelle sera apposé le cachet des postes.

« Il sera, en outre, écrit sur l'enveloppe : *Visité au bureau de...... le...... par les préposés de l'administration des douanes qui en ont requis l'ouverture.* La mention dont il s'agit sera signée des nom, prénoms et qualités du préposé de cette administration qui aura procédé à la visite, et de ceux du directeur ou préposé des postes qui en aura été témoin. »

Art. 3. « Toutes les fois que les préposés des douanes demanderont à faire la visite des paquets scellés d'un cachet des postes, et de leur contenu, le courrier, conformément à la décision précitée, recevra dans sa voiture, s'il y a place, celui des préposés qui devra procéder à la visite, et le conduira au bureau des postes où cette visite pourra être faite.

---

(1) Par les employés des postes. *(Circ. du 9 avril 1810).*

« Si le courrier ne peut recevoir le préposé des douanes dans sa voiture, il se rendra, au pas, au bureau des postes, de manière que ce préposé ne puisse le perdre de vue. »

2011. S'il était saisi sur des courriers des objets prohibés à l'entrée, la contravention serait poursuivie d'après la loi du 28 avril 1816, en observant cependant, que, *dans aucun cas*, les voitures et chevaux appartenant aux courriers et messageries impériales, ne peuvent être saisis. *(Loi du 22 août* 1791, *tit.* 2, *art.* 29. — *Arr. de cas. du 8 nov.* 1805, *et Paris,* 30 *octobre* 1838).

Cependant les chevaux de poste (1) qui servent habituellement de relais aux messageries et voitures publiques sont saisissables, comme moyens ordinaires de transport, en cas de découverte de marchandises de contrebande sur les voitures. *(Paris, 6 juin* 1839).

2012. Aussitôt qu'un directeur des postes aura soupçonné, d'après son volume ou au toucher, qu'un paquet *venu de l'Etranger,* à l'adresse d'un destinataire de sa circonscription, peut renfermer des marchandises, il devra *charger* d'office ledit paquet, et faire inviter, selon l'usage en pareil cas, la personne indiquée par la suscription à se présenter au bureau pour retirer la dépêche venue à son adresse. Ce fonctionnaire donnera en même temps avis de cette mesure aux employés qui auront reçu l'attribution de pourvoir sur les lieux à l'application éventuelle de la loi des douanes (2). Ceux-ci devront se trouver présents au bureau de la poste au moment assigné pour la remise du paquet. Après que le directeur des postes et les délégués des douanes auront constaté, par un premier contexte du procès-verbal spécial, l'état extérieur du paquet dont il s'agit, en relatant exactement la nature et

---

(1) Les chevaux de poste ne faisant, en général, qu'un séjour de courte durée en France, et leur entrée et leur sortie s'effectuant toujours par le même point, on peut, sans inconvénient, les affranchir de toute soumission ou consignation : les intérêts du service sont suffisamment garantis en faisant prendre note de chaque passage sur un registre *ad hoc* par le chef de brigade. *(Adm.,* 15 juin 1847).

(2) Dans tous les endroits où il existe un établissement de douanes, bureau ou brigade, c'est au chef local de ce service que le directeur des postes devra donner avis de la fraude : sur tous les autres points, soit de l'intérieur, soit même du rayon frontière, où il n'existe pas de poste de douanes, le soin d'exercer, dans les cas prévus, l'action attribuée par la loi aux préposés des douanes est expressément confié, dans les chefs-lieux de direction, au directeur des contributions indirectes, ou à son délégué spécial, et partout ailleurs, au receveur soit particulier-entrepôseur, soit sédentaire, soit ambulant de cette administration, qui aura le bureau de poste dans la circonscription de sa recette. *(Circ.,* n, 1094, — *et arrêté du minist. des finances du* 20 *octobre* 1843).

le millésime des timbres dont il sera revêtu, ainsi que la voie par laquelle il sera parvenu en France, le destinataire sera invité à faire, sur place et devant les fonctionnaires présents, l'ouverture de la dépêche. S'il ne se trouve que des lettres sous le cachet rompu par lui, ou si des lettres accompagnent d'autres objets saisissables, celles-là seront remises sur-le-champ, sans que, *sous aucun prétexte*, il en soit pris lecture, et les marchandises qui auraient été découvertes sous le même pli, seront *seules* soumises à la vérification des représentants des douanes. Cette ouverture, cette remise des lettres, et cette distraction des autres objets, s'il y a lieu, seront, dans tous les cas, constatées par le procès-verbal dont il est parlé ci-dessus, procès-verbal qui sera clos au bureau même de la poste.

Si le destinataire, averti par le directeur des postes, ne se présente pas, ou s'il ne consent pas à ouvrir le paquet, ou enfin s'il refuse la lettre venue à son adresse, le procès-verbal le constatera ; il sera alors fait description dans ledit acte de l'état extérieur du paquet qui sera laissé en la possession du directeur des postes, lequel pourvoira à l'application des règlements généraux de son administration concernant les *rebuts*. Les opérations de la vérification seront, dans ce cas, ajournées jusqu'après l'expiration des délais stipulés dans les règlements de la poste.

Lorsque, dans l'une ou l'autre hypothèse, il y aura lieu de passer à la vérification des marchandises s'il en a été trouvé dans le paquet, les délégués des douanes s'attacheront d'abord à reconnaître la nature ou l'importance de celles-ci.

S'il ne s'agit que de simples échantillons non susceptibles d'emploi, on s'abstiendra d'en opérer la saisie, et on en effectuera la remise pure et simple, sur un récépissé, soit au destinataire, s'il est présent, soit, dans le cas contraire, au directeur des postes : on constatera ce qui aura été fait à cet égard, au moyen d'un appendice au procès-verbal.

S'il s'agit, au contraire, d'objets de nature à rentrer sous l'application de la loi prohibitive, ou sous celle du tarif des droits à l'entrée, on en pratiquera la saisie (1), et on dressera procès-verbal de la contravention.

------

(1) Il convient de constater, par un procès-verbal distinct, la saisie des marchandises renfermées dans chaque lettre ou paquet. *(Déc. admin.*, 4 *février* 1851).

La jurisprudence de plusieurs tribunaux, d'accord sur ce point avec la saine intelligence des lois de la matière, a déjà posé en principe que la constatation de la découverte et de la capture, en quelque lieu que ce soit de la France, d'un paquet *venu de l'étranger* par la voie de la poste, sous le cachet de cette administration, et avec le timbre de l'office étranger par l'intermédiaire duquel il a été expédié, équivaut à la *poursuite à vue* prévue, suivant le cas, par les articles 39 de la loi du 28 avril 1816, ou 55 du tit. 13 de celle du 22 août 1791.

On procédera, en conséquence, en vertu de l'un ou de l'autre de ces articles, suivant qu'il s'agira, d'une part, d'objets soit prohibés, soit tarifés à 20 fr. et plus par 100 kilog., soit de la classe de ceux dont la prohibition a été remplacé par des droits (*art. 3 de la loi du 5 juillet* 1836,) (*n°* 2207); ou, d'autre part, d'objets imposés à un droit inférieur à 20 fr. par quintal métrique.

Dans la première hypothèse, on attribuera la poursuite de l'affaire au tribunal correctionnel du ressort : dans la seconde, on saisira la justice de paix du canton, en observant ponctuellement, dans l'un comme dans l'autre cas, les formalités tracées par la loi du 9 floréal an VII pour la validité des rapports de saisie.

Les objets saisis seront déposés par les saisissants *au plus prochain bureau des douanes*, s'il en existe un à proximité, ou, à défaut, *au greffe du tribunal* qui devra connaître de la contravention. Dans cette dernière éventualité, qui ne se réalisera que si le transport à un bureau de douanes est rendu impossible par des raisons de temps ou de distance, il faudra relater dans le procès-verbal les causes de ce dépôt exceptionnel.

Dans le premier cas, le procès-verbal, une fois revêtu de toutes les formalités propres à en assurer la valeur judiciaire, sera adressé ou remis par les verbalisants eux-mêmes, soit au procureur impérial, s'il s'agit d'une affaire de compétence correctionnelle, soit au juge de paix s'il s'agit d'une affaire de compétence civile.

Dans le cas où, bien que saisie par des préposés des contributions indirectes, la fraude aurait été amenée et déposée par ceux-ci dans un bureau de douanes, l'action directe de la douane par ses propres agents reprendra son complet exercice.

Le receveur de ce dernier bureau demeurera alors exclusivement

chargé d'accomplir toutes les opérations complémentaires de la constatation de la fraude, au même titre et dans les mêmes conditions que si le procès-verbal eut été rédigé par des préposés des douanes. (*Circ. n° 1994, du 15 novembre 1843*).

CHAPITRE XIII.

MARCHANDISES TROUVÉES SUR DES DILIGENCES, MESSAGERIES OU VOITURES PUBLIQUES.

2013. Les messagers et conducteurs de voitures publiques seront soumis, pour les objets dont leurs voitures se trouveront chargées, aux formalités ordonnées par le présent titre. En cas de contravention ou de fraude, la confiscation des marchandises sera prononcée contre eux, ainsi que l'amende dont les propriétaires, fermiers ou régisseurs desdites voitures seront responsables : néanmoins, la condamnation en l'amende n'aura pas lieu, lorsque les objets seront portés (1) sur la feuille qui doit être représentée pour servir à la déclaration......
(Art. 29 du tit. 2 de la loi du 22 août 1791).

Les conducteurs des messageries et voitures publiques seront soumis aux lois des douanes : si des objets ne sont pas portés sur la feuille de voyage, ils seront personnellement condamnés à une amende de trois cents francs ; les marchandises en contravention seront confisquées, de même les voitures et chevaux, et les fermiers ou régisseurs intéressés seront solidaires avec le conducteur pour l'amende de trois cents francs. *(Art. 8 du tit. 3 de la loi du 4 germinal an II).*

2014. Les conducteurs de voitures publiques doivent faire une déclaration au bureau des douanes de toutes les marchandises qu'ils transportent ou représenter la feuille de route où elles sont mentionnées, à peine d'une amende de 500 fr., outre la confiscation des objets et des moyens de transport. *(Arr. de Cas. du 24 juin 1835. Cir. n° 1505).* *(Voir le n° 2017).*

---

(1) Le vœu de la loi est suffisamment rempli quand le colis, dans l'intérieur duquel il a été caché de la contrebande, se trouvait sur la feuille de voyage sous la dénomination de son contenu principal et apparent. *(Déc. adm., du 10 mai 1841. Bourgat).*

2015. Les entrepreneurs de voitures publiques sont solidaires avec leurs conducteurs, ou autres agents, des amendes prononcées par suite de saisies opérées sur leurs voitures. L'action contre les entrepreneurs peut être intentée en tout état de cause. (*Arr. de Cas. du 19 novembre 1835. Cir. n° 1518*).

Cependant ils peuvent se décharger de la responsabilité qui pèse sur eux, à raison de la découverte d'un objet de fraude sur leurs voitures, en désignant instantanément le voyageur à qui appartiennent ces objets. Il faut, du reste, que le voyageur soit présent et se reconnaisse le propriétaire. (*Arr. de Cas. du 16 décembre 1842*) (1).

Dans ce cas, voici la marche que trace l'administration dans sa lettre du 10 avril 1843 :

Toutes les fois qu'il y aura lieu de saisir des marchandises de contrebande sur une voiture publique en circulation ou à son bureau de station, et que les agents de l'entreprise auront immédiatement administré la preuve suffisante qu'un des voyageurs présents est le propriétaire de ces marchandises, deux hypothèses sont à prévoir : si les circonstances constitutives de la contravention permettent de faire entrer celle-ci sous l'application de l'article 41 de la loi du 28 avril 1816, les préposés s'assureront de la personne du contrevenant, ou au moins de sa présentation ultérieure en justice, au moyen d'une caution ou d'une consignation.

Dans les autres cas, c'est-à-dire en cas de saisie de bureau ou de saisie d'objets tarifés à moins de 20 fr. les 100 kilog. et de saisie à l'intérieur (*Loi du 28 avril 1816. tit. 6*), les préposés devront sommer le voyageur signalé comme propriétaire de la fraude, d'avoir à représenter son passeport ou tout autre papier authentique justificatif de son individualité. Mention de ces papiers sera consignée au procès-verbal avec toutes les indications propres à guider d'une manière sûre les recherches ultérieures de la justice. Si le voyageur n'a aucun papier de cette nature à produire, on devra le conduire immédiatement devant le maire ou le commissaire de police qui statuera ce que de droit à son égard ; comme, toutefois, ce magistrat ne pourra, dans aucune hypo-

---

(1) Alors, il n'y a pas lieu de requérir la confiscation des chevaux, ou le paiement d'une somme égale à la valeur des moyens de transport dont il aurait été fait remise. (*Déc. admin*, 14 octobre 1852.

thèse, lui laisser continuer sa route ou lui rendre sa liberté sans s'être assuré positivement de son nom et de son domicile, il sera pris note authentique du résultat de ses investigations à cet égard pour servir de base à la poursuite ultérieure de l'administration contre le contrevenant pour le recouvrement de l'amende.

2016. En cas de saisie de marchandises prohibées, l'art. 41 de la loi du 28 avril 1816, est, en tout, applicable aux messageries ou voitures publiques. Les moyens de transport doivent être confisqués *(arr. de C. du 8 nov. 1805 et 24 juin 1835)*, quand même les chevaux appartiendraient à des maîtres de poste. *(Déc. adm., 6 juin 1839)* (1).

2017. Il y a lieu, lorsque la douane est dans le cas de constater des fraudes ou contraventions sur des voitures publiques, de conclure d'abord à toutes les pénalités édictées par les lois générales, et de requérir, en outre, comme punition spéciale, si la marchandise saisie n'est pas inscrite sur la feuille de route, ou n'y figure que sous une indication fausse, l'application, personnelle au conducteur, de l'amende de 500 fr., édictée par l'art. 8 de la loi du 4 germinal, an II. *(Strasbourg, 22 janvier 1837)*.

2018. Lorsqu'il y a lieu de saisir, soit pour fausse énonciation du contenu, soit pour défaut de formalité à la circulation, des objets inscrits sur la feuille de route, les frais de transport doivent être remboursés par la douane au conducteur de la messagerie qui en donne quittance : ils sont compris dans les frais relatifs à la saisie dont le receveur dépositaire fait l'avance. *(Circ. du 30 juillet 1815, n° 55)*.

CHAPITRE XIV.

ATELIERS, FABRIQUES, MANUFACTURES.

2019. Il ne pourra être formé dans l'étendue des huit kilomètres des frontières, à l'exception des villes, *aucune nouvelle clouterie, pape-*

---

(1) Cependant, les chevaux de poste, conduisant des voyageurs, ne doivent pas être saisis pour faits de fraude imputables à ces derniers. (Voir la note du n. 2018). *(Déc. adm. du 30 octobre 1838)*.

terie, *ou autre grande manufacture ou fabrique*, sans l'avis du directoire du département. (*Loi du 22 août* 1791, *tit.* 13, *art.* 41).

L'autorisation nécessaire, d'après l'art. 41 du titre 13 de la loi du 22 août 1791 ci-dessus, et l'article 37 du même titre de la même loi (*n°* 2025), et d'après la loi du 21 ventôse an XI (*n°* 2024), pour *établir des manufactures et construire des moulins, soit à vent, soit à eau,* ou *autres usines*, ne sera accordée dans l'étendue du territoire formant la ligne des douanes près de la frontière de terre, que sur le rapport des préfets et l'avis des directeurs des douanes, constatant que la position de ces établissements ne peut favoriser la fraude. (*Art.* 75 *de la loi du* 30 *avril* 1806, *arrêt de C. du* 14 *décembre* 1832).

2020. Les simples ateliers de fabrication sont compris dans les termes des lois des 22 août 1791 et 50 avril 1806, et l'administration a le droit d'intervenir même quand il ne s'agit que d'une industrie de famille. (*Circ., n°* 1569, *et Paris,* 16 *octobre* 1855).

Ce n'est que dans les villes ou dans les communes dont la population est au moins de 2,000 âmes, que les fabriques ou ateliers peuvent être établis sans autorisation. (*Paris,* 12 *août* 1833).

Il n'est pas nécessaire d'être autorisé pour établir des magasins ou des boutiques. (*Paris,* 7 *août* 1834).

2021. Celui qui veut monter un atelier adresse à l'administration une pétition dans laquelle il s'engage :

1° A ouvrir un compte au bureau le plus voisin (1) ;

2° A justifier l'origine des matières premières qu'il emploie ;

3° A laisser aux préposés la faculté de procéder, en tous temps, à des recensements ou à des visites, sans l'assistance du maire ou d'un officier municipal ;

4° Et à ne déplacer son atelier du local primitivement désigné, que d'après une autorisation spéciale de l'administration.

L'administration peut aussi lui imposer les conditions qu'elle juge

---

(1) Les fabricants de faulx doivent justifier de l'origine de l'acier qu'ils emploient. Voici les proportions qui doivent servir de base au compte-ouvert :

Pour 100 faulx de grande dimension. . . . . 20 kilog. acier.
Dito.   de moyenne dimension. 16   Dito.
Dito.   de petite dimension. 12   Dito.

(*Paris,* 16 *novembre* 1842).

nécessaires pour empêcher la fraude. (*Paris*, 20 *septembre* 1833 *et* 20 *février* 1836).

2022. Toute exploitation ou fabrication de sel entreprise avant l'accomplissement des formalités prescrites..... sera frappée d'interdiction par voie administrative, le tout, sans préjudice, s'il y a lieu, des peines portées en l'art. 10 (*n*° 2117). Les arrêtés d'interdiction rendus par les préfets seront exécutoires par provision, nonobstant tout recours de droit. (*Loi du* 17 *juin* 1840, *art.* 7).

2023. Les *moulins* (1) situés à l'extrême frontière, pourront être frappés d'interdiction par mesure administrative et par décision des préfets, lorsqu'il sera justifié qu'ils servent à la contrebande des grains et farines, le tout sauf le pourvoi pardevant le conseil d'état. (*Idem, art.* 76).

Ces faits devront être légalement constatés par procès-verbaux de saisie, ou autres, dressés par les autorités locales ou par les préposés des douanes. (*Idem, art.* 77). (*Voir le n*° 1128).

---

(1) MOUTURE DES GRAINS.

Dans les localités privées de moulins, la mouture des grains étrangers ou des grains français peut être permise pour la consommation des pays limitrophes de l'une et l'autre nation aux conditions ci-après :

1. Une soumission cautionnée sera souscrite par les meuniers ;

2. L'engagement, valable pour un an, restera entre les mains du receveur ;

3. Les passavants, affranchis du droit de timbre, seront délivrés en vertu de cet acte dont ils relateront toujours la date ;

4. Ils porteront toujours, comme la soumission, l'obligation de rapporter 100 kilog. de farine brute pour 100 kilog. de grains ;

5. Si les meuniers exigent en nature le prix de la mouture, le receveur exigera pour les manquants le paiement du droit d'entrée ou de sortie dont le grain était passible au moment de la délivrance du passavant ;

6. Le receveur où cette faculté de mouture sera accordée devra recevoir, chaque mois, de la principalité, le tableau des droits à percevoir sur les céréales ;

7. Un registre spécial, n. 25, série T, devra être affecté à ces opérations. (*Admin.*, 26 *février* 1841). (Voir le n. 1128).

MODÈLE DE LA SOUMISSION.

Je soussigné.... m'engage envers l'administration des douanes, conjointement et solidairement avec le sieur.... meunier, demeurant à.... à payer le double des droits (d'entrée ou de sortie) *dont seraient passibles les grains qu'il* (importera ou exportera) *de.., pendant un an, pour être convertis en farine, et dont il ne justifiera pas la* (réexportation ou réintroduction) *en rapportant, au bureau de.., revêtus du visa des employés dudit bureau et du service actif attestant la* (sortie de ou l'entrée en) *France de* 100 *kilog. de farine brute par* 100 *kilog. de grains, les passavants qui lui auront été délivrés* (à l'entrée ou au départ), *sauf à payer immédiatement les droits* (d'entrée ou de sortie) *des petites parties de grains qui auraient été réservées* (en France ou à l'Etranger) *pour prix de la mouture.*

A.... le.... 18...

La Caution :   Le Meunier :

2024. Le déplacement des fabriques et manufactures qui se trouveront dans la ligne des douanes, pourra être ordonné lorsqu'elles auront favorisé la contrebande, et que le fait sera constaté par un jugement rendu par les tribunaux compétents. (*L. du 21 ventôse, an XI, art. 1er*).

Il sera accordé, pour effectuer le déplacement, un délai qui ne pourra être de moins d'un an. (*Idem, art. 2*).

2025. Des ordonnances..... pourront..... régler le mode d'exécution des art. 41 du tit. 13 de la loi du 22 août 1791, 1 et 2 de la loi du 21 ventôse an XI, et 75 de la loi du 30 avril 1806, relatifs à l'établissement des fabriques dans le rayon des frontières, et étendre, sur les magasins où seront reçus les produits de ces fabriques, la surveillance nécessaire pour qu'elles ne puissent mettre en circulation, avec des passavants, aucune marchandise importée frauduleusement. (*Loi du 28 avril 1816, art. 37, § 3*).

Ces ordonnances n'ayant pas encore été rendues, les règles précédemment établies doivent continuer de recevoir leur exécution. (*Arr. de cas. du 14 juin 1839*).

2026. Dans la pratique, on soumet au compte ouvert toute fabrique située dans le rayon, et dont les produits sont analogues à ceux qui sont prohibés ou fortement imposés. (*M. du M.*)

Quant aux autres produits également fabriqués dans les deux myriamètres, la circulation n'en sera autorisée, au sortir de l'atelier, que sur la déclaration qu'en feront à la douane, avant l'enlèvement, les propriétaires mêmes de ces établissements, qui devront ensuite les représenter au bureau où le passavant sera délivré. Le permis d'enlèvement sera donné au pied de la déclaration qui devra toujours être visée par l'autorité locale, et dans laquelle le fabricant certifiera que les marchandises y désignées sont le produit de son industrie. (*Lille, tome 8, page 43, en note*).

CHAPITRE XV.

COMPTES OUVERTS.

MARCHANDISES PROHIBÉES, OU ASSUJETTIES A UN DROIT DE PLUS DE 20 FR. PAR 100 KILOGR. OU DE 10 POUR CENT DE LA VALEUR, EXISTANT DANS LES DEUX KILOM. ET DEMI DE LA FRONTIÈRE.

2027. Il sera ouvert, dans tous les bureaux des douanes des communes au-dessous de deux mille habitants (1), situées dans les deux kilomètres et demi des frontières de terre, des registres où chaque marchand sera tenu de faire inscrire les étoffes de laine, velours, piqués, basins, mousseline, bonneterie, rubannerie, quincaillerie, mercerie, et autres objets de la nature de ceux prohibés ou qui sont assujettis à un droit de 20 francs du quintal ou de 10 p. $^0/_0$ de la valeur. *(Arrêté du 22 thermidor an X, art. 1er)* (2).

2028. La même inscription aura lieu pour les marchandises que les marchands tireront de l'intérieur ou de l'Etranger : mais elle ne sera reçue qu'autant que le déclarant déposera les acquits de paiement des droits d'entrée, ou les expéditions d'un bureau de douane, justificatives de leur extraction de l'intérieur, pour servir de preuve et de contrôle à sa déclaration (3).

S'il n'y a pas de bureau de douane dans la commune où les marchandises seront déposées, l'inscription et la représentation des acquits ou passavants seront faites au plus prochain bureau.

---

(1) La population des hameaux et écarts ne concourt pas à former le nombre de 2,000 âmes. Ce nombre doit se trouver dans l'enceinte même du lieu où l'on prétend établir des magasins. *(Loi, 1er vendém. an IV.)*
Une commune de moins de 2,000 âmes, située dans la demi-lieue frontière, doit être soumise au compte-ouvert, alors même que quelques quartiers se trouveraient en-deçà ; ces quartiers même ne pourraient être affranchis, qu'autant qu'ils seraient séparés du reste de la commune par un obstacle naturel, comme une rivière, ou par un intervalle de terrain déterminant une solution de continuité. *(Déc. admin., 23 déc. 1845).*

(2) Toutes les frontières de terre sont soumises aux dispositions de cet arrêté. *(Ord. du 27 juin 1814, article 7).*

(3). L'inscription au compte-ouvert (*série T, n. 27*), a lieu le jour même de l'arrivée des marchandises au lieu de destination, ou, le lendemain au plus tard, pour celles qui arrivent après la fermeture des bureaux. *(Déc. admin., 10 février 1840).*

2029. Les inspecteurs, contrôleurs et autres préposés délégués par les directeurs, procéderont à la vérification. (*Même arrêté, art.* 2).

2030. Il ne sera accordé de passavant et expédition pour l'enlèvement des marchandises dans les communes de deux kilomètres et demi de la frontière, que pour les espèces et quantités à l'égard desquelles les dispositions prescrites par les articles précédents auront été remplies : tout excédant ou autres objets seront censés introduits en fraude (1). *(Idem, art.* 3).

Toutes marchandises, *emballées ou non*, trouvées en excédant au compte ouvert, sont saisissables en vertu des lois générales des douanes. (*Arr. de Cas. du* 14 *juin* 1839, *circ. n°* 1760, *du* 20 *juillet* 1839).

2031. Des ordonnances pourront déterminer, suivant la population des communes comprises dans le rayon des frontières, celles où il sera permis de recevoir en magasin et de réexpédier, pour le commerce en gros ou en détail, les marchandises *prohibées à l'entrée et dont l'admission est réservée à certains bureaux*, en soumettant à la vérification des préposés des douanes, les magasins où seront reçues lesdites marchandises et les pièces justificatives de leur extraction légale, soit de l'Etranger, soit de l'intérieur. (*L. du* 28 *avril* 1816, *art.* 37, § 2).

Les ordonnances dont il est parlé ci-dessus n'ayant pas encore été rendues, les règles précédemment établies, en tant qu'elles ont pour objet de désigner les communes où les dépôts sont interdits, doivent continuer de recevoir leur exécution. (*Arr. de Cas. du* 14 *juin* 1839).

CHAPITRE XVI.

LETTRES DE VOITURES ET CONNAISSEMENTS.

Section I.

LETTRES DE VOITURES ET CONNAISSEMENTS FAITS EN FRANCE.

2032. Les employés sont tenus de se faire représenter les lettres

---

(1) En cas de déficit lors des recensements, le compte est déchargé des quantités manquantes.
Les recensements ne peuvent se faire que de jour. Il est bon que les employés, pour les opérer, se fassent assister d'un officier municipal, bien que, dans ce cas, ils ne soient pas tenus de requérir cette assistance. (*Déc. admin.*, 4 octobre 1843).

de voiture, connaissements et polices d'assurance des marchandises (1) dont le transport se fait par terre, ou par eau, et de vérifier si ces actes sont écrits sur papier timbré. (*Décret*, 16 *mes. an XIII, art.* 1er).

2033. Les lettres de voiture et connaissements ne peuvent être rédigés que sur du papier timbré fourni par l'administration de l'enregistrement, ou sur du papier timbré à l'extraordinaire et frappé d'un timbre noir et d'un timbre sec. (*L.* 11 *juin* 1842, *art.* 6).

Cependant sont dispensés d'être accompagnés d'une lettre de voiture timbrée :

1º Les produits des récoltes. (*Décret*, 3 *janvier* 1809, *art.* 2);

2º Les transports effectués pour le compte du Gouvernement;

3º Les denrées que les habitants des campagnes transportent pour leur consommation;

4º Les effets à usage appartenant à des voyageurs;

5º Les matières envoyées par des manufacturiers dans les communes où ils ont des ateliers;

6º Et les objets que les marchands forains vendent en détail dans les communes qu'ils parcourent. (*Circ.*, 2e *jour complémentaire an XIII,* — *et* 29 *décembre* 1842).

2034. Toute lettre de voiture, tout connaissement, trouvés non timbrés, ou non frappés du timbre noir et du timbre sec, donnent lieu à l'amende de 50 fr., décime en sus, payable solidairement — par l'expéditeur et par le voiturier, s'il s'agit d'une lettre de voiture, — et par le chargeur et le capitaine, s'il s'agit de connaissement. (*Loi,* 11 *juin* 1842, *art.* 7).

2035. Les contraventions sont constatées de la manière suivante :

Dans les localités où il ne se trouve pas de receveur de l'enregistrement et des domaines, les receveurs des douanes peuvent viser pour valoir timbre les actes souscrits en France sur papier non timbré, et percevoir les droits de timbre et les amendes relativement à ces mêmes

---

(1) Le refus de produire des lettres de voiture ou connaissement n'entraîne aucune poursuite. (*Circulaire,* n. 1181.) Ce simple refus, motivé sur le prétexte qu'il n'a été remis au conducteur ni lettre de voiture, ni connaissement, ne suffit pas pour autoriser des poursuites; il est nécessaire de produire la preuve matérielle de la contravention par la représentation de la pièce écrite sur papier libre. (*Déc. minist.,* 9 octobre 1810, — circ., n. 35 et 1949).

31

actes, dans le cas où les parties consentent à les acquitter sur-le-champ.

Ainsi, il n'est pas rédigé de rapport : seulement le visa apposé sur la pièce en défaut, relate la perception du droit de timbre et celle de l'amende.

Reçu pour droit de timbre la somme de... et, pour amende, celle de...
A.... le.... 18...

Si, au contraire, les redevables se refusent à acquitter immédiatement les droits de timbre et l'amende, l'infraction est constatée, à la requête de l'administration de l'enregistrement et des domaines (*n*^{o} *53 des modèles*), par un procès-verbal au bas duquel on doit avoir soin de mentionner la signification faite au contrevenant, quand il assiste à la rédaction et consent à signer.

Cette formule peut être employée :

Je reconnais qu'il m'a été donné connaissance du procès-verbal ci-dessus, dont je déclare accepter la signification.

Si la partie, ne se tenant pas le procès-verbal pour signifié, se retire ou refuse de signer, il importe de transmettre immédiatement le rapport soit au receveur des domaines du bureau duquel dépend la commune de la résidence du receveur des douanes, soit au receveur de la localité même. Dans cette hypothèse, la signification devant être faite par huissier dans les trois jours ou dans la huitaine, suivant que les contrevenants sont domiciliés dans l'arrondissement du bureau d'enregistrement, ou hors de cet arrondissement, il n'y a pas un instant à perdre pour mettre le receveur des domaines en mesure de remplir cette prescription de la loi. (*Circ., n*° 1949).

2036. Dans les endroits où il existe un bureau de l'enregistrement, le receveur des douanes n'en doit pas moins rédiger un rapport si le cas y échet ; mais, comme alors il n'a plus qualité pour recevoir le montant du timbre omis et de l'amende encourue, il doit inviter le contrevenant à aller acquitter sur-le-champ les sommes dues par lui entre les mains du receveur d'enregistrement qui délivre en même temps le visa. (*Circ., n*° 1949).

2037. Dans tous les cas où la rédaction d'un rapport devient nécessaire, on rédige cet acte à la requête de l'administration de l'enregistrement et des domaines, on y annexe la pièce en contravention,

et on l'adresse, sans le moindre retard, au receveur de cette administration le plus voisin, lequel demeure chargé de toutes les poursuites. (*Circ.*, *n° 1949*).

2038. Il est accordé aux employés des douanes qui ont constaté la contravention, la moitié des amendes payées par les contrevenants (*décret, 16 messidor an XIII, art. 3*), sauf la seule déduction de la part revenant à la caisse des retraites. (*Circ.*, *n° 1949*).

Il est interdit aux employés de toucher directement aucune somme qui leur serait payée par les domaines : ils ne peuvent recevoir que de la main de leurs chefs.

Les sommes revenant à la douane pour infraction au timbre des lettres de voiture doivent être versées, par les domaines, dans la caisse de la recette principale des douanes, et ces sommes sont mises en répartition dans la forme ordinaire.

Section II.

—

LETTRES DE VOITURE ET CONNAISSEMENTS VENANT DE L'ÉTRANGER.

2039. Les receveurs des douanes, dans les localités où il n'existe pas de receveur d'enregistrement, sont chargés de viser, pour valoir timbre, les lettres de voiture et les connaissements venant de l'Étranger, et de faire la recette des droits à raison de la dimension du papier. (*Arrêté min., 24 déc. 1842, art. 1er*).

Les employés doivent donc, soit dans les ports, soit à la frontière, s'assurer, pour tous les actes de l'espèce produits en douane, que ceux créés à l'Étranger ont été soumis au visa tenant lieu de timbre, et, dans le cas où ils ne l'auraient pas été, percevoir les droits de timbre suivant la dimension du papier employé (1).

Ces droits, réglés par la loi du 28 avril 1816, sont de :

0 fr. 53 c.   pour les 1/2 feuilles de petit papier ;
0 fr. 70 c.   pour les feuilles entières   id ;
1 fr. 23 c.   pour les feuilles de moyen papier ;

_____

(1) La circulaire du 29 décembre 1842, n. 1949, donne la dimension des différents formats.

1 fr. 50 c.   pour les feuilles de grand papier ;
2 fr. 00 c.   pour les feuilles de dimensions supérieures.

La formule du visa est la suivante :

N°   visé pour valoir timbre, à.... le.... 18...

(*Signature du Comptable*).

Le numéro à remplir est celui du registre dont il est question dans le paragraphe suivant.

Section III.

ENREGISTREMENT ET VERSEMENT DES RECETTES.

2040. La formalité du visa pour timbre et la recette des droits et amendes de timbre sont constatés sur un registre fourni, aux receveurs de douanes, par l'administration des domaines et de l'enregistrement. (*Arrêté min., 24 déc. 1842, art. 3*).

Chaque perception doit être inscrite à sa date. (*Circ.*, 1949).

Le montant des perceptions mensuelles est repris, sur les bordereaux de recette, aux opérations de trésorerie, sous le titre de : *Recouvremens pour des tiers.*

2041. Chaque mois, les receveurs versent le produit des droits de timbre et des amendes perçues au bureau de l'enregistrement duquel dépend la commune de leur résidence.

Ce versement, accompagné d'un état conforme au modèle donné par la circulaire n° 1949, est constaté par un récépissé du receveur de l'enregistrement. (*Même arrêté, art. 8*).

Section IV.

VENTE DE PAPIER TIMBRÉ.

2042. Les receveurs de douanes sont tenus d'avoir en dépôt, à la disposition des redevables, des papiers timbrés de plusieurs dimensions. Et, afin d'éviter les embarras d'un compte en matière, ils payent comptant, de leurs deniers, le prix des papiers qui leur sont délivrés

par le receveur de l'enregistrement du bureau duquel dépend la commune de leur résidence (1).

Ils ne peuvent, sous aucun prétexte, en rester dépourvus. (*Même arrêté, art. 4 et 5*).

2043. Il leur est alloué une remise uniforme de deux et demi pour cent — tant sur le prix des papiers timbrés qu'ils prennent au bureau de l'enregistrement, — que sur le produit des droits et du principal des amendes qu'ils ont recouvrés.

Ils donnent quittance de cette remise par émargement, sur un état présentant, soit les espèces, quantités et prix des papiers délivrés, soit la nature et le montant des recettes. (*Même arrêté, art. 6*).

2044. Tout receveur qui vendrait du papier timbré au-dessus du prix fixé, serait destitué et poursuivi comme concussionnaire; il encourrait également la destitution s'il vendait au-dessous de ce prix. (*Idem, art. 7*).

Section V.

VÉRIFICATION DES CHEFS DE L'ADMINISTRATION DE L'ENREGISTREMENT.

2045. Les employés supérieurs de l'administration de l'enregistrement et des domaines, savoir : les vérificateurs et les inspecteurs, ont le droit de se transporter chez les receveurs des douanes chargés de la perception de droits et amendes de timbre sur les lettres de voiture et les connaissements, et de s'y faire représenter, sans déplacement, les registres servant à cette perception, afin qu'ils puissent les vérifier, et s'assurer, par le rapprochement de ces registres avec ceux des employés de l'enregistrement, de la régularité de cette double comptabilité. (*Idem, art. 9, et circ. n° 1949*).

---

(1) Par exception, les receveurs peuvent être autorisés à prendre leur papier timbré destiné à la vente, dans le bureau de l'enregistrement le plus rapproché de leur résidence, mais dans le même département. (*Circ. n. 2009, du 18 mars 1844*).

CHAPITRE XVII.

—

LIBRAIRIE.

—

Section I.

—

§ 1er.

LIVRES APPARTENANT A DES VOYAGEURS, OU COMPOSANT UNE BIBLIOTHÈQUE PARTICULIÈRE.

2016. Les livres en petit nombre que les voyageurs ont avec eux, pour leur usage, peuvent être admis aux droits dans tous les bureaux ouverts à l'importation des marchandises taxées à plus de 20 francs les 100 kilog., à moins qu'il n'y ait à leur égard présomption de contrefaçon ou de prohibition à un autre titre, ce qui motiverait, selon les circonstances, soit la retenue ou le renvoi immédiat à l'Etranger, soit la saisie. (*Circ. n° 1991*).

On peut même les laisser passer librement quand ils sont reconnus porter des traces de service. (*Tarif de 1844, note 598*).

C'est aux chefs locaux à intervenir toujours eux-mêmes, dans l'application de ces dispositions, afin d'en concilier l'effet avec le maintien des restrictions générales établies dans l'intérêt de la propriété littéraire. (*Circ. n° 1991*).

2017. On ne soumet pas aux droits ordinaires du tarif les livres faisant partie de la bibliothèque particulière des personnes qui viennent s'établir en France, à moins qu'ils ne soient neufs.

Ces livres, lorsqu'ils portent des traces de service, et qu'il n'y a d'ailleurs qu'un exemplaire de chaque ouvrage, peuvent être admis en franchise, après l'accomplissement des formalités auxquelles est subordonnée l'importation de la librairie.

Mais cette disposition exceptionnelle n'est appliquée qu'en vertu d'une autorisation spéciale que l'administration n'accorde qu'autant

qu'il s'agit de livres ne devant pas entrer dans le commerce. (*Circ. n° 2418*).

§ 2.

LIVRES SERVANT D'ÉCHANTILLONS.

2048. Les livres imprimés en France, et servant d'échantillons, peuvent rentrer sans autorisation préalable, lorsque, estampillés à la douane de sortie, ils sont représentés à la même douane, et que, d'ailleurs, ils ne consistent qu'en un seul exemplaire de chaque espèce. (*Ordon. 13 décembre 1842, art. 6, § dernier. — et circ. n° 1951*).

On peut même, dans tous les bureaux ouverts à l'importation de la librairie, réadmettre les échantillons revêtus de l'estampille de la douane de Paris. (*Circ. n° 1991*).

§ 3.

CONTREFAÇONS.

2049. C'est aux agents délégués par le département de l'intérieur qu'il appartient de décider si les livres présentés en douane sont ou non des contrefaçons.

Dans le cas où des présomptions soit de contrefaçons, soit de condamnations judiciaires, sont élevées sur les livres présentés, l'admission est suspendue, les livres sont retenus en douane, et il en est référé, par ces mêmes agents, au ministre de l'intérieur, qui doit prononcer dans un délai de 40 jours. (*L. 6 juillet 1841*).

2050. Les contrefaçons en librairie ne sont pas seulement prohibées à l'entrée et à la sortie; aux termes de la loi du 6 mai 1841, et de l'ordonnance du 13 décembre 1842, elles sont également exclues du transit et ne peuvent être reçues dans les entrepôts. (*Circ. 1951*).

Pour assurer l'effet de cette disposition, les contrefaçons portées au manifeste sous leur véritable dénomination doivent, par application de l'art. 22 de la loi du 9 février 1852, être mises en dépôt sous la clef de la douane, et réexportées dans un délai de 4 mois. Cette réexportation ne peut s'effectuer que par des navires expédiés à destination du pays d'où les contrefaçons ont été importées, et, si elle n'a pas lieu, dans le délai prescrit, il est disposé de la librairie conformément à l'article 24 de ladite loi.

Dans tous les cas, le droit de magasinage de 1 p. $^o/_o$ de la valeur, prescrit par cet article, est perçu au profit du trésor. (*Circ. n° 1951*).

§ 4.

IMPORTATION ET TRANSIT DE LA LIBRAIRIE.

2051. Tous les livres en langue française dont la propriété est établie à l'Etranger, ou qui sont une édition étrangère d'ouvrages français tombés dans le domaine public, jouissent du transit (1) et sont reçus à l'importation en acquittant les droits établis, et sous la condition de produire un certificat d'origine (2) relatant le titre de l'ouvrage, le lieu et la date de l'impression, le nombre des volumes, lesquels doivent être brochés ou reliés, et ne peuvent être présentés en feuilles.

Les livres venant de l'Etranger, en quelque langue qu'ils soient, ne peuvent être présentés à l'importation ou au transit que dans les bureaux de douane qui sont spécialement désignés (3).

Dans le cas où des présomptions de condamnations judiciaires sont élevées sur les livres présentés, l'admission est suspendue, les livres sont retenus à la douane, et il en est référé au ministre de l'intérieur, qui doit prononcer dans un délai de 40 jours.

Les dispositions contenues en cet article sont applicables à tous les

---

(1) Les inspecteurs vérificateurs de la librairie remettent à la douane, près de laquelle ils opèrent, une note des livres prohibés à l'importation qu'ils trouvent dans les colis déclarés pour l'entrepôt ou le transit. Ainsi fixés sur la nature de ces livres, les employés doivent n'en permettre l'expédition que sous le régime et les conditions du transit du prohibé.

Les acquits-à-caution délivrés dans ce cas doivent faire mention spéciale et expresse de la nature des livres dont il s'agit afin d'appeler plus particulièrement à ce sujet l'attention du service. (*Circ., n. 1991*).

(2) Les gravures et les cartes géographiques ne sont pas soumises à la justification d'origine, non plus qu'à l'autorisation préalable en cas de réimportation.

Quant à la musique gravée, la justification d'origine, en cas d'importation ou de transit, et l'autorisation préalable du département de l'intérieur, lorsqu'il s'agit de réimportation, sont obligatoires.

Relativement aux gravures, la dispense d'autorisation de réimportation de la part du département de l'intérieur, est indépendante de l'application des règlements sur les douanes : sous ce rapport, les gravures réimportées demeurent soumises aux conditions générales relatives aux marchandises de retour : l'autorisation spéciale de l'administration est nécessaire, et elle n'est accordée qu'après la production des justifications prescrites en pareil cas. (*Circ., n. 1991*).

(3) Quand on opère, à l'importation, à la circulation ou à l'entrepôt, une saisie de livres prohibés ou défendus, on fait constater le caractère de ces livres par l'autorité compétente, on dresse le procès-verbal spécial que pourrait comporter l'application à faire de la loi de douane et on en transmet copie au ministère public, qui fait, s'il y a lieu, exercer les poursuites de droit. (*Tableau des Contraventions, n. 2751*).

ouvrages dont la reproduction a lieu par les procédés de la typographie, de la lithographie ou de la gravure.

Nulle édition ou partie d'édition, imprimée en France, ne peut être réimportée qu'en vertu d'une autorisation expresse du ministre de l'intérieur, accordée sur la demande de l'éditeur, qui, pour l'obtenir, doit justifier du consentement donné à la réimportation par les ayants-droit. (*Loi, 6 mai 1841, art. 8*).

CERTIFICATS D'ORIGINE.

2052. Le certificat d'origine prescrit par l'article 8 de la loi du 6 mai 1841, est souscrit par l'expéditeur, confirmé et dûment légalisé par l'autorité administrative du lieu de l'expédition.

Il doit être placé dans les colis, au-dessus des livres auxquels il se rapporte, et de manière a être facilement aperçu. (*Ord. 13 décembre 1842, art. 1er*).

BUREAUX D'ENTRÉE.

2053. Les livres en langue française imprimés à l'Etranger, — les dessins, — gravures, — lithographies et estampes, avec ou sans texte, ne peuvent entrer, soit pour l'acquittement des droits, soit pour le transit, que par les seuls bureaux de douanes qui, dans le tableau ci-après, sont marqués d'un astérisque :

Ajaccio,	Dunkerque,	Rouen,
* Bastia,	Forback,	* Rousses,
* Bayonne,	Frauenberg,	Saint-Louis,
Béhobie,	* Le Hâvre,	Saint-Malo,
Bellegarde,	* Lille,	* Strasbourg,
Bordeaux,	* Marseille,	Sierek,
Boulogne,	Nantes,	Trois-Maisons,
Caen,	Perpignan,	* Valenciennes,
Calais,	Perthus,	Verrières-de-Joux.
Chapareillan,	* Pont-de-Beauvoisin,	Wissembourg.

(*Même ordon., art. 2*).

2054. Sont ouverts à l'importation et au transit de la librairie en langues mortes et étrangères tous les bureaux compris dans le même tableau. (*Ord. 13 décembre 1842, art. 5*).

§ 5.

EXPÉDITIONS SUR PARIS.

2055. Peuvent être importés par ce dernier bureau, quelle que soit la langue dans laquelle ils sont imprimés, les livres destinés pour Paris (1), et les dessins, gravures, lithographies et estampes ayant la même destination.

Après simple reconnaissance sommaire aux bureaux frontières, ils sont dirigés, sous double plomb et par acquit-à-caution, par les bureaux du ministère de l'intérieur, où les colis les renfermant ne sont ouverts et vérifiés qu'en présence des employés des douanes délégués à cet effet : ceux-ci signent, conjointement avec les agents du ministère de l'intérieur, les certificats de vérification.

L'enlèvement des livres, dessins, gravures, lithographies et estampes, n'est permis qu'après que les droits ont été payés ou garantis. (*Même ord. art. 4*).

§ 6.

RÉIMPORTATION.

2056. Les dispositions des trois articles précédents (*N°s 2053 à 2055*) sont applicables, en ce qui concerne les restrictions d'entrée, et les expéditions sur Paris, aux livres qui ont été exportés de France, et dont la réimportation, à défaut de vente à l'étranger, est autorisée par le ministre de l'intérieur (2).

Ces livres, pour être réadmis, doivent être brochés ou reliés (3). (*Idem. art. 5*).

2057. La demande en réimportation doit faire connaître le nom et la résidence de l'expéditeur, ainsi que le bureau de douane par le-

---

(1) L'expédition a lieu, après reconnaissance sommaire, sous double plomb, et par acquit-à-caution : les colis, au lieu d'être, comme précédemment, dirigés sur la douane de Paris, sont expédiés directement sur les bureaux du ministère de l'intérieur. (*Circ.*, n. 1951).

(2) L'expédition a lieu comme il est dit dans la note n. 1 ci-dessus.

(3) Les livres qu'on désire réimporter sont retenus aux bureaux frontières jusqu'à ce que l'admission par ces bureaux ou l'expédition sur Paris en ait été autorisée.

Toutefois, on peut diriger d'office, sur Paris, les livres qui ont cette destination, sauf aux expéditeurs à se pourvoir ensuite, dans la forme voulue, pour en obtenir la réadmission définitive. (*Circ.*, n. 1954).

quel l'introduction doit s'opérer; elle doit être accompagnée d'une
liste certifiée par le pétitionnaire, et indiquant :

1° Le titre des ouvrages ;

2° Le nom de l'auteur, s'il est connu ;

3° Le nom et la demeure de l'éditeur ;

4° Le nom et la demeure de l'imprimeur ;

5° La date de l'impression ;

6° Le format ;

7° Le nombre d'exemplaires.

(*Même ordon, art.* 6).

§ 7.

EMBALLAGE DES LIVRES PRÉSENTÉS A L'ENTRÉE.

2358. Les livres devant acquitter moins de 150 fr. par 100 kilog.
sont emballés séparément par espèces. (*L. 27 mars 1817, art.* 1er).

Ces dispositions sont entendues en ce sens qu'on peut permettre la
réunion de plusieurs espèces dans le même colis, pourvu que chacune
d'elles fasse l'objet d'une division bien tranchée : en cas de mélange,
le droit le plus élevé est exigé sur le tout.

Les livres présentés en transit doivent, s'ils se composent de plusieurs espèces, être également emballés conformément à cette disposition, à défaut de quoi ils sont refusés. (*Ord. 13 déc. 1842, art.* 7).

§ 8.

AGENTS SPÉCIAUX.

2059. Par les soins du département de l'intérieur, il est établi,
dans chaque bureau frontière, ouvert à l'entrée de la librairie en
langue française, un agent spécial chargé de procéder, conjointement
avec la douane, à la vérification des livres venant de l'étranger ; cet
agent doit délivrer un certificat de ses opérations. *(Idem. art.* 9).

L'ouverture des colis de la librairie n'a lieu qu'en la présence de cet
agent, et c'est à lui qu'appartient l'appréciation de la validité des certificats d'origine, comme des cas d'exclusion de certains livres ou de
certains ouvrages de gravure et de lithographie dont l'entrée est interdite.

Le résultat de son examen est consigné dans un procès-verbal que signe aussi le vérificateur présent à l'opération. Le contenu des colis y est mentionné par espèce, et par quantité, d'après les distinctions portées au tarif et contradictoirement à l'énoncé de la déclaration de l'importateur.

C'est d'après ces certificats, qui doivent être conservés avec soins, que la douane se règle pour les opérations ultérieures de son ressort.

On n'a plus ainsi, dans les bureaux où ses agents se trouvent placés, à envoyer à la préfecture la plus voisine les livres, gravures, etc., importés de l'étranger : c'est à la douane même que se font les vérifications spéciales qui motivaient cet envoi. (Circ. n° 1951).

2060. Dans les autres bureaux ouverts à l'importation de la librairie, et près desquels il n'y a pas d'agents spéciaux, on s'assure que les caisses ou ballots ne contiennent que des livres, et on perçoit immédiatement les droits du tarif.

En même temps, on délivre un acquit-à-caution pour diriger ces livres soit sur une préfecture, soit sur une sous-préfecture, où il est vérifié, d'une part, que les livres ont été exactement déclarés, et, de l'autre, qu'ils ne sont pas de nature à provoquer la saisie.

Cependant, si la préfecture ou la sous-préfecture désignée par l'importateur se trouve dans le même lieu que le bureau de douane, les employés s'y rendent pour faire simultanément leur visite, afin qu'il n'y ait qu'un seul déballage. (Circ., n°s 263 et 1951 ; — déc. admin.. 27 juin 1820).

<h2 style="text-align:center">Section II.</h2>

LETTRES ET PAQUETS. — JOURNAUX. — OUVRAGES PÉRIODIQUES.

2061. On fait une distinction entre les journaux apportés par les courriers de la malle et confondus dans la correspondance journalière par suite d'abonnement, — et ceux qui sont introduits par les voies ordinaires du commerce.

Les premiers ne pouvant, aux termes des réglements, être visités qu'aux bureaux des postes, doivent y arriver sans difficultés, et c'est aux directeurs spécialement que leur surveillance est commise.

Quant aux seconds, ils restent assujettis aux règles générales établies par la la loi du 27 mars 1817.

En conséquence, tout paquet de journaux ou gazettes venant de 'Étranger, et qui serait introduit par les voies ordinaires du commerce, loit être mis sous cordes et sous double plomb par les employés de la louane, et être dirigé, au moyen d'un acquit-à-caution, soit sur le bureau de la librairie de Paris, soit sur une préfecture ou une sous-préfecture, où il sera procédé à l'examen politique.

Ce dernier mode d'admission s'applique aux collections de journaux étrangers qui arrivent par la poste, comme objets de commerce, et non comme dépêches courantes fournies par abonnement. (*Circ. du* 14 *octobre* 1817). (*Voir le tarif de* 1844, *note n*° 598).

2062. Il est défendu à tous les entrepreneurs de voitures libres et à toute autre personne étrangère au service des postes, de s'immiscer dans le transport des lettres, journaux, feuilles à la main, ouvrages périodiques, paquets et papiers du poids d'un kilogr. et au-dessous, dont le port est exclusivement confié à l'administration des postes aux lettres. (*Arrêté du* 27 *prairial an IX, art.* 1er).

Art. 2. Les sacs de procédure, les papiers uniquement relatifs au service personnel des entrepreneurs de voitures, et les paquets au-dessus du poids d'un kilogr. sont seuls exceptés de la prohibition prononcée par l'article précédent.

Art. 3. Pour l'exécution du présent arrêté...., les employés des douanes aux frontières.... sont autorisés à faire ou faire faire toutes perquisitions et saisies sur les messagers, piétons chargés de porter les dépêches, voitures de messageries et autres de même espèce, afin de constater les contraventions; à l'effet de quoi, ils pourront, s'ils le jugent nécessaire, se faire assister de la force armée.

Art. 5. Les procès-verbaux seront dressés à l'instant de la saisie : ils contiendront l'énumération des lettres et paquets saisis, ainsi que leurs adresses. Copies en seront remises, avec lesdites lettres et paquets saisis en fraude, savoir : à Paris, à l'administration des postes : dans les départements, au bureau du directeur des postes le plus voisin de la saisie, pour, lesdites lettres et paquets, être envoyés aussitôt à leur destination avec la taxe ordinaire : lesdits procès-verbaux seront de suite adressés au commissaire du gouvernement près le tribunal civil et

correctionnel de l'arrondissement, par les préposés des postes, pour poursuivre, contre les contrevenants, la condamnation de l'amende de 150 fr. au moins, et de 500 fr. au plus, par chaque contravention.

Art. 9. Les maîtres de postes, les entrepreneurs de voitures libres et messageries, sont personnellement responsables des contraventions de leurs postillons, conducteurs, porteurs et courriers, sauf leur recours.

(*Voir aussi l'arrêté du 7 fructidor an VI*).

2063. Il est inutile de rédiger le rapport sur papier timbré, ou de le faire viser pour timbre, et de le soumettre à l'enregistrement.

Cette double formalité ne sera de rigueur que lorsque le rapport devra paraître en justice : alors, elle sera remplie par le directeur des postes. (*Circ.*, n°. 1019, *du 8 novembre* 1826).

Le rapport doit être affirmé sincère et véritable. (*Circ.*, n° 1087).

Les lettres et paquets de correspondance saisie, doivent être déposés, sans aucun retard, au bureau des postes le plus voisin, ainsi que l'original du procès-verbal qui doit être rédigé à la requête de cette administration. (*Circ.*, n° 1019, *du 8 novembre* 1826).

Les recherches ne sont pas autorisées sur la personne des voyageurs, mais seulement sur celle des messagers ou piétons et dans les voitures publiques. (*Circ. du 2 novembre* 1814).

Les produits des amendes sont remis en masse au receveur des douanes, et sont répartis ensuite entre les chefs et les saisissants, d'après les bases fixées par les lois générales et rappelées dans la circ. n° 145, du 17 avril 1816. (*Paris*, 27 *juillet* 1838).

Section III.

PAMPHLETS. — ÉCRITS DÉFENDUS PAR LA POLICE.

2064. On doit procéder à la saisie des journaux, brochures ou écrits prohibés par mesure de haute police, en vertu des arrêtés du gouvernement des 7 fructidor an VI et 27 prairial an IX. (*Voir les* n°s 2061 à 2063), comme pour tout autre transport en contravention aux droits de poste, et en conformité d'une décision du ministre des finances en date du 2 novembre 1836.

L'administration, par sa circulaire manuscrite du 22 novembre 1836, donne les instructions suivantes :

« Lorsque les préposés des douanes auront à constater la saisie de journaux prohibés, ils rédigeront, à la requête de l'administration des postes, un procès-verbal *(voir, aux modèles, le n° 25)* sur papier timbré, le feront enregistrer, et l'affirmeront dans les trois jours.

Ce procès-verbal et les journaux mis sous cachet dont empreinte se trouvera rapportée en marge de l'acte, seront adressés, par les soins du receveur qui aura rédigé, au directeur des postes le plus voisin du lieu de la saisie, auquel il réclamera le remboursement des frais de timbre et d'enregistrement, et qui demeurera chargé du soin des poursuites.

Deux copies de ce procès-verbal seront transmises à la direction dans la forme ordinaire ; mais, et aussitôt la saisie effectuée, un avis direct relatant l'objet de la saisie, rappelant la date de l'ordre ministériel ou administratif qui a prohibé l'écrit, et désignant le prévenu, lui sera adressé pour qu'elle en prévienne sans retard le préfet du département et le directeur de l'administration. (*Besançon, le 1er décembre* 1836).

Les délinquants seront conduits immédiatement devant l'officier de police (1) à qui l'on remettra une copie du rapport, et qui jugera s'il y a lieu de les poursuivre en justice. (*Circ., 5 avril* 1817*, et admin.,* 11 *août* 1852).

Section IV.

TIMBRE DES JOURNAUX ET ÉCRITS PÉRIODIQUES ET DES ÉCRITS NON PÉRIODIQUES, TRAITANT DE MATIÈRES POLITIQUES OU D'ÉCONOMIE SOCIALE, PUBLIÉS A L'ÉTRANGER ET IMPORTÉS EN FRANCE.

2065. Les expéditeurs, introducteurs ou destinataires de ces écrits, lorsqu'ils sont adressés en France par une autre voie que celle de la poste, doivent faire, à un des bureaux de douane désignés pour l'importation de livres et écrits publiés à l'étranger, une déclaration des quantités et dimensions des écrits assujettis au timbre : l'exactitude de

---

(1) Ils peuvent être déférés au préfet, au sous-préfet, au ministère public, ou au commissaire de police.

cette déclaration est vérifiée par les vérificateurs inspecteurs de la librairie, ou, à défaut de ces agents, par les employés délégués à cet effet par les préfets.

Les écrits ainsi importés sont, après acquittement ou consignation des droits de douanes, dirigés sous plomb et par acquit-à-caution, aux frais des déclarants, sur le chef-lieu du département le plus voisin, ou de tout autre chef-lieu de département que les redevables ont indiqué (1), pour y recevoir l'application du timbre, moyennant le paiement des droits dûs. (*Décret*, 1er *mars* 1852, *art.* 2).

2066. A défaut de la déclaration exigée, les écrits et imprimés passibles du timbre qui sont importés, sont retenus, selon le cas, au bureau des douanes, ou à la préfecture ; la saisie en est opérée, conformément à l'article 10 du décret du 17 février 1852, par les préposés de l'administration de l'enregistrement (2), et des poursuites sont exercées pour le recouvrement des droits de timbre, et, s'il y a lieu, des droits de douane, ainsi que des amendes contre les introducteurs ou distributeurs. (*Idem*, *art.* 3, § 1er).

2067. Les mêmes pénalités sont encourues à défaut de décharge régulière et du rapport, dans les délais fixés, des acquits-à-caution (5), le tout sans préjudice de l'action qui pourrait être intentée en vertu de l'article 2 du décret du 17 février 1852. (*Idem*, *art.* 3, § *dernier*).

---

(1) Si l'importation a lieu par un bureau auquel est attaché un agent spécial de la librairie, l'acquit-à-caution doit être délivré sur la direction des domaines du chef-lieu désigné par le déclarant, et ne doit comprendre que les écrits reconnus passibles du timbre.

S'il s'agit, au contraire, d'importations effectuées par des bureaux de douanes où n'existe pas d'inspecteur de la librairie, l'acquit-à-caution n'est plus délivré à la destination de la direction des domaines, mais bien à la destination de la préfecture où les mesures sont prises pour que les écrits passibles du timbre soient conduits au bureau de l'enregistrement. On doit avoir soin, selon qu'il y a lieu, d'annexer à l'acquit-à-caution un duplicata des déclarations désignant les imprimés passibles du timbre, ou d'indiquer qu'il n'a pas été fourni de déclaration de cette nature. (*Circ.*, n. 19, *du* 22 *mars* 1822).

(2) Les poursuites à diriger rentrent dans les attributions de l'administration des domaines. Quand la contravention est reconnue au moment de l'importation, la douane se concerte avec l'inspecteur vérificateur de la librairie pour que le receveur des domaines de la localité la plus voisine soit immédiatement informé, et les écrits inexactement déclarés sont provisoirement retenus en dépôt. (*Même circ.*, n. 19,.

(5) Les chefs locaux doivent tenir la main à ce qu'il soit donné régulièrement avis, au bureau des domaines compétent, du non-rapport en temps utile des acquits-à-caution. (*Même circ.*, n. 19.)

CHAPITRE XVIII.

DES ARMES DÉFENDUES.

§ 1er.

PORT, VENTE, OU FABRICATION DES ARMES PROHIBÉES.

2068. PISTOLETS DE POCHE. Les pistolets de poche sont prohibés. (*Ordon. du 23 février 1837*).

FUSILS ET PISTOLETS A VENT. Les fusils et pistolets à vent sont déclarés compris dans les armes offensives, dangereuses, cachées et secrètes, dont la *fabrication, l'usage et le port* sont interdits par les lois. (*Décr. du 23 décembre 1805, art. 1er*).

POIGNARDS, ÉPÉES EN BATONS, etc. etc. Toute *fabrique, commerce, vente, débit, achat, port et usage des poignards, couteaux en forme de poignards, soit de poche, soit de fusil, des baïonnettes, pistolets de poche, épées en bâtons, bâtons à ferrements,* autres que ceux qui sont ferrés par le bout, et *autres armes offensives, cachées* et *secrètes*, sont et demeurent, pour toujours, généralement abolies et défendues. (*Décl. du Roi du 23 mars 1728, et décret du 12 mars 1806*).

Les *stylets* et les *tromblons* sont aussi des armes prohibées ou défendues par la loi. (*C. pénal art. 314*).

PÉNALITÉS.

2069. Tout individu qui aura fabriqué, débité ou distribué des armes prohibées par la loi ou par des règlements d'administration publique, sera puni d'un emprisonnement d'un mois à un an, et d'une amende de 16 francs à 500 francs.

Celui qui sera porteur desdites armes, sera puni d'un emprisonnement de six jours à six mois, et d'une amende de 16 francs à 200 fr. (*L: du 24 mai 1834, art. 1er*).

Les infractions prévues par *l'art. précédent* seront jugées par les tribunaux de police correctionnelle.

52

-- Les armes et munitions fabriquées, débitées, distribuées ou possédées sans autorisation seront confisquées.

Les condamnés pourront, en outre, être placés sous la surveillance de la haute police pendant un temps qui ne pourra excéder deux ans.

En cas de récidive ; les peines pourront être élevées jusqu'au double. (*L. du 24 mai 1834, art. 4*).

Le tout sans préjudice de plus forte peine, s'il y échet, en cas de complicité de crime. (*Art.* 314, *§ dernier du code pénal*).

§ 2.

FABRICATION OU DISTRIBUTION DES ARMES DE GUERRE.

2070. Sont comprises sous la dénomination des *armes de guerre*, toutes les armes à feu ou blanches à l'usage des troupes françaises, telles que *fusils, mousquetons, carabines, pistolets de calibre, sabres ou baïonnettes*.

La fabrication des armes de calibre et des modèles de guerre, hors des manufactures impériales, est expressément défendue à moins d'une autorisation spéciale. (*Ord. du 24 juillet* 1816, *art.* 1er *et* 9).

Tout individu qui, sans y être légalement autorisé, aura fabriqué ou confectionné, débité ou distribué des armes de guerre, des cartouches et autres munitions de guerre, sera puni d'un emprisonnement d'un mois à deux ans et d'une amende de 16 fr. à 1000 fr. (*L. du 24 mai 1834, art. 3*).

Les armes et munitions fabriquées, débitées, distribuées ou possédées, seront confisquées.

Les condamnés pourront, en outre, être placés sous la surveillance de la haute police pendant un temps qui ne pourra excéder deux ans.

En cas de récidive, les peines pourront être élevées jusqu'au double. (*L. du 24 mai 1834, art. 4*).

§ 3.

ENTREPÔT FRAUDULEUX DES ARMES PROHIBÉES ET DES ARMES DE GUERRE.

2071. Tout individu qui, sans y être légalement autorisé sera détenteur d'armes de guerre, cartouches ou munitions de guerre, ou d'un dépôt d'armes quelconques, sera puni d'un emprisonnement d'un

mois à deux ans, et d'une amende de 16 francs à 1000 francs. (*L. du 24 mai 1834, art. 3*).

Les armes et munitions possédées sans autorisation seront confisquées.

Les condamnés pourront, en outre, être placés sous la surveillance de la haute police pendant un temps qui ne pourra excéder deux ans.

En cas de récidive, les peines pourront être élevées jusqu'au double. (*Même loi, art. 4*).

Les infractions seront jugées par les tribunaux correctionnels. (*Id*).

§ 4.

IMPORTATION ET EXPORTATION DES ARMES PROHIBÉES ET DES ARMES DE GUERRE.

2072. L'importation des armes de guerre étrangères ou de modèle français, est expressément défendue, à moins qu'elle ne soit ordonnée par le ministre de la guerre. (*Ord. du 24 juillet 1816, art. 14*).

2073. L'exportation des armes des modèles et des calibres de guerre est interdite aux particuliers. (*Id. art. 13*).

L'infraction a l'une ou l'autre de ces deux dispositions donne lieu à l'application des art. 1, 3 et 4 de la loi du 24 mai 1834 et entraine l'arrestation des fraudeurs. (*Voir ces art. aux nos 2069 et 2070*).

§ 5.

DES ARMES DE LUXE, DE COMMERCE ET DE TRAITE.

2074. Sont considérées comme armes de commerce :

1° Celles dont le calibre est au moins de 10 points et demi au-dessous ou au-dessus du calibre de guerre ;

2° Les armes enrichies d'or et d'argent, et, comme telles, soumises au droit de garantie ;

3° Les armes sculptées, ciselées, gravées ou damasquinées, et spécialement les armes de prix renfermées dans des boîtes, gaines ou fourreaux ;

4° Les fusils fins à un coup, et les canons de fusil du prix, en fabrique, de 60 fr. et au-dessus, pour les fusils simples, et de 20 francs pour les canons, quel que soit d'ailleurs le calibre de ces armes. (*Marie du Mesnil*).

5° Un pistolet qui vaut 50 fr. en fabrique, est de luxe ;

6° Un canon simple de pistolet, si son prix est de 10 fr.;

7° Les fusils et les pistolets à deux coups; (*Bourgat*).

8° Les armes, dites *de traite*, rentrent dans la classe des armes de commerce, quand elles sont de 10 points et demi (2 *millim.*) au-dessus ou au-dessous de celui de guerre, qui est de 7 lignes 9 points. (*Marie du Mesnil*).

Toutes les armes à feu destinées pour le commerce, doivent être poinçonnées sur le tonnerre des canons. Les employés ont ordre d'arrêter les armes non poinçonnées. (*Décr. du 14 décembre 1810, Tarif officiel. — M. du Mesnil*).

Les armes de commerce ou de luxe présentées à l'entrée ou à la sortie, acquittent les droits fixés par le tarif. Il en est de même des parties détachées d'armes à feu qui peuvent être réunies. (*L. des 17 déc. 1814, art. 1er et 28 avril 1816, art. 6*).

Les fraudes tentées à l'entrée ou à la sortie doivent être constatées d'après les lois générales.

§ 6.

DISPOSITIONS GÉNÉRALES.

2075. Les fabricants, négociants et armateurs français ou étrangers qui voudront faire entrer en France des armes, seront seulement tenus de prendre au bureau de douane des ports, villes ou bourgs frontières, un acquit-à-caution portant la qualité et la quantité des armes montées, ou en pièces détachées, contenues dans les caisses qui les renfermeront, le nom du lieu et de la personne pour laquelle elles seront destinées. Cet acquit-à-caution sera visé par la municipalité du lieu du domicile de la personne à qui ces armes auront été envoyées et chez laquelle elles auront été déchargées, sous peine de saisie et de confiscation des caisses, armes et pièces détachées. (*Décret du 22 août 1792, art. 1er*).

Il est donc essentiel d'indiquer la valeur des armes sur l'acquit-à-caution.

Les armes et munitions de guerre dont la saisie est effectuée pour contravention à la prohibition d'entrée ou de sortie doivent être immédiatement versées dans les arsenaux de l'artillerie. (*Circ. du 22 décembre 1822, n° 772*).

Quand des saisies d'armes de commerce ou de luxe offrent quelque importance, et intéressent plus ou moins l'ordre public, les directeurs doivent en informer le préfet. (*Déc. admin. du 22 novembre* 1836).

Quand une importation d'armes a lieu avec paiement des droits, on doit en donner immédiatement avis au ministre de l'intérieur.

A cet effet on adresse, tous les 15 jours, à l'administration, un relevé des armes ainsi importées. Ce relevé doit indiquer, autant que possible, le nom du véritable destinataire des armes, son domicile, et, pour Paris, la mairie dans laquelle ce domicile est situé : il désigne aussi le nom du soumissionnaire de l'acquit-à-caution. (*Circ. n*° 1939, *et* 1955).

Toutes les fois que les préposés auront à constater des contraventions en matière de douanes en vertu des lois des 22 août 1791, 4 germinal an II, 28 avril 1816 et 27 mars 1817, relativement à des armes considérées alors comme *marchandises* prohibées ou tarifées à plus de 20 fr. par 100 kilo. ils devront se borner à dresser procès-verbal en vertu de ces mêmes lois de douanes, sans se préoccuper de l'application à faire de la loi du 24 mai 1834, mais lorsque ces contraventions constitueront en même temps une infraction à la loi du 24 mai 1834, c'est-à-dire lorsqu'il s'agira d'une tentative *d'introduction illicite d'armes prohibées*, ou *d'un dépôt clandestin d'armes quelconques*, une ampliation dûment certifiée du procès-verbal sera, sans aucun retard, transmise au procureur impérial de l'arrondissement, pour mettre ce magistrat en mesure de pouvoir, s'il le juge convenable, exercer l'action publique contre l'auteur ou les auteurs du délit. Le receveur provoquera, en même temps, devant la juridiction compétente, les poursuites requises par les conclusions spéciales du procès-verbal, et les armes saisies continueront à rester à la disposition de la douane, à moins que le ministère public n'en requière l'apport temporaire au greffe, comme pièces de conviction dans les poursuites particulières qu'il exercerait ; mais ces objets devront être, après jugement, réintégrés entre les mains de la douane.

Dans les affaires où le procureur impérial aura été mis en mesure de poursuivre l'application de la loi du 24 mai 1834, il sera indispensable que, pour s'assurer la propriété des objets saisis, la douane fasse, de son côté, rendre un jugement avant toute transaction avec la partie. (*Circ. n*° 1992, *du 26 octobre* 1845).

CHAPITRE XIX.

DES POIDS ET MESURES.

Section I.

2076. A partir du 1er janvier 1840, tous poids et mesures autres que les poids et mesures établis par les lois des 18 germinal an III, et 19 frimaire an VIII, seront interdits, sous les peines portées par l'art. 479 du code pénal. (*Art. 3 de la loi du 4 juillet* 1837).

Art. 5 de la même loi : A compter de la même époque, toutes dénominations de poids et mesures autres que celles comprises au même tableau , *sont interdites dans les actes publics , ainsi que dans les affiches et annonces.*

Elles sont également interdites *dans les actes sous seing-privé*, les *registres de commerce et autres écritures privées* produits en justice , sous peine, pour les officiers publics, de 20 fr. d'amende, et de 10 fr. pour les autres contrevenants.

Section II.

2077. Loi du 18 germinal an III, art. 24. Toute fabrication des anciennes mesures est interdite en France , ainsi que toute importation des mêmes objets venant de l'Etranger , à peine de confiscation et d'une amende du double de la valeur desdits objets.

Section III.

2078. Seront punis d'une amende de onze à quinze francs, ceux

qui auront de faux poids ou de fausses mesures dans leurs magasins, boutiques, ateliers, ou maisons de commerce, ou dans les halles, foires ou marchés, sans préjudice des peines qui seront prononcées par les tribunaux de police correctionnelle, contre ceux qui auraient fait usage de ces faux poids ou de ces fausses mesures et contre ceux qui emploieraient des poids ou des mesures différents de ceux qui sont établis par les lois en vigueur. *(Art. 479 du code pénal).*

Le procès-verbal est rédigé à la requête du ministère public, et l'affaire est portée, suivant les cas, devant le tribunal correctionnel ou de police. (*Voir le n° 278 du tableau des contraventions*).

CHAPITRE XX.

ÉCORCES A TAN.

2079. La convention nationale...... défend la sortie à l'Étranger, du tan, sous peine de confiscation, tant de cette matière première, que de la voiture et des chevaux, et de trois cents francs d'amende. (*Décret du 16 nivôse an II*).

Ce décret ne doit pas être appliqué sur les points où le gouvernement a suspendu la prohibition. (*Loi des 7 juin 1820, 2 juillet 1836, et 6 mai 1841*).

En vertu de cette disposition, il est aujourd'hui permis d'exporter :

1° Par la rivière de Meuse, des quantités illimitées d'écorces à tan moulues, ou non moulues. (*Ord. 4 octobre 1820*);

2° Par la douane de Mijoux, la quantité annuelle de cent cinquante mille kilog. écorces de sapin non moulues, provenant du territoire de la commune de Septmoncel. (*Ord. 30 août 1820*).

Dans ces deux cas, comme toutes les fois que la prohibition de sortie est suspendue, on perçoit, en vertu des lois des 2 juillet 1836, et 6 mai 1841, les droits ci-après :

Écorces à tan $\left\{ \begin{array}{l} \text{de sapin} \left\{ \begin{array}{ll} \text{non moulues.....} & \text{00 fr. 50 c.} \\ \text{moulues.........} & \text{00 fr. 25 c.} \end{array} \right\} \text{p. } \%\text{ k.} \\ \\ \text{autres} \left\{ \begin{array}{ll} \text{non moulues....} & \text{2 fr. 00 c.} \\ \text{moulues.........} & \text{1 fr. 00 c.} \end{array} \right\} \text{p. } \%\text{ k.} \end{array} \right.$

(*Tarif de* 1844, *note* 254).

CHAPITRE XXI.

DES DRILLES ET CHIFFONS.

2080. A partir de 1850, on doit se borner, provisoirement, et à titre d'essai, à suspendre l'application des articles 2 et 3 du décret du 3 avril 1793 (1), sans altérer en rien la prohibition de sortie dont les drilles et chiffons sont et demeurent frappés.

Ainsi, les drilles et les différentes matières qui y sont assimilées (2),

---

(1) *La sortie des drilles et chiffons demeure interdite.* (*Décr. du 3 avril* 1793, *art.* 1).

Art. 2. Nul *entrepôt* ni *circulation* desdites matières ne pourra se faire dans l'étendue des 15 kilomètres frontières, soit de terre, soit de mer, à moins qu'il ne soit justifié, par un acquit-à-caution, de leur destination pour l'intérieur de la France. »

Art. 3. « Toutes drilles et chiffes prises dans l'étendue des 15 kilom. frontières, soit de terre, soit de mer, qui circuleraient sans ces formalités, seront saisies et confisquées. »

Art. 3 du décret du 15 août 1793. « La confiscation de marchandises et autres effets ainsi saisis à l'exportation, sera poursuivie à la requête des régisseurs des douanes, avec amende qui, dans tous les cas de prohibition, même dans celui de l'*entrepôt* des matières propres à la fabrication du papier et de leur *circulation*, sera de 500 francs conformément à l'art, 1 du tit. 5 de la loi du 22 août 1791. » Le voir au mot : *Exportation des objets prohibés*, n. 2514.

Cet article prononce aussi la confiscation des moyens de transport.

A cet égard, une circulaire du 6 avril 1802 porte, en son paragraphe 4 : « Vous devrez prescrire aux préposés de continuer à saisir les chevaux et voitures servant au transport des chiffons qui seraient rencontrés en contravention à la loi du 3 avril 1793. »

Les différents articles du titre 13 de la loi du 22 août 1791, sur les entrepôts, sont étrangers aux *entrepôts de drilles* relativement auxquels tout a été prévu et ordonné par la loi particulière du 3 avril 1793.

Or, l'article 2 de cette loi n'admettant aucune exception résultant de la population plus ou moins nombreuse, interdit *généralement et expressément* tout entrepôt de chiffons dans l'étendue des 15 kilomètres des frontières : il est donc incontestable que les chiffons trouvés entreposés dans cet espace de territoire, sont passibles de saisie et de confiscation. (*Circ. du* 24 *novembre* 1800).

(2) Les vieux papiers, rognures de papier, vieux linges et vieux filets, sont assimilés aux drilles et suivent leur régime. (*Circ. du* 10 *mai* 1802 *et lettre du* 3 *août* 1808*.*)

ne sont plus assujetties, — soit pour *la circulation* et *l'entrepôt dans le rayon frontière*, — soit pour *le cabotage*, qu'aux formalités générales qui atteignent les marchandises prohibées.

D'après ces dispositions, les dépôts de drilles dans le rayon des frontières de terre (1), peuvent se former librement dans les communes ayant plus de 2,000 âmes de population, et, hors de ces communes, on leur applique le régime résultant des articles 57 et 58, titre 13, de la loi du 22 août 1791. (*Nº* 2501).

2081. Pour la circulation, on délivre simplement des passavants sous l'accomplissement des formalités prescrites par les articles 15 et 16 du titre 5 de la loi du 22 août 1791 (*nº* 590 *et* 401) et par l'article 2 de la loi du 19 vendémiaire an VI. (*Nº* 2553). On a soin, d'ailleurs, d'exiger la production préalable de certificats de besoin, par application de l'article 1er de l'arrêté du 25 messidor an VI (*nº* 392), quand les expéditions ont pour destination un point situé entre un bureau de première ligne et l'Etranger, mais ces expéditions ne peuvent avoir lieu qu'autant qu'elles ont pour destination une fabrique légalement existante. (*Circ. nº* 2328).

2082. Les expéditions de cabotage peuvent se faire sans qu'il soit besoin d'obtenir, par avance, l'autorisation des directeurs : elles restent soumises aux garanties de l'acquit-à-caution et du plombage. (*Circ. nº* 2328).

2083. Par suite de ce régime transitoire, les contraventions sont régies par les règlements généraux concernant la police de la circulation et du cabotage. Les dispositions répressives *spéciales* reproduites aux nos 83, 93 et 105 du tableau des contraventions (*nº* 2694) doivent, dès-lors, cesser d'être requises dans les procès-verbaux. (*Circ nº* 2328, *du 25 mai 1849*).

Il en est de même des meules de pâte propres à la fabrication du papier, (*circ. du 3 novembre* 1818) des chiffons de laine, de soie et de coton, et de la charpie effilée. (*Circ. n.* 1715).

(1) Dans les 15 kilom. des côtes maritimes, le dépôt et la circulation des drilles sont affranchis de toute formalité (*Déc. min. 28 avril* 1849).

CHAPITRE XXII.

DE LA CHASSE.

Section I.

ACHAT, VENTE ET TRANSPORT DU GIBIER.

2084. Dans chaque département, il est interdit de mettre en vente, de vendre, d'acheter, de transporter et de colporter du gibier pendant le temps où la chasse n'est pas permise. (*Loi, 3 mai 1844, art. 4*).

La constatation des infractions à cette défense n'étant point confiée spécialement au service des douanes, les employés doivent se borner à conduire le contrevenant devant le maire, ou l'officier de police judiciaire le plus voisin, lequel fait procéder, s'il y a lieu, contre ce délinquant, conformément aux prescriptions de la loi précitée. (*Circ., n° 2028*).

Section II.

IMPORTATION ET CIRCULATION DU GIBIER.

2085. L'interdiction absolue de vente, d'achat et de transport du gibier dans toute l'étendue du territoire français, pendant le temps de la prohibition de la chasse, modifie le tarif des douanes et constitue une prohibition périodique et temporaire de l'importation du gibier étranger en France.

Le gibier doit donc suivre à l'entrée et à la circulation le régime *du prohibé* pendant tout le temps où la chasse n'est pas permise.

Quand il est déclaré au premier bureau d'entrée, la douane se borne à en refuser l'admission, et à en assurer la réexportation immédiate, conformément à l'article 4 du titre V de la loi du 22 août 1791. (*N° 2225*).

Mais si l'on tente d'enfreindre la prohibition, la douane doit appliquer, suivant les cas, — soit les dispositions des art. 1ᵉʳ du titre V de la même loi du 22 août 1791 (nº 2477), et 10 du titre II de celle du 4 germinal an II (nº 2477), — soit celles des art. 58, 41 et suivants de la loi du 28 avril 1816 (nº 2487) et 15 de celle du 27 mars 1817 (nº 2592). (*Circ., nº 2028*).

Section III.

EXPORTATION DU GIBIER.

2086. Le même principe de prohibition, dont le gibier peut se trouver frappé à l'entrée, lui est pareillement applicable à la *sortie*.

Ainsi, s'il était présenté du gibier à un bureau de sortie, et si ce gibier était déclaré sous sa véritable dénomination pour l'exportation dans le temps de la prohibition locale de la chasse, la disposition de l'art. 4 précité du titre V de la loi du 22 août 1791, ne permettrait pas aux employés d'en opérer la saisie en vertu de la loi générale des douanes; mais alors ils devraient faire immédiatement conduire le déclarant devant le maire, lequel ferait procéder, s'il y avait lieu, contre celui-là, conformément aux prescriptions de la loi du 5 mai 1844. (*Circ., nº 2028*).

Section IV.

VENTE DU GIBIER SAISI.

2087. La loi sur la police de la chasse ne pouvant recevoir d'application dans les saisies constatées par application de la loi de douanes, la vente du gibier doit s'effectuer à charge de réexportation (nᵒˢ 2751 *et* 2757). (*Circ., nº 2028*).

S'il y a lieu à dépérissement de l'objet, on doit procéder ainsi qu'il est réglé par le décret du 18 septembre 1811 (nº 2764). (*Circ., nº 2028*).

Section V.

OBSERVATIONS.

2088. Toutes les fois que l'on saisit du gibier par application de la

loi de douane, la confiscation doit en être poursuivie et prononcée à la requête de l'administration. (*Circ.*, n° 2028).

CHAPITRE XXIII.

CARTES A JOUER.

2089. Tout individu qui *fabriquera* (1) des cartes à jouer, ou qui en *introduira* sur le territoire français, ou qui en *distribuera, vendra ou colportera* sans y être autorisé par la régie, sera puni de la confiscation des objets de fraude, d'une amende de 1000 à 5,000 fr. et d'un mois d'emprisonnement. En cas de récidive, l'amende sera toujours de 5,000 francs (2). (*L. du 28 avril 1816, art. 166*).

Ceux qui auront contrefait ou imité les moules, timbres et marques employés par la régie pour distinguer les cartes légalement fabriquées, et ceux qui se serviront des véritables moules, timbres ou marques, en les employant d'une manière nuisible aux intérêts de l'Etat, seront punis, indépendamment de l'amende fixée par l'article 166, des peines portées par les art. 142 et 145 du code pénal. (*L. du 28 avril 1816, art. 168*).

Les cartes usitées en France ne peuvent circuler qu'autant qu'il en a été fait déclaration préalable au bureau de la régie du lieu de l'expédition, et qu'elles sont accompagnées d'un congé portant le nom de l'expéditeur, le lieu de la destination, et le nom de celui à qui elles sont destinées. (*Décr. du 16 juin 1808, art. 6*).

Les mêmes peines (*celles portées par l'art. 166, n° 2089*) seront appliquées à ceux qui tiennent des cafés, des auberges, des débits de boissons, et, en général, des établissements où le public est admis, s'ils permettent que l'on se serve chez eux de cartes prohibées, lors même qu'elles auraient été apportées par les joueurs. Les personnes

---

(1) La fabrication illicite dans des fabriques déclarées, ou la distribution, la vente et le colportage des cartes *légales* ne sont punissables que de la confiscation et de l'amende. (*Circ. n. 2 48 des cont. ind.*)

(2) Dans tous les cas, elle est poursuivie par-devant les tribunaux correctionnels.

désignées au présent article seront tenues de souffrir les visites des préposés de la régie. (*L. du 28 avril 1816, art.* 167).

2090. Les dispositions des art. 223, 224, 225 et 226 de la loi du 28 avril 1816, sont applicables à la fraude et à la contrebande sur les cartes à jouer. (*L. du 28 avril 1816, art.* 169) (1). (*Voir ces art. au mot tabac, n°* 2139 à 2142).

2091. Les saisissants constitueront les contrevenants en état d'arrestation préventive et les conduiront devant l'officier de police judiciaire. Mais si les prévenus manifestent l'intention de satisfaire spontanément aux condamnations, ou de transiger, les saisissants les conduiront devant le chef de service des contributions indirectes de la localité, lequel demeurera chargé de prendre telle mesure que de droit. (*Circ. n°* 1839, *du 26 novembre* 1840).

2092. Les cartes saisies doivent être remises au bureau de la régie le plus voisin du lieu de la saisie. (*Besançon, 6 janvier* 1835).

L'original du procès-verbal et l'état des frais doivent être adressés au directeur des contributions indirectes dans l'arrondissement duquel la saisie a été opérée, sans égard à l'arrondissement dans lequel le procès-verbal serait rédigé.

L'affirmation doit être faite devant le juge de paix du lieu de la saisie. (*Idem*).

CHAPITRE XXIV.

DES BOISSONS.

DISPOSITIONS GÉNÉRALES.

2093. Il existe une distinction essentielle dans la tarification des boissons : les unes sont taxées en raison de la quantité de liquide

---

(1) Cet article n'autorise l'arrestation que des contrebandiers ou colporteurs, et de ceux qui vendent en fraude, — aucune disposition de loi ne donne le droit de constituer immédiatement prisonniers les fabricants de cartes de fraude. (*Inst. sur les contrib. indir*).

qu'elles représentent, et les autres en raison de la quantité d'alcool que contient la boisson. C'est ce que le tableau des droits indique par ces mots qui ont été placés, suivant le cas, en regard de chaque article du tarif des boissons : *hectolitre de liquide*, — *hectolitre d'alcool pur*.

Il importe beaucoup de ne pas perdre de vue cette distinction, afin d'éviter toute confusion tant dans l'application du tarif, que dans la constatation des quantités de boissons importées ou exportées : recommandation expresse est faite aux employés qui doivent, du reste, rapporter ces quantités *en liquide* et *en alcool* sur les états de commerce.

Les boissons en bouteilles, indépendamment du droit qui les affecte selon leur nature, doivent acquitter pour le verre, savoir : à l'entrée, 15 centimes par litre de contenance, et, à la sortie, 25 centimes par 100 kilog.

Les cruchons de grès, contenant des boissons, sont également soumis à une taxe indépendante de celle qui affecte les boissons elles-mêmes : ils acquittent, à ce titre, les droits de la poterie (1), suivant l'espèce.

(Voir les notes 619 et 707 du tarif de 1844).

Section 1.

CIRCULATION.

2094. Aucun enlèvement ni transport de boissons ne pourra être fait sans déclaration préalable de l'expéditeur ou de l'acheteur, et sans que le conducteur soit muni d'un congé. (*Loi du 28 avril 1816, art 6*).

Si le délai de l'expédition est périmé, il rend cette expédition inapplicable. (*Idem, art.* 15).

Les voituriers, bateliers et tous autres qui transporteront ou conduiront des boissons, seront tenus d'exhiber, à toute réquisition des employés.... des douanes, et à l'instant même, les congés, passavants ou acquits-à-caution, ou laissez-passer dont ils devront être porteurs ; faute de représentation des dites expéditions, ou en cas de fraude ou de contravention, les employés saisiront le chargement ; ils saisiront aussi

---

(1) 100 cruchons en grès vides, pèsent, terme moyen, 104 kilog.

les voitures, chevaux, et autres objets servant au transport, mais seulement comme garantie de l'amende, à défaut de caution solvable. Les marchandises faisant partie du chargement, qui ne seront pas en fraude, seront rendues au propriétaire. (*Idem*, *art.* 17, *et loi du* 23 *avril* 1856, *art. unique*).

2095. Les voyageurs ne seront pas tenus de se munir d'expéditions, pour les vins destinés à leur usage, pendant le voyage, pourvu qu'ils n'en transportent pas au-delà de trois bouteilles par personne. (*Loi*, 28 *avril* 1816, *art.* 18).

2096. Les contraventions au présent chapitre seront punies de la confiscation des boissons saisies et d'une amende de 100 à 600 francs, suivant la gravité des cas (1). (*Idem*, *art.* 19).

Les fraudes en voitures suspendues entraîneront toujours la condamnation à une amende de 1000 francs. (*Idem*, *art.* 46).

2097. L'expédition des contributions indirectes nécessaire pour autoriser la circulation des boissons est :

Pour les vins, cidres et poirés, — 1° un congé, lorsque le droit de circulation a été acquitté ; — 2° un passavant, quand ils sont enlevés de chez un propriétaire ou fermier, et qu'ils proviennent de sa récolte, ou quand ils sont transportés par un marchand en gros ou en détail, de chez lui chez lui, dans l'intérieur du département ; — 5° un acquit-à-caution, quand ils sont enlevés à destination de l'Étranger.

Pour les eaux-de-vie, esprits et liqueurs, un acquit-à-caution, à moins que l'expéditeur ne paie le droit de consommation avant l'enlèvement, en même temps que celui du mouvement ; dans ce cas, l'expédition est un congé ou un passavant. (*Circ. du* 30 *janv.* 1815).

Les boissons qui circulent dans le rayon frontière, sont exemptes de la formalité du passavant de douane. (*Circ*, *n°* 1967, *du* 26 *avril* 1843) (2). Il y a cependant exception pour la bière, le vinaigre et le jus d'orange, qui restent, pour les douanes, dans le régime commun aux autres marchandises. (*Même circ.*)

2098. En cas de différence dans le nombre des pièces composant

---

(1) Ces contraventions doivent toujours être portées devant les tribunaux correctionnels.

(2) Les receveurs des douanes viseront les expéditions de la régie ; mais l'absence de ce visa ne constitue pas une contravention. (*Même circulaire*).

un chargement; il faut considérer celles mentionnées en l'expédition comme transportées légalement et ne saisir que le fût non déclaré. *(Déc. des contributions indirectes, n° 622).* — Mais quand il y a défaut de concordance entre la contenance des futailles composant un chargement et celle qui est énoncée sur l'expédition, l'identité des boissons ne pouvant être reconnue, il y a lieu à saisir la totalité du chargement. *(Idem, n° 625).*

Il y a lieu de saisir à l'arrivée toutes boissons dont la qualité, l'es-pèce ou la quantité, diffèrent des énonciations portées dans l'expédition qui doit les accompagner. *(Arr. de C. du 16 juillet 1842).*

Le transport des boissons dans un lieu autre que celui qui est indiqué sur l'expédition donne lieu à la saisie. *(Arr. de C. du 4 déc. 1835).*

Les boissons ne peuvent circuler avant l'heure fixée, pour leur en-lèvement, par les expéditions. *(Arrêt de cas., du 12 mars 1829).* — Leur transport est réputé fait sans congé, quand le délai dans lequel il devait s'effectuer est expiré. *(Arrêt de Cas. du 26 mai 1827).*

On ne peut jamais arrêter, ni retenir, même un instant, le colpor-teur de boissons sans expédition, quand ce ne serait que pour le con-duire devant l'autorité afin de constater son identité. Si cet individu re-fuse de se faire connaître, s'il ne veut pas accompagner les employés, il faut se borner à opérer la saisie tant des boissons que des moyens de transport. *(Instruct. des contrib. indirectes).*

En matière de saisie de boissons et des moyens de transport pratiquée sur *inconnu*, la régie est seulement fondée à demander la confiscation des boissons. Dans ses requêtes, après avoir demandé la confiscation des objets saisis en contravention, elle doit conclure à ce qu'il lui soit donné acte de ses réserves de poursuivre ultérieurement et faire con-damner à l'amende les délinquants qui viendraient à lui être signalés, et à ce que, par mesure conservatoire, les objets saisis à titre de ga-rantie soient vendus, et le prix à provenir de la vente, déduction faite de tous frais, déposé à la caisse des consignations, avec affectation au paiement de l'amende s'il y a lieu. *(Instr. des contrib. ind).*

La confiscation des boissons emporte avec elle la confiscation des fu-tailles qui les contiennent. *(Arr. de Cass. du 5 août 1808).*

L'amende encourue pour une contravention doit être appliquée *in-dividuellement* à chacun des co-prévenus déclarés coupables. *(Arr. de Cass. du 7 décembre 1826).*

En matière de contributions indirectes, les amendes prononcées par les tribunaux correctionnels ont un caractère pénal, et leur recouvrement peut être poursuivi par voie de contrainte par corps. (*Instr. des contrib. ind*).

2099. En cas de saisie de boissons à la circulation, l'original du rapport et l'état des frais doivent être adressés au directeur des contributions indirectes dans l'arrondissement duquel la saisie a été opérée, sans avoir égard à l'arrondissement dans lequel le rapport serait rédigé.

L'affirmation doit être faite devant le juge de paix du lieu de la saisie.

Les marchandises et moyens de transport peuvent être remis sous caution solvable de la valeur de l'amende, ou déposés au bureau de la régie le plus voisin, ou de la douane, où les chevaux et voitures seraient mis en fourrière.

Il importe de distinguer toujours, dans l'évaluation des objets saisis, les marchandises des moyens de transport, attendu que ces derniers ne sont d'ailleurs saisis que pour garantie de l'amende.

(*Besançon, 6 janvier* 1835, *et circ. du 29 mai* 1806).

Section II.

—

IMPORTATION.

2100. L'importation des boissons ne peut s'effectuer que par les bureaux marqués au tarif d'un astérisque.

Comme toutes les boissons venant de l'Etranger doivent passer sous la surveillance des contributions indirectes pour les perceptions ultérieures, la douane, appelée à percevoir les droits d'entrée, ne doit les laisser enlever des bureaux ou des magasins que sur le *congé* ou l'acquit-à-caution délivré par la régie. (*Circ. des* 15 *juil.* 1806 *et* 5 *août* 1847).

2101. L'importation en fraude doit être poursuivie d'après les lois générales sur les douanes.

Section III.

—

EXPORTATION.

2102. Les boissons ne peuvent sortir du territoire français que par les points désignés par la note 500 du tarif officiel de 1844.

35

Toute tentative d'exportation frauduleuse est constatée d'après les lois générales des douanes.

2103. Les boissons sont affranchies du droit de *consommation* et de *circulation*; mais, indépendamment des conditions ordinaires de l'exportation, elles doivent être accompagnées d'un acquit-à-caution des contributions indirectes, lequel ne peut être levé que dans un bureau de cette administration, et qui indique le point de la frontière où la sortie doit s'effectuer. (*L. 28 avril 1816, art. 1, 5 et 87*).

Quand la douane délivre un acquit de paiement pour la sortie des boissons, elle relate sur cet acquit, ainsi que sur la souche, le numéro et la date de l'expédition de la régie, ainsi que le bureau d'où elle émane.

2104. La vérification à la sortie se fait par le receveur et le visiteur concurremment avec un employé du service actif dans les localités où il ne se trouve aucun employé de la régie, et ils signent ensemble le certificat de décharge apposé au dos de l'acquit-à-caution émané de la régie.

Sur les points où l'administration des contributions indirectes n'a qu'un préposé, le receveur des douanes signe avec lui le certificat de décharge. Dans les passages où elle a créé deux employés, le concours de la douane n'est qu'accidentel pour renforcer leur service. (*Circulaire nº 1146*).

Quand le droit de sortie est acquitté dans un bureau de seconde ligne, le premier visa est donné par les employés de cette localité, le second est signé par le bureau où s'effectue la sortie et par les employés de la régie. (*Circ. nº 881*).

Les visas et les décharges des acquits-à-caution de la régie qui sont opérés par la douane, doivent être inscrits sur un registre particulier. (*Circ. nºˢ 808 et 881*).

Dans les lieux où il y a des employés de la régie, les acquits-à-caution déchargés leur sont remis, dans le cas contraire, ils sont rendus aux voituriers qui sont responsables de leur remise à qui de droit. (*Id*).

2105. Il arrive souvent que, pour justifier, près de l'administration des contributions indirectes, qu'ils ont exporté des boissons à l'Etranger, les redevables demandent aux douanes des duplicata des acquits de sortie ou des certificats d'exportation.

Dans ce cas, les duplicata ne doivent leur être délivrés que d'après l'autorisation spéciale de l'administration. (*Circ. n° 206*).

Section IV.

TRANSIT ET ENTREPOT:

§ 1er.

TRANSIT,

2106. Aux termes des dispositions combinées des lois des 9 février 1832, art. 2, et 2 juillet 1836, art. 10, les eaux-de-vie et liqueurs étrangères sont admises en transit lorsqu'elles sont contenues en *bouteilles* ou en *cruchons* (1).

Celles qui sont en *futailles* peuvent également transiter sous les formalités générales prescrites par la loi du 9 février 1832 *(n° 565 et suivants)*, et sous les conditions particulières énoncées ci-après :

1° Les acquits-à-caution indiqueront indépendamment de la quantité et des espèces des liqueurs ou des eaux-de-vie, les marques et numéros des futailles, ainsi que le nombre de centimètres de vidange que présentera chaque futaille au départ ;

2° Pour les eaux-de-vie de toute sorte, l'acquit-à-caution indiquera en outre, également pour chaque futaille, le degré de force de ces eaux-de-vie et la quantité d'alcool pur qu'elles contiendront.

3° La reconnaissance de l'identité des eaux-de-vie et liqueurs, ainsi admises au transit, sera garantie par un échantillon prélevé au bureau d'entrée et qui, emballé avec soin sous cachet, dans une boîte revêtue du plombage, devra accompagner les futailles et être représenté au bureau par lequel la réexportation s'accomplira. Un second échantillon, scellé du double cachet de la douane et de l'expéditeur, et portant d'ailleurs l'indication du numéro et de la date de l'acquit-à-caution,

---

(1) Les liquides ou fluides, en bouteilles ou en cruchons, autres que les produits chimiques et médicaments, seront admis au transit, en tous sens, sous les conditions générales du transit, et sous l'obligation du double emballage et du double plombage. (*L. 2 juillet 1836, art. 10, paragraphe 1 et circ. du 30 mai 1835, n. 113*).

sera conservé en dépôt au bureau d'expédition jusqu'à la consommation du transit.

4° Au bureau de sortie, les droits d'entrée, quand il s'agira d'eaux-de-vie ou liqueurs admissibles à la consommation, seront perçus à l'égard de tous les manquants reconnus, quelle qu'en puisse être la cause, et sans exception de ceux attribués au coulage ou à l'évaporation. Quand il s'agira d'eaux-de-vie d'espèce prohibée, on exigera le paiement d'une somme égale à la simple valeur de la quantité manquante. (*Déc. min. 13 janvier 1853. — Circ. du 24 dudit mois*).

Les boissons distillées sont admises au transit sous les conditions ci-dessus exprimées.

Les boissons fermentées peuvent transiter — à la condition du prélèvement d'un double échantillon, dont l'un reste au bureau d'expédition, et l'autre est remis sous cachet et renfermé dans une boîte plombée pour être représentée au bureau de sortie. (*Circ. du 30 mai 1855, n° 113*).

§ 2.

ENTREPÔTS.

2107. Les boissons sont admissibles, dans les entrepôts de douane, sous les formalités et conditions déterminées par les règlements généraux. *(Circ. du 30 janvier 1815 et déc. admin. 10 nov. 1840).*

(*Voir les circ. des 30 janvier 1815 et 5 août 1845*).

Section V.

CABOTAGE.

2108. Les règles générales du cabotage *(n°s 477 et suivants)* sont applicables aux boissons.

L'embarquement et le débarquement des boissons expédiées par cabotage n'est permis que sur la représentation du passavant, congés ou acquits-à-caution de la régie. On relate, dans les expéditions de douanes, sur les registres et dans les certificats de décharge, les date, numéro, et lieu de la délivrance des expéditions de la régie qui sont visées au bureau.

Lorsqu'un caboteur transportant des boissons, entre, par relâche,

dans un autre port que celui de sa destination, les préposés des douanes, à défaut de ceux de la régie, ou opérant de concert, si ces derniers se présentent, vérifient, à bord, si elles sont accompagnées des expéditions nécessaires. (*Circ. des 15 juillet 1806 et 30 janvier 1815*).

CHAPITRE XXV.

DES SELS ÉTRANGERS.

2109. Les sels étrangers, bruts ou raffinés, autres que ceux de la qualité dite de table, sont admis en France moyennant l'acquittement d'un droit de douane fixé ainsi qu'il suit :

Par terre, et par les frontières de Belgique, en payant par 100 kilogrammes. . . . . 2 fr. 00 c.

Par terre et par les frontières de l'Est et du Midi   0 fr. 50 (*L. du 28 décembre 1848, art. 2*).

2110. Les sels étrangers, blancs, raffinés, égrugés, pulvérisés, et de la qualité dite de table, sont admis ainsi qu'il suit :

Par terre. { par la frontière de Belgique. . . 2 fr. 75 c.
{ par les autres frontières. . . . « fr. 50

(*L. 13 janvier 1849, art. 1er*).

2111. Indépendamment de la taxe de douane à l'entrée, les sels étrangers sont, avant d'être livrés à la consommation, passibles de la taxe de consommation de 10 fr. par 100 kilogr. (1), sans déduction de remise à titre de déchet. *(Loi, 28 déc. 1848, art. 3 et 5*).

Ces deux taxes sont individuelles et doivent être simultanément exigées. (*Administ., 12 juillet 1849*).

2112. Les sels étrangers ne peuvent entrer que par les bureaux désignés en l'art. 20 de la loi du 28 avril 1816.

Cependant, pour faciliter les approvisionnements de ménage, l'ad-

---

(1) Cette taxe est affranchie du décime.

ministration autorise l'admission, par tous les bureaux, des sels importés dont la quantité n'excède pas 5 kilog. par importateur. La perception de ces petites parties de sel est établie sur les registres série M, n° 44 bis, relatifs aux recettes accessoires et accidentelles. (*Administ.*, 2 *mars* 1849).

2113. Tous les mois, on adresse à la direction un état des sels importés.

2114. Malgré la levée de la prohibition, *l'importation* en fraude des sels étrangers reste soumise aux dispositions des articles 38 et 41 de la loi du 28 avril 1816 (*n°s* 2229 *et* 2485), et leur *circulation* dans le rayon demeurera soumise aux dispositions des lois et règlements concernant les marchandises sujettes à justification d'origine (*n°* 393), et celles par application de l'art. 3 de la loi du 5 juillet 1836 (*n°s* 2207 *et* 2209). (*Administ.*, 29 *mars* 1849).

2115. Les sels provenant de saisies, qui sont vendus pour la consommation, sont soumis simultanément au droit de douane à l'importation, et à la taxe de consommation de 10 fr. par 100 kilog.

Le droit de douane exigible est *le droit minimum* afférent aux sels, d'après leur quantité, et selon la zône dans laquelle la saisie a eu lieu. (*Circ.*, n° 1306, *et admin.*, 12 *juillet* 1849).

2116. Les sels saisis peuvent être vendus pour la réexportation ou pour la consommation intérieure. (*Circ.*, n° 1103, *et ordonn. du* 24 *févr.* 1815).

Dans ce dernier cas, ils sont soumis à la taxe de 30 centimes par kilog. imposée par l'art. 18 de la loi du 28 avril 1816.

2117. Toute vente de sel doit être annoncée par un avis exprimant formellement la condition que la vente sera nulle si le prix des enchères ne s'élève pas au-dessus du montant des droits cumulés avec les frais de toute nature.

Dans ce cas, les sels seront submergés publiquement, et il sera dressé procès-verbal de la submersion.

2118. La submersion aura lieu dans la même forme et sans qu'il soit nécessaire de mettre préalablement les sels en vente, toutes les fois que l'on sera fondé à douter que le montant de la vente doive couvrir au moins les droits dus au trésor et les frais. (*Circ.*, n°s 1033 *et* 1103).

Il faut que le sel qui doit être submergé soit acquis à la douane soit par un jugement, soit par un acte d'abandon.

DÉPÔTS FRAUDULEUX DES SELS.

2119. Les préposés des douanes sont autorisés à se transporter, en tout temps, dans l'enceinte des marais salants, dans les salines et lieux de dépôts, pour y exercer leur surveillance. *(Décret du 11 juin 1806, art. 8).*

Les préposés des douanes pourront, conformément à l'article 8 du règlement du 11 juin 1806, rechercher les dépôts de sels formés dans le rayon où s'exerce leur surveillance; mais ces dépôts ne pourront être saisis qu'autant qu'il s'y trouvera une quantité de 50 kilog. de sel, au moins, pour laquelle il ne sera point justifié du paiement des droits. Ces recherches et visites ne pourront d'ailleurs être faites, dans les maisons habitées, qu'après le lever et avant le coucher du soleil, et avec l'assistance d'un officier municipal. Elles sont, dans tous les cas, interdites dans les communes au-dessus de 2,000 âmes. *(Loi du 17 déc. 1814, tit. 4, art. 32).*

CHAPITRE XXVI.

DES POUDRES A FEU.

Section I.

POUDRES ÉTRANGÈRES.

§ 1er.

IMPORTATION.

2120. Il est défendu à qui que ce soit d'introduire aucune poudre étrangère en France, sous peine de confiscation de la poudre et des chevaux et voitures qui en seraient chargés. (*Loi 13 fructidor an V, tit. 2, art. 21).*

L'importation des salpêtres est également prohibée : la contravention est punie des mêmes peines que lorsque les poudres sont la matière du délit. (*Idem*, *art.* 22).

L'introduction en France des poudres à feu est punie des peines portées dans les lois relatives aux importations de marchandises prohibées en général (1). (*Décret du 1er mars* 1852, *art.* 1er).

D'après cette disposition du décret du 1er mars 1852, la saisie de poudre faite par suite de déclaration dans un bureau d'entrée est de la compétence du juge-de-paix (*art.* 15 *de la loi du* 27 *mars* 1817) et donne lieu — à la confiscation de la poudre, — à celle des moyens de transport, — et à l'amende de 550 fr. sans arrestation du prévenu. (*L. des* 22 *août* 1791, *tit.* 5, *art.* 1er, *et* 4 *germ. an II*, *tit.* 2, *art.* 10). — Si la saisie est effectuée en campagne, ou après que le premier bureau d'entrée a été dépassé ou contourné, elle entraîne l'arrestation du prévenu, — avec amende de 550 fr., ou amende égale à la valeur des poudres, si cette valeur excède 500 fr., — et la confiscation de l'objet de fraude, — avec celle des moyens de transport. (*Lois des* 28 *avril* 1816, *art.* 41 *et suivants, et* 21 *avril* 1818, *art.* 34. *Circ. n°* 17, *du* 20 *mars* 1852).

2121. La moitié de la valeur de tous les objets confisqués et des amendes prononcées appartient aux saisissants. (*L.* 13 *fructidor an V*, *art.* 23. *Circ. n°* 1155 — *et n°* 17 *du* 20 *mars* 1852).

Les poudres saisies doivent être versées, dans les magasins de la régie, dans les 24 heures. (*L.* 13 *fructidor an V*, *art.* 23. — *Circ. du* 20 *mars* 1852).

§ 2.

POUDRES ENTRANT DANS LES PORTS MARITIMES.

2122. Les capitaines de navires, de quel lieu qu'ils viennent, à leur entrée dans les ports maritimes, sont obligés, dans les 24 heures, de faire au bureau des douanes, ou, à défaut, au commissaire de la marine, la déclaration des poudres qu'ils ont à bord, de les déposer,

---

(1) Ces dispositions sont applicables aux poudres françaises livrées pour l'exportation, et que l'on tenterait ensuite de réimporter à l'intérieur. (*Ordon.* 19 *juillet* 1829, *art.* 10. — *Circ. n.* 1179).

dans le jour suivant, dans les magasins de l'Etat à ce destinés, sous peine de 500 francs d'amende.

Ces poudres leur sont rendues à la sortie desdits ports. (*L. 13 fruct. an V, art. 31*).

§ 5.

POUDRES PROVENANT DE PRISES.

2123. Les poudres prises sur l'ennemi par les vaisseaux ou bâtiments de guerre, sont, à leur arrivée dans les ports de France, déposées dans les magasins de la marine, si elles sont bonnes à être employées pour ce service ; et, dans ce cas, le ministre de ce département les fait payer au même prix que celles qu'il reçoit de la régie. Mais si les poudres de prises, après vérification contradictoirement faites, ne sont pas admissibles pour le service de la marine, elles sont versées dans les magasins de la direction des poudres et salpêtres, qui les paie à raison de la quantité de salpêtre qu'elles contiennent et au prix auquel est fixé celui des salpêtriers. (*L. 13 fructidor an V, art. 32*).

Section II.

POUDRES FRANÇAISES.

§ 1er.

EXPORTATION.

2124. La sortie de France de toute espèce de poudres et salpêtres, demeure prohibée (*Décr. 11 mars 1793, art. 2*), sous peine de saisie desdites poudres, de confiscation des moyens de transport et de l'amende, le tout conformément aux lois générales. (*Arr. Cass. 4 mars 1839. — Circ. n° 1751*).

2125. L'administration des contributions indirectes fournira exclusivement aux armateurs et négociants les poudres de chasse et autres qui pourront être demandées par eux, soit pour l'armement et le commerce maritime, soit pour l'exportation par la voie de terre.

L'exportation par la voie de terre ne pourra avoir lieu pour la poudre dite de commerce extérieur (1). *(Ord. du 19 juillet 1829, art. 1er).*

Les poudres destinées à être exportées par la voie de terre ne pourront sortir que par les bureaux principaux de douane placés en première ligne.

Elles resteront dans les magasins des entrepôts jusqu'à leur expédition au bureau de la frontière.

Le délai et la route à suivre pour leur sortie du royaume seront fixés par les acquits-à-caution.

Elles ne pourront plus rentrer en France. *(Idem, art. 8).*

§ 2.

CIRCULATION.

2126. Tout voyageur ou conducteur de voiture qui transportera plus de 5 kilogr. (2) de poudre, sans pouvoir justifier leur destination par un passeport de l'autorité compétente, revêtu du visa de la municipalité du lieu de départ, sera arrêté et condamné à une amende de 20 fr. 44 cent. par kilogr. de poudre saisie, avec confiscation de la poudre, des chevaux et voitures; mais si le conducteur n'a pas eu connaissance du chargement il aura son recours contre le chargeur qui l'aurait trompé, et qui sera tenu de l'indemniser.

Néanmoins, dans la distance des deux lieues des frontières, les citoyens resteront soumis à tout ce qui est prescrit par les lois pour la circulation dans cette étendue. *(Loi du 13 fructidor an V, art. 30).*

§ 3.

FABRICATION, VENTE ET COLPORTAGE.

2127. La vente des poudres de chasse, de mine et de commerce sera exclusivement exploitée par la direction générale des contributions indirectes (3).

---

(1) Celle de guerre et celle de traite. *(Circ. n. 1179).*

(2) La loi du 24 mai 1834 a réduit cette quantité à 2 kilogr. *(Bourgat).*

(3) La poudre fulminante est assimilée à la poudre à feu (*Décis. min. du 20 octobre 1843*). — Les amorces pour les armes à feu à percussion peuvent être traitées comme poudre de chasse. (*Décis. admin. 7 mai 1821. — Bourgat*).

Il en sera de même de la vente des poudres de guerre destinées aux rmements du commerce maritime et à la consommation des officiers)atentés. *(Ordon., 25 mars 1818, art. 1er). (Bourgat).*

Tout individu qui, sans y être légalement autorisé, aura fabriqué, lébité ou distribué de la poudre, ou sera détenteur d'une quantité (quelconque de poudre de guerre, ou de plus de deux kilogr. de toute utre poudre, sera puni d'un emprisonnement d'un mois à deux ans, ans préjudice des autres peines portées par les lois (1). *(Loi du 24 nai 1834, art. 2).*

Ceux qui feront fabriquer illicitement de la poudre seront condamnés ꞁ 3,000 francs d'amende. La poudre, les matières et ustensiles servant ꞁ la confection seront confisqués. Le tiers des amendes appartiendra au lénonciateur. *(Loi du 13 fructidor an V, art. 27).*

Les dispositions des articles 222, 223, 224 et 225 de la loi du 28 ꞁvril 1816 sont applicables à la fabrication illicite, au colportage et à a vente des poudres à feu sans permission. *(Loi du 25 juin 1841, art.* 25). (Voir ces articles au mot *Tabac, nos 2139, 2141 et 2142).*

§ 4.

OBSERVATIONS.

2128. Les instances sont portées devant les tribunaux de police correctionnelle, qui prononcent les peines établies par les lois et arrêtés relatifs aux poudres et salpêtres. *(Décret du 16 mars 1813, art. 4 et 5).*

Les poudres sont, dans les 24 heures de la saisie, déposées dans les magasins de l'administration des contributions indirectes, et payées aux saisissants à raison de 3 fr. par kilog, sans distinction de qualité. *(Ordon. du 17 nov. 1819, art. 3, et circul. no 576).*

Les frais relatifs à des saisies de poudres ne sont, quels qu'ils puissent être, imputés que sur le produit de l'amende ou de la vente des autres objets confisqués. En cas d'insuffisance, ils demeurent à la charge de la régie. *(Même ordon., art. 5).*

---

(1) L'art. 24 de la loi du 13 fructidor an V interdit aux citoyens qui n'y sont pas autorisés, de con-server chez eux de la poudre au-delà de la quantité de 5 kilog. à peine, d'après l'art. 28, de confiscation et d'une amende de 100 francs. Ces peines sont toujours applicables, indépendamment de celles édictées par l'art. 2 de la loi du 24 mai 1834; mais ce dernier article a réduit à 2 kilogr. la quantité de poudre dont on peut être détenteur sans autorisation préalable. *(Bourgat).*

Cependant les frais résultant de saisies de poudres faites à *l'importation*, de même que ceux en matière de saisies de tabacs opérées à l'importation, restent à la charge de l'administration des douanes. (*Cir. du 22 janvier* 1829, *n°* 1141).

2129. Toutes les fois que les préposés auront à constater des contraventions en matière de douanes en vertu de la loi du 13 fructidor an IV, et du décret du 1ᵉʳ mars 1852, ils devront se borner à dresser procès-verbal d'après la loi générale, sans se préoccuper de l'application à faire de la loi du 24 mai 1834 : mais lorsque ces contraventions constitueront en même temps une infraction à la loi du 24 mai 1834, c'est-à-dire lorsqu'il s'agira d'une tentative d'introduction illicite de poudre, ou de dépôt clandestin, une ampliation dûment certifiée du procès-verbal sera, sans aucun retard, transmise au procureur impérial de l'arrondissement, pour mettre ce magistrat en mesure de pouvoir, s'il le juge convenable, exercer l'action publique contre l'auteur ou les auteurs du délit.

Le receveur provoquera en même temps devant la juridiction compétente les poursuites requises par les conclusions spéciales du procès-verbal, et les poudres continueront à rester à la disposition de la douane, à moins que le ministère public n'en requière l'apport temporaire au greffe, comme pièce de conviction dans les poursuites particulières qu'il exercerait ; mais ces objets devront être, après jugement, réintégrés entre les mains de la douane.

Dans les affaires où le procureur impérial aura été mis en mesure de poursuivre l'application de la loi du 24 mai 1834, il sera indispensable que, pour s'assurer la propriété définitive des objets saisis, la douane fasse, de son côté, rendre un jugement avant toute transaction avec la partie. (*Circ., n°* 1992 *du 26 octobre* 1843).

2130. Lorsque, dans toutes les affaires sans exception, il y a lieu de conclure des transactions, les directeurs des contributions indirectes doivent s'entendre préalablement avec les préfets, savoir : *après jugement*, dans les affaires suivies à la fois par le ministère public et par l'administration des contributions indirectes, — et avant ou après jugement, même avant l'introduction de l'instance, pour les affaires suivies seulement par l'administration des contributions indirectes. (*Cir., n°* 41, *du 29 mai* 1852).

Quand la valeur des amendes et confiscations encourues ne dépasse pas mille francs, les directeurs des contributions indirectes soumettent aux préfets les conditions de transactions à conclure, et ils assurent l'exécution des décisions que ces magistrats prennent en conseil de préfecture. Les transactions ne sont passées et réalisées qu'après que ces décisions ont été rendues et conformément aux dispositions qu'elles contiennent.

Quand, au contraire, la limite de 1,000 fr. est dépassée, les propositions des directeurs, avec l'avis des préfets et des procureurs impériaux, sont adressées à l'administration centrale, qui prend les ordres du ministre des finances. *(Circ., n° 41, du 29 mai 1852).*

CHAPITRE XXVII.

DES TABACS.

Section I.

TABACS ÉTRANGERS (1).

§ 1er.

IMPORTATION.

2131. Les tabacs en feuilles sont prohibés à l'entrée, à moins qu'ils ne soient importés pour le compte de la régie. *(Loi, 7 juin 1820, art. 1er).*

Les tabacs fabriqués, de quelque pays qu'ils proviennent, sont prohibés à l'entrée, à moins qu'ils ne soient achetés pour le compte de l'administration des contributions indirectes. *(Loi, 28 avril 1816, art. 173).*

---

(1) Sont réputés *étrangers* les tabacs fabriqués dépourvus des vignettes de la régie des contributions indirectes. *(Arr. Cass. 12 floréal an XIII).*

Les deux lois ci-dessus n'édictant aucune peine pour la répression de la fraude tentée à l'introduction en France (1), il faut recourir à la loi générale qui est celle du 28 avril 1816, art. 38, 41 et suivants. *(Nᵒˢ 2229 et 2485).*

2132. Les tabacs saisis peuvent être vendus pour la réexportation, ou versés à la régie *(nᵒ 2388)*, selon qu'on y trouve plus d'avantage. *(Circ., nᵒˢ 1080 et 1275)*; avant tout, il faut considérer que, dans le premier cas, la prime n'est pas payée par la régie : elle rentre, alors, dans la catégorie de celles payées pour capture des autres marchandises *(nᵒ 2380)* et que, dans le second cas, outre la prime ordinaire pour les autres objets pris avec le tabac, la régie paie une prime de 15 francs par chaque fraudeur arrêté *(nᵒ 2385)*. La faculté dont il s'agit ne peut donc guère concerner que les saisies de tabacs opérées au préjudice d'inconnus.

§ 2.

TRANSIT.

2133. Les tabacs fabriqués, ou autrement préparés, n'ont pu, jusqu'à présent, être admis au transit qu'en vertu d'autorisations spéciales délivrées par la régie des contributions indirectes.

Dorénavant, et par mesure provisoire, ces tabacs peuvent transiter sans autorisation préalable de l'administration, mais seulement par les bureaux qui sont ouverts au transit des marchandises prohibées à l'entrée, et, bien entendu, sous l'accomplissement de toutes les formalités applicables à cette catégorie de marchandises (2) *(nᵒˢ 565 et suivants).*

---

(1) Dans la rédaction des procès-verbaux, il convient, pour bien établir le fait d'importation, de relater les aveux des prévenus, et de mentionner si les tabacs étaient revêtus de vignettes étrangères.

Quand il s'agit d'une capture de cigares, il faut non-seulement en donner le poids net, mais encore le nombre.

(2) La valeur des tabacs admis au transit doit être mentionnée dans l'acquit-à-caution, parce que, en cas d'infraction, c'est elle qui règle le montant des pénalités encourues. Ainsi, cette valeur ne doit jamais descendre au-dessous de 24 francs par kilog. pour les cigares ou cigarettes, ni au-dessous de 10 francs par kilogr. pour les tabacs en poudre, en carottes, ou ayant subi toute autre préparation. Les tabacs en feuilles ou en côtes doivent être estimés à raison de 4 fr. 30 par kilog.

Si les expéditeurs ne consentaient pas à rectifier leurs déclarations d'après la base sus-mentionnée, cette rectification serait opérée d'office en vertu des pouvoirs conférés au service par le dernier paragraphe de l'art. 4 de la loi du 9 février 1832. (N. 566). *(Admin., 23 août 1833).*

Le service doit, notamment, s'assurer toujours que les colis renfermant les tabacs déclarés pour le transit, sont confectionnés de manière à prévenir toute soustraction ou substitution en cours de transport. S'il en était autrement, on exigerait que les colis fussent réparés, et, au besoin, que les emballages fussent remplacés par d'autres d'une meilleure confection, conformément aux prescriptions de l'art. 7 de la loi du 17 déc. 1814. (*Déc. minist.*, 28 *janvier* 1852, — *et circ. du 3 févr. suivant*, n° 7).

§ 3.

ENTREPÔT.

2134. Les tabacs en feuilles peuvent être reçus en entrepôt réel pendant trois ans (1), pour la réexportation. (*Lois*, 29 *floréal an X*, *art.* 5 ; — 17 *mai* 1826, *art.* 14, — *et* 9 *février* 1832, *art.* 20).

Les tabacs que les fournisseurs livrent conditionnellement à la régie peuvent être laissés à la disposition du régisseur de la manufacture, sous une simple soumission d'entrepôt souscrite ou garantie par lui, et dans laquelle on indique qu'ils sont déposés dans ses magasins. Cette soumission est annulée, — soit par l'admission et le paiement des droits, — soit par la réexportation, — soit par la réintégration dans l'entrepôt des douanes des parties de tabacs qui ont été rejetées. (*Déc. administ.*, 8 *avril* 1841).

Les cigares étrangers dirigés sur la manufacture de Paris, et rejetés par la régie, peuvent être admis à l'entrepôt des douanes de cette ville, d'où ils sont réexportés ensuite sous les conditions générales du prohibé. Seulement, un échantillon plombé est substitué au double emballage dont les caisses devraient être revêtues. (*Déc. administ.*, 8 *sept.* 1836 *et* 23 *févr.* 1837).

Les cigares d'origine étrangère peuvent être, sans l'autorisation de l'administration des contributions indirectes, expédiés sur les entrepôts de l'intérieur ouverts aux marchandises prohibées ; mais, lorsque les cigares ainsi admis dans ces entrepôts devront en être extraits pour la

---

(1) L'entrepôt constitué dans les magasins de la régie étant, à proprement parler, un entrepôt fictif, la durée en est limitée à une année, sauf à accorder les prolongations qui seraient demandées par le régisseur ; pour les tabacs réintégrés dans l'entrepôt des douanes, le délai accordé pour la réexportation doit être de trois années à partir du moment de leur importation. (*Déc. admin.* 12 *juillet* 1841).

réexportation, cette opération, reprenant le caractère d'un véritable transit, demeurera subordonnée à l'autorisation préalable de la régie, comme cela est de règle, pour le transit direct. (*Circ.*, *n*° 2442).

Section II.

———

TABACS INDIGÈNES.

—

§ 1er.

ACHAT, FABRICATION ET VENTE PAR LA RÉGIE.

2135. L'achat, la fabrication et la vente des tabacs ont lieu, par la régie des contributions indirectes, dans toute l'étendue du territoire de l'Empire français, exclusivement au profit de l'État. (*Loi*, 28 *avril* 1816, *art.* 172).

§ 2.

CIRCULATION DES TABACS EN FEUILLES OU FABRIQUÉS.

2136. Les *tabacs en feuilles* ne peuvent circuler sans acquit-à-caution, si ce n'est dans le cas prévu par l'art. 208 (*n*° 2143), ou lorsqu'ils ont été cultivés pour l'approvisionnement de la régie, et qu'ils sont transportés du domicile du cultivateur au magasin de réception : ils doivent, dans ce dernier cas, comme dans le premier, être accompagnés d'un laissez-passer.

Les *tabacs fabriqués* ne peuvent *circuler* sans acquit-à-caution toutes les fois que la quantité excède 10 kilog.; les quantités d'un kilog. à dix (1) doivent être accompagnées d'un laissez-passer, à moins qu'elles

———

(1) La faculté laissée aux consommateurs, par l'art. 215, de transporter la quantité de un à dix kilogr. de tabacs fabriqués est sans inconvénient lorsque la circulation s'opère dans les parties du territoire où la fixation du prix est générale ; mais il n'en est pas de même lorsque le transport s'effectue dans des régions où ces prix sont d'autant plus bas que l'on se rapproche de la frontière, puisqu'il est alors si facile à la fraude soit de passer d'une zône dans l'autre, soit de transporter jusqu'au point de démarcation des lignes des tabacs à prix réduits, et de les introduire ensuite sur le territoire limitrophe où le prix en est plus élevé. — C'est pour faire cesser cet abus qu'on a limité à un kilog. la quantité de tabac de cantine qui pourra circuler librement, à l'avenir, dans la région où la vente en sera permise.

La limite *d'un kilogr.* ne s'applique pas en particulier à chaque espèce de tabac de cantine ; elle se rapporte à l'ensemble des quantités que l'on peut mettre à la fois en circulation. (*Circ.* n. 231 *des contr. ind*).

ne soient revêtues des marques et vignettes de la régie. (*Loi du 28 avril 1816, art. 215*).

A l'avenir, les tabacs dits *de cantine*, ne pourront, même sous marques et vignettes, circuler en quantités supérieures à *un kilog.*, à moins qu'ils ne soient enlevés des manufactures nationales ou des entrepôts de la régie, et accompagnés d'un acquit-à-caution ou d'une facture délivrée par l'entreposeur. — Toute contravention à cette disposition sera punie conformément à l'art. 216 de la loi du 28 avril 1816. (*Loi du 23 avril 1840, art. 2*).

Les tabacs circulant en contravention à l'art. 215, seront saisis et confisqués, ainsi que les chevaux, voitures, bateaux et autres objets servant au transport : le contrevenant sera puni, en outre, d'une amende de 100 à 1,000 francs.

Toute personne convaincue d'avoir fourni le tabac saisi en fraude, sera passible de cette dernière amende (1). (*L. 28 avril 1816, art. 216*). (*Voir la note du n° 2141*).

§ 3.

PROVISION DES TABACS FABRIQUÉS.

2137. Nul ne peut avoir en provision des tabacs fabriqués, autres que ceux des manufactures nationales : et cette provision ne peut excéder dix kilog. (2), lors même que les tabacs seraient revêtus des marques et vignettes de la régie. (*L. 28 avril 1816, art. 217, loi du 24 juillet 1843, art. 5, et décrets des 11 décemb. 1851 et 20 janv. 1852*).

Les contraventions à l'article précédent seront punies de la confiscation, et, en outre, d'une amende de 10 fr. par kilog. de tabac saisi. Cette amende ne pourra excéder la somme de 5,000 fr., ni être au-dessous de 100 fr. (*L. 28 avril 1816, art. 218*).

§ 4.

VENTE ILLICITE DES TABACS.

2138. Les tabacs vendus par la régie comme tabacs de *cantine*,

---

(1) Ces articles ne statuent que pour le cas de simple détention ou de simple transport de tabac prohibé, et n'entraînent, dans aucun cas, l'arrestation des fraudeurs ou contrevenants. (*Paris, 6 avril 1843*).

(2) Dans les lieux où la vente du tabac de cantine est autorisée, la provision ne peut excéder trois kilog. (*Loi 24 juillet 1843, art. 5*).

seront saisis, comme étant en fraude, lorsqu'ils seront trouvés dans des lieux où la vente n'en sera pas autorisée, et les détenteurs seront passibles de l'amende portée en l'art. précédent. (*Loi*, 28 *avril* 1816, *art.* 219).

§ 5.

VENTE A DOMICILE.

2139. Ceux qui seront trouvés vendant en fraude des tabacs à leur domicile seront arrêtés et constitués prisonniers, et condamnés à une amende de 500 à 1000 fr. indépendamment de la confiscation des tabacs saisis et de celle des ustensiles servant à la vente. (*Loi*, 28 *avril* 1816, *art.* 220).

Lorsqu'il sera à la connaissance des préposés qu'une maison renferme soit un approvisionnement frauduleux de tabac, autre que les dépôts saisissables d'après les règlements de douanes, soit des moyens de fabrication clandestine, ils se borneront à en donner avis à un agent supérieur de la régie qui ait caractère pour autoriser les visites à domicile : ils pourront ensuite concourir à ces visites et aux saisies avec les employés que cet agent leur adjoindra. (*Circ. n*o 72).

Ces visites ne doivent être faites qu'avec l'assistance du maire, de l'adjoint, du juge de paix, ou du commissaire de police, et elles ne peuvent avoir lieu que pendant le jour. Cependant, les marchandises transportées en fraude qui, au moment d'être saisies, seraient introduites dans une habitation pour être soustraites aux employés, peuvent y être suivies par eux, sans qu'ils soient tenus, dans ce cas, d'observer les formalités ci-dessus. (*Loi du 28 avril* 1816, *art.* 235 *et* 237).

§ 6.

FABRICATION FRAUDULEUSE.

2140. Seront considérés et punis comme fabricants frauduleux, les particuliers chez lesquels il sera trouvé des ustensiles, machines ou mécaniques propres à la fabrication ou à la pulvérisation, et en même temps des tabacs en feuilles, ou en préparation, quelle qu'en soit la quantité, ou plus de dix kilogr. de tabac fabriqué non revêtu des marques de la régie.

Les tabacs et ustensiles, machines ou mécaniques, seront saisis et confisqués, et les contrevenants condamnés, en outre, à une amende de 1,000 à 3,000 fr.

En cas de récidive, l'amende sera double. (*Loi*, 28 *avril* 1816, *art.* 221).

§ 7.

COLPORTAGE.

2141. Ceux qui colporteront du tabac, qu'ils soient, ou non, surpris à le vendre, seront arrêtés et constitués prisonniers, et condamnés à une amende de 500 à 1,000 francs, indépendamment de la confiscation des tabacs saisis, de celle des ustensiles servant à la vente, et des moyens de transport, conformément à l'art. 216 (1). (*Loi*, 28 *avril* 1816, *art.* 222).

Les employés des contributions indirectes et des douanes... pourront constater la vente des tabacs en contravention, le colportage, les circulations illégales, et généralement les fraudes sur les tabacs, procéder à la saisie des tabacs, ustensiles et mécaniques prohibés par la présente loi, à celle des chevaux, voitures, bateaux et autres objets servant au transport, et constituer prisonniers les fraudeurs et colporteurs, dans le cas prévu par l'article précédent. (*Même loi*, *art.* 223).

---

(1) Lors même qu'il s'agirait non-seulement de tabac de cantine, mais bien de tabac ordinaire de la régie, celui qui est surpris le vendant sans autorisation, ou le colportant, doit être arrêté et conduit devant le juge d'instruction appelé à statuer par une décision motivée, sur l'emprisonnement ou la mise en liberté du prévenu.

Il y a lieu d'opérer l'arrestation, et, par conséquent, droit au paiement de la prime, quand l'individu est surpris vendant ou colportant du tabac de cantine soit dans la zône où la régie le livre à la consommation, soit même en dehors de cette zône.

Le colportage ne s'établit, en l'absence d'un fait de vente, que par la qualité des prévenus, lorsqu'ils sont marchands ambulants, par leur aveu de l'intention de vendre, par la possession de poids et balances, par la mise du tabac en paquets, ou, enfin, par d'autres circonstances analogues. (*Paris*, 6 *avril* 1843).

l y a une distinction bien essentielle à faire entre les pénalités établies par les art. 216 et 222; la voici :

Le premier de ces articles s'applique aux fraudes commises — ou par les voituriers et rouliers pendant le transport à la frontière ou dans les magasins de la régie, — ou par les entrepreneurs de voitures publiques pour les tabacs emballés qui font partie de leur chargement — ou, enfin, par les particuliers qui, en cas de déménagement, transportent leurs provisions de tabac — et, dans tous les cas, quand rien n'indique que les tabacs doivent être vendus en route.

Le second s'applique au *colportage proprement dit*, qui emporte toujours l'idée de *vente*, et qui consiste dans le transport effectué à charge d'homme, à dos de cheval ou avec des charrettes. (*Contrib. ind.*)

§ 8.

ARRESTATION DES PRÉVENUS.

2142. Lorsque, conformément aux articles 222 et 223, les employés auront arrêté un colporteur ou fraudeur de tabac, ils seront tenus de le conduire sur-le-champ devant un officier de police judiciaire, ou de le remettre à la force armée, qui le conduira devant le juge compétent, lequel statuera de suite, par une décision motivée, sur son emprisonnement ou sa mise en liberté.

Néanmoins, si le prévenu offre bonne et suffisante caution de se présenter en justice et d'acquitter l'amende encourue, ou s'il consigne lui-même le montant de ladite amende, il sera mis en liberté s'il n'existe aucune autre charge contre lui. (*Loi, 28 avril 1816, art. 224*).

Tout individu condamné pour fait de contrebande en tabac, sera détenu jusqu'à ce qu'il ait acquitté le montant des condamnations prononcées contre lui : cependant le temps de la détention ne pourra excéder six mois, sauf le cas de récidive, où le terme pourra être d'un an. (*Même loi, art. 225*).

La contrebande de tabac avec attroupement et à main armée, sera poursuivie et punie comme en matière de douanes. (*Nos 2669 à 2672*). (*Même loi, art. 226*).

§ 9.

CULTURE DU TABAC. — EXPORTATION.

2143. Les cultivateurs ont la faculté de destiner la récolte du tabac soit à l'approvisionnement des manufactures, — soit à l'exportation, en se conformant aux dispositions prescrites dans l'un et l'autre cas. (*L. 28 avril 1816, chap. 2, art. 183*).

L'exportation doit être effectuée avant le 1er août de l'année qui suit les récoltes, à moins que le cultivateur n'ait obtenu du préfet, une prolongation de délai, qui, en aucun cas, ne peut passer le 1er septembre, et qui ne peut lui être accordée que s'il justifie que sa récolte est intacte. (*L. 28 avril 1816, chap. 4, art. 206*).

Après l'expiration des délais accordés pour l'exportation, les tabacs qui n'ont été ni exportés, ni mis en entrepôt, sont saisis et confisqués,

sans préjudice des répétitions de la régie contre le cultivateur et sa caution pour raison des quantités manquantes. *(Idem, art.* 207*)*.

Les tabacs ne peuvent être enlevés de chez le cultivateur qu'en vertu d'un laissez-passer de la régie, qui n'est délivré que par le bureau de ladite régie établi près le magasin le plus voisin. *(Idem, art.* 208*)*.

2144. L'exportation ne peut s'effectuer que par l'un des ports et bureaux ouverts à l'entrée des marchandises payant plus de 20 francs par 100 kilo.

La douane délivre, outre l'acquit de paiement des droits de sortie, un certificat de décharge de l'expédition de la régie, énonçant le poids de chaque colis et le poids total des colis réunis. (*Cass. de Lille, tome* 8*, page* 342*)*.

Les tabacs fabriqués peuvent sortir par tous les départements. (*Loi* 24 *nivôse, an V*), et par tous les bureaux de douane indistinctement. (*Circ. n°* 1695*)*. Ils doivent être accompagnés d'un acquit spécial de la régie des contributions indirectes. *(Circ. n°* 1695*)*.

Section III.

TABAC DE PROVISION DE BORD, — DE SANTÉ, OU D'HABITUDE.

§ 1er.

TABAC DE PROVISION DE BORD.

2145. Les parties de marchandises prohibées qui se trouvent à bord des navires entrant dans nos ports doivent être mises immédiatement en dépôt, pour être réexportées par le même bâtiment.

Il doit en être ainsi des tabacs composant la provision du bord des équipages étrangers : toutefois, on doit pourvoir à la consommation régulière et habituelle des marins de l'équipage.

2146. A cet effet, les chefs locaux s'entendent avec les employés supérieurs de l'administration des contributions indirectes pour déterminer les quantités qui peuvent être allouées pour chaque marin pendant huit jours : celles-ci sont remises à la disposition du capitaine,

et l'on renouvelle successivement cet approvisionnement dans la même proportion. Le surplus des tabacs entreposés, s'il en reste encore lors du départ du bâtiment, est remis à bord pour être renvoyé à l'Étranger.

2147. Au moyen de cette mesure de police, on est en droit de saisir toutes les quantités de tabac qu'on trouverait à bord des navires en excédant des quantités remises pour la consommation de l'équipage. (*Circ.*, *n° 761*).

§ 2.

TABAC DE SANTÉ OU D'HABITUDE. — DROITS A PERCEVOIR.

2148. Malgré la prohibition du tabac à l'entrée, le ministre des finances peut autoriser, sous la condition d'un droit spécial, l'importation des petites provisions de tabac de santé ou d'habitude. (*Loi, 7 juin 1820, art. 1er*).

2149. Ce droit spécial est fixé ainsi qu'il suit :

Cigares et cigarettes. . . . . . . 24 fr.	}	Par kilog. net et sans addition du décime.
Tabac en poudre, en carotte, ou autrement fabriqué. . . . . 10 fr.		

(*Décret des 11 décembre 1851 et 20 janvier 1852*).

VIGNETTES.

2150. Immédiatement après l'acquittement, des vignettes de la régie sont apposées, par les agents des douanes, sur les cigares, cigarettes ou tabacs soumis aux droits. (*Arr. minist., 8 octobre 1850, art. 2, — et circ. des 28 janvier et 9 févr. 1852*).

2151. Toutefois, on affranchit de cette formalité les cigares formant la provision de route des voyageurs, et les petites parties de tabac en poudre ou en feuilles dont le poids ne dépasse pas un kilog.

2152. Toute quantité de cigares ou de tabac, circulant sans être revêtue de vignettes ou sans être accompagnée de la quittance des droits, est passible de la saisie conformément aux lois générales. (*Même arrêté et même circul.*)

VENTE.

2153. La mise en vente de cigares ou de tabacs introduits sous le paiement des droits demeure interdite. (*Arr. min.*, 8 oct. 1850, art. 5).

La douane d'importation doit exiger que le nom et le domicile du destinataire soient déclarés, lorsque celui-ci n'agit pas par lui-même. (*Circ. du 9 février 1852*).

BUREAUX D'IMPORTATION.

2154. Les cigares et cigarettes, les tabacs en poudre, en carottes, ou autrement fabriqués, importés comme provisions de santé ou d'habitude, peuvent, sans autorisation préalable et jusqu'à concurrence de 10 kilog. par destinataire, être importés par tous les bureaux ouverts au transit. (*Décrets des 11 déc. 1851 et 20 janvier 1852*).

2155. Les restants de provisions déclarées par les voyageurs, à leur arrivée de l'Etranger, sont admis, sous le paiement du droit, par tous les bureaux de première ligne de la frontière de terre et par toutes les douanes maritimes, lorsqu'ils ne dépassent pas un kilog. de tabac ou 500 cigares.

Mais on n'applique ni l'une ni l'autre de ces facilités aux tabacs apportés par les conducteurs de voitures publiques, qui sont appelés, par leur service, à franchir journellement la frontière. (*Circ. du 9 févr. 1852*).

REGISTRE DE LIQUIDATION ET DE RECETTE. — QUITTANCES.

2156. Un registre de liquidation et de recette distinct *(série T, n° 5 A)*, est spécialement affecté aux recettes sur les tabacs. Le montant des perceptions est relevé distinctement tant au sommier qu'au bordereau mensuel, et il figure, dans les recettes de douanes, à l'article des droits d'importation, sous le titre de : *Tabacs de santé ou d'habitude.*

2157. Dans les bureaux particuliers, on emploie, pour l'inscription des opérations, un registre série T, n° 6 A, qui sert aussi à la transcription des déclarations.

2158. Les quittances délivrées aux redevables doivent indiquer le nom et le domicile du destinataire, lorsque celui-ci n'agit pas lui-

même : et il doit être délivré une quittance distincte par chaque destinataire. *(Circ. du 9 févr. 1852).*

ÉTATS.

2159. Les tabacs importés comme provisions personnelles doivent continuer de figurer sur les états mensuels série E, n° 38 A.

On a soin de présenter distinctement sur ces états les cigares, les cigarettes, les tabacs en poudre ou en carottes, et les tabacs en tout autre état. Pour ces trois dernières qualités, la mention du poids est seule obligatoire : pour les cigares, on indiquera à la fois le poids et le nombre. *(Circ., 9 février 1852).*

Fin du premier volume.

I0046352

*9 7 8 2 0 1 9 5 9 1 2 2 9 *